Nobres selvagens

Napoleon A. Chagnon

Nobres selvagens

Minha vida entre duas tribos perigosas: os ianomâmis e os antropólogos

TRADUÇÃO Isa Mara Lando

TRÊS ESTRELAS

Título original *Noble Savages: My Life Among Two Dangerous Tribes – the Yanomamö and the Anthropologists*

EDITOR Alcino Leite Neto
EDITORA-ASSISTENTE Rita Palmeira
COORDENAÇÃO DE PRODUÇÃO GRÁFICA Mariana Metidieri
PRODUÇÃO GRÁFICA Iris Polachini
CAPA Eliane Stephan
PROJETO GRÁFICO DO MIOLO Mayumi Okuyama
EDITORAÇÃO ELETRÔNICA Jussara Fino
PREPARAÇÃO Lucas Murtinho
REVISÃO Cacilda Guerra, Isabel Jorge Cury e Carmen T. S. Costa
INFOGRÁFICOS Editoriadearte.com
FOTOS Acervo pessoal de Napoleon A. Chagnon

Dados Internacionais de Catalogação na Publicação (CIP)
(Câmara Brasileira do Livro, SP, Brasil)

Chagnon, Napoleon A.
Nobres selvagens: minha vida entre duas tribos perigosas: os ianomâmis e os antropólogos/Napoleon A. Chagnon; tradução Isa Mara Lando. – São Paulo: Três Estrelas, 2014.
Título original: *Noble savages: my life among two dangerous tribes: The Yanomamö and the anthropologists.*

ISBN 978-85-68493-03-8

1. Antropologia 2. Antropólogos 3. Comportamento humano 4. Evolução social 5. Índios Ianomâmis 6. Sociobiologia I. Título.

14-09617 CDD-304.5

Índices para catálogo sistemático:
1. Índios Ianomâmis: Sociobiologia 304.5

Este livro segue as regras do Acordo Ortográfico da Língua Portuguesa (1990), em vigor desde 1º de janeiro de 2009.

TRÊS ESTRELAS

Al. Barão de Limeira, 401, 6º andar
CEP 01202-900, São Paulo, SP
Tel.: (11) 3224-2186/2187/2197
editora3estrelas@editora3estrelas.com.br
www.editora3estrelas.com.br

Sumário

Dedico este livro a dois biólogos que são meus colegas e amigos há muitos anos e cuja visão da vida na Terra – e da nossa maneira de explicar e compreender a vida – se baseia, fundamentalmente, no método científico e na teoria de Darwin da evolução por seleção natural. São eles:

RICHARD D. ALEXANDER,

da Universidade de Michigan, que dedicou grande parte da sua carreira ao estudo dos grilos, e

EDWARD O. WILSON,

da Universidade Harvard, que dedicou grande parte da sua carreira ao estudo das formigas.

Porém, ambos acabaram aplicando a sua compreensão dos princípios da evolução por seleção natural aos seres humanos e me despertaram perguntas sobre a minha própria profissão – a antropologia, o estudo do homem. A antropologia não tinha uma resposta significativa para a pergunta mais fundamental sobre o seu próprio objeto de estudo: por que o ser humano é um ser social?

Essa pergunta não pode ser respondida pela antropologia, pois é uma pergunta biológica. Os antropólogos simplesmente presumem que é "natural" ser social. Mas a própria sociabilidade é algo que deve ser explicado, pois nem todos os animais são sociais.

Para um antropólogo cultural, começar a pensar nessa questão é dar a primeira mordida em um fruto proibido.

Enquanto escrevo estas palavras, recomeça o debate sobre o nível em que a seleção natural atua de forma mais eficaz. Em várias publicações recentes – especialmente em seu livro *A conquista social da Terra*, de 2012 – Edward O. Wilson argumenta em favor da seleção de grupo, questionando assim algumas das ideias mais amplamente aceitas de Hamilton, Williams, Dawkins, Alexander, Trivers e muitos outros. Wilson provocou forte reação em teóricos proeminentes da biologia evolutiva.

Introdução

NO PRINCÍPIO

Este é um livro a respeito dos índios ianomâmis e meus estudos sobre eles, aos quais venho dedicando a minha vida, e particularmente a respeito de sua cultura, ecologia, demografia e comportamento social e político. Na época em que morei entre eles, essa era a última grande tribo a viver livre da interferência de qualquer governo. Algumas de suas 250 aldeias até hoje não foram visitadas por pessoas de fora, mas esse número vem diminuindo.

O território ianomâmi abrange a fronteira, ainda bastante inexplorada, entre a Venezuela e o Brasil. Na verdade, na maior parte do tempo em que vivi entre os ianomâmis esses dois governos nacionais tinham muito poucas informações sobre esses índios e não lhes davam nenhuma atenção.

Até os anos 1940 e 1950 os ianomâmis ficaram praticamente desconhecidos do mundo exterior, por estarem muito isolados, vivendo em áreas de difícil acesso, em um bolsão inexplorado da Bacia Amazônica. Havia mais de 20 mil deles morando em cerca de 250 pequenas aldeias independentes; mas precisei de muitos anos e muitas viagens de campo para descobrir isso. Durante minha estadia entre os ianomâmis, os territórios fronteiriços do Brasil e da Venezuela foram se expandindo aos poucos para dentro da área ianomâmi, e lentamente começou a exploração por parte de aventureiros, exploradores, missionários e alguns antropólogos.

Quando cheguei ao território ianomâmi, em 1964, a única representação do governo venezuelano naquela área remota era um punhado de desbravadores que trabalhavam para o serviço venezuelano de controle da malária (a Malarialogía). Esses homens – muitos deles descendentes de índios amazônicos – moravam em minúsculas cabanas de sapê com suas mulheres e

Puerto Ayacucho
GUIANA
BOLÍVAR
Rio Caroni
Rio Orinoco
VENEZUELA
Rio Caura
COLÔMBIA
AMAZONAS
Rio Orinoco
Território
ianomâmi
Rio Uraricoera
La Esmeralda
Boa Vista
Rio Negro
Rio Cassiquiare
Rio Orinoco
RORAIMA
Rio Mavaca
Rio Siapa
BRASIL
Rio Negro
0 50 milhas
0 50 quilômetros
Mar do Caribe
VENEZUELA
GUIANA
COLÔMBIA
BRASIL

filhos e faziam longuíssimas viagens de canoa, subindo por riachinhos, para distribuir comprimidos antimaláricos para os ianomâmis que encontrassem.

Como quase todos os ianomâmis moravam longe dos grandes rios, os contatos iniciais com eles exigiam viajar por riachos e córregos em canoas dos iecuanas, feitas de troncos escavados, e em seguida penetrar a pé nas profundezas da selva. (Os iecuanas são um povo nativo diferente, vizinho.) Foi esse aspecto da geografia cultural dos ianomâmis que os manteve isolados e sem contato por tanto tempo, e explica por que a maioria deles ainda estava demograficamente intacta quando comecei a estudá-los.[1]

Em 1964, quando cheguei, membros de algumas aldeias ianomâmis tinham sido atraídos para trechos navegáveis de alguns grandes rios no extremo sul da Venezuela, fixando-se perto das missões instaladas pouco tempo antes para convertê-los ao cristianismo. Havia outras aldeias ianomâmis a diversas distâncias desses postos missionários – a um, dois, ou mesmo vários dias de caminhada –, cujos membros começaram a visitar as aldeias recém-contatadas para ver aqueles estranhos forasteiros.

Quando estive lá pela primeira vez, ergui uma pequena cabana de pau a pique próximo a uma das aldeias recentemente contatadas e passei a aprender o idioma ianomâmi. Depois de alguns meses comecei a visitar as aldeias mais remotas, partindo a pé da minha cabana ou subindo os riachos com minha pequena canoa e depois entrando a pé pelo interior da mata.

Desde aquela época, passei uns 35 anos da minha vida acadêmica estudando os ianomâmis na selva e escrevendo livros e artigos acadêmicos sobre eles. Os antropólogos normalmente lecionam em faculdades e universidades. A maioria de nós tenta voltar para o campo pelo menos uma vez, para rever a tribo que estudamos originalmente durante nossas pesquisas de doutorado. A pesquisa de campo era a área da antropologia de que eu mais gostava, por ser um processo constante de descoberta e aprendizagem. Assim, voltei para os ianomâmis umas 25 vezes ao longo dos meus 35 anos de carreira como pesquisador e passei, ao todo, cerca de cinco anos convivendo com eles. O período mais longo foi na minha primeira viagem a campo, de novembro de 1964 até março de 1966, cerca de dezessete meses. A partir daí minhas viagens foram muito mais breves, em geral com duração de dois ou três meses a cada vez. Algumas viagens duraram apenas duas semanas. Eu os visitei e convivi com eles durante todos os meses e estações do ano, mas preferia os meses de janeiro até início de abril, a estação seca, quando caminhar pela floresta é muito mais fácil e mais confortável.

Meu trabalho de campo envolvia muitas aventuras e riscos que não são comumente encontrados em situações típicas do trabalho de campo de antropologia. Hoje a maioria dos antropólogos pode telefonar para casa com regularidade, mas eu fiquei completamente isolado durante vários meses a cada vez, sem contato algum com ninguém de fora. Minha comunicação com o mundo exterior era esporádica ou, em alguns casos, nem sequer possível, como nas minhas visitas às aldeias mais remotas, nas profundezas da selva. Enquanto vivi na minha cabana na foz do rio Mavaca, perto de onde ele desemboca no Orinoco, eu podia fazer viagens ocasionais, navegando várias horas rio abaixo até um posto da missão salesiana, na foz do rio Ocamo, e enviar mensagens breves para a minha esposa pelo rádio de ondas curtas. Para isso eu tinha que viajar seis horas na minha canoa e pernoitar na missão. Com frequência não sobrava tempo para eu falar com minha esposa, pois o contato dos salesianos em Caracas só podia ajudá-los a fazer ligações telefônicas durante cerca de uma hora.

Os ianomâmis eram fascinantes, selvagens e de convivência muito difícil, em especial quando se era a única pessoa de fora em uma das suas aldeias isoladas. Nos três postos da missão salesiana na Venezuela – em Mavaca, Platanal e especialmente em Ocamo, onde algumas pessoas da missão moravam permanentemente – eles logo aprenderam a modificar seus hábitos e podiam ser muito cooperativos e até mesmo encantadores em pequenos grupos, quando vinha gente de Caracas e de outras cidades visitar o padre jovial e carismático da missão, um italiano chamado Luigi Cocco.

Minha intenção original era fazer o que faz a maioria dos estudantes de pós-graduação em antropologia: passar um ano pesquisando e coletando dados para minha tese de doutorado, escrevê-la, publicar alguns artigos, talvez um livro para o público acadêmico, e depois, seguindo a rotina e as convenções, voltar alguns anos mais tarde para uma visita de uma semana. Isso seria o tema do meu segundo livro: uma obra popular com minhas reflexões

ALGUMAS ALDEIAS IANOMÂMIS
ANTIGAS E ATUAIS
BRASIL
VENEZUELA
Padamo
Matacuni
La Esmeralda
Rio Orinoco
Missão Padamo
Ocamo
Ocamo
Buuta
Parima B
Bisaasi-teri
Boca Mavaca
Mahekodo-teri
Platanal
Koyowa-teri
Planalto de Parima
Hashimo-teri
Konata
Rio Orinoco
Aramamisi-kākö
Haoyaböwei
Patanowä-teri
Shanishani
Hasuböwa-teri
Dorita-teri
Kedebaböwe
Kreiböwei-teri
Washäwä
Konabuma-teri
Rahuawä
Paruritawä-teri
Mavaca
Iwahikoroba-teri
Örata
Shimakäräba
Doshamosha-teri
Mishimishimaböwei-teri
Siapa
Siapa
BRASIL
Moota
Abruwä-teri
0 10 20 milhas
0 10 20 quilômetros
Mar do Caribe
VENEZUELA
GUIANA
COLÔMBIA
BRASIL

sobre a maneira como a cultura daquele povo havia lamentavelmente mudado para pior desde a minha primeira visita, e como eles estavam sendo arruinados pelo avanço insidioso da civilização e pelo maior contato com o "mundo exterior".

Porém, quando entrei na minha primeira aldeia ianomâmi, percebi que eles eram pessoas muito especiais e que eu teria que passar um longo tempo entre eles para aprender e documentar seu comportamento social, sua expansão populacional, suas migrações, sua história oral (tal como lembrada pelos mais velhos) e as muitas guerras que tinham lutado contra os vizinhos. Os ianomâmis eram uma das últimas grandes tribos que continuavam presas a uma situação de guerra entre as aldeias, lutando para manter sua independência e segurança contra os ataques inesperados, e sempre possíveis, dos ianomâmis vizinhos. Algumas vezes eles resistiam e lutavam, mas outras vezes fugiam e se assentavam em novas áreas adjacentes, despovoadas e mais seguras, afastando-se aos poucos do centro do seu território natal.

Acabei sendo uma das últimas testemunhas oculares das lutas políticas, sociais e militares que ocorreram repetidas vezes entre os ianomâmis enquanto vivi entre eles; mas também fiquei sabendo de muitas outras guerras que já haviam ocorrido no passado, tanto recente como distante. Descobri que ao longo do tempo sua cultura foi ficando cada vez mais complexa e suas aldeias se tornando maiores e mais coesas. Esse processo ocorreu, sem dúvida, muitas vezes na história da humanidade, quando povos tribais em outros lugares – Europa, África, Oriente Médio – fizeram a transição de uma forma de vida baseada na caça e na coleta para outra, baseada na agricultura. Cada passo que deram nessa direção tornava mais provável que eles nunca mais voltassem para a maneira como viviam outrora. Essas pessoas estavam envolvidas em uma transição quase imperceptível do "primitivo" para o "complexo". É uma transição crucial, só conhecida a partir de estudos arqueológicos históricos feitos em muitas partes do mundo; mas no território ianomâmi eu pude realmente detectá-la e tentar documentá-la. Foi a última chance para um antropólogo observar essa fascinante transição social e política que resultou no desenvolvimento do Estado político e da "civilização".

É por isso que concluí, logo no início do meu trabalho de campo, que eu teria que voltar diversas vezes para continuar a documentar esse raro acontecimento.

Meu trabalho entre os ianomâmis começou em meados dos anos 1960, quando poucos desses índios já tinham tido algum contato permanente com o mundo exterior. Hoje as coisas são muito diferentes; ocorreram muitas mudanças. Há pessoas recém-chegadas à área que me acusam porque os ianomâmis que elas visitam hoje na missão salesiana, ou em outras missões, não são do mesmo tipo que os ianomâmis que eu conheci. E a própria antropologia mudou *politicamente*. Hoje é aceitável acusar antropólogos de épocas anteriores em nome da defesa política dos direitos dos povos nativos e negar o que foi presenciado por antropólogos anteriores como eu, porque essa imagem mais antiga dos ianomâmis não se ajusta ao que os militantes dessa disciplina desejam ver. Vou abordar esses importantes fatos nos capítulos finais deste livro.

O QUE EU DESCOBRI

A onipresença do terror. Hoje vivemos em um mundo onde a ansiedade a respeito de terroristas e terrorismo são fatos da vida em muitos países, inclusive nos Estados Unidos. Pode-se pensar que isso é algo novo na história da humanidade, um mal que foi infligido a nós porque a civilização se desestruturou. Alguns até podem lamentar a perda da inocência, e gostariam de poder recapturar algumas virtudes que foram perdidas quando as culturas se tornaram mais complexas e evoluíram, tornando-se nações, impérios e países industrializados. Poderíamos até pensar em como seria bom se pudéssemos voltar à condição de inocência, quando as pessoas eram "bons selvagens", ou "nobres selvagens" como Jean-Jacques Rousseau e seus seguidores as imaginavam.

Rousseau nunca usou a expressão "bom selvagem" (ou "nobre selvagem", como é comum dizer em inglês) na sua obra mais conhecida, *Do contrato social* (1762);[2] mas essas palavras logo foram atribuídas ao conceito que ele descreveu – ou seja, que os seres humanos no estado de natureza eram felizes, não violentos, altruístas e não competitivos, e que as pessoas eram, de modo geral, amáveis e cordiais em suas relações.

Um ponto que destaco neste livro é que as nossas ideias sobre a suposta tranquilidade social do passado podem ser idealistas e incorretas. Pior ainda, essas suposições parecem cada vez mais insustentáveis à medida que se volta no tempo. A vida nas sociedades antigas, da "Idade da Pedra", parece ter sido repleta de incertezas e perigos, sobretudo vindos de povos vizinhos, aparentemente sempre dispostos a atacar quando menos se esperava – e essa possibilidade nunca estava muito longe da mente de pessoa alguma. O passado distante da humanidade pode ter sido mais parecido com o que pensava Thomas Hobbes – uma vida curta, sórdida e brutal. Talvez seja o caso de considerar essa possibilidade conforme aprendemos mais sobre a condição da vida humana no seu "estado de natureza".

Segurança. Há muitas teorias de "maximização", nas ciências sociais e biológicas, que discutem as funções ou objetivos finais das instituições, das motivações humanas e até da própria vida. Na economia, maximizar o lucro é um exemplo; maximizar o acesso a recursos materiais estratégicos é outro. Na filosofia política, o objetivo pode ser maximizar o bem maior para o maior número possível de pessoas. Na biologia, pode ser maximizar a sobrevivência reprodutiva.

Descobri que maximizar a *segurança política e pessoal* foi a força motriz predominante na evolução social e cultural da humanidade. Minha observação se baseia não só no que já aprendemos com os relatos de campo da ciência política e da antropologia, mas também na experiência de toda uma vida convivendo com tribos nativas da Amazônia que vivem cronicamente na situação que Hobbes chamou, em seu principal tratado, *Leviatã* (1651), de um estado de guerra. Ele comparou a guerra ao mau tempo – não são apenas uma ou duas pancadas de chuva, mas uma condição persistente por longos períodos, algo crônico. Os ianomâmis com quem convivi se preocupavam constantemente com ataques dos vizinhos e viviam com medo dessa possibilidade.

Nem Hobbes nem Rousseau jamais viram pessoas como os ianomâmis, vivendo no "estado de natureza". Suas posições filosóficas sobre o homem no estado natural derivam inteiramente de especulações. Assim, é extraordinário que alguns antropólogos culturais se agarrem à teoria do "bom selvagem" sobre a natureza humana, quando foi justamente a nossa profissão que coletou quase todos os dados empíricos sobre as tribos e a vida social em condições "puras" ou da "Idade da Pedra". Portanto, são os antropólogos que deveriam ter maior probabilidade de chegar a uma visão da natureza humana bem informada e empiricamente defensável, a partir das provas coletadas por gerações de pesquisa antropológica.

No entanto, a maioria dos antropólogos nunca viveu em meio a pessoas realmente primitivas. Muitos aprendem sobre elas da mesma forma que os leitores deste livro – lendo a seu respeito nos relatos etnográficos escritos por antropólogos que realmente conviveram com essas pessoas.

Durante a maior parte do meu trabalho de campo, os ianomâmis viviam da forma mais próxima possível ao "estado de natureza" no século XX. Decidi dar a este livro o nome de *Nobres selvagens* em parte porque os ianomâmis com quem convivi tinham uma nobreza que os antropólogos raramente veem em tribos aculturadas e despovoadas, já derrotadas e incorporadas pelo Estado político em cuja jurisdição residem.

Para muitos antropólogos que se aferram à visão de Rousseau da humanidade, e não à de Hobbes, eu sou um herege, um misantropo, alvo de condenação por parte de colegas politicamente corretos, em especial dos que se identificam como "ativistas" em favor dos povos indígenas, porque descrevi os ianomâmis tal como os encontrei.

A sociabilidade e as realidades demográficas da vida. A capacidade de viver de forma cooperativa em grupos sociais não é "natural" e, portanto, não é algo que se deve aceitar sem discutir, ou simplesmente presumir como hipótese básica. Pelo contrário, é algo que deve ser *explicado*.

Nem todos os organismos vivem de modo permanente em grupos organizados socialmente. Por que, então, alguns o fazem? É uma pergunta fascinante, que não pode ser explicada pelas ciências sociais. É um tema da biologia e da evolução, portanto fora do escopo deste livro, fora do escopo da antropologia cultural.[3] Mas isso não significa que os antropólogos possam ignorá-lo.

Vários grandes avanços na teoria da evolução ocorreram logo antes ou durante a época em que comecei a estudar antropologia na Universidade de Michigan. Um desses avanços deveria ter exercido um grande impacto na teoria antropológica; mas, curiosamente, isso não aconteceu. O motivo mais provável é a relutância de longa data dos antropólogos, tanto teóricos como de campo, de levar a sério as ideias da biologia.

Esse avanço na biologia teórica consistiu em dois artigos do biólogo inglês William D. Hamilton, publicados em 1964 no *Journal of Theoretical Biology*, uma revista científica que a maioria dos antropólogos não conhecia nem lia. Porém, os artigos de Hamilton logo entraram na literatura mais geral sobre biologia e evolução, e pelo menos alguns antropólogos científicos de destaque na profissão deveriam ter reconhecido a importância deles. Os artigos lançam luz sobre a cordialidade e o favoritismo, fenômenos muito observados e encontrados caracteristicamente nas interações de parentesco entre os membros da tribo nas sociedades dominadas pelo parentesco. Em um sentido muito real, esses "comportamentos de parentesco" são, na verdade, comportamentos *reprodutivos*.

Hamilton chamou seu novo conceito de "aptidão inclusiva", mas na literatura de hoje ele é mais conhecido como "seleção de parentesco". Segundo seu argumento, uma vez que os parentes têm genes em comum, um indivíduo pode passar cópias dos seus genes para a próxima geração ao favorecer seus parentes próximos, sem que ele próprio se reproduza sexualmente. Por exemplo, um indivíduo compartilha, em média, metade (50%) dos seus genes com seus irmãos, um quarto (25%) com seus meios-irmãos, um oitavo (12,5%) com seus primos em primeiro grau etc. Assim, se ele praticar certos tipos de "favores" que aumentam o sucesso reprodutivo de um primo, segue-se que, na medida em que tais favores permitirem a esse primo encontrar um(a) companheiro(a) e gerar descendentes, o fato de favorecer o parente ajudou o indivíduo a passar alguns dos seus próprios genes para a geração seguinte. Como disse, segundo relatos, o geneticista teórico J. B. S. Haldane: "Eu daria a minha vida por oito primos". Isso porque oito primos portariam, em média, 100% dos genes da pessoa que sacrificou a vida.[4]

Essa omissão da antropologia é ainda mais surpreendente quando se considera que boa parte dos primeiros cem anos dessa nova disciplina acadêmica, reputada como científica, foi dedicada a discussões sobre o importante papel que o parentesco e o "significado" do parentesco desempenharam na formação da própria disciplina. Assim, incluirei neste livro alguns fatos demográficos relevantes da vida dos ianomâmis, mostrando como tais fatos se relacionam com as suas lutas para maximizar a segurança política. É fácil conviver com os vizinhos quando há apenas algumas dezenas deles no seu bando ou na sua aldeia, e em geral são parentes próximos – irmãos e irmãs, ou jovens dependentes como filhos, sobrinhos e sobrinhas. Mas o convívio não é tão fácil quando a aldeia aumenta para várias centenas de moradores e inclui pessoas cujos laços de parentesco são cada vez mais remotos – primos em segundo e terceiro graus, ou estranhos que vieram morar na aldeia. Nesse ponto as discussões e brigas se tornam habituais. Algumas pessoas têm de sair e formar uma nova pequena comunidade, pois as únicas regras de cooperação e cordialidade social são as regras de parentesco, que não são capazes de manter a ordem social em um grupo grande.[5]

As sociedades grandes, politicamente complexas, surgiram apenas depois – ou em consequência – da substituição das instituições de parentesco e de nepotismo por outras, por aquilo que Hobbes chamou de "o poder que inspira temor nos homens", ou seja, o Estado político e a lei. É também por isso que quase todos os primeiros antropólogos eram advogados, ou estavam interessados em saber como se desenvolveu a lei a partir de costumes vagos. Eles ficaram devidamente impressionados com o fato óbvio de que a maioria dos povos nos mundos recém-descobertos das Américas, África Central, Austrália, Polinésia e Melanésia não tinha o que chamamos de lei e de Estado político.

Porém, o que acontece se, quando você se muda, há outras pessoas "ali do lado" que não querem novos vizinhos e se opõem a você com violência e ameaças de violência? Esse é o problema que os ianomâmis enfrentam, e que tantas comunidades humanas tiveram que enfrentar ao longo da história. Assim, a presença de vizinhos potencialmente hostis inibe a cisão da aldeia, conservando as pessoas juntas em seu núcleo. Isso aumenta as disputas e discussões internas, mas também ajuda a aldeia a sobreviver como grupo em uma situação política em que há a ameaça constante de outros grupos; o tamanho é uma vantagem valiosa, pois há mais segurança em uma aldeia maior do que em uma menor.

Liderança e coesão social. A coesão interna de um pequeno grupo de parentes morando juntos decorre, sobretudo, das regras, obrigações e expectativas oriundas do parentesco. Porém, à medida que o grupo aumenta de tamanho, digamos de quarenta para oitenta pessoas, aumenta também o papel que os líderes políticos (caciques*) têm que desempenhar para manter a ordem. Uma vez que o cacique provém do grupo de parentesco majoritário, a maioria dos seus "súditos" são seus parentes consanguíneos, e suas tarefas são relativamente fáceis. Porém, elas ficam mais difíceis quando aumenta o tamanho da aldeia – digamos, para umas 150 pessoas. O cacique deve, então, insistir mais nos seus ditames e começar a usar ameaças e a coerção física para manter a ordem e a paz dentro do grupo. Quando uma aldeia aumenta mais ainda, digamos, para duzentas pessoas, o cacique pode tornar-se opressivo e tirânico. Algumas aldeias ianomâmis onde vivi continham quase trezentas pessoas; havia um grupo que tinha umas quatrocentas pessoas logo antes da minha primeira visita. Os líderes políticos dessas aldeias eram homens extremamente brutais, e neste livro descrevo algumas das suas ações e características.

Evolução política. Não é comum – e talvez nem seja uma atitude sensata – que um antropólogo tente relacionar seu próprio trabalho de campo etnográfico a questões mais amplas, tais como a evolução da sociedade política. Uma das razões é que o estudo de uma cultura específica, como a dos índios ianomâmis, representa um único exemplo em um conjunto muito maior de exemplos etnográficos existentes que, coletivamente, compõem um quadro geral. No entanto, eu gostaria de argumentar que há duas exceções a essa regra. A primeira é que dados selecionados de estudos etnográficos específicos como o meu são muitas vezes utilizados (legitimamente) na antropologia

* Em inglês, *headmen*. *Headman* foi traduzido como cacique ao longo do livro. Ver nas páginas 385-6 a explicação do autor para sua preferência por esse termo para os líderes das aldeias ianomâmis, em detrimento do mais usual *chief* ("chefe"). [N.T.]

tradicional para dar subsídios a questões teóricas gerais e orientar novas pesquisas sobre muitas outras culturas. A segunda exceção é que algumas sociedades tribais são maiores, incluindo várias comunidades; portanto, essa amostra maior de várias aldeias da mesma tribo pode indicar prováveis tendências na evolução cultural. As variações encontradas nessas aldeias sugerem fortemente de que modo as características socialmente adaptativas dentro da amostra maior de comunidades podem, logicamente, levar a uma maior complexidade social e política.[6] Assim, as diferenças relativamente pequenas, porém distintivas, dentro do espectro mais amplo das aldeias ianomâmis que estudei podem de modo plausível ser interpretadas como mudanças "microevolutivas" em direção a uma maior complexidade social e política em uma grande sociedade tribal relativamente não aculturada e abrangendo diversas aldeias.

Entre os ianomâmis, as principais variáveis e fatores causais a que estou me referindo incluem:

1. Isolamento e independência em relação a Estados políticos;
2. Integridade demográfica – uma distribuição "saudável" por idade/sexo, com crescimento populacional contínuo;
3. Características geográficas e ecológicas que proporcionam tanto limitações como oportunidades para mudanças políticas;
4. Multiplicidade de aldeias, mostrando diferenças políticas e sociais correlacionadas ao tamanho do grupo local, as características ecológicas do seu entorno e a "personalidade" de líderes carismáticos;
5. A ameaça constante de ataques mortais por parte de outros grupos.

Os ianomâmis que estudei parecem ter dado alguns passos vacilantes em direção a uma maior complexidade social, na região que chamei de Crescente Fértil dos ianomâmis (capítulo 11). Compreender como e por que aldeias ianomâmis maiores, de organização mais complexa, surgiram a partir de aldeias menores e de organização menos complexa vai lançar luz sobre a maneira como alguns dos primeiros passos rumo ao Estado político talvez tenham sido dados por muitas outras tribos. Espero também que isso melhore a nossa compreensão da evolução da complexidade cultural e social como um todo.

Visitantes em uma festa, dançando para os anfitriões.

Fui autor, coautor ou coeditor de 5 livros, cerca de 100 artigos e 21 documentários, a maioria sobre aspectos específicos e técnicos da cultura, demografia e comportamento social dos ianomâmis. Poucas de minhas publicações se destinavam ao público em geral, como foi o caso de várias contribuições para as revistas *National Geographic* e *Natural History*.

Este livro é a minha primeira publicação mais longa sobre os ianomâmis para um público leitor mais amplo e geral.[7] Embora contenha muitos fatos e incidentes que já relatei em publicações acadêmicas, em especial na minha monografia universitária, eles são apresentados aqui de forma menos técnica e, espero, de compreensão mais fácil. Algumas informações aqui incluídas não foram publicadas antes, como dados sobre a sexualidade feminina e o infanticídio e aspectos estatísticos do rapto de mulheres.

1.
Choque cultural

Meu primeiro ano em campo

O PRIMEIRO DIA

Meu primeiro dia em campo, 28 de novembro de 1964, foi uma experiência que jamais esquecerei. Nunca na minha vida eu tinha visto tanto ranho verde. Não há muitos antropólogos que passaram seu primeiro dia dessa forma. Se o fizessem, haveria poucos candidatos para a pós-graduação em antropologia.

Eu acabava de passar dois dias e meio viajando em um barquinho de alumínio com um grande motor de popa, apertado entre vários barris de 200 litros de gasolina e dois funcionários da Malarialogía, o serviço venezuelano de controle da malária. Eles seguiam para o seu minúsculo posto avançado em território ianomâmi – nada mais que duas ou três cabanas de pau a pique. Essa viagem de barco me levou desde a capital do território, Puerto Ayacucho, uma cidadezinha às margens do Orinoco, até a terra dos ianomâmis, no Alto Orinoco, cerca de 550 quilômetros rio acima. Era uma viagem rápida, e minha intenção era dar uma olhada geral antes de trazer minhas provisões e equipamentos; iria começar uma temporada de dezessete meses estudando os ianomâmis, uma tribo venezuelana que era muito pouco conhecida em 1964. A maior parte das suas aldeias não havia tido nenhum contato com o mundo exterior; eram índios considerados "selvagens". Eu também queria ver como seriam as condições no local para minha esposa, Carlene, e nossos dois filhos pequenos, Darius, de três anos, e Lisa, de um ano e meio.

Na manhã do terceiro dia chegamos a uma pequena missão, a Missão Novas Tribos, em um povoado chamado Tama Tama. Era a sede de um grupo composto sobretudo de evangélicos americanos[1] que trabalhava em duas aldeias ianomâmis rio acima e também em várias aldeias dos iecuanas, uma tribo diferente, de idioma caraíba, situada a noroeste dos ianomâmis.

Os missionários tinham vindo dessas remotas aldeias indígenas para um encontro sobre o andamento do seu trabalho e estavam realizando suas reuniões em Tama Tama quando cheguei. Tama Tama ficava a cerca de meio dia de distância, descendo o rio por canoa motorizada, a partir do início do território ianomâmi.

Pegamos um passageiro em Tama Tama: James P. Barker, o primeiro forasteiro a fazer contato permanente e contínuo com os ianomâmis da Venezuela, em 1950.[2] Ele acabava de voltar de uma licença de um ano nos Estados Unidos, onde eu lhe fizera uma breve visita em Chicago, antes de nós dois partirmos para a Venezuela. Por casualidade, ambos chegamos ao país mais ou menos ao mesmo tempo, e ao território ianomâmi na mesma semana. Ele ficou um pouco surpreso ao me ver e concordou, com prazer, em me acompanhar até a aldeia que eu havia escolhido (seguindo o seu conselho) para ser minha base de operações, Bisaasi-teri, e me apresentar aos índios. Mais tarde aprendi que *bisaasi* é o nome da palmeira cujas folhas formam os grandes telhados de sapê que vemos em muitas aldeias ianomâmis, e *-teri* no idioma ianomâmi significa "aldeia". Bisaasi-teri também era a base de Barker, mas ele não ia lá havia mais de um ano, e só pretendia voltar por um período extenso dali a três meses. Assim, ele gostou da oportunidade inesperada de fazer uma rápida visita e passar a noite ali antes de voltar definitivamente em outra ocasião.

Na época, Barker já vivia junto a esse grupo ianomâmi havia cerca de quatro anos. Bisaasi-teri havia se dividido em duas quando a aldeia se mudou para a foz do rio Mavaca, no local onde ele desemboca no Orinoco, vindo do sul. Um grupo se fixou rio abaixo e era chamado de Baixo Bisaasi-teri (*koro-teri*); o outro, rio acima, era o Alto Bisaasi-teri (*ora-teri*). Barker vivia junto aos índios do Alto Bisaasi-teri. Sua cabana de pau a pique ficava próxima a essa aldeia.

Chegamos ao Alto Bisaasi-teri por volta das duas da tarde e atracamos a lancha de alumínio na margem lamacenta do rio, no final do caminho usado pelos índios para buscar água potável. Os ianomâmis normalmente evitam grandes rios como o Orinoco, mas se mudaram para lá porque Barker os tinha persuadido. O assentamento era chamado pelos homens da Malarialogía e pelos missionários, em espanhol, de Boca Mavaca, ou seja, foz do Mavaca.

Da esquerda para a direita: James V. Neel, Napoleon Chagnon e James P. Barker, em 1966.

Às vezes também aparecia nos mapas venezuelanos da época como Yababuji – palavra ianomâmi que se traduz como "Me dá!". Parece que o nome foi sugerido aos cartógrafos maliciosamente, por captar um pouco da essência do lugar: "Me dá!" eram as palavras mais frequentes usadas pelos ianomâmis quando cumprimentavam quem ia visitar a área.

Meus ouvidos tiniam depois de passar três dias seguidos, do amanhecer ao anoitecer, com o zumbido constante do motor de popa. O clima era quente e abafado, e minha roupa estava empapada de suor, como ficaria nos dezessete meses seguintes. Mosquitinhos de picada dolorida, os *bareto*, em idioma ianomâmi, nos rodeavam aos montes, pois novembro era o início da estação seca – e estação seca significa quantidades astronômicas de *bareto*.[3] Em certos lugares a nuvem de mosquitinhos era tão densa que precisávamos ter cuidado ao respirar para não inalar alguns. Eu estava com o rosto e as mãos inchados de tantas picadas.

Dali a poucos instantes eu iria conhecer meu primeiro ianomâmi, meu primeiro homem "primitivo". Como seria ele? Na minha imaginação, eu entrava na aldeia com orgulho e via 125 "fatos sociais" andando por ali, altruisticamente chamando uns aos outros pelos termos de parentesco apropriados, compartilhando os alimentos, cada um esperando cortesmente que eu o entrevistasse e, talvez, tomasse nota da sua genealogia.

Será que eles iriam gostar de mim? Isso para mim era importantíssimo. Eu queria que eles gostassem de mim a ponto de me adotar no seu sistema de parentesco e no seu modo de vida. Na minha formação em antropologia na Universidade de Michigan, aprendi que um antropólogo de sucesso *sempre* é adotado pelo *seu* grupo. Era algo muito especial. Também aprendi, nos meus sete anos de formação em antropologia, que nas tribos primitivas[4] o "sistema de parentesco" equivale a "toda a sociedade", e que era uma forma moral de viver. Eu estava decidido a merecer entrar no seu sistema moral de parentesco e me tornar um membro da sua sociedade – ser aceito por eles e adotado como um deles.

O ano de trabalho de campo à minha frente era o que fazia um antropólogo merecer seu certificado de autoridade, o testemunho da experiência de um profissional lidando com aquele outro mundo, seu passaporte acadêmico, suas credenciais profissionais. Eu estava agora bem no limiar dessa transformação solene e profunda, e realmente saboreei o momento.

Meu coração começou a martelar quando nos acercamos da aldeia e escutamos o zumbido de atividade no círculo das cabanas. Barker comentou que estava ansioso para ver se ocorrera alguma mudança durante a sua ausência, especialmente quantos ianomâmis haviam morrido no período. Achei aquilo um pouco macabro, porém mais tarde compreendi por que essa preocupação era importante: entre os ianomâmis é ofensivo – e, por vezes, perigoso – dizer o nome de uma pessoa morta na presença de seus parentes próximos; por isso é bom saber de antemão, se possível, quem não está mais vivo, para não perguntar a respeito.

Apalpei nervosamente meu bolso de trás para garantir que meu caderno de anotações, praticamente em branco, continuava lá, e me senti mais seguro quando toquei nele.

Vista de fora, a aldeia parecia uma grande muralha de folhas, quase vertical. Os ianomâmis chamam essa morada coletiva de *shabono*. As várias entradas estavam recobertas de ramos de árvores e folhas secas de palmeira. Barker e eu entramos pela abertura que dava para o rio. Afastei os galhos, revelando a entrada baixa que dava para a aldeia.

A emoção de conhecer meus primeiros ianomâmis era quase insuportável. Agachei-me e fui passando, com um andar gingado de pato, pela abertura baixa que dava para a grande praça central da aldeia. Levantei a vista e abafei um grito, em choque ao ver uma dúzia de homens robustos, nus, suados, horrendos, nos fitando nervosamente, com suas flechas apontadas para nós! Tinham enormes chumaços de tabaco verde presos entre o lábio e os dentes inferiores, o que os tornava ainda mais horripilantes. Grossos fios de ranho verde-escuro pingavam ou pendiam das suas narinas, tão longos que gotejavam do queixo até os músculos peitorais e escorriam preguiçosamente pela barriga, misturando-se com a tinta vermelha e o suor.

Tínhamos chegado à aldeia justamente quando os homens estavam soprando um pó verdolengo, uma droga alucinógena chamada *ebene*, dentro do nariz uns dos outros, através de tubos ocos de um metro de comprimento. Os ianomâmis sopram nesses tubos com tanta força que a gosma sai pela outra narina da pessoa que inala. Entre os efeitos colaterais desse alucinógeno estão uma secreção nasal profusa, pigarro e falta de ar, e por vezes vômito. O muco nasal está sempre saturado de pó verde, e os homens costumam deixá-lo escorrer livremente das narinas.

Minha próxima descoberta foi que havia cerca de uma dúzia de cachorros ferozes, subnutridos, rosnando e atacando as minhas pernas, rondando à minha volta como se eu fosse a sua próxima refeição. Fiquei ali parado segurando meu caderno, impotente e patético. Foi então que senti, de um golpe, o cheiro de lixo, vegetação decomposta e fezes de cachorro, e quase vomitei.

Fiquei chocado e horrorizado. Que recepção era aquela para alguém que fora ali conviver com aquelas pessoas e aprender o seu modo de vida, para se tornar seu amigo, para ser adotado por elas? Os ianomâmis baixaram as armas quando reconheceram Barker e o cumprimentaram; logo voltaram para sua cantoria, vigiando nervosamente as entradas da aldeia.

Tínhamos chegado logo após uma briga séria. Sete mulheres daquele *shabono* haviam sido sequestradas na véspera por um grupo vizinho, e os

Muco nasal verde saturado de *hisiomö*, um pó vegetal alucinógeno.

homens do local, com seus convidados, tinham recuperado cinco delas naquela manhã, em uma luta de porretes brutal que quase acabou em uma guerra com flechadas. Os sequestradores vizinhos, agora irados por terem perdido cinco das sete novas prisioneiras, tinham ameaçado invadir Bisaasi-teri e matar seus habitantes. Quando Barker e eu chegamos e entramos na aldeia inesperadamente, eles desconfiaram ou presumiram que fôssemos os atacantes.

Em várias ocasiões nas duas horas seguintes os homens se levantaram de um pulo, se armaram, encaixaram as flechas nos arcos, correram para as várias entradas da aldeia e esperaram nervosamente que o ruído de fora fosse identificado. Meu entusiasmo pela coleta de dados etnográficos e informações esotéricas de parentesco diminuía a cada vez que eles davam esse alarme. Fiquei aliviado quando Barker sugeriu que fôssemos passar a noite do outro lado do rio, acrescentando que "lá é mais seguro". Desconsolado, murmurei comigo: "Meu Deus! Onde será que eu fui me meter?".

Enquanto descíamos pela trilha até o barco, fui ponderando se era mesmo uma boa ideia ter decidido passar um ano e meio com essas pessoas antes de sequer ter visto a aparência delas. Não tenho vergonha de reconhecer que, se houvesse uma saída diplomática, eu teria posto um ponto final no meu trabalho de campo ali mesmo, naquele momento. Não estava nem um pouco ansioso pelo dia seguinte – e pelos meses seguintes –, quando ficaria sozinho com aquelas pessoas. Eu não falava nem uma palavra da língua deles, e eles só falavam a sua própria língua. Apenas alguns jovens conheciam meia dúzia de palavras em espanhol – o que não bastava para proferir nem sequer uma curta frase compreensível.

Os ianomâmis eram decididamente diferentes do que eu tinha imaginado, nos meus devaneios inspirados por Rousseau. A situação toda era deprimente, e eu me perguntava por que, ao entrar na faculdade, eu decidira mudar o meu curso, passando de física e engenharia para a antropologia. Eu não tinha comido o dia inteiro, estava encharcado de suor, os *bareto* me picavam sem dó e eu estava coberto de pigmento vermelho misturado com meleca de nariz – resultado de uns dez exames completos a que fui submetido pelo mesmo número de ianomâmis suados e insistentes.

Esses exames concluíram o dia, que já fora bem duro e desanimador. Os homens, inteiramente nus, assoavam o nariz, abanavam as mãos para atirar fora um pouco de muco verde, limpavam o restante no cabelo e passavam então a examinar detalhadamente o meu rosto, barba, braços, pernas, cabelo e o conteúdo dos meus bolsos. Perguntei a Barker como dizer: “Não faça isso! Suas mãos estão sujas”. Minhas admoestações foram respondidas pelos sorridentes ianomâmis da seguinte forma: eles passaram a “lavar” as mãos, cuspindo nelas uma grande quantidade de suco de tabaco viscoso; depois esfregavam uma na outra, enxugavam-nas no cabelo, davam um largo sorriso e então continuavam a me examinar com as mãos “limpas”.

Barker e eu atravessamos o rio, levamos nossas bagagens para a margem e penduramos nossas redes em uma das cabanas de pau a pique que era de um funcionário da Malarialogía. Quando Barker tirou a sua rede de um saco de borracha, saiu um odor pesado, úmido e desagradável de algodão mofado e fumaça de madeira velha. Até os missionários são imundos, pensei eu.

Dentro de duas semanas, porém, tudo o que eu possuía tinha aquele mesmo cheiro, e convivi com ele durante todo o restante do meu trabalho de campo. Todas as redes que usei lá ainda têm esse vago odor, muitos anos depois da minha última viagem aos ianomâmis e após várias lavagens na máquina.

Depois que me adaptei às circunstâncias, meus próprios hábitos de limpeza pessoal declinaram a tal ponto que parei de protestar quando era examinado pelos ianomâmis, já que eu mesmo não estava muito mais limpo do que eles. Também percebi que é muito difícil assoar o nariz graciosamente quando se está nu e a invenção do lenço, seja de tecido ou de papel, ainda está a milênios de distância.

Eu enfrentava agora as consequências decepcionantes do que, na época, fora a conclusão lógica de uma sequência de decisões que eu tomara na faculdade. Quando decidi estudar antropologia, era preciso escolher uma especialização dentro da disciplina. Escolhi a antropologia cultural. A próxima opção era por algum tipo de sociedade – tribal, camponesa ou uma cultura industrializada existente. Escolhi tribos desconhecidas, o que limitava as partes do mundo que eu podia estudar. Por exemplo, não há tribos desconhecidas nos Estados Unidos; portanto, eu tinha que pensar em lugares mais remotos. Uma das possibilidades era a América do Sul, e ali a maioria das tribos desconhecidas reside na Bacia Amazônica.

E assim lá estava eu, empunhando meu caderno ainda virgem, preparando-me para aguentar firme por dezessete meses de trabalho de campo. Eu era a própria encarnação da tábula rasa.

MINHA VIDA NA SELVA

Não é fácil despencar na Bacia Amazônica para iniciar um período de dezessete meses e entrar de imediato no aspecto antropológico das coisas. Eu já tinha ouvido falar, ou já tinha lido, sobre areias movediças, doenças horríveis, cobras, onças, morcegos chupadores de sangue, enguias-elétricas, peixes em forma de espinho que entram nadando pelo pênis, e sobre ficar perdido. A maioria dos perigos – doenças, cobras, onças, peixes em forma de espinho, enguias, ficar perdido – é de fato real, mas a imaginação pode torná-los mais sinistros e ameaçadores do que realmente são.

As pessoas normais em geral não fazem ideia de quantas coisas básicas da vida simplesmente não existem em campo – algo tão simples como uma superfície plana onde se possa escrever ou colocar um copo de café. O que meus professores de antropologia nunca se preocuparam em me contar foram as coisas mundanas, triviais e desinteressantes – coisas como comer, defecar, dormir, manter-se limpo. E o motivo, como comecei a suspeitar, era que poucos desses professores tinham feito um trabalho de campo em circunstâncias de desconforto remotamente semelhantes às que eu enfrentava agora. Essas circunstâncias foram a maldição da minha existência nos primeiros meses de pesquisa. Depois se tornaram apenas as condições inevitáveis, inconvenientes, porém rotineiras na vida de um antropólogo de campo que decidiu, um tanto ingenuamente, estudar a tribo mais remota e primitiva que conseguisse encontrar.

De início me instalei na cabana desocupada de Barker, uma casa de pau a pique, a uns 30 metros de Bisaasi-teri, e de imediato me pus a construir minha própria cabana de parede de barro e telhado de folhas de palmeira, com a ajuda dos ianomâmis. Ao mesmo tempo, eu tinha que comer e tentar fazer minha pesquisa de campo.

Logo descobri que era uma tarefa extremamente demorada manter minha higiene da maneira como eu me acostumara no ambiente relativamente antisséptico do norte dos Estados Unidos. Tive que escolher: podia ficar relativamente bem alimentado e relativamente confortável, com uma nova muda de roupa – e fazer muito pouco trabalho de campo –, ou então podia avançar muito mais no trabalho e ficar menos confortável e menos alimentado.

Descobri bem depressa como é complicado preparar uma simples tigela de mingau de aveia no meio da selva. Primeiro eu tinha que fazer duas viagens ao rio para trazer a água que usaria durante o dia. Precisava então colocar um pouco de álcool no meu fogareiro, que funcionava com vapor de querosene, para fazê-lo acender – um procedimento complicado quando se está tentando, ao mesmo tempo, misturar leite em pó e encher a cafeteira de água. O álcool sempre se consumia antes que eu conseguisse fazer o querosene

Aldeia de tamanho médio nas margens do rio Siapa.

pegar, e eu tinha que começar tudo de novo. Ou então eu acendia o querosene esperando, com otimismo, que o fogareiro estivesse quente o bastante para vaporizá-lo, e ao fazer isso ateava um pequeno incêndio na minha cabana com telhado de folhas secas, com o querosene líquido esguichando e pegando fogo na minha mesa improvisada e nas paredes de barro. Muitos espectadores ianomâmis se divertiam e logo aprenderam a exclamação vulgar em inglês *"Oh, shit!"* ["Que merda!"], e começaram também a prever com exatidão quando eu iria dizer isso. Se algo dava errado e eu, desajeitado, provocava algum acidente, eles gritavam em uníssono: "Diga '*Oh shit!*'" ("*Oh shit a da kuu!*"). Mais tarde, quando descobriram que essa exclamação irritava os missionários, os ianomâmis passaram a dizê-la tanto quanto podiam na presença deles; ou, pior ainda, mandavam, maliciosamente, os missionários dizerem "*Oh shit!*" sempre que ocorria algo de errado com eles também.

A refeição começava com essa luta com o querosene e o álcool. Depois eu tinha que ferver a farinha de aveia com água e catar os insetos de dentro. Todos os meus mantimentos ficavam cuidadosamente guardados em reci-

Pequena aldeia em área remota.

pientes à prova de ratos, à prova de insetos e à prova de umidade; só que nenhum deles desempenhava sua função como prometido. Só tirar os alimentos dos diversos recipientes e recolocá-los depois já era uma empreitada considerável. Depois de trazer a água para cozinhar, tirar a comida das embalagens, preparar o mingau, o leite em pó e o café, esquentar água para lavar os pratos, lavar e secar os pratos, guardar de novo a comida nos recipientes, guardar os recipientes em baús trancados e limpar a minha bagunça, a cerimônia de preparação do café da manhã já tinha se prolongado quase até a hora do almoço!

Logo decidi que fazer três refeições por dia era simplesmente inviável. Resolvi o problema fazendo apenas uma refeição, que podia ser preparada em um único recipiente ou, no máximo, dois. Só lavava meus pratos quando não havia mais nenhum limpo, com água fria do rio; e usava cada muda de roupa pelo menos uma semana, para reduzir a lavagem, que nos trópicos é um empreendimento que exige coragem. Eu exalava um cheiro de sunga mofada, esquecida nas profundezas de um armário na sala de ginástica. Também parei de me aborrecer por ter de compartilhar meus mantimentos com os ratos, os insetos, os ianomâmis e os elementos, reduzindo assim a complexidade do meu sistema de armazenamento. Eu conseguia aguentar a maior parte do dia na base do *café con leche* – um café *espresso* com muito açúcar, diluído em cinco partes para uma com leite em pó reconstituído quente. Eu preparava o café com leite à noite e o guardava em uma grande garrafa térmica. Muitas vezes a minha única refeição do dia não era mais complicada do que uma lata de sardinhas e um pacote de biscoitos salgados com manteiga de amendoim. Porém, pelo menos duas ou três vezes por semana eu fazia algo "especial" e sofisticado, como mingau de aveia, ou então fazia arroz e misturava com uma lata de atum e extrato de tomate. Eu também comia muita coisa que ganhava dos ianomâmis, em especial bananas de vários tipos e um tubérculo semelhante à batata, dando em troca anzóis e linha de pescar de náilon.

Quanto às necessidades pessoais recorrentes, basta dizer que os ianomâmis ainda não desenvolveram um sistema de esgoto. Barker me disse no primeiro dia que as pessoas simplesmente entram um pouco pela mata para fazer o número dois, e que eu devia olhar bem onde pisava. "Se você encontrar um, provavelmente vai encontrar muitos mais", acrescentou. Os arredores de uma aldeia ianomâmi de duzentas pessoas são um lugar perigoso para se dar um passeio despreocupado. Todos nós já fomos acampar, mas imagine as consequências para a higiene se você ficasse acampado por uns três anos no mesmo local pequeno, com mais duzentos companheiros, sem esgoto, água corrente nem coleta de lixo – assim você terá uma noção de como é a vida diária entre os ianomâmis. E, aliás, assim foi a vida durante grande parte da história humana.

Hoje em dia eu mal me lembro dessas coisas. Elas me vêm à mente só quando releio minhas velhas anotações, feitas nos primeiros dias do meu trabalho de campo, ou as primeiras cartas que escrevi de lá à minha esposa. Também me vêm à mente quando pego uma das minhas velhas redes com cheiro de fumaça para pendurar entre duas árvores do quintal.

COMEÇO A DUVIDAR DE ALGUMAS VERDADES ANTROPOLÓGICAS

Nesse primeiro dia aprendi duas coisas que viriam a dominar boa parte da minha vida de pesquisador de campo pelos 35 anos seguintes.

A primeira descoberta foi que "guerra entre os nativos" não era simplesmente um item neutro em uma lista de características antropológicas, equivalente a outros como "eles fabricam cestas de cipós" ou "o sistema de parentesco é de fusão bifurcada". Entre os indígenas ianomâmis, a guerra entre os nativos não era apenas ocasional ou esporádica, mas sim uma ameaça *crônica*, sempre à espreita, podendo desbaratar comunidades a qualquer momento. E quanto maior a comunidade, mais se podia sentir a presença sinistra dessa ameaça.[5]

A guerra e a ameaça de guerra permeavam quase todos os aspectos da vida social ianomâmi: a política, as visitas entre aldeias, as tensões entre as pessoas, as festas, as permutas, a rotina diária, o tamanho da aldeia e até mesmo o local onde novas comunidades se estabeleciam quando uma maior se subdividia, processo que chamei de cisão. Essa situação bélica permanente não é mencionada com frequência na literatura antropológica porque havia poucos lugares no mundo com populações tribais em contínuo crescimento, com mais nascimentos do que mortes, lutando umas contra as outras, com total independência em relação aos Estados-nações que as cercavam. A história ianomâmi é uma história de guerras, tal como Karl Marx afirmava ser a história de todos os povos.

A segunda descoberta que fiz logo no primeiro dia foi que a maioria das discussões e brigas entre os ianomâmis começava por causa das mulheres. Essa observação etnográfica simples e direta haveria de me causar muitos problemas no mundo acadêmico, pois na década de 1960 "brigar por mulheres" era uma explicação considerada controversa na antropologia "científica". Nos anos 1960, a teoria antropológica mais científica sobre as guerras primitivas sustentava que os membros das tribos – exatamente como os membros dos países industrializados – lutavam apenas por causa de recursos materiais escassos, como alimentos, petróleo, terras, reservas de água, portos marítimos, riquezas etc. Que um antropólogo sugerisse que a luta tinha algo a ver com as mulheres, isto é, com o sexo e a competição reprodutiva, era uma verdadeira blasfêmia; ou, na melhor das hipóteses, uma ideia ridícula. Os biólogos, por outro lado, julgavam que essa observação não era nada surpreendente, mas sim normal para uma espécie de reprodução sexuada. O que eles achavam surpreendente era que os antropólogos considerassem a luta, no contexto da competição reprodutiva, como algo ridículo quando aplicado aos seres humanos. Afinal de contas, a competição entre os machos disputando as fêmeas é muito difundida no mundo animal.

Fiquei abismado com a reação a essa descoberta por parte de alguns dos mais famosos antropólogos da época. Houve uma séria e imediata oposição profissional à minha inocente descrição dos fatos quando a publiquei, em 1966, na minha tese de doutorado.[6] Eu ainda era novato no mundo acadêmico e me encontrei, com a avançada idade de 28 anos, já motivo de polêmica por dizer que os ianomâmis, uma grande tribo amazônica que vivia em numerosas aldeias, brigavam e lutavam muito por causa das mulheres e da infidelidade conjugal.

Foi quando comecei a descrer do que diziam os membros mais veteranos da minha profissão sobre o mundo primitivo. Comecei a suspeitar que os antropólogos mais velhos acreditassem que era sua responsabilidade solene "interpretar" para o resto do mundo o que eles consideravam ser o significado recôndito dos costumes de outras culturas.

Em outras palavras, o que eu não sabia na época é que, se um antropólogo sério e bem treinado na profissão, que passou mais de um ano vivendo no meio de uma tribo guerreira, relatasse que boa parte das lutas que ele testemunhou ocorreu "por causa de mulheres", isto é, se enraizava na competição reprodutiva, uma conclusão assim, de base sólida, abriria a possibilidade de que a guerra humana tivesse a ver com a natureza do homem como resultado da evolução, e não só com o que a pessoa aprende e adquire na sua cultura. A maioria dos antropólogos, ao contrário, acreditava que a guerra e as lutas eram inteiramente determinadas pela cultura. Meu trabalho de campo levantava a possibilidade, tão desagradável antropologicamente, de que a natureza humana também fosse impul-

Bela jovem *moko dude* (pós-pubescente).

sionada pela evolução da biologia humana. Essa ideia era extremamente controversa nos anos 1960 e deixou irados muitos especialistas em antropologia cultural.

Assim, meus primeiros trabalhos publicados, com descrições e afirmações sobre a violência dos ianomâmis, passaram a constituir um desafio supostamente perigoso para a sabedoria convencional de muitos veteranos da antropologia cultural. E o que mais me preocupava então era que alguns dos mais proeminentes desses antropólogos eram meus próprios professores da Universidade de Michigan, e vários deles estariam na minha banca de doutorado.

O CLIMA POLÍTICO E INTELECTUAL DOS ANOS 1960

Uma característica realmente curiosa e notável da antropologia cultural, que a distingue de outras subáreas da antropologia, é que sempre que se diz que algum povo nativo faz algo arriscado por outros motivos que não "maximizar o acesso aos recursos materiais" há figuras destacadas na profissão que ficam inquietas e desconfiadas. Um conhecido antropólogo cultural, o inglês Ashley Montagu,[7] escrevia livros inteiros compostos de refutações raivosas sempre que alguém de destaque fazia uma afirmação desse tipo. Ele parecia convencido de que as pessoas poderiam ter a impressão errada de que os fatores biológicos ajudam a explicar o que os seres humanos fazem; ou, pior ainda, que os seres humanos podem ter algo chamado "natureza humana", distinta da natureza puramente *cultural*. Ou, mais precisamente, que as características comportamentais do ser humano podem ter evoluído mediante algum processo natural, tal como o que Darwin chamou de "seleção natural".

Minha carreira começou com a sensação incômoda de que a antropologia cultural era um dos últimos bastiões da oposição à teoria de Darwin da evolução por seleção natural. No entanto, o departamento de antropologia da Universidade de Michigan era o principal centro da Teoria da Evolução Cultural, a qual era nitidamente diferenciada por seus proponentes da evolução biológica ou orgânica, isto é, a evolução dos organismos biológicos.[8]

Na época em que fiz pós-graduação, a posição epistemológica tradicional, quase solene, da antropologia cultural dizia que o ser humano tem apenas uma natureza cultural. Assim, nossas características físicas ou biológicas como primatas evoluídos são irrelevantes para tudo o que fazemos como membros da sociedade. As propriedades biológicas dos seres humanos, conforme me ensinaram meus professores, têm que ser excluídas de qualquer explicação antropológica das ações humanas.

Entre meus professores estavam Leslie A. White, Elman R. Service, Marshall D. Sahlins, Eric R. Wolf e Morton H. Fried, que eram alguns dos antropólogos culturais mais proeminentes da época e importantes arquitetos da visão antropológica que acabo de descrever.

A antropologia, por definição, é a ciência do homem. Não é estranho que essa ciência ignore a biologia da criatura que é seu objeto central de estudos na busca de compreendê-la?

Esse ponto de vista um tanto estranho, mas axiomático, tem raízes profundas e generalizadas em várias ciências sociais, em particular a sociologia e a antropologia. Em poucas palavras: o ilustre sociólogo francês oitocentista Émile Durkheim se esforçou para criar uma "ciência da sociedade" (o que hoje chamamos de sociologia) em uma época em que tal ciência se encontrava intrincadamente ligada e entrelaçada à psicologia e à psicologia social. Durkheim julgava que havia fatos irredutíveis que eram pura e exclusivamente de natureza social e podiam ser estudados por si sós, divorciados de quaisquer atributos psicológicos e/ou biológicos dos organismos humanos cujas atividades eram o seu tema de estudos. O exame desses fatos sociais, segundo ele, merecia ter sua própria ciência.

Uma rebelião semelhante ocorreu na antropologia cultural, começando com os esforços de Herbert Spencer e talvez culminando com as obras de Leslie A. White, um dos meus principais professores, e depois Marvin Harris, que mais tarde se tornaria um dos meus críticos mais abertos. White e Harris passaram a vida tentando criar uma "ciência da cultura" ("Culturologia", como a chamou Leslie White: o estudo dos fatos culturais). E, tal como Durkheim, eles afirmavam que os aspectos biológicos dos seres humanos não eram relevantes para "o processo da cultura".

Minha observação de que os homens ianomâmis brigavam principalmente por causa das mulheres e, tão significativo quanto, que esses conflitos e seus resultados tinham consequências importantes para se compreender a cultura e a sociedade ianomâmi, perturbou alguns dos meus colegas antropólogos culturais. E por quê? Revendo a história da minha pesquisa, percebo que eu estava afirmando não apenas uma mas duas coisas que preocupavam profundamente esses antropólogos, e que na época eram consideradas controversas.

Minha primeira constatação dizia que a guerra era comum entre os ianomâmis e aparentemente não tinha como causa a exploração capitalista, tampouco era uma reação à opressão por parte de potências coloniais ocidentais. Isso levantava a possibilidade de que a guerra fosse, em certo sentido, uma condição "natural" ou "previsível" entre tribos que ainda não haviam sido expostas às culturas capitalistas, industrializadas e/ou coloniais, nem corrompidas por elas.

A segunda possibilidade que a minha pesquisa levantava era que os conflitos mortais entre grupos pudessem não ser explicáveis pela "escassez de recursos materiais estratégicos", considerada por antropólogos e outros cientistas sociais como a única razão "científica" legítima para os conflitos humanos e a guerra.

Em 1966, ao voltar para Ann Arbor, em Michigan, da minha primeira viagem de campo, uma professora da Universidade de Michigan, Norma Diamond, me convidou para dar uma palestra na sua aula inaugural. Falei sobre a minha pesquisa de campo e como era importante a guerra na cultura ianomâmi. Os alunos ficaram fascinados. Depois da palestra, Diamond me agradeceu pela apresentação diante da classe. Enquanto caminhávamos de volta ao departamento de antropologia, porém, ela me advertiu: "Você não deve dizer coisas assim. As pessoas vão ter uma impressão errada". Quando perguntei o que queria dizer com isso, ela acrescentou: "A respeito da guerra. Nós não devemos dizer que os povos nativos travam guerras entre si e matam uns aos outros. As pessoas vão ficar com uma impressão errada".

Quando relatei, em um dos meus primeiros artigos, que os ianomâmis lutavam muito por causa das mulheres, um destacado antropólogo, David Schneider, então na Universidade de Chicago, me escreveu uma carta sarcástica dizendo algo como: "Lutar por causa de mulheres? Ouro e diamantes, posso entender. Mas mulheres? Nunca!". E ainda: o renomado antropólogo Marvin Harris, como adendo de última hora para um importante livro que estava prestes a publicar sobre a história da teoria antropológica, afirmou que minha tese de doutorado de 1966 dava credibilidade "às especulações mais escabrosas" de John McLennan, um antropólogo e jurista escocês oitocentista que escreveu um livro sobre o casamento primitivo e considerava o "casamento por captura" como um "estágio primitivo" na história social humana.[9] Acabei debatendo essa questão com Harris desde 1968 até a sua morte, em 2001. Vários discípulos seus tentam até hoje levar adiante, de uma ou outra forma, esse debate. Harris defendia uma visão antropológica marxista, o determinismo materialista cultural, enquanto eu fazia parte de uma pequena minoria de antropólogos lutando para desenvolver uma visão mais darwinista, mais evolutiva do comportamento humano. Eu não via dificuldade alguma em incorporar as duas visões em uma teoria abrangente do comportamento humano; mas Harris (e muitos outros antropólogos) insistiam, irredutivelmente, que uma teoria científica do comportamento humano não tinha espaço para ideias vindas da biologia, da competição reprodutiva e da teoria da evolução. Muitos desses antropólogos argumentavam que as culturas e as sociedades não eram apenas *análogas* a organismos vivos, de reprodução sexuada, mas eram *homólogas* a eles e, portanto, intercambiáveis segundo a teoria de Darwin da evolução por seleção natural. Os biólogos achavam esse argumento implausível e inconvincente. Um participante que sustentava o ponto de vista biológico nesse longo debate perguntou ao seu oponente, exasperado: "Será que o seu piano menstrua?".

Por ironia, tanto Harris como eu defendíamos uma visão científica do comportamento humano em uma época em que muitos antropólogos começavam a descrer da abordagem científica e chegavam até mesmo a ser anticientíficos. No entanto, Harris se opunha ferrenhamente a uma perspectiva darwiniana sobre o comportamento humano – uma visão que eu julgava ser, por si só, anticientífica.

Durante as semanas, os meses e os anos que passei entre os ianomâmis, comecei a explorar e documentar sua vida de maneira estatística e demográfica – e minhas dúvidas sobre muita coisa que eu aprendera sobre antropologia com meus professores só fizeram aumentar.

Uma lição que acabei aprendendo com a história da minha própria pesquisa antropológica, e com as controvérsias que ela causou, foi que a antropologia cultural não se encaixava na definição tradicional de ciência, em que os fatos são estabelecidos mediante observações confirmadas por outros cientistas a fim de definir padrões constantes; se as observações empíricas de outros cientistas não confirmarem as observações originais, então é preciso envidar esforços para explicar essas diferenças nas observações. Em vez disso, a antropologia é mais parecida com uma religião. Na verdade, a estrutura organizacional e intelectual de grande parte da antropologia cultural é mais bem compreendida se vista como uma fraternidade acadêmica que intimida e suprime a dissidência, em geral declarando que o dissidente é culpado de alguma conduta antiética, imoral – ou darwinista.

Muitos antropólogos culturais de hoje têm medo de apresentar qualquer desafio, mesmo que tímido, a essa autoridade, e tomam o máximo cuidado para descrever suas descobertas com palavras escolhidas cautelosamente, com frequência vagas, de modo a não dar às pessoas "a impressão errada"; ou, mais importante, de modo a não atrair a desconfiança ou a condenação dos aiatolás da antropologia, a Polícia do Pensamento que zela pelas ideias tradicionais.

COMO DECIDI ESTUDAR OS IANOMÂMIS

Os ianomâmis não foram a minha primeira opção para o trabalho de campo. Eu queria estudar uma tribo recém-contatada nos planaltos do Brasil central, um grupo chamado suiás, uma das várias tribos cujos membros falam um idioma nativo pertencente à família linguística jê. Fiz as pesquisas bibliográficas necessárias para pedir uma bolsa e me concentrei em vários problemas teóricos que então estavam em voga na antropologia. Com base nessa proposta, pedi e consegui uma bolsa de pesquisas do National Institute of Mental Health [Instituto Nacional de Saúde Mental – NIMH], um pequeno estipêndio que cobriria minhas despesas de viagem e meu custo de vida por um ano.[10]

Infelizmente, poucas semanas depois de eu saber que ganhara a bolsa do NIMH, os militares brasileiros derrubaram o governo democraticamente eleito. Conversando com pesquisadores de campo experientes, que já tinham trabalhado na região amazônica, vi que era uma má ideia tentar fazer qualquer coisa em um país que acabara de sofrer um golpe militar. Além disso, podia ser perigoso tentar entrar em certas áreas do Brasil.

Decidi então escolher outra tribo, em outro país – idealmente, uma tribo que morasse na fronteira entre dois países. Imaginei que, se um deles tivesse uma revolução, eu poderia entrar na mesma tribo no outro país e continuar ali meu trabalho de campo. Assim, optei pelos ianomâmis, que vivem na Venezuela e no Brasil.

A GENÉTICA HUMANA

Mais ou menos na mesma época em que eu estava fazendo as pesquisas bibliográficas do meu projeto de pesquisa sobre os suiás para o NIMH, marquei um encontro com o dr. James V. Neel, diretor do departamento de genética humana da Escola de Medicina da Universidade de Michigan. Neel era o fundador desse departamento e figura de destaque internacional em sua área. Ele e vários colegas, em especial o dr. William J. Schull, tinham estudado os efeitos genéticos de longo prazo em sobreviventes dos bombardeios atômicos de Hiroshima e Nagasaki.[11] Além disso, Neel havia sido colaborador de campo do dr. Frank Livingstone, que agora lecionava no departamento de antropologia e era meu professor. Seus estudos eram sobre várias tribos africanas nativas e o fenômeno da anemia falciforme.

Eu estava mais intrigado com algumas pesquisas recentes de Neel entre os índios xavantes, em colaboração com alguns antropólogos, em especial David Maybury-Lewis.[12] Os xavantes eram uma tribo brasileira do grupo linguístico jê que vivia perto da área onde eu pretendia estudar os suiás. Eu queria saber se Neel aceitaria fazer uma colaboração semelhante comigo depois que eu tivesse vivido com os suiás por cerca de um ano. Muitos de meus interesses antropológicos eram compatíveis com os dele, e até mesmo iguais – genealogias, padrões de casamento, padrões demográficos, a organização social da reprodução. Seu interesse por esses temas era de ordem médica, enquanto o meu era antropológico e comportamental. Por exemplo, Neel queria saber qual era a variação genética entre diversas tribos – e, mais importante, entre as comunidades de uma mesma tribo. Era uma questão científica que apenas começava a ser explorada em meados dos anos 1960, quando os antropólogos e especialistas em genética humana passaram a documentar de maneira mais sofisticada e abrangente a variabilidade humana por meio de marcadores genéticos recém-descobertos, especialmente em amostras de sangue, fáceis de coletar.

Eu tinha feito cursos de genética humana no departamento de antropologia com James Spuhler,[13] cuja disciplina de pós-graduação tinha alguns alunos de pós-graduação de Neel e, para minha surpresa, até mesmo alguns professores do departamento de Neel.[14]

Após uma frutífera conversa inicial, concordei em colaborar com Neel em um breve estudo de pesquisa biomédica/antropológica, depois que eu tivesse passado um ano entre os suiás e aprendido seu idioma e os meandros de sua organização social.

Porém, Neel também estava desenvolvendo uma colaboração com colegas venezuelanos que realizavam uma pesquisa semelhante entre várias tribos indígenas do seu país. Entre eles se destacava o dr. Miguel Layrisse, conhecido internacionalmente por seus estudos sorológicos entre os índios venezuelanos, boa parte deles feita em colaboração com o antropólogo cultural alemão Johannes Wilbert.[15] Layrisse tinha descoberto, por exemplo, um marcador genético conhecido como "fator Diego" – um grupo de genes encontrados apenas em pessoas com ascendência de índios americanos nativos e em certas populações mongóis da Ásia. De início, o fator Diego foi utilizado provisoriamente para classificar as tribos nativas americanas em dois grupos: populações que supostamente "chegaram antes" ao Novo Mundo e as que chegaram "mais tarde". Layrisse e Wilbert tinham começado a coletar amostras de sangue para documentar as características genéticas de todas as tribos da Venezuela e as variações encontradas entre elas.[16]

Em vista das dificuldades práticas que eu teria que enfrentar devido ao golpe militar no Brasil, Neel sugeriu que eu fizesse minha pesquisa de campo em uma tribo venezuelana perto da fronteira brasileira – possibilidade que, como mencionei, eu já vinha considerando. De súbito essa pesquisa ficou mais viável e mais atraente em vista das recentes relações de Neel com Layrisse, na Venezuela.

Havia diversas tribos venezuelanas cujos territórios penetravam no Brasil – por exemplo, os pemons, na região do cerrado, e os iecuanas, da floresta tropical amazônica. Havia ainda outras tribos venezuelanas na fronteira com a Colômbia, que abrangiam os dois países e que também considerei; mas, como eram relativamente acessíveis, estavam mais aculturadas pelo contato com cidadãos venezuelanos e colombianos. Eu queria estudar uma tribo que tivesse tido um contato mínimo com a cultura da nossa civilização ocidental.

Para mim o grupo mais atraente era uma tribo aparentemente numerosa, mas em boa parte desconhecida, então chamada uaicá. Nas minhas leituras gerais de preparação para o extenso exame de doutorado em antropologia, eu tinha lido a escassa literatura existente sobre os índios uaicás. Segundo constava, eram muito numerosos, guerreiros, e viviam isolados em uma área bastante inexplorada, na fronteira entre o Brasil e a Venezuela. Havia alguns relatos de primeira mão, recentemente publicados, sobre os uaicás venezuelanos,[17] incluindo vários artigos de um missionário americano chamado James P. Barker, que começara recentemente a trabalhar em uma missão evangélica na área.

Layrisse e Wilbert tinham coletado amostras de sangue de quase todas as tribos na Venezuela, incluindo algumas visitas a pequenas aldeias de índios uaicás (também chamados sanumás), que periodicamente saíam das profundezas da floresta e mantinham contato esporádico com os iecuanas e os missionários que trabalhavam com estes. No fim descobri que *uaicás* e *sanumás* eram nomes alternativos para os ianomâmis. Johannes Wilbert tinha publicado breves descrições dos seus encontros com esses índios um tanto misteriosos; mas, além de seus relatórios breves e iniciais, não havia nada de substancial escrito por antropólogos sobre nenhum grupo de índios venezuelanos uaicás. Na verdade, o domínio da antropologia cultural baseada no trabalho de campo era escasso na Venezuela em meados dos anos 1960.

Depois de algumas reuniões com Neel e conversas sobre seus acordos de colaboração com Layrisse na Venezuela, decidi aceitar a recomendação do primeiro e começar a minha pesquisa com os uaicás nas cabeceiras do rio Orinoco, em uma região da Venezuela chamada Amazonas, que na época não era um estado do país, mas sim um território federal. De uma maneira estranha, eu me sentia um pouco como Lewis e Clark ao aceitarem de Thomas Jefferson a incumbência de explorar o recém-adquirido território da Louisiana.

A partir daí, as coisas andaram rápido. Em novembro de 1964 parti de Nova York, com minha esposa e nossos dois filhos pequenos, em um cargueiro venezuelano. Levávamos uma grande quantidade de equipamentos pessoais e de trabalho de campo, embalados em cinco grandes barris metálicos de 200 litros, de modo que viajar de cargueiro sairia muito menos dispendioso do que de avião. Cerca de duas semanas após a nossa chegada à Venezuela, eu já estava entre os ianomâmis (ou uaicás), e ali fiquei durante os dezessete meses seguintes, com exceção de duas viagens de mais ou menos dez dias, quando saí da selva para visitar minha esposa e filhos.

Os uaicás chamavam a si mesmos de ianomâmis, mas eram tão raras as pesquisas antropológicas sobre eles que esse fato foi ignorado, ou as pessoas simplesmente continuaram a chamá-los de uaicás, nome um tanto pejorativo usado pelos poucos moradores locais que tiveram contato ocasional com eles. (Parece que a palavra *uaicá* deriva da palavra ianomâmi *waikäo*, que significa "acabar com um animal, ou pessoa, ferido", ou seja, administrar o golpe mortal.)

Nos dezessete meses seguintes, meu contato com o mundo exterior cessou quase por completo. Por exemplo, eu estava vagamente consciente, quando fui para a área ianomâmi em fins de 1964, de que os Estados Unidos tinham mandado algumas centenas de consultores militares ao Vietnã do Sul para ajudar a treinar o Exército sul-vietnamita. Em 1966, quando voltei para Ann Arbor, os Estados Unidos já tinham enviado para lá cerca de 200 mil soldados.

No início de 1966, quando minha pesquisa de campo antropológica inicial chegou ao fim, Neel e sua equipe de pesquisadores médicos vieram passar duas semanas comigo na área ianomâmi, como havíamos planejado. Layrisse os trouxe para a área de Mavaca, onde eu morava na minha cabana de pau a pique, que nos serviu de base no trabalho. Além de Layrisse, o único venezuelano no grupo médico naquele primeiro ano era um jovem dentista, o dr. Charles Brewer-Carías, autor de uma pequena monografia sobre a dentição dos índios iecuanas. Brewer também era um explorador entusiasmado, naturalista autodidata e fotógrafo de talento.

Layrisse partiu no dia seguinte e voltou a Caracas, enquanto Neel e uma pequena equipe de médicos e doutorandos do seu e de outros departamentos da Escola de Medicina da Universidade de Michigan ficaram comigo cerca de duas semanas. Eles coletaram amostras de sangue, urina, fezes e saliva, fizeram moldes dentários, e realizaram exames médicos e odontológicos de todos os ianomâmis em cada aldeia que visitamos, incluindo informações antropométricas detalhadas. Para garantir que os registros de dados de todos os índios pudessem ser unificados na pesquisa, escrevi, com marcador hidrográfico preto, um número de identificação, relacionado às genealogias que eu havia coletado em meu trabalho de campo, no braço de cada indivíduo.

A equipe médica iniciava cada dia atendendo os ianomâmis que estavam doentes e que podiam ser tratados na aldeia com antibióticos e outros medicamentos trazidos da Universidade de Michigan pela equipe de Neel.[18]

Os resultados das análises do sangue e das outras amostras obtidas pela equipe médica durante o breve tempo que passaram comigo em 1966 agradaram muito a Neel, e posteriormente ele me ofereceu um cargo no departamento de genética humana para participar de futuras viagens de campo aos ianomâmis. Embora um cargo de pós-doutorado desse tipo fosse, do ponto de vista acadêmico, um beco sem saída para um antropólogo, os benefícios de curto prazo eram muito desejáveis: eu poderia analisar meus dados de campo e publicar extensamente, sem me ocupar, simultaneamente, das demoradas tarefas de preparar e ministrar cursos – a trajetória normal dos novos doutores em antropologia.

Porém, outro aspecto atraente do cargo era a oportunidade de voltar aos ianomâmis como membro de um programa de pesquisa bem financiado e prosseguir minhas pesquisas de campo antropológicas. Conseguir fundos para pesquisas relativamente caras em ciências sociais – em especial para viagens ao exterior, como é comum na antropologia – era um processo longo e frequentemente decepcionante. Por vezes um jovem pesquisador desconhecido tinha que solicitar verbas a vários órgãos, em várias ocasiões, para obter um financiamento.

Quando voltei a Ann Arbor, escrevi minha tese de doutorado, passei em dois exames de língua estrangeira (alemão e espanhol), completei o restante dos créditos exigidos pelo doutorado (dois cursos de estatística) e defendi com sucesso minha tese diante da banca examinadora, a tempo para a cerimônia de titulação em dezembro de 1966. Eu já era docente da Escola de Medicina da Universidade de Michigan quando recebi meu diploma de doutorado.

2.
Descobrindo o significado dos nomes

Percebi imediatamente, no meu primeiro dia entre os ianomâmis, que eles eram diferentes do que a minha formação acadêmica tinha me preparado para encontrar. Os ianomâmis eram uma tribo fora do comum, e eu sabia que não poderia descrever sua sociedade adequadamente fazendo apenas o trabalho de campo minimamente aceitável característico dos anos 1960. Eles eram demasiado puros, autênticos e especiais. Não tinham sido dizimados por doenças vindas de fora, nem por colonizadores atuando nas fronteiras de uma área em expansão. Nem mesmo os missionários cristãos haviam exercido impacto sobre eles, exceto em um punhado das suas numerosas aldeias. A maioria das suas aldeias era tão isolada que ninguém sabia ao certo quantas eram, muito menos o número total dos seus moradores. Era uma situação antropológica praticamente única na época – uma oportunidade extraordinária de estudar um grupo que era, possivelmente, a última grande tribo guerreira isolada do planeta.

Os ianomâmis eram especiais em muitos outros aspectos. Por exemplo, eles me pareceram muito autoconfiantes, e até mesmo um pouco arrogantes; e, para minha surpresa, indiferentes ao "mundo exterior" pouco depois de conhecê-lo (ao menos parte dele). Eu imaginava que eles ficariam mais chocados, e que o choque duraria mais tempo, ao ver algo notável pela primeira vez. Por exemplo, eles não ficavam admirados por muito tempo diante de algumas de nossas tecnologias, tais como motores de popa, facões ou lanternas. No início, sem dúvida, achavam essas coisas curiosas e notáveis; mas logo passavam a vê-las com total naturalidade.

Eles também tinham um atributo muito perceptível que é difícil de explicar, uma característica "subjetiva" que meus professores e os livros de antropologia que eu lera nunca mencionaram – e da qual pareciam nem mesmo estar cientes. Por exemplo, percebi imediatamente, quando vi o meu primeiro ianomâmi, o que significa um índio "selvagem", comparado a um "aculturado". Os selvagens tinham um brilho nos olhos e uma aparência arrogante que os aculturados aparentemente haviam perdido. Há uma cena maravilhosa no filme baseado no belo livro de Peter Matthiessen *Brincando nos campos do Senhor* que transmite o que estou tentando dizer. Um casal de missionários evangélicos estava trabalhando entre alguns nativos da Amazônia, já contatados recentemente, e tentando fazer o primeiro contato com índios "selvagens", mais remotos e isolados. Eles penduram em cordas presentes como bijuterias, ferramentas de aço e outros objetos, na esperança de atrair os índios isolados à sua missão. Esperam dias, semanas, meses. Um dia seu filho pequeno entra correndo na cabana dos pais, com os olhos arregalados, e sussurra baixinho, com apreensão: "Eles chegaram! Eles chegaram! Chegaram os *selvagens*!".

Minha formação antropológica provavelmente me teria servido bem se eu houvesse decidido estudar algum grupo nativo da Amazônia que já estivesse, após muitos anos de contato, acostumado com os venezuelanos, brasileiros ou outras populações nacionais, e falasse razoavelmente algum idioma europeu. Mas as pessoas com quem eu estava convivendo sabiam apenas algumas palavras de espanhol, como *sí* e *no*, e a maioria não conhecia nem mesmo essas duas palavras. James P. Barker, o missionário das Novas Tribos que veio comigo no primeiro dia, foi-se embora no dia seguinte, e eu só iria vê-lo novamente dali a vários meses.

Mas fiquei grato pela listinha que ganhei dele, com frases comuns que seriam úteis para começar a aprender o idioma ianomâmi, como "Pare com isso!", ou "Não, você não pode ficar com o meu facão!", ou "Me ajude a encontrar lenha!", ou "Me dê umas bananas e eu te dou estes anzóis!".

Só depois que ele foi embora percebi que seu livrinho de frases realmente não me ajudaria a aprender a língua tanto quanto eu esperava. Poderia ser útil se eu estivesse sentado em uma sala sozinho com algum ianomâmi simpático e cooperativo, interessado em me ensinar a sua língua, mas esse tipo de situação quase nunca ocorreu. Pelo contrário, normalmente eu era cercado por grupos de ianomâmis – dúzias deles, cada um gritando para ser ouvido;

e, quando eu não lhes respondia da forma esperada no idioma ianomâmi, eles deduziam que eu era meio surdo e passavam a falar comigo mais alto, mais enfaticamente, ou simplesmente aos gritos, com impaciência.

As anotações que fiz durante os primeiros dias e semanas de meu trabalho de campo são muito peculiares, incompreensíveis e, francamente, embaraçosas, agora que as releio. No esforço para aprender a língua, eu escrevia o que algum índio me dizia e lhe pedia que repetisse a frase várias vezes até eu captar tudo. Só que uma frase dita em um idioma que você não entende, quando escrita, fica mais ou menos assim:

> amanhãvoudescerorioddecanoaparapescarepossotedaralgunspeixessevocêmederalgunsfósforosemtroca.

Imagine tentar captar o sentido de uma frase assim em ianomâmi, ou qualquer língua desconhecida. Meus primeiros cadernos de campo tinham algumas "sentenças" que se estendiam por uma página inteira.

Como é possível separar um amontoado de fonemas, isto é, de sons, em elementos significativos mínimos, como morfemas ou unidades gramaticais? Ou, em termos simples: onde termina uma palavra e começa a seguinte?

Um dos meus maiores "triunfos" etnográficos nos meus primeiros meses de trabalho foi ensinar a um jovem chamado Rerebawä, que veio a se tornar um dos meus melhores informantes, o que era uma palavra. Consegui que ele me ajudasse a subdividir em palavras separadas as longas cadeias de sons da língua ianomâmi que eu anotava. Pode parecer uma conquista banal, mas é algo de enorme importância quando você está tentando aprender uma língua ágrafa (sem escrita) com pessoas para quem as noções de verbo, substantivo, adjetivo, tempos verbais e assim por diante simplesmente não existem.

Rerebawä era um rapaz que tinha recentemente esposado uma jovem de Bisaasi-teri e se mudado para lá. Sua aldeia natal era Karohi-teri, aproximadamente seis horas rio acima e na outra margem do Orinoco. Um jovem de uma aldeia distante que se casa com uma moça de outra aldeia deve trabalhar para os pais dela por cerca de seis meses a um ano e só então poderá levar sua nova esposa para casa. Isso se chama "serviço da noiva" na literatura

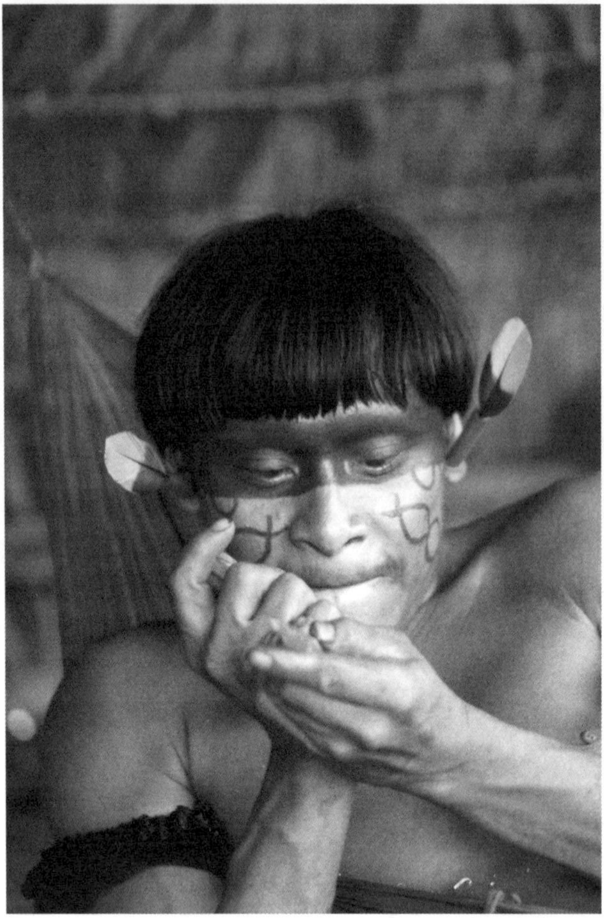

Rerebawä

antropológica; os ianomâmis o chamam de *siohamou*. Rerebawä era um *sioha* em Bisaasi-teri, isto é, um jovem fazendo o serviço da noiva obrigatório.

Ele não estava muito animado para fazer seu serviço da noiva, por isso muitas vezes passava o dia todo perto de mim, e aos poucos começou a me ajudar a aprender o idioma ianomâmi e também a me auxiliar em outras tarefas. Ele acabaria se tornando meu companheiro quase constante, meu guia e amigo durante meus primeiros dezessete meses de trabalho de campo.

Rerebawä dizia uma frase em ianomâmi e eu a escrevia tal como a ouvia. Pedia-lhe, então, que a repetisse devagar. Aos poucos apareciam os limites entre os sons, que eu deduzia marcarem palavras separadas. Eu pedia a

Rerebawä que repetisse a frase inteira várias vezes, lentamente, na esperança de que falando devagar ele fosse pronunciar cada palavra *separadamente*, para que eu percebesse onde cada uma começava e terminava.

Ele, é claro, sabia onde cada palavra ianomâmi começava e terminava, mas não tinha nenhum conceito formal do que fosse uma palavra, pois os ianomâmis não têm gramática nem dicionário e tampouco um sistema de escrita.[1]

Rerebawä foi um dos poucos informantes que perceberam o que eu estava tentando fazer e captaram depressa o espírito da coisa. Era um rapaz excepcionalmente inteligente.

Embora o ianomâmi não seja um idioma escrito, eu tinha que adotar algum alfabeto – o que os linguistas chamam de ortografia – que representasse os sons básicos da língua. Nesse ponto, meu curso de linguística antropológica me foi útil. Um antropólogo ou missionário com formação básica em linguística pode desenvolver um sistema de escrita para qualquer língua ágrafa e, depois de descobrir sua gramática e estrutura subjacentes, escrever nela. Aprender a fazer isso foi um pré-requisito essencial antes de sequer começar a parte antropológica da minha pesquisa de campo.

Como a língua ianomâmi tinha alguns sons que não existem em inglês, tive que escolher símbolos para eles. Por exemplo, há um fonema frequente que soa para falantes de inglês como o *oe* ou *ö* no nome do famoso poeta alemão Goethe. Mas esse som é difícil de ser ouvido pelos falantes das línguas românicas, que ouvem algo mais parecido com o som do /i/ nas palavras inglesas *tree*, *me* ou *see*. Pelo menos é assim que eles escrevem esse fonema. Optei por usar ö para esse som porque tal símbolo era mais encontrado nas fontes das editoras do que o ɨ – mais padronizado (i cortado por um traço), usado nas convenções linguísticas internacionais.*

* O autor usa a grafia *Yanomamö*, enquanto muitos outros antropólogos (frequentemente os que se opõem às suas ideias) preferem *Yanomami*. Para esta tradução, optamos por manter a grafia preferida pelo autor para todos os termos indígenas, incluindo nomes, gentílicos e topônimos – exceto nos casos em que há grafia consagrada e dicionarizada na língua portuguesa, como *ianomâmi* (para *Yanomamö*) e *iecuana* (para *Ye'kwana*), por exemplo. [N.E.]

Assim, eu não só tinha que aprender a língua ianomâmi, como também tinha que criar uma maneira de escrevê-la, para depois poder, por exemplo, elaborar um dicionário e fazer anotações na língua deles, ou pelo menos escrever os nomes que eles davam às coisas, para que eu pudesse consultar um pequeno vocabulário quando esquecesse alguma palavra.

Alguns anos depois de obter meu doutorado, conheci um renomado antropólogo americano que tinha feito seu trabalho de campo na Índia, usando informantes nativos que eram fluentes em inglês. Ele mencionou, casualmente, que seu principal informante decidiu também fazer doutorado em antropologia na Universidade de Cambridge. O informante, sem dúvida, havia muito tinha perdido aquele brilho selvagem nos olhos.

Essa situação persistente do meu trabalho de campo exerceu um efeito indelével em mim. Durante dois ou três anos tive sonhos recorrentes em que eu encontrava, por acaso, um ianomâmi que falava inglês fluentemente. Eu conversava com ele durante horas, trazia meu dicionário e lhe perguntava se eu tinha traduzido suas palavras corretamente para o inglês. Ora, eu já ficaria bem feliz se encontrasse algum nativo que falasse espanhol ou português fluentemente.

E há um problema especial no idioma ianomâmi: até agora não se demonstrou sua relação com nenhuma das línguas indígenas encontradas nas Américas.

O fato de que nenhum outro grupo nativo fala uma linguagem relacionada a essa parece sugerir que os ianomâmis vivem em isolamento há muito tempo, escondidos em um bolsão remoto da vasta floresta amazônica que só foi explorado pelos europeus recentemente, e isso só depois que os próprios ianomâmis começaram a se espalhar, saindo dos seus redutos em terras montanhosas para as planícies vizinhas.

O processo de aprendizagem da língua ianomâmi foi ainda mais complicado pelo fato de que eu também estava aprendendo espanhol. Conversando com um venezuelano, por exemplo, eu dizia frases que incluíam palavras de quatro idiomas diferentes. A maior parte da frase era em espanhol, mas às vezes havia palavras em inglês, alemão e ianomâmi.[2] Parece que minha mente tinha um módulo que me dizia que *a palavra que eu estava tentando dizer não era em espanhol*; portanto, devia ser em alguma das outras línguas que eu conhecia (inglês e alemão) ou estava aprendendo (ianomâmi). As pessoas pareciam muito intrigadas quando isso acontecia, mas em geral eu nem me dava conta do que havia dito, pois dentro do meu cérebro a frase era perfeitamente inteligível.

A APARÊNCIA FÍSICA DOS IANOMÂMIS

Na minha viagem inicial ao território ianomâmi, fizemos paradas periódicas ao longo do rio Orinoco. A cada parada as comunidades eram menores, e as pessoas começavam a se parecer mais com índios da Amazônia. De fato, muitos tinham ascendência mista de espanhóis e nativos. Em alguns lugares onde paramos havia pouco mais que duas ou três famílias com algumas galinhas. Essas pessoas viviam basicamente dos ovos dessas galinhas, de mandioca e bananas-da-terra que cultivavam, da pesca e de pequenos animais que caçavam. Suas galinhas eram tão selvagens que certa vez compramos uma para o nosso jantar, e nosso motorista teve que correr atrás dela em volta da casa e matá-la a tiros de espingarda.

Aos poucos fiquei conhecendo alguns desses mestiços, os que trabalhavam para o serviço venezuelano de Malarialogía.[3] Eram sempre gentis comigo, e, quando perceberam que eu estava interessado na língua e nos costumes dos ianomâmis e os tratava com respeito, alguns deles me contaram, confidencialmente, que eram índios barés ou curripacos, da área do rio Negro. Quando perceberam que eu estava entusiasmado em aprender sobre os costumes de parentesco ianomâmi e que eu não os julgava estranhos ou atrasados, alguns deles, também um tanto secretamente, me disseram que continuavam usando os termos de parentesco da sua língua nativa. Sua cautela era compreensível. Um pedido frequente que ouvi diversas vezes de famílias venezuelanas de classe média de Caracas, quando ficavam sabendo que eu passava boa parte do tempo em "território indígena", era: "Traga-me uma índia, se tiver lugar no avião! Estou precisando de outra doméstica!". Pelo jeito, eles achavam que as índias nativas da Venezuela podiam simplesmente ser levadas embora contra a sua vontade e postas para trabalhar na casa de alguém.

O posto de Tama Tama da Missão Novas Tribos marcava, aproximadamente, o início do território ianomâmi. Quando cheguei a Tama Tama pela primeira vez, vi um jovem em pé em uma das enormes rochas que brotavam do Orinoco. Assim que o vi, percebi que ali estava meu primeiro ianomâmi. Ele não tinha perdido aquela expressão "selvagem" nos olhos.

Era um pouco atarracado, mas tinha as pernas e os braços esguios. Usava calça e camisa desbotadas e esfarrapadas, ambas muito grandes para a sua compleição. Era um pouco mais baixo que as pessoas que tínhamos conhecido ao longo do Orinoco na nossa viagem, talvez com 1,60 metro de altura e uns 55 quilos.[4] Tinha o cabelo bem negro, cortado em cuia. A pele, até onde eu podia ver, era surpreendentemente clara em comparação com a das pessoas que vimos ao longo do rio, que passavam a maior parte do tempo pescando em canoas, expostas ao sol equatorial durante muitas horas por dia.

Os venezuelanos que estavam no nosso barco tentaram lhe fazer perguntas em espanhol. Ele parecia entender, mas suas respostas consistiam principalmente em acenos de cabeça, duas palavras em espanhol (*sí* e *no*) e gestos apontando as casas na colina acima das rochas. Depois fiquei sabendo que ele era de Mavaca, para onde eu estava indo, e se chamava Wakarabewä. Ele se tornou depois um bom amigo no meu trabalho de campo.

Os outros ianomâmis que conheci no meu primeiro ano de trabalho de campo eram, assim como Wakarabewä, pessoas muito bonitas. Alguns homens até se pareciam com índios norte-americanos que eu tinha visto nas fotografias de Edward S. Curtis.

Meu treinamento em antropologia e meu bom senso me diziam que certos tipos de dados antropológicos, tais como os mitos, não podiam ser recolhidos de imediato e tinham que esperar até que eu aprendesse mais da língua ianomâmi. No entanto, havia coisas que eu podia ver com meus próprios olhos e descrever, sem saber grande coisa da língua. Entre elas, a maneira como os ianomâmis cuidavam das suas roças, como coletavam materiais para fazer o teto das cabanas, quando comiam, como confeccio-

Wakarabewä

navam objetos como arcos, flechas ou aljavas de bambu para levar pontas de flecha, o que faziam com vários tipos de animais caçados para prepará-los para comer etc. Essas atividades não exigiam uma comunicação sofisticada com os ianomâmis, que costumavam me dizer o nome do objeto com que estavam trabalhando e erguê-lo para me mostrar. Eu ficava feliz em anotar esses nomes, ou gravá-los no meu gravadorzinho, e depois os registrava nas minhas fichas de vocabulário e por fim no meu dicionário, que ia sempre crescendo.

A DESCOBERTA DO "TABU DO NOME" E A ESTRUTURA DA SOCIEDADE IANOMÂMI

Havia várias coisas que eu poderia tentar aprender enquanto registrava novas palavras e frases, mas era um pouco perigoso no sentido de que 1) os ianomâmis gostavam de pregar peças e de me enganar, por brincadeira, e 2) por vezes eles me punham em maus lençóis, me fazendo repetir em voz alta palavras que irritavam os outros que as ouviam.

Gostaria de dar alguns exemplos desse senso de humor especial dos ianomâmis. Eles chamam os pelos pubianos de *weshi* – palavra que significa ter quantidades consideráveis de pelos na região pubiana. A palavra não é tabu na conversa se você estiver falando de homens – não mais que comentar o fato de que alguns homens têm mais pelos nas axilas do que outros. Mas, sempre que eu lhes mostrava fotos de mulheres – até mesmo de mulheres da sua aldeia –, a primeira coisa que lhes chamava a atenção era a quantidade de pelos na região pubiana. Eles achavam as mulheres com abundância de pelos pubianos sexualmente provocantes.

Os ianomâmis têm outra palavra semelhante a *weshi* que pode ser facilmente confundida com ela, em especial quando se está começando a aprender o idioma. A palavra é *beshi*, que significa "estar com tesão". Ora, ninguém reconhece em público que está excitado, nem pergunta às pessoas em público se elas estão excitadas.

Um dia, um rapaz me fez uma pergunta que julguei ser sobre meus pelos corporais, e especialmente os da região pubiana. Estávamos descansando em uma trilha, a caminho de uma aldeia vizinha. Ele sabia que eu às vezes confundia essas duas palavras, e me perguntou: "*Wa beshi rä kä?*" ("Você está com tesão?"). Compreendi, equivocadamente, como: "*Wa weshi rä kä?*" ("Você tem pelos pubianos?"). Junto conosco havia um bom grupinho de jovens ianomâmis, todos ouvindo atentamente. Quando eu respondi: "*Awei! Ya beshi!*" ("Sim, estou com tesão!"), eles soltaram gargalhadas estrepitosas, porque tinham me feito confundir as duas palavras, e eu caí direitinho na armadilha.

Curiosamente – pelo menos para mim –, os ianomâmis acham apropriado insultar verbalmente uma pessoa próxima fazendo com que outra pessoa – um estranho – diga as palavras ofensivas. A pessoa ofendida fica então irada com aquele que recebeu a ordem de proferir o insulto. Por exemplo, se Kumamawä quisesse dizer a Wakupatawä que ele era muito feio, Kumamawä diria para mim, o estranho: "Fale para Wakupatawä: '*Wa waridiwa no modahawa!*'" ("Você é muito feio!"). Eu, é claro, não fazia a menor ideia do que estavam me mandando dizer e repetia inocentemente para Wakupatawä o que Kumamawä me dissera. Mas, em vez de ficar irritado com Kumamawä, Wakupatawä ficava com raiva de mim! É como se, ao fazer com que alguém, especialmente um estranho, diga a frase insultuosa, o iniciador do insulto ficasse misteriosamente invisível e não tivesse culpa de nada: ele não era um agente ativo na sequência de eventos verbais que resultou no insulto.

A maneira mais comum de eles me colocarem nessa situação era me mandar dizer o nome de alguém em voz alta na frente da pessoa, especialmente no início do meu trabalho de campo. Alguém me dizia: "Fale para esse cara aí do seu lado: '*Buutawä! Koa asho a dahiyo!*'" ("Me traga um pouco de lenha!"). Eu dizia a frase, e Buutawä ficava bravo comigo porque eu havia dito seu nome em público. Ficava com raiva porque eu o tinha desrespeitado em público e não tinha reconhecido seu status elevado (explicarei logo mais a complicada questão dos nomes).

No meu primeiro ano eu me concentrei, na maior parte do tempo, em aprender a falar ianomâmi e elaborar meu vocabulário de palavras e frases que ia aprendendo, bem como em observar e descrever coisas que não dependiam de um conhecimento profundo do idioma.

À medida que meus conhecimentos da língua aumentavam, comecei aos poucos a coletar dados sobre suas regras de parentesco, crenças, relações sociais e, de modo geral, coisas que não se aprendem apenas observando. O que eu realmente precisava descobrir era como os ianomâmis se organizavam socialmente e como funcionava o seu "sistema político".

A única coisa que eu aprendi nas minhas aulas de antropologia que era absolutamente verdadeira é que as sociedades tribais se baseiam, fundamentalmente, no parentesco e que para tribos como os ianomâmis a "organização social" estava incorporada à complexa matriz envolvendo o parentesco, a descendência de ancestrais comuns e os casamentos arranjados.

Pode-se compreender tudo isso mais facilmente imaginando uma aldeia ianomâmi como uma grande teia de aranha. Onde quaisquer dois fios da teia se cruzam, imagine que esse pequeno nó é uma pessoa. Digamos que os fios verticais da teia são as "linhas de descendência genética" e os fios horizontais são "laços criados pelo casamento". Imagine então que algumas partes da teia são mais grossas e mais fortes que outras e capazes de puxar ou conter cada nó com diferentes graus de força; isto é, às vezes as partes da teia geradas pelo casamento são mais espessas (mais fortes) do que as linhas entrecruzadas da descendência, e assim o nó tende a ser puxado mais pelos laços de casamento do que pelos da descendência. Por fim, imagine que a teia de aranha está constantemente exposta ao vento, o qual varia com o tempo e muda de direção, e que ela está ancorada a estacas rígidas. Assim, a teia é constantemente esticada pelas forças do vento e contida pelas estacas que balançam e se dobram ao vento, exercendo pressão sobre diferentes partes da teia – e seus nós.

Portanto, para descobrir de que modo cada indivíduo na aldeia – ou seja, cada nó na teia – era puxado ou contido socialmente, eu tinha que descobrir a genealogia de cada pessoa, para entender as restrições ditadas pela descendência dos ancestrais, e também o histórico de casamentos de cada adulto, apontando as restrições e obrigações geradas pelo casamento.

Essa tarefa bastante complexa exigia que eu soubesse o nome de cada indivíduo, bem como dos seus pais, de cada um dos avós etc. Devia então determinar quem se casou com quem e, se encontrasse vários cônjuges, registrar a sequência dos casamentos (qual foi o primeiro, o segundo etc.), assim como o nome de cada criança gerada por cada casal. Essas informações iriam constituir apenas uma parte da matriz acerca dos "nós" humanos: apenas os laços de descendência, parentesco e casamento.

Tanto homens como mulheres se casam de novo quando seu cônjuge morre, de causas naturais ou assassinado. Além disso, muitos homens têm várias mulheres ao mesmo tempo (poliginia) ou várias esposas das quais eles se divorciam ("jogam fora") e que depois substituem por outras. Finalmente, em alguns casos, alguns homens compartilham a mesma mulher (poliandria) até que um deles consiga encontrar uma esposa para si.

Mais adiante darei mais detalhes sobre a poliginia ianomâmi, mas aqui é necessário um breve comentário. Todos os homens ianomâmis gostariam de ter várias esposas, mas nem todos conseguem isso. Para um jovem, o sucesso no casamento depende muito de quantos parentes homens ele tem na geração patrilinear ascendente: esses homens podem ajudar os jovens da sua própria linhagem a encontrar esposas – geralmente depois de encontrá-las para os seus próprios filhos. Embora o pai provavelmente seja a pessoa mais importante para ajudar o jovem a encontrar uma esposa, a quantidade de homens na linhagem patrilinear – e, portanto, a proeminência dessa linhagem na política da aldeia – também é importante, pois os outros homens querem, ou ao menos preferem, dar suas filhas para homens de linhagens proeminentes. O tamanho da aldeia também é relevante para o sucesso conjugal de um homem. As aldeias maiores conseguem conservar mais mulheres, pois não precisam prometer tantas mulheres aos aliados e podem coagir mais mulheres das aldeias aliadas menores.

Os laços de parentesco, descendência e casamento eram apenas uma parte do quebra-cabeça do funcionamento do sistema social e político dos ianomâmis. Eu também tinha que definir outras duas dimensões desse jogo de armar: a dimensão espacial, ou geográfica, e a dimensão histórica.

Geografia: Tive que anotar o nome das aldeias (ou das roças abandonadas) onde ocorreu cada evento histórico da vida, isto é, onde cada pessoa nasceu, onde as mulheres mais velhas tiveram sua primeira menstruação,[5] onde cada pessoa vivia durante cada casamento e, se fosse o caso, onde cada um morrera.

História: Com o tempo os membros de qualquer aldeia ianomâmi passam de uma roça a outra, à medida que constroem novos *shabono*, ou seja, fundam novas aldeias. As relações entre aldeias são um importante fator na vida política dos ianomâmis, como descobri logo depois da minha chegada a Mavaca.

Depois de alguns meses de estadia em Mavaca, aprendi frases específicas para coletar genealogias – como "Qual é o nome dele/dela?", "Qual é o nome do pai (mãe) de x?", "Qual é o nome da mulher de x?", "Em qual roça[6] ele/ela nasceu?".

Mas logo percebi que eu não podia ter escolhido um grupo mais recalcitrante e não cooperativo como objeto de estudo.[7]

Os ianomâmis têm o que os antropólogos chamam de "tabu do nome". Não são muitos os antropólogos que tiveram de lidar com esse tabu, e fiquei surpreso ao perceber, mais tarde, como eram poucos os que sabiam o que ele realmente significava em casos específicos, sua grande variação de tribo para tribo, e qual o conteúdo "sociopolítico" do tabu em tribos específicas.

Os ianomâmis em geral suspeitam dos estrangeiros e os veem com desconfiança, pois acreditam que eles podem lhes causar danos sobrenaturais. Saber o nome pessoal de alguém é, em certo sentido, "possuir" um tipo de controle sobre essa pessoa; assim, os ianomâmis não querem, de início, que um estranho saiba seu nome pessoal. No entanto, o tabu do nome entre eles é um conjunto muito complexo de práticas e expectativas, e não apenas uma simples proibição de usar o nome de alguém em público, como muitos antropólogos presumem. Por exemplo, há algumas circunstâncias em que usar o nome de outra pessoa em público é permitido e comum. Quanto mais o estranho permanece em seu meio, menos preocupados eles ficam com a possibilidade de que ele aprenda seus nomes. E, é claro, fica cada vez mais difícil impedi-lo de saber. A essas alturas o estranho já vai ter percebido que, para ser cortês e educado, deve-se evitar, de modo geral, usar o nome de alguém em público; em vez disso, é preferível usar o *termo de parentesco* que é adotado, inevitavelmente, entre o estrangeiro e cada indivíduo na aldeia.

Por exemplo, se algum ianomâmi decide me chamar pelo termo que significa "irmão", então se espera que eu também o chame de irmão. E também devo chamar todos os seus irmãos pelo mesmo termo de parentesco, e todas as suas irmãs pelo termo de parentesco usado para as irmãs.

O que muitas vezes acontece é que o cacique da aldeia adota alguma relação fictícia de parentesco com você. Normalmente (se você é homem) ele escolhe a relação de cunhado. Na língua ianomâmi esse termo é *shori* ou, mais formalmente, *shoriwä*. É uma relação especialmente "amigável", pois implica que você deve ser generoso em relação aos seus bens com o seu *shori*, porque se espera que você e ele deem suas respectivas irmãs em casamento um ao outro. Assim, na primeira vez em que veem homens desconhecidos, os ianomâmis gritam sem parar "*Shori! Shori! Shori!*" para enfatizar suas intenções amigáveis, esperando que os desconhecidos retribuam de forma amigável gritando também "*Shori! Shori! Shori!*". Isso ocorria com tanta frequência durante os primeiros contatos entre ianomâmis e pessoas de fora que estas começaram a chamar os ianomâmis de tribo *shori*. Até cerca de 1990, os missionários católicos e seus funcionários venezuelanos costumavam se referir aos ianomâmis como *los shoris*, bem como alguns missionários evangélicos que conheci.

Assim, quando alguém entra em uma aldeia ianomâmi para viver lá por um longo período, tal como eu fiz, deve ser de alguma forma incorporado ao grupo social, mediante uma extensão dos laços de parentesco. Isso não significa que os ianomâmis "gostem" da pessoa ou a aceitem de alguma forma especial. Significa simplesmente que eles têm a sua própria maneira de lidar com ela, em seus próprios termos – ou seja, em termos de parentesco. Visitantes ingênuos relatam com frequência: "Os nativos 'gostaram' tanto de mim que me adotaram". Os indígenas, porém, estendem essa prática até para pessoas de quem não gostam. Não tem nada a ver com gostar delas ou "adotar" alguém.

As aldeias ianomâmis compreendem um pequeno número do que poderíamos chamar de famílias extensas muito grandes. Quase todos na aldeia são parentes consanguíneos de todos os outros.[8] O exemplo que acabo de dar para irmãos e irmãs se aplica a todas as outras relações de parentesco. Se eu chamar alguém de "irmã", então seus filhos devem me chamar de "tio" e eu devo chamá-los de "sobrinho" e "sobrinha".

A cada vez que eu ia a uma aldeia que ainda não tinha visitado, o cacique me cumprimentava com o temo *shori* e eu reciprocava, chamando-o também de *shori*. Durante uma ou duas horas depois disso, muitos membros da aldeia faziam questão de anunciar quem eram, aproximando-se de mim e me chamando de algum termo de parentesco coerente com o termo com que fui chamado pelo cacique – e assim cada um se tornava, automaticamente, meu parente consanguíneo.

O sistema de classificação de parentesco dos ianomâmis não possui termos que signifiquem "parentes por casamento", tais como "cunhado" e "sogro".* Todas as pessoas são, segundo seu termo de parentesco, parentes consanguíneos. Eu traduzi a palavra *shori* como "cunhado", mas ela significa também, mais precisamente, "meu primo cruzado", ou seja, um parente consanguíneo. E, de fato, os ianomâmis são obrigados a casar com suas primas cruzadas, ou com alguma mulher que caia na categoria de parentesco de "prima cruzada".[9] Dessa forma, o cacique de uma aldeia estranha e eu nos tornamos possíveis aliados matrimoniais, cada um esperando que o outro lhe dê sua irmã em casamento – juntamente com uma série de bens materiais como cães, potes de barro, setas e, mais recentemente, ferramentas de aço. Quase sempre esses bens estão em primeiro lugar nas expectativas (aparentemente altruístas, mas na verdade gananciosas e egoístas) do cacique.

Desta forma, nos meus primeiros meses de trabalho de campo me vi diante de um grande problema, que tinha várias dimensões. Em primeiro lugar, os ianomâmis não queriam que eu soubesse seus nomes, já que eu era um estranho, um *nabä*, ou seja, um ser sub-humano.[10] Em segundo lugar, se eu aprendia seus nomes, eles não queriam que eu os dissesse em público. E, em terceiro lugar, eu precisava coletar genealogias precisas para começar a entender como funcionava seu sistema social, e para isso tinha que saber os nomes de todos os indivíduos, inclusive os mortos, na ascendência de cada pessoa.

Surgiu assim um grande obstáculo. Eu estava decidido a compreender o seu sistema social, o que exigia saber o nome de cada indivíduo e suas relações genealógicas; mas eles estavam igualmente decididos a esconder de mim esses fatos. Começou então um processo fascinante e complicado, mas que ficou invisível para mim nos primeiros meses de trabalho.

Por exemplo, eu concluí, simplesmente ouvindo suas conversas, que era aceitável usar o nome de crianças em muitas circunstâncias, tal como

* "Parentes por casamento" traduz *in-laws*, expressão que designa todos os parentes por afinidade – sogro é *father in law*, cunhado é *brother in law* etc. [N.T.]

para chamar a atenção de algum adulto cujo nome você não quer dizer em público. Era aceitável gritar algo como "Ei! Vá buscar a mãe de Nakabaimi!", uma vez que Nakabaimi era uma criança. Na etnografia, essa prática comum se chama *tecnonímia* – usar o nome de uma pessoa para atrair a atenção de outra, ou para se referir a alguém cujo nome não se quer dizer em voz alta.

Eu podia, dessa forma, pelo menos iniciar as genealogias baseadas em uma determinada criança, chamada, por exemplo, Nakabaimi, com seus pais, chamados de "mãe de Nakabaimi" e "pai de Nakabaimi". Escusado dizer que a coisa logo se complicou quando tentei saber quem eram os pais e os irmãos da mãe e do pai de Nakabaimi.

Contudo, também percebi, ouvindo as conversas, que não se deve usar o nome de uma criança que esteja doente – isso poderia atrair a atenção de espíritos malévolos que talvez viessem roubar a alma da criança e fazê-la ficar mais doente, ou até morrer. O mesmo também vale para os adultos que normalmente podiam dizer o nome um do outro em voz alta. Quando a pessoa está doente, isso é considerado perigoso, e é evitado.

O tabu do nome tem várias funções no sistema ianomâmi de status. Entre outras coisas, está estrategicamente imbricado com seus sistemas sociais e políticos e é fundamental para compreendê-los.

Para mim foi difícil pensar que os ianomâmis tinham um "sistema de status", pois, segundo a imagem que me foi transmitida na minha formação em antropologia, pessoas como os ianomâmis eram "igualitárias"; ninguém tinha status mais elevado do que outra pessoa da sua idade, exceto, possivelmente, nos breves períodos em que um "chefe" falava em nome do grupo nas relações com outros grupos – tais como em negociações ou em encontros casuais. Após uma breve circunstância desse tipo, o status do chefe revertia; ele deixaria de ser o primeiro entre iguais e voltaria a ser apenas um homem qualquer da sua faixa etária. "Uma palavra do chefe, e cada um faz o que quer", como disse um antigo antropólogo russo descrevendo o "governo" de uma tribo siberiana que estudou.

Quando fiz pós-graduação, minhas aulas mais avançadas sobre a organização social primitiva me informaram que as diferenças de status em todas as sociedades humanas eram definidas, basicamente, pelo "acesso diferenciado a recursos materiais estratégicos escassos". Fomos ensinados que essa condição não existia nas sociedades tribais porque nelas não havia riqueza como tal; assim, as únicas diferenças de status eram de sexo e idade. Isso significa que os mais velhos tinham mais prestígio que os mais jovens simplesmente por serem mais velhos, e os homens eram mais importantes do que as mulheres simplesmente por serem homens. Os indivíduos da mesma idade e do mesmo sexo tinham o mesmo status social e político.[11] O parentesco não tinha nada a ver com a biologia.

Essa era uma mensagem fundamental da ciência social marxista, que dominou a maioria dos departamentos de antropologia na década de 1960, em particular os considerados "científicos". Por razões que eu nunca entendi, "ciência" e "marxismo" estavam unidos. Um implicava o outro, porque, suponho, ambos eram materialistas e envolviam uma lógica de causa e efeito, algo que eu entendia e aceitava. O que eu não aceitava era a sutil mensagem marxista dizendo que os acadêmicos que julgavam importante o critério de causa e efeito na ciência também precisavam defender ativamente um programa social de igualitarismo ou socialismo. A ciência, como tal, não defende nada.

O que constatei no meu trabalho de campo é que os líderes políticos de todas as aldeias ianomâmis quase sempre têm o maior número de parentes genéticos dentro do grupo.[12] Também verifiquei que algumas pessoas, além dos líderes políticos, tinham status mais elevado que o de outras, e que o status político entre os ianomâmis dependia muito do número de parentes, e do tipo de parente definido biologicamente (parentes genéticos), que a pessoa tinha na comunidade. É um fator inteiramente dissociado do "controle" que alguém possa ter sobre os supostos "recursos estratégicos escassos". Em suma, ficou evidente para mim, como observador do seu comportamento diário, que as coisas materiais importavam muito menos para os ianomâmis do que os fatores biológicos – por exemplo, os parentes relacionados geneticamente –, ao contrário do consenso predominante na antropologia, derivado do marxismo.

Minha formação na Universidade de Michigan me levou a acreditar que pessoas como os ianomâmis não tinham praticamente nenhum outro diferencial de status além da idade e do sexo. Uma pessoa não poderia aumentar seu status se esforçando, por exemplo, para ser maior, mais influente, ter mais probabilidade de ser ouvida. Mas o "tabu" do nome entre os ianomâmis era parte integrante do seu sistema de status, e não apenas um costume misterioso para evitar dizer nomes. Deve ser dito logo de saída que os homens ianomâmis se preocupam com seu status e se esforçam para ser estimados e prezados. Pode-se ver como isso se desenvolve à medida que um menino vai amadurecendo. É aceitável dizer em voz alta o nome de um menino pequeno; mas quando ele vai crescendo e começa a amarrar o pênis no cordão em torno da cintura, já sendo um *yawäwä*, ou garoto púbere, e, mais tarde, quando seus músculos começam a endurecer, um *yiiwä*, como os ianomâmis classificam um rapaz dessa idade, ele começa a exigir certo respeito, e objeta em público se alguém diz seu nome em voz alta, pois isso indica para todos que ele não passa de uma criança.

Os ianomâmis têm um vocabulário rico para descrever as fases da vida humana no período de amadurecimento, que se pode usar, de forma aproximada, para calcular as idades.[13] Eis aqui apenas alguns exemplos:

ihiru, ihirubö	criança pequena, menino ou menina
horeaö	engatinhar, como uma criança aprendendo a andar
oshe	criança, menino ou menina
suhebä ukaö	menina cujos mamilos estão começando a crescer
yawäwä	menino que já amarra o pênis ao cordão na cintura[14]
yiiwä	rapaz adolescente cujos músculos estão endurecendo
suwa härö	moça mais ou menos na puberdade
moko dude	moça recentemente pós-púbere que ainda não teve filhos
suwa pata	mulher madura
waro pata	homem maduro
patayoma	mulher idosa
rohode	homem idoso; pessoa idosa

Opor-se ao uso público do seu nome é uma espécie de consciência de status entre os ianomâmis, e os que conseguem convencer os demais a não dizer seu nome adquirem um status mais elevado mais cedo na vida. Por extensão, alguns jovens podem criar problemas para outros ianomâmis (e criaram para mim também), porque logo ficam com raiva e de mau humor quando alguém diz seu nome em voz alta e assim os desrespeita, ignorando seu status "elevado". Esse tipo de reação não ocorre porque um tabu foi violado, mas sim porque algum jovem politicamente ambicioso está testando seu status, preparando-se para futuras e maiores lutas políticas.

Nesse sentido, o tabu sobre o uso dos nomes serve para afirmar e reforçar o sistema de status diferencial entre os homens – e talvez essa seja a sua função *central* no sistema político ianomâmi.[15] O chamado tabu do nome não é apenas um costume incomum com atributos sobrenaturais, cuja violação causa ofensa perante os demais. Entre os homens, também é uma forma de demonstrar respeito um pelo outro, de reconhecer o status elevado e o prestígio social de outro homem – o que, por definição, é a essência da política.

Nós também temos tabus de nomes. Veja o que aconteceria se você chamasse pelo primeiro nome o juiz em um tribunal, ou ainda se um soldado chamasse o seu superior pelo nome e não pela patente.

Já as meninas e mulheres ianomâmis têm muito pouco status em relação aos meninos e homens da mesma idade. Os ianomâmis são machistas. Assim, usa-se com mais frequência o nome das meninas do que dos meninos: "Vá chamar a mãe da Maria" é mais comum que "Vá chamar a mãe do João", se uma mulher tem filhos e filhas. O sexo da criança acaba sendo mais importante do que a idade: se João tem doze anos e Alice tem dezesseis, as pessoas provavelmente dirão: "Vá chamar a mãe da Alice" para não irritar o João, que já está amarrando o pênis no cordão da cintura e ficando ciente do sistema de status e de como usá-lo.

OS IANOMÂMIS "SABOTAM" MINHA PESQUISA GENEALÓGICA

Nas minhas primeiras tentativas de aprender o nome de cada pessoa, provoquei, sem querer, uma reação bizarra e clandestina por parte dos indivíduos mais maliciosos e marotos entre eles. Se eu não tivesse sido sua vítima, talvez achasse aquele elaborado esquema engraçado, até mesmo admirável como traquinagem.

O problema tinha a ver com outro aspecto do tabu do nome, e era o seguinte. Quando uma pessoa morre, não se deve dizer seu nome em voz alta novamente naquela aldeia. A intenção do tabu é evitar que os parentes próximos se lembrem da morte de um ente querido, o que lhes traria tristeza e dor. Quanto mais tempo se passa desde que a pessoa morreu, menos zangados (*hushuwo*)[16] ficariam seus parentes se aquele nome fosse dito inadvertidamente na presença deles. Devido a esse tabu, os ianomâmis tentam nomear as pessoas de tal forma que a omissão daquela palavra na sua linguagem diária não crie uma dificuldade linguística. Assim, eles procuram dar nomes que definam aspectos ou atributos diminutos de plantas, animais, formações geográficas etc. Por exemplo, em vez de dar a alguém o nome de "cervo", dariam o nome de "pelo de cervo", "casco de cervo" ou "couro de cervo". Depois que essa pessoa morre, eles ainda poderiam usar a palavra "cervo", mas teriam que evitar dizer, por exemplo, "casco de cervo". Contudo, às vezes – em geral por acaso – uma palavra comum da linguagem diária também é o nome de uma pessoa.

Às vezes o nome de um alimento importante ou de um animal é usado com tanta frequência para uma pessoa quando jovem que, quando ela de repente morre, o nome fica associado àquele indivíduo – pode-se dizer que o nome "colou" intimamente nele. Assim, quando eles precisam parar de usar uma palavra, passam a fazer um circunlóquio desajeitado para se referirem àquele importante alimento ou animal, tal como "as coisas vermelhas" em vez de "pupunhas".

Um homem muito importante em Bisaasi-teri se chamava Rashawä, o nome da pupunheira e de seu fruto, a pupunha (*rasha*), de tanta importância econômica para os ianomâmis. Ele foi morto por um grupo inimigo e seu nome não podia mais ser dito em público dentro da sua aldeia. Em vez disso, eles usavam um circunlóquio desajeitado quando queriam dizer o nome da árvore ou do fruto: "a árvore que produz as bolinhas vermelhas comestíveis".

Para complicar o problema da coleta de genealogias havia o fato de um grande número de ianomâmis ter dois ou mais nomes. Isso dificulta o cruzamento de relatos de vários informantes. Se você encontrar uma disparidade e confrontar seu informante original, este provavelmente vai dizer: "Ah! Ele tem dois nomes, eu falei aquele que nós usamos para ele". Daí você tem que voltar para o segundo informante para confirmar o que o primeiro acaba de dizer. Isso pode ser demorado, pois em muitos casos os dois informantes vivem em aldeias diferentes. E, se você não definir com exatidão o nome correto, então todos os descendentes daquela pessoa com o nome errado se tornam parte de uma linhagem à qual talvez não pertençam, e com isso você pode deturpar e interpretar erradamente o sistema político e de casamento deles. Como meu estudo acabou envolvendo várias aldeias diferentes, havia numerosos casos de pessoas de aldeias muito distantes que tinham, por acaso, o mesmo nome.

Normalmente, nos casos em que há vários nomes, um é o nome "verdadeiro" e o outro (ou outros) é apelido ou nome depreciativo usado pelas costas da pessoa, ou em aldeias distantes, em geral para denegrir os vizinhos quando estes não estão ouvindo.

Um dos homens mais importantes e famosos na área onde eu trabalhava se chamava Matakuwä – ou seja, "Tíbia". Ele gerou 43 filhos de 11 esposas, e tinha sido o cacique anterior do grupo. Devido à sua prodigiosa capacidade reprodutiva, muitas pessoas em várias aldeias diferentes eram seus descendentes diretos ou parentes consanguíneos colaterais. Mas indivíduos de outras aldeias sem relação com estas, que não o respeitavam ou o desprezavam, o chamavam por um nome pejorativo igualmente bem conhecido: Bosikomima, isto é, "Ânus Tapado" ou "Prisão de Ventre".

Logo aprendi que eu tinha que fazer minha coleta de dados genealógicos em conversas particulares, pois os informantes não iriam dizer o nome dos adultos que moravam na sua aldeia se houvesse outras pessoas ouvindo. E, mesmo em particular, eles puxavam minha cabeça para perto da sua boca e sussurravam o nome no meu ouvido. Tenha em mente que isso foi bem no início do meu trabalho de campo – apenas dois ou três meses depois da minha chegada – e eu ainda era, aos seus olhos, um estranho que não deveria ficar sabendo dessas coisas.

Para esse trabalho eu costumava utilizar, deliberada e sistematicamente, pessoas mais velhas. Os mais jovens costumavam inventar nomes (e relações) para me impressionar, mostrando como eram grandes seus conhecimentos, fossem as informações corretas ou não. Todos os meus informantes logo perceberam que eu, por princípio, procurava outras pessoas e cruzava as informações que cada um me havia dado, de modo que eu pudesse detectar quem tinha sido desonesto. Eles também logo aprenderam que eu os recompensava mais pelas informações corretas, e que simplesmente parava de procurá-los se os pegasse em flagrante inventando dados, e nesse caso eles não receberiam pagamento algum.

Minha escala de pagamento começava com pequenos objetos – anzóis, linhas de pescar de náilon, carretéis de linha de costura, uma caixa de fósforos. Se suas informações fossem consistentemente corroboradas pelo cruzamento de dados, eu os premiava com objetos maiores e mais valiosos, como facas e facões, caso eles colaborassem em várias sessões de informações. Os ianomâmis nessa região, perto de Mavaca e Ocamo, já tinham acesso relativamente frequente a ferramentas de aço desde muitos anos antes da minha chegada, pois viviam à margem de um grande rio; mas continuavam valorizando esses objetos, porque as facas e facões se desgastavam ou quebravam e tinham que ser substituídos. E o mais importante: pessoas de aldeias remotas do interior vinham visitá-los e imploravam por ferramentas de aço.[17]

Eu usava muitos informantes, e com frequência trabalhava até tarde da noite. Alguns deles mostravam todos os sinais de que estavam falando a verdade quando me diziam os nomes dos pais e avós falecidos: eles me agarravam pela cabeça, puxavam minha orelha para junto de sua boca e diziam o nome da pessoa no meu ouvido, em um sussurro quase inaudível. Eu então anotava o nome zelosamente, ao lado de um círculo (para as mulheres) ou um triângulo (para homens); colocava o nome entre colchetes para significar "morto" e preenchia o círculo ou triângulo para indicar que a pessoa era falecida. Essas precauções serviam para me lembrar de ter um cuidado especial com esse nome, e nunca pronunciá-lo na frente daqueles que pudessem ser parentes próximos do falecido. Naturalmente, eu tinha que manter uma lista "mental" de nomes que não podia dizer em voz alta para a maioria dos informantes que eu pretendia usar no futuro – como o do pai, da mãe, de irmãos, de filhos etc.

Eu ficava exultante após essas sessões de informação, não só porque estava avançando nas genealogias e compreendendo seu sistema social, mas também porque parecia que meus informantes estavam começando a confiar mais em mim, o suficiente para me revelar esse dado um pouco tabu. Eu sentia que eles estavam me aceitando da maneira como eu esperava desde o primeiro dia em que entrei na sua comunidade e nas suas vidas.

Essa tarefa laboriosa, em que passava longas horas coletando genealogias até o meio da noite, continuou durante semanas e meses. Usei muitos informantes diferentes, homens e mulheres, tanto do Alto como do Baixo Bisaasi-teri, cujos *shabono* ficavam a apenas algumas centenas de metros de distância, separados pelo rio Mavaca. Eu testava cada novo informante com quem iria trabalhar, fazendo-lhe perguntas cautelosas sobre distantes antepassados falecidos de um grupo de pessoas sobre os quais muitos informantes anteriores já tinham me dado respostas idênticas, repetidas vezes e de forma independente. Se eles confirmassem, também de forma independente, aquilo que muitos outros informantes mais antigos tinham me dito secretamente, passavam no teste e eu continuava a trabalhar com eles... e a lhes fazer perguntas sobre outras pessoas, ou sobre outra geração de antepassados.[18]

Dessa forma, e com esse trabalho tedioso e em geral desagradável, meus cadernos se encheram até transbordar... Havia milhares de círculos e triângulos, uma grande quantidade de nomes – muitos deles entre colchetes –, linhas mostrando a descendência ao longo das gerações, outras mostrando casamentos e a maneira como cada um se relacionava com todos os outros nesse sistema de parentesco. Minha teia ia ficando maior e mais complexa, e isso me dava uma sensação de grande satisfação, pois eu agora enxergava certos padrões que sugeriam por que algumas pessoas agiam como um grupo e favoreciam ou desfavoreciam outras, dentro e fora da sua aldeia.

A descoberta de uma elaborada sabotagem

Quando eu já vivia em Bisaasi-teri havia uns quatro ou cinco meses, fui convidado por alguns jovens para visitar uma das aldeias shamatari mais próximas, chamada Mömariböwei-teri. Os moradores de Bisaasi-teri se referiam a todas as aldeias ao sul como aldeias shamatari, para ressaltar que eles eram grupos ianomâmis um pouco diferentes, cada um com sua história distinta. Os ianomâmis são muito etnocêntricos, e se aferram às menores diferenças para fazer distinções desagradáveis ou injustas entre "nós" e "eles". Para os bisaasi-teri, os shamatari eram "eles", bem separados de "nós".

A palavra *shamatari* pode derivar de *shama*, que significa anta, e *tari*, que implica um grupo de pessoas relacionadas historicamente – ou seja, os "karawatari" são um grupo de pessoas relacionadas, distintas dos "shamatari". Os afixos *teri* e *tari* implicam que *tari* é um grupo maior. O afixo *teri* muitas vezes indica apenas uma única aldeia, enquanto *tari* implica ou significa um conjunto de aldeias relacionadas entre si.

Foi nessa visita que a venda caiu dos meus olhos. Meses depois de ter preenchido meus cadernos com uma quantidade enorme de nomes de pessoas, pais e avós vivos e falecidos, maridos e esposas, filhos etc., descobri que os bisaasi-teri tinham me enganado sistematicamente.

Alguns dos homens proeminentes de Bisaasi-teri tinham esposado mulheres de Mömariböwei-teri; assim, ambos os grupos se visitavam esporadicamente. Além disso, alguns rapazes de Mömariböwei-teri tinham recebido a promessa de ganhar esposas de Bisaasi-teri e estavam morando ali para fazer o serviço da noiva; eles iriam comigo naquela viagem para visitar suas famílias na sua aldeia natal. Um deles era Wakarabewä, o jovem que eu vira em pé em um rochedo em Tama Tama vários meses antes, o primeiro ianomâmi que eu vi, com um brilho selvagem nos olhos.

A viagem era uma caminhada de oito horas através de pântanos, montanhas, riachos rasos e alguns morros baixos, se levássemos apenas cargas leves – nossas redes e alguns objetos para trocar, como anzóis, linha de pesca, fósforos e talvez um facão de presente para o cacique.

Eu, é claro, levava mais equipamentos do que meus jovens companheiros – uma mochila contendo uma dúzia de latas de sardinha e farinha de mandioca para todos nós, bolachas salgadas para mim, meus cadernos de campo, um pequeno gravador, duas câmeras, filmes extras e minha espingarda de caça de dois canos, calibre 12.

Os ianomâmis normalmente fazem uma viagem curta como essa levando apenas seus arcos, algumas flechas, uma rede de cipó trançado e uma aljava de bambu de uns 40 centímetros de comprimento, transportada nas costas e presa por um cordão em torno do pescoço, em que colocam algumas pontas extras de flecha de bambu, uma faca de dente de cutia[19] para aguçar a ponta das flechas e um kit para acender fogo.

Eu tinha dois motivos para visitar essa aldeia específica. Primeiro, eu queria ver a população toda no seu local de moradia, para fazer um recenseamento completo, com fotos de identificação e a idade estimada de cada um, assim como o sexo de cada criança. Eu já conhecia muitos deles por suas visitas a Bisaasi-teri, mas para fazer um recenseamento exato precisava ir à aldeia. Em segundo lugar, meu plano era me mudar futuramente para uma das aldeias shamatari e fazer dela o foco do meu estudo. Isso irritou os moradores de Bisaasi-teri, pois esperavam que eu ficasse com eles e conservasse meus *madohe* (bens de troca) apenas na sua aldeia, para seu uso exclusivo.[20]

Os bisaasi-teri insistiam que os shamatari eram diferentes deles, mas eu não via diferença alguma. No fim percebi que o motivo da diferença é que eles tinham outros ancestrais imediatos.

Os bisaasi-teri usavam o termo *shamatari* para categorizar meia dúzia de aldeias ao sul, inter-relacionadas e pouco conhecidas, mas admitiam que eles também eram verdadeiros ianomâmis, ou seja, segundo o seu mito de criação, descendiam do Sangue da Lua. Conforme essa história, Peribo (a Lua) era um espírito ancestral que vivia na Camada do Céu. Periodicamente ele descia para a Camada Daqui (a Terra) para devorar ianomâmis, de maneira canibalesca, entre pedaços de pão de mandioca. Dois arqueiros ianomâmis, também espíritos ancestrais, Suhirina e Uhudima, decidiram matar Peribo a flechadas. Eles o atacaram enquanto ele subia de volta ao Céu, depois de devorar ianomâmis (espíritos). Uhudima decidiu que seria o primeiro a atirar. Disparou muitas flechas contra Peribo, mas errou todas. Ele era um *sina*, "mau atirador". Ser *sina* é algo indesejável, um defeito em um homem ianomâmi.

Suhirina então se adiantou, quando Peribo estava quase fora de alcance das setas, e disparou uma única flecha, que atingiu Peribo na barriga. Ele soltou um grito terrível. O sangue começou a escorrer da sua barriga e caiu na Camada Daqui, transformando-se em pessoas assim que atingiu o chão – pessoas que eram extremamente violentas e ferozes, e guerreavam constantemente entre si. Suas guerras eram tão incessantes que eles acabaram por exterminar uns aos outros. Ao se misturar com água, porém, o sangue de Peribo diluiu-se um pouco. Os ianomâmis criados pelo sangue diluído também eram ferozes e lutavam muito – mas não tanto quanto os primeiros, e assim sobreviveram e deixaram descendentes. À medida que o sangue de Peribo ficava mais diluído, ao se misturar com mais água, e fluía para a periferia da Camada Daqui, as pessoas criadas a partir dessa mistura ficavam cada vez menos belicosas.

Os shamatari também foram criados a partir do sangue diluído de Peribo e também são ferozes – talvez não tanto como os bisaasi-teri, mas ferozes. Contudo, eles falam um pouco "torto", segundo os bisaasi-teri.

Como sempre nas viagens pela selva, caminhávamos em fila indiana para chegar a Mömariböwei-teri. A caminhada era difícil e eu tinha que me concentrar e ver bem onde pisava, mas minha excitação ia aumentando à medida que nos aproximávamos. Era a minha primeira visita àquela aldeia.

A todo momento eu perguntava aos meus companheiros: "Falta muito?". Eles geralmente davam a mesma resposta: "*A brahawä shoawä...*" ("Ainda vai demorar"). Por fim, um deles virou-se e cochichou para mim que estávamos chegando perto da aldeia. Meus companheiros pararam de falar e começaram a andar bem lentamente, como se estivessem perseguindo algum animal de caça – em silêncio, com atenção e cautela. Daí fizeram uma parada e ajeitaram rapidamente o cabelo e os enfeites. Pentearam a franja com os dedos, ataram na cabeça as faixas de cauda de macaco, lavaram os braços e as pernas no riacho e rapidamente aplicaram a tinta vermelha, chamada *nara*, e algumas penas de cores vivas que tinham trazido nas aljavas de bambu (*tora*) que levavam às costas. Daí me pediram, com sussurros e gestos, que eu me "limpasse bem" – lavasse a lama das pernas e vestisse uma tanga vermelha, para ficar apresentável como visitante.[21] Concordei, um tanto confuso com esses preparativos apressados, porém tão cerimoniais, para uma visita breve a um grupo de pessoas que eles já conheciam muito bem, tinham visto recentemente e eram seus parentes próximos. Os ianomâmis amam o drama, o rito e a atenção que eles atraem em uma simples visita a um vilarejo onde foram criados e que haviam deixado para trás apenas alguns meses antes.

Os bisaasi-teri explodiram então em uma cacofonia coletiva de assobios muito agudos, quase ao mesmo tempo que entramos subitamente no *shabono*. No mesmo instante uma resposta coletiva, um *uuuu* em alto volume, irrompeu dos moradores entusiasmados, que interpretaram nossos assobios como sinal de paz, de que éramos visitantes amigáveis e não agressores.

O mais velho dos meus jovens companheiros indicou com um gesto que eu devia tomar lugar à frente, ao lado dele, e assim encabeçamos a procissão, seguindo orgulhosamente, talvez até com arrogância, ao centro da praça circular. Esta era cercada pelo teto inclinado, quase vertical, do *shabono*, de uns 8 metros de altura. Formamos um semicírculo no meio da praça e ali ficamos imóveis, de cabeça erguida, exibindo as plumas, em silencioso esplendor. Esperamos por um tempo, fazendo nossa melhor pose. Os anfitriões então vieram nos examinar, alvoroçados, comentando nossa bela aparência, e nos deram as boas-vindas com entusiasmo, sacudindo seus arcos e flechas, em posição vertical, junto ao nosso rosto. Em seguida cada homem levou um de nós, separadamente, para a casa onde morava com sua família, onde recebemos redes e alimentos cozidos.

Embora um *shabono* ianomâmi pareça uma moradia circular coletiva – em especial quando vista de cima –, na verdade é composto de casas separadas, erguidas pelas famílias, que colaboram para construir o teto de modo que ele pareça inteiriço.

Por educação, todos nós descansamos durante cerca de meia hora, e meus companheiros então começaram, aos poucos, a visitar amigos e parentes e retomar suas atividades normais, como se estivessem em casa. E, na verdade, alguns realmente estavam em casa: os oriundos de Mömariböwei-teri que agora moravam em Bisaasi-teri como *sioha*, fazendo o serviço da noiva.

Logo se espalhou a notícia de que eu ia tirar fotos de identificação de todos, em grupos familiares, para saber quantas pessoas moravam em Mömariböwei-teri. As notícias sobre o "trabalho" (*ohodemou*) que eu sempre fazia se espalhavam por todas as aldeias vizinhas muito antes de eu visitá-las. Os mömariböwei-teri já estavam cientes do que eu ia fazer no meu "trabalho".

Anunciei que queria que todos ficassem em casa e não saíssem para caçar ou cuidar das roças. O pedido foi desnecessário – era a minha primeira visita àquela aldeia, e os que nunca tinham me visto em pessoa queriam aproveitar a oportunidade. Qualquer visitante – e em especial um *nabä* como eu – provoca muito alvoroço, e todos ficam em casa quando chegam visitas para não perder nada de importante, como talvez um terceiro braço ou um olho extra do *nabä* sub-humano.

Eu já tinha anotado os nomes da maioria dos moradores de Mömariböwei-teri, informados por moradores de Bisaasi-teri oriundos de lá; mas tinha que calcular a idade aproximada de cada um mediante uma avaliação pessoal. Além disso, o informante às vezes não sabe o sexo de um recém-nascido, se a criança nasceu quando ele estava ausente; nesses casos eu também tinha que definir isso com meus próprios olhos.

Os moradores colaboraram com entusiasmo e alegria. Expliquei-lhes que eu queria saber quem morava em cada casa e quem era membro de cada família. Os ianomâmis têm uma noção de família nuclear muito semelhante à nossa – em geral, os filhos e filhas solteiros moram com os pais, mas os casados moram em outra casa, na mesma aldeia. A maioria dos homens continua morando na aldeia natal quando se casa com uma moça de fora; mas com frequência eles se casam com moças da sua própria aldeia. As meninas ianomâmis costumam querer ser dadas em casamento a alguém da sua própria aldeia, pois assim estarão perto de seus irmãos, que vão protegê-las de um marido possivelmente cruel. No entanto, a principal estratégia para as alianças políticas entre aldeias é fazer com que seus aliados lhes deem as jovens casadouras – e prometer lhes dar, no futuro, algumas moças em troca. Essas relações fortalecem os laços entre as aldeias e aumentam a segurança, apesar de parte dessa força se basear no "crédito". Assim, o preço da aliança exige que algumas jovens sejam obrigadas a viver entre estranhos, nas aldeias dos novos maridos, os quais podem puni-las severamente devido a infidelidades supostas ou imaginárias.

Comecei meu recenseamento no fim da tarde, na casa do cacique dos mömariböwei-teri, chamado Shiitawä. Eu sempre começava pela família do cacique, em todas as aldeias. Os caciques em geral eram muito cooperativos – eles logo ficavam sabendo que eu sempre levava um presente maior para eles do que para os outros homens, e essa notícia se espalhava de aldeia em aldeia. Eles também incentivavam os outros a cooperar e costumavam dar ordens, em voz alta, para que todos na aldeia seguissem as minhas instruções. Por vezes faziam isso à noite, caso eu chegasse no fim da tarde e decidisse começar o recenseamento só no dia seguinte. Nesse caso o cacique fazia o *kawa amou* – um longo e um tanto poético monólogo em voz alta – depois do anoitecer, quando todos estão acomodados na rede para dormir. Ele dizia que desejava que todos fossem cooperativos e amigáveis comigo, seu *shori*, e que todos ficariam satisfeitos com os presentes que eu trouxera.

Como acontece com quase todos os caciques ianomâmis, Shiitawä tinha uma numerosa família polígina – a maior da aldeia. Ele fez com que toda a família se organizasse em uma fila, e colocou cada uma de suas esposas com os bebês nos braços e os outros filhos junto a elas. Por fim ele tomou seu lugar, e eu tirei duas fotos: uma Polaroid, para ficar disponível de imediato, e uma de 35 mm em preto e branco, que mais tarde, ao voltar para Michigan, eu iria revelar e imprimir em cópias de 10 por 15 centímetros, para copiar nela as informações que eu tinha anotado na Polaroid. Nessa altura as fotos Polaroid já estariam sujas, cheias de pigmento vermelho e manchas de dezenas de dedos. Os ianomâmis adoravam olhar essas fotos; passavam os dedos sobre elas e as comentavam durante horas. Eu os deixava olhar meu "álbum" e passá-lo de mão em mão, na minha cabana, para que todos vissem suas imagens e as das outras famílias.

Depois de fotografar a família do cacique, eu passava para a próxima casa e repetia o procedimento. Às vezes o cacique vinha junto para me ajudar, mas em geral as pessoas compreendiam o que eu queria fazer e isso não era necessário.

Aprendi muita coisa sobre a organização social e política das aldeias só por fazer um recenseamento dessa forma. Por exemplo, as casas vizinhas à de Shiitawä pertenciam a seus irmãos casados, com suas esposas e filhos. Assim, todos os homens adultos do mesmo grupo de descendência linear – na linhagem patrilinear – moravam lado a lado em certa parte do *shabono*; todos tinham o mesmo pai. No ponto onde terminavam as casas dos irmãos de Shiitawä, o próximo grupo de homens pertencia a uma linhagem patrilinear diferente – era outro conjunto de irmãos, com outro pai. A aldeia de

Shiitawä tinha, naquele recenseamento, 119 moradores, entre homens, mulheres e crianças; mas eles pertenciam a quatro linhagens patrilineares mais ou menos do mesmo tamanho, cada uma com 25 a 30 pessoas.

Em contraste, Bisaasi-teri, com 127 pessoas, tinha duas grandes linhagens patrilineares que dominavam a vida política e social da aldeia, e mais duas ou três linhagens muito menores. Mas na outra margem do rio havia 94 pessoas em Baixo Bisaasi-teri, a jusante de onde o rio Mavaca desemboca no Orinoco. Como já mencionei, essa aldeia originalmente fazia parte da Bisaasi-teri maior, mas eles se separaram após uma grave disputa por uma mulher. Sua composição de parentesco, porém, espelhava a aldeia principal: eles tinham duas grandes linhagens patrilineares, as mesmas do grupo principal.[22]

Levei várias horas para fazer meu recenseamento inicial em Mömariböwei-teri. A tarefa foi fácil: eu já sabia os nomes da maioria dos moradores antes de chegar, pois os jovens de lá que estavam fazendo o serviço da noiva em Bisaasi-teri tinham me dado a maioria das informações. Mais tarde, ao voltar a Bisaasi-teri, eu iria acrescentar informações sobre cada pessoa, conversando com os mesmos jovens informantes – qual moça fora prometida em casamento para qual rapaz, onde os novos bebês haviam nascido etc. Mas eu daria preferência a informantes muito mais velhos para obter o nome dos pais e antepassados dos mömariböwei-teri.

Há, porém, alguns rapazes que se esforçam muito para aprender esses fatos, se têm aspirações políticas e desejam se tornar líderes quando forem mais velhos. Rerebawä, o informante já mencionado, que me ajudou a aprender o idioma, era desse tipo. Ele pretendia voltar para a sua aldeia natal e se tornar o cacique de lá.

Foi nesse ponto que fiquei sabendo que eu fora enganado. Depois que terminou meu recenseamento em Mömariböwei-teri – a principal finalidade da minha visita –, saí para caminhar pela aldeia e conversar um pouco com os moradores. Para mostrar-lhes o quanto eu sabia sobre as pessoas e os lugares ianomâmis, mencionei baixinho o nome do cacique de Bisaasi-teri e um incidente que envolveu nós dois. Havia vários adultos ouvindo quando fiz o meu comentário:

Morador de Mömariböwei-teri: [com risinho sarcástico] Quem? Não estou reconhecendo esse nome!

Chagnon: O cacique de lá! [cochichando o nome outra vez]

Morador de Mömariböwei-teri: [soltando uma risada irreverente] Com quem ele é casado?

Chagnon: O nome dela é Nakaweshimi. Vocês com certeza a conhecem...

Todos os moradores de Mömariböwei-teri que estavam por ali: [gargalhadas e tapas nas coxas até as lágrimas escorrerem dos olhos]

Fiquei vermelho de vergonha e raiva enquanto a notícia se espalhava pela aldeia e todos riam histericamente.

O nome que tinham me dado para a esposa do cacique dos bisaasi-teri, Nakaweshimi, se traduz como algo muito vulgar, como "Boceta Peluda". Ficou claro que os bisaasi-teri tinham conspirado para me contar um monte de mentiras colossais sobre os nomes das pessoas. Cada informante bisaasi-teri relatava para meus outros informantes, em detalhes, os nomes falsos que havia me fornecido. Eles tinham inventado "novos" nomes para quase todos os adultos residentes na aldeia... e também para a maioria das crianças mais velhas. Deve ter sido uma brincadeira bem demorada e elaborada, já que envolvia pessoas das duas aldeias, do Alto e do Baixo Bisaasi-teri.

Boceta Peluda era casada com o cacique Pau Comprido, seu filho mais novo era Buraco do Cu, e assim por diante. E todos esses nomes me tinham sido informados solenemente, com a cara mais séria, cochichados baixinho no meu ouvido e seguidos pela solene advertência: "Não conte para ninguém que eu te falei esse nome!".

Se eu não tivesse ido para outra aldeia e mencionado, inocentemente, esses nomes "secretos", não faria a menor ideia da elaborada traquinagem que os bisaasi-teri fizeram comigo. Fiz essa descoberta uns *seis meses* depois de começar meu trabalho de campo!

E se eu tivesse voltado para casa antes disso e escrito minha tese de doutorado utilizando essas informações? Muitos antropólogos fazem seu trabalho de campo em menos tempo ainda, e em geral em uma única aldeia, ou seja, não podem cruzar as informações com pessoas de fora. A maioria dos antropólogos também relata que a organização social da tribo que estudaram é totalmente baseada no parentesco; mas poucos informam de que maneira chegaram a essa conclusão e se ela se baseia nas genealogias que coletaram para embasar sua tese.

Esse incidente mudou radicalmente meus métodos de trabalho de campo. Dali em diante, quando eu queria saber algo sobre a aldeia A, ia para a aldeia B e perguntava às pessoas de lá. Eu não precisava usar essa estratégia para todos os tipos de informação, mas aprendi a prever com bastante exatidão que tipos eram mais propensos à falsificação (por exemplo, o nome verdadeiro de qualquer parente próximo que o informante tivesse naquela aldeia, os nomes de caciques famosos já falecidos etc.). Havia também informações que eles queriam esconder de mim (como casos de incesto ocorridos entre seus próprios parentes). Assim, eu simplesmente evitava perguntar sobre essas coisas nas aldeias em questão.

Era mais inconveniente trabalhar dessa maneira, mas a longo prazo isso me economizou muito tempo que seria gasto tentando conciliar as contradições provindas das mentiras travessas que me eram ditas não só para evitar revelar nomes tabus, mas também porque os ianomâmis têm um senso de humor perverso. Eles gostavam de enganar os outros, e em especial o antropólogo inocente e ingênuo que vivia entre eles.

3.
Ataques e vinganças

Por que as aldeias se dividem e se mudam

A PRIMEIRA EXPEDIÇÃO DE VINGANÇA

Nos primeiros meses da minha pesquisa de campo, tentei compreender o que acontecera naquele primeiro dia, quando entrei no *shabono* agachado, gingando como um pato, e fui recebido por homens irados, de armas em punho.

Fiquei sabendo que tinha havido uma sangrenta luta de porretes na véspera da minha chegada. Fora provocada por Matowä, o impetuoso cacique dos monou-teri. Ele e seus homens haviam capturado sete mulheres patanowä-teri e as levado para sua aldeia, a várias horas de viagem ao sul. Extremamente irados, os homens patanowä-teri – que naquela semana estavam visitando Bisaasi-teri, onde eu fazia minha primeira visita – logo haviam recuperado, na luta de porretes, cinco de suas sete mulheres roubadas. Matowä então prometeu matar os patanowä-teri a flechadas, penso que para lhes dar uma lição por terem recuperado cinco das sete mulheres roubadas. E o mais importante: o ataque de surpresa e a recuperação das mulheres o tinham envergonhado, possivelmente até lançando dúvidas sobre a sua reputação.

A aldeia de Patanowä-teri tinha se dividido em vários grupos. Um deles continuou a ser conhecido pelos vizinhos como "patanowä-teri", mas outros assumiram novos nomes, que mudavam rapidamente à medida que seus líderes tentavam se diferenciar dos seus congêneres, isto é, do grupo coletivo originalmente conhecido como patanowä-teri. Tanto os bisaasi-teri como os monou-teri eram originalmente "facções" de patanowä-teri; mas quando cheguei ali eles já haviam assumido suas novas identidades de "bisaasi-teri" e "monou-teri" e moravam em aldeias separadas. As mudanças de nome visavam ajudá-los a negar a culpa por erros que desejavam vincular a algum outro grupo, de nome diferente, do qual queriam se dissociar – apesar de todos os grupos serem intimamente aparentados.

As brigas e as lutas de porretes por causa das mulheres fizeram com que os grupos bisaasi-teri, patanowä-teri e monou-teri se separassem e se afastassem uns dos outros. Agora os patanowä-teri moravam a mais de dois dias de viagem, tanto de Bisaasi-teri como de Monou-teri, enquanto essas duas últimas aldeias ficavam a apenas algumas horas de caminhada uma da outra.

Achei isso muito intrigante: por que esses três grupos intimamente aparentados lutavam entre si e ameaçavam matar uns aos outros? Isso não faz sentido considerando a situação nos termos do que minha formação me treinou para esperar: os parentes devem ser *bondosos* uns com os outros. Contudo, já no meu primeiro dia em campo vi muitos com a cabeça ensanguentada pelos golpes de tacape na incursão para recuperar as mulheres – e agora eles trocavam ameaças de morte. Percebi que eu precisava compreender melhor de que modo esses grupos eram interligados e as razões específicas da sua cisão.

Para mim o mais inexplicável de tudo isso era que eles estavam brigando por *mulheres*. Meus livros didáticos de antropologia e meus professores me ensinaram que, nas "raras" ocasiões em que os indígenas lutavam, inevitavelmente era devido a algum recurso material escasso, como terra cultivável, fontes de água, boas áreas de caça etc. No entanto, os ianomâmis me diziam que estavam em luta por *mulheres*. Imaginei que muitos reagiriam com ceticismo quando eu relatasse o fato ao voltar à minha universidade.

Kaobawä, o cacique dos bisaasi-teri, estava tentando fazer as pazes com os patanowä-teri quando ocorreu o rapto. Depois do rapto e da recuperação das mulheres, parecia que ele teria preferido, pelo menos em princípio, que os monou-teri deixassem as coisas como estavam. Afinal, os monou-teri tinham ficado com duas mulheres, e ninguém fora morto.

Mas Matowä era de uma belicosidade incorrigível e queria intimidar os patanowä-teri, até mesmo humilhá-los. Ele era conhecido por seduzir as esposas de outros homens mesmo dentro da *sua* pequena aldeia; certa vez chegou a seduzir a esposa de um dos seus irmãos mais novos. Este teve medo de enfrentá-lo e desafiá-lo; e assim, cheio de raiva e frustração, matou *sua própria esposa* com uma flechada. Ele só queria feri-la, mas a flecha a atingiu em uma área vital e ela morreu do ferimento. Como ela provinha de outra aldeia, mais fraca, ninguém procurou vingar a sua morte.

Durante alguns anos após se separar dos patanowä-teri, o grupo inteiro de Matowä viveu em meio aos bisaasi-teri; mas, como ele era um mulherengo crônico, suas conquistas acabaram causando uma grande luta de porretes, e ele e seu grupo se separaram dos bisaasi-teri, cujo cacique era Kaobawä, e formaram os monou-teri. Eles subiram o rio Mavaca, a várias horas de caminhada, mas continuaram mantendo relação relativamente pacífica com os bisaasi-teri.

Matowä sabia que os patanowä-teri tinham muitos inimigos ao norte e a leste e estavam procurando novos amigos e aliados; por isso tinham vindo visitar os bisaasi-teri. Com o modo de pensar maquiavélico característico da maioria dos caciques ianomâmis, Matowä decidiu que aquele era um bom momento para atormentá-los, apesar de sua aldeia ser muito pequena em comparação com Patanowä-teri. O grupo de Matowä tinha umas 60 pessoas, e os patanowä-teri eram cerca de 225 na época. Se os patanowä-teri não tivessem tantos inimigos ativos, Matowä não teria tido coragem de fazer o que fez em seguida: organizou uma incursão contra os poderosos patanowä-teri, decidido a invadir sua aldeia sorrateiramente e matar um ou mais deles. O ataque ocorreu no início da estação seca, em janeiro de 1965, menos de dois meses depois que comecei minha pesquisa de campo.

Os invasores monou-teri saíram do seu próprio *shabono*, às margens de uma lagoa a quatro ou cinco horas de caminhada, ao sul de Bisaasi-teri.[1] Tiveram que viajar pelo menos dois dias inteiros, na estação seca, para chegar à aldeia de Patanowä-teri. Caminhando depressa, no segundo dia chegaram perto da aldeia e passaram a noite bem próximos do seu destino. Mais tarde eles me disseram que não acenderam fogueiras naquela noite, para evitar que a fumaça traísse a sua localização; e contaram que comeram restos frios de bananas cozidas, pintaram o corpo de negro com carvão mascado, deitaram, tremendo de frio, nas suas redes de cipó, e esperaram em silêncio a madrugada. (Mesmo na Amazônia, sente-se frio à noite dormindo sem roupas ou sem uma fogueira próxima.) Disseram que ao clarear o dia se separaram em dois grupos e se aproximaram cautelosamente da aldeia, escondendo-se no mato.

Por fim os moradores do *shabono* dos patanowä-teri despertaram e começaram suas atividades diárias, com apreensão e cautela, como sempre acontece quando os membros de uma aldeia isolada como a deles sabem que correm o risco de ser atacados a qualquer momento pelos inimigos.

As incursões geralmente ocorrem de madrugada, dando aos invasores um longo período de luz do dia para bater em retirada. Nessas condições de risco, os moradores locais em geral tentam sair do *shabono* em grupos armados – os homens, com seus arcos e flechas, protegendo as mulheres, que vão tratar da roça ou coletar alimentos silvestres.

A situação também é muito perigosa para os homens saírem à caça, pois os pequenos grupos de caçadores são vulneráveis quando estão a uma distância considerável da sua aldeia e podem ser facilmente dominados por um grupo maior de invasores. Assim, em tempos de guerra há muito menos carne nas fogueiras dos ianomâmis.

Os invasores monou-teri esperaram nas sombras da vegetação, bem perto do *shabono* inimigo. Por fim um homem chamado Bosibrei saiu do *shabono* para colher as frutinhas de uma pupunheira, cultivada a poucos metros do *shabono*. Como ninguém pensava que os invasores chegariam tão perto do *shabono*, ele tratou da sua tarefa de maneira tranquila e sem maiores preocupações.

A pupunheira tem milhares de espinhos duros, de 10 centímetros, saindo de toda a extensão do tronco. Para subir na palmeira e alcançar a penca de frutinhas a uns 10 ou 12 metros de altura, os homens usam uma engenhosa estrutura feita de paus e cipós para escalá-la com cuidado, poucos palmos por vez, a fim de evitar os espinhos. Basta subir alguns metros para ficar extremamente vulnerável a flechas lançadas do solo.

Bosibrei estava chegando ao alto da pupunheira quando os atacantes monou-teri saíram em silêncio do seu esconderijo, encaixaram suas flechas de guerra nos arcos e dispararam uma saraivada. Ele foi trespassado por várias flechas, caiu de uns 10 metros de altura e morreu quase instantaneamente. Depois de se certificarem de que ele estava morto, os atacantes monou-teri se retiraram às pressas, sem serem detectados. Para minha grande surpresa, um dos invasores que flecharam Bosibrei era casado com uma das suas filhas!

Rerebawä constrói um apoio de paus e cipós para escalar uma pupunheira.

Semanas antes dessa incursão – e já prevendo uma nova guerra inevitável – os monou-teri tinham começado a limpar novas áreas para plantar roças em locais mais defensáveis. Eles decidiram colocar um obstáculo – o rio Mavaca – entre seu novo *shabono* e os patanowä-teri. Construíram seu novo *shabono* e limparam seus novos terrenos do outro lado do rio, a várias horas de caminhada para oeste. Esse viria a ser o local permanente da sua nova aldeia, logo que suas roças começassem a produzir.[2]

Limpar áreas para novas roças é uma tarefa extremamente trabalhosa; mas mudar-se para outro local significava que os eventuais invasores patanowä-teri teriam que atravessar o Mavaca, um grande obstáculo. Ao fazer isso, teriam que se expor e assim perder a vantagem da surpresa.

As novas plantações também estavam na direção dos seus aliados recém-feitos – as aldeias shamatari de Mömariböwei-teri e Reyaboböwei-teri. (A primeira foi onde descobri que minhas informações genealógicas sobre os moradores de Bisaasi-teri eram totalmente absurdas.) A proximidade dos dois novos aliados de Monou-teri provavelmente seria mais um fator para impedir uma incursão dos patanowä-teri.

Porém, a vingança dos patanowä-teri foi rápida, extraordinária e mortal. Eles se concentraram, deliberadamente, em Matowä, e foram atrás dele no seu ataque de retaliação. Encontraram Matowä a pouca distância da nova roça, procurando mel com duas de suas esposas. Isso ocorreu no final de janeiro ou início de fevereiro de 1965... apenas algumas semanas depois que ele e seus atacantes tinham matado Bosibrei.

A esposa mais velha de Matowä me relatou o ocorrido. Matowä estava olhando para o alto de uma árvore, procurando uma colmeia de abelhas, quando os agressores o encontraram. Ele nem os viu em meio às sombras da floresta ainda escura. Havia um número considerável de atacantes. Eles encaixaram suas flechas em silêncio e as lançaram simultaneamente, em uma única saraivada. Pelo menos cinco flechas atingiram Matowä no peito e na barriga. Embora provavelmente estivesse ferido de morte, ele ainda encaixou uma flecha no arco, amaldiçoou seus agressores desafiadoramente, e a lançou contra eles, com a pouca força que lhe restava. Um dos invasores, um homem chamado Bisheiwä, então encaixou uma segunda seta, apontou resolutamente para Matowä e a disparou. A seta atingiu Matowä bem no pescoço, logo abaixo da orelha. Ele caiu no chão e morreu, enquanto os atacantes solenemente o cercavam e assistiam. Logo partiram em silêncio, deixando ali as duas mulheres assustadas. Raptar as mulheres lhes teria impedido uma retirada segura para Patanowä-teri, pois ainda tinham que atravessar novamente o rio Mavaca e caminhar dois dias inteiros.

Bisheiwä, que atirou a seta fatal no pescoço de Matowä, era um dos filhos de Bosibrei. O grupo invasor também incluía dois homens que chamavam Matowä pelo termo de parentesco que significa irmão, pois eram da sua linhagem – não irmãos, mas primos pelo lado masculino. Três dos invasores, incluindo Bisheiwä, eram cunhados (*shori*) de Matowä. Isso ressalta o fato de que o parentesco não é um impedimento à violência mortal, embora a relação entre *shoriwä* seja geralmente muito amigável. Por fim, um dos invasores era um shamatari que muitos anos antes fora raptado pelos patanowä-teri, juntamente com sua mãe, de uma aldeia mais ao sul.

As esposas de Matowä fugiram de volta para a aldeia e contaram aos outros o que tinha acontecido, e foi assim que eu também fiquei sabendo dos detalhes do ataque.

Os monou-teri ficaram chocados e perturbados com a retaliação rápida e mortal dos patanowä-teri. Mas, em vez de sair para persegui-los, eles desmoronaram, no sentido político: ficaram atordoados e totalmente desmoralizados pela morte do seu líder, seu *waiteri*.[3]

No dia seguinte eles cremaram, com tristeza, o corpo de Matowä e realizaram uma pequena cerimônia funerária na aldeia, consumindo um pouco das cinzas dele misturadas a uma sopa de banana-da-terra. Mais tarde fariam uma *reahu* (cerimônia fúnebre) maior, mais elaborada, convidando as aldeias aliadas para um grande banquete.

As duas esposas de Matowä foram tomadas por seus irmãos como esposas adicionais, de acordo com o costume ianomâmi – aliás, o mesmo costume de levirato que lemos na Bíblia. Muitos povos tribais do mundo todo observam essa regra.

Os monou-teri então fugiram e foram se esconder nas profundezas da selva.

Essa covardia deixou revoltados os parentes patrilineares de Matowä em Bisaasi-teri – incluindo Kaobawä, o cacique da aldeia, que era classificado como "irmão" de Matowä. Os bisaasi-teri ficaram furiosos porque os monou-teri demonstraram uma imperdoável covardia, por não perseguir os invasores nem tentar matar pelo menos alguns deles. Mostrar medo e timidez é um convite para que outros venham intimidar e explorar ainda mais o seu grupo, e dá também a *todos* os grupos aparentados àquele a mancha de covardia. A decisão dos monou-teri de fugir lançava uma mancha também sobre Kaobawä.

Kaobawä então assumiu a responsabilidade de organizar uma incursão de vingança contra os patanowä-teri. E assim o fez, quando a estação seca estava chegando ao fim, no início de abril – o que tornaria improvável um contra-ataque, já que na estação chuvosa uma viagem de dois dias pela selva inundada seria muito difícil, ou mesmo impossível.

Kaobawä convidou os monou-teri para se mudarem temporariamente para a sua aldeia, convite que estes aceitaram com gratidão. Como já mencionei,

Um acampamento de caça com várias *yano*, cabanas temporárias feitas com varas e folhas de palmeira atadas com cipós.

Kaobawä estava tentando fazer as pazes com uma grande facção dos patanowä-teri quando Matowä iniciou todos esses trágicos acontecimentos. A paz entre a facção de Kaobawä dos bisaasi-teri e os patanowä-teri era agora uma possibilidade muito remota, devido ao convite de Kaobawä aos monou-teri.

Kaobawä tinha um filho adulto de um casamento anterior, Shinahewä, que morava em Patanowä-teri, e queria possibilitar que esse jovem visitasse livremente as duas aldeias hostis uma à outra. Apesar de as aldeias ianomâmis em guerra serem como países modernos em guerra, existe preocupação pelos parentes que moram em uma aldeia que agora se tornou inimiga. A distinção entre guerreiros e civis é difusa na Idade da Pedra. Na maioria dos casos, nenhum mal acontece ao parente não combatente; mas às vezes alguns moradores locais, movidos pela dor de uma morte recente, tentam prejudicar ou até mesmo matar essa pessoa. É por isso que alguns preferem fugir para uma aldeia mais segura (porém relacionada) quando irrompem hostilidades. E, de fato, uma facção considerável dos patanowä-teri fugiu e foi unir-se ao grupo bisaasi-teri logo após o início da guerra.

A guerra iminente pôs em marcha uma série de ações que me ajudaram a compreender melhor a história das várias aldeias que eu havia conhecido no breve tempo em que tinha vivido lá, bem como suas estratégias políticas.

Primeiro, Kaobawä tomou medidas imediatas para tornar sua aldeia mais defensável. O Alto Bisaasi-teri tinha dois *shabono* bem ao lado um do outro, a poucos metros de distância. Viviam, como dizem os ianomâmis, *he borara*, isto é, "separados, mas próximos". Essa frase sempre surgia quando eu coletava relatos de informantes mais velhos sobre as várias mudanças de aldeias que eles e seus pais já haviam feito no passado. O fato de viver *he borara* era um indício de que os dois grupos estavam envolvidos em uma briga local e queriam ter sua aldeia própria, independente, porém não podiam mudar-se para muito longe um do outro porque estavam em guerra contra uma outra aldeia, maior e mais distante, cujos líderes consideravam *as duas* como inimigas e teriam mais facilidade para matá-los se as aldeias se separassem e se afastassem uma da outra. A lição óbvia é que a união faz a força, de modo que os grupos ianomâmis tentam, conscientemente, maximizar o tamanho de suas aldeias e anular disputas internas antes que elas levem a antagonismos capazes de dividi-las em dois pequenos grupos hostis. É por isso que muitas vezes eles optam por viver *he borara*, por razões de segurança.

Kaobawä teve que convencer os membros dos dois grupos *he borara* a se consolidarem, formando um só *shabono* maior, cercado por uma paliçada. Além disso, quando os monou-teri – umas sessenta pessoas – fossem morar com eles temporariamente, a aldeia assim aumentada teria mais de duzentas pessoas e poderia mobilizar um grupo muito maior de atacantes para enfrentar os inimigos. Os monou-teri ajudariam na construção do novo *shabono* e da paliçada, uma cerca vertical de 2 metros e meio de altura, com troncos fincados cerca de 30 centímetros no chão e amarrados com grossos cipós.

Uma grande roça ianomâmi com dois *shabono*, indicando que a aldeia está se dividindo em dois grupos separados, mas que vivem *he borara*, isto é, separados mas próximos. Quando o segundo grupo, o menor, planta uma roça em outro lugar e esta começa a produzir, ele se muda para lá e constrói um novo *shabono*.

Os patanowä-teri tinham de realizar os preparativos para a defesa. Os monou-teri e os bisaasi-teri eram agora seus inimigos mais ativos. Assim, os patanowä-teri também abandonaram sua aldeia e suas plantações e se mudaram para o sul, para plantar novas roças e construir um novo *shabono*, defendido por uma forte paliçada. Levaram também uma quantidade enorme de mudas de bananas-da-terra da sua antiga roça e as transplantaram para as novas. E, tal como os monou-teri, agora dependiam de seus aliados para conseguir refúgio, alimento e uma pausa nas incursões, agora mais numerosas, contra o seu grupo – tanto por parte dos seus velhos inimigos tradicionais como dos seus novos inimigos, os monou-teri.

Grupos historicamente poderosos como os patanowä-teri têm um tipo especial de problema: eles se tornam poderosos intimidando e assediando seus vizinhos, invadindo suas aldeias, expulsando-os da região, sequestrando suas mulheres, perseguindo-os de várias formas e, ocasionalmente, matando alguns

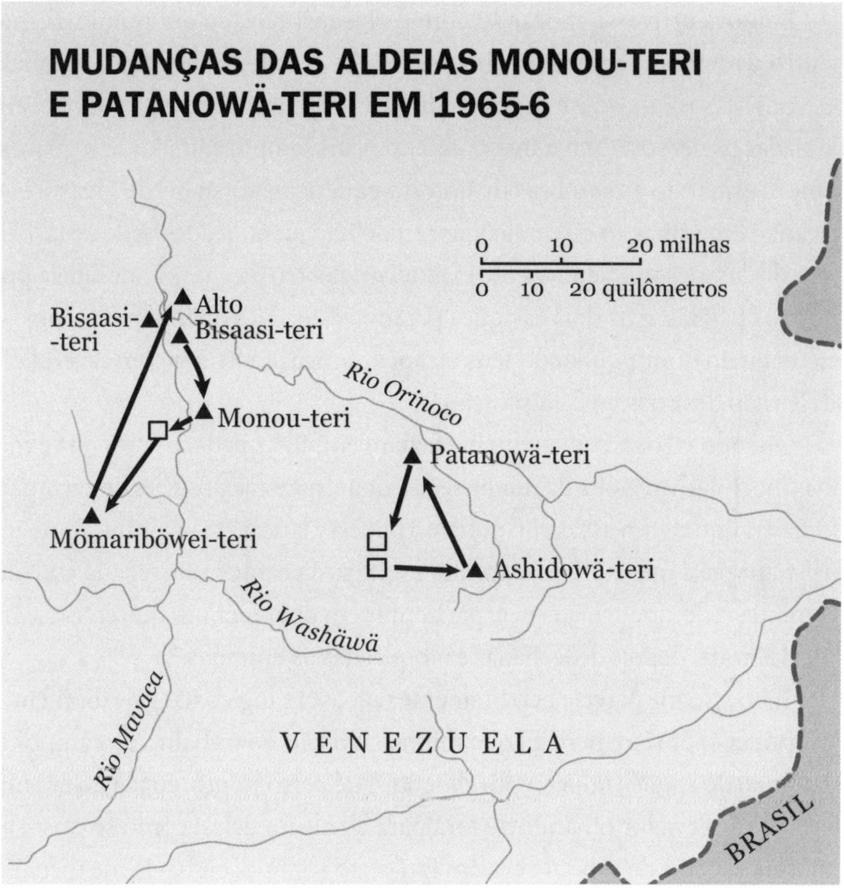

Mudanças sucessivas dos monou-teri e patanowä-teri em relação a suas novas roças e aldeias aliadas durante 1965-6, no esforço de evitar ataques uns dos outros.

dos seus membros. Porém, esses velhos inimigos jamais esquecem e jamais perdoam: apenas fingem amizade e confiança quando se encontram esporadicamente. Assim, quando um grupo poderoso se vê envolvido em novas guerras, em uma nova frente, todos os seus inimigos que estavam com as hostilidades em suspenso aproveitam a oportunidade para atacá-lo enquanto ele está, ou parece estar, vulnerável militar e politicamente.

Por esses motivos, durante os primeiros dezessete meses da minha pesquisa de campo os patanowä-teri foram invadidos cerca de 25 vezes por seus inimigos antigos e novos, como os bisaasi-teri e seus aliados shamatari recém-feitos.

Embora estivesse morando com os bisaasi-teri, eu era politicamente neutro e podia me mover à vontade entre as facções beligerantes naquela guerra.[4] Mas minhas visitas aos patanowä-teri durante esse período foram de abalar os nervos. Os patanowä-teri estavam sempre agitados, em guarda, sempre espiando as sombras da floresta para detectar sinais de invasores e pegando em armas ao ouvir qualquer ruído não identificado vindo de lá. Brigas e discussões frequentemente explodiam dentro da sua grande aldeia por motivos triviais, e os dois caciques patanowä-teri[5] logo vinham ter com os encrenqueiros, empunhando seus tacapes e ameaçando agir com severidade se eles não desistissem da discussão.

Quando eu os visitava, eles me faziam empilhar pedaços de lenha e minhas mochilas[6] em volta da minha rede à noite, para me proteger de eventuais flechadas que algum assassino noturno pudesse lançar contra mim. Também insistiam para que eu tivesse minha espingarda sempre carregada ao lado da minha rede, ao meu alcance, para atirar em qualquer um que entrasse na aldeia à noite, depois de fechadas e bloqueadas as entradas.[7]

Tudo isso me parecia perfeitamente razoável e lógico naquele momento. Aos poucos, porém, percebi que minha situação de trabalho de campo tinha mudado muito, imperceptivelmente. Até certo ponto, eu já não era um simples observador olhando de fora para a cultura deles, como se existisse em uma espécie de tubo de ensaio. Em certo sentido, eu havia me tornado parte daquilo que tencionava observar: tinha me tornado um elemento do seu mundo neolítico. À noite, nas sombras escuras de um *shabono*, todos os homens são ianomâmis.[8] Nesse caso específico, todos os homens eram patanowä-teri.

Os patanowä-teri embarcaram em uma estratégia militar que julguei brilhante. Em vez de perderem tempo tentando invadir *todos* os grupos relativamente menores que agora os atacavam com ousadia, concentraram seus esforços em apenas alguns adversários mais notáveis, como a grande aldeia de Hasuböwä-teri, a apenas um dia e meio de caminhada para o leste. Eles já haviam, em outra ocasião, tornado os hasuböwä-teri militarmente impotentes mediante incursões sistemáticas visando seus líderes políticos, seus *waiteri* – homens com reputação de ferocidade. Eles se vangloriaram para mim de ter matado a maioria deles, e sentiam desprezo pelos outros dali porque eram covardes. Quando conheci os patanowä-teri, no início de 1965, eles zombavam à simples menção dos hasuböwä-teri, e os desprezavam sardonicamente, dizendo que agora eles eram "como mulheres", porque os patanowä-teri tinham matado todos os seus *waiteri*. Agora, com os bisaasi-teri hostis aos patanowä-teri, os hasuböwä-teri estavam tentando se reafirmar. Para enfrentarem a situação, os patanowä-teri realizaram o que um analista militar contemporâneo poderia chamar de incursões preventivas: mataram os poucos *waiteri* hasuböwä-teri restantes, neutralizando assim, na sua opinião, essa possível ameaça. Isso lhes permitiu concentrar-se na aliança Bisaasi-teri/Monou-teri/Shamatari a oeste, pois tudo estava relativamente calmo na frente oriental.

A expedição de ataque dos bisaasi-teri aos patanowä-teri, organizada por Kaobawä, ocorreu em abril de 1965. Kaobawä esperava que seus dois aliados shamatari a oeste – os mömariböwei-teri e os reyaboböwei-teri – enviassem contingentes de guerreiros para participar da incursão, mas parecia que eles estavam renegando a promessa. Na política ianomâmi, os aliados muitas vezes precisam uns dos outros, mas nem sempre cumprem suas promessas de ajuda, e com frequência não confiam uns nos outros.

Kaobawä atrasou sua incursão por alguns dias porque suspeitava que seus aliados shamatari estavam simplesmente esperando que seu grupo saísse para o ataque, quando então eles poderiam invadir Bisaasi-teri e roubar mulheres. No último minuto, porém, alguns homens de cada uma das duas aldeias shamatari aliadas finalmente apareceram, e as preocupações com uma traição foram deixadas de lado, pelo menos naquela ocasião.

Na tarde antes de saírem para a incursão, Kaobawä realizou uma pequena festa mortuária, o *reahu*. Bananas maduras foram cozidas e amassadas para fazer uma sopa doce e espessa, colocada em um grande cocho feito de casca de árvore e apoiado em estacas fincadas no chão para evitar que a sopa vazasse – algo como uma enorme quantidade de pudim de banana dentro de uma canoa de casca de árvore. Embora eu já morasse com eles havia cinco meses, não achei uma boa ideia me aproximar do grupo que pranteava o morto, e que parecia estar emocionalmente perturbado. Assim, fiquei a uma confortável distância enquanto as mulheres bebiam, em pequenas cuias, goles de sopa de banana, na qual fora misturada parte das cinzas de Matowä. Todos choravam alto, e com vozes lamentosas chamavam seu líder caído com carinhosos termos de parentesco. Foi muito triste.

No fim do dia os atacantes fizeram uma incursão simulada, um ensaio cerimonial do que esperavam fazer quando chegassem a Patanowä-teri.

Fizeram uma efígie – uma *no owa* – para representar um determinado homem patanowä-teri que tencionavam matar. Nesse caso, a *no owa* era um tronco de árvore descascado com cerca de um metro e meio de comprimento.[9] O tronco de cor clara, sem casca, foi pintado com *nara*, um pigmento vermelho-escuro, em linhas onduladas associadas à masculinidade, e algumas penas coloridas foram presas à extremidade que representava a cabeça. O tronco foi colocado em uma rede, como se a vítima estivesse descansando e *mohode* – isto é, distraída. Kaobawä então organizou os atacantes em vários grupos, que se aproximaram lentamente da *no owa*, avançando agachados, vindos de várias direções. Quando chegaram perto, levantaram-se em silêncio para a posição de ataque, aprontaram seus arcos e, ao sinal de um deles, soltaram simultaneamente suas flechas. A *no owa* tremeu e se agitou na rede, penetrada por cerca de uma dúzia de setas. Os atacantes então se afastaram do *shabono* às pressas e recuaram floresta adentro, a uma curta distância. Depois de alguns momentos, voltaram para o *shabono* sem fazer ruído e se retiraram para suas redes, esperando o anoitecer.

Depois que escureceu o *shabono* mergulhou em um estranho silêncio. Dava para perceber que algo estava prestes a acontecer. Os bebês, que normalmente ficavam chorando, eram silenciados pelas mães. Eu ouvia gente andando por ali, mas não enxergava ninguém. Eles deixaram suas fogueiras se apagarem, só restando brasas, e o *shabono* estava muito escuro.

É uma sensação esquisita notar que algo dramático está prestes a acontecer – algo profundamente primitivo e assustador –, mas sem saber o que será. Eu olhava para todos os lados, tentando desesperadamente ver quem estava fazendo aqueles ruídos abafados. Pessoas se moviam em silêncio, quase deslizando junto a mim, mas eu não conseguia vê-las. Será que estavam me rodeando e planejando me matar por tentar assistir a uma cerimônia sagrada proibida, que gente de fora não tinha autorização para ver?

Uma *no owa*, ou efígie, de um homem que se pretende matar. Esta foi feita com um tronco de árvore que teve a casca removida e foi pintado com o desenho de uma longa serpentina. Tem uma faixa de cabeça feita de cauda de macaco coberta por penas brancas de urubu-rei. O homem está cuspindo sobre o tronco para insultar o inimigo assim representado.

O silêncio foi subitamente rompido por um grito de gelar o sangue – uma voz de homem que parecia uma mistura de rosnado e gemido. Ele apareceu das trevas do interior do *shabono*, à minha direita, batendo suas flechas de guerra, de quase 2 metros de comprimento, contra seu pesado arco, feito de pau de palmeira, enquanto caminhava lentamente para a clareira central da aldeia, na fraca luz da madrugada, lançando gritos e rosnados assustadores, imitando vários insetos e animais carnívoros ferozes. Eu mal podia enxergá-lo quando se virou e parou em postura ameaçadora, com o rosto voltado para o sudeste, para a aldeia inimiga de Patanowä-teri – mas também para mim! Colocou então no chão suas flechas emplumadas, ao lado do seu robusto arco. Fitou em silêncio o sudeste – bem acima da minha cabeça. Mesmo assim achei que ele estava olhando para mim e pensei: "Você é o próximo, *nabä*!".

A aldeia caiu novamente em um silêncio sinistro, inquietante. Então outro homem, vindo de outra parte da aldeia, saiu das sombras do telhado do *shabono*, estalou ruidosamente suas flechas contra o arco e, como o primeiro, avançou lentamente para o centro da clareira. E, como o primeiro havia feito, passou a soltar ruídos agudos, estridentes, imitando animais carnívoros e insetos de mordida feroz.

Senti um arrepio nos braços. Imaginei estar presente em um momento de 10 mil anos atrás e pensei como era estranho que eu fosse um dos últimos membros da minha profissão a vivenciar um evento que já havia se tornado, nos anos 1960, praticamente único. Aqueles eram os últimos guerreiros da Idade da Pedra, reunindo-se para causar o caos e a morte a inimigos distantes – que os esperavam com ansiedade, sem saber quando eles viriam, mas já antecipando sua terrível ira.

Os guerreiros estavam pintados de negro, mas tirando isso sua aparência era a de todos os dias – nus, com o pênis atado a um cordão na cintura. Apenas seus arcos e flechas mostravam que eram *yahi tä rimö*, seres humanos que habitam em casas, e não *urihi tä rimö*, animais selvagens e bestiais que vivem na floresta. Sua raiva, agressividade e determinação eram premeditadas e resolutas, não espontâneas como um súbito ataque ou mordida agressiva de um predador felino ou canino.

Cada guerreiro repetiu esse processo até que ficaram enfileirados em linha reta, voltados para o sudeste. Levou apenas uns trinta minutos para a

Um grupo de guerreiros em formação – *wayu itou* – pouco antes de partir para um ataque. O grupo inclui o menino Matarawä, que vai participar pela primeira vez de uma incursão para vingar a morte de seu pai, abatido por invasores um mês antes.

fila ficar completa, mas a mim pareceu que tinham se passado várias horas. Depois fiquei sabendo que assistira ao *wayu itou*, a reunião ritual dos atacantes antes de uma incursão. Esse ritual só é realizado na véspera da partida de um grupo que sai para matar inimigos. Depois disso assisti a vários outros, e todos me causaram arrepios nos braços e no pescoço.

Os murmúrios e sussurros das mulheres e crianças de repente cessaram e a aldeia ficou de novo silenciosa. Continuei agachado na beirada da praça central, tentando ser o mais discreto possível, não aparecer nem atrapalhar. Aquilo que eu estava testemunhando sem dúvida provocava emoções poderosas, tremendas, nos ianomâmis – mas eu temia que também fosse algo capaz de deixá-los com *raiva* de mim por estar assistindo e gravando o som da cerimônia.

De novo o silêncio foi subitamente interrompido, dessa vez por uma voz de barítono profundo cantando lentamente: "Estou com fome de carne! Estou com fome de carne! Como o abutre que come carniça, eu estou com fome de carne!". Reconheci a voz de Torokoiwä, um dos irmãos de Matowä, que tinha talentos excepcionais de cantor. As estrofes da Canção do Abutre, como é chamada, mudavam radicalmente, passando na mesma frase de um barítono profundo e metódico para um quase falsete. Até hoje me arrepio ouvindo minhas fitas com essa canção – é realmente aterrorizante, e tem uma característica inegavelmente primeva, por falta de termos mais precisos.

Os demais guerreiros repetiam as frases da canção, terminando a última palavra com um grito estridente, assustador.

Torokoiwä passou então para outro refrão, variando um pouco as palavras, referindo-se agora à fome voraz de um tipo de vespa carnívora, em vez do abutre do primeiro refrão. Alguns homens interrompiam com a descrição dos atos violentos que tencionavam infligir nos guerreiros inimigos – fazer seu cérebro espirrar para fora do crânio, derramar seu sangue por todas as posses das suas esposas, fazer seus filhos tremer e chorar e outras coisas violentas e desprezíveis.

Quando terminaram de cantar a última estrofe, toda a fileira de guerreiros se juntou em formação cerrada e gritou três vezes em uníssono, cada vez mais alto: "*Whaaaa!* WHAAAA! *WHAAAA!!!*". Ficaram então de repente em silêncio para ouvir o eco do seu último grito, o que seria um presságio de sucesso. Quando o eco voltou, ficaram frenéticos e excitados, pois sabiam que encontrariam o inimigo em casa. Eles assobiavam, rosnavam e estalavam as armas umas contra as outras em grande agitação, dando passos de dança sem sair do lugar.

Por fim Kaobawä os acalmou e eles voltaram à sua formação. Repetiram os gritos mais duas vezes, quase exatamente da mesma forma. Mas ao fim da terceira repetição eles se dispersaram e voltaram correndo para suas respectivas casas, ao mesmo tempo fazendo um som como *bubububububububu*. Ao chegarem às suas redes, todos começaram a simular, simbolicamente, que estavam engasgando e vomitando, emitindo ruídos altos e repugnantes. Estavam expelindo a "carne podre" do inimigo, cujo corpo haviam devorado simbolicamente como carniça durante o *wayu itou*.

Todos se retiraram então para dormir. As fogueiras nas casas receberam mais lenha e as chamas faiscavam e dançavam, voltando à vida. Os bebês choramingavam, pedindo o peito das mães, e alguns cães soltavam latidos agudos, atingidos por seus donos com pedaços de pau por chegarem perto demais da fogueira para se aquecerem. O interior do *shabono* descrevia um círculo quase perfeito de fogueiras, a poucos metros umas das outras. O teto inclinado sobre as fogueiras estava iluminado apenas embaixo, onde os paus se fincavam na terra, e consegui ver uma centena de redes, ou mais, amarradas perto do solo, algumas imóveis, outras balançando suavemente. Vários irmãos de Matowä murmuravam e cantavam músicas tristes e melancólicas, expressando seu luto por ele, até tarde da noite. A fumaça de muitas fogueiras subia lentamente, primeiro acompanhando o interior do teto inclinado e então desaparecendo silenciosamente no céu negro.

Quando o dia amanheceu, fazia frio. As mulheres saíram em silêncio para as plantações, cortaram cachos de bananas e os amarraram juntos. Os homens iriam então prendê-los às suas redes de cipó e depois carregá-los nas costas, presos ao ombro por uma tira. Por fim iriam assar as bananas na brasa e comê-las no caminho rumo aos patanowä-teri, os inimigos.

A aldeia dos patanowä-teri ficava a pelo menos dois dias de distância, mas eles talvez estivessem ainda mais longe – no momento estavam em transição para um novo local, mais defensável, para onde seus inimigos jamais pensariam que eles iriam. Assim, os invasores não tinham certeza da localização exata deles, nem de quanta comida deveriam levar para se sustentarem no caminho.

Os guerreiros pintaram novamente suas pernas, braços, rosto e torso com pigmento preto (carvão mascado) na penumbra do amanhecer. Examinaram suas armas, mudaram as pontas das flechas se necessário, ou talvez simplesmente por nervosismo, e se certificaram de que as cordas dos arcos não tinham algum ponto fraco que pudesse fazê-las arrebentar em um momento crucial.

Ao amanhecer Kaobawä lhes deu ordem de repetir o *wayu itou*, mas dessa vez seria à luz do dia e eu poderia ver mais claramente tudo o que tinha sido tão aterrorizante para mim na escuridão.

A passos lentos, com firme determinação, os guerreiros marcharam um de cada vez para o centro da aldeia e formaram uma fila, virados para o sudeste, tal como na noite anterior. Dessa vez não cantaram a Canção do Abutre Faminto, mas apenas gritaram em uníssono na direção do inimigo. Quando ouviram o eco, puseram-se em marcha dramaticamente, em fila indiana, saindo da aldeia. Pegaram suas redes de cipó e suas bananas, que tinham sido colocadas na trilha pelas mulheres, e desapareceram silenciosamente na selva. Suas mães, irmãs, esposas e filhas choravam, e, enquanto eles entravam na floresta, elas, cheias de apreensão, pediam aos guerreiros que tivessem cuidado, que voltassem para casa sãos e salvos – como fazem as mulheres em todos os lugares quando seus filhos, irmãos, maridos e pais saem para a guerra.

Kaobawä não estava se sentindo bem já por vários meses antes desse ataque. Sofria de dores, que me relatava como sendo na coluna lombar, no trato urinário e na área inferior do abdome. Eu não sabia dizer se a dor era interna, talvez por pedras nos rins, ou externa, causada por algum trauma ou lesão. Seja como for, às vezes ele tinha dificuldade de caminhar longas distâncias. Mesmo assim, insistiu em chefiar a expedição. Suponho que ele temesse que, se não o fizesse, seus inimigos interpretariam como covardia o fato de que não foi a aldeia toda, coletivamente, que partiu para vingar Matowä.

Gostaria de enfatizar aqui o ponto de vista dos ianomâmis: quando certos membros do grupo ganham a reputação de timidez e covardia, seus vizinhos se aproveitam deles implacavelmente, tratam-nos com rudeza, insultam-nos em público e tomam suas mulheres. Assim, é importante, estrategicamente, reagir de forma decisiva a qualquer afronta, por mais trivial que seja. Se um grupo é pequeno, os homens tentam compensar sua desvantagem numérica agindo como se o grupo fosse maior, mais cruel, mais feroz e pronto para lutar em um piscar de olhos. Fingir ser maior do que se é na realidade é um truque comum no mundo animal, mas em geral é uma característica apresentada individualmente. Os ianomâmis, porém, se envolvem nessa farsa como *membros de um grupo social*. Muitas vezes eu evitava visitar aldeias pequenas porque os homens eram, previsivelmente, muito agressivos e desagradáveis, para compensar sua fraqueza militar real.

Menos de meio dia havia se passado depois da partida dos guerreiros quando alguns começaram a regressar para a aldeia. Queixavam-se de dores nas pernas, ou espinhos nos pés. Em sua maioria, eram os mais jovens do grupo e não eram tão valorosos: homens que gostavam de exibir sua suposta ferocidade na segurança do seu próprio *shabono*, durante o *wayu itou* e na frente das moças, mas estavam bem cientes dos riscos que iriam correr quando chegassem perto da aldeia inimiga e as setas começassem a voar.

Os que prosseguiram rumo à aldeia inimiga viajaram devagar no primeiro dia, procurando sinais de pegadas recentes no sentido sudeste, quer indo, quer vindo. Seriam indícios de que os invasores patanowä-teri haviam atravessado a área. Também carregavam pesados cachos de bananas para se alimentarem durante vários dias, o que tornava sua marcha mais lenta no início. Nessa incursão eles calcularam o ritmo da caminhada de modo a chegar aos arredores da aldeia mais recente dos patanowä-teri ao entardecer do segundo dia. Montariam acampamento a apenas uma hora de caminhada da aldeia e fariam um reconhecimento da área, esperando encontrar sinais de movimentação recente ao longo das trilhas. Conheciam bem o local, pois eles próprios já tinham morado ali quando formavam uma só grande aldeia com os patanowä-teri, dez ou doze anos antes.

Os atacantes mais tarde me disseram que passaram a última noite perto da aldeia inimiga, sem poder acender fogo para se aquecerem. Cada membro do grupo invasor com quem conversei fez questão de me dizer como era desconfortável dormir sem uma fogueira acesa. Eu compreendia muito bem o que sentiam. Quando eu viajava pela selva e acampava de noite, vestia minhas roupas de dormir limpas e secas: camiseta, cueca, meias, ceroula comprida e camisa de manga longa, além de um cobertor leve de náilon, com isolamento térmico. Eu sentia muito frio sempre que o fogo se apagava, a qualquer altitude, sobretudo nas mais elevadas. Como os ianomâmis não tinham roupas nem cobertores, eles passaram a noite inteira tremendo, nus, expostos ao frio e úmido ar noturno. Sim, eu sabia bem como eles deviam ter sentido frio e desconforto sem uma fogueira. O fogo é o que faz os ianomâmis serem *yahi tä rimö* – diferentes dos animais.

Os líderes do grupo invasor também me confidenciaram outro problema: temiam que os rapazes mais jovens desertassem e voltassem atrás. As desculpas seriam o medo de um ataque noturno de alguma onça por estarem sem fogueira acesa, ou o frio, ou os pés doloridos – ou qualquer outra justificativa plausível, inclusive algum pesadelo que prenunciasse um desastre. A maioria estava simplesmente amedrontada, mas mostrar ou reconhecer o medo é um convite certeiro para ser tachado de covarde, acusação que tende a permanecer para sempre na memória dos outros. É aceitável dar como desculpa um ferimento, o frio, o perigo da onça, os pés doloridos etc., sem reconhecer que se está com medo.

Desde o início, o plano deles era se dividirem de madrugada para se aproximar da aldeia em vários pequenos grupos, com quatro homens cada. Esperavam flechar um ou mais inimigos e retirar-se em formação defensiva: enquanto dois defensores ficavam na trilha, de armas em riste, os outros recuariam depressa, passando por eles. Em seguida os dois primeiros recuariam, enquanto dois do grupo anterior assumiriam suas posições na trilha para cobri-los contra eventuais perseguidores. A ideia era repetir a formação até chegarem a uma distância segura da aldeia inimiga; nesse ponto todos passariam então a correr, literalmente, de volta para a segurança de suas casas.

Quando havia algum novato na incursão, eles fabricavam outra *no owa*, com folhas ou um tronco de árvore, e ensaiavam a retirada para instruí-lo.

Nessa incursão eles levaram um menino de uns doze anos – Matarawä, o filho mais velho de Matowä. Foi o participante mais jovem das várias expedições de ataque que vi em ação. Aquela seria a sua primeira incursão em terras inimigas: eles queriam que ele saboreasse e apreciasse o prato frio da vingança pela morte de seu pai. Contudo, tratavam também de protegê-lo, sempre posicionando guerreiros experientes à frente e atrás dele – e planejavam que ele fosse o primeiro a recuar para a segurança da aldeia depois que matassem um inimigo.[10]

Depois que os atacantes partiram, os que permaneceram na aldeia ficaram tensos e nervosos, constantemente à espera de algum ataque – especialmente vindo dos homens de aldeias anteriormente amistosas, que poderiam aproveitar a oportunidade para invadir o local e tomar, com relativa impunidade, algumas mulheres e mocinhas, agora mal defendidas.

As mulheres estavam nervosas e irritadas, e várias discussões acerbas estouraram entre elas por motivos triviais. Uma mulher ficou muito zangada quando teve que tomar conta do bebê da irmã por um breve tempo. Quando a irmã voltou, a que servira de babá pegou um grosso pedaço de lenha e lhe assentou um golpe do lado da cabeça, fazendo-a cair desmaiada e abrindo uma ferida sangrenta no couro cabeludo. Os poucos homens adultos na aldeia tiveram dificuldade para impedir que a briga se ampliasse e envolvesse mais mulheres da aldeia – e possivelmente alguns homens.

O grupo de atacantes partira havia quase uma semana quando Kaobawä e seu irmão mais novo, Shararaiwä, chegaram cambaleando na aldeia e caíram deitados, silenciosamente, em suas redes. Estavam exaustos.

As dores na virilha de Kaobawä pioraram na caminhada. Com muita dificuldade para andar, ele teria prejudicado o grupo na hora da retirada se continuasse. Assim, com muita relutância, ele abandonou o grupo invasor, planejando voltar devagar para casa. Nesse momento já estavam chegando perto de Patanowä-teri. O irmão, Shararaiwä, o acompanhou para ter certeza de que ele conseguiria voltar. Logo depois que os dois desistiram de continuar e tomaram o rumo de casa, porém, Shararaiwä pisou em uma *arowari*, uma cobra muito venenosa, e foi picado. A estação das chuvas já havia começado, e as cobras se concentravam nas áreas mais elevadas, onde os ianomâmis costumavam abrir suas trilhas. Por esse motivo as picadas de cobras são muito mais comuns no período chuvoso.

De imediato a perna de Shararaiwä começou a inchar, e ele não conseguia mais dar um passo. Kaobawä, também mal conseguindo andar, teve que carregar o irmão nas costas – do contrário teria que deixá-lo onde estava, perto da aldeia inimiga. Kaobawä carregou Shararaiwä durante quase dois dias, sofrendo dores atrozes, até que finalmente chegaram às margens do rio Orinoco. Ali ele pretendia fazer uma canoa rudimentar de casca de árvore e flutuar rio abaixo o restante da viagem, pois não aguentava mais carregar Shararaiwä.

No entanto, tiveram a sorte de descobrir uma canoa que um homem de outra aldeia havia escondido no mato. O homem estava visitando Bisaasi-teri e tinha atravessado o Orinoco para chegar até lá.

Na manhã seguinte, o grupo principal de atacantes entrou em silêncio na aldeia. Logo se espalhou a notícia de que haviam chegado a Patanowä-teri e conseguido matar um deles a flechadas. Os patanowä-teri os perseguiram e os alcançaram enquanto eles batiam em retirada, e atingiram um dos invasores, um homem monou-teri chamado Konoreiwä.

Dois homens transportaram Konoreiwä deitado na sua rede de cipós, amarrada a um pau que cada um deles segurava por uma extremidade. Ele estava inconsciente já fazia algum tempo; fora atingido por uma flecha com a ponta *rahaka*, lanceolada. A seta lhe atravessara o peito, logo acima do coração, e a ponta se projetava para fora das costas. Os outros conseguiram retirar a flecha, mas era um ferimento gravíssimo. Contaram-me que um deles conseguira morder a ponta saliente da flecha e arrancá-la com os dentes. Disseram-me também que Konoreiwä estava tossindo sangue cheio de bolhas de ar, chiando muito a cada respiração. A flecha lhe tinha atravessado o pulmão – quase sempre um ferimento fatal.

Quando chegaram ao *shabono* dos bisaasi-teri, colocaram Konoreiwä em uma rede maior e mais confortável, de algodão, amarrada sobre uma fogueira para aquecê-lo.

Eles me pediram que o "curasse", ou seja, "tratasse" sua ferida. Achei que, sem uma cirurgia de grande porte, Konoreiwä tinha pouca chance de sobreviver. Eu tinha aprendido *in loco*, por assim dizer, a suturar ferimentos dos ianomâmis, principalmente os cortes na cabeça que sofriam em suas lutas de porretes; mas tratar corretamente a flechada de Konoreiwä estava muito além das minhas capacidades. O maior feito das minhas habilidades de primeiros socorros fora dar uns dez pontos no pé mutilado de Shiimima, um dos irmãos de Kaobawä. Ele queria ver se havia um jacaré em uma cova submersa que encontrou na margem de um pequeno córrego. Descobriu que havia, sim, um jacaré naquele buraco, uma fêmea protegendo ferozmente seus ovos que tinham acabado de eclodir.

Os ianomâmis acreditam que quando uma pessoa está ferida com uma seta de ponta *rahaka* só pode beber pequenas quantidades de água até se recuperar. A maioria das suas crenças diz o oposto do que recomenda a medicina com base científica.

Konoreiwä ficou deitado em silêncio na sua rede durante vários dias, comendo pouco e bebendo menos ainda. Estava definhando lentamente, sobretudo por desidratação. Eu fiz o que estava ao alcance dos meus modestos conhecimentos e suprimentos médicos, ou seja, manter limpas as feridas de entrada e de saída e lhe dar antibióticos, tentando evitar a infecção.

Por fim não suportei mais vê-lo definhando e decidi assumir a responsabilidade, e que se danassem os costumes ianomâmis e seus tabus contra a água. Tomei a decisão consciente de interferir na sua cultura – e não me sinto nem um pouco culpado por isso. Alguns antropólogos diriam que fiz algo antiético porque esse ato *poderia* lhes dar esperança e, assim, torná-los *dependentes* da medicina moderna; e, quando eu fosse embora, meus remédios não estariam mais disponíveis, o que provavelmente lhes causaria danos psicológicos. Segundo essa lógica, é melhor não lhes dar esperanças, não torná-los dependentes da medicina moderna – e deixá-los morrer. Eu discordo.

Cerimoniosamente, preparei para Konoreiwä um panelão de limonada muito doce, proclamando em voz alta que era *mönasönö*. Como os ianomâmis não têm uma palavra para o que chamamos de remédio, usei a palavra em espanhol, *medicina*, que eles conheciam em Bisaasi-teri. Os ianomâmis pronunciam *mönasönö*, e geralmente consideram que se trata de algo quase mágico que os *nabä* conseguem fazer para se curarem e curar também os índios. *Mönasönö* inclui antimaláricos, penicilina, vermífugos, aspirina, vacina contra sarampo (depois de 1968), e assim por diante.

Seus tabus não proibiam que um guerreiro ferido tomasse *mönasönö* para seus ferimentos quase mortais de *rahaka*, mesmo que fosse em forma líquida (e adoçada clandestinamente).

Quando terminei de preparar a limonada, trouxe-a para junto da rede de Konoreiwä e anunciei, para quem pudesse ouvir, que ia lhe dar um pouco da minha *mönasönö*. Vários homens que tinham participado do ataque se reuniram à minha volta. Fiz questão de mostrar vários comprimidos de aspirina, esmagá-los entre duas colheres bem diante dos seus olhos, colocar o pó na panela de alumínio com a *mönasönö* e misturá-la por alguns momentos no líquido, aumentando assim sua potência mágica. Peguei então uma espécie de colher dos ianomâmis – uma pequena cabaça cortada ao meio no sentido do comprimento – e mergulhei-a na *mönasönö*. Erguendo um pouco a cabeça de Konoreiwä da sua rede, aconselhei-o a beber. Quando ele o fez, seu rosto se iluminou todo. Os outros devem ter achado que era uma reação imediata ao poder da *mönasönö*. Mas tive que abafar um sorriso, porque agora *dois* de nós sabiam que aquilo era apenas uma limonada muito doce, disfarçada de *mönasönö*. Um olhar de entendimento e um imperceptível levantar das sobrancelhas me disseram que ele também sabia que aquela não era uma *mönasönö* comum.

Adverti os outros que essa *mönasönö* era para ser tomada *apenas* pela vítima, pois podia fazer mal a qualquer outra pessoa, e que eles deviam continuar servindo-a para ele durante toda a noite e no dia seguinte, quando então eu prepararia mais.

Graças à sua ótima saúde e a uma generosa quantidade de *mönasönö*, Konoreiwä foi se recuperando lentamente. Minha reputação de curandeiro aumentou ainda mais. Quando voltei para os Estados Unidos, naquele mesmo ano, os bisaasi-teri já tinham muita confiança em mim e na minha *mönasönö*, sabendo que era oferecida de boa-fé, normalmente dava bom resultado e tinha gosto de *buu*, o nome que dão ao mel e à água com açúcar.

Os dois atacantes que mataram a flechadas a vítima patanowä-teri eram irmãos de Matowä. Como agora eram *unokai* – matadores de homens –, tinham que se purificar passando por um ritual especial: o *unokaimou*. Ambos já haviam feito essa purificação depois de matar inimigos em ocasiões anteriores.

Foi por causa desse ataque específico que fiquei sabendo da existência de uma importante posição, permanente e conquistada por mérito próprio, na sociedade ianomâmi: os *unokai*. Era um status elevado que não surgia devido ao "controle diferencial" sobre os recursos estratégicos disponíveis na cultura ianomâmi, e tampouco ao controle sobre os meios materiais de produção. Esse era o tipo de argumento apresentado pelos livros didáticos acerca das posições de status nas sociedades "igualitárias" – um status que todos os indivíduos do mesmo sexo e da mesma idade teoricamente adquiririam mais ou menos automaticamente, apenas por estarem ali. Mas nem todos estavam dispostos a suportar os riscos e se expor ao perigo como os *unokai* – que tinham um status particular, muito respeitado, alcançado por apenas alguns homens.

Os dois *unokai* receberam um espaço especial no *shabono* de Kaobawä, onde amarraram suas redes. Sua área foi separada das adjacentes por uma parede de 2 metros, feita de folhas de palmeira. Durante a semana em que ficaram em confinamento ritual, os *unokai* recebiam ali sua comida, que os outros lhes traziam. Os dois usavam espetinhos afiados, semelhantes aos *hashi*, os palitinhos usados nas refeições orientais, para furar os alimentos e levá-los à boca: não podiam tocar na comida, para não contaminá-la com a impureza que exalava dos dedos e do corpo todo. Se fizessem isso, a impureza entraria neles e os deixaria doentes. Também tinham que ter cuidado ao se coçar, o que só faziam com pauzinhos semelhantes aos que usavam para comer (ou talvez fossem os mesmos). As mãos e os dedos estavam especialmente impuros. Tinham que falar em voz baixa, sussurrando. Também estavam proibidos de cortar o cabelo, que deixaram crescer por quase um ano. Além disso, tinham que se abster de sexo por um longo período.

A cerimônia do *unokaimou* era, em quase todos os aspectos, praticamente idêntica à cerimônia pela qual as meninas púberes devem passar quando têm a primeira menstruação – o *nyöbömou*, que marcava a transição feminina para a idade adulta.

Depois de mais ou menos uma semana no confinamento ritual, os dois *unokai* reapareceram. Suas redes de cipó – as que eles usavam agora para dormir e as que levaram no ataque – foram então desamarradas e presas com cipós, a uns 2 metros do chão, em uma árvore de uma espécie específica. As redes ficaram enroladas no tronco, a um palmo de distância uma da outra. A árvore ficava na margem do Orinoco, talvez por acaso, meio escondida no mato. Suas varetas de coçar também foram amarradas às redes e à árvore. Feito isso, os dois homens ficaram livres para retomar suas atividades normais, exceto cortar o cabelo e fazer sexo. Não sei quanto tempo durou a exigência de abstinência sexual. A maioria dos antropólogos, inclusive eu, sabe muito pouco sobre a vida sexual dos povos que estuda.[11]

Os *unokai* têm um status incomum em suas aldeias. A maioria das pessoas de fora não sabe nada sobre eles, nem sobre seu status, que não é ostentado e raramente é mencionado. Mesmo um antropólogo diligente e curioso poderia não ficar sabendo o que são *unokai* se estudasse uma aldeia que não estivesse envolvida em guerras, ou onde ninguém tivesse matado outro ser humano no passado recente.

Os *unokai* são respeitados e também um pouco temidos, pois já demonstraram que estão dispostos a matar pessoas e provavelmente matarão outra vez. No contexto político, a credibilidade militar e a força de uma aldeia podem ser medidas por quantos *unokai* vivem lá – com a ressalva de

Uma imagem rara: as redes de cipó dos *unokai*.

que o tamanho da aldeia também é importantíssimo. Mas, comparando duas aldeias de igual tamanho, a que tiver o maior número de *unokai* em boas condições físicas será a adversária mais forte, mais temida e mais poderosa.

Muitos homens adquirem a reputação de serem *waiteri*, ferozes. Mas um *unokai* já demonstrou sua disposição para ferir de morte um oponente e realmente agir com extrema ferocidade. Em seu comportamento público e social, esses homens podem ser plácidos e calmos, até mesmo agradáveis e encantadores. Em contraste, muitos homens que não são *unokai* parecem se sentir obrigados a se comportar de modo a *dar a entender* que são matadores. Esses homens às vezes são irritantes e detestáveis na sua atitude pública – mandando nos outros, procurando intimidá-los e ameaçando bater neles com facões ou machados, ou até mesmo matá-los. Mas, se um *unokai* ameaça atacar ou matar alguém, ele em geral está falando sério. Quando um *unokai* dá uma ordem a algum homem na aldeia, é melhor este fazer o que lhe foi pedido. É assim que vão surgindo o poder, a autoridade e a força coercitiva dos líderes, acrescentando-se e indo além da solidariedade, da coesão e da amizade associada ao parentesco. É essa característica que acaba levando, por fim, ao poder por trás da lei: o aspecto odioso das sanções. Sem leis, não pode existir um Estado político.

O ataque de Kaobawä contra os patanowä-teri teve vários resultados importantes na política regional ianomâmi. Em primeiro lugar, matar Matowä foi, em certo sentido, um teste dos patanowä-teri sobre a força dos laços de sangue entre os bisaasi-teri e os monou-teri: eles tinham matado Matowä, um parente próximo patrilinear de Kaobawä, a quem este chamava de irmão. Os patanowä-teri sabiam, além disso, que Kaobawä também tinha muitos parentes em Patanowä-teri, mas não podiam prever exatamente o que ele faria depois que mataram Matowä. Iria Kaobawä favorecer seus cunhados (*shori*) em Patanowä-teri em detrimento dos membros da sua linhagem patrilinear (*mashi*)? Kaobawä agiu com rapidez e sem hesitação, invadindo Patanowä-teri, talvez tendo em mente implicações militares maiores (e de mais longo prazo): suas ações tornaram os patanowä-teri bem cientes de que ele iria defender e tomar o lado dos monou-teri, e dos membros monou-teri da sua própria linhagem paterna, sua própria *mashi*. Isso significava que os patanowä-teri não mais ficariam seguros na área de Bisaasi-teri: para atacar os monou-teri, teriam que chegar por uma rota mais longa e indireta pelo sul, que iria expor o grupo invasor aos aliados shamatari dos monou-teri e dos bisaasi-teri. Além disso, Kaobawä já tinha sido um *unokai* – assim como um bom número de outros homens, tanto monou-teri como bisaasi-teri.

Começou a ficar mais claro para mim que a descendência patrilinear – isto é, reconhecer seu pertencimento a um grupo de descendência patrilinear, a *mashi* – era importante nas relações políticas dos ianomâmis. A linhagem é um passo evolutivo em direção a uma maior complexidade social nas sociedades tribais, em que as relações de parentesco estruturam a maioria das interações sociais. A patrilinhagem se define pelas relações genealógicas a partir de um ancestral de sexo masculino, e incluem no grupo assim definido *todos* os homens que são aparentados pela linha masculina. Por exemplo, o pai do meu pai também se chamava Napoleon Chagnon. Se eu considerar todos os homens antes e depois dele na linha masculina, todos eles seriam membros da minha linhagem patrilinear – minha *mashi*. Em muitas situações, especialmente políticas e militares, nós agiríamos como um só grupo, pois a nossa sobrevivência e nosso bem-estar dependeriam disso.

Formar e reconhecer a existência de grupos de descendência patrilinear em uma sociedade são passos importantes no desenvolvimento da complexidade política. A patrilinhagem não fica evidente na arquitetura monumental, ou na cerâmica sofisticada, ou nas manifestações externas de um cargo importante, como a decoração corporal ou cajados que simbolizem autoridade; mas ela se revela em coisas mais sutis, mais difíceis de detectar – como o *número* e o *tipo* de parentes geneticamente relacionados que vão apoiar as decisões de um cacique e estão dispostos a morrer por isso. Contudo, à medida que esses grupos de descendência patrilinear, e também a sociedade mais ampla em que se encontram, se tornam maiores e mais complexos do que se vê entre os ianomâmis, esses grupos unidos pela descendência passam a se identificar com os bens materiais e as terras onde moram. Entre os ianomâmis, essa segunda etapa ainda não foi alcançada. Porém, a primeira – a mais importante – surgiu de forma independente do controle sobre recursos materiais escassos e estratégicos.

O que esses grupos ianomâmis de descendência controlam e defendem são os direitos reprodutivos sobre as mulheres em idade fértil, e sobre os parentes do sexo masculino que podem dar essas mulheres para um homem ou tomá-las dele, de acordo com as regras do incesto e da possibilidade de casamento. Todas as outras "funções" da patrilinhagem são secundárias e derivam dessas funções iniciais.

O ATAQUE DOS MONOU-TERI

Logo ao fim da estação das chuvas, lá pelo fim de julho ou início de agosto de 1965, os monou-teri fizeram outra excursão contra os patanowä-teri, vários meses após o ataque de Kaobawä. Essa foi a única incursão dos monou-teri naquele ano que não teve ajuda de pelo menos um de seus grupos aliados.

Eu estava com os monou-teri em seu *shabono*, à beira da lagoa.[12]

Na véspera do ataque eles realizaram uma cerimônia muito especial, que eu não tinha visto antes e não vi mais desde então. Talvez fosse uma cerimônia reservada para os *unokai* que tombaram nas guerras.

Eles se reuniram na frente da casa de Torokoiwä, um dos irmãos de Matowä. Trouxeram várias cabaças que continham as cinzas do corpo cremado de Matowä e as colocaram em uma cesta rasa. Todos estavam em um estado de espírito extremamente angustiado e quase violento, conhecido como *hushuwo*.

A aljava de Matowä, feita de bambu – sua *tora*, na qual levava suas flechas –, foi retirada das vigas da casa de Torokoiwä e colocada no chão ao lado das cabaças. Todos os adultos da aldeia se aglomeraram perto dos artefatos e ali ficaram de cócoras, chorando e cantando músicas muito tristes, chamando Matowä por termos carinhosos de parentesco. Aos poucos fui sendo delicadamente empurrado para a periferia do grupo, e não consegui mais enxergar bem o que eles estavam fazendo. Não ousei me levantar para ver melhor, pois isso ofenderia os monou-teri, e seu estado de espírito era extremamente volátil.

Cada irmão adulto de Matowä recebeu várias de suas pontas de flecha lanceoladas, ou *rahaka*. Os homens apalpavam as *rahaka* com delicadeza e choravam em voz alta. No dia seguinte iriam colocá-las nas suas flechas e usá-las naquela incursão. Sua esperança era matar um ou mais patanowä-teri com as pontas das setas que haviam pertencido ao seu parente querido, vítima dos patanowä-teri.

Um dos irmãos então arrebentou a *tora* de Matowä a golpes de machado. Os outros amontoaram os pedaços quebrados de bambu em uma pequena pilha e ali colocaram brasas da lareira. Enquanto o bambu queimava, as mulheres entraram em estado de frenesi: puxavam o cabelo, davam tapas e socos no próprio corpo, gemiam alto.

Um dos irmãos de Matowä encheu um tubo com *ebene*[13] e soprou delicadamente em várias das cabaças que continham as cinzas – uma dose de alucinógeno *post mortem*, possivelmente para permitir ao falecido Matowä fazer um último contato com seus amados espíritos *hekura*. Em seguida esse tubo também foi quebrado ao meio, com o ponto de ruptura marcado, a partir da extremidade, por uma das pontas de flechas *rahaka* de Matowä. O tubo quebrado e as cabaças foram delicadamente enrolados em folhas, amarrados com cipós e recolocados nas vigas do telhado, suponho que para outras cerimônias. Estava escurecendo quando a cerimônia terminou. Aos poucos as pessoas foram voltando para as suas redes; puseram mais lenha nas fogueiras, sopraram as brasas até que as labaredas começassem a dançar, e se recolheram para dormir.

Foi uma das cerimônias mais tristes que já testemunhei, pois eu conhecia bem essas pessoas, me identificava com elas e lhes tinha grande empatia. Fiquei profundamente comovido com o que eles acabavam de fazer.

Torokoiwä e outros homens começaram então a cantar baixinho músicas muito tristes para o seu parente tombado, em tom melancólico e lamurioso, soluçando as palavras. Deitei na minha rede e fiquei ouvindo, sem me preocupar em gravar, tirar fotos ou tomar notas. Um deles me perguntou em voz alta por que eu não estava atrapalhando todo mundo, como de costume. Respondi baixinho: "*Ya buhii ahi*". Significa algo como "Meu interior está frio, porque estou de luto e triste".

Minhas palavras foram passadas, em sussurros, ao redor da aldeia, e cada pessoa que ouvia me lançava um olhar de compreensão e aprovação. As crianças, que inevitavelmente vêm se agrupar em volta da minha rede, foram mandadas de volta para casa, com ordens de não me incomodar. Os adultos disseram às crianças que eu estava *hushuwo*, em estado de desequilíbrio emocional, e que minha alma estava fria. Para eles eu estava finalmente agindo como um ser humano, como um ianomâmi. Os que estavam deitados nas redes perto de mim me estendiam a mão em silêncio, olhavam para mim, me tocavam com gentileza. E choramos juntos.

Os atacantes se reuniram ao romper do dia para realizar o *wayu itou*. Deram gritos na direção dos patanowä-teri e escutaram a volta do eco. O grupo deixou então o *shabono* silenciosamente, em fila indiana.

Porém, os atacantes não chegaram à aldeia patanowä-teri. Todas as trilhas estavam inundadas, e eles foram obrigados a fazer muitos desvios. Depois de uma semana, acabaram desistindo e voltaram para a sua aldeia.

Durante esse ano de guerra, os monou-teri conseguiram capturar apenas duas mulheres dos patanowä-teri, mas à custa de muitos golpes na cabeça em uma luta brutal de porretes e também da morte de Matowä, seu cacique carismático e audacioso. Os patanowä-teri, por sua vez, perderam dois homens, mortos por invasores monou-teri e seus aliados, mas conseguiram recuperar cinco das mulheres que lhes foram tomadas à força naquele primeiro dia.

Durante esse mesmo período os patanowä-teri foram invadidos cerca de 25 vezes, a maior parte delas por outras aldeias que não a Monou-teri e a Bisaasi-teri. O incidente ocorrido na véspera da minha chegada tinha precipitado uma série de agressões de retaliação, devido a hostilidades antigas mas ainda vivas na memória de outros inimigos dos patanowä-teri, que aproveitaram a oportunidade para acertar as contas e começaram a atacar a aldeia para matá-los.

Nas guerras ianomâmis, o momento certo para desfechar um novo golpe é quando um inimigo está temporariamente por baixo, em dificuldades – e com muitos inimigos novos. O *príncipe*, de Maquiavel, poderia ser sobre as estratégias políticas dos caciques e aldeias ianomâmis.

Para mim, porém, a grande lição de tudo o que testemunhei se relacionava com o que aquela guerra revelou sobre a história desconhecida da tribo, sua dinâmica social e política e os movimentos geográficos regionais das diversas partes envolvidas no conflito. Eu não conseguiria compreender aquela guerra – ou qualquer guerra ianomâmi – enquanto não conhecesse os detalhes e a história mais profunda das várias aldeias que eram os principais beligerantes.

Mais uma vez percebi que minha formação antropológica tinha errado feio. Ficou óbvio para mim que a "pesquisa de campo" de grupos tribais contemporâneos tinha um foco estreito demais, concentrando-se em uma única aldeia e em um período de tempo demasiado curto. O paradigma, ou modelo, antropológico padrão parecia supor que as aldeias tribais ficassem congeladas no tempo, não tivessem passado histórico algum e raramente mudassem de posição em sua matriz sociopolítica fixa. O modelo de antropologia social padrão com o qual cresci era severamente limitado e, portanto, inadequado para explicar tudo aquilo que eu estava testemunhando. E eu diria mais: era também inadequado para explicar boa parte da dinâmica histórica e política da era paleolítica – o que se tem chamado recentemente de Ambientes de Adaptação Evolutiva (AAE),[14] Ambientes da História[15] ou Ambientes Relevantes Adaptativamente (ARA),[16] nos quais os seres humanos viviam antes do Estado político e da civilização.

4.
Minha família na terra dos ianomâmis e meus primeiros encontros com os salesianos

MINHA ESPOSA E FILHOS ENTRE OS IANOMÂMIS

Meu plano era trazer minha esposa, Carlene, e nossos dois filhos pequenos para a selva durante meu trabalho de campo. Nosso filho, Darius, tinha três anos, e nossa filha, Lisa, um ano e meio quando chegamos à Venezuela, no final de 1964. Naturalmente, eu iria primeiro para explorar o local e, por assim dizer, montar acampamento para uma estadia de um ano. O plano era que minha família se juntasse a mim depois de algumas semanas.

Embora meus estudos de pós-graduação não abrangessem temas como a vida familiar de um estudioso durante o trabalho, eu sabia que alguns antropólogos haviam levado a esposa para o campo; mas nenhum deles tinha filhos pequenos. Também sabia, por conversas em um encontro de dois dias com James P. Barker em Chicago antes de eu partir para a Venezuela, em novembro de 1964, que alguns missionários das Novas Tribos que trabalhavam na Amazônia venezuelana, incluindo o próprio Barker, moravam com a família em alguns postos remotos.

Logo depois que fiz a minha primeira viagem a Mavaca, entrei em contato com minha esposa pelo rádio de ondas curtas da missão salesiana em Ocamo e expliquei a ela a situação no campo (omitindo o ranho verde e as lutas de porretes). Informei a ela que as condições eram um pouco mais "primitivas" do que eu previa inicialmente e que precisaria de mais um tempo para fazer melhorias – tais como construir uma cabana de pau a pique para nós. Ficaria logo na periferia da aldeia, onde poderíamos viver perto o suficiente dos ianomâmis para ouvi-los, mas longe o suficiente do *shabono* para termos um pouco de privacidade quando quiséssemos. Acrescentei que Barker, o missionário das Novas Tribos, dissera que poderíamos usar a sua "casinha", ou seja, o banheiro externo. Tentei dar um tom otimista àquela generosa oferta.[1]

A situação no campo durante o primeiro ano não melhorou a ponto de me animar a trazer Carlene e as crianças por um período prolongado, como seis ou sete meses. A malária, por exemplo, foi especialmente grave naquele ano, atacando muitos ianomâmis. Vários morreram, apesar dos esforços da Malarialogía, cujos funcionários tinham grandes quantidades de comprimidos antimaláricos e estavam sempre dispostos a ir até os *shabono* mais afastados para tratar dos índios doentes. A disenteria e a diarreia, em especial entre crianças ianomâmis, também eram um problema sério, assim como os surtos periódicos de infecções das vias respiratórias superiores, como o resfriado comum. Tudo isso estava presente quando cheguei ao campo e, segundo Barker, eram perigos constantes da vida na selva – sem falar no problema seriíssimo dos mosquitos diurnos, que tornavam a vida um inferno durante o dia, e dos milhares de mosquitos portadores de malária, que nos infernizavam à noite.

O PADRE COCCO

Depois do primeiro dia, fiquei sozinho com os ianomâmis. Barker voltou a Tama Tama, descendo o rio, e eu só o vi de novo dali a três meses.

No início achei muito difícil viver entre os ianomâmis. Eu era a única pessoa não ianomâmi na aldeia do Alto Bisaasi-teri, que tinha uns 130 habitantes. No primeiro mês eu não pude nem atravessar o rio para visitar o pessoal da Malarialogía, porque não tinha canoa a remo nem a motor. Por fim comprei uma de cada, o que me possibilitava descer o rio durante umas duas horas, até a missão salesiana em Ocamo. Ali eu fazia contato por rádio de ondas curtas com minha esposa, que estava hospedada no Instituto Venezolano de Investigaciones Científicas (Ivic), nas montanhas nos arredores de Caracas. O único "civilizado" com quem eu poderia conversar naquele momento da minha pesquisa de campo era o padre italiano Luiz (Luigi) Cocco, um salesiano que tinha fundado a missão na foz do Ocamo. Era um homem

Padre Cocco

alegre, bondoso, meio parecido com Papai Noel. Ele falava pelo rádio todos os dias, às seis da manhã, com um venezuelano idoso de Caracas chamado *don* Teodoro. Padre Cocco se conectava com *don* Teodoro, que me punha em contato por telefone com o apartamento da minha esposa no Ivic, mas essas tentativas só davam certo metade das vezes. Em caso negativo eu tinha que passar mais uma noite na missão do padre Cocco e tentar de novo na manhã seguinte.

Mais tarde no meu primeiro ano, outro salesiano, o padre José Berno, chegou a Mavaca, subindo o Ocamo por duas horas em canoa motorizada para fundar outra missão salesiana. Ele trouxe seu próprio rádio de ondas curtas e se ofereceu para ajudar-me a entrar em contato com minha mulher via *don* Teodoro, oportunidade que aceitei com entusiasmo e gratidão. Porém, na primeira vez em que tentei aceitar sua oferta, ele me impôs uma condição: queria que eu lhe trouxesse alguns materiais de James Barker em idioma ianomâmi. Barker tinha elaborado um dicionário e uma gramática básica do idioma ianomâmi, visando produzir materiais escolares para ensinar as crianças ianomâmis a ler e escrever na sua própria língua e também em espanhol, idioma que aprendiam com os salesianos. Eu nunca tinha visto esses materiais de ensino, mas havia ouvido Barker falar deles.[2]

Eu me recusei a fazer isso para o padre Berno e preferi continuar encarando uma viagem trabalhosa rio abaixo para usar o rádio do padre Cocco. Com as minhas visitas regulares o padre Cocco e eu acabamos fazendo amizade, e no primeiro ano eu pernoitei muitas vezes na sua missão.

Com nossas longas conversas, meu espanhol melhorou bastante. Embora a língua nativa do padre Cocco fosse o italiano, ele falava espanhol muito bem. Disse que estava escrevendo um livro sobre suas experiências como missionário entre os ianomâmis e me pediu que o ajudasse com alguns aspectos da cultura ianomâmi, a disposição das suas aldeias e de que modo o grupo próximo à sua missão, os iyäwei-teri, se relacionava com as aldeias mais acima do rio Ocamo. Também pediu para usar algumas das minhas fotos coloridas para ilustrar o seu livro, e consenti de bom grado.

Ele ficou espantado, por exemplo, quando eu lhe disse que os ianomâmis chamavam suas primas cruzadas[3] (filhas do irmão da mãe ou da irmã do pai) pelo mesmo termo que usavam para "esposa"; mas distinguiam destas suas primas paralelas (filhas da irmã da mãe ou do irmão do pai), que chamavam pelo mesmo termo que usam para "irmã". De início ele não acreditou e insistiu em ir para o *shabono*, onde perguntou a respeito a um jovem ianomâmi, "Carlito". O padre Cocco ficou pasmo quando Carlito corroborou o que eu lhe tinha contado. O padre já havia passado dez anos com os ianomâmis e nunca tinha notado essa prática.

Padre Cocco me contou uma história de quando ele era um jovem sacerdote em Turim, no norte da Itália. Ele disse que durante a Segunda Guerra Mundial enfrentou grandes riscos para salvar pilotos aliados cujos aviões tinham sido derrubados, escondendo-os dos alemães na sua igreja e ajudando-os a escapar em segurança. Mais tarde ele me contou que salvou também pilotos do Eixo, escondendo-os na sua igreja e ajudando-os a fugir. Em ambos os casos, segundo ele, corria o risco de ser executado por um pelotão de fuzilamento pelo que fizera. Com um lampejo nos olhos, ele então me falou baixinho que depois da guerra começou a receber pensão tanto das potências aliadas como das do Eixo pelo que tinha feito para salvar seus respectivos pilotos.

Certa vez ele me contou que acabava de ler no boletim salesiano uma mensagem do papa dizendo que os padres católicos podiam ter um diálogo social frutífero com pessoas de outras religiões – inclusive ateus. E acrescentou: "Isso significa que não preciso me sentir culpado por ser seu amigo". Padre Cocco tinha concluído, corretamente, que eu era ateu.

O LADO SINISTRO DOS SALESIANOS

Em 1965, ocorreu um incidente perturbador, que se tornou um componente importante dos problemas posteriores que surgiram entre os salesianos e mim. Foi algo que o padre Cocco me pediu que fizesse. Certo dia, ele veio me visitar na minha cabana de pau a pique, em Mavaca. Fiquei surpreso e feliz por vê-lo – ele nunca tinha vindo me ver, embora eu já lhe tivesse feito muitas visitas.

Ele parecia muito perturbado quando apareceu. Contou-me que acabava de saber que o *hermano* (irmão) Iglesias, que fora enviado para a missão salesiana mais remota de todas, estava tendo um caso com uma mulher ianomâmi, já fazia vários anos. Na verdade, tinha vários filhos com ela na missão, em Platanal. (Essa era a aldeia dos mahekodo-teri.) O padre Cocco estava sentindo raiva, vergonha e uma terrível decepção, não tanto porque Iglesias tinha violado seu voto de celibato, mas porque havia causado um grande vexame para a Igreja Católica e criado um escândalo público potencialmente embaraçoso. O padre Cocco parecia desesperado para manter esse vergonhoso fato longe da mídia venezuelana. Disse que o irmão Iglesias seria afastado das suas funções, voltaria para a Espanha e não seria mais afiliado às missões salesianas.

Fiquei ouvindo em silêncio. O padre então propôs uma solução para o problema que evitaria publicidade e pouparia a Igreja de qualquer constrangi-

Napoleon Chagnon (à esquerda) com o irmão Iglesias (à direita). Ao fundo se vê um sacerdote salesiano não identificado.

mento. Disse-me que Iglesias me tinha em alta conta e confiava em mim, porque nós dois éramos interessados em fotografia. O padre Cocco sugeriu que eu me aproximasse do irmão Iglesias e o convidasse para ir pescar comigo. Ele gostava muito de pescar. Mas essa seria uma pescaria muito especial, pois eu seria o único a voltar. Eu teria que comunicar um trágico acidente: Iglesias havia batido a cabeça em um galho de árvore, fora atirado para fora do barco e tinha se afogado na correnteza.

O padre Cocco então disse, com muita ênfase: "Posso lhe garantir que não haverá nenhuma investigação do acidente, nem por parte da Guarda Nacional da Venezuela, nem pelo governo territorial".

E foi embora pouco depois disso, voltando para Ocamo. Fiquei um pouco abalado com essa sugestão, mas concluí que o padre Cocco estava aborrecido e não esperava, na realidade, que eu fizesse o que ele propôs. Achei que o problema acabaria sendo resolvido tranquilamente quando sua raiva esfriasse.

No entanto, vários dias depois o padre Cocco me fez uma segunda visita, depois de viajar à noite desde Ocamo até a minha cabana. Como não é seguro viajar sozinho à noite em uma canoa a motor, o motivo devia ser importante. Fiquei pasmo quando ele repetiu sua proposta, mais uma vez ressaltando que não haveria nenhuma investigação por parte das autoridades militares e territoriais.

Recusei o convite, preferindo acreditar que a raiva e a preocupação de padre Cocco ainda não tinham passado.

Apesar do meu afeto pelo padre Cocco, minha opinião sobre as missões salesianas mudou notavelmente. Percebi que eles não eram um grupo inteiramente benévolo, mas sim capaz de tomar atitudes draconianas, contanto que fossem sub-reptícias.

Eu estava em Ocamo no dia em que o irmão Iglesias deixou a Amazônia, com os filhos que teve com a mulher ianomâmi. Sua atitude foi de desafio, reclamando o dinheiro que a organização salesiana lhe devia pelos serviços prestados. Padre Cocco e outros representantes das missões estavam, obviamente, zangados com ele. Evitei-os e parti o mais depressa possível.

O IVIC E A MINHA FAMÍLIA

O Ivic era o centro de pesquisas acadêmicas que servia como meu anfitrião "institucional". Era a instituição oficial do país de acolhida e colaboração com os médicos pesquisadores do departamento de genética humana da Universidade de Michigan, o grupo de James V. Neel. Embora eu não tivesse nenhuma relação formal com o departamento de Neel nos meus primeiros dezessete meses de trabalho em campo, pois havia ganhado uma bolsa de pesquisas do National Institute of Mental Health, no Ivic eu era considerado pelos médicos venezuelanos, colaboradores de Neel, como parte da equipe oficial de Michigan. Miguel Layrisse, o mais importante colaborador de Neel no Ivic, já tinha enviado uma técnica de laboratório, Esperanza García, para Ann Arbor, onde ela estava recebendo treinamento especial em novas técnicas de laboratório no departamento de Neel. Esse acordo interinstitucional me foi muito favorável, pois minha família pôde ficar em um dos apartamentos do corpo docente do Ivic enquanto eu estava na selva. A desvantagem do arranjo eram os graves problemas logísticos que minha esposa teve que enfrentar, sendo quase prisioneira naquele reduto montanhoso onde não havia sequer um armazém. Ela também não tinha transporte próprio para ir a Caracas fazer as compras básicas para atender às necessidades domésticas. Felizmente, havia ali uma família suíça, os Munz, que gentil e generosamente a levavam, juntamente com as crianças, a Caracas uma vez por semana para fazer compras.

Consegui sair da Amazônia duas vezes durante o meu primeiro ano na selva para passar uma semana com Carlene e as crianças. Nessas breves viagens eu me reabastecia de comida e outros suprimentos, mandava revelar meus filmes e comia vorazmente salada verde, baguetes francesas, bebidas geladas como cerveja e sucos de frutas – e também outros alimentos que eu desejava e com os quais sonhava muitas vezes, nos meus longos meses na selva.

No entanto, quanto mais tempo eu passava com os ianomâmis, menos eu notava os inconvenientes e as dificuldades de viver entre eles.

Por exemplo, eu já me acostumara de tal maneira com as constantes picadas ardidas dos *bareto*, os mosquitos diurnos, que quase não os percebia mais. E as picadas não deixavam mais aqueles vergões vermelhos que me enchiam de coceiras, pois meu corpo havia se acostumado a elas, como ocorre com todo mundo depois de mais ou menos um mês. Assim, quando eu finalmente trouxe minha esposa e filhos para Mavaca, os três tiveram uma forte reação às picadas; seriam necessárias semanas até que o corpo deles se adaptasse. Na chegada, portanto, eles imediatamente ficaram doentes e febris com as picadas dos *bareto*.

Trazer a esposa e os filhos para a Amazônia em meados da década de 1960 envolvia grandes problemas de logística e planejamento. Por exemplo, viajar para o interior, especialmente para a Amazônia venezuelana, só era possível pelos rios e exigia percursos muito longos em canoas nativas.

Poucas pessoas nos Estados Unidos compreendem como pode ser difícil e frustrante fazer as coisas rotineiras em um país com poucas cidades grandes, onde nos referimos à maior parte dos lugares do país com algum tipo de palavra que significa interior, mato, campo ou floresta. E, quanto mais improvável é realizar uma tarefa rotineira em um lugar assim, mais sinceramente isso é prometido pelos venezuelanos, que sentem necessidade de pensar que seu país é, em toda a sua extensão, uma república altamente desenvolvida, civilizada e moderna.

Quando cheguei lá pela primeira vez, em 1964, havia apenas uma pista de pouso na área ianomâmi. Era uma pista rústica de terra em um lugar chamado La Esmeralda, uma savana natural que ficava inundada, ou molhada demais para pousar, no pico da estação chuvosa (de abril a agosto). No restante do tempo, a pista servia para aviões grandes como o C-47 (equivalente militar do DC-3 comercial) e o C-123, aviões militares com uma porta levadiça grande o suficiente para carregar e descarregar jipes, caminhonetes, cargas volumosas ou tropas aerotransportadas, que podiam pular de paraquedas da traseira do avião. Em 1964, havia em La Esmeralda um missionário salesiano residente, o padre Sanchez, que tinha uma capelinha e um cômodo para dormir, e uma pequena comunidade de índios iecuanas, cerca de cinquenta pessoas que já tinham sido convertidas por membros da Missão Novas Tribos. Eles ignoravam o padre Sanchez e nunca assistiam aos serviços na capela.

Em 1965, as missões salesianas do Território Federal do Amazonas tinham convencido o governo venezuelano a lhes fornecer voos militares regulares, para que elas pudessem encomendar certos equipamentos volumosos e pesados para suas missões mais remotas. Do contrário, a única maneira de trazer suprimentos era contratar venezuelanos em Puerto Ayacucho para transportá-los, subindo o Orinoco em grandes canoas escavadas. As missões se valiam disso para trazer coisas como gasolina, diesel, telhados metálicos, cimento etc.

O bispo salesiano em Puerto Ayacucho, a capital territorial, queria que o governo lhe prometesse pelo menos um voo por mês para La Esmeralda nas épocas do ano em que as chuvas não interferiam no pouso dessas cargas. La Esmeralda (ou simplesmente Esmeralda, como os venezuelanos diziam) ficava bem na borda do território ianomâmi, de duas a três horas de canoa motorizada descendo o rio a partir da missão do padre Cocco em Ocamo.

Em Esmeralda uma gigantesca montanha de basalto, chamada Cerro Duida, erguia-se abruptamente da savana, chegando a uns 3 mil metros de altura; e para além de Duida havia outras montanhas escarpadas de basalto, ainda mais altas. Essa era a área nativa dos iecuanas de língua caraíba, cujo território ficava ao norte da região dos ianomâmis, mas coincidia com ela em alguns lugares. As negociações sobre voos militares entre o bispo salesiano e a força aérea venezuelana estavam em andamento quando comecei meu trabalho junto aos ianomâmis.

Nessa época a força aérea na maioria dos países latino-americanos era utilizada sobretudo para transportar carga para lugares remotos do interior – e especialmente para os vários grupos da Igreja Católica em diversos países. Na Venezuela predominavam as missões salesianas. Os salesianos se vangloriavam, por exemplo, de que "todos os presidentes da Venezuela foram educados em uma escola católica salesiana". De certa forma, nas regiões remotas do interior a força aérea venezuelana podia ser considerada como a "força aérea salesiana". Por ironia, os padres salesianos cinicamente consideravam os missionários evangélicos das Novas Tribos como sendo em geral americanos, em geral capitalistas, e sempre sediciosos: uma das provas da sua sedição, por exemplo, era que "eles tinham até sua própria força aérea". A "força aérea das Novas Tribos" era, na verdade, um grupo de pilotos civis pertencentes à Mission Aviation Fellowship (também conhecida como "Asas de Socorro" em alguns países). Voavam em geral para grupos evangélicos missionários, mas estavam sempre dispostos a fazer voos para os funcionários públicos dos países onde operavam, e em alguns países consistiam no único transporte aéreo seguro e confiável nas áreas mais remotas.

Os salesianos na Venezuela eram politicamente poderosos, especialmente em áreas rurais, como o Território Federal do Amazonas e sua capital, Puerto Ayacucho. O cargo civil mais elevado era o de governador, nomeado pelo presidente da República. Mas o bispo salesiano do Amazonas era, sem dúvida, tão poderoso politicamente quanto o governador, ou até mais. Na verdade, o Território do Amazonas era basicamente uma teocracia – uma entidade política governada pela Igreja Católica. Conheci um dos ex-governadores do Amazonas muitos anos depois, em uma recepção em Nova York.

Ele me disse que seu maior problema como governador era conseguir realizar suas políticas quando o bispo salesiano se opunha a elas. E acrescentou: "Esse também foi o problema mais importante de todos os meus antecessores". (Em 1992 o Amazonas deixou de ser um Território Federal e se tornou um estado.)

No início de minha carreira os salesianos me consideravam inofensivo (depois de ficarem sabendo que fui criado como católico); assim, eu tinha relações amigáveis com eles. Eu lhes trazia, por exemplo, iguarias como grandes pedaços de queijo parmesão, de 5 a 7 quilos, e garrafas de rum ou uísque escocês. Além de me deixarem usar seu rádio em Ocamo, eles também me permitiam guardar um pouco de gasolina nas suas missões quando eu saía da área ianomâmi.

A MISSÃO NOVAS TRIBOS E A POLÍTICA SALESIANA

A séria batalha pelas almas dos ianomâmis na Amazônia venezuelana havia começado na década de 1950. A área era ignorada pelo governo venezuelano por ser distante da capital, Caracas. Na verdade, o governo federal deixou por conta da Igreja Católica muitos serviços sociais que normalmente são função do governo secular, como a educação e o registro dos casamentos, nascimentos e mortes.[4] Provavelmente era muito mais barato agir dessa maneira; e, é claro, a Igreja ganhou alguns importantes privilégios legais. A Lei Venezuelana das Missões, de 1915, deu aos salesianos poderes extraordinários em relação aos povos nativos nas áreas remotas do país.[5] Essa lei permitia aos salesianos "atrair" e "reduzir" os índios para as suas missões, usando praticamente qualquer meio possível.

Em 1964, quando cheguei, Puerto Ayacucho tinha apenas algumas ruas pavimentadas e uma população de aproximadamente 3 mil pessoas – muitas delas eram militares e funcionários públicos. A cidade era basicamente uma cidade administrativa do governo.

O quartel-general do bispo salesiano em Puerto Ayacucho era bem grande. Tinha vários edifícios para escolas e dormitórios para os alunos internos, vindos de áreas remotas, que moravam lá durante o ano letivo. A maioria das crianças provinha de tribos vizinhas.

Os salesianos ignoravam as tribos que viviam a mais de 60 quilômetros de Puerto Ayacucho, pois eram muito difíceis de alcançar e viviam em pequenas aldeias muito dispersas. A maioria dessas aldeias ficava a uma grande distância, à beira de pequenos rios que vão desaguar no Orinoco – por exemplo, os iecuanas, de língua caraíba. Os ianomâmis nem sequer eram conhecidos para a maioria dos moradores de Puerto Ayacucho até a década de 1950, e os salesianos os ignoraram até que a Missão Novas Tribos começou a fazer contato com eles no Alto Orinoco.

Em 1950, James P. Barker começou a primeira missão permanente das Novas Tribos junto aos ianomâmis. Ele me disse que servira no Exército americano e, ao sair, quando terminou a Segunda Guerra Mundial, decidiu tornar-se missionário da Missão Novas Tribos, organização que se concentrava em alguns grupos tribais entre os mais remotos e desconhecidos do mundo, em lugares como os planaltos da Nova Guiné, a Bacia Amazônica e outras áreas muito longínquas.

Decidira trabalhar na Venezuela e, especificamente, no Alto Orinoco, onde alguns missionários das Novas Tribos haviam começado a evangelizar alguns anos antes. Naquela época não havia aldeias ianomâmis junto, ou mesmo próximo, a nenhum trecho navegável de qualquer rio venezuelano; assim, Barker e um colega chamado Gene Higdom[6] acabaram partindo do último posto avançado da civilização e subiram o Orinoco remando de canoa, provavelmente nas corredeiras onde o rio Ventuari deságua no Orinoco. Ali havia uma pequena comunidade de mestiços venezuelanos, colonos de origem étnica mista, com ascendentes europeus (espanhóis e portugueses), africanos e nativos da Amazônia. Sua pequenina comunidade se chamava Santa Bárbara.

Barker e Higdom remaram rio acima muitos quilômetros em uma pequena canoa até encontrar um trecho do Orinoco estreito o bastante para atravessar sem embarcação. Nesse ponto já tinham subido com sua canoa a remo por três grandes tributários do Alto Orinoco – o Padamo, o Ocamo e o Mavaca, nessa ordem. Em 1950 nenhum desses locais era habitado.[7] No local onde o Mavaca deságua no Orinoco, encontraram uma comunidade ianomâmi com aproximadamente 125 pessoas – a aldeia conhecida como Mahekodo-teri[8] – e ali fundaram sua missão.

Assim começou o primeiro contato europeu permanente com os ianomâmis na Venezuela.

Higdom aparentemente ficou menos de um ano no local: partiu para se casar em agosto de 1951. Barker deixou Mahekodo-teri algum tempo depois e voltou aos Estados Unidos para tentar arrecadar dinheiro para a sua missão, descansar e se recuperar.

Até então, os salesianos tinham ignorado os ianomâmis, mas a ideia de que houvesse uma missão religiosa não católica em qualquer lugar desse vasto território parecia inaceitável para eles. De imediato despacharam um de seus missionários para Mahekodo-teri para marcar a presença dos salesianos e reivindicar como seu território essa e todas as aldeias ianomâmis adjacentes. Quando Barker voltou à Venezuela, ficou sabendo que os salesianos tinham fundado uma missão católica, a que deram o nome espanhol de Platanal. Barker não podia voltar para lá.

Àquela altura ele era relativamente fluente na língua ianomâmi. Sabia que uma aldeia no baixo rio Ocamo chamada Iyäwei-teri estava interessada em ter um *nabä* – um não ianomâmi – morando com eles. Desejavam as ferramentas de aço que os *nabä* quase sempre traziam, assim como outros objetos manufaturados. Assim, Barker fundou um novo posto da Missão Novas Tribos entre os iyäwei-teri, que acabaram sendo convencidos a se mudar, descendo vários quilômetros pelo rio Ocamo até onde ele deságua no Orinoco. Mais tarde esse lugar foi chamado de Boca Ocamo, ou seja, a foz do rio Ocamo.

Quando Barker partiu para os Estados Unidos, alguns anos depois, os salesianos mais uma vez enviaram um de seus missionários para fundar uma missão entre os iyäwei-teri, na foz do rio Ocamo. Era o padre Luigi Cocco.

Quando Barker voltou, teve que encontrar outro grupo de ianomâmis para evangelizar.

Dessa vez foi a aldeia ianomâmi de Bisaasi-teri. Cerca de dez anos antes eles tinham sido massacrados em um devastador *nomohori* – um "truque sujo" – instigado por seus inimigos shamatari. Em 1950, enquanto ainda estava na sua missão original em Mahekodo-teri, Barker testemunhou a procissão dos bisaasi-teri sobreviventes desse massacre em direção a Mahekodo-teri, onde ele os conheceu.

Os bisaasi-teri, como Barker me explicou, estavam dispostos a se mudar para a foz do rio Mavaca, onde este se une ao Orinoco, e foi aí que encontrei os bisaasi--teri em 1964, cerca de cinco anos depois que ele os convencera a se instalar ali.

Bisaasi-teri era uma aldeia grande e estava passando por problemas relacionados ao crescimento e lutas políticas internas. Quando se mudou para a foz do Mavaca, subdividiu-se em "Alta" e "Baixa", tal como descrito anteriormente. O Baixo Bisaasi-teri estabeleceu seu *shabono* e suas roças na margem oeste do rio Mavaca, onde ele se une ao Orinoco, ou seja, a poucas centenas de metros de distância do outro grupo, descendo o Orinoco. O Alto Bisaasi-teri plantou suas roças e construiu seu *shabono* na margem leste do rio, subindo o Orinoco. O grupo que ficava mais abaixo se intitulou *koro-teri* (aldeia rio abaixo), e o outro grupo, *ora-teri* (rio acima). Ambos, porém, se chamavam bisaasi-teri. Juntos, somavam cerca de 250 pessoas, uma das maiores aldeias ianomâmis conhecidas na época.

A Missão Novas Tribos tomou medidas para salvaguardar seu trabalho em Bisaasi-teri: fez com que famílias das Novas Tribos vivessem junto a ambos os grupos, para que os salesianos não tentassem fundar sua própria missão em um deles.

Barker construiu sua cabana de pau a pique ao lado do *shabono* do Alto Bisaasi-teri, e outra família das Novas Tribos, os Jank (do Canadá), construiu sua casa na área sudoeste, ao lado do *shabono* do Baixo Bisaasi-teri. Várias outras famílias da Missão Novas Tribos também passavam períodos no Baixo Bisaasi-teri, tornando mais difícil para os salesianos entrar ali caso uma das famílias evangélicas se ausentasse por mais de algumas semanas.

E, como previsto, os salesianos apareceram quase de imediato nesse posto das Novas Tribos. Eles se fixaram na *margem oposta* do rio Orinoco, em frente às duas comunidades dos bisaasi-teri, onde se localizavam as poucas cabanas de pau a pique das famílias da Malarialogía. Os salesianos começaram fazendo um *comedor* (refeitório comunal); em seguida enviaram a Mavaca um holandês leigo, o irmão Pedro, e depois um sacerdote, o padre José Berno, para construir uma igreja e um posto da missão.

Essas atividades estavam apenas começando quando cheguei, em 1964. O padre Berno ainda não tinha chegado, mas o irmão Pedro estava lá. O *comedor* ainda não estava funcionando, mas por algum tempo Pedro atraiu para lá algumas crianças ianomâmis das duas aldeias da outra margem do Orinoco, oferecendo-lhes alimentos, em especial mingau de aveia com muito açúcar. Mas elas só iam para o desjejum e voltavam para a outra margem. O irmão Pedro tinha um empregado venezuelano, o chamado *motorista*, que ia buscar e levar de volta as crianças ianomâmis.

Não muito tempo depois, os salesianos se tornaram ainda mais agressivos nos seus esforços missionários – aquilo que a Lei das Missões de 1915 chamou de *atrayer y reducir*: *atrair* os povos nativos para a missão e *reduzi-los* a viver lá.[9] No início dos anos 1970 as missões salesianas em Ocamo, Mavaca e Platanal começaram a tirar crianças das suas aldeias – muitas vezes aldeias isoladas a alguma distância dessas três missões – e enviá-las para longe, a uma longa distância rio abaixo, para Isla Ratón, uma ilhota no meio do Orinoco, perto de Puerto Ayacucho. Ali as crianças eram colocadas em dormitórios, aprendiam espanhol e eram desencorajadas de usar sua própria língua. E lá ficavam longe de seus pais e das suas aldeias durante meses a fio.[10]

Os salesianos "persuadiam" os pais a lhes entregar seus filhos oferecendo-lhes ferramentas de aço, como facões e machados. Como os salesianos só falavam algumas palavras na língua ianomâmi e não podiam lhes explicar claramente o que estavam fazendo, e como os ianomâmis dessas aldeias remotas não sabiam espanhol, essa atividade significava, efetivamente, comprar as crianças e tirá-las de seus pais.[11]

Por fim, as queixas dos ianomâmis fizeram os salesianos mudar sua política. Eles então construíram o mesmo tipo de dormitório em La Esmeralda e ali colocaram as crianças ianomâmis – mais uma vez, contra a vontade delas e contra a vontade dos pais.

Por fim, em meados dos anos 1970, os salesianos passaram a oferecer escolas nas suas missões em Ocamo, Mavaca e Platanal, para que as crianças ianomâmis pudessem pelo menos permanecer nas suas próprias aldeias, junto de seus pais.

A essa altura eu já tinha decidido estudar as várias aldeias ao sul e a oeste de Mavaca, ficando longe das missões salesianas. Esses grupos eram chamados pelos ianomâmis de shamatari, pois os dois grupos tinham um histórico de migrações e origens genealógicas ligeiramente diferentes. Tentei ignorar as mudanças que estavam acontecendo perto das missões salesianas, pois havia numerosas aldeias ianomâmis em lugares muito remotos, praticamente fora da esfera de influência das missões. Julguei que estudar essas aldeias mais remotas era a minha melhor oportunidade de compreender as questões que eram o foco da minha pesquisa.

A Missão Novas Tribos decidiu abandonar seu posto em Mavaca por volta de 1973 e concentrar seus esforços nas comunidades ianomâmis mais remotas e difíceis de alcançar, onde os padres salesianos provavelmente não iriam segui-los e forçá-los a abandonar o local.

ARMAS E GERMES*

No entanto, nem mesmo as aldeias ianomâmis remotas estavam fora do alcance da influência dos salesianos, que já em 1960 estavam fornecendo armas de fogo para os ianomâmis em Ocamo. Talvez tenham dado espingardas aos mahekodo-teri nessa mesma época. Em 1967 o padre Berno já tinha introduzido as espingardas em Mavaca, usando-as para atrair cerca de metade do Baixo Bisaasi-teri para a "sua" margem do Orinoco. Para os ianomâmis, uma espingarda é um incentivo poderoso para se mudar. Armas de fogo são mais eficientes para matar a caça – e os vizinhos indefesos – do que flechas.

Fiquei sabendo dessas espingardas em 1965, enquanto coletava genealogias e fazia um recenseamento de várias aldeias remotas ao norte do Orinoco e a leste da missão do padre Cocco, em Ocamo. Meus esforços para esboçar a demografia dessas populações incluíam obter a causa da morte de todas as pessoas falecidas que eu encontrava nas genealogias que coletava. Várias mortes bastante recentes foram atribuídas a ataques dos iyäwei-teri na missão do padre Cocco. Meus informantes makorima-teri insistiam que o grupo do padre Cocco usara espingardas para matar vários homens da aldeia de Makorima-teri.

* Alusão ao famoso livro de Jared Diamond *Armas, germes e aço*. [N.T.]

Fiz uma viagem especial até a missão do padre Cocco e lhe disse o que os meus informantes relataram sobre as mortes a tiros de espingarda cometidas por homens da sua aldeia. Ele reconheceu de imediato que havia fornecido as armas de fogo e a munição, mas negou veementemente que o "seu pessoal" fosse usá-las para matar outras pessoas. Insistiu que lhes havia dado as armas apenas para caçar. E ficou até indignado com a mera sugestão de que as espingardas tinham sido usadas em ataques mortais contra outros índios.

Enquanto falávamos sobre isso, um dos homens adultos estava passando por perto e padre Cocco o chamou para lhe perguntar sobre meu revoltante relato. O padre lhe dera o nome espanhol de Carlito. No dialeto da missão, que misturava várias línguas, perguntou a Carlito se eles tinham ido às aldeias distantes ao longo do rio Höräta e matado pessoas com espingardas. Carlito respondeu de forma objetiva: "*Sí, padre*. Matamos esse tanto de gente com nossas espingardas", disse, mostrando vários dedos das mãos.

Padre Cocco ficou chocado, depois indignado. Deu uma bronca daquelas em Carlito, foi imediatamente para o *shabono* com ele e confiscou todas as armas de fogo que lhes tinha dado – meia dúzia, pelo que me lembro.

O padre então me agradeceu por informá-lo da situação, e continuamos amigos. Mais tarde, porém, ele devolveu as espingardas aos iyäwei-teri, que lhe garantiram solenemente que só as usariam para caçar – promessa que logo foi rompida, como era fácil prever. Os iyäwei-teri apenas guardaram maior sigilo quanto aos seus ataques.

Quando voltei à Venezuela em 1968 para fazer meu trabalho de campo e cheguei a Mavaca, fiquei sabendo da decisão do padre Berno de dar ao Baixo Bisaasi-teri várias espingardas – as primeiras de muitas –, assim como canoas e vários motores de popa. Ele havia "comprado" metade dos bisaasi-teri para conseguir fazê-los passar para a sua margem do rio. Lembro-me de um cacique insolente e astucioso chamado Paruriwä (também conhecido como Hontonawä) chegando com uma postura arrogante até a minha canoa, quando atraquei na margem do rio para cumprimentar o padre Berno. Ele levava a espingarda ao ombro, bem à mostra, para que eu pudesse ver.

Saí da minha canoa e caminhei até a missão. Padre Berno saiu para me cumprimentar. Perto dele vi um ianomâmi e sua esposa, meus amigos.

Estavam agora totalmente vestidos com roupas usadas que alguma organização de caridade tinha doado para os salesianos. As roupas estavam imundas e esfarrapadas. Como o homem não sabia usar o zíper, havia cortado um grande buraco entre as pernas da calça. A esposa tinha tido um bebê e estava amamentando, mas, como seu vestido não era próprio para amamentar, ela havia cortado dois buracos, deixando seus grandes seios pendentes mais acessíveis para a criança. Lá estavam o ianomâmi e a mulher sorrindo para mim, felizes em me ver: ele com a calça cortada, expondo seus órgãos genitais, e ela com buracos cortados para os seios. As partes da anatomia que o padre Berno mais queria esconder com as roupas novas ficavam agora mais evidentes.

Não demorou muito para que a facção de padre Berno do Baixo Bisaasi-teri pusesse suas novas armas em ação nas suas guerras. Com o tempo, eles perseguiram, ameaçaram e intimidaram os mömariböwei-teri, a um dia de caminhada para o sul, tão impiedosamente que estes fugiram da área e partiram em uma viagem migratória longuíssima até o rio Cassiquiare, depois subindo até a sua foz no Orinoco, perto de Tama Tama. Lá ficavam agora dentro do raio de visão da sede da Missão Novas Tribos, e bem longe dos ianomâmis em geral, de sua política, suas alianças e suas guerras.[12]

No decorrer dos anos seguintes, os salesianos deram mais espingardas para os ianomâmis. Por volta de 1969, o grupo do Baixo Bisaasi-teri que agora vivia na missão do padre Berno atacou os patanowä-teri e matou um de seus dois caciques, Kumaiewä, e um de seus filhos adultos. Eles atiraram em Kumaiewä à queima-roupa, quase explodindo sua cabeça. No ano anterior eu havia filmado meus primeiros documentários sobre os ianomâmis.[13] Em um deles aparece Kumaiewä, cantando cerimoniosamente com Shinanokawä, o cacique dos mahekodo-teri, que, juntamente com outros moradores da sua aldeia, fora convidado a essa festa na aldeia de Kumaiewä.

Dois outros homens mahekodo-teri também apareciam com destaque nesse filme, ambos filhos de Shinanokawä: Asiawä e Heawä. Ambos agora tinham obtido espingardas da missão salesiana de Platanal e as usavam impiedosamente em ataques contra seus inimigos. Por exemplo, Asiawä matou o cacique de Makorima-teri, Säsäwä, com um tiro na cabeça. O irmão mais novo de Asiawä, Heawä, certa vez atacou uma aldeia distante e ali matou um homem com sua espingarda. Quando perguntei a um dos meus informantes, Rerebawä, sobre esse ataque, e por que Heawä haveria de invadir uma aldeia tão distante e matar alguém que ele nem conhecia, e cuja aldeia não tinha feito nada contra ele ou contra qualquer um da sua própria aldeia, Rerebawä respondeu: "Heawä é muito feroz. Quando alguém dá uma espingarda a um homem feroz, ele vai querer usá-la para matar gente. Ele matou esse homem *bädao*", ou seja, "sem motivo".

Heawä e Asiawä mataram um grande número de pessoas com suas espingardas, incluindo uma mulher de Baixo Bisaasi-teri, onde vivi logo que cheguei. Só sei detalhes sobre as vítimas de Heawä e Asiawä que viviam nas aldeias onde concentrei meu trabalho; mas os bisaasi-teri dizem que eles mataram a tiros de espingarda muitas outras pessoas em outras aldeias.

Minha pesquisa demográfica já começava a incomodar os salesianos.[14] Eu não estava tentando desacreditar nem denegrir os padres ou seus esforços para converter os ianomâmis, mas minhas investigações invariavelmente revelavam coisas que eles preferiam deixar sem registro. Eu sentia a tensão aumentar nas minhas relações com os salesianos em Mavaca.

TRAGO MINHA FAMÍLIA

No final de 1965 fui até o Ivic para buscar minha esposa e filhos e trazê-los comigo para minha base de operações em Bisaasi-teri, na foz do rio Mavaca. Eu já havia construído uma casinha de pau a pique para nós. Antes de chegar a Mavaca, porém, paramos em Ocamo. Com cerca de 120 pessoas, a aldeia ianomâmi de Iyäwei-teri ficava em Ocamo. Eles já me conheciam bem, pois eu costumava passar por Ocamo e pernoitar na missão do padre Cocco.

Foi ali que minha esposa viu os ianomâmis pela primeira vez. Eles ficaram muito animados ao vê-la: "*Möbraö! Shakiwä bä suwabö kuwa kure! Kama käkäba ihirubä akai!*" ("Olhe! Lá está a mulher de Chagnon! E seus dois filhos também!"). Eles fizeram carinho nas crianças e logo quiseram saber seus nomes. Falei o nome deles em voz baixa, sendo essa a maneira ianomâmi de ser educado e discreto quando a pessoa nomeada está ao alcance da voz. Esse costume geralmente não é observado para crianças pequenas, mas foi a minha maneira de informá-los que meus filhos tinham tanto "valor" que até mesmo eu, seu pai, era respeitoso na sua presença e só dizia o nome deles cochichando. Logo os ouvimos dar estalos de língua, animadamente, ao repetir os nomes em voz baixa, reconhecendo o status elevado que eu conferia a minha esposa e filhos simplesmente por sussurrar seus nomes em vez de dizê-los em voz alta.

Eu queria prosseguir para Mavaca e chegar lá ao anoitecer. Tinha deixado minha canoa, meus tanques de gasolina e meu motor de popa em Ocamo quando fora a Caracas, quase duas semanas antes, para buscar minha família. Às pressas, montei o motor na canoa e a carreguei com as nossas posses. Minha esposa entrou na canoa com cuidado e checou se as crianças estavam instaladas em segurança; partimos então rio acima. Mavaca ficava a cerca de duas horas de distância, e seria o novo lar da minha família na selva.

Eu estava silenciosamente ansioso para ver a reação da minha esposa quando avistasse a maravilhosa cabana que eu havia construído para ela e as crianças, a salvo das intempéries e mais ou menos segura contra os perigos da selva. Na verdade, eu estava secretamente envaidecido e até mesmo orgulhoso das minhas realizações de trabalhador manual, que em breve revelaria a ela. Cheguei a pensar comigo: não há muitas esposas de antropólogos que desfrutam de tais luxos nas viagens de campo que fazem com o marido!

Havia muito tempo eu tinha me esquecido de como era agradável e relaxante viajar de canoa por um rio. Mais tarde Carlene me lembraria várias vezes o quanto gostara daquela viagem.

Quando você se senta na parte dianteira de uma longa canoa, o zumbido incessante do motor de popa é quase imperceptível. O que se ouve mais é o sussurro constante e suave da proa cortando a água. A velocidade da canoa cria uma brisa que refresca o corpo, e os *bareto* são varridos pelo vento. Normalmente, o silêncio ao redor permite ouvir os chamados exóticos de araras e o tagarelar dos periquitos, que passam voando lá em cima, em pares ou pequenos bandos, parecendo ter muita pressa de atravessar o rio. Enxames coloridos de borboletas amarelas e brancas esvoaçavam em torno dos bancos de areia que emergiam da água. A estação seca estava começando, o céu estava bem claro, e fazia um calor suave e agradável.

Em contraste, durante boa parte do tempo que eu havia passado percorrendo os rios da região ianomâmi, fiquei no leme, portanto bem ao lado de um barulhento motor de popa. A maior parte do tempo eu havia navegado nos rios estreitos e sinuosos, curvado em uma posição desconfortável, para poder tirar rapidamente a hélice se preciso, sempre atento às ondulações da água, buscando indícios de pedras escondidas ou troncos de árvore submersos logo à frente. As viagens que fiz na minha canoa em geral consistiam em muitas horas seguidas de um trabalho duro e tedioso; mesmo assim, viajar pelo rio era sempre melhor do que abrir caminho a pé através da floresta.

Essa viagem relaxante e agradável para minha esposa e filhos chegou ao fim quando diminuí a velocidade da canoa e entrei no meu ancoradouro, um pequeno nicho aberto a facão que fiz os ianomâmis escavarem na margem lamacenta do rio Mavaca, a cerca de 25 metros da sua foz no Orinoco.

As hordas de *bareto* surgiram assim que desliguei o motor de popa. Saímos da canoa e caminhamos até a casa que eu havia descrito para minha mulher várias vezes, animadamente, pelo rádio e por cartas. Dezenas de ianomâmis estavam lá para nos receber, na maioria mulheres com seus bebês; os homens estavam no *shabono*, tomando drogas alucinógenas e cantando para seus espíritos pessoais, os *hekura*, como faziam todas as tardes. Naquele mesmo dia, em Ocamo, as mulheres bisaasi-teri tinham ficado contentes e alvoroçadas ao conhecer, finalmente, minha esposa e filhos. Elas só os tinham visto nas fotos que eu lhes mostrara, e sabiam seus nomes.

As mulheres apalparam minha esposa, maravilhadas com a sua pele clara, e elogiando-a por ser tão *riyahäwä* (bonita). Passaram as mãos debaixo da sua blusa para ver se ela tinha seios e se o corpo era como o delas. Também acariciaram afetuosamente as crianças, com muitas exclamações sobre seus cabelos loiros. Elas queriam que eu lhes desse meus filhos, especialmente minha filha.

Foi no segundo dia de novembro de 1965 que minha família se mudou para minha cabana de pau a pique, ao lado da aldeia ianomâmi de Bisaasi-teri.

Embora o fato nunca tenha se tornado tema de conversa, eu sabia que minha cabana era um pouquinho menos elegante do que eu tinha dito a minha esposa. Mas é só porque é muito difícil fazer uma cabana de barro elegante.

A cabana era uma simples estrutura retangular, de cerca de 6 metros por 6. Seguindo um acordo prévio com Jim Barker, eu a construí como uma extensão da sua casa, que era muito maior, para me poupar o esforço de construir uma das paredes. Barker achou ótimo ter minha casinha como uma extensão da sua, e disse que mais tarde a usaria como quarto de hóspedes quando outras famílias missionárias viessem visitá-lo. Ele tinha se mudado de volta para sua própria casa cerca de seis meses antes, levando também sua esposa e filha.

Construí minhas paredes com uma fileira de troncos enterrados no chão de terra, espaçados a mais ou menos meio metro uns dos outros e conectados horizontalmente com muitas tirinhas finas de tronco de palmeira, colocadas bem juntas – uma espécie de gradeado amarrado com cipó nos troncos. Para preencher os espaços entre os troncos, foi colocado barro argiloso comum misturado com água para deixá-lo com a consistência de cimento úmido, bem comprimido. Depois que esse barro seca por mais ou menos uma semana, um revestimento inicial, de barro mais diluído, é aplicado às paredes internas e externas. Alguns dias mais tarde esse barro mais fino seca e se contrai, deixando uma superfície áspera, cheia de rachaduras, parecendo o que resta de uma poça d'água barrenta quando seca. A segunda e a terceira camadas de barro mais fino acabam produzindo uma superfície mais ou menos lisa, mas as paredes internas da casa, onde o sol não alcança, em geral são muito escuras, e a superfície nunca fica completamente seca. Mofo e bolor são grandes problemas em uma cabana de barro na região equatorial devido à elevada umidade.

O chão da casa era de terra batida, feito com pedaços de argila úmida, socada com um tronco pesado para compactá-la e torná-la relativamente lisa. Escusado dizer que qualquer líquido que cai nesse tipo de chão produz uma persistente poça de lama escorregadia. Um chão de terra batida é mais difícil de limpar do que, digamos, um assoalho de linóleo ou de ladrilhos. É impossível lavá-lo com um esfregão.

Minha casa tinha apenas uma entrada e não havia janelas no andar térreo. Minha única janela ficava na extremidade triangular do telhado de sapê, de 2 metros de altura. A porta tinha dimensões normais, mas era feita de troncos redondos e alguns pedaços de tábuas serradas irregularmente, que ganhei de Barker. Coloquei dois trincos para poder travá-la tanto por dentro como por fora. Mas não era muito difícil arrombá-la, como os ianomâmis fizeram depois várias vezes, sem muito esforço, enquanto eu estava fora em viagens para visitar outras aldeias.

Dividi o andar térreo em dois cômodos, erguendo outra parede de pau a pique. Essa partição criou um espaço pequeno, fechado, que servia como despensa; ali eu guardava os alimentos enlatados, combustível para o motor, ferramentas, remos de canoa e outros objetos, bem como o tipo de bens que os ianomâmis cobiçavam: meu pequeno esconderijo de bens para permuta. Eram coisas como pequenos carretéis de linha para fazer flechas, faquinhas, anzóis, linha de pescar etc. Eu pagava aos ianomâmis pelo seu trabalho de informantes, por me trazerem folhas para o telhado e por me ajudarem a cortar e transportar a madeira e os cipós e a revestir as paredes com barro na construção da minha casa.

Havia poucos luxos arquitetônicos, mas um que eu incluí foi um chuveiro. Fiz uma parede de barro em um canto, para isolar uma pequena área onde pudesse ficar em pé. Passei uma mangueira de plástico através do teto de sapê, que ia dar em um barril de gasolina vazio, mas limpo, que coloquei sobre uma armação robusta. Na outra extremidade da mangueira coloquei um chuveiro de plástico barato, com uma torneirinha. Eu pedia aos garotos ianomâmis mais velhos que enchessem o barril com baldes de água do rio; com o barril ao sol, a água ficava agradavelmente morna. O acabamento do chuveiro foi um pequeno estrado para os pés, feito de pauzinhos e cipós; fiz também uma espécie de dreno no chão de terra batida. Era apenas um buraco pequeno, mas bastante profundo, bem embaixo do estrado, onde eu podia ficar em pé sem tocar os pés na lama.

Era preciso ter cuidado para não deixar o fio de água escorrer muito tempo, do contrário o pequeno boxe enchia e transbordava para o resto da casa. O boxe do chuveiro, por mais primitivo, desagradável, úmido e embolorado que fosse, permitia a minha esposa e filhos se manterem relativamente limpos com privacidade; e era muito mais seguro dar banho nas crianças no chuveiro do que no rio Mavaca, de água velozes e profundas. Alguns anos antes da minha chegada, uma criança ianomâmi desapareceu enquanto se banhava no rio Mavaca, em um lugar bem diante da minha cabana. Os ianomâmis, muito desgostosos, concluíram que a criança fora levada por uma sucuri.

De longe, porém, a melhor parte da minha casa era a *troja*. Não há palavra em inglês que transmita com precisão o que essa palavra do espanhol venezuelano significa. Refere-se à grande área logo acima do teto, semelhante a um sótão. Mas as nossas casas "civilizadas" têm muitas vigas servindo de apoio ao chão do sótão, enquanto minha cabana de barro tinha, em vez de tábuas regulares espaçadas a 60 centímetros de distância, apenas alguns troncos fortes e redondos, colocados a 2 metros uns dos outros, que serviam para segurar as paredes externas. A maioria das cabanas construídas como a minha deixa esses troncos redondos expostos, e quem está no chão de terra batida da casa pode ver o lado inferior das folhas de palmeira usadas como telhado. Porém, se colocarmos ripas de madeira ou de outro material rígido no sentido transversal desses troncos redondos, teremos aí uma *troja*: um local elevado para armazenamento (ou sala de estar), com o chão seco. O acesso à minha *troja* era uma escada rudimentar, que fiz com varas e cipós.

O chão da minha *troja* foi feito com longos pedaços de tronco de palmeira. Várias das muitas espécies de palmeiras amazônicas podem ser cortadas facilmente no sentido longitudinal. Quando se raspa com facão o palmito que fica dentro do tronco, tem-se aí um longo sarrafo um pouco flexível, relativamente plano de um lado e arredondado do outro. A madeira é quebradiça, mas extremamente rígida e durável. É um material perigoso de se trabalhar, pois as bordas são extremamente afiadas e podem causar cortes dolorosos e farpas ainda mais dolorosas. Também é difícil, por exemplo, colocar pregos nessa madeira. Porém, quando se põem esses longos sarrafos com o lado plano para baixo, amarrados com cipós perpendicularmente às vigas do teto, tem-se um chão de madeira bem satisfatório. As arestas cortantes ficam viradas para baixo, e o lado arredondado fica para cima.

O chão da *troja* balança um pouco se os troncos de apoio ficarem muito espaçados; mas com certeza é melhor do que um chão de terra. Nesse chão de tronco de palmeira podíamos colocar os objetos que queríamos manter secos.

Dormíamos na nossa *troja*, separados dos elementos de cima e de fora pelo teto de folhas de palmeira, sustentado por numerosas varas finas, porém resistentes. Nessas varas pendurávamos as nossas redes, e ali dormíamos suspensos, logo acima do chão de troncos de palmeira manacá, seco e relativamente fresco, protegidos pelos nossos mosquiteiros contra os mosquitos transmissores da malária.

Nossa filha mais nova, Lisa, com menos de dois anos, ainda era muito pequena para dormir sozinha em uma rede. Peguei emprestada de Barker uma "gaiola" para ela dormir – uma caixa fechada de todos os lados com tela metálica para impedir a entrada de mosquitos e outros insetos.

Quase todos os povos fazem uma distinção nítida entre a natureza e a cultura, um tema elaborado de diversas maneiras nas obras do famoso antropólogo francês Claude Lévi-Strauss (1908-2009). Os ianomâmis, por exemplo, realçam essa distinção ao conceber suas aldeias e a própria natureza do homem como um ser distinto dos animais. Sua palavra para casa é *yahi*, lugar onde habitam os seres humanos. A palavra para selva é *urihi*, lugar onde habitam os seres selvagens, seres que não são humanos. Suas moradias comuns, os *shabono*, são um conjunto de *yahi*, ou casas. Assim, um *shabono* representa a *cultura* e as coisas culturais, que eles chamam de *yahi tä rimö*. Em contraste, as coisas selvagens, não humanas, são coisas naturais, componentes da *natureza*: *urihi tä rimö*. Para eles, a cultura termina nas superfícies externas do telhado e das paredes do *shabono*. Minha casa deveria incorporar esse princípio inflexível dos ianomâmis e manter a floresta fora da nossa área – a área pessoal, cultural.

Depois de alguns dias notei que minha esposa caía frequentemente no sono durante o dia. Foi então que descobri que de noite ela não dormia. Ela disse que passava as horas protegendo as crianças contra os ratos, focando neles o facho da lanterna. Eu tinha esquecido que à noite cerca de uma dúzia de ratos-do-mato entrava na casa e ia se abrigar no telhado, correndo para lá e para cá pelas varas que sustentavam as folhas secas, fazendo-as farfalhar. A fronteira entre a cultura e a natureza representada pela minha casinha de pau a pique não era tão firme como deveria ser.

Minha esposa aguentava ver e ouvir os ratos andando pelo teto; mas quando eles chegavam até as cordas e começavam a descer para as nossas

Menino com um pequeno arco e flecha do tipo usado pelos nossos "caçadores" na *troja*.

redes, ela ficava muito alarmada. Eu já tinha me acostumado aos ratos durante aquele ano e aprendido a ignorá-los, assim como os nova-iorquinos aprendem a ignorar o uivo das sirenes quando dormem à noite. Para mim eram apenas ratos-do-mato, parte do barulho ambiente.

Por vezes, é claro, aparecem ratos nos nossos jornais, em relatos em que eles atacam crianças adormecidas e lhes mastigam o rosto, os pés e as mãos; mas esses casos ocorrem, invariavelmente, nas favelas de superpovoadas cidades industriais. Minha pobre esposa, porém, passava as noites acordada para evitar que os ratos atacassem as crianças. Em vigília, ela agarrava a lanterna e espantava os animais quando chegavam muito perto.

Resolvi esse problema contratando vários meninos ianomâmis para dormir conosco na *troja*. Eles ficaram encantados por nos prestar um serviço de extermínio de ratos, usando seus arcos e flechas em miniatura; e, para seu espanto e alegria, também tiveram permissão de usar nossas cobiçadas lanternas. As lanternas ainda eram uma novidade em 1965, consideradas pelos ianomâmis algo extremamente útil e quase mágico.

Eu pagava a esses jovens intrépidos caçadores, por cada rato, com anzóis, linhas de pescar e outros pequenos itens. Suas flechinhas de 60 centímetros eram feitas com a espinha rígida de uma folha de palmeira, afiada como uma ponta de agulha em uma extremidade; na outra tinha duas pequenas penas e o encaixe para o arco. Seus pequenos arcos eram feitos de um ramo flexível, com uns 70 centímetros de comprimento. As setas tinham velocidade suficiente para atravessar completamente o corpo de um rato quando o atingiam, fazendo-o cair do telhado; ao chegar ao chão da *troja* o bicho era eliminado com um pedaço de pau pelos jovens e alegres caçadores. Eles não acertavam muitas vezes, mas as flechadas constantes faziam os ratos correrem de lá para cá nervosamente.

MEU MAGNÍFICO CHUVEIRO E OUTROS DESASTRES

Por razões que ainda não consegui compreender, a chegada de minha esposa e filhos coincidiu com um aumento dramático no problema de insetos. Eu sempre tive problemas com insetos, mas alguns casos insólitos ocorreram quando minha família veio morar comigo.

A primeira vez que minha esposa foi tomar uma chuveirada, soltou um grito: estava frente a frente com uma grande aranha, preta e peluda, do tamanho de um pires, que vinha rastejando pela parede, descendo do teto de sapê logo acima. Era quase do tamanho de uma tarântula, apenas mais magra. Esmaguei-a com um pedaço de pau e ela fez aquele barulho nojento, como quando a gente pisa em uma barata bem grande. (Também tínhamos uma abundância de baratas enormes.)

Na manhã seguinte, quando vesti minha calça ainda úmida, senti algo rastejando dentro dela e a tirei o mais rápido possível. Havia três ou quatro aranhas dentro das pernas da calça, semelhantes à que minha esposa tinha enfrentado na véspera, mas não tão grandes. Eu sempre sacudia vigorosamente minhas calças e camisas antes de vesti-las, para tirar de dentro qualquer inseto ou verme, mas essas aranhas se agarravam ao tecido da calça mais tenazmente do que as aranhas comuns e não saíam com uma simples sacudida.

Precisávamos averiguar muito bem as nossas roupas antes de vestir qualquer coisa, e tínhamos especial cuidado com a roupa dos nossos filhos. Os sapatos, é claro, deviam ser examinados com atenção, batidos em uma superfície rígida e bem sacudidos antes de serem calçados; as aranhas e os escorpiões entram neles à noite, talvez atraídos pelo calor. Certa vez, quando fiz uma longa viagem a pé entre duas aldeias, uma colônia de cupins decidiu fazer seu novo ninho nos meus tênis encharcados. Eu os tinha pendurado em um galho de árvore antes de ir dormir, como sempre fazia. Na manhã seguinte havia centenas de cupins dentro deles; levei uns quinze minutos para tirá-los de lá e recuperar meus tênis. Felizmente, minha casinha de pau a pique não tinha cupins.

Precisávamos ter cuidado não só ao vestir a roupa e calçar os sapatos, mas também na hora de comer. Pequenos insetos e larvas aparecem invariavelmente em todos os alimentos quando os levamos para a selva e tentamos guardá-los lá por mais que alguns dias, como eu já havia descoberto. Fazer uma refeição levava muito mais tempo na selva do que em casa, já que tínhamos que espalhar cuidadosamente a comida e procurar bem em cada colherada de arroz, feijão, farinha de aveia etc. antes de permitir que as crianças as levassem à boca.

AS CIRCUNSTÂNCIAS DIÁRIAS DA FAMÍLIA

De modo geral era muito desagradável ficar fora de casa durante o dia – especialmente para os índios, que não tinham roupas e ficavam à mercê dos mosquitos. Os ianomâmis tradicionalmente evitam os grandes rios, e suspeito que uma das razões seja o problema dos *bareto*. Certa vez filmei em 16 mm algumas crianças ianomâmis brincando na beira do rio, e quando revelei o filme e assisti a ele fiquei pasmo: as crianças ficavam incessantemente dando tapas nos braços, nas pernas, no rosto, no tronco, no corpo todo para espantar os *bareto,* como em um ritual de autoflagelação. Em geral, quanto maior o rio, pior o problema dos *bareto,* em especial na estação seca. Há relatos de antigos antropólogos e exploradores das tribos ao longo do rio Amazonas segundo os quais os índios só saíam de suas cabanas enfumaçadas durante algumas horas por dia, para trabalhar e caçar – logo após o amanhecer e pouco antes do anoitecer. O motivo? As picadas de insetos, um problema ainda maior porque essas pessoas não usavam roupas. Basta entrar na mata por algumas centenas de metros a partir da margem dos rios maiores, como o Mavaca, e os *bareto* diurnos são um problema muito menor.

As regiões muito frias e geladas, como o Ártico, não podiam ser colonizadas por seres humanos até a invenção das roupas quentes. Meu palpite é que a maior parte da Bacia Amazônica adjacente aos grandes rios era inabitável até algum tipo de roupa – túnicas feitas de algodão ou de fibras torcidas de cascas de árvore, por exemplo – ser inventado, como ocorreu na época pré-colombiana na cordilheira dos Andes e em algumas partes da Amazônia.

O playground das crianças

Como a nossa cabana ficava muito perto do rio, não podíamos deixar as crianças fora de casa sem supervisão constante. O rio Mavaca é veloz e profundo; não é um lugar onde se possa deixar uma criança sozinha.

Nosso pequeno "quintal", o terreno entre nossa casa e o rio, não tinha árvores, mas era coberto de mato até a altura dos joelhos – o tipo de lugar onde é difícil enxergar uma cobra venenosa. E havia muitas cobras venenosas; vários ianomâmis foram picados e morreram no primeiro ano em que morei em Mavaca. Antes da minha chegada as vítimas de picadas de cobra, quando sobreviviam, em geral perdiam um braço ou uma perna. Com a gangrena, o braço ou a perna ia murchando e acabava simplesmente caindo. Por vezes era preciso cortar o osso com facão ou machado, sem anestesia. Um dos meus primeiros informantes, um jovem chamado Karödima, só tinha uma perna. Perdera a outra devido a uma picada de cobra, e tinha que andar pulando em uma perna só, apoiado em um longo pedaço de pau que sempre levava consigo.

Barker tinha um pátio ao lado da sua casa e nos convidou a usá-lo: ali podíamos levar as crianças para brincar. Tinha uma cerca de alambrado e o chão recoberto com uns três dedos de areia que Barker fizera os ianomâmis trazerem do rio durante a estação seca, quando surgem os bancos de areia. Assim, seu quintalzinho lateral era bastante seguro, pois uma cobra ficaria imediatamente visível – desde que as crianças permanecessem na parte recoberta de areia.

Barker também tinha várias galinhas nessa área cercada; aliás, o lugar era basicamente um galinheiro, mas também servia como um parquinho seguro para sua filha brincar. Quando minha mulher examinou a areia onde as crianças estavam brincando, descobriu que estava cheia de excrementos pegajosos de galinha, e assim a "caixa de areia" passou a ser terreno proibido.

A única área relativamente limpa para nossos filhos brincarem era nossa casinha de pau a pique, com as paredes e o chão de barro sempre úmidos e cobertos de mofo ou bolor. Não era um local adequado para deixar as crianças engatinharem, e nós não tínhamos móveis onde elas pudessem brincar e dessa forma ficar acima do chão úmido. Além disso, uma área considerável da nossa cabana fora fechada com uma meia parede e reservada para os ianomâmis que vinham nos visitar todos os dias. Eles tinham que ficar do *seu* lado da parede por uma série de razões, sendo a principal o fato de que, sem essa barreira, nossa casinha se tornaria o lar de quarenta ou cinquenta ianomâmis, cuja noção do que chamamos de espaço pessoal era basicamente inexistente.

Outro motivo era que alguns ianomâmis não tomavam banho com frequência, e muitos apresentavam lesões e feridas abertas no corpo. E, por fim, eles tinham um senso de higiene pessoal que causaria repulsa à maioria dos ocidentais, e também a muitos não ocidentais. Ficavam constantemente mascando tabaco – homens, mulheres e crianças – e, é claro, cuspindo a todo momento no nosso chão. Também tinham o hábito bastante desagradável de assoar o nariz nas mãos, extraindo grandes quantidades de muco viscoso, e em seguida limpá-las em qualquer superfície próxima, como já descrevi antes.

Embora a *troja* fosse fresca e agradável depois do escurecer e um lugar ideal para dormir, era quente e desconfortável durante o dia, de modo que as crianças também não podiam brincar ali. Em suma, nossos filhos não se divertiram muito em Mavaca.

Em contraste, as crianças ianomâmis se divertiam muito mais, porém pagavam um preço em termos de disenteria, picadas de insetos e infecções da pele.

SAINDO DA TERRA DOS IANOMÂMIS

Depois que trouxe minha esposa e filhos para a aldeia ianomâmi, bastou um só dia para perceber que eu tinha cometido um erro colossal. Eles se sentiam infelizes com o calor, as picadas de insetos, a falta de condições sanitárias e ainda o simples tédio, ansiedade e frustração por não poderem se movimentar livremente como fariam em um espaço normal.

Não fiz quase nenhum trabalho de campo enquanto eles estiveram comigo. Minha casinha de pau a pique não era aquele santuário limpo e agradável que eu pensei que seria, sobretudo porque deixei de considerar a parte da equação representada pelos ianomâmis. Em uma floresta desabitada, ou habitada por alguma outra tribo, nossa situação poderia ter sido suportável e talvez até agradável. Se minha casa fosse maior, ou se eu tivesse feito o chão de cimento e as paredes de madeira, as coisas poderiam ser mais toleráveis e as crianças teriam mais espaço limpo para brincar. Mas ficou claro de imediato, para mim e para minha esposa, que as condições eram inadequadas.

Fosse ou não um erro da minha parte, o fato é que na Venezuela de 1965 não se podia simplesmente decidir ir embora e voltar para Caracas – nem para qualquer outro lugar –, a menos que se pretendesse viajar de canoa e se tivesse uma enorme quantidade de combustível escondido ao longo do percurso. Ficava-se à mercê de voos esporádicos, programados ou não, para a área. Às vezes os aviões só chegavam com várias semanas ou meses de intervalo, como foi o caso quando levei minha família para lá.

Fiquei sabendo, via meu pequeno receptor de rádio de ondas curtas, que, para meu imenso alívio, havia outro voo militar programado para chegar a

Esmeralda dali a umas três semanas. E assim, poucos dias depois da chegada da minha esposa a Mavaca, já estávamos fazendo planos – e torcendo – para que ela e as crianças pegassem aquele voo.

Um ou dois dias antes da chegada do avião, os ianomâmis descobriram e capturaram no rio três filhotes de lontra. Os pais provavelmente tinham sido mortos ilegalmente por funcionários da Malarialogía venezuelana, que poderiam vender as peles para os colombianos em algum posto de fronteira na região de Puerto Ayacucho. Nós convencemos os ianomâmis a nos dar as lontras; queríamos levá-las a Caracas e doá-las ao zoológico nacional, onde receberiam os devidos cuidados e poderiam sobreviver. Como as lontrinhas ainda precisavam mamar, minha mulher improvisou uma mamadeira para bebês lontras e fez uma mistura de leite em pó que ela lhes dava quase de hora em hora. Por ironia – e por sorte –, nossos esforços para salvar os bebês lontras nos distraíram da nossa própria situação.

Carreguei minha canoa com os suprimentos de que minha esposa precisaria para voltar a Caracas com nossos filhos – e os bebês lontras. A essa altura os missionários em Ocamo já sabiam que eu ia colocar minha família em um voo militar e, em consideração a nós, fizeram contato com o pessoal do Ivic pelo rádio de ondas curtas, pedindo que mandassem um transporte buscá-la na base militar em Palo Negro.

Eu teria retornado com Carlene para Caracas, e provavelmente deveria ter feito isso, para lidar com qualquer problema inesperado que surgisse. Mas ninguém sabia quando eu teria outra oportunidade de tomar um avião de volta para a área ianomâmi. Poderiam se passar muitas semanas. Meu primeiro ano de trabalho de campo ia chegando ao fim e eu ainda tinha muito a fazer.

Chegamos a Esmeralda, a três horas de Ocamo rio abaixo, várias horas antes da chegada do avião. Foi difícil me despedir da minha esposa, pois eu me sentia muito culpado, e até envergonhado – primeiro por tê-la trazido, com nossos filhos, para a área ianomâmi, e depois por não acompanhá-la de volta. Eles já estavam exaustos e doentes de tantas picadas de insetos. Eu tinha muita certeza de que o voo para Palo Negro seria rotineiro e de que ela chegaria sã e salva ao Ivic, onde alguém iria recebê-la, ao anoitecer.

Mais tarde fiquei sabendo que o voo militar não foi nada rotineiro. Parece que o avião havia aterrissado em uma pista muito enlameada naquele mesmo dia, e um dos trens de pouso retráteis tinha ficado entupido de lama e estava emperrado. Os pilotos só descobriram isso ao chegar a Palo Negro, onde tiveram que abortar a primeira tentativa de pouso. Enquanto o avião dava voltas para fazer outra tentativa, a equipe lutava para soltar o trem de pouso; por fim tiveram que acioná-lo manualmente. Mais tarde minha esposa me disse que todos os membros da tripulação estavam muito nervosos; não tinham certeza se o trem de pouso iria travar na posição certa e aguentar a aterrissagem. Contou ainda que todos eles ficaram fazendo o sinal da cruz, furiosamente e sem cessar, quando o avião tocou a pista – em segurança – em Palo Negro.

Os bebês lontras morreram no dia seguinte no zoológico de Caracas.

5.
Primeiro contato com novas aldeias ianomâmis

É próxima de zero a probabilidade de que qualquer antropólogo contemporâneo tenha a oportunidade de ser o primeiro representante de sua cultura a entrar em contato com povos indígenas que nunca antes viram pessoas de fora, ou que só tiveram encontros fugazes com elas. Na Bacia Amazônica, por exemplo, as tribos isoladas remanescentes consistem em algumas famílias que estão se escondendo nos poucos bolsões ocultos ainda restantes, em áreas inexploradas e de difícil acesso. Os ianomâmis eram a última tribo numerosa, abrangendo diversas aldeias, que ainda restava em meados dos anos 1960, quando estive lá. Naquela época eles eram umas 25 mil pessoas vivendo em cerca de 250 aldeias separadas.

Hoje em dia, há menos antropólogos estudando povos tribais. A simples menção da palavra "tribo" na antropologia se tornou, nos últimos quinze ou vinte anos, algo embaraçoso para os antropólogos culturais politicamente corretos.

NO INTERIOR MISTERIOSO

Como já disse, a minha intenção desde o início era estudar os grupos shamatari ao sul de Bisaasi-teri. Embora muitos deles ainda não tivessem sido contatados, após 1960, mais ou menos, havia membros de duas aldeias shamatari – Mömariböwei-teri e Reyaboböwei-teri – que esporadicamente saíam da selva e visitavam os bisaasi-teri no rio Orinoco, para adquirir ferramentas de aço. A primeira aldeia ficava a um dia inteiro de caminhada pelo interior, através de pântanos, lamaçais e morros íngremes; a segunda ficava a mais um dia inteiro além daquela, passando por escarpas de cerca de 600 metros de altura.

Fiquei conhecendo muitas dessas pessoas em suas visitas a Bisaasi-teri, e nas minhas próprias visitas a pé às suas aldeias. Tal como ocorria com a grande maioria das aldeias ianomâmis, a única maneira de alcançá-las era andando.

Meu plano original em 1964 era passar algum tempo em Bisaasi-teri, aprender a língua ianomâmi o suficiente para me comunicar e em seguida iniciar o trabalho nas duas aldeias shamatari. Eu queria ficar longe das aldeias que tinham contato direto com o mundo exterior – embora Bisaasi-teri estivesse justamente entrando em contato regular com o mundo "civilizado" na época em que comecei meu trabalho de campo. Já que havia tantas aldeias ianomâmis ainda virgens quando comecei meu trabalho, por que eu haveria de estudar as que estavam sendo aculturadas?

Não fiz nenhum esforço para esconder meu interesse pelos shamatari, e isso, como percebi mais tarde, incomodou os bisaasi-teri: eles não queriam que eu visitasse essas aldeias, convencidos de que eu iria levar para elas alguns dos meus valiosos bens de troca, ou *madohe*. Eles também consideravam minha atitude um tanto descortês. Haviam me recebido amigavelmente; sendo assim, por que eu haveria de querer viver com pessoas inferiores?

Logo se espalhou a notícia para os membros das duas aldeias shamatari de que eu estava interessado em viver com eles por um período longo e que eu pretendia visitar outras aldeias shamatari ainda mais remotas, ao sul. Eu estava especialmente interessado em uma aldeia que diziam ser muito grande, e a que todos se referiam como "a aldeia de Sibarariwä" – que, acabei descobrindo, se chamava Mishimishimaböwei-teri. Também era conhecida por vários outros nomes, o que dificultava saber se havia apenas uma aldeia ou várias interligadas. Aos poucos aprendi a resolver o problema dos vários nomes das aldeias concentrando-me em saber quem era o cacique.

Sibarariwä era o cacique reconhecido do grupo mishimishimaböwei-teri, um homem com reputação de duplicidade e ferocidade. Dizia-se que fora o mentor de uma festa traiçoeira que custara a vida de muitos homens bisaasi-teri, e por essa razão eles o desprezavam e queriam matá-lo.

Por fim descobri que a maioria dos homens nas duas aldeias shamatari mais próximas também desprezava Sibarariwä, que tinha começado a atacá-los porque eles tentaram ajudar os bisaasi-teri a se vingarem do seu grupo pouco antes da minha chegada, em 1964... e tentariam novamente mais tarde, por volta de 1969. De início fiquei intrigado com o fato de que essas três aldeias tinham sido, até pouco tempo antes, uma só – da mesma forma que Bisaasi-teri, Monou-teri e Patanowä-teri. Em ambos os casos as aldeias tinham se dividido em consequência de brigas pela posse de alguma mulher.

Assim, embora as pessoas dessas três aldeias shamatari fossem aparentadas, as tramoias e traições as fizeram voltar-se umas contra as outras, por causa das ambições de alguns poucos líderes políticos.

Não me foi difícil conseguir guias bisaasi-teri para me levar até a primeira aldeia shamatari, Mömariböwei-teri, já que muitos jovens dessa aldeia estavam vivendo em Bisaasi-teri como genros (chamados *sioha* em idioma ianomâmi) enquanto faziam seu serviço da noiva – isto é, trabalhavam para seus sogros e viviam com eles. Além disso, os bisaasi-teri tinham conseguido obter diversas moças de Mömariböwei-teri por meio de – na falta de uma definição mais delicada – coerção política, beirando o roubo descarado: as aldeias mais fortes tentam constantemente coagir as mulheres de aldeias aliadas menores e mais fracas.

Os jovens genros shamatari se dispunham com total boa vontade a me levar até sua aldeia natal se o pagamento fosse uma faca ou facão. Porém, depois que eu chegava à primeira aldeia shamatari – uma caminhada de cerca de dez horas –, meus guias eram coagidos pelos mais velhos naquela aldeia a terminar a viagem ali mesmo: eles não queriam que eu continuasse até Reyaboböwei-teri, a segunda aldeia, mais distante, pois tinham certeza de que eu daria a seus habitantes os meus valiosos *madohe*.[1]

A avareza dos ianomâmis se revela de imediato para qualquer forasteiro, pois eles ficam constantemente pedindo os seus bens, pedidos que se tornam irritantes, coercitivos e muito deprimentes se você é o alvo deles, como ocorreu comigo durante quase todo o meu trabalho de campo. Como eu visitava e estudava muitas aldeias, a mendicância constante se tornou tão opressiva que para fugir dela eu tinha que entrar na minha canoa de vez em quando, ir para o meio do rio e ficar ali apenas flutuando durante uma horinha, longe dos ianomâmis. Eu morava sozinho com eles e não tinha mais ninguém com quem conversar.

Assim, logo que eu chegava à primeira aldeia, os homens mais velhos geralmente me diziam que a outra, a mais distante, ficava muito longe, que as trilhas eram terríveis, que a floresta estava inundada, e que além disso não havia ninguém lá: "Todos eles saíram para acampar, em um lugar longe, muito longe...". Era uma história comum, e em geral funcionava. A ideia de caminhar por quase dois dias subindo morros e atravessando pântanos e mata virgem para chegar a uma aldeia abandonada não é nada atraente. Na verdade, minha única maneira de chegar à segunda aldeia foi contratar jovens em Bisaasi-teri que eram dela, e que não seriam convencidos a parar na primeira.

Durante o meu primeiro ano no campo, consegui acumular uma boa quantidade de informações demográficas, históricas e genealógicas sobre os dois grupos shamatari mais próximos, conversando com visitantes dessas duas aldeias e realizando longas entrevistas privadas com os originários delas que se mudaram para a minha aldeia após o casamento. Além disso, havia várias mulheres idosas nos dois grupos bisaasi-teri que quando jovens tinham sido raptadas dessas aldeias shamatari ou de suas antecessoras.

Logo ficou claro a partir dessas informações que eu precisava visitar a aldeia de Sibarariwä, no extremo sul, para preencher muitas lacunas nos meus dados. Minhas genealogias mostravam que os moradores do grupo de Sibarariwä eram intimamente aparentados com os de Reyaboböwei-teri e de Mömariböwei-teri, e os informantes me disseram repetidas vezes que os três grupos tinham uma origem comum, o que as genealogias confirmavam claramente. Também foi se tornando claro que seguir o padrão de pesquisa de campo em antropologia – ou seja, residir em uma única aldeia durante todo o trabalho – teria resultado em uma compreensão falha dos ianomâmis. Cada aldeia era intimamente ligada a outras por laços de genealogia, história política, dialeto, padrões de assentamento e os esquemas, sempre cambiantes, de suas alianças, festas e ataques, visto que os grupos traíam uns aos outros – e depois eram obrigados a se aliar novamente, conforme as circunstâncias mudavam.

Os bisaasi-teri e os dois grupos shamatari mais próximos usaram mais um truque para me desencorajar de visitar a aldeia de Sibarariwä, a qual, segundo os relatos, se localizava em algum lugar no rio Shukumöna, não longe da cabeceira do rio Mavaca. Eles recitaram para mim histórias macabras de traição e violência que caracterizavam suas próprias relações com o pessoal de Sibarariwä e me garantiram que ele me mataria e mataria meus guias se eu algum dia fosse lá.

Essas histórias me impressionaram e me fizeram reconsiderar minhas intenções, especialmente porque foram confirmadas pelos dados que coletei sobre causas de morte. A aldeia de Sibarariwä tinha uma reputação bem merecida de violência e ataques. Muitos bisaasi-teri, mömariböwei-teri e reyaboböwei-teri tinham morrido nas mãos dos arqueiros de Mishimishimaböwei-teri.

De toda forma, eu já sabia que teria dificuldade para encontrar guias que me levassem até a aldeia de Sibarariwä. A maioria dos rapazes de Bisaasi-teri acharia isso muito arriscado, pois podiam levar uma flechada dos mishimishimaböwei-teri. Os rapazes shamatari casados na aldeia ficavam sob pressão dos bisaasi-teri para declinar meus convites para me levar até a aldeia de Sibarariwä. Sempre que eu começava a falar sobre uma visita às aldeias mais remotas, eles se calavam.

Por fim encontrei um candidato chamado Wakarabewä, rapaz de seus dezoito anos, que vinha de Mömariböwei-teri.[2] Haviam lhe prometido uma jovem esposa no Baixo Bisaasi-teri e ali ele estava fazendo seu serviço da noiva, a 500 metros rio abaixo da minha cabana no Alto Bisaasi-teri. Como genro, ou *sioha*, esperava-se dele que fizesse todo tipo de tarefas duras e laboriosas para seus sogros, e como shamatari ele também era submetido a muitos escárnios e insultos: os bisaasi-teri desprezavam os shamatari e os tratavam como inferiores.

O sogro de Wakarabewä era especialmente desagradável com ele – e, por coincidência, era também o cacique do Baixo Bisaasi-teri. Ele negava a Wakarabewä acesso sexual à sua filha, mas ao mesmo tempo permitia que alguns homens da aldeia fizessem sexo com ela. Wakarabewä não podia se queixar disso em público, mas me relatou em particular sua amargura.

Ele acabou me dizendo que não achava que Sibarariwä me mataria se eu fosse à sua aldeia, desde que eu estivesse junto com ele, Wakarabewä, ou seu pai – que, para minha surpresa, era um dos muitos irmãos de Sibarariwä! Concluí que a viagem até lá era possível, mas fiquei inseguro de aceitar a palavra de um rapazinho quando o consenso dos homens bisaasi-teri mais velhos era exatamente o oposto.

Quando eu estava havia uns dez meses em Bisaasi-teri um grupo de rapazes de Reyaboböwei-teri veio fazer uma visita. Como de costume, no fim da visita, pararam na minha casa para pedir *madohe*. Eles mencionaram que um grupo de homens da aldeia de Sibarariwä os tinha visitado recentemente e também disseram que o grupo de Sibarariwä se mudara havia pouco para o norte, para longe do rio Shukumöna; tinham atravessado as montanhas e agora viviam bem perto da cabeceira do rio Mavaca. Depois de interrogá-los detalhadamente, concluí que era possível subir o Mavaca na minha canoa até um ponto muito próximo de onde supostamente ficava agora a nova aldeia de Sibarariwä. Os rios estavam cheios devido às chuvas recentes, então decidi começar imediatamente a planejar a viagem.

Fiquei muito animado com isso. Foi no final de 1965, no primeiro ano do meu trabalho, e eu me sentia seguro o suficiente da minha competência no idioma ianomâmi para me arriscar a seguir para o sul e visitar uma grande área desconhecida e inexplorada.

Wakarabewä concordou em vir comigo e sugeriu os nomes de alguns outros rapazes shamatari que poderiam ser recebidos amigavelmente pelos mishimishimaböwei-teri. Conversei, então, em particular com esses jovens, que prometeram me acompanhar.

ENTRAM EM CENA OS DRAGÕES

Logo se espalhou em Bisaasi-teri a notícia de que eu estava planejando subir o Mavaca para tentar encontrar a aldeia de Sibarariwä.[3] Minha casa foi então visitada por grupo após grupo de homens bisaasi-teri preocupados, que me aconselhavam com insistência a não cometer tamanha tolice. Quando perceberam que suas histórias de traições mortais não me assustavam a ponto de cancelar meus planos, eles tentaram uma nova tática: me contaram histórias sobre os temidos *rahara*.

Os *rahara*, segundo eles me explicaram, foram criados quando o Homem (o Ianomâmi) estava na infância. Poucos ianomâmis já viram um *rahara* de perto, mas todos conheciam alguém que encontrou alguém que supostamente viu um *rahara* a uma grande distância – gente que até hoje treme quando fala, em sussurros, desses vislumbres. Os *rahara* são associados ao Grande Dilúvio e a águas profundas, enfeitiçadas. Quando o Grande Dilúvio amainou, surgiram os *rahara* – serpentes aterrorizantes semelhantes a dragões, mais ou menos como o monstro do lago Ness. Originalmente fizeram sua morada no Orinoco, em algum lugar perto da cabeceira do rio. Porém, como nunca foram vistos no Orinoco, presume-se que depois do Dilúvio eles migraram para outros rios, onde vivem agora.

Embora poucas pessoas reconheçam ter de fato visto um *rahara*, o comportamento desses seres é bem conhecido dos ianomâmis. Eles se erguem das águas e devoram os tolos que tentam subir ou atravessar os rios, principalmente as cabeceiras dos rios maiores e menos conhecidos. Além disso, conta-se que há um rio subterrâneo que conecta o Orinoco ao Mavaca, e que vários *rahara* migraram para a cabeceira do Mavaca e agora ficam ali à espreita dos viajantes desavisados que inocentemente sobem o rio de canoa. Meus guias e eu seríamos vítimas, quase com certeza, dessas feras selvagens e vorazes.

A história dos *rahara* quase sabotou meus planos de subir o Mavaca. Como nenhum dos bisaasi-teri ou shamatari jamais tinha subido uma grande distância do Mavaca de canoa, a afirmação de que o rio estava fervilhando de *rahara* era perfeitamente verossímil na imaginação dos meus anfitriões de Bisaasi-teri.

Chegavam delegações de bisaasi-teri à minha casa, uma após a outra, para me dissuadir. Kaobawä, o cacique, e Shararaiwä, seu irmão mais novo, decidiram me relatar os terríveis perigos dos *rahara*. Por exemplo, Shararaiwä disse a mim (e aos meus guias shamatari) que os *rahara* com certeza iam se erguer do rio e nos devorar a todos – incluindo a canoa, o motor, os remos e o galão de gasolina. Os outros acenavam com a cabeça e davam estalos de língua para indicar que concordavam com Shararaiwä, sendo estalar a língua a maneira dos ianomâmis de concordar e ressaltar uma afirmação verbal.

Meus futuros guias, que também estavam sendo pressionados na aldeia pelos bisaasi-teri, olhavam para o chão sombriamente, em silêncio. Percebi que a história dos *rahara* estava minando a sua confiança.

Fui ficando muito aborrecido com os bisaasi-teri por chegarem ao que eu considerava serem extremos ridículos para evitar que eu fosse até a aldeia de Sibarariwä. Tive uma longa e acalorada discussão com Kaobawä e Sharaiwä sobre a existência dos *rahara*, mas concluí que era inútil continuar nessa linha. Assim como é impossível discutir com os missionários a existência de Deus, é impossível discutir com os ianomâmis a existência dos *rahara*. Certas coisas são simplesmente questão de fé.

Pensei um pouco no caso e decidi mudar de tática. "Sim", reconheci, "deve haver *rahara* perto da cabeceira do Mavaca!". Eu sabia que existiam *rahara* em outras regiões, e na minha juventude, na minha terra natal de Michigan-urihi-teri, eu já vira muitos deles e matara um bom número com minha espingarda. Eu apenas não sabia que eles já tinham sido vistos no Mavaca, e foi esse equívoco a causa do meu ceticismo inicial.

Felizmente, a lógica ianomâmi permite essas incoerências: o importante não é tanto o conteúdo do que você afirma, mas sim a maneira como você afirma, e os detalhes que fornece para sustentar suas alegações. O negócio é assumir o comando da conversa, dar detalhes, falar com convicção, mencionar *rahara* específicos que você já avistou.

Pois então, eu conhecia muito bem os *rahara*. Na verdade, eu era famoso em Michigan-urihi-teri como bom atirador quando o assunto eram *rahara*, e com certeza saberia aplicar minhas habilidades caso os encontrássemos no alto Mavaca. Eu deixaria minha espingarda de cano duplo sempre carregada com minhas balas especiais para matar *rahara*.

Com isso meus jovens guias se animaram, ouviram atentamente e me pareceram menos sombrios, enquanto eu continuava minha argumentação.

"Será que eu ainda não expliquei para vocês o que são estes cartuchos mágicos?", continuei. Eu sabia, com a minha vasta experiência de caça em Michigan-urihi-teri, exatamente em que lugar era preciso acertar um *rahara* para matá-lo com um só tiro. E dei uma demonstração anatômica para ressaltar minha autoridade, apontando com o dedo logo abaixo da minha orelha direita: "É preciso acertar bem aqui, no pescoço! Logo abaixo da cabeça! Esta é a área mais mortal quando se atira em um *rahara*!".

Também garanti a eles que tinha trazido comigo um tipo muito especial de balas chamadas *rahara brahaishaömodimö* ("algo feito para matar *rahara* a distância") e lhes mostrei vários cartuchos com a extremidade da bala saindo do invólucro de plástico. Eles estalaram a língua de espanto, pois nunca tinham visto uma *rahara brahaishaömodimö* até então.

Shararaiwä ficou perturbado e aborrecido quando mudei minha argumentação e afirmei que tinha conhecimentos especiais sobre aqueles animais fabulosos. Ele e Kaobawä só levariam vantagem enquanto tivessem o monopólio desses conhecimentos, e como nenhum dos dois jamais havia visto um *rahara*, muito menos matado algum, eu imediatamente fiquei em posição superior. Shararaiwä saiu irritado, resmungando que tinha certeza de que os *rahara* do Mavaca eram maiores e mais ferozes do que os de Michigan-urihi-teri.

Um dos meus vários guias desistiu na manhã seguinte, e outro me perguntou se não seria mais prudente me acompanhar na minha segunda viagem, depois que eu eliminasse todos os *rahara* que encontrasse nas águas do alto Mavaca.

Minha canoa já estava carregada para a viagem, e eu sabia que tinha que partir o mais rápido possível, pois quanto mais tempo eu ficasse em Bisaasi-teri maior o risco de perder o restante dos meus guias.

Assim sendo, deixamos Bisaasi-teri às pressas, com minha canoa carregada de provisões e o rugido do meu motor de popa abafando os gritos e advertências dos homens que ainda tentavam me impedir de encontrar os mishimishimaböwei-teri. Estavam irritados comigo e com meus guias: "Vocês vão ver! Eles vão matar todos vocês! Eles vão começar fingindo amizade, e, quando vocês estiverem de guarda baixa, eles vão cair em cima de vocês e atravessar vocês com suas lanças!".

Subimos o rio Mavaca por dois dias inteiros, abrindo caminho entre os troncos e galhos caídos durante a maior parte do segundo dia. Estávamos agora em território desconhecido, território shamatari. Quando ancoramos na margem para montar acampamento na segunda noite, o rio era tão estreito que ficava difícil fazer as curvas sinuosas da corrente sem tocar na margem de um lado ou do outro.

Quando meus guias saíram para coletar cipós, folhas e troncos de arrimo para nossa cabana temporária, voltaram às pressas para a canoa onde eu estava limpando um animal caçado, seus rostos cinzentos de tanto medo. Tinham encontrado uma trilha com mostras de uso recente, a poucos metros do rio. Era uma trilha shamatari.

Fiquei exultante com a descoberta e fui logo investigar. Enquanto examinávamos a trilha e especulávamos sobre sua origem e término, dois dos meus três guias insistiam, ansiosos, que voltássemos para casa imediatamente: tinham certeza de que estávamos muito perto da aldeia shamatari e se recusavam a prosseguir. Apenas Wakarabewä disse que estava disposto a ir em frente. Os outros dois estavam inarredáveis: queriam voltar para casa e estavam visivelmente amedrontados. Não tive escolha a não ser voltar.

Fiquei furioso com eles e depois perguntei por que tinham decidido me acompanhar. Sua resposta? "Por um facão, um machado e uma panela grande!" Tinham tanta certeza de que nunca chegaríamos perto da aldeia que entraram na expedição apenas pelo pagamento que eu lhes havia prometido – e era um pagamento muito generoso! Eles também sabiam que nessas viagens eu sempre atirava em muitos animais e dava a maior parte da carne para as famílias dos meus guias. Para eles, a expedição era basicamente uma viagem bem paga de caça; não tinham nenhuma intenção de chegar à aldeia shamatari – e, aliás, nem de me permitir chegar até lá.

Talvez eu tenha sido tolo; mas talvez eu tenha tido sorte de não chegar à aldeia shamatari. Talvez os shamatari fossem de fato tão traiçoeiros como os bisaasi-teri os descreviam, e eu não tinha experiência suficiente para prever seu comportamento. Decidi deixar de lado a aldeia de Sibarariwä durante o restante do meu primeiro período de trabalho de campo e me concentrar em aumentar meus dados sobre os bisaasi-teri e as duas aldeias shamatari mais próximas.

Pouco antes de voltar para casa, no final da minha primeira temporada no campo, recebi outra visita de jovens de Reyaboböwei-teri. Eles me disseram que um pequeno grupo de homens da aldeia de Sibarariwä os tinha visitado logo após minha viagem interrompida com Wakarabewä. Souberam da minha viagem pelo boca a boca da selva. Perguntei aos reyaboböwei-teri qual fora a reação deles, e eles disseram que o grupo de Sibarariwä queria que eu fosse visitá-los. Na verdade, os visitantes do grupo de Sibarariwä tinham pedido aos reyaboböwei-teri que passassem essa informação para mim. Infelizmente, ela chegou tarde demais; eu não podia fazer mais nada a respeito naquela temporada de trabalho de campo, pois já estava fazendo planos para voltar para casa.

MINHA PESQUISA DE CAMPO DE 1967

Meu trabalho de campo no ano seguinte, em janeiro de 1967, levou-me ao Brasil e a cerca de uma dúzia de aldeias ianomâmis localizadas logo do outro lado da fronteira da Venezuela, no estado de Roraima. No mês anterior eu conseguira meu doutorado em antropologia pela Escola Rackham de Estudos de Pós-Graduação da Universidade de Michigan e agora acumulava dois cargos nessa universidade: professor assistente no departamento de antropologia e pesquisador associado no departamento de genética humana da Escola de Medicina, o departamento de James V. Neel.

Foi nessa viagem de campo que Neel e sua equipe biomédica concluíram que os ianomâmis tinham tido pouca ou nenhuma exposição ao sarampo, doença que já causou epidemias mortíferas em muitas populações ameríndias.[4] (Assim começou o trabalho de campo que, mais de trinta anos depois, levaria a acusações horrendas contra mim e contra Neel, como relato nos capítulos finais deste livro.)

Em março, quando terminou minha viagem ao Brasil, voltei à Venezuela novamente para fazer mais uma tentativa de contatar a aldeia de Sibarariwä. Dessa vez eu tencionava ter como guia o pai de Wakarabewä, Shabreiwä. Sendo um dos muitos irmãos de Sibarariwä, ele podia circular livremente entre Mömariböwei-teri e Mishimishimaböwei-teri, apesar da situação geral de hostilidade entre as duas aldeias. Porém, como quis o destino, ele fora picado por uma cobra pouco antes e não podia andar. Assim, tive que adiar mais uma vez minha tentativa de contato com os mishimishimaböwei-teri.

Embora frustrado nas minhas intenções já por duas vezes, esses contratempos me imbuíram de uma determinação ainda maior de visitar o grupo de Sibarariwä.

1968 E KARINA

Voltei à Venezuela em 1968 para retomar meu trabalho de campo, que agora se tornara uma rotina anual, sempre de janeiro a março, segundo meu acordo com Neel.

Em 1967, eu tinha conhecido, na aldeia shamatari mais próxima, um menino chamado Karina, de uns onze anos. Karina tinha passado toda a sua vida na aldeia de Sibarariwä, mas em 1967 havia voltado com sua mãe para Mömariböwei-teri, seu grupo de origem. A mãe de Karina tinha sido raptada de Mömariböwei-teri anos antes, e decidira voltar para sua aldeia natal. Karina nunca tinha visto um forasteiro e ficou com medo de mim, me evitando todo o tempo em que estive em Mömariböwei-teri.

Quando vi Karina outra vez, em 1968, ele perdera o medo dos estrangeiros, provavelmente porque conhecera Neel e alguns membros da sua expedição. Karina até parecia procurar oportunidades de ficar perto deles, conhecê-los e, talvez, fazer alguns favores em troca de pagamento. No início de 1968 ele estava em uma prolongada visita a Bisaasi-teri.

Tinha agora uns doze anos, a idade em que os meninos ianomâmis púberes gostam de mostrar aos mais velhos que são corajosos e destemidos. Nessa idade eles começam a mostrar ressentimento quando alguém diz seu nome em público, especialmente os mais jovens, de posição inferior. É dessa maneira que anunciam sua maturidade e, eles esperam, sua crescente importância política.

Eu sabia que Karina tinha crescido na aldeia de Sibarariwä. Quando lhe perguntei, casualmente, se ele estava disposto a me levar até essa aldeia, eu estava lhe dando uma chance de mostrar aos outros que ele era importante, oportunidade que ele aceitou com entusiasmo. Eu pretendia levar também um ou dois guias mais velhos, rapazes *huya*, solteiros que gostavam de mostrar seu entusiasmo pela aventura, talvez até mesmo uma aventura com riscos emocionantes – como costumam fazer os rapazes de todos os lugares.

Trabalhei em particular com Karina por uma semana, levantando as genealogias e a identidade dos moradores da aldeia. Nos dois anos anteriores eu havia coletado nomes e genealogias parciais sobre o grupo de

Karina (à direita) aos dez anos.

Sibarariwä, mas ficou claro que Karina conhecia bem o assunto, pois vivera lá por dez anos, quase toda a sua jovem vida. Havia mais de duas centenas de pessoas na aldeia de Sibarariwä, pelas minhas contas a partir das genealogias, e eu sabia por experiência própria que o número era maior: coletar "a distância" esse tipo de dado invariavelmente leva a subestimar o tamanho do grupo. Ficou claro que Karina conhecia todos ali, mas provavelmente não me dissera os nomes de todos, porque até mesmo os informantes mais dispostos e cooperativos invariavelmente se esquecem de mencionar algumas pessoas.

Parti com meus dois guias para a aldeia de Sibarariwä várias vezes, logo depois que cheguei ao campo, em 1968; mas sempre tínhamos que voltar. Uma vez foi a gasolina adulterada. Outra vez foi um problema no motor. Na terceira vez algo também deu errado com o motor. Em duas dessas tentativas abortadas já tínhamos subido o rio Mavaca dois dias inteiros para depois voltar, o que deixou todos nós aborrecidos e frustrados com tanto tempo perdido. Quando fiz mais uma tentativa, meu guia mais velho não apareceu, deixando-me apenas com Karina.

Na madrugada do dia em que deixei minha cabana na foz do rio Mavaca, Karina disse que não estava se sentindo bem e não tinha vontade de ir.[5] Estava frustrado com as nossas tentativas malsucedidas. Eu o cobri com minha camisa para aquecê-lo e coloquei um pequeno bote de alumínio por cima da canoa para proteger o garoto da chuva e do sol, garantindo-lhe que se sentiria melhor dentro de um ou dois dias. No fim deixaríamos a canoa guardada na margem e faríamos o último trecho da viagem no barquinho de alumínio que estava empoleirado de borco sobre a nossa canoa.

Eu também não estava me sentindo bem devido a uma grave infecção de pele, causada por um fungo, na região da virilha. Umas três semanas antes eu tinha visitado a aldeia de Patanowä-teri e, segundo o costume, entrei na aldeia como um visitante ianomâmi – todo resplandecente, com enfeites de penas, pintura vermelha e uma tanga escarlate em volta da cintura. Infelizmente eu não tinha levado minha própria tanga e pedi emprestada uma de um ianomâmi. Justamente aconteceu que esse homem tinha uma infecção por fungo na virilha, contagiosa e virulenta. Logo depois eu nem precisava mais da tanga vermelha, pois já estava naturalmente escarlate do umbigo aos joelhos, coçando e ardendo loucamente. A infecção de pele foi agravada por ficar na chuva com roupa molhada durante dias seguidos, operando o motor de popa. O único remédio que eu tinha comigo era uma lata de talco para os pés. Você não pode imaginar a hilaridade dos ianomâmis assistindo ao espetáculo: o pesquisador residente em uma posição indescritível, tentando jogar talco para os pés na virilha por meio da força da gravidade.

A essa altura meu suprimento de gasolina estava no fim e eu me sentia muito cansado. Tinha passado horas incontáveis controlando o motor de popa nas últimas semanas, sem dormir o suficiente. Prometi a mim mesmo que essa seria minha última tentativa de chegar àquela aldeia. Se não conseguisse dessa vez, iria desistir. Já tinha perdido tempo demasiado com aquela obsessão e tivera até aquele ponto uma incrível má sorte.

Nunca tinha conseguido chegar à cabeceira do Mavaca nas viagens anteriores, e não sabia se iria encontrar corredeiras ou cachoeiras. Se encontrasse, precisaria de outro guia, porque Karina era muito pequeno para me ajudar a arrastar a pesada canoa por cima de troncos caídos, ou passando por corredeiras.

Alguns rapazes apareceram perto da canoa para nos ver partir, pela enésima vez. Perguntei a um deles, Bäkotawä, um *huya* de uns dezoito anos, se estaria interessado em vir conosco. Ele pensou por um segundo e disse que sim – desde que eu lhe pagasse com um machado, um facão e uma panela. Concordei com o preço e acrescentei: "Você vai ficar com medo, como meus guias anteriores ficaram, e vai querer voltar quando chegarmos perto da aldeia? Veja bem, se você ficar com medo, eu não vou voltar, e se você se recusar a entrar comigo na aldeia vai ter que voltar para casa a pé".

Ele fez um muxoxo de desprezo e disse, com ar de desafio: "Eu não sou capaz de sentir medo!". E continuou dizendo que já era um homem-feito, e um homem feroz. Acrescentou que iria enganar os mishimishimaböwei-teri dizendo que ele provinha de Patanowä-teri e não de Bisaasi-teri, para evitar qualquer possibilidade de tratamento hostil quando chegássemos lá.

Perguntei então a Karina se ele confirmaria a história de Bäkotawä, e ele concordou com um grunhido mal-humorado. Assim, Bäkotawä voltou rápido para o *shabono*, pegou suas armas e sua rede e se uniu a nós, e os três, intrépidos exploradores, partimos rumo às cabeceiras do rio Mavaca.

Viajamos oito horas no primeiro dia e montamos acampamento na margem direita do Mavaca. Karina se sentia muito melhor aquela noite. Ele estava com fome e começou a provocar Bäkotawä, lembrando-lhe que era um verdadeiro mishimishimaböwei-teri, e não um mero patanowä-teri, como Bäkotawä falsamente afirmaria ser.

O segundo dia trouxe uma surpresa desagradável. Tínhamos partido havia apenas umas duas horas quando demos com dois troncos de árvore enormes, meio submersos, bloqueando a nossa passagem. O rio tinha baixado bastante durante a semana e agora expunha dois palmos dos imensos troncos acima da água – um obstáculo grande demais para se passar por cima arrastando a pesada canoa. Além disso, as árvores estavam profundamente submersas no rio e não era possível cortá-las a machadadas. Com relutância, tivemos que deixar a canoa e transferir o motor de popa e nosso equipamento para o barquinho de alumínio, que até agora estava amarrado à canoa. Não podíamos prosseguir com a mesma rapidez no bote de alumínio, que estava sobrecarregado com nossos equipamentos, alimentos e gasolina, e não era tão hidrodinâmico como uma longa e pesada canoa.

Viajamos nove horas e meia nesse segundo dia. O rio baixara pelo menos um metro e meio desde a minha viagem de uma semana antes, mas tivemos menos problemas com os galhos submersos. Uma vantagem do barquinho era ser leve, de modo que podíamos facilmente arrastá-lo sobre a maioria dos obstáculos, ou então contorná-los, descarregando o barco e levando-o na mão, por terra.

No terceiro dia, lá pelas onze horas, depois de viajar desde o amanhecer, Karina de repente se virou e apontou para a margem direita, gritando: "Ali! Conheço este lugar! Eu já estive aqui!".

Muito animado, saltou da canoa e desapareceu na selva. Bäkotawä e eu seguimos rapidamente atrás dele. Havia uma grande trilha bem visível a poucos metros do rio. Karina calculou que estávamos a um dia de caminhada da aldeia de Sibarariwä, e que aquela trilha era a usada quando eles visitavam os iwahikoroba-teri – os quais, disse ele, apontando, viviam bem a leste daquele local.

De repente, senti um arrepio: estava agora em pleno território shamatari, um território desconhecido, e meu guia principal sabia onde ficava a aldeia deles!

Karina disse ainda que a partir dali o rio fazia uma curva para oeste e que seria mais rápido ir a pé até a aldeia do que prosseguir de barco. A aldeia de Sibarariwä, disse ele, ficava ao sul. Karina e eu estávamos satisfeitos e entusiasmados por termos conseguido chegar até aquele local conhecido; mas Bäkotawä ficou estranhamente mal-humorado e não disse nada.

A margem do rio era alta e íngreme. Eu estava com medo de que, se deixássemos o barco no rio, ele fosse arrastado por uma cheia causada por uma chuva repentina. Insisti para colocarmos o barco e o motor sobre o barranco, sabendo que ficaríamos em sérios apuros se nosso barco se soltasse e fosse levado embora enquanto estivéssemos no meio da mata tentando encontrar a aldeia de Sibarariwä.

A carga no barco tinha se reduzido consideravelmente a essa altura. Já havíamos gastado a maior parte da gasolina; e tínhamos guardado o restante, periodicamente, em esconderijos ao longo do trajeto, para a viagem de volta. Estávamos basicamente com nosso alimento, nossas redes, bens de troca para o pessoal de Sibarariwä, minhas câmeras, gravador, cadernos, filmes, duas espingardas e um pequeno receptor de rádio transistor de ondas curtas.

Tudo isso, exceto os bens de troca mais volumosos (várias panelas de alumínio e cerca de uma dúzia de facões), cabia confortavelmente nas minhas duas mochilas. Como Karina me garantiu que estávamos a um dia de caminhada da aldeia, decidimos deixar ali quase todos os bens de troca; depois mandaríamos os shamatari virem até a canoa para buscá-los. Também decidimos deixar parte dos alimentos ali para a viagem de volta, pois seria tolice levá-los para a aldeia e depois trazê-los novamente.

Nesse ponto fiz um inventário rápido e fiquei surpreso ao descobrir que tínhamos, na verdade, muito pouca comida conosco. Eu andava tão preocupado com os problemas do motor, da gasolina e de conseguir guias que dera pouca atenção à nossa comida. A caixa dos alimentos continha a mesma coisa que eu tinha embrulhado para a primeira viagem; eu não acrescentara mais nada depois das três tentativas abortadas, apesar de nessas tentativas vários de nós termos consumido parte da comida durante vários dias. Nossas provisões naquele momento consistiam em cerca de um quilo e meio de arroz, um quilo de farinha de mandioca, meio quilo de açúcar, cerca de uma dúzia de latas de sardinha, duas barras de chocolate, três xícaras de leite em pó, cerca de 100 gramas de sal e meio quilo de café. Não havia motivo de preocupação se a aldeia de Sibarariwä estivesse a apenas um dia de distância: podíamos esperar que nossos anfitriões nos oferecessem comida. E, desde que eu tivesse balas na espingarda, a carne não seria problema caso demorássemos mais tempo para chegar à aldeia. Eu ainda tinha todos os meus cartuchos para atirar em *rahara* que tinham sobrado do ano anterior (meia dúzia de balas calibre 12 para matar antas), e mais os cartuchos calibre 4, mais numerosos, para aves, que eu sempre levava para matar animais pequenos como os *paruri*, os perus selvagens, presentes por toda parte. Deixei na margem do rio, guardados para a viagem de volta, o açúcar, o café, o leite em pó, a farinha de mandioca, um pouco de arroz e metade das latas de sardinha, e levei conosco um pouco de arroz, o chocolate e o restante das sardinhas, além de uma panelinha para cozinhar o arroz.

Demoramos cerca de uma hora para guardar nossos suprimentos e embalar o equipamento para a caminhada. Partimos logo após o meio-dia.

Embora, na semana anterior, não tivesse chovido tanto rio abaixo, a trilha estava extremamente molhada e escorregadia. Contornamos a base de um grande morro, subindo gradualmente. Fiquei surpreso ao encontrar pântanos e poças d'água tão acima do nível do rio. Por volta das três horas caiu uma violenta tempestade e nos amontoamos debaixo de uma lona impermeável por quase uma hora, tentando evitar que nossas mochilas ficassem encharcadas. Retomamos a caminhada depois que a chuva parou, atingindo por fim um local de descanso dos ianomâmis ao lado da trilha. Ali paramos.

As trilhas ianomâmis muito usadas têm esses pousos para descanso a cada três horas de caminhada, mais ou menos. Em geral são lugares planos onde as árvores são finas e bem dispersas, de modo que se possa ver o céu e calcular o tempo. Os ianomâmis param para descansar nas viagens longas, e em geral usam os mesmos lugares repetidas vezes. Alguns até têm nome. Enquanto ficam sentados conversando, suas mãos estão sempre ocupadas, partindo galhos, rachando as toras com facão ou machado, comendo alguma coisa, recolocando a tralha nas cestas etc. As paradas de descanso logo ficam parecendo um depósito de lixo do Paleolítico: árvores cortadas e desgalhadas, restos de cestas, frutas meio comidas, cascas de banana murchas e outros detritos espalhados pelo chão.

Karina nos falou da última vez que estivera nesse local, em uma viagem partindo de Iwahikoroba-teri. Ele nos mostrou o toco de árvore em que Börösöwä, o mais proeminente cacique iwahikoroba-teri, tinha se sentado, e também onde os outros se sentaram; falou sobre o que conversaram, quem jogou fora a cesta usada que estava ali apodrecendo, e assim por diante. Era a primeira vez, desde que eu começara a tentar contatar esses grupos shamatari, que eles me pareciam pessoas reais. As pessoas já não eram apenas nomes em uma genealogia ou pontinhos nos meus mapas de campo. Tive certeza pela primeira vez de que eu realmente *chegaria* à aldeia de Sibarariwä.

Karina nos disse que havia adiante outra clareira, um pouso maior e mais permanente; e poucas horas depois ficava a aldeia do seu povo, agora conhecido como mamoheböwei-teri, segundo o nome que haviam dado à sua nova roça.

Eram umas quatro da tarde quando chegamos à segunda clareira, que parecia não ter sido utilizada havia pelo menos um ano. Karina disse que Sibarariwä fizera aquele acampamento depois de uma briga na aldeia com Möawä, seu jovem rival e sobrinho. Depois disso, parte do grupo havia se mudado para lá temporariamente, até que os ânimos esfriassem. Era uma clareira grande o suficiente para acomodar mais de uma centena de pessoas. O que mais me impressionou foi o mofo e a umidade da área, e os milhares de larvas de cupim que estavam eclodindo nas dilapidadas e podres *yano* – as cabanas temporárias que os ianomâmis erguem para uma estadia breve.

Decidimos pernoitar ali. Se continuássemos, chegaríamos à aldeia depois do escurecer. Eu preferia ter o máximo possível de luz natural na minha primeira visita a uma aldeia até então isolada, conforme a prática geral dos ianomâmis quando visitam um grupo pela primeira vez.

Estávamos esfomeados. Nossa única refeição naquele dia tinha sido um pouco de carne de jacaré seca e defumada, que sobrara da véspera. Decidimos fazer uma boa refeição antes de prosseguir, sabendo que nossa visita causaria tal sensação na aldeia que provavelmente não teríamos muito tempo para cozinhar ou comer. Cozinhamos arroz para o jantar e o café da manhã e comemos até nos fartarmos.

Quando anoiteceu, Karina ficou em um estado de espírito brincalhão e malicioso e começou a gracejar e a provocar Bäkotawä. Ele relatou, por exemplo, um fato que conhecia por ouvir contar, a festa traiçoeira que Sibarariwä preparara para os bisaasi-teri em 1950, e como os bisaasi-teri se vingaram.

Falou da angústia dos shamatari com as mortes que daí resultaram, e sugeriu que poderia deixar escapar, acidentalmente, que Bäkotawä na verdade provinha de Bisaasi-teri e não de Patanowä-teri. Falou de como eram dissimuladas as pessoas da aldeia, quantos ataques já tinham feito, quem haviam matado, e o quanto odiavam os bisaasi-teri. Por fim tive que fazê-lo se calar, pois Bäkotawä estava ficando visivelmente assustado.

Quando me recolhi para dormir, cometi o erro de não tirar meus sapatos e pacotes do chão úmido e pendurá-los sobre a fogueira. Na manhã seguinte tudo estava coberto de larvas de cupim se contorcendo, por dentro e por fora. Levei quinze minutos para tirar todas, batendo os sapatos contra as árvores, um contra o outro, ou jogando-os no chão para que as larvas caíssem.

E naquela madrugada triste e sombria Bäkotawä anunciou que estava com muito medo de ir e queria voltar para o barco. Fiquei com raiva, principalmente por causa da traquinagem de Karina, mas estava decidido a não voltar atrás dessa vez. Em silêncio, para não revelar minha raiva, tirei a comida das embalagens e dei a Bäkotawä uma parte do arroz em um saquinho plástico impermeável. Havia fósforos e panelas no barco, que ele poderia usar quando montasse acampamento ali. Eu tinha duas espingardas, embora nem Bäkotawä nem Karina soubessem usá-las. Tinha trazido uma extra para fazê-los se sentirem mais seguros. Dei uma delas a Bäkotawä juntamente com uma dúzia de balas e uma rápida lição de como carregar e disparar uma espingarda. No barco também havia anzóis, de modo que ele poderia se alimentar enquanto Karina e eu seguíamos em frente. Eu o adverti severamente para não colocar meu barco na água por motivo algum, nem para pescar. Ele explicou que embora estivesse com medo agora, porque estávamos muito perto da aldeia, não teria medo no barco. Disse que montaria acampamento lá e esperaria a nossa volta. Eu lhe disse que ficaríamos na aldeia umas três ou quatro noites, e ele me garantiu que esperaria por nós.

Karina e eu partimos para a aldeia por volta das sete da manhã. Logo começamos a encontrar sinais recentes de viajantes ianomâmis: vimos pegadas na lama feitas depois da chuva da véspera e diversas pupunhas maduras na trilha. Alguém havia passado pela área no dia anterior carregando cachos de pupunha. Após cerca de uma hora nos deparamos com uma roça abandonada e o local onde outrora houvera uma aldeia, deserta fazia muitos meses. Alguém estivera colhendo na roça ali perto, e havia cortado a pupunha das palmeiras que ainda davam fruto. Minha pele começou a formigar: estávamos pertíssimo do grupo de Sibarariwä.

Às nove e meia atravessamos um pequeno riacho na base de um morro. Karina disse que era nesse rio que os moradores da aldeia tomavam banho e pegavam água, mas, como havia poucas pegadas na areia, ele tinha certeza de que a aldeia fora abandonada. Poucos minutos depois subimos ao alto do morro, descemos pelo outro lado e demos com uma grande plantação ianomâmi de bananas. Paramos para ouvir, com cuidado, mas escutamos apenas os sons estridentes dos negros pássaros *kobari* à distância. Karina apontou para os picos dos telhados do *shabono*, visíveis acima da copa das bananeiras. Continuamos seguindo a trilha e entramos na aldeia. Estava completamente deserta e tinha sido inteiramente queimada, exceto por uma pequena área. Fomos até essa parte e deixamos nossas mochilas na sombra.

Karina pareceu mais decepcionado do que eu. Ficamos ali sentados, discutindo a possível localização do grupo. Com pessimismo, Karina sugeriu que eles tinham ido para uma de suas várias áreas de acampamento no rio Shukumöna, mas não sabia adivinhar em qual delas. O Shukumöna ficava a uma longa distância a pé, passando por uma montanha íngreme.

Fomos até o roçado para ver se alguém tinha voltado ali recentemente. Logo descobrimos muitos novos sinais de vida: os moradores não poderiam estar muito longe, pois voltavam periodicamente à roça para buscar alimentos. Encontramos um cacho de bananas maduras e comemos várias.

Decidimos seguir os rastros ao longo do rio Mavaca para o sudoeste, em direção a um pouso que Karina disse ser o preferido deles. Deixamos tudo para trás, exceto nossas redes e nossas armas, e caminhamos depressa. Logo ficou evidente que estávamos no caminho certo, pois os sinais iam ficando mais recentes e mais numerosos à medida que avançávamos. Tínhamos seguido a trilha por cerca de uma hora e meia quando Karina de repente parou e fez sinal de silêncio. Conseguimos então ouvir, à nossa frente, os sons débeis de bebês chorando e pessoas falando, e vimos a fumaça de suas fogueiras subindo por entre as árvores. Finalmente os encontramos!

De repente me senti muito fraco e indefeso. Onde diabos eu tinha me metido? Eu estava reduzido à minha rede, meus tênis, minha sunga de natação, uma tanga emprestada, minha espingarda e uma pochete para levar as balas. Quanto mais longe eu avançava, menos apetrechos da civilização eu levava para me identificar. Eu me senti nu, e estava mesmo quase nu.

Karina sussurrou para mim enquanto eu refletia sobre a minha lamentável situação: "Fique aqui. Eles vão ter medo de você, nunca viram um *nabä* e podem até atirar flechas em você! Eles vão ter medo da sua espingarda; então me dê ela e fique com as minhas flechas". Sem pensar claramente e sem hesitar, eu lhe dei minha espingarda e fiquei com seu arco e suas flechas. Lavamos depressa a lama das pernas para ficarmos apresentáveis; vesti minha tanga emprestada e escondi minha sunga de natação na pochete. Antes de eu pensar direito no que acabara de fazer, Karina já tinha sumido. Agora eu *realmente* me sentia nu e indefeso, agarrado a algumas flechas fininhas e a um arco de madeira de palmeira.

Karina desapareceu pela trilha após algumas dezenas de metros, entrou na clareira e anunciou sua chegada com uma série de assobios curtos e agudos. As vozes pararam por um segundo e a floresta ficou em silêncio. Irromperam então os vários gritos de alegria quando eles o reconheceram e lhes deram as boas-vindas. Ele os deixara quando era menino, um *yawawä*, mas voltava agora como um rapazinho, um *huya*, com uns doze anos de idade e mais maduro.

Então tudo ficou muito quieto novamente. Ouvi em seguida um zum-zum-zum animado e percebi que eles tinham sido informados da minha presença. De repente me senti muito envergonhado. Limpei a lama das pernas e ajeitei minha tanga na cintura. Karina logo reapareceu e me fez sinal para acompanhá-lo. Nervosamente, entrei na clareira com a maneira altiva que cabe a um ianomâmi, e ali me postei na pose formal de um visitante, segurando o arco e as flechas de Karina enquanto os homens corriam gritando à minha volta, acenando com seus arcos e flechas apontados para a minha cara. Minha cabeça girava, eu me sentia tonto e com a boca seca; mas sabia que eu era um dos poucos antropólogos que já tinham tido o privilégio de vivenciar aquele costume. Com o canto dos olhos vi as mulheres e as crianças correndo freneticamente para o meio do mato, buscando segurança. Aquilo tudo era demais para elas. Finalmente, um dos homens mais velhos me pegou pelo braço, com cautela, e me levou para uma cabana, indicando por gestos que eu devia deitar na rede de cipós vazia que estava ali amarrada.

Eles estavam tão nervosos e apreensivos quanto eu. A cada vez que eu me mexia, mesmo que ligeiramente, eles pulavam para longe de mim. Deitei na rede na pose adequada para um visitante, com uma mão atrás da cabeça e a outra sobre a boca, com as pernas cruzadas e os olhos fixos em algum objeto invisível acima da cabeça de todos, olhando para o espaço, fazendo de conta que é assim que eu normalmente me deito em uma rede quando estou em uma aldeia desconhecida cujos moradores nunca viram um estrangeiro.

Na rede ao meu lado estava deitado um homem que obviamente era importante – aos visitantes sempre é dada uma rede ao lado de alguém de alta posição. Tinha cerca de 35 anos e seu rosto duro e frio não demonstrava emoção alguma. Era muito jovem para ser Sibarariwä.

Depois de algum tempo consegui atrair Karina para a minha rede e lhe perguntei baixinho: "Esse aí é Sibarariwä?". Karina sussurrou: "Não! É outra pessoa, mas é muito importante!".

Mais tarde soube que seu nome era Möawä e que sua fama tinha eclipsado a de Sibarariwä, irmão de seu pai. Os dois haviam lutado pouco antes, talvez no ano anterior. Sibarariwä deixara a aldeia, acompanhado pela facção maior. Möawä, devido à pura força da sua personalidade, estava começando a atrair o rebanho de volta. Àquela altura ele já tinha feito a maioria dos seguidores de Sibarariwä voltar para a aldeia. Assim, o velho líder, cujo nome e reputação causavam medo e ódio na mente dos bisaasi-teri, tinha sido substituído e eclipsado por um homem mais jovem, ainda mais feroz. Só podíamos imaginar como aquele jovem devia ser terrível para ter conseguido substituir um líder tão renomado.

Depois de algum tempo Karina lhes disse que tínhamos deixado nossas mochilas na clareira, e dois homens foram enviados para buscá-las.

É impossível descrever o barulho que fizeram ao me ver pela primeira vez. Os ianomâmis são uma gente barulhenta, mas quando estão agitados ficam *muito* barulhentos. Eles fizeram barulhos guturais, assobiaram, estalaram a língua, uivaram, gritaram. Os homens adultos enxotaram os mais jovens e se aglomeraram ao redor da minha rede, todos se acotovelando para ver melhor. Logo havia muita gente à minha volta, e me vi cercado por uma grande massa de corpos suados e pintados.

De acordo com seus próprios protocolos de cortesia, de início eles não devem se aproximar de um visitante por vários minutos – ou, pelo menos, por um tempo longo o suficiente para mostrarem educação –, nem devem se curvar sobre a rede em que o visitante está reclinado. Mas o sistema de etiqueta ianomâmi desmoronou completamente aquele dia. Apenas Möawä, na rede ao meu lado, continuou afastado e silencioso, fitando-nos a todos com um olhar inexpressivo, indiferente e frio.

Finalmente, um dos homens que estavam de cócoras chegou mais perto, cautelosamente estendeu a mão e tocou na minha perna. Daí tirou logo a mão como se tivesse tocado em um ferro em brasa. Estalou a língua e soltou um longo grunhido em tom grave. Outro homem também experimentou, e depois outro. Todos grunhiam e estalavam a língua, sugerindo que o simples ato de tocar a minha pele era uma experiência estranha e sensacional.

O tempo todo eles exclamavam: "*Whaaa*! Olha como ele é peludo! É todo coberto de pelos! Parece um macaco *basho*!". Aos poucos ficaram mais ousados, e logo havia dezenas de mãos esfregando meu corpo para cima e para baixo, sentindo os pelos das minhas pernas, braços e peito. Finalmente, um dos homens na primeira fila gritou para um rapaz: "Vá até o outro *shabono* buscar seu pai e os outros! Seu pai tem que ver isso!". O jovem logo entrou na mata, mas voltou dali a segundos com uma expressão acanhada no rosto: na agitação, tinha esquecido seu arco e suas flechas.

O exame durou quase uma hora, com novas pessoas chegando e atravessando a multidão para se aproximar e me tocar. Eu me sentia como uma galinha gorda sendo beliscada e esfregada por dezenas de cozinheiros para definir qual seria meu gosto depois de assada.

De início eles respeitaram alguns códigos de etiqueta, não me fazendo perguntas diretas; mas por fim sua agitação e curiosidade venceram e eles começaram a me perguntar coisas, tentando manter a cortesia. Até então eu tinha permanecido em completo silêncio.

A primeira coisa que eles quiseram saber: "Por que você demorou tanto tempo para vir nos visitar? Estamos esperando por você há muito tempo!". Disseram também que haviam me enviado diversas mensagens por meio dos reyaboböwei-teri e dos mömariböwei-teri que tinham ido visitar Bisaasi-teri, desde que ficaram sabendo que eu já havia tentado duas vezes subir o rio Mavaca para encontrá-los, nas duas últimas estações chuvosas.

Eles também tinham um repertório incrível de histórias sobre mim e as minhas atividades, desde a primeira vez em que eu fora ter com os ianomâmis, quatro anos antes. Algumas de suas histórias eram hilariantes e fiquei maravilhado ao pensar naquele extraordinário sistema de retenção seletiva dos fatos disponíveis. Por exemplo, eles me relataram em detalhes um incidente que acontecera cerca de um ano antes, em uma viagem de dois dias para o interior da selva que fiz em Reyaboböwei-teri. Eles mostraram, representando a cena em detalhes, como escorreguei em uma pedra, caí de costas no rio e machuquei o braço. E até imitaram, com bastante graça, o palavrão que soltei na hora: "*Oh shit!*". Quiseram ver a cicatriz que sabiam que eu tinha no braço por causa da queda, e quando a mostrei soltaram uivos e rosnados de aprovação. Daí esfregaram suavemente a cicatriz e me disseram que devia ter doído muito, e que ficaram muito "tristes" quando souberam do meu acidente. Fiquei pasmo.

Daí eles me fizeram um pedido estranho. Queriam que eu tirasse as "peles" (tênis) para poderem examinar meus pés. De início não entendi por quê, mas logo ficou claro o motivo: eles tinham ouvido falar, pelo boca a boca da selva, que eu usava tênis para cobrir meus pés delicados. Quando viram meus pés, exclamaram: "*Whaaa! Wa mami kä duku no modahawä!*" ("Seus pés são mesmo moles e rosados, bem como nos disseram!").

Mandaram buscar as mulheres que haviam corrido para o mato e as repreenderam por terem fugido. Algumas mulheres mais velhas se aproximaram e, apreensivas, tocaram meus braços, pernas e pés cor-de-rosa, porque os homens as mandaram fazer isso – para me mostrar que todos eram amigáveis. As mulheres não estavam nada entusiasmadas com a presença de um *nabä* todo peludo no *shabono*, pois ele estava assustando as crianças.

Finalmente, Karina interrompeu a conversa e sugeriu que eu poderia estar com fome, sabendo que eu não tinha comido nada desde o amanhecer.

Alguns dos *huya* logo saíram e voltaram dali a poucos minutos trazendo bananas e bananas-da-terra maduras e outras frutas e vegetais.

Eu mal havia começado a comer quando ouvi gritos e assobios vindos de fora. Uma dúzia de homens nus, bem armados, entrou marchando no acampamento, olhando para todo lado animadamente e perguntando: "Onde ele está? Onde ele está? Onde está o *nabä* peludo?". A essa altura os ianomâmis já tinham ouvido os missionários evangélicos, os salesianos e os funcionários da Malarialogía dizerem meu nome, Napoleon Chagnon, mas na Venezuela meu sobrenome era pronunciado à maneira francesa, "cha-nhon", um som que os ianomâmis não conseguiam pronunciar, porque não termina em vogal. O mais próximo que conseguiam era *shaki*, o nome de uma abelha especialmente importuna que rasteja sobre a pele suada. Então era assim que me chamavam: Shaki, ou, com uma terminação masculina, Shakiwä.

Os recém-chegados, é claro, também tinham que me examinar pessoalmente. Os novos exames levaram bem mais de uma hora, e no fim a maior parte do meu corpo estava coberta de *nara*, o pigmento vermelho com que eles se pintam. Ele gruda em tudo, e é difícil tirá-lo do corpo e da roupa, caso você esteja com alguma.

Estava ficando tarde. A multidão começou a se dispersar, com as pessoas indo para suas próprias cabanas para preparar a refeição do fim do dia. A zoeira das conversas animadas continuou enquanto eles realizavam suas tarefas.

Assim os moradores de Mishimishimaböwei-teri tinham, finalmente, visto seu primeiro estrangeiro, que era maior e mais peludo do que eles imaginavam.

Começou a cair uma chuva constante, primeiro fraca, mas cada vez mais intensa à medida que anoitecia. As pessoas saíram correndo para buscar mais folhas no mato e consertar os vazamentos nos telhados. Fiquei aliviado ao ver que a atenção de todos se voltara para suas atividades corriqueiras, desviando-se de mim. Levantei, abri minha mochila e pendurei minha rede. Isso causou sensação, pois minha rede era de malha de náilon, e eles nunca tinham visto algo assim. Também era umas três vezes maior do que as suas redes, o que os surpreendeu. Todos quiseram experimentá-la, e lá se deitaram, com tinta vermelha e tudo.

Uma figura solitária se aproximou do acampamento. Veio chegando em silêncio sob a chuva, um homem mais velho. Caminhava com um pau comprido servindo de bengala, mas não vinha mancando. Veio diretamente para minha cabana. Um homem em uma rede perto de mim logo se levantou e saiu. O velho encostou a bengala na parede da cabana. Enxugou o rosto molhado de chuva e, sem a menor cerimônia, entrou na rede desocupada e ali se acomodou sem dizer nada. Uma mulher na cabana vizinha logo veio lhe trazer algumas bananas assadas e foi embora, calada. O acampamento ficou em um estranho silêncio.

Percebi de imediato que esse era Sibarariwä, o lendário e famoso cacique dos mishimishimaböwei-teri.

Karina tinha me dito que eu deveria tratá-lo como *shoriwä* (cunhado) ou então *shoabe* (sogro, avô ou irmão da mãe). Isso nos colocaria na melhor relação possível, segundo os princípios de parentesco dos ianomâmis, criando automaticamente entre nós um vínculo que implicava certos modos de comportamento e obrigações mútuas que outros termos de parentesco não transmitiriam. Decidi chamá-lo de *shoabe*, termo que implicava mais obrigações da minha parte e o colocava em uma posição social superior, uma geração acima da minha.

A aldeia não era mais a mesma depois da chegada de Sibarariwä. Havia no ar uma tensão e um mal-estar, e comecei a me sentir incomodado. Os poucos retardatários sentados em volta da minha rede se levantaram e saíram sem dizer nada, deixando nós dois deitados em redes adjacentes, cada um visivelmente tentando ignorar o outro, cada um esperando que o outro desse o primeiro passo. Como eu era o visitante, esperei que ele quebrasse o gelo. Mas ele ficou em silêncio, com o rosto inexpressivo, fingindo que eu nem existia.

Assim, decidi iniciar a conversa. Virei-me para ele e o chamei: "Sogro! Vim à sua aldeia para visitá-lo e trazer *madohe*. É verdade que o seu pessoal é pobre e precisa de facões?". Ouvi então sussurros de excitação à nossa volta – a própria palavra *madohe* agita as pessoas. Depois de um tempo, ele respondeu com sarcasmo: "Sim! Estamos com falta de facões", dando a entender que eu não deveria fazer uma pergunta tão estúpida, já que eu podia ver claramente que eles necessitavam de facões.

Lembro que fiquei surpreso ao ouvir sua voz, que era bastante aguda para um homem de tamanha reputação, quase parecendo uma voz de criança ou de mulher.

Além disso, seu tom de voz não me inspirou nenhum sentimento caloroso. Conversamos sem entusiasmo por algum tempo. Eu percebia que as coisas não estavam indo muito bem e que aquele bode velho não ia ser simpático. Concluí dizendo que eu lhe daria a panela pequena que estava comigo e uma das minhas facas menores, mas que na minha próxima ida à aldeia eu lhe levaria um *grande* presente. Expliquei que aquela visita visava apenas descobrir se eles eram amistosos e se estavam precisando de *madohe,* como diziam os rumores.

A chegada solene de Sibarariwä e sua atitude fria lançaram uma nuvem sombria sobre uma recepção que até ali fora entusiástica. Depois de algum tempo decidi ignorá-lo e fui conversar com pessoas das outras cabanas.

Ele e Möawä também ignoraram um ao outro. Por fim, um bom número de homens veio novamente se juntar em torno da minha rede, e recomeçou o clima de agitação do início da tarde.

Expliquei a eles que eu tinha vindo para ver quantas pessoas havia na aldeia, e que eu já sabia seus nomes e os nomes de suas esposas e filhos, mas queria vê-los com meus próprios olhos. Queria falar com cada um deles na manhã seguinte e saber qual presentinho cada um gostaria que eu trouxesse na minha visita seguinte.

Mostrei-lhes meu caderno de campo em que tinha escrito seus nomes. Eles apontavam para um nome e me perguntavam quem era. Eu cochichava o nome no ouvido de um deles, e este o transmitia aos outros, dizendo que se tratava do pai ou da mãe de certa criança, ou fazendo alguma outra referência de parentesco. Todos então davam gargalhadas de espanto ao ver que meus rabiscos indicavam seus nomes reais.

Naquela noite, tirei meu rádio de ondas curtas da mochila e consegui sintonizar um noticiário. Eles ficaram fascinados com aquela estranha engenhoca, mas reconheciam de imediato se as vozes eram masculinas ou femininas. Daí insistiram em ouvir uma estação com uma voz feminina, e se aglomeraram ao redor atentamente para escutar uma mulher falando uma língua

Sibarariwä, sentado ao fundo, atrás da fila de crianças, e William Oliver, pediatra da Universidade de Michigan, em 1987.

que eles não entendiam. (Pelo que me lembro, era uma missionária falando em holandês, e eu também não entendi grande coisa.) De vez em quando eu tentava encontrar uma estação de que eu gostasse mais, mas eles insistiam em ouvir uma voz de mulher. Quando desliguei o rádio a maioria deles foi embora para casa, mas alguns ficaram por ali só para olhar para mim – e me perguntar de tempos em tempos se eu já estava dormindo. Eles tinham o hábito irritante de me acordar para perguntar se eu já estava dormindo.

Adormeci preocupado com o que Bäkotawä faria quando voltasse para o barco. E se estivesse com tanto medo que não aguentasse esperar por nós?

E se tivesse partido de barco e nos deixado? Resolvi que tinha que ir até o rio logo para ver como ele estava. Graças a Karina, os mishimishimaböwei-teri já sabiam da presença de Bäkotawä e o convidaram para ir ao *shabono*, me garantindo que não lhe fariam nenhum mal.

Na manhã seguinte comecei a tarefa de identificar todos pelo nome e escrever um número no braço de cada um com marcador hidrográfico, para garantir que cada pessoa tivesse um único nome e número de identificação. Precisava então associar os nomes que tinha aprendido com Karina e outros informantes aos rostos que eu podia agora ver em carne e osso.

Estimei a idade de cada um e identifiquei seus cônjuges, completando minhas informações. Alguns deles tinham se casado desde que Karina saíra de lá. Anotei onde cada um havia nascido (o nome da aldeia e/ou da roça) e onde as mulheres pós-púberes tiveram a primeira menstruação. Eu tinha nomes de 270 pessoas vivas no meu caderno de campo, mas havia apenas umas 80 no *shabono*. Ocorrera uma briga recente por causa de uma mulher e a aldeia se dividira temporariamente em duas; a parte que eu encontrara era a menor. Os demais moradores estavam do outro lado das montanhas, no rio Shukumöna, vivendo em outra roça. Meus anfitriões estavam bravos com eles e não queriam me levar até lá. Mas não estavam bravos a ponto de ir até lá atacá-los.

Passei a identificar sistematicamente todos na minha lista, sussurrando os nomes no ouvido de Karina, que depois então os traduzia em circunlóquios de parentesco, de modo a evitar tanto quanto possível dizer os nomes em voz alta.

Às dez da manhã eu já tinha enumerado todos no grupo e o recenseamento estava tão completo quanto era possível no momento. Também anotei ao lado de cada nome qual objeto a pessoa desejava que eu lhe trouxesse na próxima visita; com isso eles ficaram surpresos com minha "memória" extraordinária quando decidiram me testar. Eu simplesmente via o número que havia escrito no braço da pessoa, procurava o número no meu caderno e então dizia o que foi, exatamente, que a pessoa tinha me pedido que trouxesse. Eles gostaram de ver isso, e me pediram então que dissesse o nome de certas pessoas, que apontavam. Eu via o número no braço, o procurava em meu caderno de campo e sussurrava o nome no ouvido de alguém. Os outros perguntavam ansiosamente, cheios de curiosidade, se eu havia acertado, e o informante confirmava, apenas erguendo rapidamente as sobrancelhas, fazendo todo mundo rir histericamente. Nem era preciso dizer o nome em voz alta; bastava que a pessoa em cujo ouvido eu sussurrara o nome o confirmasse, erguendo as sobrancelhas para indicar: "Ele acertou!".[6]

Terminada essa tarefa, eu concluí o principal objetivo dessa primeira viagem e passei o restante do tempo de visita com os meus anfitriões fazendo o que eles queriam que eu fizesse – as coisas estranhas e exóticas que, segundo os rumores, os *nabä* costumam fazer.

Queriam que eu atirasse com minha espingarda, objeto que nunca tinham visto. Pedi-lhes que enchessem uma cabaça com água e a atirassem para o ar, e eu a estilhacei a 15 metros de distância, espirrando água e pedaços de cabaça para todo lado. Isso os impressionou muito, especialmente o barulho alto da explosão do cartucho.

Também queriam ver se eu era forte, e assim flexionamos os braços para mostrar os músculos, cada um ergueu o outro e fizemos várias exibições tolas. Eles também queriam me mostrar que estávamos muito perto do Mavaca, e assim demos uma caminhada até o rio. A trilha terminou em uma pequena corredeira rasa. Quando perguntei como se chamava, eles responderam: "Não tem nome, nós apenas chamamos de 'corredeira'". Daí decidiram, lá mesmo, dar o meu nome ao local, para comemorar minha primeira visita.

No meio da tarde voltamos ao acampamento; caía uma chuva forte.

Eles agora sabiam que eu tinha *madohe* no barco e estavam ansiosos para ganhar os objetos. Pediram e me atormentaram constantemente até que concordei em ir até o barco para verificar os bens de troca. Isso significava que eu tinha de ir embora em seguida, pois o visitante distribui seus bens logo antes de partir.

A maioria dos homens adultos decidiu vir comigo só para ver meu barco, mas Sibarariwä não estava entre eles. Tinha partido sem alarde de madrugada e voltado para o pequeno acampamento que havia feito, com mais alguns homens, a alguma distância, levando a panelinha e a faca que eu lhe dera de presente.

Saímos rumo ao barco lá pelas três horas, tomando uma trilha muito melhor do que a que eu tinha seguido com Karina para chegar ao *shabono*. Caiu uma chuva forte o caminho inteiro e andamos a um passo muito rápido, temendo não chegar ao barco antes do anoitecer. Alcançamos a trilha pela qual eu tinha vindo, cerca de uma hora antes de chegarmos ao rio.

Na nossa velha trilha encontramos cartuchos vazios a cada dezenas de metros. Bäkotawä decerto andara brincando com a espingarda, provavelmente atirando a torto e a direito, alvejando desde pequenos pássaros até sons estranhos. Não havia como saber quantos tiros ele tinha dado antes daquele ponto da trilha, mas, julgando pela abundância de cartuchos no chão, provavelmente já devia estar sem munição quando chegou ao barco.

Nenhum dos homens tinha trazido sua rede ou algo para comer. Seu plano aparentemente era levar-me até o barco, permutar arcos e flechas pelos facões que eu tinha guardado ali e voltar para casa na manhã seguinte. Decerto ficariam com fome, mas estavam agitados demais para pensar em comer. Podiam fazer redes com tiras de casca de árvore em poucos minutos e dormir nessas camas improvisadas.

Karina caminhava à frente, seguido por mim e vários homens. Os restantes vinham atrás de nós. Por volta das seis e meia da tarde ficou escuro e, bem antes do local onde eu deixara o barco, começamos a ter dificuldade para seguir a trilha.

Meus piores temores se concretizaram. Bäkotawä tinha ido embora, levando o barco, o motor, os bens de troca, a comida – *tudo*.

No começo eu não queria acreditar no que via. Bäkotawä não sabia como ligar o motor, então por que haveria de levá-lo? Além disso, o motor não estava nem sequer montado na canoa. E por que levar os bens de troca? Ele sabia que os moradores da aldeia ficariam furiosos se eu lhes prometesse quinze facões e não os entregasse. Era como se ele tivesse tentado me meter na pior encrenca possível. Ele não tinha nem sequer passado *uma noite* ali. Não havia sinal de uma cabana provisória, uma fogueira, nada. De início pensei que estávamos no lugar errado, mas examinando melhor, e com a insistência de Karina, acabei concordando. De repente fiquei muito deprimido, sabendo que estava em uma situação muito difícil – uma possibilidade que eu vinha tentando reprimir na minha mente, mas secretamente temia que acontecesse.

O rio tinha subido vários metros desde que deixáramos o barco ali, três dias antes, e o local parecia bem diferente. Mas nossas pegadas estavam lá.

Minha primeira suspeita foi que Bäkotawä tivesse transferido tudo para a outra margem e descido um pouco o rio, para sair da trilha principal e se ocultar. Dei dois tiros de espingarda, mas não houve resposta. Talvez ele soubesse que havia shamatari comigo e tivesse medo de retornar meu sinal.

Armamos acampamento no escuro, debaixo de uma garoa fria. Eu tinha levado uma pequena lona impermeável e a coloquei sobre uns galhos. Quando a garoa virou chuva, meus vinte companheiros se amontoaram de cócoras junto à minha rede e passaram a noite naquela posição, tremendo de frio, nus, encurvados, buscando um lugarzinho na *minha* rede.

Quando a madrugada rompeu, dei a Karina minha espingarda, dois cartuchos e uma rápida lição de como disparar os tiros. Disse-lhe para caminhar ao longo do rio até o meio-dia e então disparar os dois tiros logo antes de voltar. Ele devia esperar para ver se Bäkotawä responderia. Enquanto isso, alguns dos jovens foram enviados de volta para o roçado, cerca de quatro horas de caminhada, para buscar alimentos. Passei a manhã na minha rede, contemplando minha grave situação e tentando pesar as alternativas caso Bäkotawä não fosse encontrado. Eu estava quase sem comida e me restavam apenas cinco ou seis balas. Podia obter alimentos com os ianomâmis caso tivesse que voltar a pé, mas teria que fazer alguém carregá-los, pois nossas mochilas já continham o máximo que dois homens conseguiriam transportar por aquela distância – meus cadernos de anotações, remédios, comida, fitas de gravação, nossas redes etc.

Minha base de operações ficava ao norte de onde estávamos, na confluência dos rios Mavaca e Orinoco, fato que confirmei com os mishimishimaböwei-teri. Eu não fazia ideia de quanto tempo levaria para ir a pé até lá.

Havia dois caminhos possíveis. A trilha para o nordeste nos levaria a Iwahikoroba-teri, a dois ou três dias a pé a partir da nossa localização. Os iwahikoroba-teri ainda não tinham sido contatados e, segundo os bisaasi-teri, eram um grupo muito traiçoeiro. Meus companheiros mishimishimaböwei-teri não estavam nada ansiosos para que eu descobrisse onde moravam os iwahikoroba-teri, provavelmente porque suspeitavam que eu iria visitá-los futuramente e levar para eles meu *madohe*. De Iwahikoroba-teri eu teria mais quatro ou cinco dias de caminhada até uma nova roça feita pelos patanowä-teri.

Eu tinha passado duas semanas com eles um mês antes, mas em sua roça antiga. Sabia que, se chegasse à sua aldeia, poderia conseguir que alguns deles me levassem até Bisaasi-teri, uma viagem de mais três ou quatro dias.

Os argumentos contra esse plano, além da relutância dos meus possíveis guias para tomar esse caminho, eram vários. Primeiro, a estação das chuvas já tinha começado e a maior parte da selva estava inundada. Seria necessário fazer muitos desvios, e a caminhada seria lenta através dos pântanos. Uma caminhada que levaria oito ou dez dias na estação seca poderia facilmente levar quinze dias ou mais na estação chuvosa. Em segundo lugar, meu único par de tênis não iria durar tanto assim, e meus pés eram "macios" demais para fazer uma viagem dessas descalço. Eu nunca imaginei que um guia ianomâmi me abandonaria em uma área inexplorada, roubaria meu barco e meus suprimentos e deixaria que eu me virasse sozinho. Se eu tivesse previsto isso, teria levado mais pares de tênis! Em terceiro lugar, se alguém ouvisse falar sobre minha difícil situação e tentasse me encontrar, eu estaria muito longe do rio para ouvi-lo e uma grande e embaraçosa operação de "resgate" poderia ser empreendida desnecessariamente.

A trilha alternativa ficava a noroeste, rumo a Reyaboböwei-teri. Levaria quase uma semana para ir a pé até essa aldeia naquele tempo chuvoso, segundo meus companheiros, e dois ou três dias dali até Bisaasi-teri, dependendo da velocidade do passo. No início do ano eu tinha feito essa caminhada, com dificuldade, em dois dias e meio.

Todos os argumentos acima pesavam contra a segunda alternativa, além de duas outras desvantagens. A distância entre fontes seguras de provisões era maior, e havia uma guerra se formando entre meus atuais anfitriões e os reyaboböwei-teri. Wadoshewä, um homem de prestígio entre os mishimishimaböwei-teri, me disse que tinha visitado recentemente os reyaboböwei-teri e fora expulso da aldeia pelo cacique, Idahiwä, que ameaçara matar qualquer mishimishimaböwei-teri que aparecesse por lá no futuro.

Assim, a chance de sair de lá a pé parecia remota, e eu só consideraria essa possibilidade como último recurso. Afinal, eu poderia viver indefinidamente com os mishimishimaböwei-teri se fosse preciso, e acreditava que alguém, mais cedo ou mais tarde, daria pela minha falta e viria me procurar.

Mas eu não tinha certeza se alguém entre os missionários sabia que eu tinha partido com a intenção de contatar a aldeia de Sibarariwä, levando comigo apenas dois guias ianomâmis.

Enquanto esperava Karina voltar, e convencido de que Bäkotawä tinha ido embora definitivamente, tive uma ideia que achei esplêndida: fazer uma canoa de casca de árvores, com a ajuda dos mishimishimaböwei-teri, e descer o Mavaca com ela!

Sempre que os ianomâmis fazem uma festa, fabricam uma espécie de cocho feito de casca, para guardar uma grande quantidade de sopa de banana consumida nessas ocasiões. Os cochos parecem canoas rudimentares, e por vezes são usados assim. São tão desajeitados e malfeitos que normalmente são descartados após uma só viagem, invariavelmente rio abaixo, pois não se pode remar contra a corrente neles. A casca de árvore amolece, se deteriora rapidamente e perde a elasticidade depois de alguns dias. Daí ela se desfaz toda, como uma abóbora de Halloween depois da festa, e apodrece rapidamente. Mesmo assim, uma canoa desse tipo duraria o suficiente para que eu e Karina pudéssemos descer o rio até a canoa grande, que eu deixara mais abaixo.

Quando pedi aos meus companheiros que me ajudassem a encontrar uma *arapuri*, a árvore cuja casca é utilizada para fazer esses cochos, eles responderam com firmeza que naquela área não havia tal árvore.

Essa notícia me deixou deprimido. Fazer a canoa de casca e descer o rio seria apenas um incômodo, e era assim que eu via a minha situação. Quando fiquei sabendo que uma canoa de casca era totalmente inviável, comecei a perceber que minha situação era um pouco mais séria.

Pensei sobre isso algum tempo e topei com a solução: fazer uma *jangada de troncos*! Todos os grupos ianomâmis da região do Orinoco sabem como fazer essas jangadas, e supus que o mesmo valesse para os mishimishimaböwei-teri. Eles sabiam do que eu estava falando quando lhes perguntei sobre as jangadas, mas confessaram que nunca tinham feito uma.

Porém, essas jangadas são simples de fazer, e eu sabia que conseguiria com um pouco de ajuda. Na verdade, as paliçadas de defesa que eles erguem em volta das suas aldeias são como jangadas verticais.

Tínhamos apenas meu facão para trabalhar e passamos a maior parte da manhã cortando troncos e coletando cipós para amarrá-los. Eu não estava nada feliz com essa alternativa, já que qualquer jangada é desajeitada em comparação com um barco, e Karina não era, de modo algum, um gondoleiro experiente. Teríamos grandes problemas para pilotar uma jangada por entre os escolhos e curvas do rio; mesmo assim, era uma opção muito melhor do que ir a pé.

Eu os instruí a cortar apenas árvores leves, com o miolo mole. Ajudei-os a escolher os troncos, medir o comprimento certo, cortá-los e arrastá-los para o rio. Meus companheiros se revezavam cortando com meu facão. Ao meio-dia já tínhamos reunido os troncos na beira do rio e estávamos prontos para amarrá-los uns aos outros. Meu ânimo melhorou um pouco quando amarramos os troncos com cipós. No início da tarde a jangada já estava tão larga quanto eu acreditava que fosse necessário para que tivesse condições de navegação. Decidi que ali terminaria o trabalho.

Os mishimishimaböwei-teri se reuniram à margem para assistir ao primeiro teste. Pisei com cuidado naquela jangada tosca – e ela de imediato afundou! Não aguentava nem o *meu* peso, muito menos o meu mais o de Karina. Meus companheiros se esforçaram para parecer preocupados e decepcionados, mas muitos viraram o rosto para que eu não visse seus largos sorrisos.

Voltei para a minha rede para esperar Karina, e pensei mais uma vez em voltar a pé. Pensei em voz alta: talvez pudéssemos voltar caminhando até o local onde havíamos deixado a canoa grande, que eu calculava ser a meio caminho entre o nosso acampamento e Bisaasi-teri. Mas teríamos que acompanhar o rio durante a maior parte do trajeto, para ter certeza de que não passaríamos pela canoa sem vê-la. O principal argumento contra esse plano era que eu não podia prever o comportamento de Bäkotawä: já que ele havia levado tudo o que eu tinha deixado no rio, era provável que não passasse pela canoa sem se apropriar dela também.

No final da tarde Karina e seus companheiros voltaram em silêncio para o lugar onde estávamos e caíram nas suas redes. Por fim explicaram que tinham caminhado o dia todo, chegando até o ponto onde Karina, Bäkotawä e eu tínhamos feito nosso último acampamento. Karina nos disse que não só Bäkotawä *não* estava lá, como também tinha passado para recolher o galão de gasolina vazio que deixáramos para trás! Karina dera dois tiros de espingarda, mas Bäkotawä não havia respondido ao sinal.

Os demais mishimishimaböwei-teri souberam da minha situação, e começaram a chegar pessoas ao nosso acampamento durante todo o dia, trazendo alimentos e redes. Um acampamento mais substancial foi tomando forma aos poucos. Todas as cabanas foram cobertas com folhas de *kedeba* para evitar a chuva. Pelo menos todos ficariam secos, alimentados e descansados.

Enquanto eu estava reclinado na minha rede, contemplando minha situação, um dos homens me procurou com a seguinte proposta. Ele foi muito lógico e começou o argumento da seguinte forma:

"Você é um *nabä*. Os *nabä* não sabem fazer canoas?"

"Sim", respondi, acrescentando: "Mas não tenho as ferramentas apropriadas para fazer uma canoa. É preciso um machado, e Bäkotawä levou meus machados".

Ele então exclamou, entusiasmado: "Temos dois machados lá na aldeia! Podemos usá-los para fazer uma canoa!".

Meu espírito se reanimou mais uma vez. Disse a ele que, se mandasse buscar os machados e me ajudasse a escavar uma árvore, nós poderíamos fazer uma canoa. Ora, eu era o melhor artífice de canoas que eles jamais encontrariam!

Vários rapazes foram imediatamente despachados de volta à aldeia para buscar os machados e mais bananas. Eles devem ter corrido todo o caminho, pois retornaram poucas horas depois do anoitecer. Tinham coberto a distância de ida e volta em cerca de seis horas – quase o tempo que Karina e eu levamos para percorrer apenas o trajeto de ida! Enquanto eles iam e voltavam, fomos procurar uma árvore adequada para uma canoa.

Os índios iecuanas, que vivem logo ao norte dos ianomâmis, são excelentes fabricantes de canoas. Os ianomâmis não sabem fazer canoas; como vivem no interior e evitam os grandes rios, não precisam delas. Os iecuanas são um "povo do rio", e os ianomâmis, um "povo que anda a pé" – uma classificação etnográfica padrão para as tribos da Bacia Amazônica.

Eu sabia que tipos de árvores os iecuanas usavam para fazer canoas, mas não tinha ideia de como identificá-las, nem se aquele trecho de floresta era do tipo onde elas se encontravam. Decidi que o mais seguro era pedir aos mishimishimaböwei-teri que encontrassem uma árvore "deste tamanho" (de uns 80 centímetros de diâmetro), com interior macio, pois assim seria mais fácil de escavar. Eles logo descobriram uma que julgavam ter miolo mole. Marcamos a árvore para voltar ali quando chegassem os machados.

Aquela noite todos nós nos recolhemos para dormir em um estado de espírito muito melhor, ouvindo vozes femininas no meu rádio de ondas curtas, comendo banana assada e pupunhas cozidas que as mulheres nos tinham trazido.

Começamos a trabalhar na árvore por volta das oito da manhã. Os machados estavam tão gastos e sem corte que o progresso era muito lento. Eles tinham sido negociados de mão em mão até os mishimishimaböwei-teri, no interior, depois de usados por muitos donos, até ficarem quase totalmente desgastados e reduzidos a apenas a metade do tamanho original.

A boa notícia é que o tronco da árvore realmente tinha miolo macio, fator que contribuiu para o nosso progresso tanto quanto os machados.

Medi o comprimento que julguei suficiente para levar nós dois, Karina e eu – cerca de 3 metros e meio –, e cortamos o tronco nesse ponto. Em seguida risquei um contorno da área que iríamos escavar e nos pusemos a retirar o miolo do tronco.

O ar estava quente e úmido, e logo começamos a ofegar e suar em bicas. Os homens estavam de excelente humor e felizes em cooperar, transformando o projeto em um jogo. Fiquei encantado com sua boa vontade, mas tinha que vigiá-los sem folga, pois no ardor do seu entusiasmo eles desbastavam sem dó, deixando o tronco muito fino em alguns pedaços.

No início da tarde a canoa já estava tomando forma. Parecia um charuto gigante com um profundo sulco longitudinal escavado no centro; mas dava a impressão de que poderia flutuar. Decidi que eu não conhecia o suficiente sobre a arte de fabricar canoas para abri-las com o calor do fogo, como fazem os iecuanas. Isso a tornaria mais plana na parte inferior, e seria mais difícil ela virar; mas achatar com fogo implicava o risco de rachar o tronco pela metade.

Lá pelas duas da tarde cheguei à conclusão de que qualquer esforço para desbastá-la mais com os machados e o facão poderia partir o tronco em dois.

Já havia várias grandes rachaduras aparecendo na parte inferior. Para corrigir isso tivemos que amarrar cipós firmemente em torno das duas extremidades.

Arrastamos a canoa até o rio, a algumas centenas de metros, onde queríamos fazer um teste de navegabilidade. Eu temia que a canoa fosse como a jangada – poderia flutuar sozinha, mas não suportaria o meu peso e o de Karina.

Estávamos quase chegando ao rio quando o homem que liderava a fila avistou uma árvore com uma colmeia de abelhas, e o trabalho cessou de imediato. Não há nada que deixe os ianomâmis tão excitados como um favo de mel, e eles prontamente passaram a fazer fogo para espantar as abelhas com a fumaça e retirar o mel do favo usando folhas e pauzinhos. Fabricaram uma cesta rudimentar com folhas e ali colocaram o mel e o misturaram com água. Os ianomâmis não se importam muito com o que entra no seu hidromel. Acabam obtendo uma bebida que tem uns 5% de mel, 80% de água e 15% de detritos, como abelhas semimortas, larvas se contorcendo, terra, folhas e pedaços de favos de cera. A bebida é consumida com grande prazer, com o recipiente sendo passado de mão em mão, e no qual cada um dá um grande gole antes de tê-lo arrancado pelo vizinho. Em geral eles sopram os detritos da superfície e bebem o que está na parte inferior, usando os lábios como canudinhos.

Quis a sorte que a árvore do mel ficasse bem junto ao local onde pretendíamos lançar a canoa. A maioria das abelhas daquela área não pica, mas aquelas sim. Logo a canoa e toda a margem do rio estavam cobertas de abelhas meio grogues que nos atacavam furiosamente, mas os homens não pareciam se importar. Eles apenas davam tapas nos tornozelos e continuavam a mergulhar os favos cheios de larvas no hidromel, mastigando tudo junto. As abelhas nos incomodaram tanto que quase não avançamos com o trabalho aquela tarde.

Eu queria ver se a canoa iria flutuar e coloquei-a no rio cautelosamente. Para alegria de todos – especialmente a minha – ela ficou sobre a água. No entanto, como qualquer tronco redondo, logo virou. Nós a testamos também com um homem dentro, enquanto os outros a seguravam para evitar que rolasse. Respirei aliviado pela primeira vez: ela continuava flutuando.

Consegui convencer alguns dos trabalhadores mais entusiasmados a cortar dois pedaços de pau longos e finos, para fazer um estabilizador externo. Pedi também que encontrassem mais uma daquelas árvores flutuantes que

Minha canoa talhada à mão, com Karina ao lado, depois que chegamos ao nosso acampamento rio abaixo e encontramos nossa segunda canoa.

tínhamos usado para a jangada. Fiz dois pares de entalhes na borda da canoa e prendi firmemente os dois paus, amarrando-os com cipós em torno da canoa. Depois amarramos o pequeno tronco flutuante na ponta dos dois paus, e com o estabilizador assim pronto experimentamos a canoa novamente. Dessa vez ela ficou à tona sem virar, mas o tronco do estabilizador não flutuava bem e afundava quando se colocava muito peso do seu lado da canoa. Pedi que algum voluntário fosse encontrar um tronco mais flutuante, mas a essa altura meus companheiros já estavam compreensivelmente cansados de fabricar jangadas e canoas, e insistiram que em toda a floresta não havia um tronco mais flutuante do que aquele.

Tive dificuldade para convencê-los a me ajudar a fazer os remos, mas alguns homens mais velhos se ofereceram para colaborar e mandaram alguns jovens ajudar também. Naquela noite desbastamos três pedaços de pau e talhamos três remos rudimentares, à luz das labaredas da fogueira, sendo o terceiro rejeitado por ter sido desbastado demais no cabo. Porém, decidi levá-lo assim mesmo, como reserva.

Pela manhã ouvi no rádio os programas da missão, mas não havia ainda nenhuma palavra sobre Bäkotawä, nem sinal algum de que os missionários soubessem que eu tinha sumido. A essa altura Bäkotawä já devia estar no rio havia mais de quatro dias.

Fomos então até a nova canoa de casca de árvore, que tínhamos deixado amarrada com cipós a algumas dezenas de metros do nosso acampamento. Levamos para lá nossa bagagem, incluindo vários arcos, flechas e aljavas de bambu (*toras*) para levar pontas de flecha, objetos que consegui com os ianomâmis em troca de algumas facas.

As abelhas tinham recuperado as forças durante a noite e vieram se vingar de nós por termos roubado seu mel. Karina quis ser o primeiro a experimentar a canoa, uma honra que lhe concedi sem discutir. Um dos homens atravessou o pequeno trecho de rio até a outra margem, levando consigo o longo cipó amarrado à canoa. Karina entrou, levando um remo, e o homem o puxou pelo cipó para dentro do rio. Tentando, sem sucesso, parecer um perito barqueiro, Karina foi manobrando a desajeitada canoa com seu remo igualmente desajeitado. Pela sua dificuldade em manter o equilíbrio na canoa, percebi que a viagem ia ser um grande desafio.

Karina pesava uns 30 quilos, e a canoa mal e mal se mantinha à tona. Eu pesava mais que o dobro, e o nosso equipamento – sem contar os arcos e flechas que consegui com as permutas – provavelmente pesava mais 25 quilos. Com alguma dificuldade, Karina conseguiu manobrar a canoa de volta ao ponto de partida, e carregamos com cuidado o equipamento, amarrando tudo firmemente com cipós, inclusive minha espingarda.

As rachaduras que eu tinha notado na véspera estavam piores, e meus amigos tentaram tapá-las com barro. Consegui convencê-los de que o barro iria se dissolver rapidamente e lhes dei uma das minhas camisas para rasgar em tiras e usar como calafetagem. Os reparos levaram apenas alguns minutos e pareciam temporariamente adequados.

Tinha chegado a hora da verdade: será que a canoa aguentaria nos manter à tona? Eu me despedi dos meus companheiros e lhes disse que voltaria na próxima estação seca, trazendo muitos objetos para retribuir sua bondade.

Eles me garantiram que iriam voltar a se unir com os outros que tinham se separado deles, e reconstruir o *shabono* no local onde o antigo fora incendiado. Instruí Karina a se sentar na frente e remar com muito cuidado: a canoa era muito instável. Entrei, então, na parte traseira.

Para minha grande decepção, descobri que a água chegava a um centímetro da borda da canoa. Estávamos flutuando, mas mal e mal. Karina então mergulhou de leve o remo, deslocando seu peso ligeiramente. A borda esquerda caiu abaixo do nível da água – e nós afundamos imediatamente, sem termos nos afastado nem um palmo da margem. Tudo ficou encharcado, exceto os poucos objetos – câmeras, lentes, gravador, filmes, anotações de campo etc. – que eu tinha guardado em um saco de borracha impermeável. Freneticamente, tentamos agarrar as mochilas antes que submergissem, mas era tarde demais. A canoa foi afundando lentamente, até bater no leito do rio; ficamos só com a cabeça fora d'água. Devíamos estar parecendo dois idiotas.

Mais uma vez, nossos amigos viraram o rosto para esconder os sorrisos. Era mesmo engraçado, e eu tive que rir também.

Puxamos a canoa para a margem outra vez, tiramos toda a água e desembalamos e reorganizamos tudo. As *toras* com pontas de flecha embebidas em curare foram logo descartadas. Möawä mandou alguns rapazes construírem uma pequena cabana do outro lado do rio, onde eu pudesse guardar tudo o que deixaria para trás. Peguei apenas os objetos absolutamente essenciais para a sobrevivência e os que tinham valor científico; levei minhas anotações de campo e deixei para trás coisas como antídoto para picadas de cobra. Os mishimishimaböwei-teri transportaram o equipamento descartado para a outra margem, usando a canoa para ir e voltar. Prudentes, iam nadando ao lado da canoa, sem tentar entrar nela.

Depois de recarregar a canoa, começamos mais uma vez as despedidas, mas dessa vez sem entusiasmo. Todos nós já esperávamos que a canoa fosse virar logo que entrasse na corrente, e que teríamos de puxá-la novamente para a margem.

Karina e eu entramos na canoa pela segunda vez. A água chegou a uns 5 centímetros da borda, e minhas esperanças reviveram um pouco: a canoa estava 4 centímetros mais elevada do que antes!

Estávamos em um lugar raso, ao lado de uma curva fechada do rio. Havia vários grandes troncos bloqueando o caminho, mas entramos na corrente mesmo assim – e imediatamente ficamos enredados nos galhos e afundamos de novo. Felizmente conseguimos pisar em um tronco submerso e colocar a canoa para flutuar novamente, enquanto os outros cortavam os troncos para tirá-los da nossa frente. Eu estava vendo que remar era praticamente inviável: Karina era muito desajeitado. Cada vez que ele dava uma remada, se inclinava muito para a frente, e a água entrava na canoa aos borbotões. Enquanto esperávamos que os shamatari tirassem os galhos do rio, pedi a um deles que cortasse duas longas varas.

Amarrei os remos com cipós no fundo da canoa e esvaziei a água com uma cabaça, cujo antigo proprietário, ao me dar aquele presente de despedida, sugerira que ela seria útil para esse fim. Amarrei a cabaça também.

Entramos de novo na canoa e de imediato fomos levados pela corrente. Nosso equilíbrio era tão precário que nem pudemos virar para dar adeus aos nossos companheiros. Saímos flutuando no rio veloz e nossos amigos desapareceram de vista assim que viramos na primeira curva.

Não sei quantas vezes a canoa encheu de água e afundou naquele primeiro dia. Eu não fazia ideia de que um garoto pudesse ser tão incompetente e desajeitado. Cada vez que ele se inclinava para o lado, entrava água na canoa. Porém, em vez de tentar reequilibrar a canoa, ou pular para fora quando via que estávamos afundando, ele ficava paralisado e agarrava-se em desespero à canoa – e assim ela afundava, e nós dois também. Se ele pulasse para fora, como eu fazia quando a água começava a entrar, a canoa continuaria flutuando e nós poderíamos esvaziá-la com a cabaça sem problema, para ela não se encher demais e afundar.

Porém, podia haver uma razão lógica para a relutância de Karina em saltar no rio. Ele já tinha me explicado que tinha medo das *yahediba* – as enguias-elétricas. Eu insisti que não havia enguia nenhuma, assim como não havia *rahara*, e cada vez que a canoa começava a encher de água eu insistia para que ele saltasse fora para não deixar a canoa afundar.

Por volta do meio-dia, quando estávamos tirando água com a cabaça, após um dos nossos percalços, pisei em um tronco sob o qual estava escondida uma enguia-elétrica. Na hora eu não sabia o que havia me atingido, mas senti uma dor aguda na perna e caí de costas com o choque. Quando me levantei, vi a enguia nadando lentamente para águas mais profundas. O choque elétrico foi muito forte, a ponto de me derrubar. Com isso perdoei Karina em pensamento.

Meu estabilizador externo era uma boa ideia, mas tinha uma desvantagem: todos os galhos de árvore e outros obstáculos ficavam enredados ali, fazendo a canoa virar e afundar repetidas vezes. Cada vez que ela se enroscava em algum obstáculo, invariavelmente virava de borco e ficava presa em algum galho. A corrente tinha força para virá-la de lado, deixando a água entrar em abundância pela borda.

As curvas fechadas também eram um problema. Quando não conseguíamos ficar no interior da curva, a corrente nos empurrava contra a margem oposta. Quando o estabilizador tocava a margem, afundávamos de novo, em águas profundas. Dá desespero ver uma curva fechada à frente e tentar impelir delicadamente com uma vara comprida uma canoa tão desajeitada para o interior da curva. A reação imediata é manejar a vara com mais vigor, mas ao fazer isso muda-se o peso do corpo e a canoa tomba de lado. E quando a água entrava pela borda quase sempre a canoa enchia e afundava.

Os problemas naturais, entretanto, não me deixavam tão frustrado como aquele outro problema sentado na canoa comigo. Como já disse, os ianomâmis não são gente dos rios, e, se Karina for um exemplo típico, eles poderiam ter se extinguido caso tivessem optado pelas canoas, em vez de se locomover a pé. No final daquele primeiro dia de viagem, Karina ainda não sabia de que lado devia enfiar o varejão no rio para fazer a canoa ir para a esquerda ou para a direita. Quando a escuridão caiu, eu estava tão rouco de gritar "à esquerda" e "à direita" que mal conseguia falar. Ele ficava de mau humor, mas logo se virava quando um sorriso incontrolável lhe iluminava o rosto – um indiozinho encharcado, usando uma camiseta minha que nele ficava enorme. De vez em quando eu também tinha que abafar um sorriso.

Choveu a maior parte do dia e o rio ia subindo rapidamente. Quase todos os bancos de areia estavam submersos. Naquela noite tivemos o cuidado de armar acampamento bem acima do nível da água, pois o rio podia subir mais um metro e meio ou dois e arrastar todas as nossa coisas e tudo o que não estivesse bem guardado na canoa, que amarrei cuidadosamente a uma árvore robusta na margem do rio.

Quando chegou a hora de preparar nosso arroz para o jantar, tive outro momento de tristeza. Eu vinha guardando arroz para a viagem de volta e não o tinha comido desde a noite anterior à minha chegada à aldeia. Só que eu tinha dado a minha única panela para Sibarariwä! Lá estávamos nós, sem panela para cozinhar nossa única comida. Felizmente, eu tinha guardado nosso arroz em uma pequena lata de leite em pó, que pudemos usar como uma panelinha improvisada. Foi por pura sorte que eu tinha dado a Bäkotawä sua parte do arroz em um saco plástico. Ficaríamos com muita fome se eu tivesse dado a lata a ele e guardado o saco plástico.

Nossas redes e nossas roupas estavam encharcadas, e o simples fato de estar nelas era desconfortável. Mas o fogo logo nos aqueceu e o arroz fumegante nos fez parar de tremer. Porém, o que realmente nos levantou o ânimo foi o programa noturno da Missão Novas Tribos noticiando que Bäkotawä tinha chegado a Bisaasi-teri no final daquela tarde e que provavelmente tinha nos abandonado na cabeceira do Mavaca. Assim, pelo menos eu sabia que alguém estava ciente de que eu estava perdido. A missão também informou, para meu benefício caso eu estivesse ouvindo, que Bäkotawä tinha perdido grande parte do meu equipamento, mas conseguira salvar o motor e o arrastara para a margem do rio em algum lugar. Eles também mencionaram que quando ele chegara a cerca de uma hora acima de Bisaasi-teri descarregara todos os meus machados, facões e panelas e os escondera na selva, "porque eram pesados" e ele estava cansado de remar com aquele peso morto. Ele já havia remado por quatro dias e meio e tinha decidido, uma hora antes de chegar ao seu destino, que as coisas eram muito pesadas para a canoa aguentar, ou para ele remar com todo aquele peso?

Decidi que era melhor continuar descendo o rio no dia seguinte. Podia demorar algum tempo até que viesse ajuda, e estávamos com pouca comida. Nosso fogo apagou durante a noite e de madrugada acordamos tremendo de frio e ainda molhados. Comemos o que sobrou do arroz, embalamos o rádio e as redes e partimos mais uma vez.

Agora o rio era mais largo e mais profundo, e nossos varejões tinham pouca utilidade. Não demorou para que tivéssemos que abandoná-los por completo, pois não podíamos mais tocar no fundo com eles. Quando passamos a usar os remos, tivemos vários infortúnios seguidos. Já tínhamos ficado bastante competentes no manejo das varas e conseguíamos evitar que a canoa tombasse depois de algum tempo; mas os remos exigiam mais esforço, e a canoa virou de borco várias vezes até conseguirmos pegar o jeito da coisa. Daí perdemos o remo extra em uma das vezes que afundamos. Depois ficamos enredados nos galhos baixos de uma árvore que se debruçava sobre o rio e emborcamos novamente, perdendo outro remo. Por volta das três da tarde, logo depois de perder o segundo remo, alcançamos a canoa grande, e ficamos imensamente aliviados ao ver que ela continuava ali. Até as panelas que eu tinha deixado na canoa estavam lá, de modo que agora podíamos cozinhar mais do que uma xícara de comida.

Eu tinha torcido para que Bäkotawä tivesse colocado o motor dentro da canoa grande ao passar por ela, mas ele o tinha descartado em algum lugar a montante. Transferimos todo o nosso equipamento para a canoa grande e cortamos mais algumas varas para nos impulsionar.

O rio agora era muito profundo, mas as longas varas nos permitiram ficar longe das margens e dos galhos pendentes, evitando que os insetos caíssem sobre nós, como vinha acontecendo havia dois dias. O único remo que nos sobrava tinha o cabo muito curto e a pá muito pequena para ser de muita ajuda naquela grande canoa. Estávamos, portanto, à mercê da corrente. Lembrei que nosso primeiro acampamento ficava a apenas umas duas horas rio abaixo a partir daquele local, navegando a motor. Eu esperava alcançá-lo ao anoitecer, pois se chegasse alguém para nos ajudar provavelmente faria acampamento ali no final do seu primeiro dia. Era um daqueles lugares convidativos para se acampar – bem acima da elevação normal do rio e com uma grande e atraente praia de areia.

Agora que estávamos na canoa grande, podíamos ficar em pé, andar e, de modo geral, retornar aos nossos velhos hábitos desajeitados. E, o mais importante, podíamos desamarrar a espingarda e matar alguma caça para a ceia.

Havia quase três dias que eu nem olhava para a espingarda. Eu a tinha amarrado sob o meu assento na canoa de casca, e ela passara grande parte dos últimos três dias debaixo d'água. Os canos estavam muito enferrujados e a culatra só abria com muita dificuldade. Eu a carreguei e fiquei com ela à mão. Não demorou até passarmos por um jacaré bastante grande, que matei com um só tiro.

Jacaré é uma comida detestável. A carne branca e firme parece lagosta cozida, e o sabor até se assemelha um pouco ao da lagosta. Só que é dura como sola de sapato, qualquer que seja o modo de cozinhar. Porém, nós estávamos com muita fome de carne naquele momento, e só de pensar em um pedaço de jacaré assado já ficávamos com água na boca. Os ianomâmis comem muita carne de jacaré, pois o animal é encontrado até mesmo em pequenos córregos.

Ao cair da noite percebemos que não conseguiríamos chegar até o nosso acampamento anterior e armamos uma cabana na foz de um pequeno riacho. Matei outro jacaré menor, e assim tivemos carne em abundância no restante da viagem. As últimas horas na canoa grande me convenceram de que teríamos de talhar outro remo antes de prosseguir na manhã seguinte. A canoa era muito pesada para ser controlada com nosso único remo ou com nossos varejões.

Estávamos agora em um ponto do Mavaca onde podíamos vencer todo o percurso de volta até Bisaasi-teri em cerca de 24 horas, flutuando continuamente. Dali em diante o rio era largo; bastava manter a canoa no meio, e a corrente faria o resto.

Cozinhamos arroz e assamos mais uns pedaços de jacaré para a ceia. Estávamos ambos exaustos e adormecemos assim que terminamos de comer. Finalmente estávamos secos.

Na manhã seguinte, fiquei sabendo pelo rádio que um dos missionários das Novas Tribos e um índio iecuana estavam planejando vir nos procurar de imediato. A mensagem de rádio também dava a localização aproximada do lugar onde Bäkotawä tinha deixado meu motor. Nós já tínhamos passado por ele, e teríamos que voltar a subir o rio para pegá-lo quando o missionário chegasse. Decidimos que era melhor ficar no nosso acampamento o dia todo, já que de qualquer modo teríamos que voltar a subir o rio para pegar o motor.

Passamos o dia deitados nas nossas redes. Eu não estava me sentindo muito bem e precisava descansar um pouco. Meus inúmeros arranhões e picadas de insetos estavam infectados e o fungo na minha virilha voltara a coçar e arder. A alimentação com muito amido, os fungos tropicais e o trabalho duro criavam uma combinação que estava me desgastando fisicamente.

Voltamos à vida quando ouvimos o pio dos perus selvagens no mato, atrás de nós. Karina correu na minha frente e logo apontou para um deles. Atirei e corri para ver se havia mais. Karina continuava diante de mim, apontando animadamente outra ave. Eu tinha apenas um último cartucho. Quando fechei a culatra, muito enferrujada, a arma disparou acidentalmente: o pino de disparo estava tão enferrujado que não se retraiu quando abri a culatra após o tiro anterior.

Karina ficou em estado de choque, me olhando de boca aberta enquanto um tronco de meio palmo de diâmetro caía no chão, a um metro da sua cabeça. Eu quase o matei com aquele tiro. Fiquei muito abalado com a experiência.

No final da tarde já tínhamos esquecido o susto e estávamos cozinhando peru e arroz. Naquela noite jantamos com conforto, em grande estilo, apesar da nossa decepção ao ver que o barco de socorro ainda não tinha chegado. Talvez estivéssemos mais longe do meu primeiro acampamento do que eu julgava.

Lá pelas nove da noite concluímos que o barco só nos alcançaria no dia seguinte, e fomos dormir. Mas um tiro de espingarda a poucos metros das nossas redes nos fez pular em pé em um segundo: eram um índio iecuana chamado Antonio e Rerebawä, meu amigo de Bisaasi-teri. Eles tinham chegado até o meu antigo acampamento e estavam caçando algo para o jantar. Não sabiam que Karina e eu estávamos dormindo a poucos metros de distância do jacaré que acabavam de abater, e os nossos gritos foram uma surpresa tão grande para eles quanto seu tiro de espingarda para nós. Os dois vieram remando, e Rerebawä e eu nos abraçamos alegremente. Ele estava quase certo de que os shamatari tinham me matado e ficou aliviado ao me ver são e salvo. Falou então que nunca mais iria me deixar partir para outra viagem sem ele, quaisquer que fossem os perigos. Karina pediu a metade do chumaço de tabaco de mascar de Rerebawä e desabou na sua rede, suspirando. "Quase morri de pobreza!", exclamou ao se deitar na rede, chupando muito feliz uma porção de tabaco já mascado.

Fiquei tão feliz em ver a equipe de "resgate" que dei de presente a Antonio e Rerebawä minha panela de *paruri*: peru cozido com arroz. Eles a levaram de volta para o acampamento que tinham montado, a poucos minutos rio abaixo, para compartilhar com o missionário. Percebi assim que eles quase não tinham comida! Haviam partido com tanta pressa que só trouxeram farinha de mandioca suficiente para um dia, além da espingarda que eu tinha emprestado a Bäkotawä. Caso eu tivesse ficado à espera rio acima, eles teriam passado muita fome no dia seguinte, especialmente se eu tivesse permanecido na aldeia shamatari. Poderiam abater jacarés ou perus por longo tempo, mas a carne não satisfaz muito sem o acompanhamento de algum alimento vegetal. Adormeci pensando nos vários verbos da língua ianomâmi que descrevem o ato de comer, em especial *dehiaö*: "morder um pedaço de carne, depois um pedaço de vegetal, mastigar os dois juntos e engolir". É um idioma que capta muitos aspectos interessantes e fundamentais da vida.

Na manhã seguinte, logo ao amanhecer, os dois vieram devolver a panela vazia, e partimos para buscar os equipamentos que eu tinha deixado para trás e procurar meu motor. Encontramos o motor mais tarde naquela mesma manhã. Estava em más condições por ter ficado submerso no rio várias vezes: os dois cilindros estavam cheios de água. Trabalhamos cerca de uma hora para tirar toda a água. Ao tentar fazê-lo funcionar botei fogo nele sem querer, mas consegui apagar antes que a fiação se estragasse muito. Por fim o motor pegou, e partimos novamente rio acima.

Conseguimos viajar com boa velocidade a maior parte do trajeto, até o esconderijo onde tínhamos deixado os equipamentos, no local onde Karina e eu nos lançáramos ao rio com nossa canoa escavada à mão. Quando começou a escurecer já tínhamos encontrado o esconderijo, dado meia-volta e retomado o caminho de casa. O rio agora estava bem cheio e pudemos viajar a motor com segurança durante a noite.

Quando chegamos ao ponto onde encontramos nossa equipe de resgate, Karina e eu transferimos meu motor para a canoa grande e voltamos sozinhos até Mavaca e a nossa aldeia.

Foi assim que, durante a estação chuvosa de 1968, fui visitar e comecei a conhecer os índios de Mishimishimaböwei-teri, que moravam em um lugar distante e de difícil acesso. Com o passar dos anos, visitei-os muitas vezes e passei a conhecê-los melhor e a gostar muito de quase todos eles. Havia um homem, porém, de quem eu nunca gostei – na verdade, passei a sentir uma intensa antipatia por ele. Esse homem era Möawä, e mais tarde ele tentaria me matar.

6.
Uma lição de geografia

OS MAPAS DA REGIÃO IANOMÂMI NA DÉCADA DE 1960

A primeira vez que fui à área ianomâmi viajei de barco, que na época era a única maneira de chegar até lá. Não havia nenhuma pista de pouso mais próxima do que Esmeralda, a qual não passava de uma faixa de terra bruta, encharcada demais para se pousar durante seis meses do ano.

Eu não poderia ter escolhido um local no hemisfério ocidental que fosse tão mal mapeado, em meados dos anos 1960, como o sul da Venezuela e as partes adjacentes do norte do Brasil.

Procurei e consegui cópias dos mapas-padrão que estavam disponíveis ao público, vindos de fontes como as principais enciclopédias, serviços governamentais de mapeamento (tanto dos Estados Unidos como da Venezuela) e da conceituada National Geographic Society, em Washington.

A maioria dos mapas que reuni dessas várias fontes em geral coincidia em itens importantes, como as fronteiras geopolíticas, os grandes rios, o relevo de modo geral e as grandes cidades. Mas dizem que "o diabo mora nos detalhes", e o diabo deve ter se encarregado de muitos detalhes importantes, que não constavam dos mapas, ou não coincidiam entre eles de modo algum. O mais deprimente era que todos os mapas estavam errados em relação às principais características do terreno na Amazônia venezuelana.

Um dos maiores problemas é que eu nunca havia sobrevoado a área e tinha apenas uma vaga noção das diferenças de altitude. Eu sabia que a parte leste da fronteira sul da Venezuela, vizinha ao Brasil, consistia em uma cadeia de montanhas baixas, a serra Parima. Devido à maneira como entrei na área e como viajava, de canoa, eu podia passar remando bem ao lado de uma montanha e nem sequer perceber a existência dela. Quem está em uma canoa dentro de um rio estreito não consegue ver nada além da copa das árvores em ambas as margens.

Assim, tive a impressão ingênua de que a área ianomâmi era basicamente uma floresta plana, sem acidentes geográficos e de baixa altitude, com exceção da serra Parima.

O maior rio da Venezuela, e um dos maiores do mundo, é o Orinoco, cujo curso superior, bastante desconhecido em meados dos anos 1960, fica bem no coração do sistema de aldeias ianomâmis. Um dos maiores afluentes do Alto Orinoco, e o que fica mais ao sul, é o rio Mavaca. Foi ali, na confluência do Mavaca com o Orinoco, que montei meu "acampamento de base" – uma cabana de pau a pique – e era a partir daquela cidadela que eu intrepidamente tornaria os ianomâmis conhecidos para a antropologia e o mundo em geral.

A foz do Mavaca estava representada com exatidão em todos os mapas. Porém, quando comecei a subir esse rio ou a entrar na selva para caçar com os ianomâmis, desconfiei de que havia algo de errado nos meus mapas. No começo eu podia deixar de lado a desconfiança, desde que não entrasse muito na mata nem subisse pequenos riachos na minha canoa. Porém, quanto mais eu viajava e visitava aldeias ianomâmis isoladas e tentava mapeá-las, mais difícil ficava ignorar minhas suspeitas: ou os ianomâmis não sabiam onde viviam – uma ideia absurda – ou então os melhores mapas estavam totalmente errados.

Por exemplo, o mapa da National Geographic Society indicava que o rio Orinoco se bifurcava na área ianomâmi. Um braço corria para o norte, atravessando a região central da Venezuela, virava para o leste, aumentava de tamanho e depois corria para o Atlântico, desembocando perto da ilha de Trinidad. Mas o outro braço virava para o sul e era chamado de canal do Cassiquiare. Depois de serpentear por uns 400 quilômetros, ele se unia ao rio Negro, um grande afluente do Amazonas.

Isso significava que a maior parte da Venezuela, as três Guianas e a parte nordeste da Amazônia brasileira – ou seja, toda a região nordeste da América do Sul – era tecnicamente uma gigantesca ilha. Seria possível entrar no rio Orinoco pela sua foz no oceano Atlântico, seguir de canoa até o Amazonas e navegar até dar novamente no Atlântico, perto de Belém, no Pará.

Ainda mais surpreendente era o fato de que o mapa da National Geographic Society mostrava em letras minúsculas que o canal do Cassiquiare *mudava de direção* conforme as estações: na estação chuvosa ele fluía em um sentido, mas na seca corria no sentido *oposto*. Achei essa afirmação absurda.

Mesmo assim eu tinha que conferir. Quem sabe que maravilhas a Terra esconde? O leitor não pode imaginar como eu devo ter parecido idiota aos olhos dos índios locais, os iecuanas, dos mestiços venezuelanos e dos ianomâmis, a quem eu perguntava repetidas vezes, com toda a sinceridade: "É verdade que o Cassiquiare muda de direção na estação das chuvas?". Os mais educados fingiam não entender uma pergunta tão estúpida; os que entendiam davam respostas sarcásticas como: "Mas é claro! E em outras épocas do ano, ele sobe direto para o céu!", e viravam o rosto para esconder seus sorrisos cínicos.

Um problema ainda maior para mim foi que todos os mapas mais dignos de crédito mostravam que o Mavaca se originava perto das cabeceiras do Orinoco, corria para o oeste e então mudava de direção gradualmente e fluía quase para o norte até se unir ao Orinoco.

Os ianomâmis insistiam que não era o caso: eles invariavelmente me contavam, apontando com as mãos, que a cabeceira do Mavaca ficava bem ao sul da minha cabana na foz do rio.

Assim, eu tinha que descobrir uma maneira de determinar onde as várias aldeias ao sul do Orinoco – ou seja, todas as aldeias shamatari então conhecidas – se localizavam no meu mapa; e, o mais importante, onde se localizavam em relação umas às outras e em relação ao meu acampamento de base, na foz do Mavaca.

MEUS PRIMEIROS ESFORÇOS DE CARTOGRAFIA

Por incrível que pareça, tive que tentar fazer meus próprios mapas da área e ignorar os mapas publicados. As imagens via satélite, os aparelhos GPS e o Google Earth ainda estavam a trinta anos de distância no futuro.

Enquanto fazia minha graduação em Michigan, trabalhei como agrimensor viário, inicialmente para o estado de Michigan e depois para uma empresa privada de construção de estradas. Esse treinamento acabou sendo muito útil nos meus esforços para elaborar mapas de campo razoavelmente precisos.

Havia uma série de razões pelas quais ter mapas precisos era importante, e até mesmo crucial, para o meu trabalho. Nenhum mapa existente na época mostrava a localização de qualquer aldeia ianomâmi, nem na Venezuela nem no Brasil; no entanto, havia mais de 250 delas. No mínimo, eu tinha que saber como assinalar nos mapas a localização das aldeias mais relevantes para o meu trabalho de campo.

Embora houvesse aldeias ianomâmis na foz do Ocamo e na do Mavaca, nem mesmo elas apareciam em mapa nenhum; tampouco se encontrava neles nenhuma missão católica ou evangélica. Era preciso ir até lá pessoalmente para saber que ali viviam seres humanos.

Uma vez que essas confluências – onde os rios Ocamo e Mavaca se unem ao Orinoco – eram mostradas com precisão em todos os mapas, era fácil indicar neles os nomes das aldeias ianomâmis que ali se localizavam. A da foz do Ocamo se chamava Iyäwei-teri e a da foz do Mavaca era Bisaasi-teri, como já mencionei.[1]

Havia algumas outras aldeias ianomâmis na beira do Orinoco ou em suas proximidades. Depois que eu tivesse subido e descido de canoa aquele trecho do rio, poderia marcá-las com razoável precisão em um mapa. Eu podia calcular, por exemplo, que uma aldeia ficava "a meio caminho de canoa entre o Ocamo e o Mavaca", e assim por diante.

ÁREAS DO INTERIOR DISTANTES DOS RIOS

Uma das aldeias que já mencionei era a dos patanowä-teri, o grupo de onde sete mulheres foram raptadas bem no dia da minha chegada. No meu primeiro ano de trabalho de campo eu os visitei várias vezes, em sua aldeia no interior da selva. Isso implicava subir o Orinoco, levar minha canoa por terra ao redor de uma corredeira conhecida como Raudal de Guaharibos (mostrada em alguns mapas) e depois continuar subindo o rio mais algumas horas, até a foz de um riacho conhecido como Shanishani-kä-u (raramente mostrado em qualquer mapa, e nunca com o nome ianomâmi). Os homens que trabalhavam para a Malarialogía o chamavam de Caño Bocón, nome de um peixe comum na área. Eu deixava minha canoa na boca desse riacho, amarrada a uma árvore com uma corda. Daí chamava meus guias para determinar em que direção ficavam, e a que distância, as diversas aldeias e roças abandonadas; e em especial, na primeira viagem, onde ficava Patanowä-teri.

Um dos meus companheiros de viagem favoritos era Rerebawä, aquele que me ajudou a aprender o idioma ianomâmi. Eu pegava minha bússola de agrimensor e lhe pedia que apontasse a direção da aldeia Patanowä-teri. Eu então marcava a direção pela bússola, a partir do ponto onde eu estava. Em seguida eu lhe pedia que me dissesse qual era a distância até a aldeia, e também até as roças abandonadas e locais usados recentemente pelos patanowä-teri. Ele conhecia bem essa aldeia e já havia estado lá muitas vezes com visitantes bisaasi-teri.

Os ianomâmis expressam a distância pelo número de "pernoites" que se leva para chegar a algum lugar. Se um lugar pode ser alcançado sem pernoitar, eles apontam para onde o sol nasce e descrevem um arco com um movimento lento do braço, parando onde o sol estaria quando eles chegassem ao destino. Se o sol estivesse a pino, significava que se poderia chegar lá por volta do meio-dia. Como eles começam a viajar assim que há luz suficiente para enxergar, isso implicaria cinco ou seis horas de viagem. Esse, porém, é um sistema de medição muito impreciso. Por exemplo, o meio-dia pode ser qualquer momento desde dez e meia até uma e meia. Se a trilha estiver molhada e cruzar riachos e córregos, a viagem levará mais tempo. Se os ianomâmis encontram um animal e correm atrás dele para caçá-lo, isso também aumenta o tempo de viagem. De modo geral, porém, eles davam um tempo médio com base em numerosas viagens já feitas para aquela aldeia. Depois que eu fazia a viagem, ficava sabendo quanto tempo era necessário para ir do lugar A ao lugar B em circunstâncias normais.

Porém, quando se pergunta sobre aldeias *distantes* aonde provavelmente nunca se vai andando, é preciso confiar no que diz o seu informante sobre as distâncias em pernoites. Às vezes a aldeia ficava tão longe que o informante tinha que sentar e usar os dedos dos pés para complementar os das mãos e indicar que ficava a "mais de vinte pernoites" de distância. No entanto, os ianomâmis não sabem contar com precisão além de dois. Eles não têm "números" para nada maior que dois. Assim, quando eles precisam se sentar para expressar uma longa distância usando os dedos dos pés, a distância pode ser mesmo muito longa – ou talvez seja mais curta, mas eles não querem levar você até lá porque não gostam das pessoas de lá, ou não confiam nelas, ou não querem que você dê a elas seus valiosos objetos de troca, que eles próprios cobiçam.

Eu também pedia aos meus guias que apontassem para locais que eu conhecia bem, só para checar sua percepção espacial. E sempre ficava impressionado ao ver como apontavam com exatidão, mesmo a distâncias muito grandes. Por exemplo, uma vez levei Rerebawä até Caracas, a mais de 800 quilômetros de distância de avião, e depois lhe pedi que apontasse onde ficava a cidade, quando voltamos à sua aldeia. Sem hesitar, ele apontou com precisão a direção correta.

Nas muitas viagens de caça que fiz com os ianomâmis, às vezes em áreas onde nunca haviam estado, eles raramente se perdiam. Se nós matávamos um animal logo de manhã e eles não queriam carregá-lo durante todo o dia, escondiam-no em algum matagal ou galho de uma árvore alta e nós então caçávamos por mais cinco ou seis horas. Quando chegava a hora de voltar ao nosso acampamento, eles caminhavam diretamente para o lugar onde o animal morto estava escondido, pegavam-no e o levavam de volta. Seu senso de direção e sua capacidade de se orientar em um trecho de selva inexplorado são nada menos que fenomenais. Posso apostar que eu poderia levar um ianomâmi até o interior do Congo, na África, e ele seria tão hábil como qualquer congolês nativo para encontrar o caminho de volta, depois de apenas alguns dias e algumas excursões pela selva ao redor.[2]

Eu tinha outros motivos para querer mapas exatos. Um deles é que entre os ianomâmis boa parte da história de cada indivíduo e de cada comunidade era lembrada em termos de onde a pessoa vivia em certos momentos importantes de sua vida. Assim, seu calendário parecia ser o espaço geográfico, e não o tempo cronológico.

Há um ramo da biologia teórica humana que lida com "histórias de vida", e grande parte dos dados que eu queria obter era desse tipo. Trata-se de dados não geográficos que cobrem eventos significativos da vida biológica, como nascimento, puberdade, casamento, nascimento dos filhos, morte etc.[3] O local de nascimento, o local onde uma mulher teve a primeira menstruação, o local onde a pessoa tinha morrido – essas eram as coisas que aprendi a perguntar quando fazia meus recenseamentos. Os ianomâmis têm uma consciência extraordinária da localização geográfica específica onde aconteceram coisas importantes, na sua vida individual e como membros de um grupo. Percebi isso logo no início do meu trabalho de campo[4] e comecei a registrar nas minhas anotações cada referência que eles faziam a lugares, que sempre tinham nomes: antigas roças ou aldeias anteriores, determinadas cachoeiras e morros etc. Assim, na ausência de uma escala de tempo exata, eu usava aquilo que eles usavam: um quadro de referência geográfico para relatar às demais pessoas os eventos importantes da vida. No esquema deles, os eventos históricos importantes na vida de cada indivíduo ficavam associados a locais específicos.

Quando eu perguntava sobre locais relativos ao grupo, como antigas aldeias, e tentava saber de onde as pessoas se originavam, para onde se mudaram depois de abandonar roças, onde se dividiram em dois ou mais grupos etc., essas histórias eram sempre expressas em termos de lugares, e a sequência de "eventos localizados" em geral era confirmada por informantes de outras aldeias. A geografia era fundamental para a vida dos ianomâmis de uma maneira que o tempo não era.

CAÇANDO, VIAJANDO E ACAMPANDO COM OS IANOMÂMIS

Durante meu primeiro ano em campo passei grande parte do tempo aprendendo sobre os eventos da história pessoal de cada ianomâmi que eu conhecia, assim como a história pessoal de seus ascendentes, vivos e mortos. Quando eu não estava em Mavaca, estava entrando na mata com grupos de caçadores, ou grupos de jovens que iam para alguma aldeia distante, ou grupos de pessoas saindo para um *waiyumö* – longas viagens de acampamento, que duravam vários dias ou semanas. Eu estava sempre gravando ou anotando coisas nos meus cadernos sobre as pessoas e os lugares, e documentando o que os ianomâmis faziam enquanto nós viajávamos.

Em uma viagem com os bisaasi-teri, acampamos a uma distância de um dia ao sul da aldeia, a fim de caçar e coletar frutos sazonais das palmeiras. Kaobawä, o cacique, encontrou alguns buracos recentes de *obo* (tatu). Havia um enxame de pequenos insetos voadores ao redor do orifício de entrada. Quando perguntei sobre os insetos, eles responderam algo como: "Você não vai compreender". Eles presumiram que eu não seria capaz de entender a noção de que há certos parasitas específicos que são atraídos por certos animais e que os ianomâmis usam essa informação para concluir se o animal está na toca ou não. Aqueles determinados insetos voadores estão sempre presentes quando há um tatu na toca, de modo que os ianomâmis não perdem tempo escavando uma toca que parece recente se não virem esses insetos voejando ao redor da entrada.

Os ianomâmis estavam animados com a perspectiva de ter carne fresca para o jantar. Vários jovens correram para procurar ninhos de cupins abandonados. O barro do cupinzeiro, seco e quebradiço, solta densas nuvens de fumaça quando incendiado, e queima e arde por um longo tempo. Eles encheram a entrada da toca com esse material, acenderam e observaram o chão ao redor. Depois de um tempo as outras entradas da toca subterrânea começaram a soltar fumaça. Eles logo taparam essas entradas com terra para manter a fumaça dentro da toca, e em seguida passaram a andar de quatro entre as várias entradas, encostando o ouvido no chão para escutar os movimentos do tatu. A cada vez que ouviam barulhos, colocavam pauzinhos no chão, o que lhes dava uma ideia geral de onde o tatu estava. Por fim a fumaça acabaria asfixiando o animal, que morreria debaixo da terra.

Os pauzinhos serviam para marcar o local aproximado onde ouviram os últimos ruídos do tatu escavando, mas não necessariamente o local exato onde o animal morrera. Ele poderia ter se movido para trás ou para a frente a partir desse último ponto detectado. Assim, para definir o local exato onde iriam cavar o chão de barro duro até chegar à toca, cortaram um longo cipó de uma árvore próxima. Deram um nó na ponta do cipó e, depois de retirar o barro fumegante do cupinzeiro, começaram a enfiá-lo na entrada da toca, com o nó na frente, girando-o com as palmas das mãos. Lentamente, foram girando o cipó e o enfiando naquele longo túnel: o barulho do nó batendo contra os lados da toca era audível para os ianomâmis, que continuavam com a orelha no chão, acompanhando o avanço do cipó. Quando este não avançou mais, eles fizeram uma marca no cipó na boca da toca e o retiraram do túnel. Colocaram então o longo cipó no chão, ao longo do eixo geral da toca subterrânea, acompanhando os pauzinhos enfiados na terra. O nó lhes mostrou onde começar a escavar o chão de barro compacto. Usando a madeira do arco, cavaram uns 50 a 60 centímetros, chegaram ao tatu já na primeira tentativa e o puxaram da toca pela cauda. Naquela tarde eles encontraram vários outros tatus, seguindo a mesma técnica.

Os ianomâmis tiraram as tripas dos tatus e os colocaram em um *babracot* – uma pequena plataforma de paus, como uma grelha, um metro acima da fogueira. Ali os tatus ficaram assando e defumando lentamente, por várias horas.

Eu nunca tinha comido tatu. Achei a carne defumada deliciosa, tenra e suculenta. Mais tarde, naquele mesmo ano, passei uma noite na missão de padre Cocco e fui convidado para um jantar, onde comi algo delicioso que não consegui identificar. As freiras o tinham preparado em um molho leve de creme de leite, talvez com um pouco de vinho. Depois do jantar, perguntei qual era a carne que acabáramos de comer. Era *cachicama*, tatu. Era ainda mais gostoso do que a versão defumada que eu comera com os ianomâmis.

Caçar o macaco-aranha (*basho*) é uma das atividades mais rigorosas que pratiquei enquanto vivi com os ianomâmis. Essa espécie é o maior macaco que eles caçam, um animal muito desejável. Os *basho* se locomovem pelas copas das árvores a uma velocidade incrível, de modo que os caçadores devem correr constantemente para acompanhá-los. Eu sempre torcia para não encontrarmos um bando de *basho* quando estava na selva com os ianomâmis, pois se isso acontecesse eles me chamavam aos gritos, pedindo que eu acompanhasse os macacos e atirasse em alguns com minha espingarda. Os ianomâmis usavam pontas de flecha embebidas em curare; elas se quebravam dentro do macaco, que lentamente ia ficando paralisado e por fim morria.

As pontas de flechas são feitas com pedaços fininhos de madeira de palmeira, como um lápis, de uns 30 centímetros de comprimento. As pontas são afinadas a cada poucos centímetros por cortes transversais feitos com uma faca ou facão, de modo que possam se quebrar e se alojar no animal.

Dedeheiwä (à direita) passando curare nas pontas de madeira de palmeira.

Eles colocam umas doze pontas em um maço apertado de folhas e as apoiam sobre uma camada de brasas vivas de madeira. As pontas então são recobertas com várias camadas de curare líquido, enquanto estão sobre esse leito de brasas, até que o curare se torne espesso e pegajoso. O curare vem de plantas que crescem no território ianomâmi.

Outras três espécies de macaco também são caçadas para servir de alimento: o bugio ruivo (*iro*), o bugio-preto (*wisha*) e o macaco-prego (*howashi*). Essas espécies não são tão difíceis de caçar, porque em geral ficam no mesmo grupo de árvores e não fogem tão rapidamente como o macaco-aranha. Os ianomâmis costumam manter filhotes de macacos-prego como animais de estimação e os deixam andar à vontade em torno dos *shabono*. Eles são muito traquinas e irritantes, e pareciam perceber que eu era um forasteiro. Em geral focavam a atenção em mim – me acertavam um tapinha na cabeça quando eu passava sob o galho em que estavam sentados e logo fugiam correndo, observando a minha reação. Quando eu virava de costas, eles logo voltavam para me acertar outra vez.

A cauda do bugio-preto tem um importante uso cerimonial. Os ianomâmis retiram o osso da cauda, cortam no comprimento para retirar a pele, colocam-na para secar e depois fazem dela uma faixa peluda, que os homens amarram na cabeça nas ocasiões festivas. Creio que minha primeira tentativa de fazer humor entre os ianomâmis ocorreu logo no início do meu trabalho de campo, um dia em que atirei em dois bugios-pretos. Eu costumava dar a carne para eles, mas nesse caso quis ficar com as caudas para fazer faixas. Seguiu-se uma divergência. Eles achavam que eu deveria ficar com uma das caudas e dar a outra a um deles. Consegui explicar que o motivo pelo qual eu queria as duas era que pretendia dar ambas a Pau (Jim Barker), para que ele pudesse se enfeitar devidamente para as festas. A resposta deles: "Mas Pau só precisa de uma". Eu, então, retruquei: "Não, ele precisa de *duas*! Ele é careca!". Eles pensaram um segundo e caíram em gargalhadas histéricas. Depois contaram a história para os outros na aldeia, achando que fora uma tirada esperta. Eu nunca vi um ianomâmi careca, embora alguns homens mais velhos fiquem com o cabelo ralo. Entre os ianomâmis é um pouco indelicado aludir à cabeça de outra pessoa, especialmente à testa. Na verdade, o insulto mais vil e vulgar que se pode proferir no idioma ianomâmi é "*Wa bei kä he shami!*" ("Sua testa está imunda!"). Qualquer alusão a manchas, verrugas, espinhas etc. na pele de alguém, especialmente na testa ou perto dela, pode ser ofensiva.

Fiquei chocado a primeira vez que vi como eles preparam a carne de macaco. Eles defumam quase todos os animais – aves, peixes, répteis e mamíferos – se tiverem mais do que pretendem comer no momento. Montam uma armação com galhos enfiados no chão e fazem uma ou mais plataformas horizontais com ramos menores, porém fortes o suficiente para sustentar os animais que vão defumar, tal como descrevi antes, ao me referir aos tatus. Colocam então os animais nessas grelhas e os deixam assar lentamente sobre o fogo e a fumaça até que a carne fique bem passada. Dessa forma conseguem conservar a carne por cerca de sete ou oito dias, embora ela tenda a ficar, caso seja defumada todo esse tempo, muito seca e carbonizada.

No primeiro dia em que entrei em uma aldeia ianomâmi, um dia após a luta de porretes por causa das mulheres, vi meia dúzia de macacos carbonizados nessa grelha, o *babracot*, com suas mãozinhas secas e defumadas se projetando para fora. Logo pensei: "Meu Deus! Eles mataram uns bebês e agora os estão defumando!". Barker deve ter compreendido a minha reação, pois observou calmamente que eles iriam comer carne de macaco defumada no jantar.

Os ianomâmis me imploravam que fosse caçar com eles, sobretudo quando queriam conseguir muita carne em pouco tempo, logo antes de alguma festa que ofereceriam para seus aliados de alguma outra aldeia. Eles sabiam que eu sempre dava quase toda a carne para eles e só ficava com uma pequena quantidade que me durasse um ou dois dias. Isso tinha algumas implicações para os seus próprios interesses, porque só há algumas carnes consideradas "de festa", ou seja, de qualidade suficiente para se oferecer aos visitantes em uma festa cerimonial. São elas: 1) anta (*shama*), o animal mais desejável de todos; 2) *wara*, o caititu; 3) *boshe*, o queixada, menor que o anterior; 4) *obo*, o tatu; 5) *basho*, o macaco-aranha grande; 6) *paruri*, o peru selvagem; e 7) *iwa*, o jacaré. Essas eram as carnes mais cobiçadas na área do rio Mavaca onde eu trabalhava, mas pode haver outras nas áreas montanhosas, como a serra Parima, que substituam espécies, como a anta e o jacaré, mais comuns nas áreas de várzea.

A SUCURI

Uma dessas excursões de caça acabou sendo especialmente produtiva. Tivemos que deixar um dos homens no acampamento cuidando de defumar a carne e manter lenha suficiente à mão, pois no primeiro dia já tínhamos conseguido carne em abundância.

Ao meio-dia do segundo ou terceiro dia paramos para descansar à margem de um riacho. O ar estava quente e úmido. Caminhar, ficar de tocaia e correr para atirar na caça tinha deixado todos nós, cerca de dez rapazes e eu, suados e com muita sede.

Os córregos que alimentavam os riachos e rios maiores eram apenas fios de água na estação seca. Porém, em geral, levavam água suficiente para fluir durante o ano todo. Na estação das chuvas, muitos desses riachinhos ficavam rápidos e profundos, às vezes até violentos demais para se atravessar a vau com segurança, em linha reta ou seguindo a corrente, com água até as axilas.

Estávamos em uma curva do riacho onde, na estação chuvosa, a força da correnteza tinha escavado um grande buraco no leito do rio ao lado da margem, tão fundo que, na luz fraca das profundezas da selva, não se podia enxergar bem o que havia lá dentro. Devia ter quase 2 metros de profundidade, em comparação com apenas uns 20 centímetros de profundidade na outra margem.

Coloquei minha espingarda de cano duplo, calibre 12, no chão ao meu lado e me inclinei para beber água no riacho cintilante, que corria suavemente. Enquanto bebia, notei algo se mexendo bem no fundo das águas, escuras de lama. Me levantei para tentar enxergar melhor, e assim que tirei o rosto e a cabeça do rio a água explodiu bem na minha frente: uma enorme cabeça de sucuri se lançou para fora da água e passou zunindo a poucos centímetros do meu rosto. Imediatamente tive um acesso de raiva: aquela cobra filha da puta estava tentando me matar!

Não sei explicar por que a minha primeira reação foi de raiva e fúria em vez de medo. Agarrei minha arma e disparei com os dois canos naquela cobra enorme, quase à queima-roupa. Embora os tiros provavelmente fossem fatais, ela continuava se contorcendo violentamente na água. Recarreguei a espingarda e disparei outra rajada; recarreguei, disparei de novo, e recarreguei novamente. Acho que atirei nela umas dez ou doze vezes. Tudo o que me lembro é da raiva que eu sentia daquela enorme e poderosa cobra que tinha se escondido em um buraco escuro no fundo do rio e tentado me agarrar, me arrastar para dentro da água e me matar. Por alguma razão, eu sentia que não era "honroso" atacar alguém assim, traiçoeiramente.

Depois de me acalmar decidi ficar com a pele da cobra, e pedi aos meus companheiros ianomâmis que me ajudassem na tarefa. A sucuri tinha uns 5 metros de comprimento.

Peguei meu facão de caça e instruí meus vários ajudantes a segurar a cobra o mais reto possível para eu fazer um corte em linha reta ao longo da barriga, desde o ânus até a cabeça. Assim que minha lâmina tocou a serpente, ela se contorceu e se enrolou abruptamente. Vários homens que a seguravam saíram voando para o riacho por causa desse tropismo relativamente pequeno. Depois de algum esforço consegui tirar a pele da cobra e a levei de volta para Mavaca quando a caçada terminou.

Os ianomâmis ignoraram os cerca de 70 quilos de carne de cobra perfeitamente comestível e a deixaram apodrecer. No entanto, rasparam e colocaram em pacotes feitos de folhas uns 2 quilos de gordura da barriga da sucuri. Ao chegar de volta ao acampamento, puseram os pacotes de folhas nas bordas do carvão em brasa da nossa fogueira. No jantar daquela noite eles comeram bananas assadas mergulhadas na gordura quente e liquefeita da barriga da sucuri. Um belo prato: Bananas-da-terra *au jus*.

As cobras venenosas são um grave problema para os ianomâmis. Também eu tive meu quinhão de quase encontros com elas. Talvez 50% ou 60% de todos os ianomâmis sejam mordidos por uma cobra venenosa em algum momento da vida, mas a maioria se recupera. Nunca tentei quantificar esse problema precisamente, mas no início do meu trabalho de campo coletei estatísticas sobre quantos morreram de picadas de cobra em uma das populações que estudei. Alguns dos meus amigos ianomâmis morreram, tragicamente, dessa maneira. Um dos sobreviventes foi um jovem chamado Karödima, que morava no Alto Bisaasi-teri. Sua perna ficou gangrenada, murchou, apodreceu e caiu. Tive esperanças de conseguir uma prótese para ele, mas os especialistas que consultei na Faculdade de Medicina da Universidade de Michigan me disseram que a pessoa teria que estar presente para adaptarem o aparelho, o que para mim era impossível de organizar.

Em uma viagem durante a estação chuvosa quase fui mordido por uma *Bothrops atrox* (jararaca-do-norte, a cobra que mais causa mortes entre os ianomâmis) que havia caído na minha canoa, sem eu perceber, quando afastei uma galharada acima de mim. A cobra deslizou por baixo do tanque de gasolina, ao lado dos meus pés. Abaixei-me para sacudir o tanque e ver quanto combustível ainda havia, e quando o levantei eu vi no chão uma cobra venenosa relativamente grande, enrolada a um palmo e meio dos meus pés descalços. Lenta e cuidadosamente, tratei de colocar o tanque sobre a cobra de novo; então subi no banco mais alto da canoa, peguei devagar meu facão e voltei a levantar o tanque de gasolina com cuidado, pronto para atacar. Assim que vi a cobra, dei um golpe de facão em cima dela com o máximo de força. A serpente enroladinha se transformou em um monte de "salsichas de cobra" que se enrolavam e se contorciam.

Depois de passar raspando pelo perigo muitas vezes, decidi atirar em todas as cobras que eu encontrasse. Quando se viaja regularmente por uma floresta muito remota, a muitos quilômetros de qualquer ajuda, essa é, provavelmente, uma boa estratégia adaptativa.

ONÇAS-PINTADAS

Certa vez levei Rerebawä comigo em uma longa viagem pelo rio Mavaca, para me ajudar a fazer mapas. Usando a bússola, eu queria anotar a direção, a partir de um ponto conhecido, de um grande número de antigas aldeias e plantações abandonadas. O local conhecido era a desembocadura de um riachinho que desaguava no Mavaca, vindo do leste. Não tinha nome, mas vários mapas mostravam a sua localização. Eu planejava pedir a Rerebawä que me indicasse para que lado ficavam esses lugares, e avaliar a distância a partir do nosso ponto de referência. Eram lugares que tinham sido revelados pelos meus dados, cada vez mais volumosos, sobre "locais de nascimento" e informações parecidas. Decidimos montar acampamento em uma pequena ilha no meio do Mavaca, adjacente à foz desse riacho.

Tivemos que cortar algumas longas varas na margem próxima para fazer um abrigo triangular, à moda dos ianomâmis, onde penduramos nossas redes. Cobrimos a armação de varas com uma pequena lona, para o caso de chover naquela noite, catamos um pouco de lenha e montamos acampamento. Era o início da estação das chuvas, o rio estava subindo e eu temia que uma forte chuva repentina fosse inundar o banco de areia e nosso acampamento; nesse caso teríamos que pular na nossa canoa, amarrada ali perto, e encontrar um novo pouso em local mais elevado.

Quando escureceu, nos acomodamos para passar a noite. Ficamos colocando mais lenha na fogueira, descansando nas nossas redes e batendo papo.

Por volta das dez da noite ouvimos o primeiro ruído sinistro. Era como uma tosse abafada, entre a margem do rio e nossa frágil cabana: o animal estava na nossa ilhota. Rerebawä logo se levantou e levou nossa pequena reserva de lenha para mais perto da fogueira. Daí sussurrou com voz rouca:

"*Öra!*" – onça. Imediatamente carreguei minha espingarda de cano duplo e fiquei com ela no colo pelo resto da noite. A fera não ia embora, e sabia que nós estávamos ali. Nós a ouvimos emitir aquela tosse baixa periodicamente durante a noite, sempre entre nós e a margem do rio, sempre muito perto. Apenas a nossa fogueira a manteve à distância. Escusado dizer que não dormimos nada aquela noite. Mas é quando não se consegue ouvir a onça que se corre o maior perigo.

A bacia do rio Mavaca parece ter onças além do esperado – ou talvez fosse eu que topava com elas com mais frequência do que os demais. Em uma viagem para Mishimishimaböwei-teri, levando novamente Rerebawä como meu guia, fomos seguidos por uma onça durante todo o caminho, desde a nossa canoa até os limites da aldeia – quatro horas de caminhada. Rerebawä achou que tinha ouvido algo logo depois que saímos da canoa e começamos a caminhar. Voltamos para verificar e quase de imediato encontramos pegadas de onça na trilha lamacenta, bem em cima das pegadas que tínhamos deixado poucos minutos antes. Então, continuamos, sempre olhando para trás, pois as onças atacam silenciosamente por trás e matam um ser humano incauto com uma só mordida na nuca. Virávamos para trás a cada quinze minutos, mais ou menos, e continuávamos encontrando novas pegadas de onça em cima das nossas. Não chegamos a ver o animal, mas ele nos perseguiu durante todo o caminho até a aldeia.

Em outra ocasião, um grupo de visitantes da remota aldeia de Yeisikorowä-teri estava se aproximando de Mishimishimaböwei-teri. Caminhavam em fila indiana, com uns 10 metros de distância entre um homem e o seguinte. Uma única onça conseguiu matar, em silêncio e em poucos minutos, três homens em rápida sucessão, e estava prestes a atacar o quarto quando este se virou, a viu e a matou com uma flechada.

Certa vez quase fui atacado na minha rede por uma grande onça. Eu estava subindo o rio Mavaca com dois rapazes de Mömariböwei-teri, rumo a Mishimishimaböwei-teri. Quando acampamos na primeira noite, um deles me acordou para perguntar se podia pegar minha lanterna emprestada, pois queria entrar na mata para urinar. Ele nunca tinha visto uma lanterna e ficou fascinado com ela. Levou muito tempo para voltar, e quando o fez as pilhas estavam quase acabando. Ele havia experimentado jogar o facho de luz sobre cada inseto, sapo, árvore etc. Pouco tempo depois meu outro companheiro me acordou e pediu emprestada a lanterna pela mesma razão.

Acampamos de novo na segunda noite, dessa vez perto da trilha que partia do rio e seguia para o interior, rumo a Mishimishimaböwei-teri. Antecipando suas necessidades físicas noturnas, dei a eles minha lanterna (com pilhas novas) quando nos acomodamos para dormir, para não ser acordado pelos pedidos.

Por volta do amanhecer senti vários puxões fortes na corda da minha rede e ouvi um dos meus guias gritando freneticamente, com a voz rouca: "*Öra! Öra! Öra!*". Eu tinha amarrado minha rede tão baixo que minhas costas quase tocavam o chão. Meu mosquiteiro de náilon, uns dois palmos acima do meu rosto, estava iluminado pelo foco da lanterna que eu tinha dado a eles. E a luz da lanterna também mostrava a cabeça e a cara de uma onça muito grande, olhando para mim com seus enormes caninos à mostra. Assim que gritei com ela, a onça saltou para a floresta e desapareceu.

Durante a noite nossa fogueira tinha se apagado, deixando só brasas, e a onça entrou no acampamento. Ela deve ter parado junto à minha rede com a intenção de me atacar, mas meu mosquiteiro a deixou intrigada quando ela o tocou com os bigodes. Nesse instante o guia que estava com a minha lanterna a acendeu, viu a onça, puxou freneticamente minha rede e me acordou.

Foi por pura sorte que a onça não matou nós três, e por pura sorte eu tinha dado a lanterna para um dos meus guias antes de dormir.

Os ianomâmis têm dois provérbios que advertem contra os perigos que surgem depois que o sol se põe e chega a escuridão (*mididi*): *Mididiha wayu käbä huu* e *Mididiha öra käbä huu*. Os inimigos atacam de noite. As onças caçam de noite.

Esses incidentes aconteceram perto de um rio chamado Örata-kä-u, ou rio da Onça. Concluí que era um nome bem apropriado.

O RIO DOS PERIQUITOS

Os ianomâmis me disseram ainda em 1965 que havia uma cadeia de montanhas altas separando a cabeceira do Mavaca de "um rio muito grande chamado Shukumöna-kä-u", o rio dos Periquitos, que segundo eles era tão largo quanto o Orinoco no local onde o Mavaca tem sua foz. Afirmavam também que esse rio ficava muito perto das cabeceiras do Mavaca.

Esse foi o principal problema geográfico que atrapalhou minhas pesquisas durante o primeiro ano, pois tal rio não aparecia nos mapas da região.

Em uma das poucas viagens que fiz a Caracas no meu primeiro ano de trabalho de campo, procurei um cartógrafo americano associado à embaixada dos Estados Unidos e conversei com ele sobre esse "grande rio" de que os ianomâmis me falaram. Ele ouviu educadamente e disse que aquilo era altamente improvável, mas que iria "estudar o caso" à medida que mais dados geográficos ficassem disponíveis.

No início de 1968 tive a oportunidade de sobrevoar o Mavaca, acompanhando seu curso rio acima até a cabeceira. Fui com um piloto especializado naquela região da floresta, contratado pelo projeto de genética humana da Universidade de Michigan para retirar amostras de sangue dos ianomâmis, na terceira temporada do projeto.

Lembro-me de como eu estava nervoso e animado. Até que enfim eu poderia confirmar ou rejeitar a enorme quantidade de informações que os ianomâmis já tinham me dado sobre os pontos de referência para suas migrações, sua expansão populacional e a ocupação de novas terras. Eles haviam me dito que, descendo a partir da serra Parima, suas migrações os tinham levado para a bacia do Orinoco e depois para a bacia do citado "rio dos Periquitos", que ficava do outro lado da cadeia de montanhas – aquela que eu estava prestes a ver com meus próprios olhos.

Eles não sabiam que o rio dos Periquitos, ou Shukumöna, também tinha um nome estrangeiro: Siapa. Mas esse nome era usado apenas para a parte baixa do rio, perto do Cassiquiare; pensava-se que o restante do Siapa fosse a nascente do rio Mavaca.

Era um dia claro. Decolamos da pista de terra em Ocamo, recém-concluída, e voamos acompanhando o Orinoco a montante até a foz do Mavaca. Dali rumamos exatamente para o sul, subindo o Mavaca.

Eu dava direções para o piloto, um iugoslavo expatriado chamado Boris Kaminsky, dono daquele leve monomotor Cessna. Minhas orientações seguiam o que os ianomâmis tinham me dito durante os dezoito meses anteriores sobre aquela área. A montante, o Mavaca ia diminuindo até virar um riachinho tão pequeno que ficava difícil acompanhá-lo, pois ele desaparecia sob a vegetação enevoada. Quando seguimos mais para o sul, as copas das árvores começaram a obscurecê-lo, mas, para minha alegria, vi que o seu curso rumava sempre direto para o sul, tal como os ianomâmis tinham me dito.

Uma cadeia de montanhas apareceu bem à nossa frente, na direção sul. Era perpendicular à nossa rota, estendendo-se de leste para oeste. Lá embaixo o Mavaca aparecia apenas de vez em quando, como uma fita reluzente de água em meio a áreas verdes cada vez maiores – só se via o dossel da floresta. Kaminsky virou-se para mim e disse: "Temos que subir – essas montanhas à nossa frente são muito altas". Eu sabia que a altitude no local da confluência do Mavaca com o Orinoco era de uns 150 metros acima do nível do mar, mas agora estávamos centenas de quilômetros mais ao sul. Durante aquele ano todo eu havia feito repetidas leituras de altitude com um altímetro de precisão. O curso principal do Mavaca, ao longo de toda a sua extensão, era um rio sinuoso, lento, sem cachoeiras, até perto da cabeceira. Suponho que essas pequenas quedas ficassem a menos de 200 metros de altitude e estivessem bem próximas das montanhas que assomavam à nossa frente. Quando Kaminsky subiu para podermos passar acima das montanhas, ele me disse que estávamos a uns 2.700 pés de altitude, ou pouco mais de 800 metros.

Olhei pela janela e de repente comecei a gritar: "Ali está! Ali está ele! O Shukumöna! Bem como os ianomâmis disseram! E é maior que o Orinoco!". Comecei a tirar fotos freneticamente com a minha Nikon, uma atrás da outra. Eu falava sem cessar no meu gravador, como se tivesse descoberto um novo planeta ou lua. Tudo era exatamente como os ianomâmis me haviam dito muitas vezes! E os fatos eram completamente diferentes do que os mapas publicados indicavam. O que esses mapas mostravam como sendo as cabeceiras do Mavaca eram, na verdade, as cabeceiras de outro rio, muito grande e pouco conhecido. Os venezuelanos chamam sua parte baixa de Siapa, mas os ianomâmis conhecem o rio todo como Shukumöna-kä-u, ou rio dos Periquitos.

O Siapa apareceu imediatamente, na base da serra de montanhas escarpadas que separavam as cabeceiras do Mavaca da bacia do Siapa. Kaminsky comentou: "Essas terras aí embaixo são bem elevadas". Seu altímetro indicava 520 metros acima do nível do mar. Era um vasto planalto, 350 metros acima das bacias do Mavaca e do Orinoco.

O Siapa fluía em uma linha quase reta, do lés-nordeste para o oés-sudoeste, ao longo de uma serra de montes baixos chamados Unturan nos poucos mapas venezuelanos que os mostravam. Essa situação geográfica explicava por que os grupos ianomâmis que haviam atravessado as montanhas até a bacia do Siapa ficaram ali por apenas curtos períodos, mudando-se então mais para o sul, para as várzeas mais baixas adjacentes, no Brasil. As áreas elevadas não continham o meio ambiente natural que lhes era familiar.

Voávamos baixo, apenas cerca de 100 metros acima do rio Siapa, rumando rio acima para o lés-nordeste. Depois de uns quinze minutos, avistamos um *shabono* ianomâmi na margem sul do rio. Pedi a Kaminsky que sobrevoasse o local para eu poder tirar fotos. Voamos em torno da aldeia duas vezes. Homens, mulheres e crianças ianomâmis, todos nus, correram para fora do seu *shabono* tradicional, aparentemente com medo do avião, talvez o primeiro que tivessem visto. Dado o tamanho do *shabono*, calculei que ali viviam de noventa a cem pessoas. Provavelmente nunca tinham sido contatadas. Eu sabia que teria que ir até lá algum dia.

Na minha emoção ao ver o rio pela primeira vez, devo ter encaixado mal as perfurações do filme que coloquei às pressas na minha Nikon, de modo que o rolo ficou completamente em branco – não avançou nem um fotograma enquanto eu tirava fotos furiosamente. Minha próxima descoberta foi que as pilhas do meu gravador estavam gastas e nem um único comentário que fiz foi registrado, enquanto eu achava que estava documentando um dos momentos mais emocionantes de descoberta no meu trabalho de campo.

Pensei sobre essa ironia nas várias vezes desde então em que sobrevoei essa cadeia de montanhas que separa as bacias do Orinoco e do Siapa. É algo que me entristece e ao mesmo tempo me agrada. Esse foi um dos últimos grandes mistérios geográfico-ecológicos que a minha pesquisa sobre os ianomâmis investigou e resolveu. Eu me senti estranhamente vazio, pois tinha descoberto um segredo e me parecia que quando ele se tornasse conhecido a Amazônia inexplorada ficaria um tantinho diminuída.

7.
Do trabalho de campo à ciência

Já no início do verão de 1966, depois dos meus primeiros estudos de campo com James V. Neel e seus pesquisadores biomédicos, vi sinais de mudanças ocorrendo na área ianomâmi. Em 1965 o padre Cocco havia contratado homens ianomâmis de várias aldeias próximas ao longo do Ocamo, a montante da sua missão, para limpar a floresta e fazer uma pista de pouso. Eles vinham para trabalhar mais ou menos uma semana por vez e ficavam em Ocamo, onde o padre Cocco os alimentava com bananas, sardinhas e farinha de mandioca comprada dos iecuanas. Depois de trabalharem por algumas semanas, voltavam para suas casas. Retornaram muitas vezes, cortando árvores e arrancando os tocos à mão, até que a pista de terra ficou longa e larga o suficiente para um pequeno avião poder pousar e decolar na missão na foz do Ocamo.

Neel e sua equipe juntaram-se a mim na área ianomâmi para fazer seus primeiros estudos de campo em janeiro de 1966, no pico da estação seca. Aterrissaram na pista de pouso do padre Cocco, em Ocamo, em um pequeno Cessna, o primeiro avião a aterrissar na nova pista. Neel havia contratado Boris Kaminsky, o imigrante iugoslavo que mais tarde me levaria para sobrevoar o rio Siapa. Fui encontrá-los em Ocamo e os trouxe para Mavaca, meu acampamento de base. Minha esposa e meus filhos haviam voltado para Ann Arbor alguns meses antes.

O padre Cocco continuou a expandir e prolongar a pista com mão de obra ianomâmi. Em um ano, a força aérea venezuelana já pousaria ali seus DC-3 (ou C-47) e, por fim, até mesmo os C-123, aviões de carga bimotores chamados *Barrigones*, ou "Barrigudos".

A pista possibilitou que outros visitantes pudessem voar, de maneira fácil e conveniente, diretamente para a Idade da Pedra, a partir de cidades grandes como Caracas e até outras mais distantes. O padre Cocco logo descobriu que tinha muitos amigos abastados na Venezuela que possuíam aviões particulares, e eles começaram a visitá-lo. O padre era um anfitrião cordial e acolhedor. Por exemplo, às vezes ele levava os visitantes para aldeias mais isoladas nas proximidades, e eles costumavam expressar sua gratidão, ao partir, deixando generosas contribuições em dinheiro para o seu trabalho missionário. Certa vez, contei cinco aviõezinhos leves na pista do padre Cocco, todos de visitantes venezuelanos com suas famílias, que tinham ido até lá para ver índios "selvagens".

O PAPEL DA US ATOMIC ENERGY COMMISSION NAS PESQUISAS SOBRE OS IANOMÂMIS

Durante a primeira visita de James V. Neel, em 1966, eu ainda era aluno de pós-graduação e me sustentava inteiramente com minha bolsa de pesquisa do National Institute of Mental Health (NIMH). Tornei-me membro assalariado do departamento de Neel em janeiro de 1967, logo depois de receber meu diploma de doutorado, em dezembro de 1966, como já mencionei.

Neel tinha uma vultosa bolsa para pesquisas, com duração de vários anos, da US Atomic Energy Commission [AEC – Comissão de Energia Atômica dos Estados Unidos], que também apoiava projetos de pesquisa sobre genética humana em muitas outras universidades.[1] Neel tinha fundado o departamento de genética humana da Faculdade de Medicina da Universidade de Michigan e foi seu diretor por longo tempo. Antes disso, fez parte da US Atomic Bomb Casualty Commission [Comissão de Vítimas da Bomba Atômica], a divisão médica da AEC, que foi formada após a Segunda Guerra Mundial. Composta sobretudo de médicos e pesquisadores, sua tarefa era tratar dos sobreviventes dos bombardeios atômicos de Hiroshima e Nagasaki, e no caso de Neel, como geneticista, monitorar os filhos dos sobreviventes quanto a possíveis consequências genéticas a longo prazo. Neel elaborou os projetos de pesquisa para essas tarefas.

Neel era mestre em conseguir bolsas – o tipo de acadêmico que é capaz de convencer as agências de financiamento a apoiar novos tipos de pesquisa que ampliem e desenvolvam sua pesquisa anterior. Por exemplo, os administradores da sua bolsa na AEC ficaram satisfeitos com os resultados das pesquisas anteriores, em que Neel investigara possíveis efeitos genéticos das bombas atômicas no Japão; assim, ele lhes apresentou um novo projeto de grande porte. Uma vez que a tradicional "estrutura de casamento" dos habitantes de Hiroshima e Nagasaki fora literalmente destruída, a melhor maneira de entender os possíveis desdobramentos dos danos genéticos a longo prazo no Japão seria fazer um estudo abrangente da família japonesa tradicional e seus costumes reprodutivos – namoro, noivado, casamento etc. Para entender o que poderia estar acontecendo em Hiroshima e Nagasaki, ele propôs um grande estudo de algumas populações japonesas não afetadas por esses bombardeios; de preferência uma população minimamente afetada pela Segunda Guerra Mundial. A AEC financiou sua proposta de estudar toda a população de uma pequena mas populosa ilha situada ao largo das principais ilhas japonesas. O estudo financiaria durante vários anos uma grande parte dos salários de muitos professores de seu departamento, assim como de pesquisadores associados e do pessoal de apoio, poupando à Faculdade de Medicina da Universidade de Michigan grande parte dos gastos que teria que fazer se pagasse esses funcionários com seus fundos operacionais gerais.

Conheci Neel quando suas bolsas de pesquisa da AEC estavam na fase final. Porém, ele conseguiu mais um financiamento para um pequeno estudo-piloto dos índios sul-americanos, antes que seus fundos da AEC se esgotassem. Ele argumentou que, como já sabíamos muito sobre a população que fora exposta aos bombardeios atômicos de Hiroshima e Nagasaki, e havíamos aumentado nossa compreensão com o estudo dos sistemas de casamento e reprodução de uma grande população japonesa não afetada, o necessário agora era estudar uma população humana primitiva que não fosse japonesa nem afetada por uma guerra mundial e que serviria de base de comparação. Como o tamanho e os custos dessa proposta de estudo eram muito pequenos, a AEC lhe permitiu incluí-lo na renovação anual de sua subvenção.

Minha participação inicial no projeto-piloto de Neel foi financiada pela minha própria bolsa do NIMH, não pela AEC. O NIMH era tradicionalmente uma importante fonte de financiamento para as pesquisas de campo antropológicas de pré-doutorado, tais como a minha. Minha bolsa de pré-doutorado do NIMH durou de 1964 até mais ou menos novembro de 1966, quando cumpri os requisitos formais para o doutorado, ou seja: terminar todos os trabalhos obrigatórios do curso, passar em exames de duas línguas estrangeiras e apresentar uma tese de doutorado aceitável, defendendo-a diante da banca examinadora. Minha primeira colaboração de campo com Neel ocorreu em 1966, quando eu ainda tinha minha bolsa do NIMH e estava trabalhando no meu doutorado. Só comecei a receber um salário do departamento de Neel no final de 1966.

AS ALDEIAS IANOMÂMIS BRASILEIRAS

Em 1967, cerca de três meses depois que entrei no departamento de genética humana de Michigan, fui para o Brasil em um projeto de colaboração com um brasileiro, Francisco Salzano, ex-aluno de doutorado de Neel. Os dois já haviam sido colaboradores anteriormente em um breve estudo, também financiado pela AEC, sobre os índios xavantes do Mato Grosso, estudo que incluíra David Maybury-Lewis, antropólogo britânico associado à Universidade Harvard. Foi com as publicações iniciais dessa colaboração que fiquei sabendo do interesse de Neel pelos índios sul-americanos e decidi entrar em contato com ele, como relatei no capítulo 1. Os xavantes falavam uma língua do grupo jê, tal como os suiás, a tribo que eu havia planejado estudar antes de mudar meu foco para os ianomâmis.

Nossa viagem ao Brasil haveria de nos levar a um grande número de aldeias ianomâmis ao longo da serra Parima, que marca a fronteira entre o então território federal venezuelano do Amazonas e o estado brasileiro de Roraima. Comecei a ver como eram variados os ianomâmis, e em que outros tipos de terreno eles viviam. Logo ficou evidente que o governo brasileiro tinha muito mais consciência da existência dos ianomâmis do que o venezuelano.

Ficávamos em cada aldeia por apenas uma semana ou algo assim. Em geral eram menores que as aldeias que conheci do outro lado da fronteira, na Venezuela. E parecia que muitas tinham *shabono* próximos, comunidades satélites que viviam *he borara*, tendo se separado recentemente da aldeia principal. Isso geralmente acontece quando vários grupos na aldeia vivem em uma situação tensa, de disputas constantes.

O objetivo médico e científico de Neel ao estudar os índios da Amazônia era documentar a magnitude da variabilidade genética que era usada para distinguir uma "tribo" de outra, e o grau de variação genética existente entre diversas aldeias da mesma tribo – uma questão empírica que ainda não fora discutida adequadamente na literatura médica e genética sobre os povos indígenas. Outras observações sobre os ianomâmis feitas por Neel e sua equipe médica eram secundárias e, até certo ponto, uma espécie de exibição para os espectadores da antropologia. Os médicos fazem pesquisas melhores e mais "científicas" do que os antropólogos físicos.

Neel muitas vezes zombava e manifestava abertamente seu desprezo pelos estudos feitos sobre os povos nativos por um pesquisador individual isolado e com pouco financiamento (com frequência um antropólogo), trabalhando na sua tese de doutorado com alguma tribo em algum lugar remoto. As expedições de Neel aos ianomâmis, pelo contrário, recebiam bons financiamentos e envolviam especialistas muito bem treinados de diversas áreas médicas. Ele tinha imenso orgulho em fazer um estudo biomédico abrangente e admirável das populações tribais – e conseguiu, em boa medida, ofuscar seus concorrentes nesse novo campo biomédico em rápido desenvolvimento, o estudo dos povos nativos. Graças às verbas que recebeu, ele foi capaz de superar outros projetos similares de antropologia, normalmente subfinanciados.

Em meados da década de 1960 havia vários grupos de pesquisa biomédica começando a realizar estudos elaborados de povos nativos do mundo todo – na Melanésia, na África subsaariana, na Polinésia e na Bacia Amazônica. Os estudos antropológicos anteriores de povos indígenas, com financiamento insuficiente, foram sendo substituídos por projetos sofisticados e bem financiados, feitos por pesquisadores de faculdades de medicina conceituadas, de grandes universidades cujo acesso a bolsas externas pendia fortemente em favor das pesquisas em ciências médicas, biológicas e matemáticas, e não das em ciências sociais.

A maior parte dos marcadores genéticos de interesse eram alelos que podiam ser identificados em vários componentes de amostras de sangue. Neel também estava interessado em outras medidas auxiliares para definir uma base de comparação biomédica útil para se compreender as populações humanas pré-industriais que ainda viviam em relativo isolamento. Isso ajudaria a esclarecer questões sobre as migrações populacionais e a "distância genética" entre as várias "tribos", e a responder a uma série de perguntas sobre as diferenças individuais em contraste com as diferenças grupais.

Na época, a pesquisa demográfica das populações de pequena escala, como os ianomâmis, também era um campo crescente na antropologia. Como eu compartilhava esses interesses com Neel, nossa colaboração era muito desejável do meu ponto de vista. No entanto, o interesse biomédico de Neel podia ser satisfeito com excursões breves para coleta de sangue e outras amostras médicas. Na verdade, o próprio Neel nem precisava participar dessas viagens de campo: qualquer pessoa poderia coletar amostras de sangue para o seu laboratório. Por exemplo, Miguel Layrisse, nosso colaborador venezuelano, partiu do campo depois de apenas um dia e não recolheu nenhuma amostra de sangue ou outros materiais necessários para nosso estudo colaborativo de vários anos de duração sobre os ianomâmis. Porém, Neel queria ter experiências concretas e de proximidade com o "índio americano" e gostava do fato de essas experiências lhe proporcionarem maior autoridade. Era essa, creio eu, a razão pela qual ele permanecia em campo pelo menos duas semanas a cada ano. No entanto, fiquei com a impressão de que o "índio americano" parecia ser, para ele, uma ideia abstrata acerca dos índios em geral, e não os indivíduos altamente variáveis que ele estava documentando de forma sistemática, com os dados meticulosos que os membros da sua equipe iam compilando.

Meu interesse pelos dados antropológico-demográficos exigia uma residência de longa duração entre os ianomâmis, incluindo aprender seu idioma, ganhar sua confiança e aceitação e passar horas, semanas e meses conversando em sussurros, meticulosamente, com numerosos informantes de muitas aldeias, para montar o quebra-cabeça das genealogias, as histórias de guerras e suas consequências na mortalidade, os óbitos por várias doenças identificadas pelos informantes, as cisões de aldeias, e assim por diante, e colocando essas informações nos mapas questionáveis com os quais eu tinha que trabalhar enquanto elaborava meus próprios mapas, mais precisos. Não era o tipo de pesquisa que se pudesse fazer enviando um assistente para o campo.

Em muitos aspectos, porém, Neel parecia me considerar apenas mais um assistente, subordinado a ele no campo e também no seu departamento, depois que aceitei um cargo ali. Neel tinha uma visão decididamente paternalista e condescendente sobre a antropologia, em comparação com o que "cientistas" como ele faziam. Na sua opinião, os antropólogos deveriam restringir seu interesse a coisas como tabus, costumes, crenças, mitos, técnicas para viver na selva. E deveriam aprender a língua nativa a fim de ajudar os cientistas da expedição. No entanto, quando o antropólogo recolhia dados importantes como estatísticas sobre nascimentos, óbitos, casamentos, taxas de mortalidade etc., como eu fazia, era seu dever entregá-los ao cientista para quem estava trabalhando.

Tecnicamente, depois que entrei no seu departamento, era Neel quem estava pagando o meu salário, e concordei em fazer muitas dessas coisas. Mas houve um mal-entendido fundamental entre nós desde o início. Grande parte dos meus dados eram informações demográficas que os antropólogos "científicos", como eu, coletavam a fim de explicar os padrões sociais e as tendências históricas de longo prazo. Eu considerava esses dados como meus, e quaisquer dados semelhantes que coletei depois de me tornar membro do seu departamento como algo que nós dois deveríamos publicar em conjunto.

Nossa colaboração logo começou a ficar desequilibrada também em termos do tempo que eu poderia investir nos meus próprios interesses de pesquisa e coleta de dados. Um padrão foi estabelecido: a cada ano, quando Neel e sua equipe médica estavam exaustos depois de cerca de duas semanas de intenso trabalho de campo entre os ianomâmis, eles iam embora, levando

James V. Neel fotografando duas meninas ianomâmis.

de avião suas amostras de sangue e outros materiais, partindo de Esmeralda ou Ocamo. Mas esse mesmo avião traria um novo grupo de pesquisadores biomédicos do departamento de Neel, ansiosos para passar as próximas duas semanas furiosamente coletando amostras de sangue em outras aldeias ianomâmis mais remotas – e, é claro, eu deveria lhes servir de guia e pau para toda obra. Assim, eu tinha que passar grande parte do meu tempo em campo atendendo aos interesses das várias equipes médicas associadas a Neel, que não paravam de chegar, em ondas. Nossa colaboração não me deixava muito tempo para fazer o meu próprio trabalho de campo de antropologia e coletar novos dados sobre temas que eram importantes para mim – e para a antropologia como ciência.

Por fim, Neel esperava que todos os membros da sua "equipe" – quaisquer que fossem suas convicções religiosas, ou mesmo se não as tivessem – participassem das sessões de canto de músicas evangélicas, quando éramos convidados a fazê-lo nas missões das Novas Tribos. Eu me recusei a fazer isso. Também me recusei a participar das atividades religiosas salesianas. Embora minha relação com os missionários fosse amigável (e continuasse assim por vários anos depois de deixar o projeto de Neel), eu não queria comprometer minha independência aos olhos dos ianomâmis aparentando me identificar com as missões, fossem das Novas Tribos ou salesianas. Julgava que meu trabalho e minhas relações com os ianomâmis tinham que se distinguir nitidamente dos objetivos dos grupos missionários. Eu insistia em permanecer neutro naquela competição entre católicos e evangélicos – a qual, como era fácil prever, futuramente ficaria mais tensa.

UMA VIAGEM AOS IANOMÂMIS BRASILEIROS

A primeira aldeia ianomâmi brasileira que visitei sob os auspícios de Neel foi Yaröhä-teri, à margem do rio Toototobi. Esses índios eram semelhantes aos ianomâmis da Venezuela que eu tinha estudado, mas seu dialeto era diferente o bastante para dificultar minha comunicação com eles nos primeiros dias. As outras aldeias que visitamos naquele ano falavam dialetos ianomâmis ainda mais difíceis para eu compreender de início; mas acabávamos conseguindo nos entender.

Passamos cerca de uma semana com o grupo yaröhä-teri, que morava em várias pequenas aldeias vivendo *he borara* ao longo do rio Toototobi. As amostras de sangue que coletamos nessa e em outras aldeias ianomâmis no Brasil naquele ano levaram à descoberta, no laboratório de Neel, de que quase nenhum dos ianomâmis tinha anticorpos contra o sarampo no sangue, e que eles nunca haviam sido expostos a essa doença devastadora. Quando Neel voltou para Ann Arbor, em fevereiro de 1967, fez contato com o laboratório farmacêutico Parke-Davis, que tinha uma filial na cidade, e os convenceu a contribuir com 2 mil doses de vacina contra o sarampo no momento de nossa volta à Venezuela, programada para janeiro de 1968. No entanto, quando chegamos à área ianomâmi na época programada, uma epidemia de sarampo já tinha começado. Passamos vários dias vacinando, tentando formar uma barreira em torno dos lugares para onde a doença provavelmente iria se alastrar.[2]

Neel tinha enviado metade das 2 mil doses para o Brasil, juntamente com uma quantidade suficiente de gamaglobulina para amenizar a reação à vacina, por intermédio de William J. Oliver, chefe do departamento de pediatria da Faculdade de Medicina da Universidade de Michigan. Oliver levou as vacinas em mãos, para garantir que elas não se perdessem nem fossem deixadas sem refrigeração no caminho. Aqueles de nós que estavam indo para a Venezuela levaram o restante das vacinas e a gamaglobulina para lá. Nossa vacina era a Edmonston B, que já tinha sido administrada a cerca de 15 milhões de pessoas àquela altura, incluindo muitos grupos isolados e povos nativos do Terceiro Mundo.

Ao chegar a Caracas naquele ano nossa equipe se dividiu em dois grupos; assim, voltamos a embalar nossos equipamentos e suprimentos. Neel levou de avião a maioria dos membros da equipe biomédica para o alto rio Caura, uma área iecuana, com cerca de metade dos medicamentos e vacinas, enquanto eu fui sozinho para a área ianomâmi com a outra metade. Por pura coincidência, todo o suprimento de gamaglobulina foi embalado em um só recipiente, que foi levado pelo grupo de Neel. Eu levei a metade das vacinas contra sarampo, mas nenhuma gamaglobulina.

Nossa viagem de campo de 1968 coincidiu com uma expedição venezuelana/francesa organizada pelo dr. Marcel Roche, chefe do Ivic. Eles trouxeram seu próprio antropólogo, um francês chamado Jacques Lizot, que vinha fazer sua primeira viagem aos ianomâmis.

Neel também tinha conseguido que um dos rapazes da Missão Novas Tribos, Danny Shaylor, trabalhasse com sua equipe médica e ajudasse na tradução tanto do espanhol, com os mestiços que encontraríamos nas missões salesianas, como do idioma ianomâmi, nas aldeias. Descobrimos, porém, que Danny não poderia nos encontrar como combinado porque tinha que levar de volta a uma aldeia no meio do caminho, no rio Ocamo, os restos cremados de um jovem que havia acabado de morrer de sarampo em Tama Tama – um dos primeiros casos fatais. Já tínhamos recebido a informação, antes mesmo de sairmos de Ann Arbor, de que uma epidemia de sarampo havia irrompido em algumas aldeias ianomâmis brasileiras, inclusive aquela onde a equipe de Neel descobrira que os índios nunca tinham sido expostos à doença.

A origem da epidemia estava na população rural brasileira ao longo do rio Amazonas, com um foco conhecido na cidade de Manaus. Uma família missionária evangélica visitou Manaus no início de 1968 e ali sua filha pequena foi inadvertidamente exposta ao sarampo. Como há um período de incubação, ela só mostrou sintomas da doença depois que a família chegou a Yaröhä-teri. Ao que parece, os membros dessa tribo se contaminaram com sarampo dessa criança.

A doença então se alastrou rapidamente ao longo dos rios, levada por brasileiros vindos da área do rio Negro. Esses homens haviam procurado as missões salesianas do Alto Orinoco que eram conhecidas por fornecer trabalho, mesmo que de curto prazo. Em consequência, a epidemia atingiu Tama Tama, Ocamo e Platanal, na vizinha Venezuela, antes de chegarmos ali, no início de 1968.

Desde aproximadamente 1970, os ianomâmis brasileiros sofreram muito mais – e mais graves – ameaças à sua sobrevivência cultural e demográfica do que os ianomâmis da Venezuela. No Brasil, os colonos, garimpeiros, madeireiros, fazendeiros, militares e construtores pareciam prontos para avançar sobre os limites da área ianomâmi a partir de meados dos anos 1960, quando estava em construção uma grande estrada através de trechos desconhecidos da selva amazônica, a Perimetral Norte [BR 210]. Na Venezuela a situação era muito diferente, já que ali os ianomâmis não estavam ameaçados por madeireiros nem por garimpeiros. Os militares venezuelanos só firmaram uma presença contínua nas terras ianomâmis por volta de 1987, quando garimpeiros brasileiros de repente invadiram a área ianomâmi pelo lado brasileiro da fronteira; alguns chegaram às cabeceiras dos córregos e rios na região do Alto Orinoco antes de serem repelidos pelo Exército venezuelano.

Os antropólogos que trabalhavam em cada país foram afetados de maneira diferente. No lado brasileiro, ficaram radicalizados politicamente. Tornaram-se militantes em prol dos direitos indígenas e pareciam estar sempre lutando contra as forças de aculturação, e não realmente estudando os ianomâmis. Já os antropólogos que trabalhavam com os ianomâmis do lado da Venezuela pareciam mais focados em questões puramente antropológicas. Por ironia, nenhum deles era venezuelano.

Os antropólogos venezuelanos em geral não estavam interessados em fazer trabalho de campo, apesar de seu país conter alguns dos povos indígenas menos aculturados da América do Sul. Alguns pareciam se ressentir da presença de antropólogos de outros países, especialmente dos Estados Unidos. No meu caso, muitos deles impuseram obstáculos políticos ao meu caminho, para me impedir de obter autorizações de pesquisa e de continuar meu trabalho de campo com os ianomâmis na Venezuela. Isso aconteceu quase constantemente ao longo de toda a minha carreira de pesquisador.

MEUS INTERESSES TEÓRICOS SE AMPLIAM

Uma vantagem tecnológica do departamento de Neel no fim da década de 1960 foi que ali havia um dos poucos computadores do campus da Universidade de Michigan. Isso me permitiu registrar minhas crescentes informações demográficas e genealógicas de uma forma facilmente acessível. Duas pessoas no departamento de Neel, William J. Schull e seu aluno de pós-graduação Jean MacClure, me ajudaram com um programa específico para analisar as minhas genealogias, uma fórmula desenvolvida pelo geneticista e estatístico Sewall Wright para calcular a "endogamia" ou "parentesco" a partir das genealogias, a chamada "estatística F" ou "coeficiente de endogamia".[3] Schull e MacClure já estavam usando essa estatística nos seus estudos sobre os japoneses sobreviventes das bombas atômicas.

Explicando o assunto em termos simples, cada pessoa compartilha (aproximadamente) metade de seus genes com seus irmãos ou irmãs, e também com seus pais e seus filhos. A metade é 50%, ou seja, 0,5000 – o valor F do seu relacionamento com eles. Mas a pessoa só compartilha ¼ dos seus genes com um meio-irmão ou meia-irmã, pois ambos têm apenas um dos genitores em comum. O valor F correspondente é de 0,2500. Assim, é possível expressar o grau de relacionamento entre quaisquer dois parentes genéticos pela estatística F. Para irmãos plenos, F = 0,5000; para meios-irmãos, F = 0,2500; para primos em primeiro grau,

F = 0,1250 etc. Assim, em genealogias complexas, como as que eu coletava entre os ianomâmis, qualquer ancestral comum conhecido contribui para o grau de proximidade entre uma pessoa e seus parentes (genéticos), em relação tanto aos antepassados como aos descendentes.

A principal razão pela qual eu queria analisar as relações de parentesco era o papel fundamental que o parentesco desempenha nas sociedades, tal como entendido na antropologia. Por exemplo, um dos meus ex-professores, Elman Service, publicou um livro em 1985 intitulado *A Century of Controversy: Ethnological Issues from 1860 to 1960* [Um século de controvérsias: questões etnológicas de 1860 a 1960]. O livro trata do que significa o parentesco no mundo tribal primitivo e, por extensão, do que os antropólogos anteriores faziam ou deixavam de fazer com as genealogias que recolhiam. O chamado método genealógico na pesquisa antropológica era muito elogiado, mas raramente praticado de uma forma quantitativa rigorosa.

É espantoso, mas quase nenhuma das pesquisas de parentesco estudadas por Service usava uma métrica como a estatística F de Sewall Wright ou alguma outra medida para caracterizar a "proximidade" e o "distanciamento" dos vínculos de parentesco nas sociedades tribais estudadas. No entanto, muitos antropólogos explicavam os fatos nas sociedades estudadas invocando variáveis como "proximidade de parentesco" ou "parente distante ou não parente". Minha intenção era definir a "proximidade" e o "distanciamento" no parentesco de uma maneira precisa, quantitativa, padronizada.

Os homens ianomâmis se preocupam muito com a paternidade e passam muito tempo "guardando a parceira" para evitar que outro homem a engravide. Muitas vezes os homens levam a esposa junto enquanto fazem tarefas como, por exemplo, cortar e queimar o mato para fazer roças, especialmente se a mulher for jovem e nulípara (que ainda não teve filhos); ou então eles se certificam de que a esposa esteja em um grupo grande de pessoas o tempo todo, ou a maior parte do tempo. Se o homem sai para uma viagem de vários dias, ele pede a outro homem de sua confiança – um irmão, por exemplo – que fique de olho em sua mulher. Eles parecem presumir que as mulheres serão seduzidas ou estupradas se forem deixadas desprotegidas por muito tempo. Grande parte dos maus-tratos infligidos às mulheres é causada pelo ciúme sexual masculino. Um homem pode bater na esposa se ela ficou sozinha e fora das suas vistas por mais de uma hora ou algo assim, apenas por suspeitar que ela tenha sido seduzida por algum outro homem da aldeia. As mulheres que mudaram de aldeia depois de casar e as que foram raptadas de outras aldeias são especialmente vulneráveis às tentativas de sedução, já que têm poucos parentes homens (ou nenhum) na aldeia para cuidar dos seus interesses.

As aldeias pequenas têm menos problemas desse tipo porque normalmente são compostas de parentes próximos, em cuja cooperação se pode confiar mais. Ao falar em "parentes próximos" eu poderia especificar, usando o fator F, exatamente qual era o grau de proximidade do parentesco dentro de uma aldeia.

Minha pesquisa de campo e minha abordagem analítica faziam parte do que o antropólogo Robin Fox e o sociólogo Lionel Tiger chamavam de "ponto de vista zoológico"[4] nas ciências sociais – um novo despertar do interesse pela natureza do homem como fruto da evolução, distinta da sua natureza puramente cultural.

Eu não tinha percebido plenamente na década de 1960 que a mera sugestão de que o *Homo sapiens* tivesse algum tipo de "natureza" que não uma "natureza cultural" causava na maior parte dos antropólogos culturais uma reação de irritação e suspeita. O que interessava a Tiger e Fox, e também a um número pequeno mas crescente de praticantes da antropologia científica, era saber como exatamente a teoria da evolução por seleção natural – a teoria da evolução de Darwin – afetava o *Homo sapiens* nos aspectos social, comportamental e psicológico.

Estudos de longo prazo de primatas não humanos e da organização social dos primatas estavam afetando a antropologia cultural. Muitas antigas "verdades" antropológicas começavam a desmoronar, tais como as alegações de que apenas o *Homo sapiens*, entre todos os animais, compartilha alimentos, fabrica ferramentas ou coopera com outros membros do grupo com quem tem relação genética próxima. De modo mais geral, as descobertas da área da etologia e do comportamento animal estavam começando a se infiltrar na literatura da antropologia. Como seria de prever, os antropólogos culturais começaram a resistir a essas tendências, muitas vezes denegrindo os acadêmicos que estavam dando os primeiros passos nessa direção, ou tentando desacreditar as contribuições que surgiam criticando os trabalhos mais sensacionalistas, por vezes feitos por não especialistas (por exemplo, *African Genesis* [Gênesis africano], de Robert Ardrey).

Minha esperança nos anos 1960 era dar uma contribuição para uma grande controvérsia que na época era importante na antropologia cultural, ao "quantificar" as relações de parentesco e os padrões de descendência usando minha estatística F_g, em que o índice g significa que o coeficiente F é calculado para genealogias resultantes de entrevistas com informantes.

Uma abordagem para se compreender a base da solidariedade social ou amizade social que mantém um grupo unido costuma ser chamada de estruturalismo, e é identificada com Claude Lévi-Strauss. Essa abordagem enfatiza as permutas matrimoniais entre grupos e considera a descendência de algum antigo antepassado como a principal fonte de solidariedade nas sociedades tribais. Outra abordagem, muitas vezes associada ao antropólogo Meyer Fortes, sul-africano de nascimento, ressalta que o "parentesco" é a base irredutível, mais básica e profunda da amizade e da solidariedade sociais. A suposição dos partidários de ambos os lados parecia ser que as comunidades tribais maiores tendiam a desmoronar se ficassem muito grandes. Meus dados sobre os ianomâmis pareciam ser um caso de teste perfeito para comparar as teorias do casamento e do parentesco, já que suas aldeias se cindiam em grupos menores quando atingiam um determinado tamanho, e o número de aldeias sobre as quais eu tinha dados era grande para fins comparativos.

Contribuí com uma série de trabalhos para essa interessante questão.[5] Originalmente, eu acreditava que a linhagem e a descendência eram importantes para manter unidas as comunidades tribais como a dos ianomâmis; mas, ao examinar minhas extensas genealogias, comecei a mudar de ideia. O parentesco, especialmente a proximidade do parentesco genético, parecia ser mais importante do que a descendência. Eu podia demonstrar, com as minhas genealogias, que alguns indivíduos tinham até doze relações diferentes de parentesco com muitos de seus familiares! (Minha primeira apresentação sobre o assunto ocorreu no encontro anual de antropologia física em 1974 e foi publicada em 1976.) Mas havia algo de novo no horizonte, algo chamado *sociobiologia*. Sem eu saber, grande parte dos meus trabalhos que tentavam entender e explicar a solidariedade gerada pelas relações de parentesco dos ianomâmis foi posteriormente considerada sociobiologia.

Vou expor mais esse assunto em outro capítulo, pois a minha inocente associação preliminar com a sociobiologia ficou inextricavelmente ligada às controvérsias e críticas feitas às minhas pesquisas com os ianomâmis. Essas controvérsias acabaram ficando complexas porque se tornaram, em boa parte, políticas e não científicas. Esses foram os primeiros tempos da situação que em breve se tornaria uma polêmica e, por fim, praticamente uma guerra acerca do papel da ciência da evolução no campo da antropologia.

A EPIDEMIA DE SARAMPO

Fui para a área ianomâmi em um avião que levava uma equipe francesa de pesquisas liderada pelo dr. Roche, o chefe do Ivic. Aterrissamos na missão do padre Cocco em Ocamo e passamos a noite lá. Planejávamos ir para Mavaca no dia seguinte, a umas duas horas rio acima, em uma canoa grande.[6]

Naquela noite, as freiras salesianas me pediram, assim como a Roche e a alguns dos médicos franceses, que fôssemos à casa da missão onde os ianomâmis moravam, pois vários deles estavam doentes e com febre alta. Roche examinou vários adultos e concluiu que pareciam ter sarampo. Ele decidiu que os ianomâmis de Ocamo tinham que ser vacinados imediatamente, apesar de eu não ter gamaglobulina para baixar a febre. Os médicos franceses vacinaram todos os ianomâmis adultos e as crianças mais velhas da aldeia.[7]

No dia seguinte levei o grupo até Mavaca. Eles ficariam na margem do Orinoco onde se localizava a missão salesiana. Roche fez questão de que os pesquisadores franceses tivessem tudo o que precisavam e queriam, incluindo seu próprio rádio de ondas curtas e, para operá-lo, um funcionário venezuelano.

Roche também tinha combinado com o Exército venezuelano que haveria um voo por semana até Ocamo levando suprimentos para a equipe francesa, incluindo hortaliças frescas, pão, carne e caixas de cerveja, que ficariam em duas grandes geladeiras a querosene que o Ivic também fornecera para a sua "pesquisa".

Minha pequena cabana de pau a pique ficava na margem oposta do Orinoco, a poucos metros do ponto onde o Mavaca desemboca naquele rio. Uma vez que em 1966 o grupo de Neel já tinha feito seu estudo da aldeia do Alto Bisaasi-teri, ali localizada, em 1968 minha cabana seria apenas uma base para nosso trabalho de vacinar os bisaasi-teri do local. Depois iríamos vacinar e coletar amostras dos grupos ianomâmis mais para o interior e a montante do Orinoco, terminando em Patanowä-teri. Quando por fim chegamos a Patanowä-teri, já tínhamos usado a maioria das mil vacinas contra sarampo e injeções de gamaglobulina que Neel havia trazido para o programa de vacinação. Planejávamos usar o restante das nossas vacinas e injeções na missão salesiana de Platanal; ali, em 1966, a equipe de Neel havia coletado sangue e outros materiais dos moradores, os mahekodo--teri. Como a exposição aos forasteiros, e às doenças que eles podem inadvertidamente trazer, é maior nos postos das missões, a prioridade de Neel era vacinar primeiro os índios que moravam perto delas. Porém, quando chegamos à missão salesiana de Platanal – a mais remota no rio Orinoco –, descobrimos que todos os moradores ianomâmis tinham partido e estavam a caminho de Patanowä-teri para participar de uma festa. Passamos a noite na missão e no dia seguinte seguimos para Patanowä-teri. Eu levava guias que tinham sido vacinados contra o sarampo em Mavaca, mas eles não conseguiram encontrar o caminho para Patanowä-teri, então tive que voltar para Mavaca para pegar outro guia vacinado que conhecia o caminho. Quando cheguei à aldeia com a equipe médica de Neel, eles imediatamente vacinaram noventa adultos e crianças mais velhas, e começaram a coletar amostras de sangue, fezes e urina, entre outras. Depois de alguns dias levei a equipe de Neel de volta para a foz do rio Shanishani, a cerca de quatro horas de viagem, onde tínhamos conseguido que uma grande canoa ficasse à nossa espera para levar Neel, sua equipe médica e suas amostras até Esmeralda, de onde voariam para Caracas. Tim Asch e eu ficamos em Patanowä-teri para filmar *The Feast* [A festa].

Vários dias após a partida da equipe de Neel, tive que fazer uma rápida viagem a Platanal para pegar suprimentos e a minha correspondência. Enquanto eu estava lá, o padre Sanchez, um sacerdote salesiano que tinha seu posto regular em Esmeralda mas estava trabalhando temporariamente em Platanal, me pediu que examinasse um brasileiro que acabara de chegar ali, vindo da área do rio Negro, à procura de trabalho.

Engoli em seco quando vi aquele homem. Ele mostrava todos os sinais que eu já tinha notado em Ocamo várias semanas antes, quando Roche e eu vimos os ianomâmis doentes – sinais de sarampo.

Insisti com o padre Sanchez para mandar aquele homem descer o rio até Mavaca ou Ocamo, onde tínhamos vacinado todos; naquele momento ninguém ali teria sarampo em estágio ativo, transmissível. Eu tinha ouvido no rádio de ondas curtas que o sarampo continuava se alastrando para aldeias ianomâmis mais remotas no interior, ao norte do Orinoco; mas àquela altura eu também tinha ouvido no rádio que as autoridades sanitárias venezuelanas estavam adquirindo vacinas contra o sarampo e as enviando para a área ianomâmi, juntamente com pessoal médico. Expliquei ao padre Sanchez, repetidas vezes e enfaticamente, que os mahekodo-teri iriam voltar para casa após a festa e que, se aquele brasileiro tivesse sarampo, iria transmiti-lo aos ianomâmis. Todos ficariam doentes, e muitos possivelmente morreriam.

O padre Sanchez me garantiu que enviaria o doente brasileiro rio abaixo na próxima *voladora** que mandaria a Mavaca. Voltei então a Patanowä-teri para continuar filmando *The Feast*. Quando a filmagem terminou, Asch e eu embalamos nosso equipamento e pedimos a alguns patanowä-teri que o levassem à minha canoa. Qualquer reação às vacinas que a equipe de Neel lhes tinha administrado duas semanas antes era tão leve que não detectamos nada. Ninguém se queixou da febre que por vezes acompanha a vacinação contra o sarampo. Partimos então para Mavaca, seis ou sete horas rio abaixo. No caminho, quando nos aproximamos de Platanal, paramos para avisar o

* Bote de alumínio (em espanhol no original). [N.T.]

Padre Sanchez

padre Sanchez de que estávamos saindo da área. Perguntei sobre o brasileiro que aparentava ter sarampo. Fiquei horrorizado ao saber que o padre não tinha enviado o homem rio abaixo e que agora ele estava com sarampo em fase ativa! Insisti para que o padre Sanchez me permitisse levar o homem comigo, explicando que os mahekodo-teri estavam agora a caminho de sua aldeia, perto de Platanal. O padre recusou minha oferta.

Assim que cheguei a Mavaca fui à missão salesiana e pedi ao padre Berno que entrasse em contato com o padre Cocco ou com alguém em Ocamo para explicar que havia um brasileiro em Platanal com sarampo em estado ativo. Eu contava com as duas missões salesianas para convencer o padre Sanchez a enviar o brasileiro doente rio abaixo, para evitar um novo surto de sarampo em Platanal.

No entanto, pouco depois o padre Sanchez apareceu na missão em Mavaca, e fiquei sabendo que os mahekodo-teri tinham contraído sarampo

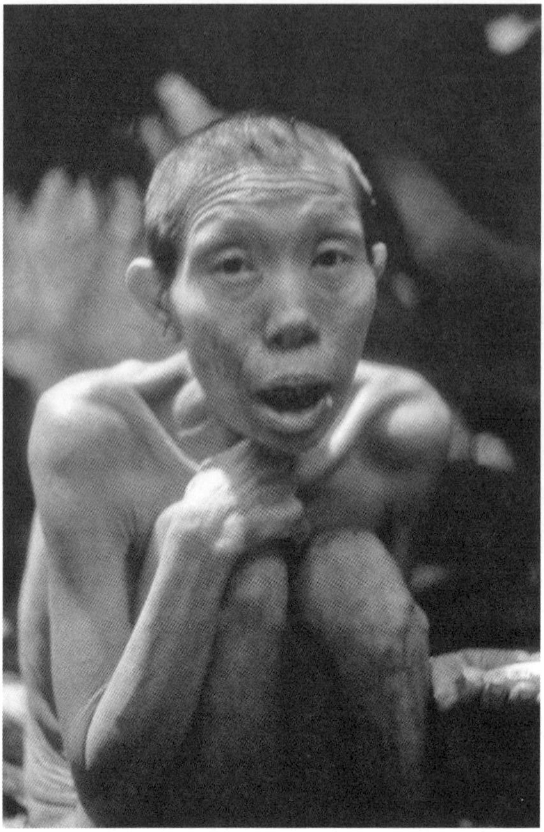

Mulher ianomâmi com sarampo, na região do rio Manaviche.

daquele brasileiro doente. Alguns fugiram para Patanowä-teri e ali expuseram muita gente ao sarampo, apesar de a equipe de Neel ter vacinado o maior número possível de patanowä-teri com as vacinas restantes. Os médicos franceses que estavam em Mavaca imediatamente enviaram uma equipe para Platanal para tratar dos doentes, mas a essa altura muitos mahekodo-teri já tinham morrido.

O padre Sanchez não agiu, apesar dos vários avisos que lhe dei, quando o alertei de que o brasileiro abrigado em Platanal iniciaria uma epidemia de sarampo se ele não o mandasse embora de lá. Assim, o padre pode ter sido responsável pela epidemia de sarampo em Platanal que ceifou 25 ou 30 vidas, em sua maioria moradores de Mahekodo-teri.

Não sei se o padre Berno em Mavaca ou algum dos salesianos em Ocamo contatou o padre Sanchez por rádio para exigir que ele mandasse o brasileiro doente embora da missão. Se não o fizeram, então esses salesianos talvez sejam responsáveis por essas mortes. Mais tarde naquele mesmo ano, o padre Cocco me confidenciou que estava zangado com os boatos, que atribuía à Missão Novas Tribos, segundo os quais os salesianos eram culpados de cumplicidade nas mortes por sarampo dos ianomâmis. Eu nunca ouvi esses boatos e garanti ao padre Cocco que duvidava de que a Missão Novas Tribos os tivesse espalhado. Porém, se os boatos se referiam às ações do padre Sanchez em Platanal, por tudo o que observei eles infelizmente diziam a verdade.

8.
Conflitos por mulheres

PROVAS ARQUEOLÓGICAS DE QUE OS POVOS PRIMITIVOS LUTAVAM POR MULHERES

O registro arqueológico revela abundantes provas de que a guerra e as lutas eram comuns antes da origem do Estado político e, nas Américas, antes da chegada dos europeus. Ao que parece, as mulheres eram um butim muito valorizado nos casos em que foram encontrados numerosos esqueletos – vítimas de massacres – juntos em um só local.[1]

Um dos mais importantes sítios arqueológicos que contêm esse tipo de provas é Crow Creek, no estado americano de Dakota do Sul.[2] O sítio foi escavado na década de 1970. Um terrível massacre ocorreu ali por volta de 1325 d.C., 167 anos antes de Colombo chegar à América.[3]

A população de Crow Creek vivia em uma extensa aldeia nas Grandes Planícies e, tal como os ianomâmis, dependia muito de alimentos cultivados, especialmente milho, feijão, girassol e abóbora. Na época do massacre eles devem ter suspeitado de algo ameaçador, pois ergueram uma nova paliçada em torno da sua aldeia, ao lado de uma vala de fortificação recém-escavada. (Os ianomâmis, cujo alimento é 70% cultivado, também cercam suas aldeias com paliçadas quando suspeitam que haverá ataques de vizinhos.)

A comunidade era formada por um grande número de casas de pau a pique. As moradias provavelmente abrigavam famílias ampliadas, com um casal mais velho e seus filhos e, talvez, irmãos ou irmãs adultos e suas famílias. A localização da aldeia, uma encosta com vista para o rio Missouri, priorizava a sua defesa. Os moradores tinham que descer um barranco para chegar às suas roças e depois voltar a subir para trazer vegetais, lenha e água para suas moradias.

Acredita-se que certo dia um grande grupo de guerreiros inimigos apareceu a pé sem aviso, rompeu a paliçada inacabada, irrompeu na aldeia e atacou os moradores com uma chuva de flechas, pedras e tochas acesas.

Os invasores podem ter sido uma coalizão temporária de vários grupos menores e mais nômades – os grupos nômades costumavam colaborar periodicamente para vitimizar grupos agrícolas, maiores e mais sedentários, na área das Grandes Planícies. Os invasores mataram a maioria dos moradores e incendiaram totalmente as suas casas. Cadáveres desmembrados e mutilados se espalhavam entre as casas incineradas. Os inimigos eram, sem dúvida, muito cruéis, o tipo de vizinho que você gostaria que ficasse sempre do outro lado da paliçada e do fosso.

Mais tarde, lobos e cães vieram comer os corpos. Os sobreviventes por fim voltaram com cautela, arrastaram os corpos mutilados dos seus parentes até o fosso e os enterraram ali às pressas. Ao que parece, eles nunca mais voltaram àquele lugar trágico.

Houve cerca de quinhentas vítimas. Seus artefatos culturais indicam que eram os ancestrais imediatos dos índios arikara, um dos principais grupos tribais do alto Missouri, atualmente localizados em Dakota do Norte.

Os atacantes mutilaram muitos corpos e levaram troféus como mãos, pés e couro cabeludo. Um dos crânios apresentava lesões de um escalpamento anterior, mas os ferimentos tinham sarado antes desse massacre. Muitos esqueletos indicavam que as deficiências nutricionais eram comuns. O fato de que a localização da aldeia se destinava à defesa também é sugerido por muitos ossos quebrados que já haviam se soldado, provavelmente resultantes de quedas ao descer e subir o barranco para chegar às suas plantações. Ou talvez esses ferimentos tenham sido causados por lutas com membros do próprio grupo, ou de grupos vizinhos.[4]

Naquele dia fatídico, os atacantes levaram mais do que escalpos, mãos e pés como troféus após o massacre. Uma análise demográfica dos cerca de quinhentos esqueletos indicou que ali faltavam muitas mulheres jovens, com idades entre doze e dezenove anos, e crianças de ambos os sexos, provavelmente por terem sido levadas como prisioneiras. Presumivelmente as jovens se tornaram companheiras extras para seus captores, assim como as meninas pré-reprodutivas.

UM PADRÃO MAIS GERAL?

Não sabemos diretamente até que ponto era comum no passado lutar para conseguir mulheres, ou tomar mulheres como prisioneiras, já que sítios arqueológicos como Crow Creek são raros e os relatos etnográficos muitas vezes silenciam acerca das lutas travadas por causa de mulheres, mesmo quando acontecem enquanto o antropólogo está presente.

No entanto, relatos de testemunhas oculares dos primeiros viajantes e de europeus que viveram muitos anos como cativos de tribos sugerem que a prática era difundida. Por exemplo, muitos relatos dos primeiros conquistadores espanhóis atestam que nas ilhas maiores do Caribe os homens falavam a língua caraíba e suas esposas falavam aruaque, pois grande parte delas tinha sido capturada das tribos aruaques, mais fracas, residentes em ilhas menores nas proximidades.

Do outro lado do globo, na Austrália, capturar mulheres de outras tribos era uma prática quase universal e causa de muitas lutas antes da colonização europeia. Um relato fascinante de como essa prática era habitual se encontra em uma biografia muito interessante, ainda que não muito polida, de William Buckley, presidiário inglês do início do século XIX, que foi mandado para a Austrália, na época uma colônia penal inglesa, para cumprir sua sentença.

Por volta de 1803 Buckley conseguiu escapar do navio que o levava e fugir para o interior, então desconhecido e inexplorado, onde viveu durante trinta anos, com muitos grupos diferentes de aborígines. Quando foi finalmente descoberto e repatriado, contou sua história para um certo John Morgan, que depois a publicou.[5]

Violência, traição e morte eram ocorrências comuns, quase diárias, nos vários grupos entre os quais Buckley viveu. Em grande parte dos casos, os conflitos começavam por causa de mulheres, do ciúme sexual e do rapto de mulheres – as quais, segundo Buckley, eram "a origem de quase todos os problemas em que os homens se envolviam". O status e a proeminência de um homem eram medidos, de acordo com Buckley, pelo número de esposas. Seu relato deixa claro que os homens aborígines competiam ativamente para adquiri-las e tomavam muitas mulheres à força dos vizinhos mais fracos, sempre que possível – sempre que, pelos seus cálculos, o custo fosse menor do que o benefício.

Adquirir mais mulheres em idade reprodutiva sempre foi, provavelmente, o resultado mais ambicionado dos conflitos intergrupais na longa história da nossa espécie e a finalidade mais frequente desses conflitos. A poliginia era relativamente barata durante a maior parte dessa história, pois adquirir a capacidade de sustentar mais esposas ou companheiras não dependia tanto de obter primeiro riquezas materiais, mas sim da capacidade de manipular as alianças entre homens que usavam a violência mortal e a ameaça de violência mortal para esse fim. Talvez, se analisássemos a capacidade humana de conseguir, controlar e implantar prudentemente a violência para obter vantagens reprodutivas, pudéssemos considerar essa habilidade como o mais importante de todos os recursos estratégicos. A meu ver, a recente ênfase das ciências sociais sobre as riquezas e o controle de recursos materiais escassos e estratégicos na evolução política do *Homo sapiens* se aplica apenas à era mais recente da história humana, talvez apenas aos últimos 8 mil anos. De fato, todo o propósito e o esquema das estruturas sociais tribais parecem destinados a controlar o acesso sexual dos homens às mulheres núbeis, em idade reprodutiva: o propósito ou a função da "organização social" nas tribos (e em muitos animais não humanos) parece ser a regulação eficiente do *acesso sexual dos machos às fêmeas* e do *papel das coalizões masculinas nesse processo*. A maior parte dessa regulação e controle é expressa pelos sistemas de descendência, classificação de parentesco, regras sobre o casamento e interdições do incesto que foram desenvolvidas pelos seres humanos. São práticas que têm sido o assunto central – e cada vez mais ignorado – da antropologia cultural.

Minhas muitas horas de entrevistas gravadas com informantes ianomâmis mais velhos, que me contaram sobre o seu passado, tanto imediato como remoto, e sobre as muitas guerras que lutaram antes de se mudarem para as aldeias onde eu os conheci, não deixam dúvidas sobre a importância das mulheres nos seus conflitos. Um dos meus informantes mais velhos, Dedeheiwä, um renomado pajé de Mishimishimaböwei-teri, é um caso típico. Depois de dias e dias de entrevistas em que fiquei perguntando sobre a causa da briga em cada lugar onde uma aldeia havia se cindido em várias aldeias hostis, ele disse, exasperado: "Não faça essas perguntas cretinas! Mulheres! Mulheres! Mulheres! Mulheres! Mulheres! Elas transavam o tempo todo, e quando transavam faziam um barulho assim: *Wha! Wha! Wha!* Mulheres!".[6]

CONFLITOS, LUTAS, GUERRAS E SEQUESTROS ENTRE OS IANOMÂMIS

A maioria dos observadores externos nota que os ianomâmis brigam muito, especialmente em aldeias com cem ou mais pessoas. Nas aldeias pequenas eles brigam muito menos, pois geralmente há apenas duas ou três famílias estendidas que obtêm esposas umas das outras há várias gerações. Além disso, a maioria dos moradores de uma aldeia demograficamente normal são crianças ou adolescentes.

Muitas pessoas também ficam surpresas ao saber que alguns homens ianomâmis costumam maltratar suas esposas – eles as espancam com pedaços de pau, acertam flechas farpadas em partes não vitais do corpo delas, fazem cortes nos seus braços e na parte superior do tronco com golpes de machado e facão, pressionam pedaços de lenha em brasa no corpo delas, entre outras coisas que a maioria de nós acharia infames e revoltantes.

Os homens ianomâmis têm um ciúme intenso de suas esposas e parecem estar sempre a vigiá-las, sempre atentos ao que elas estão fazendo – e também ao que estão fazendo os outros homens sexualmente ativos da aldeia. Os homens passam boa parte do tempo guardando a companheira, especialmente quando ela não está grávida e o marido pode ser traído. Os homens casados se preocupam especialmente com a possibilidade de que um ou mais *huya*, os rapazes jovens, molestem sexualmente suas esposas; ou imaginam que a esposa possa ser seduzida por eles, facilmente e de bom grado. Parece que os homens têm a visão fatalista de que uma mulher que não está sendo protegida vai, invariavelmente, ser seduzida por algum *huya* se ficar sozinha muito tempo; assim, os homens supõem o pior se a esposa ficar fora das suas vistas e não estiver junto com outras mulheres.

Ao longo da história e em numerosas sociedades os homens mostram ciúme sexual de suas esposas, de modo que essas práticas dos ianomâmis não deveriam nos surpreender. Há uma vasta literatura sobre o enclausuramento feminino – o que os homens fizeram, e ainda fazem, para impedir que suas mulheres sejam inseminadas por outros homens.[7]

Um relato bem documentado de lutas por mulheres vem da Nova Guiné. Após a Segunda Guerra Mundial, muitos jovens antropólogos entusiasmados partiram para a Nova Guiné, para fazer pesquisa de campo entre as tribos muito primitivas dos seus planaltos, uma área com um grande número de povos totalmente desconhecidos e onde se sabia que as guerras tribais eram comuns. Em 1963, quando eu estava planejando meu trabalho de campo, os planaltos da Nova Guiné eram a única parte do mundo, com exceção da Amazônia, onde ainda era possível encontrar tribos relativamente não aculturadas. Uma das grandes tribos dos planaltos que receberam considerável atenção da antropologia nos anos 1950 e início dos anos 1960 foi a tribo dani. Entre os dani, a porcentagem de mortes de homens adultos devido às guerras gira de 25% a 30%.

Um subgrupo dos dani, os dugum dani do Grande Vale, realizava espetaculares "torneios de luta", com grandes grupos de guerreiros elaboradamente pintados e ornamentados atacando uns aos outros, avançando e recuando pelas encostas das montanhas cobertas de vegetação, atirando flechas e gritando insultos. Sua guerra foi registrada, de maneira artística e indelével, em um dos filmes etnográficos mais incrivelmente belos e elegantes de todos os tempos: *Dead Birds* [Aves mortas]. Karl Heider, o principal etnógrafo da equipe de filmagem e pesquisa, atribuiu os conflitos dos dugum dani a três causas básicas: "Entre as causas de conflito, as principais são os porcos e as mulheres; os direitos sobre as terras vêm em longínquo terceiro lugar".[8]

Em 1987, Gordon Larson, antropólogo e missionário associado ao Summer Institute of Linguistics (SIL), apresentou sua tese de doutorado na Universidade de Michigan.[9] Àquela altura ele já tinha vivido entre um dos subgrupos dos dani durante uns trinta anos e recolhido dados muito detalhados sobre suas "disputas" e as causas declaradas dos 179 casos que investigou. Ele subdividiu as causas em quatro grupos: mulheres, perda de vida (vingança), propriedades e terras. A causa mais frequente dessas disputas eram as mulheres, 73 dos 179 casos (41%).

Desses conflitos, 104 foram resolvidos por alguma forma de violência: brigas leves, rixas e disputas que levaram a guerras. Mais uma vez, a causa mais comum das lutas em cada uma dessas categorias foram as mulheres, representando 40% delas. Surpreendentemente, a disputa pelas terras foi a razão menos comum dada pelos informantes a Larson para a violência, causando apenas 6% das lutas.[10]

De qualquer forma, há provas etnográficas do papel que as "lutas pelas mulheres" desempenham na vida política das tribos não aculturadas. De fato, as provas etnográficas de que uma grande causa das guerras entre as tribos é o desejo de obter mulheres são tão óbvias que é notável que tantos antropólogos tenham desconsiderado meus trabalhos, nos quais relato que a maioria das brigas entre os ianomâmis começa com discussões acerca das mulheres.

Embora essas brigas sejam comuns entre os ianomâmis, a frequência e a gravidade dos conflitos dependem, basicamente, do tamanho da aldeia. Normalmente, os ianomâmis desejam se apropriar de mulheres jovens de aldeias vizinhas; e, se a sua aldeia for mais forte (isto é, maior), eles começam a coagir os grupos menores a lhes dar as suas mulheres, geralmente em troca da promessa de lhes dar outra em troca, em algum momento indefinido no futuro. Porém, por vezes eles tomam à força as mulheres de seus vizinhos mais fracos.

Disputas e brigas sobre as mulheres são uma das principais causas das lutas e guerras entre os ianomâmis, mas não são as únicas. Se eu tivesse que indicar a causa mais frequente dos conflitos mortais, seria a vingança por uma morte anterior. No entanto, o que constitui uma morte digna de vingança é uma questão de opinião forense. Se uma cobra morde um homem e ele morre, isso não é considerado, necessariamente, um golpe de má sorte. Os ianomâmis podem concluir que a morte foi causada por bruxaria – que um inimigo em uma aldeia distante mandou aquela cobra, e portanto esse inimigo passa a ser um alvo legítimo de uma vingança mortal.

Para compreender como são os conflitos tribais é preciso uma visão sobre a violência e a guerra mais ampla do que a comumente adotada pelos cientistas sociais. As guerras, as lutas de porretes, as surras nas esposas etc. são conflitos por recursos que são úteis ou necessários para a sobrevivência e a reprodução

– ou seja, úteis no sentido evolutivo. A teoria da seleção natural não é simplesmente uma teoria da sobrevivência, mas sim da sobrevivência *reprodutiva*.

Os seres humanos têm conflitos de interesse porque, como todas as criaturas, precisamos nos apropriar dos recursos do nosso ambiente imediato a fim de sobrevivermos e nos reproduzirmos. Consumir ou usar um item impede, necessariamente, outra criatura de utilizá-lo. Assim, os conflitos são inevitáveis. Para os seres humanos, os conflitos de interesse mudam ao longo do tempo à medida que as culturas evoluem e se tornam cada vez mais complexas; e os recursos relevantes disponíveis são afetados por muitas variáveis. Estas incluem o ambiente físico, o ambiente político e social, a densidade populacional, a proporção entre homens e mulheres adultos, o tamanho máximo dos grupos permanentes, a história dos conflitos anteriores e muitos outros fatores. Alguns são "naturais" e outros são "sociais".

Os conflitos humanos ao longo da história podem ser atribuídos a disputas por dois tipos de recursos fundamentalmente diferentes: os recursos *somáticos* e os recursos *reprodutivos*.[11] O primeiro tipo satisfaz as necessidades corporais, como o crescimento e a manutenção fisiológica; e o segundo – membros do sexo oposto – possibilita deixar descendentes.

Colocando em termos rudimentares, os recursos "somáticos" são o foco quase exclusivo de atenção dos que tentam explicar a guerra em termos de escassez de recursos materiais estratégicos – "ouro e diamantes", por exemplo. Essa abordagem das ciências sociais se concentra fortemente na sobrevivência do grupo no sentido físico.

Uma abordagem mais sofisticada e mais abrangente chama a atenção para as dimensões biológicas da seleção natural e a importância da sobrevivência *individual*. Os recursos reprodutivos incluem não só os membros do sexo oposto (parceiros sexuais), mas também os vizinhos e aliados mais próximos que assumem riscos (e às vezes sofrem as consequências) para ajudar alguém a adquirir e proteger parceiros sexuais. Esses aliados são úteis, ou mesmo cruciais, em um sentido social. Historicamente, esses aliados úteis são principalmente membros da família: parentes genéticos ou indivíduos cujos interesses reprodutivos coincidem com os seus. Irmãos (parentes genéticos) e cunhados (doadores de esposas) são dois exemplos. Por vezes eles unem as suas capacidades de exercer a violência em favor de alguém; e, nesse sentido, a violência cooperativa e sua aplicação podem ser consideradas uma espécie de recurso biossocial ou sociobiológico, que difere dos recursos puramente somáticos.

Os ianomâmis têm brigas frequentes por mulheres, mas seria impreciso e enganoso dizer que eles "vão à guerra" por mulheres. Eles também lutam quando a honra ou o status de alguém é desafiado ou questionado, mas seria inexato afirmar que eles vão à guerra devido a ataques à honra. Por vezes matam um visitante inocente que vem à sua aldeia porque desconfiam de uma bruxaria, mas seria igualmente enganoso dizer que suas guerras são causadas pela bruxaria. Suas guerras em geral resultam de um acúmulo de motivos de queixas de vários tipos, que colocam determinados homens (e seus parentes) contra outros (e os parentes destes), começando às vezes por desentendimentos banais e depois progredindo para confrontos cada vez mais graves. Os motivos podem incluir incidentes como roubos de bananas ou de tabaco, acusações de feitiçaria e suspeitas de infidelidade. Por exemplo, um caso extraconjugal descoberto (ou apenas suspeitado) leva a uma luta de porretes. A aldeia se divide em duas. As suspeitas contra o novo grupo crescem e os ressentimentos vão aumentando e esquentando. Uma morte prematura e inexplicável será prova suficiente de que seus vizinhos estão praticando bruxarias contra você. Algum homem inocente da aldeia vizinha em questão vem visitar e é morto. Seguem-se outras mortes por vingança e começa um novo ciclo de guerras, às vezes colocando parentes agora distantes uns contra os outros. A menos que você saiba algo sobre a etiologia dessa guerra em particular, seria equivocado concluir apressadamente que ela foi causada por, digamos, um incidente de bruxaria. O processo que faz os incidentes triviais aumentarem e resultarem em uma guerra é longo e complexo, e um observador desatento ou desinformado pode nem sequer estar ciente das múltiplas conexões, especialmente se suas observações são de curta duração e feitas em uma aldeia pequena.

Na minha opinião, é melhor considerar a guerra como um dos tipos de conflito, com frequência um conflito que é o resultado e o prolongamento de muitos desentendimentos anteriores, frequentemente triviais. É possível encontrar uma causa específica para cada um dos conflitos intervenientes e por vezes triviais – um insulto, o não pagamento de um favor feito anteriormente, o roubo de um objeto, ou ainda seduções ilícitas, quer reais, quer supostas. Mas em geral é uma simplificação grosseira do complexo processo de desenvolvimento dos conflitos considerar a provocação imediata como a razão para um ato de violência mortal entre os grupos.[12]

A PROPORÇÃO SEXUAL

Há mais homens que mulheres na população ianomâmi. Percebi isso no meu primeiro ano de trabalho de campo: havia mais homens do que mulheres não só na população em geral, mas especialmente entre os mais jovens. Na maioria das minhas primeiras publicações, fiz dessa constatação demográfica uma questão teórica para a compreensão das relações sociais e políticas nas sociedades tribais.

O desvio da proporção sexual igualitária[13] é característico de todas as populações humanas. Por exemplo, a proporção sexual no nascimento, na maioria das grandes populações pós-industriais, é de cerca de 105 a 107 meninos para cada 100 meninas. Entre os ianomâmis a proporção total está na faixa de 125 a 130 homens para 100 mulheres, dependendo do grupo de aldeias estudado. Em pequenas populações, como nas aldeias ianomâmis, a taxa de mortalidade de curto prazo pode ter efeitos significativos sobre a proporção sexual. Em determinado momento uma aldeia de 100 pessoas pode ter uma proporção sexual de 130 para 100 entre os adultos, mas uma epidemia (ou uma guerra repentina) em uma população pequena pode alterá-la para, digamos, 110 para 100 da noite para o dia, porque há poucos adultos e a morte de apenas alguns pode ter um grande efeito sobre a proporção sexual.

O estudo da proporção sexual e das razões pelas quais há mais homens que mulheres nas populações humanas (e também mais machos do que fêmeas nas espécies de reprodução sexuada em geral) é um problema complexo na biologia.

Inicialmente, eu acreditava que o desequilíbrio que eu observava e registrava era causado pelo infanticídio preferencial feminino, isto é, que os ianomâmis matavam mais meninas recém-nascidas do que meninos. O que eu sabia com certeza por minhas próprias observações era que: 1) havia uma comprovada escassez de mulheres; 2) os ianomâmis praticavam infanticídio (tratarei do assunto mais adiante neste capítulo); e 3) os informantes diziam que preferiam os bebês do sexo masculino porque "os bebês meninos são mais valiosos". Há referências frequentes ao infanticídio preferencial feminino na literatura antropológica técnica. Postulei esse modelo teórico da guerra entre os ianomâmis em uma das minhas primeiras publicações.[14]

Porém, logo descartei essa explicação quando comecei a ler a literatura da biologia teórica e descobri como é flexível e maleável a proporção sexual nas populações humanas. Eu presumia que uma razão de 105 para 100 no nascimento era uma constante biológica universal, mas estava errado.

A principal dificuldade dos estudos sobre a proporção sexual é o tamanho da população. Embora eu tenha incluído várias aldeias ianomâmis na minha amostragem, a ponto de julgar que se tratava até de um exagero estatístico, na verdade eu continuava estudando uma população pequena: 4 mil indivíduos é uma amostra pequena para estudos de proporção sexual. Demonstrar estatisticamente que uma razão de 115 para 100 era significativamente diferente de uma razão de 107 para 100 exigiria uma população muito maior – e eu teria que entrevistar as mulheres simultaneamente, em cada uma dessas aldeias muito dispersas e de difícil acesso, só para obter os dados de recenseamento necessários.

É por essas razões que os demógrafos e os pesquisadores da proporção sexual usam populações muito grandes. Em muitos países, inclusive a Venezuela, é realizado um censo nacional em um único dia: todos os habitantes são obrigados a ficar em casa para serem contados por legiões de recenseadores contratados pelo governo. Tente fazer isso com os ianomâmis. (Seus números na Venezuela e no Brasil ainda são apenas "estimativas" nos censos atuais dos dois países.)

De qualquer forma, sejam quais forem os números absolutos dos dois sexos, a escassez de mulheres entre os ianomâmis é real. A razão tem a ver com a poliginia – o casamento de um homem com duas ou mais mulheres. Muitos homens ianomâmis têm várias esposas, chegando a cinco ou seis ao mesmo tempo. Isso significa que muitos outros homens ficarão sem mulheres.

Essa é a principal razão pela qual há tanta briga entre os homens pelas mulheres disponíveis. Isso aconteceria mesmo que entre os ianomâmis a proporção sexual no nascimento fosse de cem para cem, ou mesmo se houvesse um pequeno excesso de mulheres.

Quando percebi a escassez de mulheres fiquei surpreso e também intrigado. Eu não me lembrava de nenhum estudo antropológico de um povo tribal em que a escassez de mulheres fosse discutida em termos do seu possível impacto sobre as relações sociais e políticas entre homens e mulheres, e muito menos das suas implicações para a guerra e a política.[15] No meu primeiro ano em campo, porém, tornei-me vividamente consciente de que muitas lutas de porretes dentro de uma aldeia e muitas discussões e divergências entre os homens de diferentes aldeias giravam em torno das mulheres, fosse porque alguém não cedeu uma mulher em casamento, conforme prometido; por encontros sexuais ilícitos entre uma mulher casada e seu amante do momento; ou pela tentativa de recuperar uma mulher que fora raptada pelos homens de uma aldeia vizinha. Lutar por mulheres pode parecer uma "atividade indecorosa" para alguns antropólogos culturais, como disse Marvin Harris,[16] mas tem implicações importantes para se compreender as guerras nas sociedades tribais. Os biólogos julgam que obter mulheres é uma estratégia reprodutiva eficaz nas populações onde há seleção sexual – incluindo as humanas[17] – e isso não é apenas uma "especulação indecorosa".

O RAPTO DE MULHERES ENTRE OS IANOMÂMIS

"Arrastar" é a maneira como os ianomâmis descrevem alguns raptos, e é uma palavra adequada em muitos casos: a vítima é agarrada por um braço pelos seus sequestradores, e seus protetores agarram o outro braço. Os dois grupos então puxam em direções opostas. Até mesmo outras mulheres se envolvem, em especial as do grupo da vítima, que não querem que estranhos a levem embora. A vítima, invariavelmente, grita em agonia, e a luta pode durar vários minutos, até que um dos grupos acaba predominando. Na maioria dos casos, porém, as mulheres são tomadas quando vão com o marido e filhos visitar alguma outra aldeia. Os perpetradores simplesmente arrastam as mulheres para um grupo de homens locais, que, brandindo suas armas, dizem aos maridos para irem embora, "ou então vocês vão ver!". Isso geralmente acontece quando um grupo pequeno de homens e suas esposas e filhos visitam algum aliado grande, porém não confiável, e estão em grande desvantagem numérica. Os maridos não têm muita opção a não ser voltar para casa – e tentar recrutar um grande grupo de apoiadores que estejam dispostos a voltar e ajudá-los a recuperar as mulheres raptadas. Isso quase sempre leva à violência, em geral combates com porretes ou flechadas.

É sempre um grupo forte que toma as mulheres de um grupo fraco, isto é, homens de aldeias grandes e poderosas que tomam as mulheres de homens de aldeias menores, politicamente fracas. Isso acontece até mesmo por ocasião das festas às quais um grupo convidou o outro. Essa possibilidade é de conhecimento geral entre os ianomâmis, pelo menos entre seus líderes políticos, e é por isso que os homens de cada grupo tentam impressionar os outros, vangloriando-se ou agindo de modo *waiteri* (feroz), para mostrar que o seu grupo é grande e feroz, pelo menos tanto quanto o outro grupo.

Quando os dois grupos são mais ou menos do mesmo tamanho e, portanto, têm mais ou menos o mesmo potencial para infligir danos um ao outro, a tentação ou a possibilidade de um rapto fica muito reduzida.[18] É sempre uma boa ideia ser tão grande quanto os vizinhos; e, se você não for, deve ter muita cautela ao aceitar convites para festas ou encontros para permuta de objetos. Um convite desses pode ser uma armadilha. Devido à possibilidade sempre presente de um ataque, os aliados precisam uns dos outros, mas não podem confiar uns nos outros.

Quando um grupo de ianomâmis está iniciando uma nova aliança com outro grupo cujos membros não conhece bem (ou mesmo dos quais desconfia), geralmente no contexto de uma festa cerimonial, os homens por vezes escondem suas mulheres e crianças nas profundezas da floresta perto da sua própria aldeia e vão participar da festa sozinhos. Fazem isso para poder "conhecer" melhor seus aliados em potencial. Mas é uma atitude que pode ser perigosa, pois os anfitriões imediatamente acusam os visitantes de serem "desconfiados", de estarem com um pé atrás, de não acreditarem nos seus amigos: "Nós somos pessoas sinceras, somos seus amigos de confiança! Vocês estão nos ofendendo dando a entender que temos más intenções!". Mas o custo de não perceber que uma aldeia tem homens traiçoeiros pode ser muito alto. Os anfitriões podem até ter um plano sinistro de longo prazo. Podem convidar o outro grupo para várias festas, podem ser amistosos com ele, fazê-lo se sentir confiante, e incentivá-lo a trazer as mulheres da próxima vez. E, quando os convidados trazem as mulheres, os anfitriões se voltam contra eles, em um truque sujo, um *nomohori*.

Uma pequena fração das mulheres raptadas é tomada por invasores em guerra. Em geral esse é um "bônus" inesperado: os atacantes fazem uma incursão para matar homens da aldeia inimiga e voltam para casa antes mesmo que o corpo da vítima, crivado de flechas, seja descoberto. Na retirada os invasores às vezes se deparam com um grupo de mulheres a certa distância da aldeia, e se os riscos parecerem baixos eles raptam uma ou mais delas. As mulheres sequestradas dessa maneira, em geral, são estupradas pelos invasores já no caminho de casa e, quando chegam à aldeia deles, são novamente estupradas por todo e qualquer homem disposto a fazê-lo, e às vezes também por visitantes de aldeias aliadas, se houver algum presente. O estupro coletivo pode durar muitos dias.

As infelizes cativas acabam sendo tomadas como esposas por homens locais. Com frequência são desposadas pelos caciques, os quais, como descobri, por vezes fazem isso para acabar com os estupros e eliminar essa causa de desordem caótica e frenesi sexual na aldeia. Os caciques por vezes "compartilham" as mulheres com seus irmãos mais jovens por algum tempo, e podem depois lhes entregar as mulheres como suas esposas exclusivas.

Os estupros também ocorrem independentemente dos raptos. Homens de aldeias maiores e mais poderosas – um grupo de caçadores, por exemplo – podem ocasionalmente encontrar um homem e sua esposa na selva, e, enquanto alguns seguram o marido, os outros a estupram. A retaliação subsequente depende, mais uma vez, do tamanho relativo das duas aldeias. Seria imprudente para um grupo de caçadores de uma aldeia pequena fazer isso com um homem e sua esposa de uma aldeia vizinha muito maior.

Um fato muito curioso acerca dos raptos é que na maioria dos casos a vítima é bem conhecida dos seus sequestradores – e pode até ser sua parente. Essa é uma consequência previsível da maneira como as aldeias ianomâmis, dominadas pelo parentesco, crescem e se cindem. Na maioria das áreas, os moradores de aldeias vizinhas já foram membros da mesma aldeia alguns anos antes, mas se separaram quando o grupo maior se dividiu e cada subgrupo seguiu seu caminho. Embora aparentados, ao longo do tempo os grupos se tornam distanciados e por vezes até hostis um ao outro; e, com o passar das gerações, ficam menos intimamente aparentados. Outra maneira de dizer isso é que os ianomâmis com frequência raptam mulheres que eles conhecem – e podem até ter crescido com elas. Na verdade, eles continuam respeitando suas proibições de incesto quando a mulher aprisionada é dada a um homem como esposa: o homem que adquire essa mulher não deve ser parente consanguíneo dela de alguma maneira que viole suas proibições de incesto. (Sei de um caso, porém, em que uma aldeia se cindiu e separou um homem da sua meia-irmã. Os dois cresceram em aldeias diferentes. Mais tarde ela foi capturada e acabou sendo tomada em casamento pelo seu meio-irmão, que era o cacique da nova aldeia.)

Se um homem é realmente feroz, como o é a maioria dos caciques, ele pode cometer incesto com impunidade. Um dos meus amigos ianomâmis mais queridos se gabou para mim certa vez, falando do seu filho de cinco anos: "Ele vai ser feroz quando crescer! Vai até cometer incesto!".

É difícil medir ou calcular a taxa ou a frequência dos raptos, pois é preciso conhecer a história de cada aldeia com precisão, incluindo como certas famílias se separaram quando a aldeia se dividiu. O tamanho da aldeia e a sua força política relativa em determinado ponto da sua história complicam a questão. Por exemplo, uma aldeia grande e poderosa, de 225 pessoas, pode, ao longo do tempo, raptar um número relativamente grande de mulheres dos vizinhos menores e depois se cindir em duas ou três aldeias de cerca de 70 pessoas cada. Podemos conseguir determinar que, antes da cisão, 20% das mulheres adultas tinham sido sequestradas por grupos vizinhos. Depois da cisão em três grupos, um número desproporcional das raptadas pode acabar nas três novas aldeias: uma das três pode ficar com algumas poucas, e as outras duas com a maioria. Ou, por exemplo, uma aldeia grande pode ter passado um longo período de tempo em uma só área e incluir muitas mulheres sequestradas, mas gradualmente ser forçada a sair de lá e a ir para uma área periférica menos desejável, e depois ter de cindir-se em grupos menores. Ela "leva" consigo sua história de sequestros anteriores por algum tempo, e pode ser especial entre os vizinhos por conter um número desproporcional de mulheres raptadas em relação a eles.

A frequência do rapto de mulheres

Nas minhas primeiras publicações, relatei que cerca de 20% das mulheres adultas nas aldeias "centrais" em que trabalhei tinham sido sequestradas por outras aldeias. Essa estimativa não mudou significativamente segundo os dados que recolhi no trabalho de campo que fiz depois disso. As aldeias centrais que estudei tinham uma população conjunta de 769 pessoas e incluíam uma média de 22,6% de mulheres raptadas.

O TRATAMENTO GERAL DISPENSADO ÀS MULHERES

A vida de uma mulher raptada nem sempre é pior na aldeia dos seus captores do que era antes. Em alguns casos, a sua vida é mais feliz, mais tranquila e, o que é o mais importante, mais segura. As mulheres ianomâmis que são agredidas pelo marido não contam com nenhuma autoridade que lhes possa dar proteção, exceto parentes que sejam mais fortes e agressivos do que seu marido e morem na sua aldeia. Na verdade, a vida de algumas mulheres é tão terrível que elas fogem, voluntariamente, da sua aldeia de origem e vão buscar refúgio em outra, onde um novo marido talvez as trate melhor.[19]

Uma mulher que faz isso é chamada de *shuwahi* – ela foge, em geral de um marido cruel, e se coloca à mercê dos homens de outra aldeia. Em muitos casos ela conhece esses homens e pode até ser parente deles. Como é muito provável que seu marido anterior e os amigos dele a persigam e punam severamente – talvez até mesmo a matem –, a mulher tenta fugir para uma aldeia mais poderosa do que a que está deixando para trás.

Pouca atenção científica foi dada ao papel que a brutalidade e a violência contra as mulheres provavelmente desempenharam na evolução do comportamento humano, ou nos "ambientes da história", como Richard Alexander chamou essa época. Até mesmo a teoria sociobiológica, hoje com frequência chamada de psicologia evolucionista, parece ter um caráter muito eurocêntrico – implicando que as mulheres da era paleolítica quisessem ou buscassem basicamente o mesmo tipo de coisas que as mulheres de hoje querem: um homem bonito, com muitos recursos materiais; um homem que não tenha outra esposa; um homem que não seja namorador e que empenhe todos os seus esforços para ser fiel à esposa e investir intensamente na sua prole; um homem com bons genes; um homem que tenha prestígio e poder. A maioria dos dados que embasam essas convicções foi coletada com alunas universitárias de classe média ou alta, e não com mulheres da Idade da Pedra. A ideia de que podemos projetar no passado essas atitudes contemporâneas também é, provavelmente, um pouco rousseauniana, pois pressupõe uma igualdade entre os sexos que provavelmente não existia nos ambientes históricos, mas existe em graus variados nos campi das grandes universidades contemporâneas.

As mulheres ianomâmis que entrevistei pareciam querer apenas ficar livres de espancamentos e punições severas por parte do marido, que às vezes apenas "desconfiava" de que elas tivessem praticado os atos pelos quais estavam sendo maltratadas.

Muitas mulheres ianomâmis têm cicatrizes horríveis de agressões infligidas pelo marido como já mencionei anteriormente. Presenciei vários desses incidentes. Em um caso especialmente revoltante, um homem espancou sua esposa namoradeira com um pesado pedaço de lenha, desfechando uma série de golpes de uma violência chocante na cabeça e no rosto. Mesmo depois que ela estava inconsciente no chão, com sangue escorrendo dos ouvidos, nariz e couro cabeludo, ele continuou a desferir golpes potencialmente fatais enquanto todos na aldeia ignoravam a cena. A cabeça da mulher quicava no chão a cada um desses golpes inclementes, como se ele estivesse batendo em uma bola de futebol com um taco de beisebol. Nesse ponto o cacique e eu interferimos, pois o homem a estava matando. Mais tarde costurei as feridas dela, depois de obter permissão para tanto por parte do marido, ainda tomado de violenta fúria.

Essa mulher teve uma vida trágica também em outros aspectos. Alguns anos depois da surra que acabo de descrever, seu filho recém-nascido escorregou dos seus braços enquanto ela dormia na rede, acima da fogueira. O bebê morreu queimado nas brasas antes de a mãe ouvir seus gritos fracos e acordar. Não muito tempo depois, a mãe foi mordida por uma cobra e morreu.

Em alguns casos, um homem tomado de violenta raiva atira uma flecha na esposa, em geral mirando uma parte não vital do seu corpo, como a coxa ou as nádegas. Porém, naquele acesso de raiva, e com as tentativas dela de se proteger, às vezes ele acaba por atingir um ponto vital e matá-la. A flecha preferida para isso tem uma ponta *adari* – longa e farpada (de 25 a 30 centímetros), na extremidade da qual é afixada uma lasca bem afiada de fêmur de macaco. É difícil e muito doloroso extrair da carne essa ponta de flecha. Na área onde vivi durante a maior parte da minha carreira de pesquisador, cerca de 30% das mortes dos homens adultos se deviam à violência, a maioria por flechadas, e muitas vezes com esse tipo de ponta. Cerca de 5% das mortes das mulheres adultas também eram causadas por violência, principalmente por parte do marido, que as espancava até a morte ou atirava nelas uma flecha de ponta *adari* que acabava errando o alvo.

As feridas mais horríveis infligidas nas mulheres, porém, são feitas com ferramentas de aço, como machados e facões, ou com pedaços de lenha em brasa pressionados sobre alguma parte do seu corpo. O atacante é quase sempre o marido.

Vários dos meus detratores na área da antropologia me acusaram de inventar ou exagerar a violência dos ianomâmis – e alguns deles chegaram a alegar que eu mesmo fui a causa de boa parte dela. Eles argumentaram que meu comportamento supostamente desagradável provocou os ianomâmis a fazer coisas violentas que nunca tinham feito antes.[20] O fato, porém, é que muitas vezes fui testemunha de agressões dirigidas a mulheres que eu mal conhecia e vi muitas cicatrizes horríveis causadas por flechadas ou facadas. Os missionários e os funcionários da Malarialogía me descreveram casos semelhantes em outras áreas ianomâmis, que visitei só ocasionalmente.

Mark Ritchie descreve um episódio de violência dos ianomâmis contra as mulheres em seu fascinante livro *Spirit of the Rainforest* [Espírito da floresta tropical], de 1996. Ritchie, um empresário, fez amizade com um grupo de missionários evangélicos que trabalhavam entre os ianomâmis logo ao norte da área em que eu trabalhava. Ritchie visitou a missão Dawson, no rio Padamo, seis vezes ao longo de treze anos, a partir do início dos anos 1980.[21] Ele documentou, com a ajuda da tradução de um dos missionários, a vida de um dos líderes políticos do grupo.

> Yawalama estava fora da roça, tomando a trilha da selva, quando Pé Grande a alcançou e a jogou no chão. Ela deu um salto e ele então lhe cortou uma perna fora a golpes de facão. Caída de costas no chão, ela tentou se proteger com os braços. Ele a cortou em pedaços como um animal enlouquecido e a deixou ali à beira da morte. [...] Foi preciso chamar cinco pessoas para carregá-la, pois muitas mãos foram necessárias para segurar os pedaços quase decepados do seu corpo. [...] Keleewa [um missionário] e sua esposa e irmãs passaram o resto da noite limpando suas feridas e colocando os músculos de volta nos braços e pernas. [...] A rótula fora cortada fora e os tendões estavam aparecendo. Eles os colocaram de volta no lugar e os amarraram com faixas.[22]

Essa menina tinha apenas treze anos.

Em outra ocasião, no mesmo grupo de ianomâmis, um deles refletiu sobre um incidente em que um marido brutal castigou a esposa com um pedaço de lenha em brasa:

> Ele se lembrava do cheiro horrível que sentiu no dia em que um homem ficou com raiva da esposa. Ele a derrubou no chão e ficou em pé sobre um dos tornozelos dela. Pegou então o outro tornozelo com a mão e, segurando-a assim com as pernas abertas, enfiou no meio delas um pedaço de lenha tirado da fogueira. "Se você não me quer, não vai ter mais ninguém por um bom tempo." [...] Ele ficou pressionando o pedaço de lenha ali até que a aldeia inteira fedesse a carne queimada.[23]

As descrições que Ritchie faz da violência na cultura ianomâmi condizem com meus próprios relatos. Há também outras observações que se encaixam no quadro teórico geral segundo o qual a violência e a guerra têm papel central na cultura ianomâmi.[24]

Esses relatos levam todos à mesma conclusão: a vida no mundo tribal é dura, e com frequência pontuada por uma violência extrema. Os ianomâmis são provavelmente um exemplo típico de como é a vida no estado de natureza, na ausência das instituições do Estado político, daquilo que Hobbes caracterizou como "o poder que inspira temor nos homens". Embora também seja verdade que os nativos passam muitas horas felizes caçando, pescando, coletando alimentos e contando histórias e mitos maravilhosos em volta da fogueira, uma das características mais salientes do seu ambiente social é a ameaça de um ataque dos vizinhos. Outro traço que parece onipresente nesse ambiente social é a avareza dos homens em relação às mulheres, tanto do seu próprio grupo como dos grupos vizinhos. As mulheres no mundo tribal contemporâneo – o chamado presente etnográfico – são alvo da possessividade e agressão masculinas, e suspeito que isso sempre tenha sido assim no nosso passado paleolítico.

Os sinais de riqueza que nós, civilizados, cobiçamos são de modo geral irrelevantes para o sucesso e a sobrevivência no mundo tribal e foram irrelevantes durante a maior parte da história humana. Porém, as mulheres sempre foram o recurso mais valioso que os homens defendem, e pelo qual combatem. Como observou Aristóteles Onassis, que se casou com Jackie Kennedy depois que o presidente Kennedy foi assassinado, e que foi um dos homens mais ricos do século XX: "Se as mulheres não existissem, todo o dinheiro do mundo não teria nenhum sentido".

Os antropólogos que coletam dados tradicionais entre povos tribais hoje se encontram na posição peculiar de ser censurados simplesmente por relatar suas observações em publicações acadêmicas, pois esses dados podem ofender algum grupo que acredita no conceito do nobre selvagem. Pouco importa que esse conceito seja incompatível com os fatos etnográficos. Esse nobre selvagem virtual é um construto baseado na fé, e nesse aspecto a antropologia vem se tornando mais parecida a uma religião – em que grandes verdades são estabelecidas pela fé, e não pelos fatos.[25]

Os antropólogos culturais que trabalham em campo têm consciência (ou deveriam ter) de dois tipos de "verdade" que vão relatar a partir dos seus estudos de campo: 1) o que os nativos dizem que fazem; e 2) o que os nativos realmente fazem. Por vezes as duas coisas são quase idênticas; porém, com mais frequência, há uma grande discrepância entre elas.

Os nossos Dez Mandamentos podem ilustrar meu argumento. Os Dez Mandamentos não descrevem com precisão como realmente age, na vida diária, a maioria das pessoas que provêm da herança cultural judaico-cristã. Muitas pessoas mentem, enganam e cobiçam quando julgam que podem fazê-lo impunemente. São atividades do tipo custo-benefício: se os benefícios são altos e os custos ou penalidades pequenos (ou se há pouca probabilidade de ser pegas), as pessoas com frequência violam as regras da sociedade. Os ianomâmis são bem como nós – eles não apenas elaboram regras, como também as *infringem*.[26]

Vamos examinar como isso funciona na cultura e na sociedade ianomâmi. Vamos ver, por exemplo, de que modo as regras dos ianomâmis sobre sexo e reprodução coincidem ou se desviam das práticas observáveis.

Gostaria primeiro de resumir algumas das afirmações mais gerais que já publiquei, ilustrando as diferenças entre o que os ianomâmis dizem que fazem e o que realmente fazem. Estou certo de que a maioria dos homens e mulheres ianomâmis concordaria com minhas afirmações sobre os seguintes costumes do seu povo.

Regra 1: As mulheres ianomâmis não devem ter relações sexuais quando estão grávidas.

Tanto homens como mulheres mencionaram para mim, ocasionalmente, que o feto sofreria danos ou seria prejudicado de alguma forma se a mulher ignorasse essa proibição. Embora todos eles conhecessem mulheres que tiveram relações sexuais durante a gravidez, tive a impressão de que desaprovavam isso.

Regra 2: As mulheres ianomâmis não devem ter relações sexuais quando estão amamentando, período que pode durar até dois anos.

As poucas conversas particulares que tive com mulheres sobre essa regra indicaram que a retomada das atividades sexuais pouco depois do nascimento do bebê era perigosa para a saúde e a sobrevivência da criança. Também ouvi, em outros contextos, mulheres especularem que a morte recente de alguma criança de peito ocorreu porque a mãe violara essa regra.

Por outro lado, algumas mulheres engravidam e têm filhos enquanto ainda estão amamentando uma criança anterior; assim, é bem claro que essa proibição por vezes é violada. Além disso, uma série de infanticídios me foi explicada nos seguintes termos: a mãe decidiu matar o recém-nascido porque não poderia amamentar dois filhos e optou por salvar o mais velho, a quem amava muito e em quem já havia investido muita energia maternal.

Regra 3: Meninas pré-púberes não devem se envolver em atividades sexuais.

Esta regra parece bastante robusta, mas sei que ocasionalmente é violada. Parece que não há nenhuma punição odiosa para as mulheres, mas o homem *supostamente* tem que passar por um ritual de purificação bastante rigoroso, em uma cerimônia chamada *unokaimou*, se tiver relações com uma menina pré-púbere. *Não sei de nenhum caso em que isso tenha acontecido nos lugares onde eu trabalhei.* A única cerimônia de *unokai* que testemunhei se seguiu à morte de outro ser humano, o que acontece quando invasores atacam pessoas de outra aldeia, ou quando uma luta de porretes dentro da própria aldeia se torna fatal. Documentei muitas dessas mortes e testemunhei várias cerimônias de *unokai*. Alguns ianomâmis supostamente afirmam que quem matar um gavião-real (*mohomö*) também deve passar pela cerimônia de purificação do *unokai*. No entanto, *nunca ouvi falar nem documentei casos de homens que passaram pela cerimônia do* unokai *por terem matado um gavião-real.*

Regra 4: Para as mulheres o casamento é quase universal após a puberdade, isto é, praticamente todas as mulheres pós-púberes são casadas durante o seu período de vida reprodutiva.

Essa regra deriva do que os ianomâmis dizem e também do que eu, como observador, documentei. Nesse aspecto ela difere das três primeiras regras.

TAXAS DE DIVÓRCIO ENTRE OS IANOMÂMIS
COMPARADAS COM AS DE OUTRAS SOCIEDADES*

Grupo	Taxa	Local	Grupo	Taxa	Local
Canúris	64	África	Huli	33**	Nova Guiné
Ndembu	61	África	Raiapu Enga	33**	Nova Guiné
Kofyar	48*	África	Ngoni	29	África
Malásia (rural)	48	Sudeste da Ásia	Elti	29	Nova Guiné
Java (rural)	47	Sudeste da Ásia	Somalis	28	África
Iorubás	46	África	Mambwe	28	África
Dani do vale do Konda	45	Nova Guiné	Tongas (Planalto)	28	África
Luvales	45	África	Ganda	27	África
Lamba	42	África	Tongas (Gwembe)	36	África
Bakweri	42	África	Kyaka Enga	23*	Nova Guiné
Irigwo	40*	África	**Ianomâmis**	**20**	**América do Sul**
Hererós	40	África	Kawelka	19	Nova Guiné
Gonga	38	África	Fore do Sul	14**	Nova Guiné
Ngoni (Fort Jameson)	37	África	Telefolmin	15**	Nova Guiné
Yao	35	África	Onas	11	África
Soga	35*	África	Árabes palestinos	8	Oriente Médio

Fonte: Chagnon, Napoleon A.; Hames, Raymond. "The Social Effects of Mortality and Divorce on the Yanomamö Nuclear Family: Kinship, Fosterage and Marriage Choice Implications for Tribal Societies".

TAXAS NOS ESTADOS UNIDOS

Ano	Taxa***
1920	13
1940	17
1960	26
1970	33
1975	43

Fonte: Van den Berghe, Pierre. *Human Family Systems.*

Notas:

* Nossa estimativa baseada nos dados quantitativos disponíveis.

** Média das taxas masculinas e femininas.

*** Proporção entre a taxa de divórcios por 1.000 e a taxa de casamentos por 1.000. A proporção C de Barnes nunca ou quase nunca é calculada para sociedades modernas. Nossas medidas aqui apresentadas são provavelmente bem próximas da proporção C.

Em geral, quando faço perguntas amplas como "Com quem vocês se casam?", suas respostas não são específicas acerca da idade que as pessoas precisam ter para casar, mas indicam que uma mulher pode se casar muito jovem – e até mesmo ser prometida em casamento ainda antes de nascer. Assim, a vida conjugal das mulheres começa quando são muito jovens – em alguns casos, crianças de colo – e pode durar até a velhice. A maioria das mulheres tem vários maridos ao longo da vida – mais do que cinco ou seis –, em parte devido à alta taxa de mortalidade dos homens e em parte devido à dissolução dos casamentos, o que chamaríamos de divórcio. A página 269 mostra a taxa comparativa de "divórcio" entre os ianomâmis na área onde fiz meu trabalho.

Regra 5: A mulher ianomâmi deve ser fiel ao marido.
Esta regra é a mais violada. Os homens ianomâmis são como os homens de quase todas as outras sociedades: excessivamente possessivos com as esposas e muito ciumentos, chegando frequentemente a extremos de violência. A maioria das disputas, lutas e guerras é causada, em última análise, por conflitos entre os homens devido a casos, supostos ou reais, de infidelidade das esposas. A ordem (e a desordem) social entre os ianomâmis é constituída basicamente pelas relações sexuais e pelos interesses reprodutivos dos adultos, homens e mulheres.

RESULTADOS ESTATÍSTICOS DA MINHA EXPEDIÇÃO DE 1986

A tabela a seguir mostra até que ponto as regras que apresentei se coadunam com os dados empíricos nela sintetizados.

A tabela se baseia em dados fornecidos por indivíduos cuja confiabilidade como informantes eu já havia constatado em diversas viagens anteriores. Muitos deles conheciam as mulheres sobre as quais perguntei (e coabitavam a mesma aldeia); em geral eram aparentados e tinham crescido com elas. A maioria dos meus informantes eram homens adultos entre trinta e quarenta anos de idade, embora eu também tenha feito as mesmas perguntas a um número menor de mulheres das aldeias. Menciono isso porque o gênero/sexo do antropólogo pode introduzir um viés na pesquisa, ou seja, as respostas dadas a algumas perguntas poderiam ser diferentes se o antropólogo fosse, nesse caso, uma mulher. Duvido que isso seja verdade para a maior parte das perguntas, porque são simples questões de observação – o sexo da pessoa, sua idade aproximada, seu estado civil, se a mulher é pós-púbere, gestante ou lactante. São fatos observáveis.

A única pergunta que *poderia* gerar uma resposta diferente para um antropólogo dependendo do seu sexo é: "Essa mulher é sexualmente ativa atualmente?".[27] Não sei ao certo se as respostas para a mesma pergunta feita por uma antropóloga mudariam os resultados que relato abaixo, mas meu palpite é que não. Um antropólogo homem trabalhando com informantes ianomâmis homens pode obter informações mais confiáveis sobre o assunto, porque os homens ianomâmis têm profunda curiosidade por esse tópico. Como é uma questão fundamental para os seus interesses reprodutivos e sexuais, eles "monitoram" atentamente essa parte do seu ambiente social.

SITUAÇÃO REPRODUTIVA DE 302 MULHERES IANOMÂMIS*

Faixa etária	0-10	11-19	20-44	> 45	Total
Número de mulheres	91	53	118	40	302
Sexualmente ativas	1	43	93	25	162
Casadas	10	46	116	22	194
Pós-púberes	0	39	118	40	197
Gestantes	0	4	9	0	13
Lactantes	0	15	77	3	95

* Com base em dados não publicados de 1986.

Os dados resumem as respostas que os informantes homens (e algumas mulheres) me deram para uma série de perguntas que fiz a respeito de *todas* as mulheres e meninas de doze pequenas aldeias – totalizando 302 mulheres, desde meninas recém-nascidas até as moradoras mais velhas, algumas com mais de setenta anos.

Vamos comparar esses dados às cinco regras que mencionei acima.

Regra 1: As mulheres grávidas não devem ter relações sexuais.
Os dados da tabela indicam que apenas treze mulheres (cerca de 4%) da amostra estavam grávidas no momento da amostragem.

As taxas de gravidez em qualquer momento dado são muito sensíveis à situação de saúde e morbidade, principalmente o aparecimento, por vezes irregular e imprevisível, de alguma doença que aumenta consideravelmente os óbitos infantis. Nem todos esses casos devem ser considerados "epidemias". A malária, por exemplo, é endêmica na região dos ianomâmis. Sua incidência aumenta e diminui, em geral dependendo das chuvas. Assim, depois de um período de altas taxas de infecção por malária, levando a um número de óbitos infantis acima da média, as mulheres que perderam seus bebês tendem a ficar grávidas ao mesmo tempo, e portanto a taxa de gravidez depois de tal período de mortalidade infantil pode ser muito alta. Em outras amostragens feitas com a mesma população, o índice de gravidez pode ser muito mais baixo. É por essa razão, entre outras, que uma única visita breve, feita a uma só comunidade, pode resultar em dados que deturpam o quadro mais amplo. Portanto, as treze mulheres grávidas dessa amostra podem refletir um índice próximo do extremo inferior de uma taxa flutuante. Embora o total de 302 mulheres constitua uma amostra relativamente grande para muitos estudos antropológicos, para as pesquisas biossociais ela pode ser muito pequena.

As treze mulheres grávidas estão exclusivamente nas duas faixas etárias médias, entre 11 e 44 anos de idade.

Onze das treze mulheres grávidas (85%) tinham atividade sexual no momento da pesquisa; vemos assim que a proibição do sexo durante a gravidez não é muito forte. As duas únicas mulheres grávidas que *não* tinham atividade sexual eram as duas *mais jovens*, o que nos leva a suspeitar que alguns tabus sexuais são destinados apenas às pessoas mais jovens, menos experientes ou mais ingênuas. Creio que o tamanho da amostra é muito pequeno para justificar qualquer coisa além da recomendação de que "são necessárias mais pesquisas" – como todas as descobertas científicas nos convidam, implicitamente, a fazer. Outra possível explicação para o que observei é que o estágio da gravidez afete essa proibição – o sexo no início da gravidez, por exemplo, pode não ser tão tenazmente proibido como no final da gravidez.

Regra 2: As mulheres lactantes não devem ter vida sexual ativa.
Também esta regra não parece ser seguida de forma rigorosa, e os dados estatísticos indicam que muitas vezes ela é ignorada:

1. Na segunda faixa etária (11 a 19 anos), há 15 mulheres lactantes, das quais 10 têm vida sexual ativa – ou seja, 67%.
2. Na terceira faixa etária (20 a 44 anos), há 77 mulheres lactantes, das quais 49 têm vida sexual ativa – ou seja, 64%.
3. De todas as mulheres lactantes nessas duas faixas etárias, 59 de 92 – ou seja, também 64% – têm vida sexual ativa.

Finalmente, das quarenta mulheres mais velhas (acima de 45 anos), há três lactantes – e todas são sexualmente ativas.

Essas estatísticas não indicam se as mulheres lactantes têm filhos recém-nascidos ou mais velhos, o que poderia afetar o alto nível de atividade sexual entre elas.

Regra 3: As meninas pré-púberes não devem ter vida sexual ativa.
Como já mencionei, a faixa etária mais jovem (0-10) inclui a maioria das meninas pré-púberes, e apenas uma dessa faixa estava sexualmente ativa, aos nove anos.

Porém, há nove meninas pré-púberes na faixa de onze a dezenove anos com vida sexual ativa. Há catorze meninas pré-púberes na segunda faixa etária; portanto, 64% dclas cstão violando o tabu.

Regra 4: Para as mulheres, o casamento é quase universal.
A tabela da página 271 indica que algumas mulheres de *todas* as faixas etárias são casadas: 194 do total de 302, ou 64%. Essa contagem inclui as meninas pequenas.

Uma das razões pelas quais as mulheres ianomâmis são "universalmente" casadas é que, quando chegam aos onze ou doze anos, elas passam a constituir um problema político em potencial em qualquer aldeia se estiverem sem a proteção do pai ou do marido, ou seja, se não houver homens adultos que as protejam do assédio sexual.

O "casamento precoce" pode ser visto como uma forma de o pai transferir a responsabilidade de guardar a filha para um homem mais jovem, que está tão ansioso para aceitar tal responsabilidade que paga ao sogro por esse oneroso privilégio, prestando-lhe o serviço da noiva. Assim, a filha é protegida e guardada pelo novo marido, e o sogro também se beneficia ao ganhar um jovem genro que vai caçar e trazer carne para a família.

O percentual de mulheres casadas é mais baixo na faixa mais jovem, de recém-nascidas até dez anos. Se ignorarmos essa faixa etária, a porcentagem de mulheres com mais de dez anos que são casadas sobe para 87%.[28] Assim, a universalidade do casamento para as mulheres é uma afirmação basicamente correta (algumas mulheres estão em um intervalo entre um casamento e outro, devido ao divórcio ou à morte do marido), se a limitarmos às mulheres com mais de dez anos.

As mulheres com mais de 45 anos que perdem o marido têm menos probabilidade de encontrar um novo: nessa amostra, apenas cerca de metade das mulheres (55%) de mais de 45 anos têm marido, em comparação com 95% das mulheres nas duas faixas etárias mais jovens. Aqui devemos considerar as causas "finais", em contraste com as causas "imediatas". A razão final tem a ver, em um sentido puramente biológico, com o declínio do valor reprodutivo feminino em função da idade: a mulher mais velha tem cada vez menos probabilidade de ter filhos no futuro. Uma forma abreviada de expressar isso seria a resposta para a pergunta: "Você arriscaria a vida para salvar sua filha de quinze anos quando o navio está afundando, ou iria ignorar sua filha para salvar sua mãe, de sessenta anos?". Embora você compartilhe com ambas a mesma fração dos seus genes, a filha de quinze anos tem alto valor reprodutivo e seu potencial de reprodução ainda está por vir. O valor reprodutivo da mãe já se esgotou. (Essa resposta considera a pergunta apenas no sentido evolutivo, independentemente dos laços emocionais.) O comando tradicional que dizem que se dá quando um navio está afundando, "mulheres e crianças primeiro!", na verdade se resume a "mulheres com maior valor reprodutivo e todas as crianças primeiro!". (As crianças de ambos os sexos têm alto valor reprodutivo.)

PORCENTAGEM DE MULHERES SEXUALMENTE ATIVAS

Das 302 mulheres da amostra, 162 eram sexualmente ativas no momento do censo, ou seja, cerca de 54%. Novamente, 91 delas têm dez anos de idade ou menos, e apenas 1 com menos de dez anos de idade era sexualmente ativa. Se excluirmos as da primeira faixa etária, o percentual de mulheres sexualmente ativas salta para 76%.[29] Seria razoável dizer, portanto, que a atividade sexual regular das mulheres ianomâmis só começa quando as meninas passam de onze anos de idade. Apenas quatro das meninas mais jovens na faixa etária seguinte (onze a dezenove anos) não eram sexualmente ativas, e a maioria das mais velhas estava grávida ou amamentando bebês.

Essa elevada percentagem (76%) foi uma surpresa até para mim: os poucos comentários que publiquei no passado sobre a atividade sexual feminina se basearam amplamente no que os ianomâmis afirmavam serem rígidas proibições expressas em suas "regras" (não escritas) sobre a sexualidade, que me deixaram com a impressão geral de que a atividade sexual dos homens, em particular, era extremamente restrita pela escassez de mulheres sexualmente ativas (pertencentes à categoria de parentesco correta). Esses novos dados colocam a sexualidade dos ianomâmis, homens e mulheres, sob uma luz estatística diferente: os homens adultos têm mais oportunidades de fazer sexo do que eu presumi ao ver como era severa sua maneira de expressar a proibição de sexo com mulheres pré-púberes, lactantes, gestantes e na pós-menopausa (veja abaixo uma discussão da atividade sexual das mulheres mais velhas).

Certa vez recebi uma carta um tanto irritada de um homem que tinha certeza de que eu havia ignorado ou relutava em informar sobre a prevalência do homossexualismo entre os homens ianomâmis. Seu argumento se baseava nas minhas afirmações de que: 1) havia um excesso de homens nas faixas etárias mais jovens, fato que mostrei em muitas publicações; 2) essa "escassez de mulheres" era agravada pelas proibições dos ianomâmis de fazer sexo com mulheres pré-púberes, grávidas e lactantes; e 3) portanto os homens, segundo ele, se voltariam naturalmente ao homossexualismo para satisfazer suas necessidades sexuais. Ele insistia em que eu havia deixado de ver esse aspecto, ou então estava escondendo o homossexualismo masculino. Porém, os dados acima mostram que a suposta escassez de mulheres sexualmente ativas não é confirmada segundo o que meus informantes dizem quando indagados sobre a atividade sexual de cada mulher em particular.

E o que dizer das mulheres mais velhas e na pós-menopausa? As respostas estatísticas às minhas perguntas sobre elas também me surpreenderam e divergiram das minhas primeiras impressões.

A ATIVIDADE SEXUAL DAS MULHERES IANOMÂMIS COM MAIS DE 45 ANOS

Como os ianomâmis não têm números nem calendários como nós, eles não podem me dizer que idade eles têm, e tive que adivinhá-las. Quando eu voltava várias vezes para uma determinada aldeia, e já conhecia as pessoas de lá havia mais tempo, minhas estimativas das idades ficavam mais precisas. Por exemplo, eu aprendia mais sobre os filhos de cada mulher, tanto falecidos como vivos, e podia ajustar minha estimativa da idade dela para se coadunar melhor à sua história reprodutiva. Uma mulher que de início estimei como tendo vinte anos de idade provavelmente não terá um filho de onze ou doze anos; assim, eu aumentava sua idade presumida em uma visita posterior à sua aldeia caso descobrisse que ela tinha um filho dessa idade.[30]

Das várias faixas etárias mostradas na página 271, a estimativa da idade das mulheres mais velhas provavelmente é menos precisa que a das outras categorias, e isso deve ser levado em conta. Posso ter cometido um erro de até oito a dez anos na idade das mulheres mais velhas em algumas aldeias. No entanto, como minha pesquisa de campo cobriu um período de cerca de trinta anos, minhas estimativas da idade das pessoas na faixa dos quarenta anos e mais jovens provavelmente são mais exatas.

Das 40 mulheres que estimei terem 45 anos de idade ou mais, 25 eram sexualmente ativas, cerca de 63%. Destas, 17 tinham menos de 50 anos.

Alguns padrões sociais relacionados a esses números são interessantes. Por exemplo, 4 das 23 mulheres com mais de 50 anos eram “solteiras”, isto é, não tinham no momento um cônjuge vivo, mas tinham vida sexual ativa, algumas com rapazes jovens – ou *huya*, como os ianomâmis os chamam. Vários dos meus informantes homens, *huya* mais jovens, davam risadinhas maliciosas quando eu perguntava sobre as mulheres mais velhas que eram sexualmente ativas, assim como as moças informantes davam risadinhas quando eu lhes pedia que comentassem os casamentos entre mocinhas jovens e homens velhos.

Nenhuma das 40 mulheres com mais de 45 anos estava grávida, mas 3 delas ainda estavam amamentando, todas com menos de 50 anos e podiam ser ainda mais jovens do que calculei.

Por fim, apenas 7 das 23 mulheres de 50 anos ou mais tinham marido. Meus informantes geralmente respondiam à minha pergunta "Com quem ela é casada?" dizendo: "Ela é muito velha..." para ter marido. Embora uma mulher ianomâmi de 50 anos possa não se casar de novo, sua vida sexual não termina, como os dados confirmam. E, pelo que me informaram, algumas poucas mulheres na faixa dos 20 aos 44 anos eram solteiras ou não podiam ter filhos, e tinham atividade sexual sobretudo com homens mais jovens que elas.

DADOS DE 1986 SOBRE O INFANTICÍDIO

Como já mencionei, os ianomâmis praticam o infanticídio. Essa prática é muito difícil de documentar de uma forma estatisticamente aceitável, pois em geral a mãe é a única fonte confiável de informações sobre quantos bebês ela matou e qual o sexo de cada um. As mães são extremamente reticentes em discutir esse tema, que causa nelas enorme tristeza e angústia. E eu relutava muitíssimo em perguntar sobre isso a elas e aos seus parentes próximos. Assim sendo, era preciso perguntar a outras pessoas – outras mulheres e homens da aldeia que não fossem parentes imediatos dessa mãe. Como a maioria das aldeias ianomâmis tem alto grau de endogamia e a maioria das pessoas é aparentada, o problema se agrava. Os moradores da aldeia, de ambos os sexos, costumam estar bem informados quanto ao número de partos de todas as mulheres, e há um forte consenso entre eles para identificar as que já cometeram infanticídio. Mas há pouco consenso entre os informantes de ambos os sexos em relação ao *número* de recém-nascidos eliminados por cada mulher por infanticídio, e ainda menos consenso quanto ao *sexo* das crianças eliminadas.

O sexo da criança assassinada deve ser conhecido para determinar se o infanticídio é "preferencial por sexo". Ocasionalmente, antropólogos afirmam que as meninas são mortas com mais frequência do que os meninos em tribos que praticam o infanticídio, fato raramente documentado na literatura antropológica. Meu trabalho de campo inicial chamou a atenção para um importante problema teórico: a população ianomâmi tinha um excesso de homens nas faixas etárias mais jovens. Em algumas áreas em que trabalhei a proporção era superior a 135, ou seja, havia 135 homens para cada 100 mulheres.[31] Desenvolvi um modelo teórico para tentar explicar de que modo as variáveis populacionais como o infanticídio preferencial feminino levavam a uma escassez de mulheres na população, escassez intensificada pela poliginia, e como essas condições, por sua vez, levavam a variações na intensidade dos conflitos entre os ianomâmis. Chamei meu modelo de Complexo de *Waiteri* ("Complexo de Ferocidade").[32] Meu modelo se baseava nos fatos demonstráveis de que os ianomâmis praticavam o infanticídio e tinham altos níveis de poliginia, que a proporção sexual da população (de todas as idades) era superior a 135 e que a guerra era um fenômeno importante que acarretava altas taxas de mortalidade entre os homens adultos. O elo mais fraco do modelo, porém, era saber se o infanticídio entre os ianomâmis era preferencialmente feminino.

Continuei tentando coletar mais dados sobre o sexo desses bebês falecidos; mas em meados dos anos 1970 eu tinha começado a ler mais amplamente a literatura da biologia e passei a me afastar do meu modelo inicial do Complexo de *Waiteri*, à medida que me informei melhor sobre as complexas questões envolvidas na teoria da seleção da proporção sexual. Em algumas espécies animais, por exemplo, os machos matam todos os filhotes lactentes das fêmeas quando "assumem o comando" e substituem o(s) macho(s) dominante(s), a fim de fazer com que as fêmeas entrem no cio e eles possam acasalar com elas. Os leões africanos, várias espécies de roedores e algumas espécies de macacos da Índia são exemplos notáveis.[33] Os seres humanos parecem excepcionais no fato de que são as mulheres – as mães – que cometem infanticídio. As razões dadas para o infanticídio humano incluem a incapacidade da mãe de cuidar de dois filhos altamente dependentes com idades muito próximas, a preferência pelos meninos, um tabu contra os gêmeos e outras razões.

Houve outro motivo que me fez cessar meus esforços para coletar mais dados de campo sobre o infanticídio entre os ianomâmis. Contaram-me que uma deputada venezuelana ficara sabendo que alguns índios venezuelanos matavam bebês recém-nascidos e ameaçara punir os que faziam essas coisas.[34]

Os ianomâmis dizem que é a mãe que de fato mata o recém-nascido, geralmente colocando um pedaço de pau atravessado sobre a garganta da criança e apertando ou ficando em pé sobre essa madeira para asfixiar o bebê. Falei com homens que ficaram com raiva porque a esposa matou um recém-nascido sem antes discutir o assunto com eles. Tive a impressão de que em muitos casos a mãe decide um pouco antes de a criança nascer se vai conservá-la ou matá-la, e pode não falar sobre sua decisão com outras pessoas. Por outro lado, os informantes me relataram casos indicando que alguns infanticídios são decididos *depois* que o bebê nasce, em especial quando explicam o caso dizendo que o recém-nascido tinha um defeito óbvio. Por exemplo, havia um homem em uma das aldeias shamatari que era um anão acondroplásico – tinha a cabeça e o tronco normais, mas as pernas e os braços muito curtos. Quando perguntei sobre seus casamentos, os ianomâmis riram e disseram que ele não tinha esposa porque era "feio", ou seja, malformado. No entanto, ressaltaram que um de seus irmãos lhe permitira ter relações sexuais com sua esposa, mas, quando ela deu à luz uma criança que podia ser filha do anão, decidiu matá-la, já que talvez ela tivesse nascido com a mesma anormalidade, difícil de identificar logo após o nascimento.

Entre algumas tribos onde o pai tem algum papel na tomada de decisão quanto ao infanticídio, a suspeita de que a mulher tenha engravidado de algum outro homem que não o marido pode levar à morte do recém-nascido. No entanto, não conheço nenhum caso dessa situação entre os ianomâmis documentado de forma confiável. Alguns informantes me disseram que sabiam de casos em que a mãe matara o bebê porque o marido desconfiava de uma traição; mas não identificaram nenhuma mulher pelo nome.[35]

A partir do meu próprio trabalho, não soube de nenhum caso de participação direta de um homem ianomâmi adulto em um infanticídio. O relato de uma testemunha ocular, Helena Valero, no início do seu cativeiro entre os ianomâmis (por volta de 1938), é excepcional nesse sentido. Não tenho motivo para duvidar dele, pois confirmei muitas outras observações de Valero enquanto convivi com os mesmos grupos entre os quais ela viveu. Eis aqui um dos seus relatos de infanticídio:

> Uma mulher tinha uma nenezinha nos braços. Os homens agarraram o bebê e perguntaram: "É menino ou menina?", e queriam matá-la. A mãe chorava: "É menina, não matem!". Então um deles disse: "Deixe, é menina; não vamos matar as meninas. Vamos levar as mulheres conosco e fazê-las nos dar filhos homens. Vamos matar os bebês meninos". Outra mulher tinha um menino de apenas alguns meses de idade nos braços. Eles o arrancaram dela. "Não o mate", gritou outra mulher, "ele é seu filho. A mãe estava com você e fugiu quando já estava grávida dessa criança. Ele é filho seu!" "Não", responderam os homens, "ele é filho dos kohoroshitari. Já faz muito tempo que ela fugiu de nós". Eles pegaram o bebê pelos pés e o arremessaram contra um rochedo. A cabeça se partiu e o pequenino cérebro branco se esparramou sobre a pedra. Eles pegaram então o corpinho, que tinha ficado roxo, e o jogaram fora. Eu chorava de medo.[36]

Vi dois recém-nascidos que as mães tentaram matar logo que eles nasceram. Ambos foram salvos por missionários que por acaso estavam morando nessas aldeias na época. O rosto e a cabeça de um dos bebês ficaram muito machucados, o que sugeria que tivesse sido pego pelos tornozelos e jogado contra uma árvore ou um rochedo. O outro não tinha contusões nem ferimentos visíveis. Ambos foram depois adotados por famílias não ianomâmis em grandes comunidades fora da área ianomâmi.

Informações detalhadas sobre o infanticídio entre os ianomâmis não são abundantes, nem fáceis de se obter. Quando elaborei meu breve estudo sobre a sexualidade em 1986 (ver a página 271), meu principal objetivo era fazer um corte transversal, em um dado momento, sobre o que estava acontecendo na vida sexual e reprodutiva das mulheres ianomâmis em várias fases da história de vida de cada uma. Meu questionário foi concebido com esse objetivo específico em mente e incluía uma coluna que chamei simplesmente de "Comentários". Era nessa coluna que eu anotava dados adicionais que meus informantes ofereciam voluntariamente, enquanto conversávamos sobre as características reprodutivas de cada mulher e sua atividade sexual.

A coluna "Comentários" não era estruturada, ou seja, não tencionava solicitar informações *específicas* sobre cada indivíduo; era simplesmente uma coluna em que eu escrevia informações adicionais dadas pelos meus informantes. Estes devem ter concluído que eu tinha interesse em saber sobre os óbitos infantis e davam voluntariamente mais informações sobre algumas mulheres relativas à mortalidade infantil e ao infanticídio.

Portanto, as informações na tabela a seguir não devem ser tomadas como um levantamento sistemático de práticas de infanticídio entre os ianomâmis. Mesmo assim, esses dados dão pelo menos uma visão parcial da importância do infanticídio na vida de algumas mulheres ianomâmis.

Pelo menos 38 das 211 mulheres e meninas de 11 anos de idade ou mais eliminaram por infanticídio um ou mais de seus bebês nascidos vivos – uma taxa de 18%. Esses dados quase com certeza subestimam o número de mulheres que cometem infanticídio, bem como o número de crianças mortas dessa maneira.

Pelo que me foi relatado, cerca de 4% das mulheres e meninas entre onze e dezenove anos mataram pelo menos um filho ao nascer, e cerca de 20% das mulheres acima de dezenove anos de idade fizeram isso.

NÚMERO DE BEBÊS MORTOS PELAS MÃES
POR FAIXA ETÁRIA DA MÃE

Idade da mãe	**0-10**	**11-19**	**20-44**	**45 ou +**
Número de mães	**91**	**53**	**118**	**40**
1 bebê morto	0	1	10	4
2 bebês mortos	0	1	5	4
+ de 2 bebês mortos	0	0	8	5
% de mães que cometeram infanticídio	0	3,8	19,5	32,5

O infanticídio é um assunto importante para uma compreensão abrangente dos sistemas demográfico e reprodutivo dos ianomâmis; mas é muito difícil de ser documentado com precisão ou de forma confiável. Além disso, estudos a respeito não podem ser feitos na Venezuela, pois as conclusões do pesquisador podem ser usadas para prejudicar os ianomâmis.

9.
Lutas e violência

AS DIVERSAS FORMAS DE COMBATE DOS IANOMÂMIS

Os ianomâmis se envolvem em diversos tipos de lutas ou conflitos, com diferentes graus de gravidade e de potencial de mortalidade. Embora seja possível classificar suas diversas formas de violência em uma escala que vai da "menos grave" à "mais grave", elas não seguem, necessariamente, essa progressão nas situações reais. Assim, uma discussão grave pode explodir de repente em uma luta de porretes, potencialmente mortal, sem ter sido precedida por formas de luta mais inócuas e menos sérias. Além disso, algumas formas de violência dos ianomâmis exigem um longo período de planejamento e preparação – tal como um acordo para realizar um duelo de socos no peito na próxima festividade. Essa forma de violência ritualizada não pode acontecer espontaneamente, isto é, não pode irromper de imediato quando alguém julga que ocorreu alguma afronta ou dano.

No entanto, de modo geral os ianomâmis podem "graduar" a natureza da luta conforme a importância relativa do delito que a provocou; não precisam intensificar de imediato uma disputa até chegar a uma competição mortal.

Não vou levar em conta as discussões verbais, frequentes e às vezes raivosas, que são constantes nas aldeias maiores, e limitarei a discussão a eventos em que há troca de golpes.

Lutas corpo a corpo e de tapas nos flancos

A luta corpo a corpo, combinada com tapas nos flancos, é o tipo menos grave de briga. O objetivo não é machucar o outro seriamente, mas mostrar-lhe que você está disposto a lutar, muitas vezes só para salvar a honra, ou seja, para proteger a sua reputação ou seu status, ou a reputação do seu grupo familiar, ou mesmo da sua aldeia.

No início os participantes costumam assumir uma posição de cócoras, mas o combate logo se transforma em uma espécie de luta livre, em que eles trocam tapas com a mão aberta, puxam o cabelo e buscam obter vantagem no chão de terra, ou na lama se estiver chovendo. Por vezes, alguém recebe um soco de punho fechado, mas isso é considerado jogo sujo. Essas lutas são ruidosas e turbulentas, mas só resultam em ferimentos relativamente leves.

As mulheres se misturam aos espectadores e acrescentam seus gritos à confusão, mas nas lutas mais sérias elas costumam ficar afastadas para proteger os filhos, pois as lutas sérias às vezes levam a flechadas. As mulheres nunca participam dessas ou da maioria dos outros tipos de lutas. No entanto, elas praticam disputas de gritos, com muito ímpeto e ferocidade, e ocasionalmente uma mulher bate em outra, acertando-lhe a cabeça com um pedaço de pau. As brigas entre mulheres, porém, raramente vão além das ocupantes de duas ou três casas – ou de mulheres de duas ou três famílias, quando um grupo está visitando. Eu diria que, em 100 lutas, 97 delas envolverão apenas homens.

Nas brigas de tapas os homens mais velhos e outros espectadores formam um círculo em torno dos participantes, que em geral são pré-adolescentes, adolescentes e alguns *huya*, jovens adultos. Essas lutas ocorrem geralmente por ocasião de uma visita de membros de alguma aldeia vizinha, tal como uma festa pré-organizada. São lutas acordadas previamente.

Esse tipo de luta é uma forma de expressar um leve aborrecimento com alguma coisa feita por vizinhos amigáveis, tal como acusações de mesquinharia ou sugestões de que esses vizinhos não são muito viris, talvez até um pouco medrosos ou covardes. Esse tipo de comentário pode se espalhar para outras aldeias, e os ianomâmis se ofendem facilmente com qualquer alusão à sua suposta fraqueza ou timidez. Tais rumores ofensivos podem ser facilmente abafados se forem imediatamente contestados por uma luta corpo a corpo coletiva no estilo "Vocês vão ver!".

As poucas lutas livres desse tipo que presenciei foram precedidas pela inalação de substâncias alucinógenas pelos competidores mais velhos, e alguns deles já estavam bem "altos" quando entraram na briga. O combate em geral começa devagar, com dois jovens de cócoras ou de joelhos estapeando ou batendo um no outro, no peito e nos flancos, e os outros potenciais participantes andando em torno deles, cercados pelos homens mais velhos, que os mantêm dentro do círculo de lutadores para que não possam escapar sorrateiramente.

Os mais velhos costumam brandir seus arcos e flechas, batendo-os e girando-os sobre a cabeça; ou, se tiverem machados e facões, fazem gestos ameaçadores com eles para o grupo de combatentes e espectadores, e muitas vezes batem com eles violentamente no chão, como se fossem golpear a cabeça de alguém. Em geral, porém, tudo isso é blefe. Eles gritam instruções aos jovens lutadores do seu grupo, exortando-os a lutar com mais vigor.

Alguns golpes são, obviamente, dolorosos, e os que recebem algum leve ferimento ficam com raiva e desejam levar o conflito para um nível mais sério. Os homens mais velhos tentam evitar isso... sobretudo porque eles mesmos podem ter que lutar se o combate se agravar.

A luta termina depois de uns trinta ou quarenta minutos, enquanto os jovens, ofegantes, cobertos de terra e de lama, entrelaçados em pares lutando no chão, ficam cada vez mais exaustos. Ninguém é declarado vencedor. Ao que parece, todo o propósito da luta é apenas deixar as coisas claras em relação aos boatos de covardia ou falta de disposição para brigar. Quando os jovens lutadores recuperam o fôlego e a compostura, levantam-se calmamente, sem a menor cerimônia, e saem do *shabono* para se lavar, talvez até mesmo dar um mergulho e nadar um pouco no riacho mais próximo. A luta não parece deixar ressentimentos óbvios, e os eventos mais cerimoniais – como comer, fazer permuta de bens, cantar e dançar – prosseguem como se ela nunca tivesse acontecido.

Porém, agora eles avaliaram as forças uns dos outros e estão mais bem informados; já sabem até que ponto podem pressionar ou intimidar uns aos outros no futuro sem provocar uma reação inesperada e mais grave. Muitos também aprendem qual é o possível custo de espalhar falsos boatos sobre as pessoas que estão festejando com eles.

Duelos formais de socos no peito e tapas nos flancos

Os duelos de socos no peito e tapas nos flancos são mais perigosos porque, entre outras coisas, os competidores são mais velhos, homens já maduros, e em geral lutadores experientes. Pode haver ferimentos graves e até mesmo mortes nesses combates, embora eles sejam supostamente não letais e concebidos para corrigir alguma afronta que normalmente não é grave o bastante para ser resolvida por meios potencialmente mortíferos.

Tais como as lutas corpo a corpo mais inofensivas descritas acima, muitas dessas refregas são causadas por acusações um pouco mais graves de covardia que um grupo espalhou para outras aldeias. Esse tipo de luta normalmente ocorre entre membros de duas aldeias diferentes e, tais como as lutas coletivas descritas acima, frequentemente é organizado com antecedência e ocorre dentro de um clima geral amigável de festejos e permuta de objetos.

Mas as coisas nem sempre são assim. Homens de aldeias diferentes podem se zangar um com o outro e decidir resolver sua disputa *imediatamente* com um duelo de socos no peito, sem haver uma festa associada ao evento, em geral porque desejam reparar uma afronta recente e não têm tempo ou paciência para esperar uma festividade. Demora um tempo bem longo para planejar, preparar, caçar as carnes apropriadas e realizar uma festa.

Idealmente, os grupos se reúnem em uma das duas aldeias no dia escolhido. Se não houver uma festa, os homens da aldeia visitante costumam chegar sem suas esposas e filhos; vieram apenas para lutar e geralmente estão em um estado de espírito de confronto e beligerância.

Os *pata* (os "grandes", os caciques) costumam iniciar uma longa discussão cheia de insultos antes de a luta começar, dando seus respectivos pontos de vista sobre o incidente ou o boato ofensivo que provocou o confronto. O acusado, se a disputa é sobre acusações de covardia, nega ter espalhado o boato. O ofendido recita incidentes, conversas e eventos onde pessoas de outras aldeias lhe relataram, detalhadamente e em confiança, essas acusações provocativas.

Quando se trata de espalhar boatos, os ianomâmis são especialistas, e sabem fazer pessoas de diferentes aldeias ficarem irritadas e zangadas. Por vezes iniciam rumores propositalmente, a fim de provocar brigas e instigar

Duelo de tapas nos flancos.

a desconfiança entre aldeias vizinhas. Muitas vezes os boatos se destinam a angariar favores temporários de um dos grupos, como neste exemplo hipotético: "Vocês sabiam que os iwahikoroba-teri estão dizendo para todo mundo que vocês são covardes? Mas nós defendemos vocês contra essas acusações infames. Nós somos seus verdadeiros amigos!".

Se a discussão for sobre algum incidente específico ocorrido recentemente e envolvendo membros dos dois grupos, ninguém pode negar que a discordância ou discussão inicial de fato ocorreu, mas cada um insiste que foi o outro que começou.

Há muitos blefes e ameaças pontuando essas discussões ruidosas entre os homens de status mais elevado, em geral bem armados – que normalmente não entram no combate propriamente dito quando ele começa. São os *huya* – rapazes fortes, saudáveis, no auge da força – que de fato dão os socos no peito uns dos outros. É uma boa ideia cultivar a reputação de ser um bom lutador nesse tipo de combate, e os *huya* em geral estão mais que dispostos a levar alguns fortes golpes nos seus músculos peitorais, se puderem, por sua vez, desfechar igual número de socos no seu oponente e derrubá-lo. À medida que um *huya* ganha mais experiência de combate, sua reputação de bom lutador vai crescendo, assim como o respeito que inspira nos outros. Os homens ianomâmis tentam incessantemente aumentar seu status social por meio de proezas em combate, o que em geral aumenta sua capacidade de influenciar a opinião e as ações públicas.[1]

Um homem concorda em ser o primeiro a receber socos do adversário. Ele se posta sozinho, braços estendidos para trás, peito exposto, fitando estoicamente a distância, com a cabeça um pouco erguida. Seu adversário pode fazer ajustes na posição do homem, puxando um braço um pouco para a frente ou para trás etc. Quando o corpo do oponente está ajustado e posicionado de maneira satisfatória para quem vai desfechar o soco, este pode ensaiar algumas corridas para se posicionar à distância certa para dar o golpe mais eficaz. Posicionar o adversário pode levar vários minutos e aumenta o suspense e a emoção.

O agressor então desfere um poderoso soco de cima para baixo no peito do seu oponente, atingindo um dos seus músculos peitorais, com um movimento semelhante ao de arremessar a bola no beisebol. O poderoso soco produz um baque surdo e desperta gritos e vaias excitadas dos espectadores. A vítima em geral oscila e recua com o golpe; ou, se foi um soco muito eficaz de um lutador forte, ela pode cair, em geral de joelhos, e por vezes desaba no chão. O atacante solta gritos e rugidos altos e dá pulos ou dança em círculos, como um galo exibindo sua bela plumagem antes do acasalamento.[2]

A vítima pode levar dois ou três desses socos em sequência. Para cada golpe que recebe, pode desfechar outro de volta quando chegar a sua vez. Os lutadores em geral trocam de posição depois de três ou quatro socos.

Um lutador não pode simplesmente bater no outro sem permitir que o adversário o acerte com o mesmo número de socos. Se o adversário não consegue revidar, o vitorioso não pode se retirar da luta; outro homem do grupo da vítima caída estará ansioso para substituir o camarada prostrado e assumir a sua vez de golpear. Um lutador substituto especialmente bom e corajoso pode até permitir que o atacante dê mais socos, pois poderá em seguida devolver os golpes anteriores e os novos golpes, enquanto ainda tem forças. O adversário pode estar dolorido caso socos no peito tenham sido anteriormente desfechados pelo lutador agora caído.

Embora seja contra as regras, alguns homens escondem pedras no punho fechado, dando ainda mais força aos socos. Nas aldeias ao norte de onde trabalhei vi alguns homens com várias cicatrizes nos músculos peitorais. Quando lhes perguntei a respeito, soube que resultaram de duelos de socos no peito, dando a entender que o uso de pedras é mais comum por lá e que as pedras eram grandes o bastante para se projetarem do punho cerrado e cortar a carne do adversário. Isso sugere que elas não ficavam escondidas e que seu uso era legítimo. Nos lugares onde eu normalmente trabalhava, porém, nenhum homem tinha essas cicatrizes, embora quase todos eles já tivessem participado de muitos combates de socos no peito; alguns reconheceram que por vezes escondiam ilegalmente pequenas pedras em seus punhos cerrados nessas lutas.

Os socos desfechados nesses duelos são tremendos e por vezes causam muito dano aos órgãos internos, como os pulmões e o coração. Depois de uma luta assim todos os participantes ficam extremamente doloridos e com os músculos peitorais muito inchados. Alguns até tossem sangue por algum tempo, pois sofreram danos no tecido pulmonar. Alguns poucos homens morrem em consequência dos socos, em geral não de imediato, mas depois de algumas horas ou dias, embora essas lutas não sejam intencionalmente mortíferas. Uma morte em um duelo de socos no peito quase sempre inicia uma guerra.

Uma variante do duelo de socos no peito é o de tapas nos flancos. Em geral os lutadores seguem o procedimento descrito acima, mas atacam um ao outro a partir de uma posição de cócoras ou de joelhos. Nesse tipo de luta os adversários devem dar tapas nos flancos um do outro, entre a caixa torácica e a pelve, com a mão espalmada. Por vezes, porém, eles se afastam das regras e fecham o punho, e alguns até escondem pedras no punho cerrado, como descrito acima.

Há mais feridos graves nesse tipo de luta, pois os tapas são desferidos em partes moles do corpo, onde não há ossos protegendo os órgãos internos, como os rins. Por isso ocorrem mais fatalidades, embora, tal como os duelos de socos no peito, a alternativa de dar tapas nos flancos dos oponentes seja uma prática que visa evitar os golpes mortais.

LUTAS DE PORRETES

O nível seguinte de conflito é mais grave e com mais frequência leva a consequências fatais: as lutas de porretes. Os ianomâmis chamam seus porretes de *nabrushi*. São pedaços longos de troncos de árvores novas, com 2 ou 2,5 metros de comprimento (ver página 292). Uma luta de porretes pode ser previamente combinada entre os membros de duas aldeias, ou pode irromper espontaneamente entre dois homens da mesma aldeia. Nas várias aldeias onde morei as lutas de porretes entre os homens locais com frequência começavam por motivos como a suspeita de que um homem estava tentando seduzir (ou já havia seduzido) uma das esposas do outro; roubo de tabaco ou de alimentos; um jovem de "baixo status" ser rude ou petulante para com um homem mais velho, de "alto status"; insultar um homem publicamente ao lhe dar um pedaço pequeno ou indesejável de carne durante uma distribuição cerimonial; denegrir um rival com boatos maldosos etc. Uma vez iniciada, uma luta de porretes pode se intensificar e envolver mais homens. Os competidores acabam em uma luta mais caótica, com cada um tentando acertar os adversários com o porrete em qualquer parte do corpo que conseguir, por vezes quebrando ossos dos ombros e dos braços.

"Porrete" talvez não seja a melhor descrição dos *nabrushi*. Esses paus compridos se afinam na extremidade que o lutador segura na mão e são bem flexíveis, mais ou menos com a forma de um taco de bilhar bem longo, e com diâmetro igual ou pouco maior que o de tais tacos. Esses paus servem para sustentar a parte do telhado do *shabono* que se projeta para fora e são fixados a cada 9 ou 10 metros, mais ou menos; assim, estão facilmente disponíveis quando irrompe uma luta: o homem simplesmente puxa uma dessas escoras do telhado, corta-a com o facão para ficar com um comprimento adequado e está pronto para entrar em ação. Nunca vi uma parte de um telhado de *shabono* cair quando as escoras do telhado são arrancadas e usadas para uma luta improvisada; mas já vi o telhado afundar visivelmente quando muitas dessas escoras são arrancadas, e também ouvi ianomâmis alarmados, temendo que o telhado desabasse se outras fossem arrancadas. Em geral, porém, sua

Duelo de tapas nos flancos e luta corpo a corpo em uma aldeia ianomâmi.

preocupação é com o vento – se começar uma ventania forte durante a luta, o telhado pode sair voando. As escoras ficam bem enterradas no chão para evitar que o telhado seja levado pelo vento.

Essas lutas podem se agravar e passar para porretes ainda mais mortais, chamados *himo*, feitos com a madeira pesada e rígida do tronco da palmeira.[3] Têm as bordas afiadas em uma extremidade, destinadas a cortar a carne e fraturar os ossos cranianos. Esses porretes *himo* têm que ser fabricados antes de um combate: se um clima de luta está surgindo lentamente, um homem que fabrique tal arma estará, em essência, anunciando que pretende infligir golpes possivelmente mortíferos, talvez como ameaça para dissuadir seu oponente. Os porretes *himo* têm apenas cerca de 1,80 metro de comprimento, mais curtos e menos finos que os porretes *nabrushi*.

Uma luta de porretes pode até passar para um combate com facões e machados. Este pode resultar em ferimentos graves, com amputações ou danos severos à mão ou ao braço, incapacitando permanentemente a vítima. Um golpe na cabeça quase sempre é fatal.

Luta de porretes em uma grande aldeia que se agravou até virar um combate com machados no qual um homem ficou gravemente ferido ao ser atingido por trás com o lado cego de um machado.

Assim como nos duelos de socos no peito, o agressor tem permissão para ajustar a posição do homem que vai atingir na cabeça com o porrete. (É considerado jogo sujo bater no lado da cabeça.) O porrete sai de trás do atacante, forma um longo arco e é desfechado com muita força na cabeça da vítima. Imagine alguém pegando um taco de sinuca pela extremidade mais fina, colocando-o no chão atrás de si e dando um impulso com toda a força para que a parte grossa atinja o alto da sua cabeça. É isso o que acontece nas lutas de porretes dos ianomâmis.

A vítima deve permanecer imóvel durante esse processo e expor a cabeça para o agressor, em geral apoiando-se no seu próprio porrete, enfiado no chão à sua frente.

Os ferimentos resultantes no couro cabeludo são nada menos que espetaculares e grotescos (ver próxima página). Já vi homens em lutas assim com grandes pedaços do couro cabeludo meio soltos, balançando no crânio, e ainda lutando. Muitos lutadores experientes e persistentes têm no couro cabeludo um xadrez de até uma dúzia de cicatrizes enormes, protuberantes, com mais

Exemplo de cicatrizes de lutas de porretes.

de 5 ou 7 centímetros, que restaram depois que o couro cabeludo sarou. Os que têm muitas dessas cicatrizes não se envergonham de exibi-las abertamente. Eles raspam o alto da cabeça em uma tonsura e esfregam pigmento vermelho em suas cicatrizes, numerosas e profundas, para exagerá-las. Um homem desses, se abaixar a cabeça diante de você, em geral não está mostrando deferência, mas sim anunciando sua ferocidade.

Como os ianomâmis cremam seus mortos, ninguém teve a oportunidade de examinar os crânios de homens adultos para verificar quantos têm depressões devido a fraturas que se soldaram, ou para avaliar qual dano pode ter sido causado ao cérebro dos lutadores. Um ianomâmi que conheci tinha o olhar sempre vidrado e parecia um pouco obtuso. Tinha uma cicatriz gravíssima no alto da cabeça que deixara uma depressão visível no crânio. Meu falecido colega Phillip Walker tinha uma grande coleção de materiais de esqueletos ameríndios, dos ancestrais imediatos dos índios chumash do sul da Califórnia. Seus estudos sobre os seus crânios indicam que eles também deviam lutar com porretes ou outras armas com que desfechavam golpes severos no alto da cabeça. Grande parte dos crânios dos homens adultos chumash indicava ter sofrido golpes graves, com os ossos cranianos quebrados e depois soldados.

Uma vez ouvi um ianomâmi comentar, cinicamente, que os homens *nabä* (não ianomâmis) que eles conheciam, tais como antropólogos e missionários, não conseguiriam sobreviver a uma luta de porretes ianomâmi; seus crânios eram muito finos, seria como bater com um *himo* em um ovo de passarinho. Alguns estudos, mas não todos, mostram que os crânios dos povos nativos americanos são mais robustos e espessos que a maioria dos crânios dos indivíduos de populações caucasianas.[4]

INCURSÕES DE ATAQUE

Nenhum dos combates descritos acima é *intencionalmente* mortífero, apesar de por vezes ocorrerem mortes. De fato, pode-se classificar essas lutas como "alternativas" à guerra, *deliberadamente* submortíferas.

O motivo dado pelos ianomâmis para as incursões mortíferas quase sempre é a vingança pela morte de alguém.[5] Como já ressaltei, essa morte anterior com frequência resultou de alguma briga por mulheres. Uma razão muito menos comum é a vingança por alguma morte causada por feitiçaria ou bruxaria, que consiste em lançar maldições sobre uma pessoa distante a fim de matá-la.

Alguns ataques mortíferos ocorrem sem nenhuma razão lógica. Por exemplo, um cacique particularmente agressivo[6] comandou um ataque a uma aldeia muito distante e matou um homem com uma espingarda que tinha conseguido recentemente com um missionário salesiano. Rerebawä, um dos meus informantes, me disse, quando perguntei por que o cacique fez isso: "Quando alguém dá uma espingarda a um homem feroz, ele vai querer usá-la para matar gente. Ele matou esse homem *bädao* [sem motivo nenhum]".

Em outro caso estranho na aldeia onde fiz quase todo o meu trabalho de campo, invasores atacaram uma aldeia distante, com a qual não haviam tido nenhum contato anterior, porque suspeitavam que seus moradores tinham feito magia negra contra eles. Vale ressaltar que o líder desse ataque também havia obtido recentemente uma espingarda dos missionários salesianos. Apesar de não terem sido as espingardas que transformaram os ianomâmis em guerreiros, creio que elas provavelmente aumentaram as taxas de mortalidade nas áreas próximas às missões salesianas. As espingardas podem até ter deixado os ianomâmis mais dispostos a atacar seus inimigos, já que são armas letais mais eficientes do que seus arcos e flechas.[7]

As incursões são realizadas com o propósito explícito de infligir ferimentos fatais em moradores, quase sempre homens, de outras aldeias.

Alguns esclarecimentos são necessários aqui quanto à definição usual de "guerra" na antropologia, segundo a qual a guerra é um conflito armado entre pessoas de grupos políticos diferentes, definidos territorialmente, com a intenção de infligir danos mortais uns aos outros. Essa definição enfatiza a importância dos grupos "definidos politicamente"; mas saber até que ponto os grupos ianomâmis "em guerra" são grupos políticos distintos, territorialmente definidos, é um grande problema.

Embora as aldeias ianomâmis sejam, em geral, geograficamente separadas, é comum haver uma coincidência parcial das suas populações, pois há indivíduos de ambos os grupos que têm parentes no outro, e essas pessoas podem se mudar, até várias vezes, de uma aldeia para outra. Na verdade, todas elas podem ter pertencido à mesma aldeia alguns anos antes, como ocorreu em casos que já mencionei.

Já ouvi homens ianomâmis dizerem algo como: "Se eu vir meu 'irmão' [ou algum outro parente próximo] neste ataque, não vou matá-lo". Apenas em algumas poucas guerras modernas, como a Guerra de Secessão, por exemplo, os membros de uma mesma família nuclear ou ampliada acabaram em lados opostos de um conflito mortal.

Alguns ianomâmis se recusam a participar de ataques contra aldeias onde têm muitos parentes e amigos. Eles não sofrem exclusão alguma nem estigma por causa dessa decisão. É algo muito diferente de, digamos, um "objetor de consciência" na nossa sociedade, alguém que, por princípios morais ou religiosos, se recusa a participar de *qualquer* ataque ou atirar em *qualquer* pessoa de *qualquer* outro grupo.

Por outro lado, matar alguém de outra aldeia não é um simples homicídio, comparável a matar alguém da sua própria aldeia – por exemplo, em uma luta de porretes; tampouco são apenas rixas de família, pois os ianomâmis também atacam e matam pessoas de outras aldeias com quem não têm parentesco, e cujos membros podem não ter causado vítimas mortais na sua própria aldeia.

Por fim, seria difícil caracterizar uma aldeia ianomâmi como uma entidade política "definida territorialmente", pois defender um "território" é um conceito alheio aos ianomâmis, que mudam suas aldeias de lugar de tempos em tempos – além de os indivíduos se mudarem com maior frequência ainda, como mencionado acima.

Essas advertências quanto às definições devem ser mantidas em mente quando se compara a guerra dos ianomâmis à guerra moderna.

Porém, as guerras dos ianomâmis apresentam muitos elementos característicos da guerra primitiva em outras sociedades tribais. Um deles é o uso extensivo da trapaça e do subterfúgio. Seria difícil equiparar essas práticas com, por exemplo, os serviços de "inteligência" nas nossas guerras recentes. Entendo por "inteligência" militar a aquisição clandestina, em geral de longo prazo, de informações potencialmente úteis e/ou vitais para os esforços que levarão à derrota de algum adversário duradouro. Entre os ianomâmis, o embuste e o subterfúgio se assemelham mais a táticas aplicadas em algum incidente típico de uma guerra. Eles são maquiavélicos, e em geral essas trapaças têm resultados imediatos contundentes e sangrentos, tal como em ocasionais massacres de um grande número de homens em uma "festa traiçoeira", ou *nomohori*.

NOMOHORI

A palavra *nomohori* significa algo como "truque esperto", "trapaça" ou "estratagema covarde". No contexto da violência ianomâmi, significa convidar pessoas para um evento amigável, como uma festa cerimonial ou reunião para permuta de objetos, e então matá-las. É uma forma extrema de violência letal e geralmente resulta na morte de mais de uma dúzia de homens da aldeia vitimada. As mulheres nunca são vítimas de um *nomohori*, mas às vezes podem ser capturadas em uma ocasião dessas.

Se as mulheres capturadas tiverem filhos do sexo masculino com mais de oito ou dez anos, por vezes eles também são mortos. Um homem que conheci matou com uma flechada um menino de uns dez anos depois que ele e sua mãe foram capturados durante uma incursão e trazidos para a aldeia. O menino estava nadando no riacho com outras crianças naquele momento. O homem disse que o menino o fez lembrar seu parente próximo, morto por invasores da aldeia do garoto – justamente a razão para a incursão que resultara na captura do menino e de sua mãe. Ao ver o menino brincar na água, sua raiva aflorou e ele encaixou uma flecha no arco, atirou e o matou.

Um grupo que organiza uma festa traiçoeira para outro deve muitas vezes recrutar como cúmplice um terceiro grupo, supostamente neutro. O grupo neutro deve estar em termos amigáveis com as futuras vítimas e muitas vezes realiza o evento fatídico no seu próprio *shabono*. Os outros se escondem na floresta ou em uma roça próxima e entram na matança depois que os anfitriões a iniciam. Escusado dizer que os cúmplices "amigáveis" que sediaram a festa se tornam de imediato inimigos mortais do grupo vitimado, e podem sofrer *mais* represálias do que aqueles que os convenceram a trair seus amigos.

Assim, um grupo aliado a outro pode de repente se voltar contra seus antigos amigos. É preciso ser muito cauteloso ao aceitar convites para festas quando se sabe que esses pretensos amigos mantêm contato regular com inimigos bem conhecidos. Essa cautela dá um tom distintamente sinistro à vida política dos ianomâmis.

Uma maneira mais difícil de enganar algum grupo e fazê-lo ir a um *nomohori* é dar garantias extremamente persuasivas, porém insinceras, de que as hostilidades do passado já estão esquecidas e que é hora de retomar a amizade. Os convidados, embora suspeitem que haverá trapaça, enfrentam um dilema. Se recusarem o convite, estarão indicando que não confiam nos anfitriões e se arriscam a ofendê-los. Isso pode provocar renovadas hostilidades em um momento em que o grupo convidado precisa de aliados e talvez não possa suportar mais inimigos. A alternativa é deixar a cautela de lado, ir à festa e arriscar ser massacrado.

O fato de que os ianomâmis não aceitam levianamente convites para festas e em geral desconfiam dos motivos de seus aliados é ilustrado pelos numerosos exemplos que vi durante minha pesquisa de campo, em que as possíveis vítimas se recusaram a aceitar convites para festas. Lembro-me de uma viagem que fiz para Mishimishimaböwei-teri no fim dos anos 1960, quando dois jovens de Mömariböwei-teri se ofereceram entusiasticamente para ir comigo. Achei estranho, pois aquelas duas aldeias eram inimigas naquele momento. Eles me disseram que queriam convidar os mishimishimaböwei-teri para uma festa, a fim de "retomar a amizade". Mais tarde descobri que o banquete seria um *nomohori*, instigado por terceiros – justamente um dos grupos bisaasi-teri com quem eu vivia na época!

Os *nomohori* são relativamente raros, mas quando ocorrem resultam em muitas mortes. As relações políticas de longo prazo entre aldeias na maioria dos casos foram moldadas por esses eventos – raros, porém inesquecíveis. As vítimas nunca esquecem um *nomohori*, e seu desejo de vingança pode ser difícil de esconder, mesmo depois de muitos anos.

Eu não presenciei os *nomohori* que descrevo abaixo. As descrições são de testemunhas oculares que ali estavam quando os fatos aconteceram.

O primeiro relato vem de missionários das Novas Tribos que conviveram com membros dessas aldeias por muitos anos.[8] Este exemplo ocorreu na área do baixo rio Padamo, alguns anos antes do início do meu trabalho de campo, uma área que estava fora da região onde eu costumava trabalhar. Contudo, conheci muitas das pessoas mais velhas envolvidas nesse incidente, pessoas que encontrei alguns anos mais tarde na missão salesiana do padre Cocco, na foz do rio Ocamo. Eles são conhecidos por seus vizinhos como iyäwei-teri, ou também, menos frequentemente, ocamo-teri.

O segundo exemplo também aconteceu antes do início do meu trabalho de campo, mas envolveu pessoas e aldeias que estudei mais tarde, na área que chamo de "Crescente Fértil" da região ianomâmi – a área do alto rio Shanishani. Esse relato vem do cativeiro de Helena Valero entre os ianomâmis, tal como documentado por um parasitologista italiano, Ettore Biocca, que estava fazendo uma pesquisa na região do rio Negro, no Brasil, e entrevistou Valero em meados dos anos 1960, depois que ela foi repatriada.[9]

Gostaria de chamar a atenção para o fato de que esses *nomohori* mencionam ferramentas de aço, como machados e facões. Os narradores ou observadores ianomâmis falam deles com naturalidade, o que indica que já possuíam ferramentas de aço muitos anos antes da minha primeira viagem de campo. Digo isso porque vários dos meus persistentes críticos afirmam que fui eu que introduzi ou forneci essas ferramentas aos índios, provocando assim a violência que relatei nas minhas publicações.

Vou descrever brevemente um terceiro *nomohori*, este entre os bisaasi-teri, também ocorrido antes do início do meu trabalho de campo.

O nomohori *do rio Padamo*

O primeiro *nomohori* está descrito em *Spirit of the Rainforest*, de Mark Ritchie. Ocorreu no baixo rio Padamo, um pouco a noroeste das aldeias que estudei.

O informante é um homem idoso da aldeia de Koshirowä-teri, que relatou sua história de vida para Ritchie por intermédio de um missionário local das Novas Tribos, Gary Dawson. Seu pai, Joe Dawson, foi um dos primeiros missionários das Novas Tribos a contatar os ianomâmis da Venezuela no início da década de 1950 e um dos companheiros de James Barker nos primeiros tempos da Missão Novas Tribos na Venezuela. (Joe Dawson morreu em 2011.)

Aparentemente, Ritchie segue o costume da família Dawson de adotar uma tradução para o inglês do nome da aldeia ianomâmi Koshirowä-teri. Esse nome significa "Mel" ou "Aldeia do Mel", pois *koshiro* designa um tipo de mel feito por uma abelha do mesmo nome.

Os koshirowä-teri encontraram um cúmplice em uma aldeia amiga, um homem que também estava em termos amigáveis com a "Aldeia Ocamo",[10] a aldeia escolhida como alvo, conhecida hoje como Iyäwei-teri. Membros desse grupo intermediário (cujo nome não é citado) convidaram os membros da Aldeia Ocamo para uma festa em Koshirowä-teri, festa que incluiria também uma cerimônia fúnebre, durante a qual os ossos cremados e pulverizados de pessoas recentemente falecidas seriam consumidos em uma sopa de banana espessa e doce. Depois disso todos iriam inalar *ebene* (*hisiomö*), um pó alucinógeno feito com sementes de uma árvore que cresce em abundância na região.

Os koshirowä-teri clandestinamente enviaram convites a alguns de seus aliados mais íntimos em outras aldeias, revelando-lhes seu plano sinistro e convidando-os a participar.

Poucos anos antes a Aldeia Ocamo havia aplicado o mesmo golpe sujo nos koshirowä-teri. Isso é digno de nota, já que os koshirowä-teri eram parentes próximos de pelo menos algumas pessoas da Aldeia Ocamo. Os dois grupos tinham sido membros da mesma aldeia no passado recente. Posteriormente se cindiram em aldeias separadas, agora mutuamente hostis. Porém, é raro que uma aldeia faça um *nomohori* contra outra da qual ela se separou recentemente. Esse é um dos poucos exemplos que conheço. Fiquei com a impressão, a partir de muitos informantes ianomâmis, de que as aldeias cujos membros eram aparentados não deviam fazer *nomohori* umas contra as outras – uma proibição que, tal como outras interdições dos ianomâmis, nem sempre é observada.

Quando o convite foi transmitido, as pessoas da Aldeia Ocamo logo desconfiaram. As mulheres aconselharam os homens a não ir, julgando que seria uma festa traiçoeira para vingar as mortes que eles haviam infligido anteriormente aos koshirowä-teri em outro *nomohori*. Por fim as mulheres decidiram ficar em casa e apenas os homens foram até o *shabono* dos koshirowä-teri.

Muitas vezes me perguntei por que os ianomâmis se dispõem a assumir esse tipo de risco, mas concluí que um dos motivos é que uma recusa passaria uma mensagem que poderia levar a ainda mais predação e intimidação. Outras aldeias vão começar a considerar aquela que declinou o convite como medrosa ou covarde e vão se aproveitar dela, isto é, tomar suas mulheres. Além disso, mostrar medo é algo extremamente perigoso para um ianomâmi. Por exemplo, um dos meus melhores amigos ianomâmis, Kaobawä, me perguntou por que eu não queria trazer cartuchos de espingarda para o povo da sua aldeia, que a essa altura tinha começado a ganhar espingardas dos missionários salesianos em Mavaca. Por uma questão de princípio, eu me recusava a fornecer espingardas ou cartuchos para os ianomâmis, mas não queria dizer isso aos bisaasi-teri. Certa vez dei a desculpa de que havia polícia no aeroporto de Maiquetía, por onde eu entrava na Venezuela, policiais armados que iriam revistar minha bagagem e, se me pegassem com cartuchos de espingarda, me punir. Mencionei que eu tinha medo deles, o que era verdade.[11] Kaobawä me interrompeu, um pouco zangado mas demonstrando genuína preocupação pela minha segurança, e disse: "Meu genro! Nunca demonstre medo na presença dos seus inimigos. Se eles souberem que você tem medo deles, é aí que eles vão te matar!".

Reproduzo a seguir a conversa entre o intermediário que transmitiu o convite para a festa e o informante ianomâmi que contou a Gary Dawson sua história de vida, a qual Ritchie narra em seu livro.

> "Acho que eles não acreditaram em mim, mas disseram que virão à festa", ele nos relatou ao voltar. "As mulheres sabem que é uma armadilha. Elas não querem que seus homens venham. Portanto, mesmo que os homens venham, as mulheres podem não vir."
>
> "É claro que os homens virão", disse eu. "Já falei para você que eles virão. Eles não querem que nós digamos a todo mundo que eles são covardes. Mas agora que as mulheres já sabem que é uma armadilha, temos que arranjar um truque para pegar os homens desprevenidos."

Por fim os homens chegaram, depois de uma caminhada que aparentemente durara vários dias. Não traziam mulheres nem crianças e estavam cansados da longa marcha. Armaram seu acampamento na mata, bem próximo ao *shabono* dos anfitriões. Ao se aproximarem do *shabono*, um dos homens do local, Orelha de Tigre, cujo pai tinha sido morto no *nomohori* anterior, não pôde conter o seu desejo de vingança e aproximou-se furioso dos visitantes, com um machado na mão, mas os outros o desarmaram e o acalmaram:

> Quando nossos inimigos viram a vingança nos olhos de Orelha de Tigre, que brandia um machado, e nossos homens o segurando, pensaram que nós desejávamos mesmo a paz. Assim, nós todos festejamos juntos como amigos e ingerimos os ossos dos nossos mortos. Eles estavam cansados da longa viagem pela trilha, mas nós lhes prometemos que no dia seguinte todos iríamos cheirar *ebene*. [...] "Durmam bem", disse o pai de Pé de Sapato, para fazê-los se sentirem à vontade. "Amanhã vamos cheirar *ebene* e vai ser

ótimo." Nossas constantes referências a cheirar *ebene* "amanhã" começaram a deixá-los nervosos. Eles sabiam que fora o *ebene* que os ajudara a nos matar na vez anterior. Eu vi o medo nos seus olhos quando falamos em "amanhã". Sabíamos que eles estariam em guarda.

"Já fizemos uma grande festa e compartilhamos as cinzas dos nossos parentes", disse eu aos nossos novos amigos. "Por que vocês não passam a noite conosco aqui no *shabono*, em vez de acampar na mata? Assim, amanhã terminaremos nossa festa cheirando *ebene*." Eles resolveram que seria seguro ficar conosco, pois sabiam que iriam apenas fingir inalar o *ebene*. Eles não iriam cair na mesma armadilha em que nós tínhamos caído.

Assim, eles penduraram suas redes em meio às nossas, em todo o nosso *shabono*, e ficamos conversando juntos, em pequenos grupos, até tarde da noite. Começamos a nos sentir como amigos novamente.

Acordei antes do amanhecer. Estava tão escuro que nem adiantava abrir os olhos. Senti o chão de terra dura debaixo da minha rede e me levantei devagar. Eu não escutava nenhum som. Nossas fogueiras tinham se apagado. Eu sabia exatamente onde as nossas redes ficavam penduradas, e assim consegui não perturbar nenhum dos nossos visitantes enquanto andava pelo *shabono* para acordar os nossos homens. Todos nós dormíamos com uma arma na mão. Tínhamos facões, machados, porretes e lanças. Eu tapava com a mão a boca de cada homem e sacudia sua cabeça um pouquinho.

Eu dava um passo de cada vez. Levou muito tempo para eu dar a volta em todo o *shabono* e retornar à minha rede. Dei então um assobio alto, imitando uma anta, e cada um de nós atacou o novo amigo na rede ao seu lado. Estava tão escuro que tínhamos que apalpar o inimigo com uma mão. A outra mão segurava uma arma mortífera. O Espírito do Jaguar estava conosco naquela manhã, e um grito subiu aos céus do nosso *shabono* como um raio atravessando o corpo de cada um de nós. Foi um massacre cuja lembrança vamos desfrutar pelo resto da nossa vida.

Alguns deles escaparam no escuro, e, como não podíamos enxergar, nós nos escondemos e esperamos até de madrugada para ver quantos matamos. À primeira luz do amanhecer, vimos que a maioria deles morreu nas suas redes cheias de sangue.

A área Shanishani

Esse segundo *nomohori* foi testemunhado por Helena Valero, uma brasileira capturada pelos ianomâmis por volta de 1932, ainda pré-adolescente. Ela morreu há relativamente pouco tempo. Eu a vi pela última vez em 1991, quando seu filho mais velho, José, me acompanhou em uma viagem para a aldeia de Patanowä-teri, onde ele tinha nascido. Seu pai era o cacique de Patanowä-teri, Husiwä, um dos vários maridos ianomâmis que Helena teve durante seu longo cativeiro.

Apesar de ter nascido naquela área, José nunca havia voltado para lá depois que sua mãe e irmãos foram repatriados, por volta de 1955. Seus parentes ianomâmis mais próximos ainda moravam em Patanowä-teri, e eu os conhecia bem, pelas muitas viagens que fiz até lá. José ficou muito grato pelo convite para me acompanhar nessa viagem. Achei divertido vê-lo tirar fotos dos patanowä-teri com uma câmera Polaroid. Eles foram apenas um pouco mais cooperativos com ele do que tinham sido comigo.

Por volta de 1932, Helena e vários membros da sua família estavam caçando e coletando frutos da floresta em uma área muito remota do Brasil, perto do extremo sudoeste da Venezuela, o local onde uma montanha se eleva 3 mil metros quase em linha reta, até as nuvens. Mapas militares dos Estados Unidos disponíveis em 1965 indicavam ser "perigoso voar abaixo de 12 mil pés", ou 3.600 metros, mas não especificavam qual era o perigo. Tratava-se do ponto mais alto do Brasil: o pico da Neblina. Metade do pico fica em território venezuelano, pois a sua crista é a fronteira entre os dois países.

A família de Helena, como a maioria dos sertanejos rurais brasileiros da Bacia Amazônica, era pobre, sustentando-se com o cultivo de pequenas roças de mandioca e outras plantas. Obtinham na mata grande parte dos seus alimentos e das suas necessidades em geral, tais como escoras e folhas para o teto da casa. Seu idioma materno era a língua geral, falada na Bacia Amazônica na região do rio Negro – uma mistura de português, espanhol e tupi, um idioma nativo da Amazônia. Quando a conheci, no início dos anos 1970, em Ocamo, ela já havia aprendido um espanhol mais padrão; mas eu sempre conversava com ela em ianomâmi. Nessa época ela vivia com seu filho José perto da missão salesiana do padre Cocco em Ocamo. Seus parentes brasileiros pareciam evitá-la, porque, segundo me foi dito pelos venezuelanos do local, ela ficara maculada pelo seu cativeiro entre os ianomâmis. Também na história dos Estados Unidos muitas mulheres americanas que foram capturadas por índios quando meninas foram rejeitadas por suas famílias, nos poucos casos em que lhes foram devolvidas.

Naquele dia fatídico a família Valero não percebeu que havia penetrado na fronteira sudoeste do território ianomâmi e estava muito longe de qualquer posto avançado da cultura brasileira (ou venezuelana). Minha pesquisa sobre padrões de assentamento mostra que os ianomâmis estavam migrando lentamente nessa direção e só recentemente tinham chegado a essa área.[12]

A família de Helena foi atacada por um grupo de caçadores ianomâmis kohoroshitari. Seu pai foi atingido por umas oito flechas, mas conseguiu arrancar todas. Helena foi atingida por uma flecha que atravessou a pele da barriga e se cravou profundamente na coxa. O pai tentou carregá-la, mas como ele mesmo tinha ferimentos muito graves deixou-a no chão e desapareceu na mata, levando o irmão mais novo de Helena. A mãe também escapou. O pai e a mãe vagaram separadamente pela selva durante dois dias até se reencontrarem.

Os dois voltaram alguns dias depois ao lugar do ataque, após pedir ajuda a um grupo de soldados brasileiros; mas não conseguiram encontrar Helena. Na época ela era apenas uma menina pré-púbere, com seus doze anos de idade.

Ela viveu entre os ianomâmis como prisioneira durante 24 anos e só conseguiu fugir deles em 1955, quando um venezuelano do local, Juan Eduardo Noguera, que trabalhava para o padre Cocco, a levou na sua canoa e fugiu rio abaixo até a missão do padre.

Posteriormente ela contou a história do seu cativeiro para um parasitologista italiano, Ettore Biocca, que estava fazendo pesquisas na área do rio Negro. Em 1965 ele publicou um relato do cativeiro de Helena em italiano, que logo se tornou um *best-seller* na Itália e foi depois publicado em várias línguas, inclusive o inglês, em 1970.[13]

O relato de Helena é notavelmente minucioso. Os relatos dos mesmos eventos que ouvi de meus informantes ianomâmis diferem ligeiramente dos dela em uma série de detalhes. No entanto, a notável riqueza do testemunho ocular de Helena transmite uma sensação de "observação participante" que poucos antropólogos conseguem duplicar.

Grande parte do seu cativeiro se passou entre as mesmas pessoas que eu estudei, em especial os mishimishimaböwei-teri. Reconheci a maioria dos indivíduos pelos nomes que ela lhes dava, embora a sua maneira de grafá-los fosse diferente da minha, assim como a sua maneira (ou seja, de Biocca) de grafar os nomes de lugares, como aldeias e roças. Algumas dessas diferenças resultam da tentativa de Biocca de escrevê-las à maneira italiana (em formas que acabaram migrando para a tradução em inglês); mas outras resultam do fato de que os últimos anos do cativeiro de Helena se passaram em uma área onde os ianomâmis falam um dialeto um pouco diferente do dialeto shamatari, falado pelos índios que a capturaram, e que é o dialeto que eu também aprendi. Por exemplo, ela dá o nome de Fusiwe ao seu marido com quem viveu muito tempo na área de Patanowä-teri, mas o nome dele (transliterado com a minha ortografia e pronunciado da maneira como eu o escrevo) era Husiwä. Para os ianomâmis, o H e o F têm o mesmo som. No dialeto shamatari soa mais como H para os falantes de inglês, mas no dialeto ocamo soa mais como F.

Em 1965 eu já tinha vivido quase um ano com os ianomâmis, que me contaram sobre essa mulher. Meus informantes ianomâmis a chamavam de Nabäyoma, ou seja, Mulher do Povo Estrangeiro. *Nabä*: estrangeiro, não ianomâmi; *-yoma*: mulher de um certo lugar. Por extensão linguística, o nome Shamatariyoma significa "mulher do povo shamatari". Aramamisiteriyoma: uma mulher da aldeia de Aramamisi-teri. Para mim, Helena Valero era uma "mulher estrangeira", mas na época eu não sabia nada sobre o seu cativeiro, nem suas origens; ela poderia ter sido uma índia iecuana, pemom ou hiwi. As mulheres de todas essas tribos seriam chamadas de Nabäyoma pelos ianomâmis.

O nomohori *segundo Helena Valero*

Entre as muitas coisas fascinantes que Helena conta, há um *nomohori* que resultou na morte de um proeminente cacique shamatari chamado Ruwahiwä.[14] Esse *nomohori*, segundo os padrões dos ianomâmis, foi de pequena escala, porém envolveu líderes políticos muito importantes das aldeias que depois estudei ao longo de minhas repetidas visitas.

Mais tarde fiquei conhecendo muito bem um dos filhos de Ruwahiwä, Möawä. Era o homem mais repugnante que já conheci, de qualquer cultura, em qualquer lugar. Voltarei a falar dele mais tarde.

Ruwahiwä era o cacique de uma aldeia que na época se chamava Konabuma-teri, a vários dias de caminhada pela trilha na mata ao sul da aldeia de Patanowä-teri. Esta última ainda é uma aldeia remota, mas nos últimos anos tem tido mais contatos intermitentes com o pessoal da missão salesiana de Platanal, no Orinoco, onde se localiza a aldeia ianomâmi de Mahekodo-teri. As aldeias que estudei de início incluíam Patanowä-teri, mas ela se cindiu várias vezes depois que ocorreu o evento aqui descrito.

Como mencionado, Helena Valero foi testemunha ocular desse *nomohori*. Na época ela já vivia entre os ianomâmis havia uns quinze anos e conhecia o idioma deles quase tão bem quanto um nativo.

O *nomohori* ocorreu antes de 1950. Uma das provocações específicas que o causaram foi a acusação de que um homem da aldeia de Ruwahiwä tivesse "envenenado" um irmão de Husiwä (Fusiwe), o cacique de Patanowä-teri, o qual, portanto, queria vingar essa morte. "Envenenar", nesse contexto, provavelmente significa "fazer feitiçarias" contra a vítima, que supostamente morre devido a esse ato nefasto.

Tanto Ruwahiwä como Husiwä eram guerreiros muito capazes e experientes, que já haviam matado muitos homens até então. Na época do incidente ambos tinham uma reputação bem merecida de violência.

Corriam rumores em Konabuma-teri de que os patanowä-teri tencionavam matar Ruwahiwä naquela visita, mas ele, em uma atitude de desafio, ignorou essa informação e se recusou a demonstrar medo. Assim, aceitou o convite, junto com poucos outros, para encontrar-se com os patanowä-teri e fazer uma permuta de objetos. Deixaram suas esposas e filhos em casa, o que implica que desconfiavam de uma possível traição.[15]

Vou colocar entre colchetes algumas palavras usadas por Helena Valero que podem não ser familiares para a maioria dos leitores. Cito o relato de Valero começando quando o grupo de Ruwahiwä já havia chegado à aldeia de Husiwä:

Deviam ser sete horas [da manhã] e os shamatari [o grupo de Ruwahiwä] ainda não tinham se levantado. Uma das esposas de Fusiwe, Aramamisiterignuma [mulher proveniente de Aramamisi-teri], me disse: "Os shamatari ainda estão quietos. Eles deveriam aproveitar para ir embora agora, antes que os homens os matem". Fusiwe continuava deitado na sua rede. Por volta das oito horas Rohariwe [Ruwahiwä], o *tushaua* [cacique] dos shamatari, veio até ele e lhe pediu tabaco. Ele não respondeu, mas me fez um sinal; eu me levantei, peguei um pouco de tabaco de uma caixa [certamente algum recipiente feito de folhas], coloquei em um pedaço de folha de bananeira e dei a ele. Fusiwe, ainda deitado na ampla rede de algodão, passou o embrulho para o seu inimigo. Rohariwe lhe perguntou: "*Shori* [cunhado], você está doente?". "Um pouco", ele respondeu. "Os seus *hekura* [espíritos pessoais] estão tristes? É por isso que você se sente mal?" E começou a soprar sobre ele [para confortá-lo]. Fusiwe olhou para ele. "Levante-se, *shori*." "Não", respondeu Fusiwe, "estou muito doente". Fiquei alarmada, mas continuei de cabeça baixa.

Outro shamatari veio até Fusiwe para lhe pedir flechas. O irmão mais novo de Fusiwe respondeu: "Não vou dar minhas flechas; e com elas vou matar vocês e capturar os outros para me vingar, se qualquer um dos nossos homens morrer". O shamatari não respondeu, e seus companheiros se entreolharam; talvez julgassem que ele falara por brincadeira, e riram. Por fim Rohariwe disse: "Vão lá todos vocês, do outro lado do *shapuno* [*shabono*], onde eles nos disseram que iriam nos dar os facões". Ele também foi; era alto e forte, todo pintado e adornado com plumas; tinha seu filho consigo, e seus cães o seguiam. O *tushaua* Fusiwe pegou urucum preto [pigmento usado por atacantes ou por homens que pretendem matar ou ameaçar matar os outros] e o esfregou na testa e no peito, e depois disse à minha companheira: "Esfregue muito urucum nas minhas pernas e coxas". Os shamatari estavam do outro lado da praça, agachados, à espera dos facões. Fusiwe se aproximou deles e disse: "Aqui estão os facões", e jogou-os na direção deles. "Agora me deem os cães." Ele pegou o primeiro e o segundo cão [...]; naquele momento o irmão mais novo do *tushaua* atingiu Rohariwe com um pesado golpe de machado na cabeça. O machado não cortou, mas sim lhe rachou a cabeça. Ao lado dele, o cunhado do *tushaua* deu uma machadada na cabeça do irmão de Rohariwe, aquele mesmo que tinha vindo avisá-los, cujo nome era Sherekariwe. Eu estava inclinada, cozinhando algo no fogo, e ouvi o grito de Shamatarignuma, a esposa do irmão do *tushaua*: "Ai! Eles o mataram, meu pai!".

Os dois homens caíram. Enquanto seus companheiros tentavam pegar seus arcos e flechas, os namoeteri [Namowei-teri era um nome anterior para a aldeia de Husiwä[16]] já estavam prontos e atiraram neles. Vi um rapaz correndo com os braços abertos e uma seta trespassar suas costas enquanto ele corria. Depois vi outro com uma flecha cravada no peito, e ainda outro com uma na carne. [...] Nenhum dos feridos gritava; só se ouvia o zunido das flechas e as pessoas correndo. [...] Rohariwe ainda não estava morto; estava todo crivado de flechas. Ele se levantou, caiu, levantou de novo. Voaram novas flechas, e *tak* [o som que os ianomâmis fazem para imitar a flecha penetrando na carne], perfuraram seu corpo, que tremia sob as flechadas; o homem não morria, e não gritava. Eles arrancaram as flechas do seu corpo e continuaram a golpeá-lo. Ele tinha flechas cravadas na barriga, no peito, no rosto, no pescoço, nas pernas.

Enquanto isso Sherekariwe, de cabeça rachada, não estava morto e tentava levantar-se. [...] Uma flecha o atingiu no estômago, atravessando de um lado para o outro; o homem caiu de novo. [...]

O *tushaua* Rohariwe não morria; ele caía e se levantava de novo. Tentou arrancar as flechas do corpo, mas não conseguia mais. Quando foi atingido por mais uma flecha, ele apenas gritou: "Ahh!". Um homem se aproximou e enfiou a madeira do arco no corpo de Rohariwe, como se fosse uma lança. Rohariwe então lentamente, muito lentamente, se levantou; seu corpo parecia um tronco com muitos galhos. Deu uns passos à frente, balançando, soltou um rugido horrível, como um cachorro louco, cambaleou e tombou para a frente, em cima de todas aquelas flechas. E foi assim que morreu.

Enquanto isso, Fusiwe saíra correndo, perseguindo os shamatari que haviam fugido. Mais tarde ele disse que viu um jovem ferido sob um pé de embaúba; era o filho que Rohariwe trouxera consigo. O jovem lhe disse: "Não atire em mim", mas Fusiwe atirou uma flecha. O jovem repetiu: "Não atire de novo em mim, pai; me deixe morrer, pois você já me deu um golpe mortal". Ele disparou outra flecha e o matou. Depois disso matou mais um, entrando na mata. Alguns dias depois vimos urubus voando em círculos; era o cadáver de um outro, que fedia.[17]

Líderes valentes como Ruwahiwä às vezes sofrem golpes na cabeça que parecem mortais, com pesados machados, mas mesmo assim se levantam, dão uns passos cambaleando e de alguma forma conseguem ficar em pé, apesar de mortalmente feridos. Meus informantes ianomâmis, que também presenciaram a morte de Ruwahiwä, disseram que a primeira machadada na cabeça foi um golpe fatal do qual nenhum homem poderia de modo algum se recuperar. Um dos meus informantes era justamente quem dera essa machadada fatal na cabeça de Ruwahiwä – um homem chamado Mamiköniniwä, cujo filho foi um dos meus primeiros informantes regulares. No entanto, Ruwahiwä conseguiu cair e levantar várias vezes – enquanto levava mais e mais flechadas no rosto, pescoço, barriga e peito.

Muitos anos mais tarde, um cacique que conheci, Matowä, foi morto logo após minha chegada, como já descrevi acima. Deve ter aguentado tantas flechadas mortais quanto Ruwahiwä, mas continuou firme e desafiador, amaldiçoando e vituperando contra seus agressores até que não conseguiu mais ficar em pé. Ele também não deu nenhuma demonstração de dor, nem do terror de saber que seus ferimentos eram fatais, mas estoicamente provocou seus agressores, afirmando sua bravura e destemor, até que caiu morto, com suas numerosas feridas. Morreu com muitas flechas de quase 2 metros de comprimento enfiadas no pescoço, no peito e na barriga. Um dos meus informantes, membro do grupo de atacantes que o matara, disse-me em voz baixa que esse valente guerreiro Matowä continuara se gabando da sua bravura e ferocidade mesmo enquanto os atacantes lhe cravavam no corpo uma flecha atrás da outra.

O nomohori *de vingança em Amiana*

O *nomohori* em que Ruwahiwä foi morto levou, naturalmente, a uma retaliação inevitável: sua aldeia era grande e poderosa, e decerto buscaria a revanche. A oportunidade para a vingança veio vários anos mais tarde, em um lugar chamado Amiana, por volta de 1948.

Amiana é o nome de uma montanha nas cabeceiras do rio Washäwä, onde alguns shamatari, comandados por um cacique chamado Riakowä, se instalaram depois da morte dos seus parentes Ruwahiwä e Sherekariwä. Várias clareiras foram abertas por esses shamatari recém-chegados.

O período entre 1948 e 1951 é confuso na história dos patanowä-teri e dos konabuma-teri, já que essas duas populações se dividiram em várias outras menores, depois voltaram a se unir, e mais tarde se dividiram novamente. Um dos grupos dissidentes da grande aldeia de Patanowä-teri assumiu o nome de Bisaasi-teri, outro passou a chamar-se Wanidima-teri e um terceiro manteve o nome original. Os bisaasi-teri começaram a se mudar mais para o oeste, para a bacia do rio Washäwä, e acabaram vizinhos de um dos grupos shamatari – parentes de Ruwahiwä – que acabavam de se mudar e se instalar naquela área.

Aparentemente a facção bisaasi-teri não tinha nada a ver com o *nomohori* em que o grupo de Husiwä, dos patanowä-teri, havia matado Ruwahiwä e Sherekariwä; mesmo assim, era agora um alvo convidativo para a vingança. Eram parentes próximos de Husiwä e membros da sua facção, mas tinham se separado desse grupo e agora viviam em uma aldeia muito menor e mais vulnerável. Sua culpabilidade é uma das dimensões inevitáveis da "vingança de sangue" em tribos como os ianomâmis.[18]

Os konabuma-teri – o grupo de Ruwahiwä – também tinham se cindido em vários grupos menores. Como mencionado, o grupo de Riakowä se instalara no Alto Washäwä, perto de uma colina chamada Amiana, mas outros grupos dissidentes dos konabuma-teri aparentemente continuaram junto à bacia do Alto Shanishani e começaram a migrar em direção às cabeceiras do Mavaca, seguindo uma rota para o sul do rio Washäwä. Um desses grupos era comandado por Sibarariwä – um irmão mais novo de Ruwahiwä, um homem que conheci muito bem. Sibarariwä, de quem já falei anteriormente, era considerado pelos bisaasi-teri como o arquiteto e instigador do *nomohori* que se seguiu.

Minha descrição deste *nomohori* é bastante superficial porque minhas informações vieram de bisaasi-teri que perderam muitos parentes próximos no evento e por motivos óbvios relutavam em me contar em detalhes essa tragédia relativamente recente, em que tinham morrido seus pais, irmãos e maridos.

Sibarariwä convenceu seu parente próximo Riakowä, que tinha relações amigáveis com os bisaasi-teri, a convidá-los para uma festa na sua aldeia, perto de Amiana. Os homens de Sibarariwä ficariam à espreita do lado de fora do *shabono* de Riakowä, juntamente com um grupo de homens de Hasuböwä-teri, aliados de Sibarariwä, que já estavam em termos hostis com os patanowä-teri.[19]

Assim, os bisaasi-teri foram à aldeia de Riakowä para a festa. Logo depois que chegaram, Riakowä e seus homens começaram a atacá-los com porretes, machados e flechas. Alguns conseguiram escapar rompendo a paliçada, mas foram então flechados pelos arqueiros do grupo de Sibarariwä e seus aliados hasuböwä-teri. Kaobawä, um dos sobreviventes, que acabou se tornando cacique do Alto Bisaasi-teri, me disse que alguns shamatari do grupo de Riakowä tiveram pena deles e os ajudaram a escapar através da paliçada, salvando suas vidas. Dedeheiwä, o renomado pajé de Mishimishimaböwei-teri e um grande amigo meu, foi um dos que ajudaram alguns bisaasi-teri a fugir.

Onze homens bisaasi-teri foram mortos naquele *nomohori*, e muitos outros ficaram feridos, mas se recuperaram. O pai de Kaobawä foi morto nesse incidente. Sete mulheres bisaasi-teri também foram capturadas.

Os sobreviventes retiraram-se para a sua aldeia e sua nova roça, a um ou dois dias de viagem para o noroeste, Kreiböwei-teri, onde os feridos poderiam se recuperar.[20]

Enquanto se recuperavam dos seus ferimentos foram visitados pelo cacique de Mahekodo-teri, que ficara sabendo do *nomohori*. Ele os convidou para morar temporariamente na sua aldeia, nas margens do Orinoco, uns três dias mais ao norte. Os bisaasi-teri aceitaram o convite e se mudaram para Mahekodo-teri. Como de costume, o convite não foi altruísta: os anfitriões mahekodo-teri tinham seus planos para as mulheres dos bisaasi-teri, agora quase sem defesa.

James P. Barker tinha feito contato com os mahekodo-teri alguns meses antes. Ele me contou que estava presente quando os bisaasi-teri sobreviventes do *nomohori* chegaram a Mahekodo-teri. Segundo ele, o ano era 1950.

RESUMO CIENTÍFICO DAS GUERRAS ENTRE OS IANOMÂMIS

Em 1988, publiquei um artigo na prestigiosa revista acadêmica *Science* resumindo meus quase 25 anos de constatações sobre a guerra entre os ianomâmis. Meu resumo identificou 137 homens ainda vivos nas aldeias que eu estava estudando que eram *unokai*, isto é, guerreiros que tinham matado alguém.

Dos *unokai* dessa amostra, 60% (83 de 137) tinham participado da morte de uma só pessoa (ver quadro na próxima página). Os demais tinham participado da morte de duas ou mais pessoas. Um homem tinha participado da morte de dezesseis pessoas. O *unokai* mais "exímio" nos meus registros é Möawä, um dos filhos de Ruwahiwä, que participou da morte de 22 pessoas, mas não está incluído nas contas porque havia morrido alguns anos antes. Provavelmente já houve outros *unokai* tão bem-sucedidos quanto Möawä.

Tenho dados meticulosos sobre quantos parentes cada pessoa tem na sua aldeia, a qual bloco populacional a aldeia pertence e a área total que estudei intensamente, abrangendo quase quarenta aldeias. Em outras palavras, minhas informações sobre o predomínio da violência entre os ianomâmis se baseiam em uma documentação extensa. É possível que os ianomâmis sejam a única sociedade tribal guerreira do mundo sobre a qual esses tipos de dados já foram coletados.

Na minha amostra de 1988, 2/3 de todos os ianomâmis vivos com mais de quarenta anos de idade já tinham perdido um ou mais parentes genéticos próximos[21] – pai, irmão, marido ou filho – por causa da violência. Esse fato deve servir para ressaltar a importância da vingança de sangue na população ianomâmi. Enfatizei esse ponto no meu artigo para a *Science* de 1988 para tentar ilustrar a porcentagem de pessoas que sentem rancor pela morte violenta de "um parente" da sua aldeia.

No meu estudo, cerca de 45% de todos os homens adultos vivos eram *unokai*, isto é, tinham participado da morte de pelo menos uma pessoa. É uma porcentagem extraordinariamente alta, mas essa estatística poderia não ser incomum entre as tribos pré-contato se tivessem sido estudadas por antropólogos quando ainda eram demograficamente intactas.

NÚMERO DE VÍTIMAS FATAIS PARA CADA *UNOKAI* VIVO

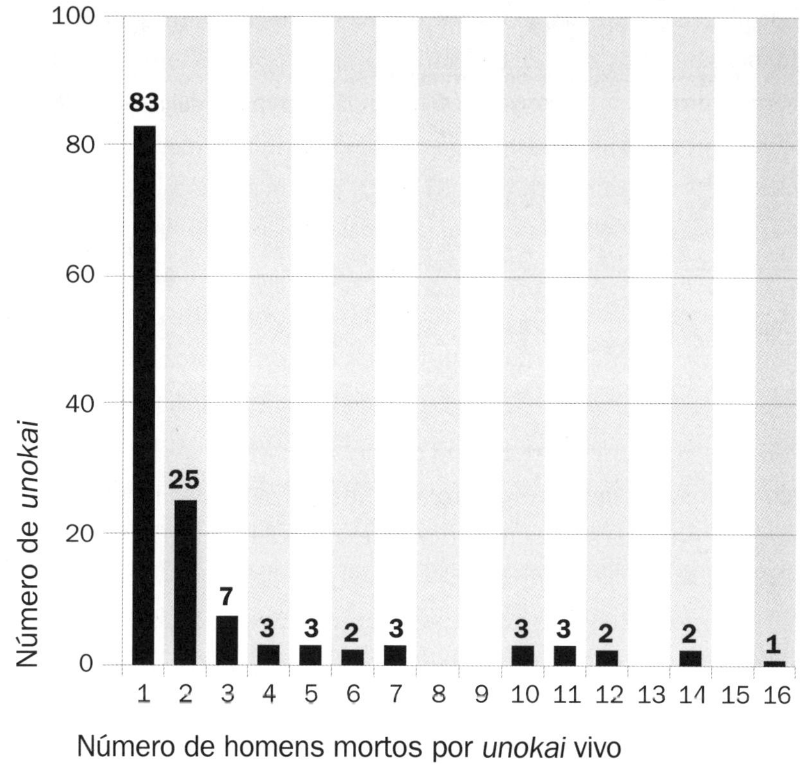

O SUCESSO REPRODUTIVO DIFERENCIAL DOS IANOMÂMIS *UNOKAI*

Meu artigo na *Science* incluía uma série de outras constatações que perturbaram e até ofenderam diversos colegas meus da antropologia cultural, colegas que claramente favoreciam a visão do tipo "nobre selvagem" das populações tribais. No entanto, as minhas constatações foram empíricas.

Se eu estivesse falando sobre javalis, iaques, esquilos, tatus ou morcegos, ninguém nas respectivas subáreas de biologia se surpreenderia com as minhas observações. Porém, eu estava falando sobre o *Homo sapiens* – que, segundo muitos antropólogos culturais, é um ser separado das leis da natureza. Eles dizem que a única "natureza" que o *Homo sapiens* tem é uma "natureza cultural".[22]

SUCESSO CONJUGAL DOS *UNOKAI* E DOS NÃO *UNOKAI*

	UNOKAI			NÃO *UNOKAI*		
Idade	**Número de homens**	**Número de esposas**	**Número médio de esposas**	**Número de homens**	**Número de esposas**	**Número médio de esposas**
20-24	5	4	0,80	78	10	0,13
25-30	14	13	0,93	58	31	0,53
31-40	43	49	1,14	61	59	0,97
> 41	75	157	2,09	46	54	1,17
Total	**137**	**223**	**1,63**	**243**	**154**	**0,63**

No meu artigo, primeiro resumi o sucesso reprodutivo dos *unokai* comparado ao dos não *unokai* com aproximadamente a mesma idade. A tabela acima e a da próxima página mostram esses resultados.

Essas duas tabelas subdividem os homens adultos em quatro faixas etárias. Elas começam com os homens que atingiram a idade aproximada em que começam sua carreira de incursões ativas – por volta dos vinte anos.

O número de homens que são *unokai* em cada faixa etária é mostrado à esquerda, e o dos não *unokai* à direita. O número de esposas que esses homens têm ou tiveram e o número médio de esposas da sua faixa etária estão nas duas colunas adjacentes. Assim, havia 5 *unokai* (tabela acima) entre 20 e 24 anos de idade, e esses 5 jovens tinham um total de 4 esposas, o que dá um número médio de 0,80 esposa por homem. Na tabela vemos que havia 78 não *unokai* da mesma idade, com um total de 10 esposas para todos eles, dando uma média de 0,13 esposa para cada um. A conclusão, para essa linha (uma parcela muito pequena da amostra inteira), é que os homens que são *unokai* têm um número médio de esposas maior que o dos não *unokai* da mesma idade.

O mesmo padrão continua ao longo da tabela de dados para todas as faixas etárias: os *unokai* têm, em média, mais mulheres que os não *unokai*. Para todas as idades pesquisadas, os *unokai* têm uma média de 1,63 mulher, em comparação com uma média de 0,63 para os não *unokai*.[23]

A constatação mais interessante se refere à comparação do sucesso reprodutivo entre *unokai* e não *unokai*. Intuitivamente, parece claro que, se os *unokai* têm mais sucesso em conseguir esposas, eles devem ter mais filhos. Esta tabela fornece tal comparação:

SUCESSO REPRODUTIVO DOS *UNOKAI* E DOS NÃO *UNOKAI*

	Unokai			Não *unokai*		
Idade	**Número de homens**	**Número de filhos**	**Número médio de filhos**	**Número de homens**	**Número de filhos**	**Número médio de filhos**
20-24	5	5	1,00	78	14	0,18
25-30	14	22	1,57	58	50	0,86
31-40	43	122	2,83	61	123	2,02
> 41	75	524	6,99	46	193	4,19
Total	**137**	**673**	**4,91**	**243**	**380**	**1,56**

A linha inferior da tabela revela que os *unokai* têm em média 4,91 filhos; em comparação, os não *unokai* na mesma faixa etária têm em média apenas 1,56 filho cada um – ou seja, os *unokai* têm 3 vezes mais filhos do que os não *unokai*.

Essas constatações são quase sem paralelo nos relatórios da antropologia cultural, não tanto porque os ianomâmis são sem paralelo, mas porque eles conseguiram sobreviver demograficamente intactos por tempo suficiente para que um antropólogo cultural darwiniano, trabalhando em campo, conseguisse documentar esse aspecto da vida deles. Isso deveria – e poderia – ter sido feito com outros grupos tribais por antropólogos até mesmo de uma geração anterior à minha.

Já houve trinta ou mais antropólogos que começaram a fazer trabalho de campo entre os ianomâmis depois que eu comecei. Todos eles poderiam facilmente ter coletado dados comparáveis sobre os *unokai* e as variações no sucesso reprodutivo, semelhantes aos dados descritos acima. Nenhum deles fez isso. No entanto, alguns desses antropólogos afirmam que eu "exagerei" a violência dos ianomâmis, apesar de eles não divulgarem seus próprios dados, se é que chegaram a coletá-los, sobre as causas de morte entre os vários grupos que estudaram. Eles poderiam ter mostrado seus resultados estatísticos sobre o quanto de violência e de causas violentas de morte aconteceram enquanto eles estudavam os ianomâmis nas áreas onde trabalharam. Infelizmente, não é assim que a antropologia cultural funciona hoje em dia. Aqueles entre meus colegas antropólogos que aberta e frequentemente criticam minhas conclusões sem fornecer dados comparáveis sobre os grupos ianomâmis que estudaram só fazem convencer os acadêmicos das disciplinas próximas que a antropologia cultural não apenas não é científica, como não é capaz de ser científica. Quem deveria estar no banco dos réus são aqueles que nunca coletaram dados relevantes, mas ao mesmo tempo condenam seus colegas cujos dados, adquiridos com tanto esforço e dificuldade, por vezes levam a conclusões que eles acham incômodas.

Nem os biólogos de campo nem os leigos inteligentes julgam que meus resultados são estranhos ou incomuns. Porém, um pequeno número de antropólogos culturais ativistas parece ficar extremamente perturbado com os meus dados. Um antropólogo, como já mencionado, chegou a me acusar de ter sugerido que os ianomâmis "tinham o gene da guerra". Na antropologia cultural, quando alguém quer manifestar desprezo total por um adversário, basta sugerir que ele está afirmando que os "genes" causam "a cultura" e que, portanto, ele é um "determinista genético". Para completar o insulto, você pode chamá-lo também de "reducionista biológico". Um dos meus ex-professores observou, cinicamente, que os antropólogos na verdade não têm colegas – só têm coconspiradores.

Meu artigo de 1988 na *Science* gerou uma série de respostas extremamente negativas. Algumas críticas *ad hominem* a ele persistem até hoje.[24] Vou discutir as ramificações desse artigo mais adiante neste livro.

10. Primeiro contato com os iwahikoroba-teri

Em 1971 fiz contato com a aldeia de Iwahikoroba-teri, localizada a nordeste de Mishimishimaböwei-teri e a leste do rio Mavaca. Eu já tinha visto trilhas dos iwahikoroba-teri perto do rio Mavaca em diversas viagens. Em uma ocasião vi uma das suas pontes precárias, feitas de varas e cipós, em um local onde eles haviam recentemente atravessado o Mavaca.

Foi só depois de várias tentativas que consegui contatar esse grupo. Os bisaasi-teri não gostavam deles e fazia vinte anos que não os encontravam. Porém, os bisaasi-teri tinham se enganado quanto à maneira como os mishimishimaböwei-teri me receberiam, e quando decidi encontrar os iwahikoroba-teri inconscientemente baixei a guarda, acreditando que eles seriam tão amigáveis quanto tinham sido os mishimishimaböwei-teri.

PRIMEIRA TENTATIVA

Em meados de janeiro de 1971 fiquei sabendo que um grupo de caçadores bisaasi-teri havia encontrado, por acaso, alguns caçadores iwahikoroba-teri, a uma distância de meio dia de caminhada pelo interior da selva a partir do curso médio do rio Mavaca. Isso foi em dezembro de 1970, poucas semanas antes da minha chegada para o meu trabalho de campo anual. O encontro entre eles foi tenso, mas pacífico, e os iwahikoroba-teri deram sinais de que gostariam de retomar contatos amistosos com os bisaasi-teri.

Imediatamente decidi tentar contatar os iwahikoroba-teri, apesar da programação intensa prevista naquele ano para o trabalho de campo na área biomédica, juntamente com o grupo de Neel da Escola de Medicina da Universidade de Michigan e do Ivic. Interroguei minuciosamente um dos bisaasi-teri que fizeram o contato inicial. Ele me descreveu o local onde ocorrera o encontro e o ponto do rio Mavaca de onde eu deveria partir. Para minha surpresa, três homens bisaasi-teri se ofereceram para me acompanhar. Eles não pareciam tão preocupados com uma possível tramoia dos iwahikoroba-teri quanto tinham ficado em relação aos mishimishimaböwei-teri na ocasião do meu primeiro contato com eles, cerca de três anos antes.

Um dos homens queria levar conosco a mãe idosa: Hubemi, uma mulher que havia sido raptada da aldeia dos iwahikoroba-teri muitos anos antes. Aparentemente, para eles essa era a garantia de que seus anfitriões não os receberiam com hostilidade e traição. Hubemi queria visitar os parentes que tinha por lá, pessoas que ela não via desde a sua captura, no final dos anos 1940. Fiquei muito surpreso ao ver que o filho de Hubemi, Shararaiwä, queria ir, já que os iwahikoroba-teri haviam matado o irmão do seu pai no *nomohori* no monte Amiana, descrito no capítulo anterior.

No dia 16 de janeiro começamos a viagem de quase dois dias a montante do Mavaca, montamos acampamento na margem direita, escondemos a canoa e a gasolina e começamos a nos embrenhar na selva. Como nenhum daqueles homens havia pisado na área havia uns vinte anos, eles acabaram desnorteados e perderam a trilha, já quase apagada, que estavam seguindo. Vagamos por um caminho sinuoso durante dois dias e não encontramos nenhum vestígio recente de viajantes ianomâmis. Nesse ponto, Hubemi e dois dos homens tiveram uma forte diarreia e relutaram em continuar. Assim, demos meia-volta e retornamos à minha base no rio Mavaca – também porque dali a alguns dias eu teria de esperar pelo avião de Neel em uma pista de pouso da missão. Ainda que eu tenha tido que cancelar minha primeira tentativa de contato com os iwahikoroba-teri, eu pretendia tentar novamente assim que terminassem meus compromissos com meus colegas biomédicos naquela temporada.

Depois da chegada da equipe de Neel, passei uns dez dias levando-os a diversas aldeias muito dispersas ao longo do rio Ocamo, e coletamos amostras de sangue em uma meia dúzia delas.

Um episódio fora do comum irritou Neel, que vivia com medo de que algo desse errado. Estávamos descendo o Ocamo em nossas duas canoas, rumo à missão do padre Cocco para levar as amostras de sangue até o avião e despachá-las para o laboratório de Layrisse no Ivic, em Caracas. Eu estava no comando da primeira canoa porque conhecia o rio melhor do que qualquer um deles. Neel estava na canoa de trás, protegendo as amostras, preocupado em chegar ao avião a tempo. Como havíamos contratado aquele avião e o dono só seria pago se conseguisse entregar as preciosas amostras de sangue em Caracas, o piloto teria que ficar na pista de pouso à nossa espera. Porém, Neel continuava preocupado, temendo que algo desse errado.

Quando fizemos uma curva no rio, avistei uma anta se alimentando silenciosamente em uma poça d'água no lado interno da curva. Ela não ouviu o barulho do motor, que coloquei em ponto morto; peguei minha espingarda bem devagar e a carreguei com duas balas.

A carne da anta é a mais cobiçada da Bacia Amazônica – vermelha, suculenta e macia. Uma anta pode pesar até 250 quilos, oferecendo carne para um grande número de pessoas, até mesmo para uma aldeia inteira. Quem está há um bom tempo na Bacia Amazônica e depende da caça para comer carne não deixa passar uma anta. Eu gostava de grelhar uns bifes malpassados do quarto traseiro da anta na frigideira e depois devorá-los. Os ianomâmis sempre ficavam com nojo, pois o sangue da carne malpassada acabava pingando do meu queixo barbudo. Eles olhavam para mim horrorizados e me diziam que eu "queria virar onça", porque é assim que as onças comem carne. E acrescentavam que eu também "queria virar canibal" e comer carne humana, tal como faziam os seus ancestrais míticos.[1]

Eu sabia que nas semanas seguintes estaria viajando pelo rio ou ajudando a coletar amostras, e por isso nem eu, nem Neel, nem ninguém da equipe dele poderia comer aquela anta. No entanto, eu também sabia que, se levasse essa carne para os ianomâmis de Ocamo e Mavaca, eles ficariam muito gratos e futuramente retribuiriam o favor. Essa era uma das razões pelas quais eu me dava bem com os ianomâmis, mesmo nas aldeias que eu só visitava de vez em quando – eu sempre lhes dava a maior parte da carne que eu caçava.

Desliguei o motor de popa; a inércia fez a canoa deslizar para mais perto da anta. Acertei-lhe uma bala na cabeça e a anta explodiu para fora do rio e depois caiu de volta na água, imóvel. Pensei que veria o sangue jorrar da cabeça, mas não vi uma gota sequer, nem na anta nem na água. Arrastamos a carcaça para a margem do rio e comecei a retirar as vísceras. Quando tentei encontrar o local do crânio onde a bala tinha entrado, só achei uma pequena área ferida entre as orelhas – a bala matara o animal por puro impacto. Comecei a ouvir alguém gritando raivosamente comigo; virei-me e vi que era Jim Neel. A canoa dele acabava de entrar na lagoa onde eu havia matado a anta. Estava furioso comigo por eu ter parado para atirar na anta e depois gastar mais quinze minutos esquartejando o animal para levar a carne conosco. Será que eu não percebia que tínhamos de chegar logo ao avião e despachar as amostras de sangue? Ora, não estávamos em uma expedição de caça, eu estava sendo irresponsável e perdendo um tempo precioso!

Chegamos ao avião com muito tempo de sobra. Os iyäwei-teri do rio Ocamo, a quem dei metade da carne, ficaram muito gratos. Quando o avião partiu para Caracas levando as preciosas amostras de sangue, prossegui em direção ao meu acampamento na foz do Mavaca, cerca de duas horas rio acima pelo Orinoco a partir de Ocamo. Dei a outra metade da anta para os bisaasi-teri, que ficaram igualmente gratos pelo farto presente.

Neel decidiu deixar comigo um de seus orientandos de doutorado durante várias semanas, enquanto ele acompanhava os outros membros do seu grupo médico até a serra Parima. Ali os missionários das Novas Tribos iriam ajudá-lo, servindo de intérpretes para o grupo.

O aluno, Ryk Ward, era da Nova Zelândia e estava fazendo doutorado sobre genética humana, orientado por Neel.[2] Ryk queria viajar comigo e conseguir mais amostras de sangue de um grupo shamatari (os mishimishimaböwei-teri) que não havíamos conseguido visitar na nossa primeira viagem, cerca de um ano antes. Quando Ryk ficou sabendo que eu ia voltar a subir o Mavaca para tentar fazer contato com os iwahikoroba-teri, quis me acompanhar para coletar amostras de sangue. Neel logo aprovou o plano antes de partir para Parima, pois com isso haveria duas equipes coletando sangue ao mesmo tempo.

Eu não achava uma boa ideia aparecer de repente em uma aldeia ainda não contatada e logo começar a espetar agulhas nos braços dos ianomâmis. A essa altura, porém, era bem provável que os iwahikoroba-teri já soubessem quem eu era e que eu costumava aparecer acompanhado de pessoas que coletavam sangue. Os iwahikoroba-teri visitavam com frequência os mishimishimaböwei-teri e trocavam notícias sobre aquele estrangeiro esquisito chamado Shaki, incluindo, quase com certeza, informações sobre a coleta de sangue.

Pensei no assunto e cheguei à conclusão de que a coleta não seria um problema para a viagem até os iwahikoroba-teri, porque eu sempre perguntava se as pessoas estavam dispostas a fornecer amostras em troca de pagamento em *madohe*. Elas podiam simplesmente dizer não, e nesse caso não coletaríamos as amostras.[3]

Foi fácil encontrar vários guias ianomâmis que não só estavam dispostos a me acompanhar como também pareciam entusiasmados. Partimos no dia 6 de fevereiro para Iwahikoroba-teri. Meus companheiros eram Ward e quatro homens bisaasi-teri, um dos quais era do grupo de caça que cruzara por acaso com os iwahikoroba-teri dois meses antes.

Subimos o rio Mavaca na minha canoa grande, com um motor de popa de 33 cavalos – bem mais poderoso que o de 18 cavalos que eu costumava usar. Em cima da canoa, acomodei meu barquinho de alumínio leve e um motor menor. Acampamos uma vez nas margens do Mavaca e no dia seguinte chegamos à foz do *Örata-kä-u* ("rio da Onça"). Ficava pouco abaixo do lugar de onde eu costumava iniciar minhas caminhadas para Mishimishimaböwei-teri em 1968, quando fiz o primeiro contato com eles.

Arrastamos a canoa alguns metros para dentro do *Örata-kä-u* e descarregamos o que íamos levar: o equipamento para coleta de sangue, comida, redes de dormir e alguns bens de troca. Como não sabíamos a que distância ficava a aldeia, deixamos os objetos mais volumosos. Depois pediríamos aos iwahikoroba-teri que nos acompanhassem de volta à canoa, onde eu lhes pagaria com aqueles bens de troca.

O que se segue é uma transcrição quase literal do meu caderno de campo de 1971:

> Partimos esta manhã (7 de fevereiro de 1971) às dez horas, da foz do *Örata-u*, poucos minutos acima do nosso acampamento. Conseguimos reduzir nosso equipamento para três mochilas e uma caixa de isopor, mas as mochilas estão muito pesadas. Além disso, Ryk e eu levamos nossas bolsas a tiracolo.

Os ianomâmis conseguiram enfiar nas nossas bolsas uns 7 quilos de banana-da-terra, que ficaram o dia inteiro batendo contra o nosso corpo e foram um tremendo estorvo para carregar.

Nosso progresso foi lento. Ryk ficou com uma queimadura de sol, e eu carreguei a bolsa dele até o meio-dia e meia, quando chegamos a uma trilha bem larga. Nessa hora passei a bagagem para Koaseedema, nosso guia-chefe. Foi ele quem fez contato pessoal com um grupo de *heniyomou* (caçadores noturnos) dos iwahikoroba-teri, alguns meses atrás. Shadadama estava com ele [naquela viagem]. O combinado era que ele nos levasse até a trilha onde ocorrera o contato, mas infelizmente ele não me disse com muita clareza onde era esse lugar. Na metade do primeiro dia de caminhada, descobri que o local ficava próximo à Bookona-u-bora [uma cachoeira]. Acabou que vamos levar dois dias para chegar a essa cachoeira, segundo a previsão atual de Koaseedema, embora pudéssemos ter feito isso facilmente em um só dia a partir do meu primeiro acampamento [da minha viagem anterior, interrompida]. Além disso, parece que Makaiyoböwei-käkö (uma montanha) fica bem perto da aldeia deles. Ou seja, hoje fomos muito para o sul do nosso destino final. [Aqui o caderno inclui um mapa desenhado à mão de onde estávamos e do lugar aonde queríamos ir.]

Oito de fevereiro de 1971. Acordei às 6h15, mas fiquei deitado na rede até as 7h. Meu tornozelo está dolorido da caminhada de ontem; espero que aguente a viagem.[4]

[...]

Ontem à noite tive cãibra nas pernas de tanto andar – pelo jeito estou fazendo exercício. Não estou nem um pouco ansioso pela caminhada de amanhã – vai ser um choque ter de vestir minhas roupas encharcadas e geladas, depois de dormir com roupas secas e limpas.

[...]

Caminhamos até uma trilha larga e transversal, que vai de Mishimishimaböwei-teri até Iwahikoroba-teri. Às quatro da tarde nos deparamos com uma *yano* (cabana temporária) recém-construída, que tinha sido usada hoje mesmo. As brasas das cinzas ainda estavam tão quentes que deu para acender nossa fogueira com elas. Montamos acampamento ali mesmo para passar a noite e tomamos sopa desidratada. Nas duas primeiras noites comemos pato [selvagem] e *paruri* [peru selvagem], respectivamente. Meu braço estava coçando e o lavei com o sabonete bactericida do Ryk.

Nove de fevereiro de 1971. Acordamos e partimos lá pelas 8h30; logo nos deparamos com pegadas recentes no sentido oposto. Pouco depois cruzamos com uma grande manada de porcos *boshe*. Atirei em um deles, mas só consegui feri-lo. Rerebawä matou um [a flechadas] e levamos conosco o lombo e os quartos traseiros. [Os ianomâmis] reclamaram de ter que carregar a carne – eles já estavam cansados. [...]

Nesse dia só caminhamos cinco ou seis horas – já era o terceiro dia de caminhada pela selva. Por volta do meio-dia, comecei a sentir uma leve coceira sob o braço esquerdo e pedi a Ryk que desse uma olhada para ver se havia algo estranho. Ele disse que havia várias pequenas pústulas, mas também uma área grande de vergões em relevo – urticária – nas duas axilas. Percebi que os vergões também tinham aparecido na região onde minhas pernas roçavam [uma na outra]. Acampamos cedo, depois de chegar a Bookona-bora [cachoeira Bookona] no final da tarde. Era justamente o lugar onde eu dera meia-volta depois de um dia de caminhada, várias semanas antes![5] Ou seja, depois de três dias nós só conseguimos avançar um pouco além de onde eu tinha ido no primeiro dia de caminhada da minha viagem anterior.

Ao anoitecer começaram a surgir por todo o meu corpo placas de urticária que coçavam muito. Elas brotavam pelos braços e na barriga, e dava até para vê-las se alastrando. Primeiro aparecia uma bolha pequena, depois outra e mais outra, até minha pele quase toda ficar tomada. Daí as bolhas cresciam até se unirem umas às outras e viravam vergões inflamados e duros que ardiam e coçavam intensamente. Era uma sensação torturante, insuportável. Eu não podia fazer nada além de me contorcer na minha rede e ranger os dentes. Naquela noite só consegui beber o caldo do porco selvagem... minha única refeição do dia. Tomei uma tripelenamina [comprimido antialérgico] quando montamos acampamento e outra antes de dormir. Acordei no meio da noite morrendo de sede e muito enjoado. Mokahereiböwä desceu até o riacho para pegar água para mim, uma tigela cheia que bebi de uma só vez – mais de 1 litro. A noite parecia uma eternidade. Eu me sentia tonto –

talvez por causa dos dois comprimidos. Mesmo assim, em certo momento da madrugada tomei outro para aliviar meu sofrimento. Foi um erro. Fiquei dopado e delirando a noite toda. [...] Além disso, tive diarreia. Cochilei nesse estado até o amanhecer, quando tive que defecar outra vez. Cambaleando, só consegui avançar poucos metros além do abrigo até perceber o quanto eu estava fraco e tonto. Tive que me apoiar em uma árvore para não cair. Quase desmaiei. [...] Falei para Ryk e os ianomâmis que planejassem passar o dia lá: eu não tinha condições de me deslocar.

Umas duas horas depois os índios me acordaram para dizer que havia outros ianomâmis caçando ao longe. Queriam me perguntar se não era melhor eu os chamar. Consegui berrar um sonoro "*Habo!*" ["Venham aqui!"]. Com isso, Koaseedema começou a gritar para eles que nós "éramos todos estrangeiros [*nabä*] e amigáveis". Logo depois, dois jovens [nervosos, mas estoicos] se aproximaram do nosso acampamento e entraram. Estavam quase completamente nus, com o pênis amarrado firmemente no cordão da cintura e grandes chumaços de tabaco alojados no lábio inferior. Sentei-me na rede e consegui conversar com eles por alguns minutos. Eram iwahikoroba-teri e era a primeira vez que viam um estrangeiro – uma visão nada impressionante naquele momento. Disse a eles que eu estava doente porque os espíritos *hekura* enviados pelos meus inimigos tinham lançado feitiços contra mim, me deixando fraco e delirante. Disse ainda que os ianomâmis que me acompanhavam estavam cansados por terem caminhado dois dias sem comer quase nada.

Os dois desapareceram e voltaram poucos minutos depois com um homem que mais tarde identifiquei como Sebredowä, um dos poderosos da sua aldeia. Estavam acampados a poucas horas dali, à caça de perus selvagens (*paruri*). Sentei-me e conversei um pouco com eles sem muito entusiasmo; disse-lhes que voltassem ao meio-dia com outros carregadores. Eles concordaram com a cabeça e desapareceram silenciosamente selva adentro. Desabei de novo na rede, caindo em um sono agitado, e acordei ao meio-dia com o barulho de um grande grupo de homens se aproximando, chegando do mesmo lugar dos visitantes anteriores.

O que aconteceu em seguida é algo que lembrarei para sempre. Cerca de vinte jovens – nus, tais como os dois primeiros – entraram lentamente no nosso acampamento e ficaram ali em pé, em silêncio, em semicírculo ao nosso redor. Assim como os dois primeiros, só levavam seus arcos e flechas. Também tinham o pênis amarrado no cordão da cintura. O cabelo cortado em forma de cuia e a tonsura – uma pequena área raspada no topo da cabeça, no meio do cabelo de um negro intenso – faziam um contraste gritante com a pele excepcionalmente branca. Parecia que nunca tinham estado dentro de um rio, ou mesmo perto de algum riacho, e que nunca haviam se exposto ao sol por muito tempo. Eram figuras quase fantasmagóricas, e até um pouco sinistras à luz fraca da selva interfluvial. Tinham uma aparência estranhamente majestosa. Eu estava diante dos últimos seres humanos pertencentes a um mundo prestes a desaparecer para sempre. Foi um momento muito emocionante... e, ao mesmo tempo, triste.

Eu estava extremamente fraco e sem ânimo para me mexer, mas continuar deitado ali na rede era impensável. Levantei bem devagar, empacotei minhas coisas e arriei nossas lonas. Os iwahikoroba-teri simplesmente continuaram ali parados, olhando passivamente para nós, com a boca cheia de chumaços de tabaco, empunhando seus arcos e flechas na vertical.

Partimos para o acampamento deles um pouco depois do meio-dia. Eu estava muito fraco, mas contente e surpreso por conseguir andar sem desmaiar, ao contrário do que ocorrera de manhã. Mesmo assim, continuava sentindo uma tontura desagradável. Paramos duas vezes para longos descansos, e na segunda vez até consegui dormir uns minutinhos. Também tive que parar várias vezes, com diarreia líquida. Às três da tarde chegamos ao acampamento deles na floresta, e os índios abriram passagem para eu entrar primeiro. Ryk veio atrás de mim. Avançamos em direção à clareira fazendo nossa pose clássica de visitantes, porém bem alertas. Ainda me restou um pouco de energia para ligar meu gravadorzinho Sony [...] e registrar os sons do primeiro contato.

Eles estavam um pouco aterrorizados com a minha presença, e eu um pouco apreensivo, devido aos boatos do ano anterior de que eles tencionavam me matar. (Em 1970, os mishimishimaböwei-teri me contaram que os iwahikoroba-teri ficaram zangados comigo porque eu não os visitara quando estive com os mishimishimaböwei-teri. Eles disseram que iam me matar e ficar com meus bens de troca.) Foi uma recepção incomum – parecia que eles não sabiam bem o que fazer conosco. Por um momento, nenhum dos homens se adiantou para nos cumprimentar. Por fim alguns mais velhos e mais corajosos avançaram, empunhando seus arcos e flechas, mantendo-se a uma distância segura, e começaram a rosnar e uivar para nós.[6] Nenhum deles teve coragem de nos intimidar [apontando a flecha para o nosso rosto] ou se aproximar, até que um velho – Dokonawä – chegou perto de mim com toda a cautela, arco e flecha visivelmente em repouso, e começou a falar comigo em tom suave, para me dar boas-vindas. Eles sabiam qual de nós era Shaki e olhavam para mim. Perguntei a ele onde eu deveria montar minha rede, e com isso pareceram aliviados. Os homens a distância ouviram minha pergunta e, sem dizer nada, bateram com suas flechas contra a cabana que ficava no meio da clareira. Dentro dela havia um homem bastante jovem, mas muito sério, com a postura e a atitude de um cacique.[7] Estava deitado em sua rede acompanhando tudo, observando em silêncio cada movimento nosso. Caminhei até a cabana e sentei na rede vizinha à dele. Ryk e os outros vieram atrás de mim, mas a cabana era tão pequena que não havia espaço para Ryk e para mim. Perguntei então se poderíamos ficar na cabana em frente, que parecia maior. Eles concordaram. Essa também era muito pequena e baixinha [...] assim como todas as *yano* temporárias. Perguntei então quem era o cacique, a quem eu pudesse pedir licença para construir uma cabana grande. Eles apontaram para o jovem da cabana de onde eu acabara de sair. Atravessei [a clareira] e me dirigi a ele como *shoriwä* [cunhado], ao que ele se opôs “indignado”, dizendo-me para não usar esse termo de parentesco e convidando-me a chamá-lo de irmão mais novo.

Fiquei contente por ele querer maximizar o parentesco e a amizade, e imediatamente o chamei de *owas* [meu irmão mais novo]. Os outros aprovaram assobiando e estalando a língua. Perguntei se ele podia mandar construir uma cabana grande para mim. Ele deu a ordem e prontamente vários jovens dispararam para dentro do mato, um deles levando um facão fabricado no Brasil.[8] Reapareceram poucos minutos depois, trazendo grandes varas e cipós para construir a cabana. A essa altura eu já tinha me arrastado de volta para a minha rede, em um estado de quase exaustão e delírio. Lembro-me vagamente do barulho dos facões talhando os galhos, e de Mokahereiböwä rindo consigo mesmo ao ver a forma desajeitada como eles usavam seus facões cegos. Depois Ryk e Rerebawä armaram nossas lonas sobre a estrutura, e fui amarrar minha rede na nova cabana. Alguém já tinha acendido uma fogueira lá dentro, e não havia como pendurar minha rede sem ficar perto do fogo; tive que me resignar ao meu destino e fiquei deitado ali mesmo, assando no fogo, meio inconsciente. Tomei mais uma tripelenamina, a antepenúltima.

Nos últimos dois dias eu só tinha comido um prato de sopa e um pedacinho de chocolate. Falei para os iwahikoroba-teri que eu estava doente e que iria "ficar amigo" (*nohimou*) de todos eles na manhã seguinte. Eles concordaram que assim era melhor. Em seguida adormeci – caí em um sono profundo e tranquilo, só acordando de vez em quando por alguns instantes.

Só despertei plenamente quando amanheceu. Embora muito fraco e cansado, já conseguia conversar com os iwahikoroba-teri. Expliquei ao jovem cacique a razão da minha vinda. Minutos antes, avisei Ryk para comer depressa e se preparar para tirar algumas amostras de sangue.

[Aqui vou saltar uma longa parte das minhas anotações explicando que as genealogias e os nomes que eu coletara antes de chegar aos iwahikoroba-teri foram inúteis, devido ao tabu do nome dos ianomâmis... Os nomes eram exatos, mas eu não podia dizê-los em voz alta. Para identificar as pessoas eu teria que consultar o número que escrevia com marcador hidrográfico no braço de cada um, que corresponderia ao mesmo número da foto Polaroid que eu tirava em seguida de cada indivíduo. Mais tarde outros informantes me diriam o nome da pessoa de cada foto, e eu poderia então associá-lo às minhas genealogias.]

Só tive forças para numerar com marcador hidrográfico umas trinta pessoas, até voltar à minha rede e desmoronar. As fotos Polaroid ficaram quase inutilizáveis [devido à luz fraca da selva], porém mais tarde vão me ajudar a associar as pessoas às fotos da câmera de 35 mm, que também tirei ao mesmo tempo. Ryk já tinha coletado sangue de dois ou três quando voltei para lá, então paguei a eles imediatamente e fui deitar outra vez. Dormi um pouco, até que Ryk me chamou para numerar mais gente. Eu continuava com diarreia e tive que me aliviar pelo menos quatro vezes durante a manhã. Desisti de tentar numerar as pessoas de acordo com [os números da] minha genealogia. Numerei 75 pessoas, até que me senti fraco demais para continuar e tive que deitar novamente. Meu corpo todo começou a coçar e transpirar intensamente. As bolhas tornaram a aparecer nos braços e na barriga, e quase enlouqueci de tanta dor e coceira. Tive que tomar outro antialérgico, o penúltimo. Dali a meia hora a coceira foi diminuindo, e os vergões começaram a desaparecer. Dentro de uma hora me senti quase normal, mas estava fraco e tonto por causa do remédio, além de muito sonolento. [Os comprimidos de tripelenamina] distorciam minha noção de tempo – tudo parecia durar uma eternidade. Na véspera, caminhando na trilha, lembro-me de que olhava várias vezes para o relógio, em intervalos que me pareciam ser de no mínimo meia hora – mas o ponteiro mal tinha se mexido dois ou três minutos.

Cochilei um pouco. Quando acordei, Ryk já não tinha mais quase ninguém de quem recolher amostras, então reuni forças para começar a numerar mais gente. A essa altura eles já tinham perdido um pouco da timidez e as mulheres começaram a falar comigo. Chamei uma delas de "irmã mais nova", o que as deixou encantadas; todas começaram, então, a me chamar de "irmão mais velho". Com isso consegui numerar todos os moradores, chegando a 150. Alguns bebês ficaram de fora, mas não muitos. Ryk coletou 133 amostras de sangue, o equivalente a quase 100% das pessoas disponíveis, na maioria adultos. Eram um grupo separado do de Hiakama, que não residia muito longe de onde estávamos. O grupo de Hiakama fica no lado sul do Washäwä-u, mas eu não sabia quantas pessoas continha.[9]

[Aqui uma parte das minhas anotações foi eliminada.]

Assim, na noite do dia 11 dormimos novamente com os iwahikoroba-teri. Eu estava me sentindo bastante bem até o final da tarde, quando Ryk estava terminando de fazer a coleta de sangue. Eu tinha medo de que a urticária voltasse. E, como eu temia, a coceira recomeçou e tive que tomar meio comprimido de antialérgico, o último que me restava. Aparentemente a pílula não surtiu nenhum efeito e a coceira continuou piorando, então resolvi tomar a metade restante. Assim, não sobrava nada para a viagem de volta – uma perspectiva trágica. Imaginei minha chegada a Ocamo com o corpo todo empolado, depois de viajar a noite inteira com extrema dor. Juntas, as duas metades do antialérgico fizeram efeito, e consegui dormir. Mas acordei às três e fiquei me revirando na rede até as cinco e meia, quando comecei a arrumar a bagagem. Acordei Ryk e os outros, e estávamos todos prontos para partir às seis da manhã do dia 12.

Doze de fevereiro de 1971. O jovem cacique [Börösöwä] me perguntou se eu queria que ele me acompanhasse até a minha canoa, e eu lhe disse que sim, já que ele parecia ser muito experiente. No dia anterior, passei uma boa meia hora com ele checando a localização de alguns rios e roças, e ele ficou impressionado ao ver que eu sabia o nome de tantos lugares da região. Os outros também ficaram impressionados, ainda mais quando comecei a perguntar sobre antigas roças abandonadas, das quais ele, sendo mais jovem, nunca ouvira falar. A certa altura um homem mais velho saltou da sua rede, muito agitado e frustrado ao ver que o jovem não sabia onde ficavam alguns desses lugares. Ele correu até mim e apontou onde ficavam todos eles.

No dia 12 fizemos uma marcha forçada, com paradas escassas e muito breves. A trilha foi boa nas primeiras três horas – era a mesma que tínhamos seguido para chegar ao acampamento deles. Senti, antes ainda de partir, que teria forças para caminhar naquele dia, pois quando esfregava as pernas sentia os músculos rígidos e firmes de tanto caminhar na ida, e o pouco que eu havia comido na noite anterior bastava para me dar a energia necessária. Depois dos primeiros passos tive certeza de que eu resistiria à maratona, e meu tornozelo estava descansado. Calculei que tinha perdido mais de 2 quilos nos quatro dias anteriores.

Cerca de quatro horas depois chegamos a um local onde paramos para descansar. Nessa hora o jovem cacique me disse que dali em diante seguiríamos direto até a foz do rio [da Onça], e pedimos que os homens mais experientes se apresentassem para *baröwo* – guiar nosso grupo pela trilha. Um homem robusto e atlético tomou a dianteira e sem hesitar embrenhou-se no matagal, arrebentando os galhos [com as mãos] enquanto avançava. Havia pelo menos vinte homens conosco. As cinco horas e meia seguintes foram terríveis, pois atravessamos pântanos com lama até os joelhos e, pior ainda, passamos entre espinheiros e árvores muito baixas que se enganchavam em todas as partes do corpo.

Paramos para calcular nossas coordenadas em um lugar de onde podíamos ouvir a Bookona-bora – justamente aonde eu havia chegado depois de um dia de caminhada algumas semanas antes.

Às quatro e meia da tarde chegamos à nossa canoa. O rio havia baixado mais de meio metro. Tratei logo de tomar um revigorante banho com sabonete no rio Örata, e bebi com muita vontade aquela água límpida e refrescante. Desci então com meus guias e meu equipamento para o nosso acampamento, deixando os iwahikoroba-teri sentados ali até que eu voltasse trazendo facões. Wakewä queria que eu desse seus trapos (roupas) a eles, mas eu me recusei terminantemente.

Os iwahikoroba-teri me garantiram que dentro de dez dias conseguiriam abrir uma trilha até o Mavaca, de modo que eu pudesse chegar até a aldeia deles sem precisar dormir no trajeto. Para marcar o local (em Boremaböwei-u) eles cravariam uma flecha na margem do rio – um sinal que eu não deixaria de ver, e um gesto muito cordial da parte deles.

Eu estava contando com o luar para iluminar o trajeto pelo rio, mas o céu estava começando a ficar nublado. Comi algumas bolachas com manteiga de amendoim e liguei o motor da canoa. A luz do dia bastava para descer o rio durante uma hora e meia ou duas.

Pouco antes de anoitecer bati em vários troncos submersos com a parte inferior do motor, o que acabou quebrando o painel de popa – uma tábua grossa, talhada à mão, sobre a qual fica o motor, preso ao *bongo* [grande canoa escavada]. Antes de eu me dar conta, já estávamos todos sentados em cima de dois troncos de árvore meio submersos, que nos impediram de cair no rio. Levamos meia hora para conseguir sair dali. Foi aí que percebi que o painel de popa estava tão solto que o motor estava quase caindo. Falei a Ryk que não queria arriscar – podíamos bater em outro tronco submerso e arrebentar toda a parte de trás da canoa. Ficamos então flutuando, e começou a chover. A esperada lua não apareceu.

Por volta da meia-noite, Rerebawä atirou com uma das minhas espingardas em um jacaré na margem do rio, e o animal pulou na água. Paramos a canoa ao lado dele e o vimos com as nossas lanternas, uns dois palmos abaixo do nível da água, recusando-se a emergir. Era bem grande para um *iwä* [jacaré], com mais de 2 metros de comprimento. Rerebawä pisou em terra e ficamos apontando as lanternas para o animal durante um tempo. Por fim ele veio à tona; acertei-lhe uma bala na cabeça a um metro e meio de distância, o que o deixou enfurecido; ergueu-se, apoiado na longa cauda, e começou a se debater para todos os lados. Recarreguei a arma e atirei de novo, e mais uma vez ele se ergueu, ainda mais furioso. Rerebawä saiu de perto, e Ryk parecia petrificado ao ver o monstro avançar para a canoa. Atirei pela terceira vez, e mesmo assim ele não morreu. Enfim o jacaré sossegou um pouco e Rerebawä conseguiu golpeá-lo com o facão atrás da cabeça e depois na base da cauda. Foram necessários dois homens para puxá-lo para a canoa. Era bem grande.

Treze de fevereiro de 1971. Seguimos flutuando com a correnteza quase até o amanhecer, quando estávamos tão exaustos que precisei parar e dormir por uma hora. Fomos puxando e remando a canoa até debaixo de um barranco para tentar fugir da chuva, mas não deu muito certo. Continuamos então rio abaixo até chegarmos a um banco de areia, onde fiz uma fogueira e ergui uma tenda muito precária, com pedaços de lona e alguns ramos e galhos que encontrei por ali. Chuviscava, e fui me deitar com meu poncho debaixo da lona. Devia ser umas quatro da manhã. Os ianomâmis foram se enrolando na minha lona até tomarem quase tudo. Acabei deitado a céu aberto, debaixo da chuva. Consegui dormir uma meia hora. Por volta das cinco me levantei, e Wakewä, Ryk e eu começamos a colocar as bagagens na minha *voladora* de alumínio,[10] que já tínhamos encontrado na margem, para a viagem rio abaixo até Mavaca.

Notei que meu lábio inferior estava inchado, assim como meus pés – as duas únicas partes do meu corpo que não tinham sido afetadas pela urticária até então.

Partimos na *voladora* às 6h10, em meio a uma névoa espessa. Já eram quase 7h quando o dia clareou o bastante para podermos enxergar em meio ao nevoeiro. Continuamos sob a garoa durante três ou quatro horas. Fiquei tremendo durante todo o percurso. Chegamos a Mavaca por volta das 10h.

Desci o rio com Ryk para levá-lo à missão salesiana em Ocamo, onde ele pegou um aviãozinho para Caracas, levando as amostras de sangue.[11]

Mais tarde os ianomâmis me disseram que um espírito *hekura* enviado por um pajé inimigo tinha salpicado "fogo" na minha pele, provocando meu surto de urticária e coceira. Nenhum dos meus companheiros ianomâmis naquela viagem contraiu a doença, mas alguns disseram que depois tiveram diarreia.

NOTÍCIAS PERTURBADORAS EM 1972

Na minha viagem de campo seguinte para os ianomâmis recebi informações alarmantes dos homens mais velhos de Mishimishimaböwei-teri, quando os visitei outra vez. O que ouvi lá me deixou nauseado.

Eles me contaram, em detalhes, que na minha visita à aldeia dos iwahikoroba-teri vários homens importantes de lá tinham decidido me matar enquanto eu dormia. Foram instigados por um homem chamado Boraböwä, com o apoio de dois de seus irmãos adultos. Eles tinham tentado rastejar até a minha rede enquanto eu dormia e me rachar o crânio com um machado. Tentaram fazer isso várias vezes, mas a todo momento eu acordava e iluminava com a lanterna ao redor da minha cabana, como muitos ianomâmis haviam me aconselhado a fazer sempre que eu visitasse uma aldeia pela primeira vez. Quando fiz isso, Boraböwä e seus irmãos perceberam que eu estava *moyawe* – alerta, desconfiado e cauteloso. Além disso, tinha minha espingarda bem ao meu lado. Eles nunca tinham visto uma espingarda, mas sabiam que era uma arma mortífera e tinham medo dela.

Ao que parece, havia opiniões divergentes na aldeia: o jovem cacique, Börösöwä, e seus aliados mais próximos queriam me aceitar pacificamente, mas Boraböwä e seus seguidores queriam me matar porque eu estava ligado aos bisaasi-teri e já vivia entre eles havia uns sete anos. Os bisaasi-teri eram seus inimigos mortais, e eles queriam matar o maior número deles possível – até o *nabä* que vivia entre eles era um alvo legítimo. Também fiquei sabendo por meio dos patanowä-teri – que tinham se unido aos iwahikoroba-teri em um ataque de surpresa mais ou menos nessa época – que os iwahikoroba-teri tinham feito uma *no owa* (efígie usada na cerimônia *wayu itou*) representando a minha pessoa; e, seguindo o ritual, deram várias flechadas nela para me matar simbolicamente – mais uma prova de que queriam me ver morto. Quando expressei certa raiva dos patanowä-teri por terem participado de um *wayu itou* em que eu fora a vítima simbólica, eles me asseguraram vigorosamente que só acompanharam a cerimônia. Com certeza *eles* não teriam atirado em mim se tivessem me visto, mas opinaram que os iwahikoroba-teri *talvez* o tivessem feito. Guardei o nome de Boraböwä na memória, para o caso de visitar os iwahikoroba-teri novamente.

11.
As origens dos ianomâmis e seu Crescente Fértil

Minhas viagens de campo para os ianomâmis da Venezuela resultaram em estadias em muitas aldeias diferentes, em diversas zonas geográficas. Durante essas visitas coletei dados meticulosos sobre a história de vida de cada pessoa e sua genealogia, remontando no tempo tanto quanto os mais velhos se lembravam. A partir desses dados posso reconstruir, com bastante precisão, a história de uma aldeia desde 150 ou 200 anos atrás, aproximadamente. Foi um trabalho tedioso, por vezes muito maçante, que em certos momentos parecia render apenas fragmentos de informações desconexas. Porém, gradualmente foram surgindo padrões, como, por exemplo, a direção geral para onde as pessoas se mudavam, a partir das histórias que os mais velhos me contavam – histórias que passavam para os seus filhos, tal como haviam aprendido de seus pais e avós.

O quadro geral formou uma história fascinante da diáspora ianomâmi, partindo do planalto de Parima para as regiões mais baixas ao sul, que ofereciam novas oportunidades, assim como novas limitações, afetando o tamanho das aldeias, os padrões de liderança, a intensidade da guerra, o crescimento populacional, as cisões das aldeias e o desenvolvimento gradual de uma complexidade política maior, à medida que as aldeias aumentavam de população mas não podiam cindir-se em aldeias menores. Os fatores-chave eram o alimento, a preocupação com a segurança política em um ambiente de belicosidade crônica e a capacidade ou incapacidade de cada grupo de continuar vivendo na área mais desejável.

A AGRICULTURA DE COIVARA DOS IANOMÂMIS

Na região onde trabalhei os ianomâmis agiam de forma semelhante a outras tribos cultivadoras que praticam a coivara na Bacia Amazônica – e, aliás, no mundo todo. A agricultura de coivara é encontrada entre populações tribais em todos os cantos do globo onde o clima permite o cultivo. Há uma vasta literatura antropológica sobre essa prática. Segundo a visão da maioria dos antropólogos sobre os tipos culturais, esse é o modo de produção econômica que marcou a transição dos caçadores-coletores do Paleolítico para a dependência total da agricultura e dos animais domesticados.

Os que adotam a coivara costumam seguir um esquema tradicional. Na prática dos ianomâmis, eles escolhem um trecho da floresta, derrubam as grandes árvores a machadadas,[1] deixam-nas secar durante várias semanas ou meses e então queimam os troncos maiores e seus galhos. Essa madeira queimada fertiliza o solo com suas cinzas. Os troncos não queimados são usados como lenha. As mulheres cortam pedaços de lenha todos os dias e os trazem até a aldeia para cozinhar, para se aquecer à noite e para iluminar as moradias.

Depois da queima inicial, homens e mulheres plantam suas culturas em meio às árvores caídas – sobretudo tubérculos e vários tipos de bananas.

Na maioria das regiões a agricultura de coivara segue um esquema regular de rotação,[2] de modo que as áreas antigas voltem a crescer e depois sejam novamente derrubadas e queimadas, após um longo período de descanso. Os ianomâmis eram um dos poucos povos do mundo que ainda praticavam a agricultura de coivara em mata virgem quando eu os estudei. Era raro que limpassem a mesma área duas vezes, pois em geral se mudavam para uma distância considerável das suas roças anteriores, normalmente por serem empurrados ou expulsos pelos inimigos. A guerra desempenha um papel significativo nos padrões de assentamento de longo prazo de todos os grupos ianomâmis.

A agricultura ianomâmi de coivara em floresta virgem é comparável às práticas, por exemplo, dos iban de Sarawak, na ilha de Bornéu, que foram descritos na literatura como um povo que sempre teve, historicamente, áreas fronteiriças abertas e desocupadas no seu território, para onde podiam se expandir.[3]

Além disso, os ianomâmis têm uma característica um tanto incomum na Bacia Amazônica: suas principais culturas de subsistência são as diversas variedades de bananas e bananas-da-terra, estas para cozinhar. Ambas as culturas foram introduzidas no Novo Mundo depois de Colombo, por volta de 1500 d.C. Essas culturas introduzidas logo se disseminaram, mas que eu saiba nenhuma tribo da Bacia Amazônica se aproxima dos ianomâmis no grau de dependência das bananas.

Todos os grupos ianomâmis que visitei – até agora mais de sessenta aldeias na Venezuela e no Brasil – são altamente dependentes dos alimentos cultivados, em especial das bananas; mas também cultivam muitos outros alimentos nativos da Amazônia, como milho, mandioca e diversos tubérculos. É provável que já cultivassem algumas dessas plantas nativas, ou possivelmente todas, bem antes da chegada das bananas. Sua importância econômica atual remonta, provavelmente, a pelo menos 200 ou 250 anos da história da maioria dos grupos ianomâmis... e talvez até mais.

Os primeiros visitantes casuais à região dos ianomâmis julgaram que estes eram caçadores-coletores. Uma razão que faz a maioria dos observadores acreditar que o cultivo é, historicamente falando, relativamente "novo" nessa cultura é que os ianomâmis têm uma tecnologia – ou seja, um repertório coletivo de objetos materiais – que é mais consistente com um povo de caçadores-coletores do que com um povo agrícola. Por exemplo, eles têm tão poucas posses materiais que mesmo os membros de uma aldeia grande – digamos, umas 150 pessoas – podem empacotar seus bens e carregar tudo o que possuem dentro de poucos minutos, desocupando a aldeia rapidamente e por completo, efetivamente a "abandonando". Um arqueólogo poderia concluir com facilidade, e erroneamente, que esse local abandonado foi deixado por "típicos" caçadores-coletores.[4]

Os homens possuem apenas um arco e várias flechas; uma aljava de bambu para guardar as pontas de flecha extras, a qual eles levam nas costas pendendo de um cordão no pescoço; um atiçador de fogo atado à aljava; uma rede pequena e leve, feita de cipós finos ou lianas, que se enrola formando um pequeno volume, não muito maior do que a aljava de bambu; e, talvez, um facão (ou um pedaço de facão). O vestuário masculino consiste em alguns cordões de algodão – um para amarrar o pênis ao cordão na cintura; cordões atados nos pulsos, bíceps e tornozelos; e, por vezes, um cordão usado na parte superior do tórax, que atravessa o peito, passa sobre os ombros e se cruza no meio das costas.

As posses das mulheres são apenas um pouco mais numerosas e volumosas, incluindo vários tipos de cestas, também feitas de cipós e lianas. Um dos tipos é uma cesta rasa como uma travessa, usada basicamente para servir comida. Outro é uma cesta muito maior e mais funda, de trançado denso, de 60 a 75 centímetros de altura e 45 a 60 centímetros de diâmetro. Essas cestas maiores são usadas para transportar lenha, produtos da roça, como as bananas, e grandes quantidades de frutas sazonais das palmeiras da floresta, quando amadurecem. A roupa feminina é basicamente como a dos homens: finos cordões de algodão atados nos pulsos e tornozelos e, com menos frequência que os homens, o cordão usado na parte superior do tronco, que se cruza no peito, passa por cima dos ombros e se cruza no meio das costas. Além desses cordões, as meninas e mulheres jovens usam às vezes – em geral por ocasião de uma festa – um tapa-sexo de algodão trançado que cobre a região pubiana mas é aberto na parte de trás.

Os alimentos cultivados consistem, em geral, em plantas sem sementes – apenas coisas imediatamente perecíveis, como cascas de banana, que se decompõem depressa. Assim, as várias pilhas de "lixo" que se formam logo em frente às casas em um *shabono* típico rendem muito pouco material preservável, com exceção de alguns crânios e ossos de animais. Portanto, um arqueólogo que visitasse uma aldeia ianomâmi ocupada teria dificuldade de perceber até que ponto esses moradores dependem dos alimentos cultivados. De fato, a relativa abundância de ossos de animais depois que uma aldeia é abandonada provavelmente faria outro arqueólogo, que não tivesse visitado a aldeia quando habitada, ressaltar a importância dos animais, ou seja, da caça, na sua economia.

Quando cheguei pela primeira vez, a maioria das famílias também tinha um pesado pote de barro para cozinhar. Tinha o fundo grosso e pontudo, e os lados, de 25 a 40 centímetros, se afunilavam muito na borda superior. O barro era mal queimado, muito frágil, e eram necessários cuidados consideráveis para transportar os potes ou mesmo movê-los uns poucos metros para cozer alimentos. Os homens muitas vezes relutavam em deixar as mulheres usarem esses frágeis potes, ou mesmo tirá-los do lugar – para que elas não os quebrassem com a suposta falta de jeito feminina. Em viagens para acampar os potes eram sempre transportados dentro de uma grande cesta, acolchoados com redes de cipó ou de algodão trançadas a mão. Muitas vezes também eram deixados para trás, escondidos na floresta, quando os moradores deixavam o *shabono* por curtos períodos. Os potes seriam o único objeto incomum em um sítio arqueológico ianomâmi, uma vez que os cacos de cerâmica normalmente implicam algum tipo de sedentarismo; e o sedentarismo, por sua vez, implica o cultivo de alimentos. Tal sítio arqueológico seria ambíguo, pois o único artefato incomum – esses potes rudimentares – poderia ter sido deixado por caçadores-coletores típicos que tivessem contato esporádico com cultivadores e adquirissem deles algumas peças de barro cozido. Muito pouca coisa sugeriria que os ianomâmis eram altamente dependentes de alimentos cultivados.

Poucos anos depois do início do meu trabalho de campo, em 1965, esses potes de barro tradicionais foram rapidamente substituídos por panelas e caldeirões de alumínio, até mesmo nas aldeias mais remotas. As panelas de alumínio podiam vir dos índios iecuanas ou, com mais frequência, dos missionários, que as doavam em grande quantidade. As redes comerciais, com sua dinâmica constante, logo levaram as panelas para as aldeias mais remotas. É duvidoso que qualquer ianomâmi hoje em dia tenha panelas de barro, ou mesmo que se lembre de como fabricá-las – tal "arte" e sua memória se perderam no breve espaço de cinquenta anos, dentro do período de trabalho de campo de um único antropólogo.

Quando os potes de barro se quebravam, os homens guardavam os pedaços maiores e os utilizavam como superfície para triturar suas substâncias alucinógenas ou como assadeiras para tostar tapioca. Para isso colocavam os cacos maiores sobre as brasas da fogueira e tostavam a tapioca dos dois lados, de um modo muito diferente do da maioria das outras tribos amazônicas, que a tostam só de um lado.[5]

Por fim, há alguns objetos opcionais em todas as aldeias, coisas que são tão fáceis de fazer ou produzir que às vezes são deixadas para trás quando os moradores se mudam. Entre eles, pequenos leques trançados para abanar o fogo, tubos ocos de bambu (chamados de *tora*) que os homens usam para soprar drogas alucinógenas nas narinas uns dos outros, cabaças (ou meias cabaças) usadas para guardar água ou como colheres, as sainhas de algodão usadas pelas meninas e outros itens facilmente substituíveis.

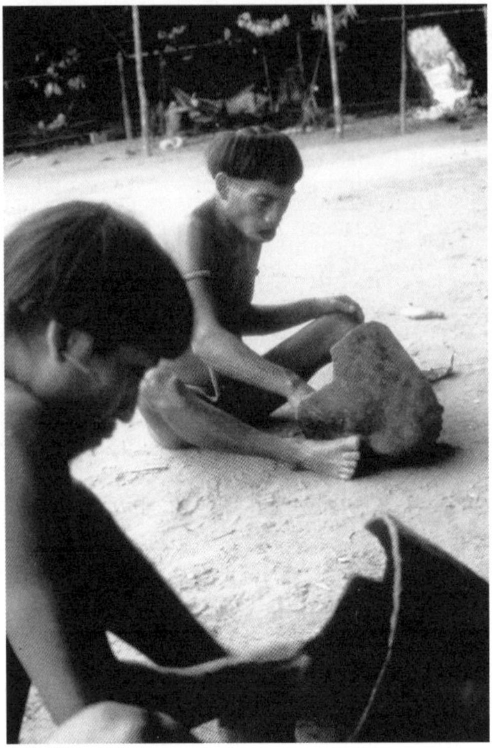

Ianomâmis fazem potes de barro.

Em suma, a cultura material ianomâmi – o conjunto das suas posses materiais – é mais típica dos caçadores-coletores da Bacia Amazônica, como, por exemplo, os sirionós da Bolívia, do que dos cultivadores da Bacia Amazônica, que em geral têm cerâmicas decoradas e bem queimadas, utensílios mais elaborados para processar alimentos, objetos de madeira esculpida, roupas de algodão tecidas e decoradas e canoas escavadas que chegam a 18 metros de comprimento, capazes de transportar dezenas de pessoas e seus bens pelos rios e riachos da Bacia Amazônica.

Porém, apesar de seu repertório limitado de utensílios, nas aldeias ianomâmis onde trabalhei, nas baixadas e várzeas da Amazônia, as pessoas eram altamente dependentes das suas imensas roças. À medida que a elevação do terreno aumenta, parece que as roças diminuem de tamanho – assim como as aldeias.

Os ianomâmis cultivam numerosas variedades de bananas, tanto para cozinhar como para consumo imediato. Essa é a distinção entre os dois tipos:

a banana-da-terra é cozida quando ainda verde, e a outra é consumida quando está madura. A "sopa de banana" que os ianomâmis tomam em suas festas é feita de bananas-da-terra maduras. A maioria das aldeias onde trabalhei tinha pelo menos meia dúzia de variedades de bananas-da-terra e mais meia dúzia de bananas comuns; os ianomâmis como um todo, ao longo de toda a sua distribuição geográfica, devem ter mais de cinquenta variedades de bananas. Apesar de todas elas terem sido introduzidas na América depois de 1500, bem antes disso os ianomâmis provavelmente já cultivavam diversas plantas nativas, especialmente duas variedades de mandioca amplamente distribuídas na Bacia Amazônica, a doce e a brava. Antes de consumir a brava é preciso deixá-la de molho e espremê-la a fim de extrair uma toxina, o ácido cianídrico. Além da mandioca, os ianomâmis também cultivavam milho e vários tubérculos semelhantes à batata (*kabiromö* e *ohina*), nativos da Bacia Amazônica, assim como batata-doce, várias espécies de cabaças, juncos para flechas, algodão, mamão, tabaco, urucum (*Bixa orellana*, o pigmento vermelho com que decoram o corpo), diversas variedades de pimenta e várias espécies de plantas "mágicas".

As várias zonas ecológicas mostradas no gráfico da página 346 indicam que o tamanho da aldeia é uma função da altitude e também do papel desempenhado pelas guerras na política do relacionamento social entre aldeias. Nas baixadas, a ameaça de guerra faz com que os líderes procurem e encontrem aliados confiáveis; isso exige oferecer a eles elaboradas festas, o que por sua vez requer roças maiores para produzir um "excedente" de bananas de vários tipos, que são consumidas gulosamente pelos visitantes nessas festas.

Uma região da área ianomâmi bem ao norte, segundo alguns missionários evangélicos com quem conversei nos anos 1960, era povoada por grupos muito pequenos a quem chamavam de kobariwä-teri, que pareciam ser muito mais dependentes da caça e coleta do que os ianomâmis que conheci. Os missionários me disseram que essas pessoas eram mais nômades e tinham roças muito menores, que mal se avistavam de avião. Os kobariwä-teri eram muito mal conhecidos na época e não sei se alguém já conseguiu estudar esses pequenos grupos dessa área tão acidentada. Se os relatos fragmentários são verídicos, os kobariwä-teri talvez ainda estejam vivendo nas mesmas circunstâncias em que *todos* os ianomâmis viviam por volta de duzentos anos atrás.

Uso a palavra diáspora judiciosamente, para enfatizar que uma aldeia ianomâmi é mais um processo temporário, plástico e efêmero do que uma entidade rígida e fixa que permanece igual durante longos períodos. O tamanho e a composição das aldeias estão em constante estado de fluxo devido aos processos políticos de revoltas, dissidências internas e cisões.

O mapa abaixo mostra a direção geral das migrações ianomâmis nos últimos 150 anos, aproximadamente. Sete grandes populações são indicadas nesse mapa pelas letras A a G.[6] Consegui definir esses padrões de migração por meio de entrevistas com informantes ianomâmis nas minhas visitas a aldeias em todas essas áreas. O que o mapa não mostra é que os ianomâmis vêm se mudando de terras montanhosas mais altas para as áreas adjacentes mais baixas.

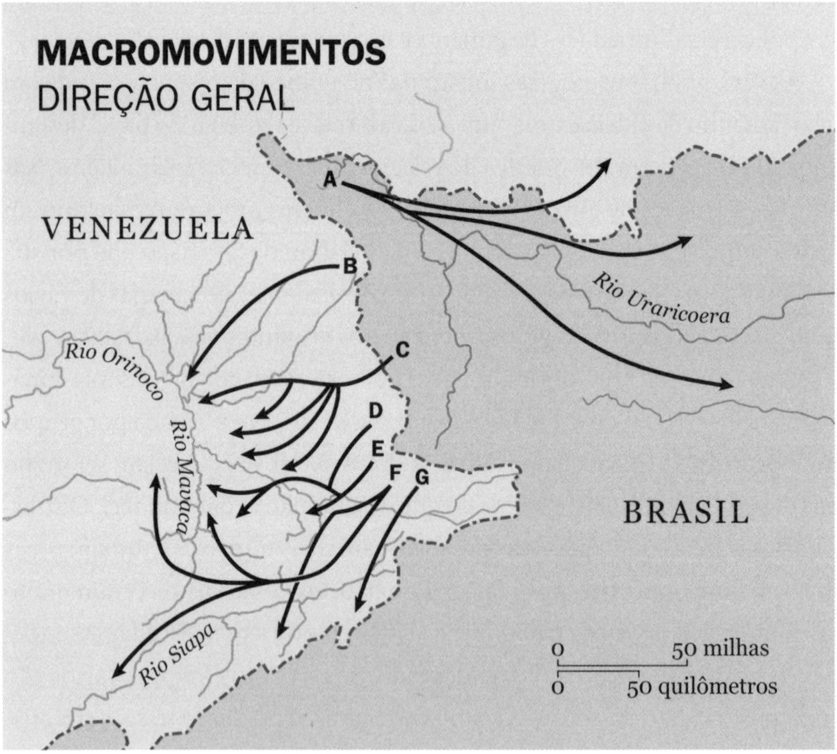

Migrações ianomâmis, com base na sexta edição da minha monografia sobre os ianomâmis, "Padrões migratórios de sete grupos de aldeias", p. 82.

A fronteira entre a Venezuela e o Brasil consiste em uma cadeia de montanhas baixas conhecidas como serra Parima. As montanhas vão de aproximadamente 750 a 850 metros de altura e, nas altitudes mais elevadas, incluem algumas savanas sem árvores. A fronteira também define as principais bacias hidrográficas: no mapa, todos os rios que correm para leste acabam desaguando no Amazonas, e os que correm para oeste deságuam no Orinoco. Há uma exceção, uma anomalia geográfica: o Orinoco se divide em dois braços no território venezuelano, e cada braço deságua no Atlântico por vias diferentes – um por meio do rio Amazonas e o outro pelo rio Orinoco.

Foi só em 1990 que elaborei a versão final do modelo geográfico aqui mostrado. Consegui chegar a esse conceito só depois que tive oportunidades de sobrevoar a área, e só depois que começaram a surgir mapas mais precisos, baseados em imagens de satélite. O Modelo de Zonas Ecológicas (página 346) ajuda a esclarecer aspectos geográficos e ecológicos dos movimentos populacionais recentes de um grande número de grupos ianomâmis, e explica bastante bem por que algumas aldeias conseguem se tornar maiores e politicamente mais complexas.

O Modelo de Zonas Ecológicas é esquemático no sentido de que distorce os aspectos horizontais do terreno ianomâmi – as diversas regiões (A, B, C, D etc.) variam significativamente em largura e detalhes, dependendo da localização de cada seção transversal do território ianomâmi. O modelo descreve melhor uma seção transversal ao longo de um eixo norte-sul passando aproximadamente através da aldeia de Patanowä-teri. (O aspecto vertical, mostrando as elevações, é mais preciso do que as áreas no sentido da largura, mais esquemáticas.) O modelo mostra razoavelmente bem que diferentes regiões se encontram em diferentes altitudes e apresentam diferentes oportunidades e também limitações de ordem ecológica, geográfica, política e econômica aos grupos ianomâmis que ali vivem.

Depois que os ianomâmis deixaram a serra Parima e se estabeleceram nas baixadas, alguns grupos foram forçados pelos seus inimigos a voltar para altitudes mais elevadas em outra cadeia de montanhas ao sul, situada logo ao norte do rio Siapa, chamada serra Unturan em alguns mapas venezuelanos. Como já foi explicado, essa estreita escarpa marca os limites entre a bacia do Orinoco e a bacia do Siapa, que deságua no Amazonas.

MODELO DE ZONAS GEOGRÁFICAS/ECOLÓGICAS
NA ÁREA IANOMÂMI DA REGIÃO DO ALTO ORINOCO

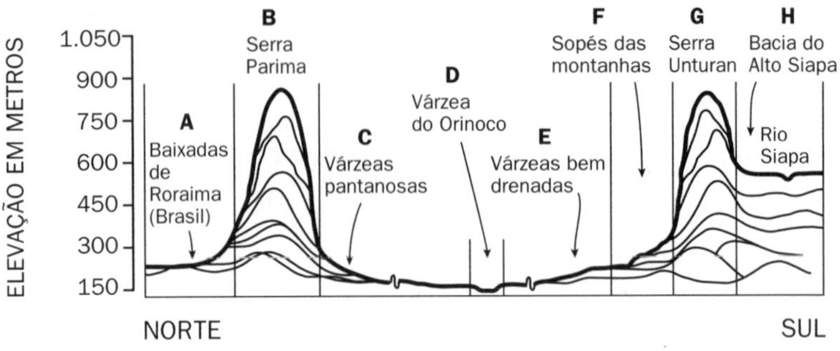

As origens históricas das populações que estudei se situam, quase com certeza, no planalto da serra Parima. As aldeias que conheci melhor, cerca de doze, pertenciam a dois grupos diferentes. Pelas minhas pesquisas, cada grupo provinha de uma única aldeia que existiu no passado e se cindira nos últimos cem anos.

Os moradores dessas aldeias falavam dialetos um pouco diferentes, mas estreitamente relacionados. Um grupo eram os shamatari (ianomâmis do sul) e o outro os namowei-teri. Suas origens e rotas de migração são mostradas no mapa da página 344 como D, E e F.

Os informantes com quem falei na década de 1960 eram muito velhos na época e podiam relatar com segurança sua história política e sua genealogia apenas até as aldeias que já estavam se aproximando das margens do Orinoco, isto é, até por volta de 1850. Ou seja, antes de 1850 seus ancestrais imediatos já tinham deixado a serra Parima. Os relatos dos informantes sobre a história dos seus assentamentos de antes de 1850 se misturam ao seu passado "mítico" e são menos confiáveis.

Dois locais apareciam sempre nos seus relatos verbais. Um deles era uma montanha chamada Aramamisi-käkö (mostrada na página 13, do lado norte do alto rio Orinoco), de onde, segundo dizem, provinham os shamatari. O outro era um lugar chamado Konata, logo a oeste de Aramamisi-käkö; segundo os informantes namowei-teri, dali provinham seus antepassados. Todos os informantes disseram que seus antepassados tinham vindo do nordeste, da direção do planalto de Parima, e afirmaram que nessa época os ianomâmis já tinham "grandes roças".[7] Em outras palavras, em meados dos anos 1960 meus informantes mais velhos acreditavam que os ianomâmis sempre tivessem praticado a coivara e não tinham nenhuma lembrança de uma época em que isso não tivesse ocorrido.

Na serra Parima, as estreitas faixas de floresta imediatamente adjacentes aos riachos são chamadas de mata ciliar. As roças dos ianomâmis nas terras altas são plantadas nessas áreas de vegetação ribeirinha.

A IMPORTÂNCIA DA SEGURANÇA POLÍTICA NA CULTURA IANOMÂMI

As aldeias contemporâneas no planalto de Parima em geral se localizam nessas matas ciliares, ou perto delas, com frequência logo ao lado, onde a savana aberta proporciona boa visão por uma longa distância e os moradores podem ver inimigos se aproximando muito antes que estes os alcancem. Mesmo em lugares assim a guerra entre as aldeias é relativamente frequente e as aldeias são cercadas por robustas paliçadas. Como em todas as áreas ianomâmis, ao que parece a segurança política é uma grande preocupação há um tempo relativamente longo. Por exemplo, em 1967, quando visitei pela primeira vez aldeias em Parima B (onde a Missão Novas Tribos se fixou, nos anos 1960), os missionários locais já estavam preocupados com a escassez de alimentos nas aldeias ianomâmis que começavam a gravitar em torno da missão. Em 1994 a escassez de alimentos era ainda mais crítica: havia mais de quinhentos ianomâmis vivendo perto dessa única missão!

Esse número representa uma concentração populacional muito grande para os ianomâmis. Os missionários tinham se tornado seus consultores agrícolas para ajudar a resolver o crescente problema da alimentação na região – um problema causado pelos índios ao priorizar a segurança política em detrimento das necessidades de subsistência. Os missionários me explicaram que grupos ianomâmis continuavam chegando cada vez mais perto da missão para evitar ataques de outros grupos na sua periferia. Estes vinham principalmente de aldeias adjacentes no Brasil, cujos moradores estavam recebendo espingardas, primeiro dos missionários e depois, no final dos anos 1980, de garimpeiros ilegais do país. Os ianomâmis estavam dispostos a passar fome em troca da maior segurança que a missão parecia oferecer.[8]

Rumando para oeste a partir do planalto de Parima e descendo para altitudes mais baixas, é preciso passar por terrenos escarpados no sopé das colinas, muito difíceis de atravessar. Essa área é ocupada por aldeias que deixaram a serra e estão se deslocando para áreas mais baixas e mais produtivas; no entanto, suas tentativas encontram resistência de grupos que já fincaram presença nas regiões mais desejáveis, em altitudes mais baixas porém não sujeitas a inundações.

À medida que a altitude diminui, notam-se várias mudanças gerais importantes. Em primeiro lugar, as aldeias ficam maiores. Em segundo, a hostilidade entre as aldeias parece aumentar, isto é, as guerras ficam mais frequentes, mais crônicas e mais custosas em termos de mortes. Em terceiro lugar, os ianomâmis ficam progressivamente mais dependentes do cultivo, pois começam as "festas" periódicas oferecidas aos aliados. Isso significa que a roça deve não só fornecer a subsistência mas também excedentes cultivados para alimentar um grande número de convidados que chegam em massa de uma aldeia aliada e que podem ficar de visita por até uma semana. Assim, os roçados devem aumentar para acomodar o custo alimentício das alianças políticas. Em certo sentido, a economia de subsistência dos ianomâmis começa a se tornar uma economia política.

Nas altitudes mais baixas ficam as várzeas dos rios cercadas de planícies, uma área onde a agricultura é mais produtiva; aí as aldeias crescem ainda mais de tamanho, e os conflitos entre elas também aumentam ainda mais. Embora as planícies pareçam à primeira vista lugares mais desejáveis, viver ali implica um risco considerável para os cultivadores. As várzeas estão sujeitas a inundações imprevisíveis e devastadoras quando ficam perto de rios grandes, como o Orinoco e alguns de seus grandes afluentes principais como o Mavaca, o Ocamo e o Padamo. Conheço muitos grupos cujas roças eram destruídas periodicamente por inundações nos anos de chuvas muito intensas. Lembro-me de um ano, no início da minha pesquisa de campo, em que consegui chegar remando na minha canoa até a entrada do *shabono* que eu ia visitar! O *shabono* em geral se localiza no ponto mais alto possível, e com frequência dentro do roçado. Nem é preciso dizer que as plantações daquela aldeia estavam submersas e suas safras, arruinadas. O resultado da inundação das roças são a penúria e a fome. Os moradores precisam então dividir-se em grupos menores, mudar-se para terrenos mais elevados e depender mais dos alimentos silvestres e da produção dos roçados de seus vizinhos aliados. E aqui reside um dos aspectos mais importantes das alianças entre as aldeias: a partilha de alimentos entre aldeias aliadas em épocas de privação.

Assim, a área marcada no esquema da página 346 como zona D, "várzea do Orinoco", é evitada devido às inundações imprevisíveis e também porque os ianomâmis não podem atravessar grandes rios sem dispor de canoas.[9]

As áreas mais desejáveis no modelo das zonas ecológicas são as "várzeas bem drenadas", a zona E. Aqui as áreas de várzea ficam um pouco longe dos rios maiores, mais para o interior e um pouco mais elevadas, de modo que o risco de enchentes é muito reduzido. As áreas de várzea mais desejáveis são amplas, bem drenadas e levemente inclinadas. Nessas áreas a caça e a coleta de alimentos em geral são muito produtivas e, combinadas com o cultivo, oferecem uma excelente adaptação econômica, diluindo os riscos relacionados à subsistência por meio de uma variedade maior de atividades geradoras de calorias.

O QUE AS TERRAS IANOMÂMIS PODEM NOS DIZER SOBRE A ORIGEM DA CIVILIZAÇÃO

A produção de alimentos, mesmo em pequenas quantidades, confere uma vantagem militar às sociedades "em transição". Sua população pode crescer um pouco mais e, portanto, resistir melhor às incursões e invasões potencialmente desastrosas por parte dos vizinhos.

Jared Diamond argumenta que a agricultura foi "o pior erro" da história da raça humana.[10] Posso concordar com ele apenas em relação às grandes civilizações, que dependem muito da monocultura de vegetais ricos em amido, como arroz, milho, batata, trigo etc.[11] A adaptação econômica dos ianomâmis, porém, é uma exceção ao argumento de Diamond: a produção de alimentos possibilitou que eles tivessem aldeias maiores, mais defensáveis, mantendo a variedade em sua alimentação ao conservar a caça e a coleta de alimentos silvestres.

Essa adaptação econômica praticada pelos ianomâmis foi um passo crucial no desenvolvimento de sociedades mais complexas. Pessoas como os ianomâmis, historicamente falando, foram sutilmente, passo a passo, praticando uma agricultura em escala cada vez maior, a fim de maximizar o tamanho do grupo e poder rechaçar os vizinhos agressivos. Essa direção histórica/evolutiva terminou, em muitas sociedades, com a dependência quase total de apenas um ou dois alimentos cultivados básicos, que possivelmente não tinham variabilidade nutricional suficiente para manter a boa saúde.[12] Talvez tenha sido a opção pela segurança de uma aldeia maior em detrimento dos benefícios de uma maior variedade nutricional o que levou os povos do Egito, Mesopotâmia, Índia, China, México e Andes a dar o passo, inadequado do ponto de vista nutricional, de cultivar apenas alguns tipos de alimentos.

As baixadas da região ianomâmi são planas o bastante para que as visitas entre aldeias sejam frequentes, já que ali é mais fácil caminhar. Pela mesma razão, os ataques entre aldeias também são mais fáceis, e as aldeias tendem a ser mais distanciadas, como prevenção para o caso de um vizinho se tornar hostil. Isso é especialmente significativo em termos de adaptação ao ambiente social e político. As aldeias nessas várzeas bem drenadas também tomam posse e defendem áreas muito maiores do que necessitam apenas para a subsistência. Elas criam refúgios seguros para onde as pessoas podem se retirar se as guerras ficarem muito frequentes e causarem muitas mortes. Esses refúgios são áreas para onde os moradores se retiram temporariamente, a uma distância segura dos seus *shabono* permanentes, para evitar invasões. A estratégia sociopolítica que caracteriza esses deslocamentos é diferente (embora fácil de ser confundida com) da luta por recursos escassos, tais como terras cultiváveis onde a caça e a coleta também são muito produtivas. Aí temos duas questões diferentes no nível teórico: uma visão argumenta que os conflitos humanos, incluindo a guerra, se reduzem à sobrevivência corporal (alimentação, nutrição). A outra defende que o comportamento e os conflitos humanos são impulsionados por um motivo ainda mais premente – a sobrevivência do indivíduo e do seu grupo de parentesco (os parentes próximos). Quando as bombas – ou as flechas – começam a cair, para quem nós nos voltamos em busca de um apoio garantido? Para os nossos parentes ou para os desconhecidos que moram no vale mais adiante?

O "CRESCENTE FÉRTIL" DAS PLANÍCIES IANOMÂMIS

Fiz a maior parte do meu trabalho de campo onde havia pelo menos três baixadas ao sul do rio Orinoco que compunham o que poderíamos chamar de Crescente Fértil dos ianomâmis. Eram várzeas amplas, levemente inclinadas, bem drenadas, onde era fácil limpar a vegetação para fazer roças. Eram caracterizadas pela abundância e grande variedade de alimentos silvestres, animais de caça e materiais necessários para construir um *shabono* – em especial grandes palmas para o telhado e árvores novas e cipós para a armação (zona E na página 346).[13]

Uma dessas áreas especiais é a bacia de drenagem do rio Shanishani, a outra são os cursos superiores dos rios Washäwä e Örata e a terceira é a nascente do rio Mavaca (ver página 13).

Quando os primeiros grupos de ianomâmis entraram nessa área, há mais de cem anos, parece que houve uma explosão populacional. A região se tornou o Crescente Fértil da cultura ianomâmi, um verdadeiro fermento populacional que dispersou os ianomâmis mais ainda pela bacia do rio Siapa e daí para o sul, para as nascentes de muitos rios do estado do Amazonas, no Brasil. Estimo que cerca de 25% de todos os ianomâmis vivem hoje (ou têm pais ou avós nascidos) em aldeias cujos membros vieram dessas três áreas do Crescente Fértil da Venezuela.[14] Talvez 30% a 40% dos ianomâmis brasileiros sejam imigrantes recentes vindos dessa área e da serra Parima, pelo menos metade da qual fica na Venezuela. Em épocas bem recentes, muitos ianomâmis se mudaram para o Norte e o Nordeste, entrando no estado brasileiro de Roraima.

O SHANISHANI-KÄ-U E MICRONICHOS SEMELHANTES NO CRESCENTE FÉRTIL

Eu sempre ficava surpreso quando entrava para o interior, partindo do rio Orinoco, para aldeias situadas à margem do rio Shanishani ou perto dele (próximo à aldeia de Patanowä-teri no mapa da página 13). Na sua foz, onde deságua no Orinoco, esse pequeno rio estava sempre obstruído por bancos de areia e árvores caídas na estação seca, aparentemente raso demais para se navegar em qualquer estação. No entanto, subindo o rio, a quilômetros para o interior, ele parecia muito cheio, mesmo na estação seca – tão cheio que quase dava para subir por ele em uma pequena canoa. Até pensei em comprar um barquinho dobrável para esse fim. Pareceu-me que o terreno adjacente estava derramando seu excesso de águas pluviais no Shanishani, mantendo as terras ao redor relativamente secas, mas o rio bem cheio. Nunca vi outro riacho nas terras ianomâmis que fosse intransitável na foz mas potencialmente navegável no curso médio e superior. Havia algo de muito especial e inusitado naquele rio e nas planícies levemente inclinadas que ele ia atravessando e drenando.

Várias grandes populações de ianomâmis passaram pelo Shanishani e pelas regiões adjacentes similares dessa zona ecológica. Ali fizeram muitas roças e *shabono*. Os namowei-teri ocuparam a parte leste dessa área a partir de 1900, mais ou menos, porém antes da sua chegada várias populações anteriores já haviam estado lá: os aramamisi-teri, grupo que se cindiu formando pelo menos três grandes grupos ianomâmis: os karawatari, os kohoroshitari e os shamatari.[15] Os dois primeiros, compreendendo muitas aldeias, hoje se localizam no lado brasileiro da fronteira, bem ao sul; mas várias aldeias shamatari que estudei nessa área talvez incluam muitos indivíduos que, segundo os outros moradores da aldeia, são na verdade karawatari. Um dos meus melhores informantes shamatari, um homem mais velho chamado Dedeheiwä, vivia em Mishimishimaböwei-teri, nas cabeceiras do Mavaca, e ali tinha muitos irmãos e descendentes pela linha masculina. Ele me disse várias vezes que era, na verdade, um aramamisi-teri, bem como um karawatari.[16] Muitas roças que os mishimishimaböwei-teri formaram durante os últimos cinquenta anos ficavam nos mesmos locais (e por vezes tinham os mesmos nomes) de roças anteriores feitas pelos karawatari, antes de se mudarem para a bacia do Siapa e por fim atravessá-la, fixando-se no Brasil.

A área do Crescente Fértil tem uma longa história de ocupação por várias grandes populações ianomâmis, e por meio do crescimento populacional já gerou um grande número de aldeias. Como seria de esperar, é uma área que também tem tido níveis relativamente altos de guerra e violência.

OLHANDO PARA TRÁS, PARA A SERRA PARIMA

Uma vez que os migrantes ianomâmis chegaram à área do Crescente Fértil, suas aldeias cresceram e depois se cindiram. De início os subgrupos se espalharam pela área mais desejável, mas à medida que esses grupos também cresciam e se subdividiam nem todos podiam permanecer no Crescente Fértil. Alguns foram expulsos da área por seus vizinhos maiores e mais poderosos, mudando-se para altitudes maiores, nos sopés das montanhas (zona F na página 346), onde as condições são mais difíceis, com um terreno acidentado e recursos mais escassos.

É uma regra geral na biologia dos ecossistemas que a variedade e a densidade das espécies diminuem à medida que a altitude aumenta. Assim, quando certos grupos ianomâmis foram obrigados a subir para as montanhas, viram que certas espécies de plantas e de animais de caça são menos abundantes, e alguns, como o jacaré e a anta, ali não existem. Além disso, é muito mais fácil desmatar para fazer roças em terreno relativamente plano, na baixada, do que em colinas ou montanhas, onde buscar água e catar lenha se tornam tarefas que exigem muito mais energia dos homens e mulheres.

Os grupos assim expulsos para a periferia tentam descer de novo para os terrenos mais baixos, mas suas tentativas são geralmente frustradas pelos moradores das baixadas, grupos bem-sucedidos com aldeias bem maiores. Os grupos da periferia por vezes são forçados a fugir para altitudes ainda mais elevadas, onde a vida é ainda mais difícil. Alguns são forçados a subir para as montanhas que separam a bacia de drenagem do Orinoco da bacia de drenagem do Siapa (zona G na página 346). Fica claro, a partir das histórias que coletei nas aldeias, que muitos grupos cruzaram essas montanhas e se mudaram para a bacia do Siapa (zona H na página 346). Os kohoroshitari e os karawatari fizeram exatamente isso em algum momento do passado recente, talvez por volta de 1900 até 1920. Um grande grupo shamatari que visitei no Brasil em 1995, a aldeia de Abruwä-teri, tinha se mudado para lá, partindo das margens do rio Siapa, no início dos anos 1960. Eles tinham se cindido de uma aldeia chamada Doshamosha-teri, atualmente situada nas margens do alto rio Siapa.[17] Eles tinham irmãos e irmãs que ainda viviam em Doshamosha-teri e ficaram entusiasmados quando lhes mostrei fotos Polaroid de todos os moradores de lá, que eu tirara uns quatro anos antes. Sabiam o nome de todos os adultos e me diziam qual era o seu parentesco com eles. Além disso, também recebiam visitas esporádicas de pessoas de Doshamosha-teri que moravam a vários dias de caminhada para o nordeste de Abruwä-teri, na Venezuela.

Porém, a bacia do Siapa é menos desejável que as planícies bem drenadas da bacia do Orinoco (zona E na página 346), pois ali os recursos importantes para os ianomâmis são menos abundantes. Como já disse, fiquei muito surpreso ao descobrir que o rio Siapa, logo ao sul da cabeceira do rio Shanishani, fica a 550 metros de altitude, mais de 350 metros mais elevado do que a bacia do Orinoco naquela latitude! Essa diferença é muito grande para pessoas que caçam, coletam e plantam roça. Não cheguei a fazer um inventário dos animais que as pessoas ali estavam caçando, mas notei que comiam cobras, coisa que os ianomâmis das baixadas com quem convivi nunca faziam. Um dia um homem me mostrou sua caça – uma grande surucucu, uma das cobras mais venenosas da Bacia Amazônica. A única outra área que conheci onde os ianomâmis comiam cobras regularmente foi na serra Parima. Ali também comiam veados e onças – carnes que os moradores das baixadas que estudei achavam intragáveis e até um pouco repugnantes. Faz muito mais frio à noite na bacia do Siapa devido à maior altitude. Eu tinha que usar minhas roupas, vestir um suéter de lã, usar um cobertor isolante e dormir perto da fogueira para me aquecer. Também tive que fazer tudo isso quando visitei aldeias na serra Parima. Ali eles também amarram grandes folhas de bananeira pendendo das vigas do *shabono*, para reter o calor das fogueiras sempre acesas. Só que essa prática também impede a saída da fumaça, e de manhã eu acordava cheirando a (e me sentindo como) presunto defumado.

A CIRCUNSCRIÇÃO SOCIAL E AS TEORIAS DA CRESCENTE COMPLEXIDADE SOCIAL

Um dos primeiros artigos profissionais que apresentei em uma reunião de antropologia foi uma tentativa de explicar as razões pelas quais algumas aldeias ianomâmis que eu estava estudando eram maiores e mais belicosas, e pareciam politicamente mais complexas, do que as muitas outras que eu tinha visitado até 1968.[18] Observei que as aldeias tendem a ser maiores e mais belicosas na região que chamo de Crescente Fértil. Os caciques dessas aldeias – os líderes políticos – relutavam em atravessar ou passar perto de aldeias vizinhas. Chamei a atenção para a importância do componente puramente social do seu ambiente, em relação aos fatores determinantes das suas estratégias gerais de assentamento. Foi uma distinção teórica incomum na época, pois os teóricos do materialismo cultural viam o ambiente basicamente em termos dos bens materiais ali encontrados, e não das dimensões sociais e políticas dos grupos que ali vivem. Observei também que a função de cacique parecia mais desenvolvida ali do que em outras áreas. Embora o Crescente Fértil dos ianomâmis não fosse nitidamente delimitado por barreiras geográficas, o fato de que ali os líderes das aldeias relutassem em passar por perto dos grupos vizinhos sugeria que esses grupos constituíam, com efeito, uma espécie de muralha ou barricada social impedindo a expansão. Argumentei que as aldeias ali eram circunscritas "socialmente", traçando um paralelo com argumentos propostos por Robert L. Carneiro sobre os efeitos sociais e políticos da circunscrição "ambiental" na área dos Andes.

Carneiro já havia notado que as sociedades circunscritas ambientalmente por montanhas, desertos e oceanos, em especial na área ocidental dos Andes, no Equador e no Peru, acabaram criando o Estado político.[19] Ele argumentou que nessas áreas as pequenas comunidades iniciais de agricultores podiam simplesmente recuar para longe dos vizinhos em tempos de guerra e mudar para algum outro lugar dentro do vale. Muitos grupos ianomâmis fazem exatamente isso em seus refúgios seguros. À medida que as populações cresciam nos vales andinos, essa opção de mudança desapareceu, pois a terra disponível estava sendo totalmente utilizada. Com o tempo, observou Carneiro, com o aumento dos conflitos e o crescimento da população, os grupos menores foram forçados a se amalgamar em algumas poucas comunidades maiores para fins de autodefesa – processo que culminou no surgimento de sociedades complexas e ainda maiores, as tribos, caracterizadas por chefes formais, hierarquia hereditária, o surgimento de artesãos especializados, classes sociais e o início de obras públicas como templos e sistemas de irrigação. Por fim uma das tribos dominou as outras pela conquista militar. Ocorreu então a integração política de todo o vale, e todas as aldeias periféricas dentro do vale eram agora componentes subordinadas a uma entidade política maior: nascia o Estado. À medida que esses pequenos Estados surgiam em cada vale, começava a guerra *entre* os diversos vales, culminando no império inca por volta de 1000 d.C. Os incas, por fim, controlaram um império que se estendia por 4 mil quilômetros ao longo da cordilheira dos Andes.[20]

As circunscrições sociais contribuem para aumentar a complexidade política, impedindo a expansão populacional e a migração e obrigando as aldeias a lidar com vizinhos hostis – o que elas fazem aumentando o seu tamanho e se aliando a alguns vizinhos. Na região do Crescente Fértil ianomâmi, as populações puderam mudar-se para o oeste, mas sempre permanecendo no mesmo tipo de nicho ecológico: as várzeas, que são as áreas mais desejáveis.

Depois de 1968 fiz muitas outras pesquisas sobre as tendências de assentamento, a história e o tamanho das aldeias, a organização social e, em particular, a geografia. A circunscrição social teve efeitos apenas limitados no desenvolvimento de uma maior complexidade política nessas aldeias do Crescente Fértil. Uma vez que a área do rio Shanishani ficou repleta de grandes aldeias concorrentes, algumas delas abandonaram esse nicho desejável e se mudaram para as bacias do Washäwä e do Örata, aliviando assim a pressão populacional na bacia do Shanishani e reduzindo os efeitos da circunscrição social. E à medida que essas duas novas áreas também ficavam muito populosas alguns grupos partiram para ocupar as cabeceiras do Mavaca, uma zona igualmente rica. Dali atravessaram as montanhas para a bacia do Siapa, rumando para o sul através do planalto do Siapa e entrando no Brasil, nas planícies drenadas por afluentes do Amazonas, tais como o rio Negro.[21] Algumas aldeias grandes permaneceram no planalto do Siapa, mas são muito distantes umas das outras, possivelmente porque ali os recursos são menos abundantes e previsíveis.

No início de 1990 coletei alguns dados sociopolíticos comparativos em oito aldeias que tinham sido expulsas das baixadas mais desejáveis da bacia de drenagem do Shanishani e foram ocupar os sopés e encostas das montanhas Unturan, que separam as bacias do Orinoco e do Siapa. Essas são aldeias de "refugiados", incapazes de vencer na competição com as aldeias maiores e mais agressivas das várzeas. Três dessas oito aldeias foram empurradas recentemente para altitudes mais elevadas e retêm algumas características estatísticas adquiridas nas baixadas (aldeias de número 71, 64 e 72 no quadro abaixo). Em geral essas aldeias de refugiados são menores, os homens têm índices mais baixos de casamentos políginos e há menos mulheres raptadas e menos homens que são *unokai*, isto é, que já mataram outros homens.

O quadro abaixo[22] resume as minhas conclusões, que dão respaldo às consequências sociais e políticas do modelo cultural-ecológico geral que acabo de descrever. O percentual médio de mulheres raptadas nessas aldeias expulsas das baixadas mais desejáveis é de 11,4%, e a média de homens *unokai* é de 22,3%. Em comparação, nas aldeias nas baixadas mais desejáveis, cerca de 17% das mulheres foram sequestradas e cerca de 44% dos homens adultos são *unokai*. É marcante o contraste entre as baixadas do Crescente Fértil e as terras altas, menos desejáveis.

CERTAS CARACTERÍSTICAS DE ALDEIAS "REFUGIADAS" COMPARADAS COM ALDEIAS DE BAIXADAS, ENCONTRADAS NAS ZONAS F E G NA PÁGINA 346

Aldeia	População	Homens políginos	% de mulheres raptadas	% de homens *unokai*
69	53	1	14,3	7,7
71	43	1	33,3	36,4
64	99	2	14,5	27,6
72	28	1	0,0	57,1
59	81	2	0,0	21,4
57	81	1	15,0	15,4
68	54	1	14,3	0,0
67	40	0	0,0	12,5
Total	479	9	–	–
Média	**59,9**	**1,1**	**11,4**	**22,3**

12.
A organização social dos ianomâmis

REPRODUÇÃO

O ponto-chave da organização social dos ianomâmis e da organização social de todas as populações tribais é o sucesso reprodutivo dos homens e das mulheres na idade adulta. Na maioria das sociedades tribais, verifica-se que alguns poucos homens têm uma quantidade enorme de filhos. Eles têm (ou tiveram) muitas esposas devido à poliginia.[1]

Em comparação, a maioria das mulheres gera, em média, o mesmo número de filhos ao longo da vida. Se tiverem o primeiro filho logo após a primeira menstruação e viverem até a chegada da menopausa, todas as mulheres das populações em que não há práticas contraceptivas atingem quase o mesmo nível de sucesso reprodutivo.[2]

Os ianomâmis, assim como todos os povos tribais, têm suas ideias e noções sobre as relações de parentesco – o vínculo familiar de um indivíduo com as pessoas à sua volta – e também sobre as diferenças e semelhanças entre o parentesco do lado paterno e do lado materno. Embora o parentesco seja muito importante em todas as sociedades tribais, a ascendência por parte de uma linha de parentesco (a masculina, por exemplo) é, em geral, mais importante do que a da outra linha de parentesco em termos de muitas identidades sociais e reprodutivas importantes.

Os antropólogos já estudaram e documentaram milhares de populações tribais diferentes; de fato, uma renomada escola de antropologia, associada ao antropólogo George Peter Murdock (1897-1985), centrou-se na frequência dos diversos tipos de arranjos sociais que os povos tribais desenvolveram ao redor do mundo. Por exemplo, em quantas sociedades é permitido casar com primos paralelos? (Primos paralelos são os filhos do irmão do pai ou da irmã da mãe.) Passei toda a minha carreira profissional fazendo trabalho de campo em uma única sociedade: a dos ianomâmis. Pelo que constatei, os ianomâmis dão ênfase à descendência pela linha masculina e têm o que eu chamo de linhagens patrilineares.[3] Os pesquisadores da HRAF (Human Relations Area Files), da Universidade Yale, se valem de informações desse tipo para fazer pesquisas mais amplas sobre os arranjos sociais, seguindo a obra clássica e pioneira de Murdock, *Social Structure* [Estrutura social], de 1949. Assim, um pesquisador que se interesse, por exemplo, pela frequência com que ocorre a ascendência "patrilinear" no registro etnográfico pode consultar o banco de dados da HRAF.

Acredito que a descendência patrilinear é muito mais comum do que a matrilinear no registro etnográfico *porque* as guerras e os conflitos intergrupais sempre foram uma condição política crônica na história humana. Em outras palavras, creio que o "modelo ianomâmi" – se é que podemos dizer que os ianomâmis constituem um grupo com características sociais, demográficas e militares que fazem deles um "caso modelo" – se encontrava com frequência na história humana, e provavelmente era comum nos períodos Paleolítico e Neolítico.

As sociedades patrilineares tendem a conservar os homens no mesmo grupo em que nasceram, o que dá a esses grupos uma vantagem nas caçadas, pois, por terem morado a vida inteira no mesmo território, eles têm grande familiaridade com o local e com os hábitos dos animais que caçam.

Creio, porém, que a vantagem mais importante conferida pela patrilinearidade aos grupos de homens com estreito parentesco pela linha masculina é que em geral eles conseguem cooperar com mais eficiência e confiabilidade em tempos de conflito. Em suma, formam grupos de combate mais coesos por serem parentes próximos. Se há algo que os antropólogos aprenderam depois de passar 150 anos estudando as sociedades tribais é que a proximidade de parentesco é um bom indicador de solidariedade social, cooperação e amizade. De fato, é justamente a proximidade de parentesco o que parece manter as aldeias ianomâmis unidas em momentos de tensão e permite que elas aumentem. Naturalmente, quanto maior a população da aldeia, melhor ela será capaz de se defender quando ameaçada por grupos vizinhos.

É bem provável que as sociedades organizadas de forma patrilinear sejam muito mais comuns no registro etnográfico devido à constante ameaça de conflitos com vizinhos, tão frequentes no nosso passado paleolítico e neolítico.

DIFERENÇAS ENTRE O SUCESSO REPRODUTIVO DOS HOMENS E DAS MULHERES

Um homem com dez mulheres pode gerar mais filhos do que uma mulher com dez maridos. Logo, as patrilinhagens podem crescer mais depressa do que as matrilinhagens.[4] Esse fato tem implicações profundas em uma sociedade organizada por linhagens. Dito de outro modo, há muito pouca variação no sucesso reprodutivo das mulheres; todas que chegarem aos 45 anos de idade terão mais ou menos o mesmo número de filhos, como já mencionei.

Já o sucesso reprodutivo dos homens ianomâmis apresenta uma variação enorme – até mesmo espetacular, diriam alguns. Há homens que conseguem ter muitas esposas (poliginia), porém muitos têm apenas uma (monogamia); alguns poucos têm que compartilhar a esposa (poliandria), e outros não conseguem esposa nenhuma (celibato). Todas essas formas "padrão" de casamento definidas na antropologia ocorrem entre os ianomâmis; por isso é incorreto classificar suas regras de casamento como polígínicas ou monogâmicas, ou sua cultura como caracterizada por apenas uma dessas diversas formas de casamento.

A maioria dos homens ianomâmis, casados ou não, passa a maior parte do tempo tentando copular com as mulheres disponíveis, mas são coibidos pela proibição do incesto e pela intervenção de outros homens interessados em se apropriar das mesmas mulheres.

É por isso que ocorrem tantas lutas de porretes e que as aldeias se dividem em dois ou mais grupos com tanta facilidade. Os conflitos pela posse de mulheres em idade núbil foram talvez o principal motivo das brigas e mortes na maior parte da história da humanidade: as primeiras regras da sociedade humana surgiram, muito provavelmente, para regularizar o acesso dos homens às mulheres e evitar o caos social que resultava das lutas por elas. Os homens que viviam continuamente nesse tipo de ambiente social buscavam a ajuda de outros parentes homens – seus irmãos, filhos, primos, tios, sobrinhos – e formavam coalizões masculinas para buscar seus objetivos individualistas de reprodução, bem como para minimizar os conflitos mortais dentro do próprio grupo. O acesso dos homens às mulheres – em geral, "heróis" tentando conseguir o amor, o afeto e o potencial reprodutivo das heroínas – é um tema recorrente dos mitos, lendas e relatos históricos de praticamente todas as culturas e sociedades conhecidas entre os historiadores e antropólogos.

A REPRODUÇÃO NO CRESCENTE FÉRTIL DOS IANOMÂMIS

Eis aqui um exemplo do que venho discutindo a respeito do Crescente Fértil do território ianomâmi. No início do assentamento dos ianomâmis no Crescente Fértil onde eu trabalhava, um homem chamado Matakuwä tinha dez irmãos e irmãs. Seu pai teve grande sucesso reprodutivo. O próprio Matakuwä ("Tíbia") gerou 20 filhos e 23 filhas com 11 esposas. Matakuwä deve ter falecido no final dos anos 1930. Conheci vários de seus filhos, na época com seus cinquenta e tantos anos, quando comecei meu trabalho de campo, em 1964. Sibarariwä, por exemplo, era um dos poucos entre os vinte filhos de Matakuwä que ainda estavam vivos quando fiz meu trabalho de campo. Outro, chamado Ruwahiwä, era cacique dos shamatari e morrera agredido pelos patanowä-teri a golpes de porrete. Um dos meus melhores informantes, Dedeheiwä, era casado com uma das filhas de Matakuwä, que ainda era viva nos anos em que estudei a aldeia Mishimishimaböwei-teri, mais ou menos entre 1968 e 1988.

Assim, de acordo com a convenção narrativa encontrada em textos sagrados e algumas monografias etnográficas seculares, Matakuwä gerou Sibarariwä, Shihewä, Shabreiwä, Shikomi, Shoshomi, Shiribimi, Shörökariwä – além de outros 36 filhos.

Dois irmãos de Matakuwä, por sua vez, tiveram 22 filhos e 19 filhos cada um. Isso se deu não por virem de uma família muito fértil, mas porque ambos tinham muitas irmãs e filhas para oferecer em casamento, e assim eles as "negociavam" em troca de mais esposas para eles mesmos e para seus filhos. Um ianomâmi sem irmãs nem filhas para oferecer é quase sempre solteiro e, portanto, ancestral de ninguém. Desde a Idade da Pedra até os tempos bíblicos, gerar filhos, assim como comer, é algo que sempre ocupou a mente dos indivíduos.

Como começa um "sistema" como esse?

A resposta mais breve para essa pergunta é que ele resulta das consequências de longo prazo de algumas decisões de curto prazo tomadas, normalmente, quando o indivíduo busca seus interesses reprodutivos imediatos. É bem provável que os homens ianomâmis não pensem de forma consciente em maximizar seu sucesso reprodutivo quando concordam em oferecer uma filha ou jovem irmã em casamento. Porém, eles tendem a oferecer mulheres para os homens que podem lhes oferecer em troca suas próprias irmãs e filhas como esposas. É como um investimento em uma economia capitalista: a ideia é aplicar recursos valiosos (mulheres núbeis) de forma a maximizar a probabilidade de se obter um retorno igual ou maior do que o próprio investimento, ou seja, um número igual ou maior de mulheres núbeis.

Uma vez iniciado esse costume, ambas as partes saem ganhando se o repetirem toda vez que um jovem precisar de uma esposa e a outra família tiver uma filha moça para oferecer. Logo as duas "famílias" estarão firmemente inseridas em um sistema de casamento em que uma dará suas mulheres núbeis para os homens da outra.

Embora o conceito de família se aproxime do que quero dizer, a expressão mais precisa é *grupo de descendência patrilinear* (ou *patrilinhagem*). Trata-se de um grupo de pessoas que descendem de um determinado homem, com uma genealogia que segue exclusivamente pela linha masculina. A seguir, apresento um "modelo ideal" que representa o sistema de casamento dos ianomâmis e a maneira como dois grupos (patrilinhagens X e Y) dão suas mulheres núbeis um ao outro, ao longo de várias gerações.

O "modelo ideal" de sociedade ianomâmi é uma maravilha de simplicidade, desde que se compreendam seus elementos específicos. Vou descrevê-los aqui. São os mesmos elementos básicos que Claude Lévi-Strauss identificou na sua maneira de ver as sociedades humanas primitivas, que hoje na antropologia é conhecida como estruturalismo.

Na abordagem de Lévi-Strauss, as sociedades humanas podem ser descritas por alguns diagramas gerais em que os homens são representados por triângulos e as mulheres por círculos (ver Figura 1-A). Utiliza-se um número mínimo de elementos. Por exemplo, a família é formada por um pai (triângulo), uma mãe (círculo) e um filho de cada sexo (triângulo para o filho, círculo para a filha). Uma linha horizontal acima dos dois filhos indica que eles são geneticamente relacionados como irmãos. O casamento é representado por uma linha horizontal logo abaixo do casal, conectando os cônjuges, e dela desce uma linha vertical que indica o vínculo entre os pais e seus (dois) filhos. (Os pais podem ter mais de dois filhos, o que muitas vezes acontece, mas o "modelo ideal" mostra apenas o número mínimo de pessoas necessário para ilustrar seus elementos importantes.) Os pais constituem a "geração 1"; e os filhos, a "geração 2".

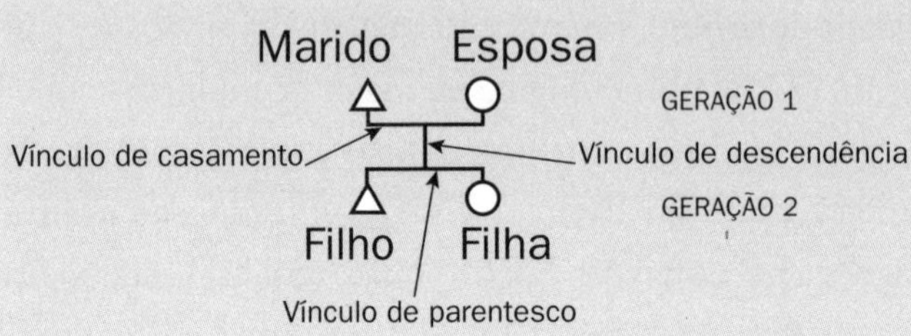

Figura 1-A

Vamos agora tornar o modelo ideal um pouco mais complicado, indicando que o "marido" da Figura 1-A tem uma irmã, e a "esposa", um irmão, como mostra a Figura 1-B:

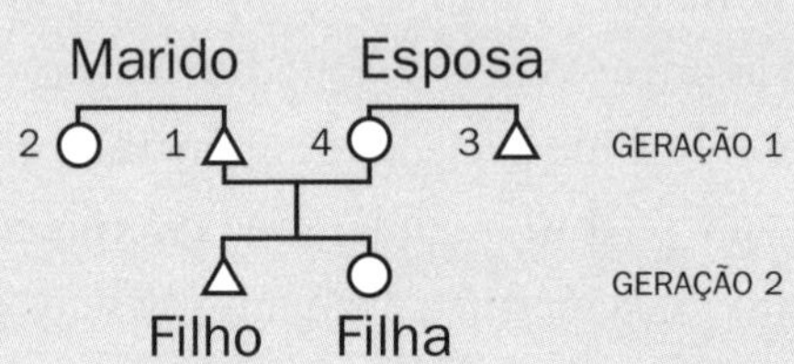

Figura 1-B

Os quatro fazem parte da "geração 1".

É aqui que o diagrama fica um pouco mais complicado: estamos dando números que parecem ilógicos aos indivíduos, já que, em vez de aparecerem na ordem esperada (1, 2, 3, 4), eu os coloquei em uma ordem diferente: 2, 1, 4, 3. Desse modo, na Figura 1-B o marido é o número 1 e sua irmã, o número 2. A esposa é o número 4 e o irmão dela o número 3.

Em seguida, suponhamos que as pessoas em idade de casar tenham irmãos e irmãs que também estão em idade de casar. Assim, a irmã do marido e o irmão da esposa da Figura 1-B estão em idade de casar, e ambos são casados, como mostra a Figura 1-C. Agora a escolha dos números, antes um tanto estranha, começa a fazer mais sentido:

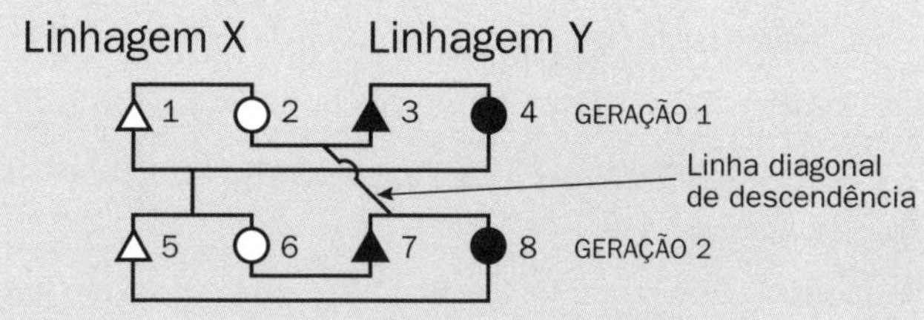

Figura 1-C

Os ianomâmis fazem alianças com outras famílias de modo que um homem que vai se casar toma como esposa a irmã de outro homem. Em troca, ele oferece a própria irmã como esposa a esse homem. Isso também é chamado de "troca de irmão/irmã". Depois que se inicia essa permuta, ela tende a se repetir geração após geração.

Como eu já disse, os ianomâmis têm o sistema de descendência mais comum no mundo tribal: o de descendência patrilinear, ou seja, os filhos são membros da linhagem do pai. Assim, para indicar esse fato, coloquei em preto os círculos e triângulos de uma das patrilinhagens: todos os membros do grupo "preto", que chamei de linhagem Y, são mostrados do lado direito da Figura 1-C. O lado esquerdo representa um grupo que chamei de linhagem X (símbolos brancos).

Observe que a linha da "descendência" da linhagem X é perfeitamente perpendicular, conectando os filhos (indivíduos 5 e 6) ao pai deles (indivíduo 1). Porém, como todos os membros da linhagem Y têm de estar em um grupo patrilinear diferente, na outra metade do modelo ideal, a linha de descendência destes deve ser representada na diagonal, para que permaneçam na outra metade, como mostra o diagrama.

O que se vê agora é um modelo "ideal" ilustrando as "regras" abaixo, as quais determinam muitas ações sociais dos ianomâmis, em particular o casamento.

1. Os homens conseguem esposas de alguma outra linhagem, ou seja, eles devem se casar com mulheres que não sejam da sua própria linhagem. Portanto, as patrilinhagens são exogâmicas, isto é, tanto os homens como as mulheres devem se casar com alguém de fora da sua linhagem.
2. Os homens dão suas irmãs a outros homens em troca de esposas. Portanto, esses homens são seus cunhados – ou, como dizem os ianomâmis, *shori* ou *shoriwä*.
3. A maneira mais garantida de encontrar uma esposa em um universo em que as mulheres são escassas (pois alguns homens têm várias esposas) é repetir essa "troca de irmão/irmã" geração após geração.

PERMUTAS MATRIMONIAIS RECÍPROCAS ENTRE DUAS PATRILINHAGENS

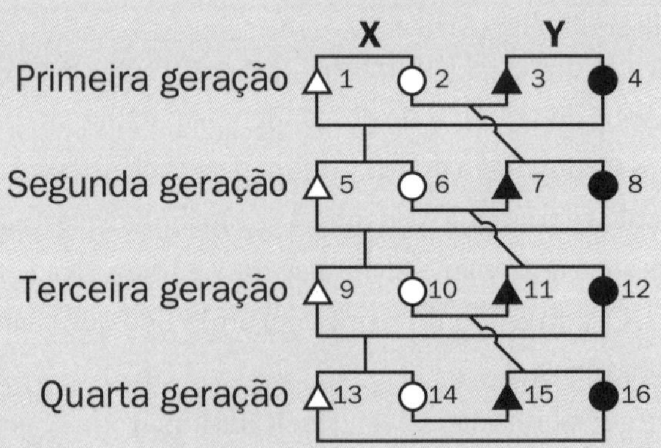

Figura 1-D

A consequência lógica e inevitável das permutas matrimoniais, geração após geração, entre homens de duas linhagens diferentes (exogamia de linhagem) é que todo homem se casa com uma mulher que é ao mesmo tempo filha do irmão da sua mãe (MBD) e filha da irmã do seu pai (FZD).* Ou seja, são o que os antropólogos chamam de primos cruzados bilaterais. Isso se verifica em todos os homens da Figura 1-D da geração 2 em diante. Assim, o indivíduo 7 da geração 2 é casado com a filha (indivíduo 6) do irmão (indivíduo 1) da sua mãe (indivíduo 2), e sua esposa é ao mesmo tempo filha (indivíduo 6) da irmã (indivíduo 4) do pai dele (indivíduo 3).

Esse padrão se repete com todos os homens da geração 2 em diante, nas duas linhagens desse diagrama. Basta conferir.

Isso resulta em um "modelo ideal" da sociedade ianomâmi em que ela é formada essencialmente por duas "metades", pois as regras ianomâmis referentes ao comportamento social e às obrigações matrimoniais implicam que, idealmente, as aldeias sejam compostas de duas linhagens – ou seja, elas têm o que os antropólogos chamam de "organização dual".

No entanto, o "modelo ideal" simplifica a complexidade do mundo real. Por exemplo, ele presume que cada homem tem uma esposa e uma irmã, e que cada casamento gera dois filhos, um de cada sexo. Presume também que cada homem tem uma esposa e cada mulher tem um marido. Na realidade, porém, as aldeias divergem do modelo ideal. Na vida real as famílias têm mais de um filho homem, as mulheres têm mais de um marido, as pessoas morrem antes de se casar etc.

Sempre que os homens controlam o destino conjugal das suas irmãs e filhas, seu desejo de curto prazo de conseguir mulheres núbeis acaba gerando um padrão de longo prazo de permutas matrimoniais. Em quase todas as sociedades tribais os homens dão suas mulheres em casamento, e é provável que sempre tenha sido assim ao longo de toda a história da humanidade. Não conheço

* Mantivemos nesta edição o sistema anglo-saxão de notação de parentesco, comumente usado na antropologia: F = pai (*father*); M = mãe (*mother*); B = irmão (*brother*); Z = irmã (*sister*); S = filho (*son*); D = filha (*daughter*); W = esposa (*wife*); H = marido (*husband*); MBD = filha do irmão da mãe (*mother's brother's daughter*); FZD = filha da irmã do pai (*father's sister's daughter*), e assim por diante. [N.E.]

nenhuma sociedade em que as mulheres deem seus irmãos em casamento, e tampouco uma em que mulheres de um grupo ataquem outros grupos e raptem homens para conseguir maridos. Na Idade da Pedra, o amor romântico não tinha nada a ver com a cópula e a reprodução. No mundo tribal, o casamento era importante demais para ser administrado por jovens apaixonados.[5]

A permuta matrimonial entre dois grupos talvez seja a estratégia marital mais eficaz em um meio social em que as mulheres são escassas e valiosas – como sempre ocorre onde se pratica a poliginia. Nesse contexto, o padrão ou sistema resultante mais comum é o que se vê na página 366 – o sistema encontrado entre os ianomâmis, no sentido ideal. Esse sistema deve ter sido comum no passado pré-agrícola, e pode ter dominado quase toda a evolução social humana. A página 366 mostra um "modelo ideal" de como as coisas funcionam. Na vida real, tudo é mais complexo: as pessoas têm mais de dois filhos, nem sempre os filhos sobrevivem até a idade de casar, nem todas as famílias têm um filho homem e uma filha mulher, os homens muitas vezes têm mais de uma esposa, e assim por diante.

ORGANIZAÇÃO DUAL

A Bacia Amazônica é famosa na antropologia pela frequência das sociedades caracterizadas pela chamada "organização dual".

Isso significa, de modo geral, que um grande número de sociedades ali encontradas tem duas metades sociais, muitas vezes duas linhagens como as mostradas na página 366. No entanto, essas linhagens geralmente têm outras funções e atributos sociais além da regulação dos casamentos, como a obrigação dos membros de um dos grupos de enterrar os mortos do outro, privilégios e responsabilidades relativas à realização de eventos e festas cerimoniais, locais prescritos onde cada um deve morar na aldeia etc.

Esses apetrechos sociais podem ser tão elaborados e complexos em algumas tribos amazônicas que um notável antropólogo do passado, A. L. Kroeber, os chamou de "desenvolvimentos luxuriantes" no cálculo social da vida doméstica, cerimonial e política dessas tribos.[6] A "organização dual" não se limita à Bacia Amazônica; é comum em muitas sociedades tribais de todo o mundo em que ocorre a permuta recíproca de mulheres em idade núbil.[7]

Examinando o diagrama da página 366, o leitor vai descobrir que, após a primeira geração de permutas, a continuação das trocas recíprocas de mulheres tem consequências sociais e políticas que considero profundas.

Em primeiro lugar, cada pessoa cai em uma das duas categorias – "o próprio grupo" e "o outro grupo" – em relação a onde os homens obtêm mulheres. Além disso, os irmãos da sua esposa (não mostrados na página 366) passam a ser seus aliados sociais, políticos e reprodutivos, porque você e seus irmãos dão a eles suas irmãs em casamento, assim como eles dão as irmãs para vocês (também não mostrado na página 366). O resultado é que os interesses políticos e reprodutivos das duas metades coincidem parcialmente. Começa a surgir assim uma coalizão masculina, cujos membros têm em mente os seus próprios interesses reprodutivos. Em certo sentido, e em algum nível de análise, não é "a linhagem" que deve ser vista como o ponto focal primário nos modelos de estrutura social tribal, mas sim o par de linhagens unidas matrimonialmente, cujos membros masculinos constituem uma *coalizão* com objetivos e interesses reprodutivos em comum. Esses interesses reprodutivos acarretam interesses políticos e militares.

Em segundo lugar, as proibições de incesto provavelmente se desenvolvem depressa, no sentido evolutivo: os homens não podem se casar ou acasalar com as mulheres do seu próprio grupo, o que inclui, basicamente, a mãe, as irmãs e as filhas. Assim, os homens precisam conseguir mulheres núbeis do outro grupo.

Para regular o problema muito importante de garantir que os homens se casem (se acasalem) com mulheres jovens o bastante para ter filhos, ou seja, mulheres com alto valor reprodutivo, desenvolveu-se a noção de geração.

As categorias mais lógicas para as gerações seriam a dos Pais, a Própria e a dos Filhos, ou Mais Velha, Minha e Mais Jovem. Isso fica mais claro se examinarmos, por um momento, quem arranja o casamento de quem. Os homens adultos organizam o casamento dos seus filhos (geração mais jovem), sobretudo por meio de negociações com os homens adultos do outro grupo, cujos filhos (geração mais jovem) ainda são solteiros (ou ainda não foram prometidos).

As moças são fáceis de distribuir – todos os homens as querem. É mais difícil para os homens adultos encontrar moças elegíveis para seus filhos. Nessas negociações os homens que têm alguma proeminência se saem melhor do que os outros para conseguir casamentos para seus filhos e outros dependentes masculinos. Isso aumenta a amizade e solidariedade entre os homens mais velhos e os mais jovens: estes dependem daqueles para encontrar uma companheira.

O que torna um homem "proeminente"? Não é simplesmente a força bruta e a ferocidade. Na verdade, é o número de parentes homens que ele tem que reflete a maneira como os homens das gerações anteriores conduziram suas próprias negociações de casamento, o que por sua vez dependeu da sorte de ter irmãs para distribuir, obtendo em troca esposas extras para si mesmos e possibilitando a reprodução em grandes números. Isso facilita para qualquer descendente masculino encontrar esposas para os seus próprios filhos, e assim por diante. Esse sistema recompensa quem continua a retribuir, dando mulheres para o menor número possível de caciques de linhagens confiáveis, mantendo assim o sistema de casamento o mais próximo possível de uma organização dual eficiente.[8]

As consequências profundas desses esquemas podem ser vistas ao se examinar mais cuidadosamente o modelo ideal, mostrado na página 366, de duas linhagens (X e Y) cujos membros dão mulheres uns aos outros em casamento. Se o leitor examinar qualquer casamento que ocorre após a primeira geração, verá que todos os homens se casam com mulheres que são suas parentes *simultaneamente* como filha do irmão da mãe (MBD) e filha da irmã do pai (FZD). Esse resultado fascinante é demonstrado empiricamente nos dados estatísticos que coletei sobre todos os casamentos ianomâmis em todas as aldeias que estudei.[9] Assim, quando dois grupos – duas patrilinhagens, por exemplo – começam a permutar mulheres ao longo de várias gerações, essa prática conduz invariavelmente a um sistema em que os homens se casam com mulheres que são do *outro grupo*, da *mesma geração*, e não suas irmãs. Essas mulheres são um tipo especial de primas, que os antropólogos chamam de *primas cruzadas*.

Primos são pessoas da sua própria geração que têm parentesco com você porque pelo menos um dos pais deles é irmão ou irmã de pelo menos um dos seus pais. Se esses pais são irmãos do mesmo sexo, por uma convenção antropológica os primos são chamados de primos "paralelos". Se os pais são do sexo oposto, os filhos são chamados de primos "cruzados".

Assim, os filhos das irmãs da sua mãe e os filhos dos irmãos do seu pai são seus primos paralelos. Em contraste, os filhos das irmãs do seu pai e os filhos dos irmãos da sua mãe são primos cruzados.

O "casamento entre primos" tem sido significativo na história da teoria antropológica, bem como nas descrições etnográficas feitas pelos antropólogos em seus estudos sobre povos tribais.

Diversas espécies de mamíferos expulsam os jovens do sexo masculino já amadurecidos sexualmente seja do território da mãe, se a espécie é não social (por exemplo, o urso-pardo), seja do grupo feminino cooperativo, se são altamente sociais (por exemplo, leões africanos). Entre os primatas superiores, o grande chimpanzé (*Pan troglodytes*) geralmente expulsa os jovens do sexo masculino. O resultado, em todos esses casos, é a formação de "grupos matrifocais", nos quais o novo parceiro sexual é um macho de algum outro grupo próximo. Se desenhássemos um diagrama do que acontece, ele ficaria justamente como o da página 366, mas os grupos seriam matrilinhagens e os machos de um grupo se acasalariam – ou "casariam" – com as fêmeas do outro grupo, em uma espécie de sistema de "troca de maridos".[10] A principal diferença entre um sistema humano e um sistema como o dos leões africanos, por exemplo, é que o ser humano consegue atribuir nomes às categorias em que o acasalamento é legítimo e através da linguagem desenvolveu formas mais elaboradas de restringir e limitar os conflitos sexuais, como definir e proibir o incesto entre parentes próximos.

Em muitas sociedades primitivas como a dos ianomâmis as regras que devem ser seguidas no casamento são muito específicas e definidas pelos *termos de parentesco* usados para tratar os parentes e/ou referir-se a eles – termos como *sobrinha, primo, irmão* (é claro, no idioma de cada sociedade). Por exemplo, a palavra que usamos para o nosso genitor é *pai*. A palavra ianomâmi é *habe*. Nossa palavra para a filha do irmão da nossa mãe é *prima*. A palavra ianomâmi é *suaböya*. No entanto, nossa palavra para a filha da irmã da nossa mãe também é *prima*, mas a palavra ianomâmi é *yaöya*. É idêntica ao termo deles para a irmã: ou seja, eles consideram suas primas paralelas como irmãs, algo que, é claro, nós não fazemos. Porém, tal como nós, eles não podem se casar com uma mulher que classificam como "irmã".

E eis um fato ainda mais interessante: a palavra ianomâmi para prima cruzada, *suaböya*, também é sua palavra para "esposa", ou seja, eles chamam as primas cruzadas de "esposas". Não só podem como *devem* se casar com mulheres que classificam como *suaböya*, esposa.

Sempre que vários tipos de primos são cônjuges legítimos em uma sociedade, a regra de casamento mais comum encontrada nas tribos de todo o mundo é um preceito que dita que um homem deve se casar com sua prima cruzada bilateral (prima cruzada tanto pela linha materna como pela paterna). O inverso dessa regra, do ponto de vista da mulher, é que ela deve se casar com o filho da irmã de seu pai, ou o filho do irmão da sua mãe. É isso o que nos mostra o gráfico da página 366.

De fato, uma das grandes obras da antropologia do século XX foca os sistemas de casamento de povos primitivos do mundo todo: *As estruturas elementares do parentesco*, de Claude Lévi-Strauss.[11]

Essa obra e os temas de que trata, sobre a capacidade inerente das "sociedades primitivas" de se manterem coesas – de gerarem solidariedade social interna –, dominaram a segunda metade do século XX na literatura da antropologia cultural sobre as sociedades tribais, e grande parte do meu trabalho também se concentra nesse tema. Sem aquilo que os cientistas sociais franceses chamaram de "solidariedade social", as sociedades humanas tendem a desmoronar ou se cindir em grupos menores.

Seria possível comparar o conceito de "solidariedade social" a uma espécie de "cola social". O casamento entre grupos fornece um tipo de cola; a descendência de um ancestral comum é outro tipo; a proximidade do parentesco, um terceiro; e o tipo de parentesco (por exemplo, pelo pai ou pela mãe), ainda outro.

Apesar de a abordagem "estrutural" se focar principalmente em "modelos ideais" de sociedades tribais, o interesse mais fundamental de Lévi-Strauss tem a ver com a capacidade dos grupos sociais representados por esses modelos de promover ou impedir a solidariedade social, ou seja, essa característica um tanto misteriosa que permitiu aos grupos sociais no mundo tribal crescer em tamanho e complexidade. A meu ver, a evolução da complexidade social nas sociedades humanas resultou do aumento do *tamanho* dos grupos locais (das aldeias, por exemplo). O problema era como criar mais "cola" para permitir que grupos cada vez maiores pudessem se desenvolver e ficar juntos.

Em condições de guerra crônica, é mais seguro viver em um grupo grande. O objetivo evolutivo mais imediato era maximizar o tamanho do grupo, o que por sua vez maximizaria a sobrevivência reprodutiva individual – o objetivo final. O obstáculo mais persistente ao tamanho máximo de uma comunidade local era o ciúme sexual e a ambição dos homens adultos do grupo de ter a posse exclusiva das mulheres. O objetivo dos homens nas sociedades tribais era regular essas ambições e ciúmes.

EXEMPLO HIPOTÉTICO IANOMÂMI DE UMA TEORIA DO "*LITTLE BANG*"

O desenvolvimento do sistema de casamento entre primos cruzados bilaterais teve consequências tão importantes na evolução dos sistemas sociais humanos que pode ser considerado o *big bang* no desenvolvimento da cooperação dentro de uma sociedade humana. É a cooperação que torna possível a vida social em todas as espécies sociais.

Na época em que Matakuwä vivia, existiam, é claro, outros homens como ele, homens com interesses reprodutivos imediatos que queriam casar e ter filhos. Ninguém sabe exatamente as decisões tomadas por esses indivíduos para obter esposas e garantir que haveria uma oferta confiável de mulheres no futuro para seus filhos, mas posso chamar a atenção para várias dessas decisões, porque passei muitos anos coletando genealogias e documentando o tamanho das famílias, tentando ser o mais meticuloso possível enquanto buscava definir e compreender as regras de reprodução dos ianomâmis. É altamente improvável que um desses indivíduos tivesse em mente outra coisa senão um objetivo egoísta de curto prazo: conseguir mulheres, copular com elas e guardá-las contra os outros homens para garantir que apenas ele fosse o pai dos filhos delas.

Antropólogos culturais como eu se referem arbitrariamente a homens como Matakuwä como "fundadores de uma linhagem", pois são o ápice masculino, por exemplo, de uma linhagem patrilinear da qual descendem todos os outros dessa linhagem.[12] No grande quadro geral, é claro, algum Adão seria o "fundador", se nossos conhecimentos fossem perfeitos e se existissem antropólogos no início do *Homo sapiens*, isto é, na "Criação". Tudo isso é para dizer que as genealogias só dão conta da sequência histórica *mais recente* de indivíduos em qualquer sociedade. Assim, na maioria das sociedades o "fundador" acaba sendo a primeira pessoa em uma longa lista de indivíduos que podem ser identificados pelo nome, o mais remoto ancestral nomeado sobre quem se sabe (ou se acredita) algo. O fundador da linhagem de Matakuwä, nos meus registros de campo, não é Matakuwä, mas sim um homem que chamei de "Pai de Matakuwä", já que Matakuwä tinha vários irmãos e irmãs genéticos/biológicos conhecidos que tinham o mesmo pai.

Um homem chamado Yamirawä foi um contemporâneo aproximado de Matakuwä, talvez anterior a ele por uma ou meia geração. Yamirawä não era comprovadamente aparentado com Matakuwä, mas ele e seus parentes homens se casaram com as parentes mulheres de Matakuwä. No meu esquema, Matakuwä pode ser considerado o fundador da linhagem X e Yamirawä o fundador da linhagem Y. Ambos foram grandes "fundadores" da população ianomâmi shamatari, isto é, do sul.

Yamirawä foi um dos três irmãos cujos descendentes imediatos se casaram com mulheres da linhagem paterna de Matakuwä e ficaram presos, matrimonialmente, às permutas matrimoniais tais como representadas acima.

De início Yamirawä não teve o mesmo sucesso reprodutivo de Matakuwä. Conseguiu se casar com duas mulheres e teve seis filhos com elas. No entanto, três de seus filhos se saíram muito bem e adquiriram várias esposas: um deles teve 21 filhos, outro teve 32 e o terceiro teve 12. De fato, quando comecei meus estudos de campo, em 1964, os descendentes de Yamirawä eram a linhagem mais numerosa em metade das aldeias shamatari, e os de Matakuwä eram os mais numerosos na outra metade. Os líderes políticos dessas aldeias provinham de uma dessas duas linhagens, e nos casos em que ambas eram numericamente predominantes havia dois caciques, um de cada linhagem, em geral casados com as irmãs um do outro.[13] É isso o que está implícito no termo *shoriwä* ou sua abreviação, *shori*, o que chamamos de "cunhado", e é por isso que os homens cumprimentam qualquer desconhecido com "*Shori! Shori! Shori!*" para indicar intimidade e desejo de amizade.

É dessa forma um tanto aleatória que grandes linhagens – de início quase acidentalmente – começam, se desenvolvem e depois dominam o destino social e político imediato de tribos e nações inteiras. Quando atingem o máximo do seu alcance e do seu potencial, elas essencialmente definem quase todos os aspectos da comunidade tribal.

OS DESCENDENTES DE MATAKUWÄ

Em uma linhagem paterna, o fundador tem dois tipos de descendentes: diretos, ou lineares, e cognáticos. Os diretos se conectam ao fundador exclusivamente pela linha masculina: são os filhos dos filhos dos filhos etc. do fundador. As filhas do fundador são suas descendentes diretas na primeira geração; mas os descendentes delas não são lineares e, por definição, não são membros da linhagem do fundador. Na patrilinhagem, a identidade linear do pai determina a linhagem à qual todos os seus filhos pertencem. Assim, quando uma mulher da linhagem X se casa, seus filhos vão pertencer à linhagem do seu marido, a qual não pode ser X, pois homens e mulheres não devem se casar com alguém da sua própria linhagem. Isso é chamado pelos antropólogos de exogamia de linhagem e é uma característica quase universal das regras de casamento nas sociedades com linhagens.[14]

Uma maneira simples de compreender a descendência patrilinear e a identidade pela linhagem é a maneira como a maioria das pessoas de ascendência europeia ocidental transmite seu sobrenome pela linha paterna. O sobrenome do meu pai era Chagnon; portanto, meus irmãos e eu somos Chagnon e nossos descendentes imediatos também são Chagnon. Nossas irmãs tinham o mesmo sobrenome que nós, mas mudaram para o sobrenome do marido quando se casaram. E seus filhos não têm mais o sobrenome Chagnon, mas sim o do pai deles.

Os filhos das nossas irmãs são descendentes do nosso pai, exatamente como meus filhos e os filhos dos meus irmãos; porém não são seus descendentes lineares, mas sim, conforme a definição dos antropólogos, descendentes cognáticos.

O gráfico da página 377 é um resumo empírico realmente notável de como a poliginia torna dinâmicas as estruturas genealógicas que se encontram com frequência nas populações tribais demograficamente intactas – estruturas que muitas vezes são desconhecidas ou mesmo impossíveis de documentar em populações tribais que já foram dizimadas por doenças introduzidas, despovoamento, derrota por forças militares estatais organizadas ou reassentamento forçado, muitas vezes junto a remanescentes de outras tribos, em pequenas reservas ou postos missionários. A pesquisa antropológica em comunidades de refugiados desse tipo não pode, por razões óbvias, demonstrar os mesmos princípios que discuto aqui. Nem todas as pesquisas de campo de antropologia são igualmente úteis para se compreender a evolução das sociedades humanas, pois essa compreensão depende muito de genealogias obtidas de tribos demograficamente intactas.

A discussão a seguir destaca o componente final das práticas ianomâmis de casamento que reforçam, persistentemente, a solidariedade social – a qual permite que suas aldeias cresçam, chegando a mais do que, digamos, cem pessoas. A cadeia de causa e efeito pode ser resumida como se segue, e é explicada em mais detalhes a seguir:

1. As regras de casamento dos ianomâmis determinam o casamento entre primos cruzados bilaterais;
2. Essa forma de casamento exige a exogamia da linhagem (identidade patrilinear);
3. A elevada variação do sucesso reprodutivo dos homens implica que há uma forte concorrência pelas escassas mulheres;
4. Os homens tendem a continuar dando suas irmãs e filhas para os homens da mesma "outra" linhagem, e esperam obter em troca as irmãs e filhas desses homens;
5. Dentro de duas gerações, algumas categorias de descendentes diretos e cognáticos serão companheiros elegíveis uns para os outros, levando à "endogamia", isto é, à proximidade de parentesco entre os cônjuges.

DESCENDENTES COGNÁTICOS DE MATAKUWÄ (EGO 1221)

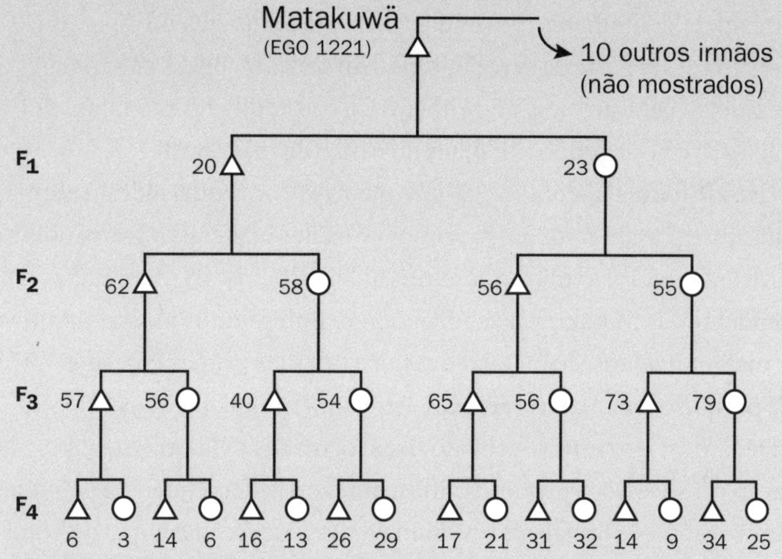

Todos os descendentes de Matakuwä (EGO 1221), agrupados por sexo. Ele teve 20 filhos e 23 filhas (geração F1). Os 20 filhos, por sua vez, tiveram 62 filhos e 58 filhas, e assim por diante. (A sobreposição nas gerações F3 e F4 não foi eliminada. Os descendentes nas gerações F5 e F6 não são mostrados.)

Veja os netos de Matakuwä por seus filhos homens, a geração F_2, com 62 homens e 58 mulheres. Como discutido acima, os ianomâmis têm uma regra de "casamento entre primos cruzados bilaterais", ou seja, um homem deve se casar com a filha da irmã do pai (FZD) e/ou com a filha do irmão da mãe (MBD), ou com uma mulher que seja as duas coisas simultaneamente. Isso significa que os 62 homens da geração F_2, por exemplo, podem se casar com qualquer uma das 55 mulheres mostradas no outro lado da mesma geração: todas elas são FZD para esses 62 homens. Por extensão e pelas regras de parentesco dos ianomâmis, as 58 mulheres da geração F_2 na parte esquerda do diagrama também são elegíveis como cônjuges para os 56 homens no lado direito do diagrama, já que estes são filhos da irmã de seu pai. É a recíproca da regra acima: se um homem pode se casar com sua FZD, sua esposa é parente dele por ele ser filho do irmão da mãe dela.

Essa lógica se estende, naturalmente, a todas as gerações mostradas no gráfico. Por exemplo, na geração F_3 os 57 bisnetos de Matakuwä podem se casar com as 54 mulheres mostradas na metade esquerda do diagrama; e os 40 homens dessa parte da geração F_3 podem se casar com as 56 mulheres daquele lado da geração, pois no primeiro caso as mulheres são filhas da irmã do pai (FZD) e no segundo são filhas do irmão da mãe (MBD).

Grande parte da "cola social" que mantém coesa uma aldeia ianomâmi resulta desses casamentos entre primos cruzados bilaterais (casamentos FZD e MBD). Essa prática explica por que as aldeias shamatari (dominadas pelos descendentes de Matakuwä) se tornaram maiores que as aldeias namowei-teri: mais indivíduos shamatari se casam com suas primas cruzadas "próximas", porque os shamatari são mais estreitamente aparentados.[15]

De fato, as estruturas genealógicas formadas pela poliginia, pela alta variação no sucesso reprodutivo masculino, pela descendência patrilinear e pela exogamia de linhagem resultam em uma situação em que os homens de algumas aldeias podem até ter dificuldade em encontrar uma potencial esposa que *não seja* sua prima cruzada bilateral – a menos que se apropriem dela por meio de sequestros de aldeias distantes!

Uma das primeiras coisas que os missionários cristãos costumam fazer quando começam a evangelizar uma tribo é proibir a poliginia e intervir sempre que possível para desencorajar os homens de ter duas ou mais esposas, como se a monogamia fosse natural e a poliginia fosse "obra do Diabo".[16] Há uma alta probabilidade de que os seres humanos tenham sido políginos durante a maior parte da sua evolução social. Assim, a poliginia é mais natural para os seres humanos, e é o elemento mais importante por trás de qualquer solidariedade social surgida no nosso passado pré-histórico. Casar-se com os primos cruzados, que são parentes próximos, promove a cooperação entre todos os membros de uma linhagem. A poliginia explica por que esses descendentes conseguem viver cooperativamente em aldeias com mais de duzentas ou trezentas pessoas.

AS COLIGAÇÕES MASCULINAS, A GUERRA E A DISTRIBUIÇÃO DAS MULHERES

Apesar do ceticismo muito vigente na profissão da antropologia, que hoje se tornou politicamente correta, as provas etnográficas e arqueológicas indicam esmagadoramente que a guerra tem sido a força mais importante na evolução da sociedade política na nossa espécie.[17] A guerra tem sido constante, com poucas possíveis exceções em lugares onde os seres humanos migraram para tão longe da sua área de partida que não tinham vizinhos. É provável que a maior ameaça para os grupos humanos primitivos viesse dos vizinhos – os moradores do vale logo adiante.

Como os conflitos intragrupais pela posse dos recursos locais (tais como mulheres) aumentam com o tamanho do grupo, o crescimento contínuo de uma comunidade era constantemente limitado por esses conflitos. E tais conflitos são mais facilmente resolvidos pela cisão: reduzir o tamanho do grupo para reduzir a probabilidade de conflitos. Porém, como uma população maior é mais segura, também havia uma pressão no sentido oposto, para continuar a crescer. O resultado foi uma pressão constante para que os homens adultos criassem coalizões, definidas pelo parentesco, para distribuir pacificamente as mulheres e agrupar suas habilidades coletivas para exercer a força contra outros grupos.

A meu ver, o cenário evolutivo mais provável de longo prazo no desenvolvimento da sociabilidade humana foi o crescimento constante, embora lento, do tamanho da comunidade, seguido por uma cisão quando ela atingia entre 50 e 75 pessoas – os números mencionados no tratado clássico de Richard Lee e Irven DeVore, *Man the Hunter* [Homem, o caçador].

Ao que parece, o principal motivo de conflito dentro dos grupos humanos que não têm um Estado são as moças em idade reprodutiva sem pai nem marido para protegê-las. Elas constituem uma grande causa de instabilidade e conflitos entre os ianomâmis: os homens adultos agressivos, entre as idades aproximadas de quinze e quarenta anos, sempre querem copular com elas e/ou se apropriar delas para seus interesses reprodutivos exclusivos. Elas são uma fonte de conflitos em comunidades ianomâmis e em muitas outras sociedades tribais organizadas que carecem das instituições associadas ao Estado político – leis, polícia, tribunais, juízes e sanções odiosas.

Minha sugestão é que os conflitos acerca dos meios de reprodução – ou seja, das mulheres – tenham dominado as maquinações políticas dos homens durante um vasto período da história humana e moldado a psicologia humana masculina. Foi apenas depois que a poliginia se tornou "cara" que esses conflitos se transferiram para os recursos materiais – o "ouro e diamantes" a que meus colegas incrédulos aludiam – e para os meios materiais de produção. Àquela altura, depois da revolução agrícola, a acumulação de riquezas – e sua consequência, o poder – se tornara pré-requisito para que um homem tivesse múltiplas parceiras.

13.
Três caciques de autoridade

Não está claro para mim se os líderes políticos ianomâmis estão conscientes da importância das linhagens para a sua autoridade na região do Crescente Fértil ianomâmi. Mas não há dúvida de que boa parte da sua autoridade deriva do número relativamente grande de homens adultos que são seus parentes patrilineares – ou seja, os membros da sua *mashi* (o nome que dão ao grupo patrilinear). São esses homens que um cacique pode recrutar para apoiá-lo e para ajudá-lo a impor suas decisões políticas.

Na prática, a liderança política ianomâmi é hereditária; mas esse fato só se torna aparente quando coletamos as genealogias de todos os membros da aldeia. Quando agrupamos os caciques segundo patrilinhagens definidas genealogicamente, vemos que os pais dos atuais caciques também eram caciques, e o atual cacique será sucedido pelo seu filho mais velho. Assim, quando um cacique morre ou é morto, o próximo líder vem invariavelmente do mesmo grupo de descendência patrilinear – em geral o filho mais velho ou um irmão do cacique anterior.

A única exceção clara que documentei ocorreu quando Matowä, o cacique de uma aldeia composta de duas grandes linhagens, foi morto por invasores, como já mencionei. As duas linhagens numericamente proeminentes tinham aproximadamente o mesmo número de homens adultos. A chefia foi transferida para o líder mais sênior da outra grande linhagem, um dos cunhados de Matowä. Como já mencionei, muitas aldeias têm dois líderes proeminentes, e com frequência ambos são considerados "grandes homens".

Conheci vários caciques ianomâmis que, talvez inconscientemente, aumentaram seu status aproveitando-se do parentesco que é a base da sua autoridade. Vou me concentrar em dois deles, mas também vou me referir a outros líderes políticos que conheci muito bem. Todos esses homens se tornaram consideravelmente mais "autoritários" do que a maioria dos outros caciques que conheci. Sua personalidade contribuiu para essa proeminência: ambos tinham uma espécie de presença social bem aparente até mesmo para os não ianomâmis.

Uma aldeia pode crescer se os seus líderes políticos forem fortes e aproveitarem avidamente as oportunidades de comandar outras pessoas. Embora os caciques liderem principalmente pelo exemplo, alguns se tornam deliberadamente despóticos: ordenam que as pessoas façam coisas e esperam que elas obedeçam. Esse é um passo sutil na direção da lei.

Grande parte desse tipo de autoridade e poder se baseia na sanção odiosa que será aplicada a quem desobedece e desafia os desejos do cacique. Isso chega perto do que os estudiosos jurídicos definem como lei: advertências emitidas por uma autoridade soberana que tem a capacidade de punir legitimamente os infratores. O poder que está por trás da lei é quase sempre uma sanção odiosa – isto é, uma punição, como uma multa, apedrejamento, espancamento, encarceramento ou até mesmo execução. Os ianomâmis não praticam a pena capital, mas em aldeias maiores, que vivem sob tensão e ameaças militares dos vizinhos, já chegaram perto disso.

Os ianomâmis do Crescente Fértil deram um passo na direção de uma maior complexidade social e política, uma maior ordenação e institucionalização da autoridade. A autoridade institucionalizada leva o esquema social tribal para mais perto do Estado político. Os passos minúsculos, quase imperceptíveis, que tribos como os ianomâmis deram ao longo desse caminho muitas vezes só são visíveis por meio do estudo comparativo dos diversos esquemas sociais relatados pelos etnógrafos em seus estudos em primeira mão sobre as tribos – e também em diferentes comunidades e bandos da mesma tribo. É preciso procurar essas pequenas mudanças no esquema tribal, o que depende de ter conhecimento de várias comunidades.

Se você perguntar a um ianomâmi qual deveria ser o tamanho ideal de uma aldeia, a resposta seria, se eles tivessem um sistema numérico, algo como trinta ou quarenta pessoas, porque é mais fácil conviver com os outros em uma aldeia pequena. Muitas vezes eles se queixaram para mim de que "brigam muito" quando uma aldeia passa de quarenta pessoas.

Os ianomâmis preferem viver em aldeias relativamente pequenas, onde as sanções difusas por trás das regras de parentesco bastam para manter a ordem social. Porém, como não se pode confiar nos vizinhos que vivem para lá da paliçada e que talvez queiram se aproveitar de você, as aldeias precisam continuar grandes e tentar evitar a cisão em unidades menores e mais vulneráveis. Assim, a tendência de uma aldeia se desintegrar quando fica muito grande se opõe à necessidade de permanecer grande para fins de segurança. Esse é o dilema central da vida dos ianomâmis. E é aí que ganha importância a presença e a personalidades dos líderes: um cacique forte é capaz de manter a aldeia grande. Ele consegue deixá-la coesa e também segura, em virtude da sua personalidade forte e das ameaças implícitas comunicadas pelo seu comportamento e sua *waiteri* (ferocidade).

Por ironia, um dos mitos mais importantes dos ianomâmis, que explica por que a determinação política e militar varia de aldeia para aldeia, tem a ver com a forma como eles concebem a si mesmos como um povo. Relatei, no capítulo 2, o mito da origem do homem a partir do sangue de Peribo (a Lua). As aldeias que estudei ficam no coração do território ianomâmi e ali a guerra é relativamente intensa. À medida que nos afastamos do centro dessa área – em especial para o norte, o leste e o sul – parece que as guerras diminuem e se tornam uma dimensão mais moderada das suas relações políticas. Para o oeste, porém, as aldeias ianomâmis são grupos recém-subdivididos, vindos da região central mais belicosa, e parecem manter sua beligerância.

ESTILOS DE CACIQUE

Já visitei e trabalhei em cerca de sessenta aldeias ianomâmis, e conheço um grande número de caciques ianomâmis. Eles são chamados de "chefes" [*chiefs*] nos artigos populares escritos por jornalistas, especialmente venezuelanos e brasileiros; mas a palavra "chefe" sugere um nível de organização política e um processo eleitoral formal ausentes da maioria das sociedades tribais cujos membros vivem em pequenas aldeias. O grau de autoridade e poder que um cacique exerce varia radicalmente quando se leva em consideração o tamanho da aldeia, como já ressaltei várias vezes. A função integradora dos caciques nas pequenas aldeias surge sobretudo a partir da ordem e da coesão inerentes à amizade e aos vínculos de casamento ditados pelo parentesco – e à pequenez absoluta da maioria das comunidades ianomâmis. Muitas aldeias são comparáveis, em alguns casos, a uma grande família estendida. Na maioria dessas pequenas comunidades, como diz o ditado, basta uma palavra do "chefe", e cada um faz o que quer. Porém, nas aldeias maiores o cacique costuma ter um poder e uma autoridade consideráveis e pode ser realmente tirânico.

STATUS POLÍTICO E O MITO DO IGUALITARISMO PRIMITIVO

As sociedades pré-Estado, ou seja, tribos como os ianomâmis, são descritas por muitos antropólogos como igualitárias: todo mundo é mais ou menos intercambiável com qualquer outra pessoa da mesma idade e do mesmo sexo; portanto, as diferenças de status são determinadas essencialmente pela idade, sexo e, por vezes, características efêmeras dos líderes.[1] Esse não é o caso entre os ianomâmis, de maneira nenhuma. Se meus professores (e os livros de antropologia) erraram em alguma coisa, foi na sua compreensão equivocada da noção de igualitarismo: eles insistiam, teimosamente, em vinculá-lo ao "acesso diferenciado aos recursos materiais". Entre os ianomâmis, os homens diferem na sua capacidade de comandar os outros e fazer com que eles cumpram suas ordens devido a outros fatores: o número de parentes que podem recrutar a seu serviço, se são *unokai* ou não, e outros atributos não materiais.

Cheguei à conclusão de que esse mito sobre o acesso diferenciado aos recursos era tão difundido e incontestado na teoria antropológica porque os antropólogos provêm de sociedades altamente industrializadas, materialistas, estatais, e tendem a projetar na remota pré-história tudo o que é "natural" ou "óbvio" no mundo em que eles próprios vivem. No nosso mundo, o poder, o status e a autoridade geralmente dependem da riqueza material. Segue-se que lutar por recursos é mais "natural", e portanto mais compreensível para os antropólogos, do que lutar para obter mulheres. A visão antropológica tradicional do igualitarismo é notavelmente eurocêntrica e etnocêntrica, ao argumentar que os povos tribais são igualitários porque ali ninguém tem acesso "privilegiado" aos recursos materiais "estratégicos". Essa visão projeta, erroneamente, nossas próprias ideias políticas e econômicas para a Idade da Pedra. Dois dos antropólogos mais famosos que defendiam essas ideias foram meus professores na pós-graduação, Marshall Sahlins e Morton Fried.[2]

Estive presente em uma conferência científica em que o palestrante, um renomado cientista social que na época era presidente de uma importante sociedade acadêmica americana, concluiu seus argumentos pouco convincentes em uma palestra plenária com a seguinte observação: "E o professor X, a maior autoridade nesse campo, chegou à mesma conclusão que eu. E quem somos nós para questionar a sua autoridade?". Um biólogo muito cético e objetivo chamado Richard D. Alexander levantou-se então e "inocentemente" fez o seguinte comentário devastador: "Compreendo. Isso esclarece para mim qual é a diferença entre as ciências sociais e a biologia. As suas conclusões parecem repousar principalmente sobre a autoridade inquestionável de um certo professor X. Já na biologia, chegamos às nossas conclusões com base em provas científicas". E voltou a sentar-se.

Há enormes diferenças de status entre as comunidades tribais. Os diferentes graus de habilidade dos caciques para governar não dependem do acesso diferenciado a recursos materiais estratégicos escassos, como ocorre na nossa sociedade, mas sim da diferença no número de membros na sua linha de parentesco. Como a tendência geral da teoria antropológica deriva fortemente da teoria sociopolítica marxista, até mesmo discussões antropológicas "científicas" sobre status social, economia primitiva, estrutura política e coisas assim tendem a ser vistas em termos da luta pelos recursos materiais (materialismo cultural).

Estou convencido de que as lutas na Idade da Pedra eram mais motivadas pelo acesso aos meios de reprodução. Isso torna a biologia e a psicologia humanas fundamentais para uma teoria científica verdadeiramente abrangente de como os seres humanos se comportam. A teoria da evolução de Darwin trata da sobrevivência reprodutiva.

AS ORIGENS DO PODER DOS LÍDERES IANOMÂMIS

Conheci dois caciques que, em comparação com outros homens de suas aldeias, tinham uma habilidade diferenciada de persuadir os membros das suas comunidades a seguir determinados cursos de ação: eles tinham autoridade, bem como poder.[3]

Ambos provinham de aldeias grandes, eram polígínos, adultos de meia-idade e tinham matado inimigos em outras aldeias. Um deles, Krihisiwä, era de Patanowä-teri, que tinha uma população de 225 pessoas na época em que a estudei. O outro, Möawä, era de Mishimishimaböwei-teri, aldeia que tinha cerca de 300 pessoas.[4] Ambos também pertenciam a duas das maiores linhagens patrilineares (*mashi*) das suas respectivas populações e tinham muitos parentes biológicos (geneticamente relacionados) morando com eles na sua aldeia. Ambas as aldeias ficavam isoladas e, de modo geral, fora da influência das missões e do mundo exterior. Durante a maior parte do meu longo estudo, eu era a única pessoa de fora que as visitava regularmente.

Krihisiwä

Eu me dava muito bem com Krihisiwä e o achava simpático, embora fosse muito perigoso e traiçoeiro se ficasse aborrecido com alguém.

Entre 1964 e 1987 visitei sua remota aldeia muitas vezes. Durante a maior parte desse período a aldeia vivia em guerra quase constante com uma ou mais aldeias vizinhas. De fato, ela foi atacada mais de vinte vezes pelas aldeias vizinhas no início do meu trabalho de campo, entre 1964 e 1966. Os ataques pareciam seguir a lógica de um estrategista maquiavélico: se o seu inimigo está por baixo e sendo atacado por todos os lados, trate de entrar na briga, porque ele não vai poder retaliar de forma eficaz nenhuma das aldeias inimigas.

Krihisiwä era um cacique que sabia muito bem como eram as guerras dos ianomâmis, porque ele próprio havia iniciado muitas delas. Do seu ponto de vista elas eram, sem dúvida, "justificadas". Pode-se argumentar que a hostilidade dos seus vizinhos para com o seu grupo tinha muito a ver com a "política externa" de Krihisiwä.

Um dos outros homens proeminentes em Patanowä-teri – um "cocacique" – era o irmão mais velho de Krihisiwä, Kumaiewä. Obviamente, era membro do grupo de descendência patrilinear de Krihisiwä, um homem da mesma *mashi*, como dizem os ianomâmis. "*Yamakö mashi!*" significa "Somos todos membros do mesmo grupo de descendência patrilinear!". Kumaiewä e um dos seus filhos adultos foram mortos por invasores a tiros de espingarda durante meu período de estudo de campo (por volta de 1969), deixando Krihisiwä como o homem mais velho daquela *mashi*.[5]

Krihisiwä era apenas um dos vários homens proeminentes da aldeia. Outro era Rakoiwä, cunhado (e primo cruzado) de Krihisiwä. Suas respectivas *mashi* permutavam as mulheres núbeis havia várias gerações, de modo que o núcleo político de Patanowä-teri consistia basicamente em duas grandes *mashi* ligadas por várias gerações de permutas matrimoniais.

Desde a minha primeira visita, as pessoas na aldeia de Krihisiwä sempre me acolheram bem.[6] Um dos motivos é que suas guerras tinham praticamente cortado suas relações comerciais com as aldeias vizinhas, em especial com a de Mahekodo-teri, perto da pequena missão salesiana de Platanal. O grupo de Krihisiwä antes obtinha seus objetos de aço, como facões, machados, facas, anzóis e outros produtos da nossa civilização, dos mahekodo-teri, obtidos com o padre ou irmão salesiano residente e antes dos salesianos de James Barker, da Missão Novas Tribos, que não podia comprar muitos desses objetos custosos. Assim, eu me tornei uma nova fonte dessas valiosas ferramentas.

Eles me acolheram bem por uma série de outras razões. Primeiro, eu tinha estabelecido a minha base em Bisaasi-teri, uma aldeia que tinha se cindido da deles uns quinze anos antes. O cacique de lá era Kaobawä, um cunhado de Krihisiwä. Bisaasi-teri ficava muito longe, e agora uma visita até lá era perigosa; havia uma série de aldeias hostis cujos territórios os patanowä-teri teriam que atravessar para chegar lá. Mesmo assim, alguns patanowä-teri continuavam a enfrentar a arriscada viagem e iam periodicamente visitar Bisaasi-teri e passar algum tempo com a facção de Kaobawä, que ainda era amigável para com eles.

Porém, uma facção considerável dos bisaasi-teri – os que moravam a jusante de Kaobawä, no Baixo Bisaasi-teri – era hostil aos patanowä-teri e já tinha avisado que iria matá-los se os patanowä-teri a visitassem.

Certa vez, durante uma visita, eu estava deitado em uma rede na casa de Kaobawä, perto de vários dos visitantes de Patanowä-teri, conversando com eles. Havia rumores e ameaças de que alguns dos mais exaltados do Baixo Bisaasi-teri queriam atacá-los a machadadas e flechadas. De repente, cerca de vinte desses exaltados apareceram na aldeia, com suas pinturas de guerra, brandindo flechas, machados e facões.

Os irmãos e simpatizantes de Kaobawä pegaram em silêncio seus arcos e flechas e se dispersaram; cada um foi se colocar diante de um dos postes adjacentes à área de Kaobawä. Estoicos e silenciosos, não demonstravam nenhum medo. Suas flechas ainda não estavam encaixadas nos arcos, mas eles estavam prontos e continuaram ali, resolutamente postados, com uma expressão solene no rosto. Kaobawä não mexeu nem um músculo, tampouco o fizeram os visitantes. Os exaltados batiam com os machados no chão e estalavam as flechas contra os arcos enquanto atravessavam rapidamente a praça central, com os olhos fixos nos visitantes e uma expressão ameaçadora no rosto. Quando avançaram os últimos 5 metros, os *browähäwä* (homens politicamente importantes) que lideravam o grupo levantaram os machados como se fossem rachar a cabeça dos visitantes. Kaobawä e os visitantes não demonstraram nenhum medo e ficaram deitados em suas redes, em silêncio. Os possíveis matadores então explodiram em gritos, enquanto baixavam violentamente os machados – parando o movimento a poucos centímetros da cabeça dos visitantes. Kaobawä já tinha me dito certa vez que nunca se deve demonstrar medo, pois do contrário os inimigos irão matá-lo. Eu me esforçava para manter a calma: estava agora "representando" como uma importante figura política no grupo de Kaobawä simplesmente por estar entre seus visitantes e não fugir.

Os agressores estavam blefando e imediatamente começaram a cantar o *waiyamo* – nesse caso, uma maneira cerimonial de relatar por que estavam zangados com os visitantes. Momentos antes, porém, se alguém tivesse movido a mão para se proteger, as coisas poderiam ter tomado um rumo muito diferente. Visitas podem ser uma experiência muito enervante, pois nunca se sabe como serão recebidas.

PALIÇADAS, INVASORES E A LIDERANÇA DOS CACIQUES

Quando os ianomâmis estão em uma guerra "ativa", cercam a aldeia com uma forte paliçada de 3 a 5 metros de altura, com apenas algumas aberturas. A paliçada é feita de troncos verticais fincados no chão e amarrados com cipós grossos, que dão mais resistência. Ela se destina a evitar que os invasores se aproximem sorrateiramente da aldeia à noite e atirem flechas pelos espaços meio abertos entre os postes estruturais, ou através do telhado baixo, cujas folhas um arqueiro pode facilmente afastar. Qualquer um que mexa na paliçada alerta os cães da aldeia, que começam a latir e avançam, ruidosos, na direção do barulho. Os latidos alertam os moradores e os homens logo pegam seus arcos e flechas para investigar.

A aldeia de Krihisiwä quase sempre estava protegida por uma paliçada quando eu a visitava. Em uma das minhas viagens eles não só tinham erguido uma paliçada como também haviam removido meticulosamente todas as plantas em um círculo de 50 ou 60 metros além dela, transformando a área em chão de terra nua. O riacho do qual tiravam água e se banhavam também fora desnudado de toda a vegetação por mais 30 metros do outro lado, ao longo de dezenas de metros do curso do rio. Fiquei muito impressionado com as horas de trabalho que deviam ter sido investidas em nome da segurança – ainda mais notáveis porque os ianomâmis não fazem trabalhos desnecessários, nem despendem esforços em tarefas laboriosas, sem que haja algum forte incentivo. Limpar aquela grande área de todos os arbustos e tocos de árvores era uma tarefa custosa, exigindo que muitas pessoas fossem recrutadas e coordenadas, provavelmente por Krihisiwä.[7]

Cheguei ao meio-dia e deixei minha mochila dentro da casa, perto da rede de Krihisiwä, como era nosso costume. Passei o resto do dia visitando e conversando com os adultos e explicando o que eu queria fazer no dia seguinte, quando fosse "trabalhar" com minhas "folhas" (no início eles chamavam meus cadernos e blocos de anotações de "folhas", como folhas de árvore).*

Os homens estavam nervosos, constantemente alertas para qualquer sinal de invasão. Levavam consigo seus arcos e flechas mesmo para atravessar a praça, e os mantinham à mão se fossem visitar alguém em uma casa que ficasse a mais de poucos metros da sua.

Quando o sol da tarde foi baixando, as mulheres pegaram as cabaças e se reuniram para ir ao riacho buscar água e dar banho nas crianças. Os homens, bem armados, saíram primeiro e cautelosamente exploraram a área em torno do riacho, com suas longas flechas encaixadas nos grandes arcos de madeira de palmeira, de quase 2 metros de altura, e as cordas já meio distendidas. Os homens se dispersaram, se postaram na margem mais próxima do riacho, aonde as mulheres e crianças iam chegando, e fitaram intensamente a floresta em torno. As mulheres encheram os recipientes de água e lavaram rapidamente as crianças e a si mesmas. Não passaram nenhum tempo, como era habitual, aproveitando e brincando na água, pois *wayu käbä* (invasores, matadores) podiam estar à espreita na mata vizinha.

Depois que as mulheres trouxeram água, ninguém mais saiu da aldeia.[8] As várias aberturas da paliçada foram cobertas com galhos secos e barulhentos, bem amarrados com cipós.

Quando a escuridão baixou, todos nos acomodamos nas nossas redes para passar a noite. Os ianomâmis insistiram para que eu colocasse minha mochila encostada na parte mais baixa do telhado de folhas, onde ele quase tocava o chão, como medida de segurança adicional, para o caso de um atacante conseguir passar pela paliçada e tentar me atirar uma flecha; quem sabe a mochila conseguisse deter uma flechada. Alguns dos meus informantes bisaasi-teri disseram que fora assim que Kumaiewä, irmão de Krihisiwä, fora

* A confusão dos ianomâmis faz mais sentido em inglês, em que "folhas de papel" são *sheets* e "folhas de árvore" são *leaves*. [N.E.]

atacado e morto – o agressor atirara nele através do telhado com uma espingarda que obtivera pouco tempo antes.

Em certo momento da noite acordei com uma mão me sacudindo e alguém me alertando, em um cochicho rouco, para ficar em silêncio. Era Krihisiwä. Tinha se arrastado pelo chão da sua rede até a minha, a cerca de 10 metros de distância, porque tinha ouvido um barulho estranho do lado de fora da paliçada. Ele sussurrou: "*Siboha wayu käbä kuwa!*" ("Há invasores do lado de fora!").

Meu sono é muito pesado e fico atordoado quando sou acordado no meio da noite. Krihisiwä queria que eu carregasse minha espingarda e fosse afugentar os possíveis invasores. Eu realmente não estava em condições de fazer isso, então o convenci de que bastava colocar uma bala na minha espingarda e dar um tiro para o ar. Qualquer invasor em seu juízo perfeito iria recuar imediatamente ao perceber que alguém na aldeia tinha uma arma de fogo. Ele concordou, então carreguei minha espingarda de dois canos, calibre 12, e disparei um tiro para o ar. Ficamos à escuta. Como não ouvimos nenhum som de fora da paliçada, nós dois voltamos a dormir, razoavelmente confiantes de que não havia invasores à espreita tentando entrar na aldeia.

Durante outra visita, Krihisiwä me pediu que fosse com ele caçar uma anta, uma das carnes mais desejáveis na culinária ianomâmi. Para mim tem um gosto muito parecido com o da carne bovina, e passei a gostar dela. A anta, com seu focinho alongado, é um parente distante do cavalo e do rinoceronte. É um animal de grande porte, que pode pesar até 250 quilos, encontrado nas Américas do Sul e Central; há também outra espécie em algumas partes da Malásia.

Krihisiwä tinha encontrado uma "lambida" – uma poça onde as antas chafurdam e se cobrem de lama, creio que para matar carrapatos e outros parasitas. Parece que as antas também comem um pouco da lama, que contém sais minerais. Já vi os ianomâmis trazerem para a aldeia grandes quantidades desse tipo de lama; eles a jogam sobre o telhado de folhas e a deixam secar ao sol e ao calor das fogueiras, e depois a comem aos pedaços, como doces defumados.

Dessa vez a aldeia também estava em guerra, e ninguém queria se afastar dali e passar a noite à espera de que uma anta aparecesse na lambida. Era perigoso sair para caçar de modo geral, e mais ainda à noite, e tão longe da aldeia. (Não posso deixar de mencionar que durante grande parte da minha pesquisa sobre os ianomâmis um grupo pequeno porém proeminente de antropólogos associados à Universidade Columbia, interessados nas guerras tribais, continuava insistindo que era a escassez de animais de caça que causava as guerras entre os ianomâmis, embora nenhum deles jamais tivesse estado na região dos ianomâmis nem tivesse dados de alguma tribo amazônica que dessem respaldo a essa teoria. Um argumento melhor é que a guerra causava a escassez alimentar de carne, e não vice-versa, já que ninguém quer ir caçar em tais circunstâncias perigosas, nem de noite nem de dia.)

Krihisiwä e eu saímos no fim da tarde. A lambida ficava a pelo menos uma hora de caminhada da aldeia. Enquanto avançávamos, conversávamos baixinho.

Encontramos um cacaueiro com um grande fruto. Ele o arrancou, o quebrou e o comeu em grandes dentadas. Os grãos maduros podem ser transformados em chocolate, mas os ianomâmis comem o fruto ainda verde, com uma carne comestível parecida com o interior de uma melancia também verde. Os caroços são macios e verdes, nem pretos como os de uma melancia madura nem escuros como grãos de café. O fruto é insosso, como um repolho cru, mas enche o estômago. O mesmo se pode dizer do palmito, que para nós é uma iguaria, mas que os ianomâmis só consomem em épocas de carência.

Mais tarde nos deparamos com um *paruri*, uma grande ave amazônica comestível, semelhante a um peru, no alto de uma árvore.[9] Krihisiwä tomou posição, movendo-se devagar para não alarmar o *paruri* e conseguir mirar bem, com o sol baixo atrás da ave desenhando sua silhueta. Puxou então a corda do arco lentamente, mantendo-o bem firme e mirando por muito tempo, e por fim disparou a flecha. Ela atingiu o *paruri* bem no meio do peito. A ave despencou no chão batendo as asas, mortalmente ferida. Krihisiwä extraiu a flecha, arrancou um pedaço de cipó de uma árvore próxima e amarrou a ave à aljava de bambu que levava pendurada nas costas.

As antas não apareceram naquela noite, embora a lambida mostrasse ter sido usada recentemente. Ao amanhecer, tremendo com o frio e a umidade, voltamos para o *shabono* levando apenas um *paruri*. Tínhamos passado aquela longa noite perscrutando a selva, tentando ouvir algum ruído de antas ou de inimigos, falando aos sussurros.

Suba nesta árvore ou será expulso da aldeia.

Em uma visita a Patanowä-teri em 1968, fiquei surpreso ao ver o alto grau de autoridade que Krihisiwä exercia. O incidente surgiu do meu pedido de filmar a colheita dos frutos da pupunha, atividade que utiliza um conjunto de engenhosas estruturas que os ianomâmis inventaram para subir na pupunheira. O equipamento de escalada consiste em um par de armações triangulares feitas de madeira leve e forte. Uma das armações é colocada acima da outra e amarrada frouxamente ao tronco espinhoso da árvore. Apoiam-se os pés no triângulo inferior e empurra-se o tronco superior acima; em seguida, trepa-se no triângulo superior e puxa-se o inferior mais para cima; volta-se a se apoiar neste e empurra-se o outro mais para cima etc. Dessa forma consegue-se subir pelo tronco dessa árvore cheia de espinhos, que pode chegar a 12 metros de altura.

Krihisiwä mandou um jovem fazer um par de triângulos de escalada e usá-los para subir na árvore e colher os frutos da pupunha, agora maduros. Depois que Krihisiwä saiu de perto o rapaz se recusou a subir na árvore, então continuei fazendo outras tarefas. À tarde Krihisiwä me perguntou se eu ficara satisfeito com a minha filmagem do jovem escalando a árvore. Respondi que o rapaz não estava disposto a fazê-lo. Krihisiwä ficou furioso, chamou o jovem e lhe disse: "Ou você sobe naquela árvore, como eu mandei, ou vou expulsar você desta aldeia!". O jovem começou pronta e nervosamente a subir na árvore, conforme a ordem. "Expulsar", nessas circunstâncias, poderia ser uma sentença de morte, já que todas as aldeias vizinhas estavam em guerra com os patanowä-teri e o jovem não teria nenhum lugar seguro para onde ir.

OS *UNOKAI*

Em outra visita (por volta de 1986) eu estava verificando alguns detalhes do meu estudo sobre os *unokai*. Muito antes disso eu já conhecia a identidade de todos os ianomâmis mortos na minha grande amostra de cerca de 4 mil pessoas, e a causa da morte de cada um, tal como "diagnosticada" por muitos informantes em outras aldeias. Os ianomâmis atribuem muitas mortes a vários tipos de doenças, e usam diversas palavras para essas doenças. Eles também atribuem muitas mortes a várias formas de "magia prejudicial", mas algumas delas são causadas por motivos comuns, como picadas de cobra.

No entanto, todos os observadores concordam quando alguém morreu violentamente pelas mãos de outra pessoa. Em geral dizem algo como: "Ele foi flechado por invasores". Com menos frequência, dizem: "Ele morreu em uma luta de porretes", ou "Morreu em uma briga de socos no peito". Outras perguntas logo revelam de qual aldeia os agressores vieram e que armas usaram, e também, muitas vezes, o nome de um ou mais atacantes. Quando um informante em Mishimishimaböwei-teri me conta que um homem chamado Matowä foi morto a flechadas por invasores de Patanowä-teri e um informante de Mömariböwei-teri, a muitos quilômetros de distância, também sabe disso por meio das notícias de mortes e de guerras e me diz a mesma coisa, sem saber o que disse o outro informante, ou mesmo se eu perguntei a alguém sobre a morte desse homem, isso significa que há uma grande consistência entre informantes de aldeias diferentes e distanciadas sobre a causa de uma morte violenta. Tenho o cuidado de fazer esse tipo de pergunta em particular, e sempre a informantes que não são parentes próximos da vítima.

Os homens prestam atenção e memorizam os detalhes desses eventos mortais, porque eles entram nos seus cálculos sobre o que podem esperar do relacionamento com os vizinhos. Eles precisam saber quem deles deve ser tratado com deferência (porque é um *unokai* bem conhecido) e quem não parece ser uma ameaça. Esse tipo de informação tem um valor óbvio para a sobrevivência. Os membros de uma aldeia, em qualquer área, sabem muitas coisas sobre as pessoas da aldeia mais próxima – e em muitos casos passaram boa parte da vida morando na mesma aldeia com aquelas pessoas, antes de os dois grupos se separarem.

Por fim percebi que a maneira como comecei a coletar as informações sobre as causas das mortes violentas não me permitia fazer uma lista completa dos nomes de todos os atacantes que dispararam flechadas fatais em uma vítima. Na época em que comecei a fazer essa pesquisa, estava interessado principalmente em documentar qual aldeia atacou qual e quem estava em guerra contra quem. Quando me interessei em determinar quantos homens estavam envolvidos na morte de cada vítima, meus dados coletados anteriormente listavam apenas alguns dos matadores. Eu tinha que descobrir os nomes que faltavam de todos os matadores de todas as vítimas.

A tarefa era relativamente simples, pois eu já conhecia a identidade dos que tinham morrido nas mãos dos invasores, de qual aldeia provinham os atacantes e o nome de pelo menos alguns deles. Para completar essa tarefa tive que visitar de novo diversas aldeias muito distantes umas das outras, de canoa e a pé; porém, coletar de novo todos aqueles dados do zero levaria vários anos.

Há uma caricatura de Gary Larson que mostra dois nativos olhando pela janela da sua cabana de pau a pique, usando saias de folhas de palmeiras, ao lado de uma televisão. Um diz para o outro: "Ah, que droga! Aí vem a Margaret Mead. Precisamos recolocar aqueles ossinhos no nariz e inventar umas histórias novas sobre os nossos hábitos sexuais bizarros". Posso imaginar uma caricatura no mesmo estilo dizendo assim: "Ah, que droga! Aí vem esse chato desse Chagnon outra vez... E agora ele está com três palmos de folhas impressas! Vai ficar um mês nos fazendo perguntas!".[10]

AS VÍTIMAS DE KRIHISIWÄ

Krihisiwä era um sujeito de fácil convivência e já tinha mencionado, em visitas anteriores, que não relutava em falar sobre os homens que havia matado. Na verdade, parecia muito orgulhoso dessas proezas.

Quando comecei a lhe perguntar, em conversas particulares, sobre quais homens haviam matado outros, ele se animou todo e seus olhos faiscaram. Eis como correu minha conversa com ele aquele dia.

Krihisiwä: Já te contei como eu matei três *huya* de Ashidowä-teri? [Era uma aldeia vizinha constantemente vitimada e dominada pela aldeia de Krihisiwä. Ele não sentia nada além de desprezo por eles.]

Chagnon: Não, você nunca me contou sobre isso. O que aconteceu? [Achei que seria uma longa história, então me acomodei melhor na minha rede para tomar notas.]

Krihisiwä: Três *huya* [mostrando três dedos] apareceram na nossa aldeia querendo permutar algumas coisas. Estavam todos pintados com pigmento *nara* e decorados com suas melhores penas. Estavam muito quietos e pareciam nervosos. Minha esposa lhes deu um pouco de *date* [uma sopa doce de banana-da-terra, parecida com um pudim de banana, habitualmente oferecida aos visitantes]. Eles pareceram ficar mais relaxados depois disso.

Chagnon: O que aconteceu depois?

Krihisiwä: Vou contar para você. Eles estavam sentados debaixo do beiral do telhado em frente à minha casa, de cócoras, olhando para a praça central. Eles vieram até a minha casa porque sou eu quem mora aqui! [Uma referência a si mesmo como o cacique de lá. Ele continuou, cada vez mais excitado.] Percebi que eles estavam *moyawe* [alertas, desconfiados, apreensivos] e fingi que estava ocupado, arrumando minhas coisas, minha rede, meu arco, limpando o chão perto da fogueira, guardando coisas etc. Sem olhar para eles, com ar indiferente, apoiei meu machado no pau que escora o telhado... bem ao lado de onde eles estavam sentados. [Ele parou e olhou para mim com expectativa, os olhos cintilando.] E aí? Pergunte o que eu fiz em seguida!

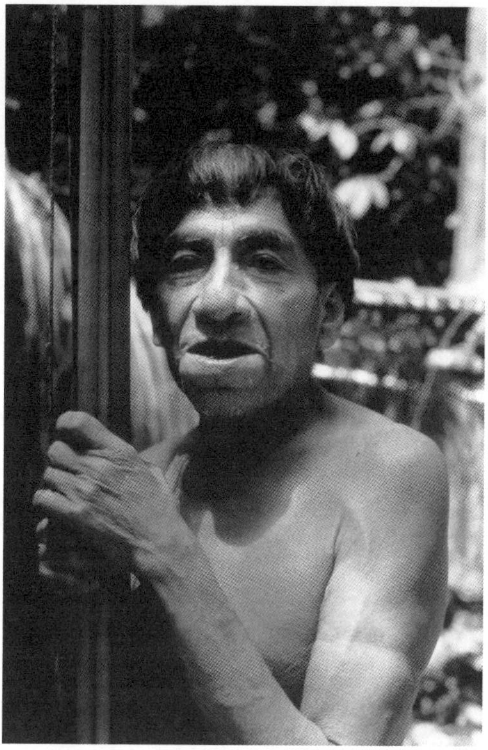

Krihisiwä, um cacique patanowä-teri.

Chagnon: [Atendendo ao pedido] Me conte, *shoabe* [meu sogro], o que você fez em seguida.

Krihisiwä: Vou te dizer o que eu fiz! Fui andando até o meu machado, encostado no poste da frente, fingindo ignorá-los. Eles olharam para trás algumas vezes para ver o que eu estava fazendo, então continuei a arrumar as minhas coisas e me afastei do machado. [Fez uma pausa para tirar da boca um grande chumaço de tabaco que tinha enfiado entre o lábio inferior e os dentes, e guardou o chumaço cheio de saliva entre as folhas do telhado e uma viga. Daí se debruçou, colocou o rosto junto ao meu e sussurrou com voz rouca, saliva e caldo de tabaco espirrando no meu rosto] Me pergunte o que eu fiz em seguida!

Chagnon: Certo... O que você fez em seguida?

Krihisiwä: [Enxugando o tabaco da boca e dando alguns passos para trás, onde teria mais espaço para representar a próxima cena]: Vou te dizer o que eu fiz! Olha aqui o que eu fiz! [Foi até o poste dianteiro da casa em que estávamos e fingiu pegar um machado imaginário.] Eles estavam mais relaxados e tinham parado de prestar atenção em mim. Fui até o poste da frente da casa e segurei disfarçadamente o cabo do meu machado, assim. Quando eles não estavam olhando, levantei o machado bem devagar! [Representou a cena com grande dramaticidade, e disse outra vez, ansioso]: Me pergunte o que eu fiz em seguida!

Chagnon: [Fingindo emoção e curiosidade para acompanhar essas ações cada vez mais dramáticas, agora sentado na beirada da minha rede]: O que você fez então?

Krihisiwä: [Respirando fundo e então soltando um grito explosivo]: *Kraaashii! Kraaashi! Kraashi!* Baixei meu machado, enterrei a borda afiada no crânio daquele *huya*! Foi isso o que eu fiz! *Kraaashi! Kraashi!* [Fez uma pausa, dando um grande sorriso animado.] Me pergunte o que eu fiz em seguida!

Quando perguntei, ele representou, com igual dramaticidade, o que havia feito com os outros dois *huya* ashidowä-teri. Havia enterrado o machado no crânio de cada um, enquanto eles tentavam freneticamente evitar seus golpes.

Krihisiwä matou todos os três ali mesmo onde estavam, visitantes acocorados na frente da sua casa. Aparentemente fez isso pelo único motivo de sentir desprezo pela aldeia deles, que era de gente fraca.

Depois de alguns momentos ele se acalmou. Conversamos um pouco mais e demos o dia por encerrado.

Eu tremia quando me levantei para sair, pensando em como um homem como Krihisiwä podia ser tão convincente e fingido, calculando com cuidado de que modo poderia matar de forma brutal três jovens ianomâmis inocentes que ele havia deixado à vontade – mediante embuste e traição – enquanto eles cortesmente visitavam sua casa como convidados, tentando não demonstrar medo. Em alguns casos não demonstrar medo é fatal, mesmo que seja ordenado pela sua cultura e até mesmo admirado como algo que traz mais prestígio.[11]

Vários anos depois, em 1990, eu estava visitando os ashidowä-teri, em uma aldeia localizada a várias horas de caminhada por uma trilha a montante dos dorita-teri (uma facção dos patanowä-teri). Os dorita-teri tinham ameaçado me matar a machadadas na minha última visita, porque um ianomâmi de Mahekodo-teri (uma aldeia na missão salesiana de Platanal) tinha aparecido na aldeia deles dizendo que eu estava matando seus bebês com minhas fotos e envenenando a sua água.

Nessa visita posterior a Ashidowä-teri eu levava comigo seis médicos e dois alunos meus de pós-graduação.

Cerca de doze homens dorita-teri (patanowä-teri), com seus arcos e flechas em riste, apareceram de repente e atravessaram a aldeia, marchando de maneira dramática, ou mesmo arrogante, até a casa onde eu estava hospedado, que era a do cacique local. Eles ignoraram o cacique ashidowä-teri, quebrando ostensivamente as regras de etiqueta dos ianomâmis.[12] Os patanowä-teri haviam recebido informações de que eu estava ali de visita e tinham vindo me convidar para ir à sua aldeia. Aceitei o convite. Em seguida, eles partiram. Os ashidowä-teri ficaram tremendo após a breve e inesperada visita, que durou menos de meia hora. Os patanowä-teri os ignoraram por completo, como se eles fossem servos ou intocáveis.

Existe uma hierarquia bem óbvia e visível entre as aldeias onde trabalhei: alguns grupos são maiores, mais fortes e mais temidos do que outros, e um dos principais fatores é a reputação de caciques como Krihisiwä. Ele e vários outros "grandes homens" de Patanowä-teri tinham poder e autoridade para obrigar os seguidores a obedecer-lhes, pois estes temiam suas sanções e punições.

MÖAWÄ: UM CACIQUE TIRÂNICO

Meu primeiro contato com Mishimishimaböwei-teri, uma aldeia isolada muito grande, próxima à nascente do rio Mavaca, ocorreu em 1968. Havia na aldeia vários líderes proeminentes, mas o mais temido era um homem chamado Möawä, que já descrevi neste livro. Desde o primeiro momento percebi que teria dificuldades com Möawä. E no entanto o sucesso do meu trabalho dependeria muito da minha boa convivência com ele.

Möawä era filho de Ruwahiwä, o cacique shamatari cuja morte pelas mãos de Husiwä já relatei acima.

Möawä era forte, intimidador e francamente tirânico, mesmo com os moradores da sua própria aldeia. Ele pegava o que queria quando queria, e poucos na aldeia lhe ofereciam resistência. As pessoas o temiam porque ele era capaz de extrema violência. Quando falava ou dava ordens, as pessoas o ouviam e obedeciam, mesmo com pouco entusiasmo ou a contragosto. Quando ameaçava tomar atitudes violentas, todos sabiam que ele falava a sério. Nas raras ocasiões em que estava descontraído ou feliz, os homens se reuniam em torno dele, com atitudes obsequiosas e muito cuidado, e faziam comentários mirando na sua direção, como se tivessem esperança de obter a sua aprovação. Homens de grande prestígio e forte presença muitas vezes despertam esse tipo de respeito; mas nesse caso era uma expressão de deferência baseada na apreensão e em um medo genuíno.

Möawä certa vez visitou Bisaasi-teri depois que os dois grupos fizeram um frágil acordo de paz por volta de 1968 ou 1969. Um incidente ocorrido na ocasião tornou aquela visita memorável.

Não era seguro para alguns mishimishimaböwei-teri fazerem aquela visita, pois muitos bisaasi-teri não podiam esquecer a sua traição em Amiana, onde se realizara o *nomohori* de 1950 – a festa traiçoeira já relatada. Depois de terem feito as pazes em uma visita de um pequeno grupo de mishimishimaböwei-teri, um homem bisaasi-teri, enfurecido, bateu tanto em um deles com o lado cego do machado que ele morreu no caminho de volta para Mishimishimaböwei-teri. Ninguém vingou sua morte, algo que achei espantoso.

Assim, fiquei muito surpreso quando Möawä apareceu para visitar Bisaasi-teri. Mais tarde, perguntei ao cacique de Bisaasi-teri, Kaobawä, por que ninguém o molestara enquanto ele esteve por lá. Kaobawä explicou que um conhecido *unokai* como Möawä, que já tinha matado 21 homens, era destemido, e que outros homens, inclusive seus inimigos, teriam medo de enfrentá-lo face a face e chegavam a se encolher de temor na sua presença.

Com o passar do tempo fui percebendo que a reputação e a autoridade de Möawä estavam firmemente enraizadas nos seus feitos de *unokai*. Na verdade, não há nenhum ianomâmi nos meus extensos registros que tenha matado mais homens do que ele. Algumas de suas vítimas eram até mesmo ex-moradores da sua própria aldeia, que haviam se cindido do grupo principal.[13]

Devido a seu porte imponente e suas habilidades marciais, Möawä era capaz de atrair um grande número de seguidores e mantê-los unidos. É isso o que eu quero dizer quando afirmo que um cacique forte pode ajudar a conservar uma aldeia grande – dando mais coesão quando as alianças de parentesco e casamento não bastam. Sua reputação de *unokai* proporcionava ainda mais segurança, ou pelo menos uma sensação maior de segurança, aos membros da sua aldeia.

A segurança que ele lhes dava, porém, era relativa. Em certas visitas que fiz tive que colocar minha mochila e outros objetos entre a minha rede e o teto, para evitar que algum atacante conseguisse passar pela paliçada e viesse me flechar através do telhado de folhas. Möawä podia dominar os homens da sua própria aldeia, mas invasores de outros grupos não se deixavam intimidar. Ele não seria capaz de controlar as ações de inimigos de outras aldeias, que poderiam atacá-lo sub-repticiamente quando ele fosse menos capaz de detê-los.

Em 1972, Sibarariwä, um homem de destaque na aldeia de Möawä, formou um novo grupo, localizado a várias horas de caminhada para sudoeste a partir do grupo principal de Mishimishimaböwei-teri. A nova facção assumiu o nome de Ironasi-teri para enfatizar que não devia mais ser identificada pelos vizinhos como um grupo temporário de Mishimishimaböwei-teri. A facção variava de tamanho conforme as famílias voltavam para o grupo principal e depois decidiam continuar com os ironasi-teri. Essa é uma ocorrência típica quando um grupo se cinde e as famílias ficam divididas em sua lealdade aos parentes de ambos os grupos.

Na aldeia de Möawä a vida para os obedientes era segura, embora cheia de apreensão; mas para os concorrentes, os desobedientes ou os que tinham ambições políticas era perigoso morar na mesma aldeia que ele. Os concorrentes não duravam muito como moradores da aldeia, pois a atitude arrogante de Möawä causava frequentes disputas, discussões e conflitos. Qualquer homem com alguma autoestima mais cedo ou mais tarde se separava para formar sua própria aldeia, ou pegava seus pertences e saía para se juntar a alguma outra aldeia onde também tivesse parentes, ou simplesmente entrava na mata, junto com sua família, para esfriar os ânimos e ficar longe de Möawä por um tempo.

Pelo menos três homens proeminentes na sua aldeia – Sibarariwä, Nanokawä e Reirowä – eram como ele, mas não tão tirânicos nem ofensivos. Todos eram parentes de Möawä pela linha masculina, e portanto também tinham muitos parentes na aldeia. Muitos homens aparentados pela linha masculina tendem a ser concorrentes – exceto membros da mesma linhagem que sejam irmãos ou meios-irmãos. Os parentes mais afastados da mesma linhagem são concorrentes na busca de mulheres e de status político.[14]

Havia uma história complicada sobre esses três homens, que haviam entrado e saído da aldeia de Möawä várias vezes nos anos anteriores, um processo de fissão e fusão que dependia de se darem bem ou mal com Möawä.

Meu vínculo com a aldeia se baseava principalmente no meu relacionamento com Möawä e com seu sogro, Dedeheiwä. Möawä me chamava de "irmão mais velho" (*abawä*) e Dedeheiwä me chamava de "genro" (*hekamaya*). Meu relacionamento com Möawä era frio e tenso, mas com Dedeheiwä era amigável e descontraído. Dedeheiwä acabou se tornando um dos meus informantes mais confiáveis, e também um bom amigo que muitas vezes tentava amenizar minhas relações com Möawä.

Essa foi uma situação diferente de qualquer outra na minha experiência de campo. Eu era considerado "irmão" de muitos caciques de outras aldeias, com quem sempre tive relacionamentos agradáveis. De Möawä nunca consegui ser amigo; mas também não podia evitá-lo, apesar das minhas tentativas deliberadas de fazê-lo. Ele me observava constantemente e exigia que eu dormisse na sua área do *shabono*, bem ao lado da sua rede. Eu sempre me acomodo perto de um dos caciques em todas as aldeias que visito, mas nenhum deles jamais exigia que eu fizesse isso.

Ele tinha um jeito irritante de exigir coisas que outras pessoas simplesmente me pediriam que fizesse, parecendo aos outros que eu estava obedecendo às suas ordens quando eu pretendia realizar aquilo de qualquer maneira.

Ficou claro desde o início que ele não admitiria que eu agisse de nenhuma outra maneira: eu tinha que dormir em um lugar onde ele pudesse me vigiar o tempo todo, e desafiá-lo teria precipitado uma crise prematura. Na verdade, no final, praticamente todas as conversas ou encontros sociais com ele tinham o caráter de uma crise tensa.

Fiquei ainda mais consciente de como Möawä era desagradável, egoísta e egocêntrico no primeiro dia da minha visita de 1970. Eu sempre levava comigo tubinhos de pomada antibiótica para os olhos quando visitava aldeias remotas; fazia questão de examinar, logo ao chegar, os olhos de todas as crianças e tratar das que tinham infecções oculares. Quando eu ia embora da aldeia, deixava os tubinhos restantes com alguns adultos selecionados, para futuro uso deles e das crianças. As infecções oculares são muito comuns nos bebês e, se não forem tratadas com antibióticos, causam grande incômodo durante meses. Os adultos ocasionalmente também contraem essa mesma infecção, e a pomada era um alívio, pois invariavelmente a curava em um ou dois dias.

Nessa visita Möawä estava com os olhos infectados e me pediu que o "curasse" assim que cheguei. Fiz isso, e logo os outros correram para suas casas para trazer seus filhos. Comecei a passar pomada antibiótica nos olhos das crianças ali mesmo onde minha rede estava amarrada, na casa de Möawä; ele então gritou uma ordem, com toda a sua autoridade, fazendo todos se dispersarem: "Saiam daqui já! O remédio é meu!".

Daí exigiu que eu lhe desse todos os poucos tubinhos que eu tinha. De início pensei que estivesse brincando, e falei que ia primeiro tratar de todas as crianças e depois dar os tubos restantes aos adultos, para que pudessem continuar a curá-las depois que eu fosse embora. Ele foi inflexível e extremamente desagradável. Disse que não se importava com os outros, nem que todos eles ficassem cegos, e me proibiu de dar o remédio para qualquer outra pessoa além dele. E repetia que queria tudo para si mesmo, sibilando: "Que fiquem cegos, todos eles! Essa *mönasönö* [remédio] é minha!".

Assim, tive que lhe dar vários tubos de pomada na hora, mas escondi alguns para o meu último dia na aldeia, quando os entreguei disfarçadamente aos homens mais responsáveis do ponto de vista social, para as suas famílias e outras crianças.

A reação que tive diante da mesquinhez de Möawä e de sua cruel indiferença para com os demais na aldeia não era apenas minha. Os ianomâmis também sentiam a mesma coisa em relação a ele e me diziam isso em particular. Como os pais e mães em todos os lugares do mundo, eles ficam profundamente preocupados quando os filhos estão doentes e não há cura para a doença. Sabiam que meus tubinhos de pomada oftálmica de tetraciclina iam curar seus filhos, e ficaram amargurados quando Möawä exigiu todos para si mesmo.

Em outra visita à aldeia de Möawä, levei três pedras de amolar triangulares. Elas servem para afiar machados e facões e são muito desejadas pelos ianomâmis, que sem elas precisam afiar as lâminas esfregando-as em uma rocha, um processo muito demorado e que não produz uma borda tão afiada quanto se pode conseguir com uma pedra de amolar de aço.

Eu pretendia dar uma para Möawä, uma para Dedeheiwä (sogro de Möawä) e guardar a terceira para emprestar a quem quisesse afiar seu facão. Assim que Möawä ficou sabendo das minhas pedras, exigiu que eu lhe desse as três imediatamente. Vendo que isso poderia levar a um desentendimento, eu depressa dei uma delas ao velho Dedeheiwä, a quem eu a havia prometido, e uma para Möawä, explicando em público que a terceira era minha, mas que eu ficaria feliz de cedê-la se alguém quisesse pedi-la emprestada.

Möawä imediatamente pegou "emprestada" a minha pedra para afiar seu facão, apesar de eu ter acabado de lhe dar uma. Depois que acabou de afiá-lo, anunciou publicamente, com muita autoridade e desafio na voz: "Esta pedra agora também é minha!", e colocou-a entre as vigas do telhado da sua casa logo acima de sua cabeça, ao lado da outra. Ele não poderia, porém, tomar a terceira de Dedeheiwä, porque era obrigado pelas proibições de parentesco a respeitar seu sogro.[15]

Incidentes semelhantes ocorriam por causa das sementes alucinógenas (*hisiomö*) sempre que eu as trazia para a aldeia, para distribuí-las entre os pajés mais proeminentes. Tratava-se de uma grande aldeia, com mais de 250 pessoas, e tinha um grande número de pajés.

Eles usam essas drogas quase diariamente nas suas cerimônias de cura. Embora haja outro alucinógeno, chamado *yakowana*, naquela área, as sementes de *hisiomö* são mais poderosas e mais desejadas; porém, são abundantes apenas na área do rio Ocamo, muito mais ao norte.

Möawä sempre exigia todas as *hisiomö* que eu trazia, e eu era obrigado a entregar clandestinamente algumas sementes para os outros, antes que ele descobrisse que eu as tinha trazido. Eu sabia, e todos sabiam, que ele iria se apoderar de todas e se recusar a compartilhá-las de forma justa com os outros pajés.

Após as duas primeiras visitas à sua aldeia, cada sugestão ou pedido seu mais pareciam os comandos que não deixavam alternativa senão ser cumpridos. Quanto mais vezes eu visitava o seu grupo, mais irritantes e absurdas ficavam as exigências que ele me fazia. Em resposta, eu reagia tentando evitá-lo e fazendo concessões cuidadosamente calculadas para satisfazer a essência do pedido, porém indicando delicadamente que havia um ponto além do qual eu não podia ou não queria ir, pelo menos naquela ocasião em particular. Esse comportamento se encaixa exatamente na política tradicional ianomâmi, e eu estava muito ciente disso, como antropólogo que já havia passado um bom tempo convivendo com eles.

Möawä não era diferente de outros ianomâmis em relação aos seus insistentes pedidos e exigências pelos meus *madohe* (bens de troca). A diferença é que eu sentia que a probabilidade de que ele fizesse algo violento se eu não o atendesse era muito grande, devido à sua reputação de ser irascível, colérico e impetuoso. Era uma competição que eu sabia desde o início que eu acabaria perdendo. Tudo o que eu queria era ganhar tempo em cada visita, para satisfazer minha curiosidade sobre a sua aldeia e coletar os dados que eu julgava necessários para descrever adequadamente a história política, os laços genealógicos e a demografia daquele grupo e dos grupos adjacentes.

De 1968 a 1971 consegui realizar meu trabalho de campo em Mishimishimaböwei-teri com um grau tolerável de sucesso, apesar da sensação crescente de que as coisas não iam nada bem nas minhas relações com Möawä.

Como todos os caciques, Möawä ponderava cuidadosamente seus pedidos e raramente fazia algum que não saísse do jeito que ele queria. Primeiro fiquei surpreso, e depois muito intrigado, com esse comportamento típico dos caciques, uma vez que exigia grande habilidade e uma capacidade de dimensionar cada situação, dia após dia, sempre dando a impressão de que suas ordens eram seguidas e seus pedidos, satisfeitos. Kaobawä, o cacique de Bisaasi-teri, onde comecei meu trabalho, era perito nessa arte, e nas suas relações comigo era muito gentil e educado. Se ele achasse que havia alguma possibilidade de que eu fosse recusar algum dos seus pedidos, nunca o fazia de forma a permitir isso. Ele poderia indicar, por exemplo, que algum amigo seu de uma aldeia distante havia chegado de visita e precisava de um facão, mas que ele não tinha nenhum para lhe dar. Fazia então uma pausa, olhava para mim e dizia algo como: "Querido sobrinho, será que você não tem algum facão por aí que não esteja usando?".

Isso sempre dava certo, e eu não podia recusar um pedido tão gentil, educado e sincero. Möawä, por outro lado, tinha um estilo diferente, mais duro e coercivo. Ele diria algo como: "Irmão mais velho! Dê o seu facão para aquele homem, e depressa! Faça isso agora mesmo!". (Deixando sempre implícito: "Senão, você vai ver!".)

Meu procedimento rotineiro era distribuir a maioria dos bens de troca que levava comigo no último dia da minha visita a uma aldeia. Antes disso eu costumava dar objetos menores, como anzóis e linhas de pescar, de modo que os homens adultos e os meninos menores também pudessem usá-los enquanto eu estava por lá. São basicamente os homens adultos que se devem satisfazer com os bens de troca. Dar anzóis e linha de pescar de náilon para as crianças logo que eu chegava lhes permitia trazer mais comida para casa, o que agradava a todos na família.

Em 1972, na terceira vez em que morei em Mishimishimaböwei-teri, a paciência de Möawä tinha diminuído e ele foi direto ao assunto, mais cedo do que ele costumava fazer nas viagens anteriores. Sem rodeios, me ordenou: "Distribua todo o seu *madohe* agora mesmo, e vá embora – mas volte logo, trazendo mais!". Eu era bem-vindo na aldeia só enquanto tivesse objetos desejáveis para lhe dar. Möawä insistiu que eu deveria dá-los *imediatamente* e quase todos *para ele*.

Tentei administrar a situação até que chegasse a hora de eu ir embora da aldeia, de modo que a minha distribuição de *madohe* ocorresse quando eu não tivesse mais trabalhos a fazer e portanto não precisasse mais da aprovação dele ou de pessoas que ele podia influenciar.

Até mesmo antes da minha terceira viagem para a sua aldeia, Möawä estava constantemente manipulando os mecanismos de status, transformando cada conversa ou interação pessoal em uma espécie de competição para ver se ele conseguia me intimidar e exigir uma nova promessa, ou mostrar para mim

– e, mais importante, para os membros da aldeia – qual era a posição social de nós dois, demonstrando que ele podia me dar ordens e que eu obedeceria.

Um hábito irritante que ele adquiriu era o de esperar até que algum indivíduo de status mais baixo fizesse algum pedido que eu recusasse e logo em seguida fazer o mesmo pedido. Ele parecia procurar todas essas oportunidades, por menores e mais insignificantes que fossem. Elas muitas vezes começavam com um pedido de água.[16] As pessoas ficavam sentadas na minha cabana vendo e ouvindo quando eu entrevistava alguém, e periodicamente checavam qual seria a minha reação a um pedido de água. Ninguém estava com sede, todos tinham água, e o riacho ficava a poucos metros de distância. Era apenas um pretexto para testar o status relativo dos indivíduos. Se eu atendesse a uma dessas solicitações inocentes, o status de quem pedia aumentaria, e o meu diminuiria: a presença e a autoridade do outro homem eram tais que eu, ao satisfazer seu pedido, endossava seu status superior e o meu status inferior. Em seguida todos os outros tentariam fazer a mesma coisa.

Eu costumava recusar pedidos de água, não porque minha água fosse escassa e valiosa, mas porque eu sabia que depois da minha água viria a minha comida, depois os meus fósforos, depois a minha rede, depois as roupas que eu vestia, c assim por diante.

Möawä tinha o hábito irritante de esperar que eu recusasse casualmente dar um copo de água para alguém e então vir até mim e pedir não só a água, como também minha caneca pessoal para beber. Hoje isso parece irracional, até mesmo para mim, mas esses diminutos e constantes acontecimentos assumiam proporções maiores no campo, onde eu já estava bem consciente de que os pedidos com certeza só iriam se acelerar dali em diante.

Quando eu me hospedava na aldeia de Möawä (e em muitas outras aldeias), havia sempre uma multidão de crianças alegres, felizes e ansiosas na "minha casa" durante a maior parte do dia.[17] Elas eram um contraste muito bem-vindo à vida muitas vezes tensa do mundo adulto. Eu gostava de conversar e brincar com essas crianças tão alegres.

Elas passaram a gostar muito das minhas bolachas salgadas e de outros petiscos que eu lhes dava. Por exemplo, eu lhes pedia que lavassem meus pratos e buscassem água no riacho próximo e pagava o serviço com bolachas.

Möawä, o cacique mishimishimaböwei-teri.

Elas gostavam disso e se revezavam. Não importava quem realmente havia lavado os pratos ou trazido a água, todas compartilhavam as bolachas, e todos estávamos muito satisfeitos com o arranjo. Porém, depois de vários dias de uma das minhas estadias em sua aldeia, Möawä levantou de repente da sua rede e enxotou as crianças com ameaças raivosas, atirando em cima delas caroços de frutas, pedaços de pau e tudo o mais que encontrou no chão perto da sua fogueira. Virou-se então para mim e disse, sibilando de raiva: "Se você tiver bolachas para dar, dê para mim! Essas bolachas são minhas de agora em diante. Nunca mais dê bolachas para esses moleques!".

Möawä também passou a gostar dos meus biscoitos e de meus outros alimentos, apesar de eu ter o cuidado de lhe dar uma parte de cada refeição que eu preparava para mim. Ele começou então a insistir em ter direitos exclusivos sobre qualquer alimento que eu fosse compartilhar com os outros.

MÖAWÄ E MINHA VIAGEM DE 1972 PARA COLETAR AMOSTRAS DE SANGUE

A gota d'água ocorreu em 1972, quando, assim que entrei na aldeia, Möawä exigiu que eu lhe desse imediatamente todo o *madohe* que tinha trazido e voltasse a descer o Mavaca (uma viagem de dois dias) para lhe trazer mais.

O ano de 1972 foi o último em que estive associado ao departamento de Neel e à equipe que coletava sangue. Eu havia decidido deixar a Universidade de Michigan no final dessa temporada no campo e assumir um cargo na Universidade Estadual da Pensilvânia. Porém, Neel me pedira que coletasse amostras de sangue de umas quinze famílias de Mishimishimaböwei-teri que não estavam na aldeia quando eu havia levado sua equipe biomédica até lá, um ano antes. Essas pessoas cujas amostras precisavam ser coletadas eram de famílias que viviam no grupo de Sibarariwä em Ironasi-teri e não estavam presentes quando cheguei com a equipe de Neel.

Eu faria sozinho a coleta de amostras; levava comigo o número necessário de frasquinhos coletores, seringas e agulhas descartáveis para a tarefa, bem como o "pagamento" para compensar os ianomâmis. Aqui se incluíam uns quinze facões para dar aos chefes das famílias de quem eu tiraria as amostras. Eu também tinha dado facões para os chefes de famílias mishimishimaböwei-teri na minha viagem anterior para coleta de sangue.

Meu plano para essa viagem era visitar brevemente a aldeia de Sibarariwä para recolher as amostras. Depois eu levaria as amostras de volta rio abaixo e em seguida retornaria para Mishimishimaböwei-teri. Um piloto especializado em voos na floresta fora contratado especificamente para transportar as amostras, por isso tive que planejar cuidadosamente a data de chegada do piloto na pista da missão em Ocamo. Sem ter um radiotransmissor, eu não poderia mudar essa data. Tirar as amostras de sangue exigiria uma longa viagem de dois dias rio abaixo, de Mishimishimaböwei-teri até Ocamo, viajando dez horas por dia em uma *voladora*, um barquinho leve de alumínio com um motor de popa relativamente grande, de 25 cavalos. E depois disso viria a longa viagem de volta rio acima para continuar meu trabalho de campo de antropologia.

Meu companheiro de viagem mais constante era um jovem ianomâmi chamado Rerebawä, como já mencionei. Ele gostava de ir comigo visitar os mishimishimaböwei-teri. O velho Dedeheiwä era um renomado pajé e Rerebawä aprendia muito com ele, apenas observando e ouvindo. Rerebawä também queria tornar-se pajé e esperava que Dedeheiwä fosse mais tarde o seu mentor.[18]

Caminhando para a aldeia com Rerebawä, encontramos por acaso alguns mishimishimaböwei-teri que estavam voltando de Iwahikoroba-teri, onde acabavam de participar de uma festa com permuta de bens. A festa também incluiu muitos visitantes de Yeisikorowä-teri, uma aldeia shamatari remota, ainda não contatada, que ficava vários dias ao sul de Mishimishimaböwei-teri.[19]

Como esses visitantes voltariam a Mishimishimaböwei-teri antes de nós, pedi a eles que informassem Möawä e Dedeheiwä dos meus planos e da minha intenção de "viver" com eles na aldeia depois de coletar as amostras de sangue do grupo de Sibarariwä. Os visitantes concordaram e também se comprometeram a mandar alguns jovens pela manhã para carregar o nosso equipamento, pois havia mais do que Rerebawä e eu conseguiríamos levar sozinhos em uma só viagem. Embora os suprimentos para a pesquisa médica fossem leves, estavam embalados em volumosos recipientes de isopor.

Como já estávamos no fim da tarde, decidimos dormir na beira do rio para dar mais tempo de tirar do rio a canoa, o motor e a reserva de gasolina, guardá-los em segurança na margem, embalar tudo de novo e montar acampamento. Catamos lenha, acendemos uma fogueira, amarramos nossas redes às árvores, estendemos sobre elas uma pequena lona e cozinhamos um pouco de arroz para o jantar. Eu logo adormeci. A tarefa de Rerebawä era botar mais lenha na nossa fogueirinha e ficar de vigília, atento às onças.

Ao amanhecer chegou um grupo de homens e rapazes, muitos deles do grupo de Sibarariwä. Percebi que eu tinha chegado ali exatamente quando toda a aldeia de Sibarariwä estava visitando o grupo de Möawä para uma cerimônia fúnebre. Era uma boa notícia, porque eu não precisaria caminhar mais de meio dia para chegar até o seu *shabono*. Poderia fazer a coleta de sangue ali mesmo, na aldeia de Möawä.

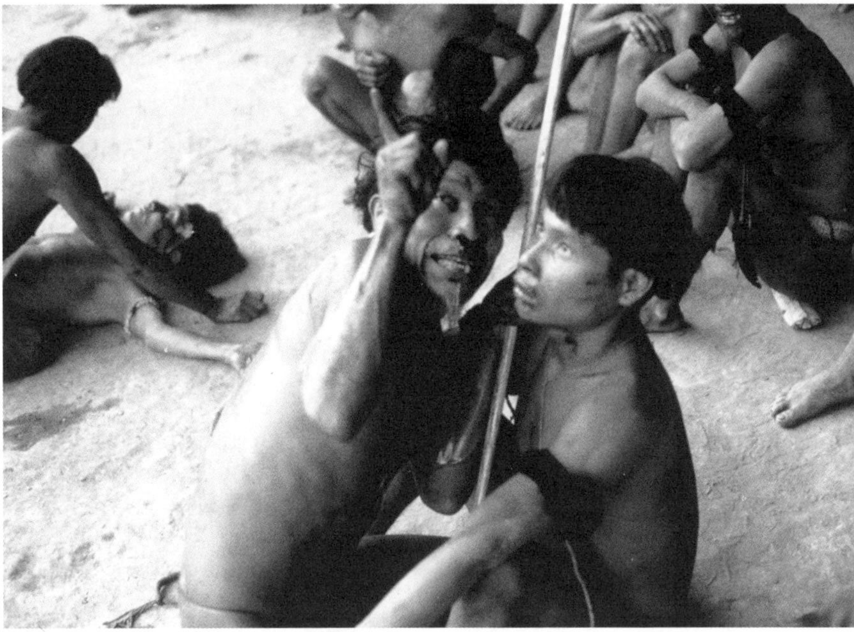

Dedeheiwä (à esquerda), um renomado pajé.

Quando chegamos à aldeia pedi aos carregadores, como de costume, que colocassem todas as minhas posses diante da casa de Möawä. A casa de Dedeheiwä era a vizinha, algo que eu sempre achei estranho, pois os homens devem evitar os sogros, especialmente a sogra. Möawä era casado com uma das filhas de Dedeheiwä, porém morava ao lado dele. Sua sogra, a esposa mais velha de Dedeheiwä, já estava na menopausa.[20]

Expliquei meu plano e meu cronograma para coletar amostras dos membros da aldeia de Sibarariwä cujo sangue não havia sido coletado no ano anterior, e disse a Möawä que levaria as amostras rio abaixo de imediato, voltando logo depois para permanecer bem mais tempo na aldeia.

Ele pareceu compreender e aprovar o que eu lhe dizia, mas sua atenção naquele momento estava fixada nos quinze facões amontoados no chão, ao lado da minha mochila. Os facões estavam amarrados com cipós, todos juntos. Ele quis saber o que mais eu havia lhe trazido esse ano, se eu tinha tabaco (a safra deles havia quebrado) ou sementes de *hisiomö*.

Os facões, expliquei cuidadosa e pacientemente, se destinavam a Sibarariwä e aos outros do seu grupo, como pagamento por suas amostras de sangue; mas eu daria um facão a ele, Möawä, imediatamente, caso ele não pudesse esperar pela minha segunda viagem. Eu não tinha tabaco comigo, mas com certeza traria grandes quantidades ao voltar, e também tentaria conseguir *hisiomö* para eles, já que o avião iria aterrissar em Ocamo, o centro do comércio de *hisiomö*.

Enquanto eu ajudava alguns rapazes a construir uma prateleira temporária, feita de madeira de palmeira, para colocar meus pacotes e suprimentos, Möawä decidiu que queria examinar os facões. Cortou os cipós que amarravam os três pacotes e colocou os quinze facões no chão diante da sua rede, examinando cada um com cuidado e admiração. Foi uma atitude descortês e insultuosa – não se abre um pacote de um visitante para ver o que há lá dentro. Falei a ele novamente que eram para o outro grupo, mas que eu logo estaria de volta com muito mais facões, iguais àqueles, depois que levasse as amostras de sangue rio abaixo. Falei ainda: “O avião vai me trazer muitos facões”.

Havia um grupo de homens em torno da sua rede, todos eles do seu grupo, nenhum do grupo de Sibarariwä. Quando repeti pela terceira vez meu plano para os facões, seu rosto ficou solene. Ele me olhou com frieza e me informou sem rodeios que os facões tinham que ser distribuídos para os homens que ele designasse, e nenhum deveria ser dado para o grupo de Sibarariwä: eram ladrões e mentirosos, disse ele, e não deviam ganhar nenhum facão.

Percebi então que finalmente, depois de vários anos, as coisas estavam chegando a um ponto crítico. Ele prosseguiu dizendo que eu devia dar todo o meu *madohe* já, *imediatamente*, e não adiar a distribuição até minha hora de partir. Além disso, o *madohe* devia ser dado às pessoas que ele iria nomear. Se eu tivesse algum alimento para dar de presente, ele iria garantir que seria consumido. Ele também tinha ouvido falar que nas aldeias ianomâmis mais ao sul, onde havia estrangeiros (brasileiros) vivendo entre eles, os estrangeiros davam grande número de armas de fogo aos ianomâmis. Ele me informou que queria a minha espingarda, e que eu devia deixá-la com ele, junto com minha munição, ao sair da aldeia.

Enquanto ele fazia um pedido atrás do outro, todos sucintos e objetivos, vi que aquela era uma situação delicada. Eu não conseguiria nenhuma amostra de sangue a menos que desse os objetos em troca e sabia que assim que começasse a pagar pelas amostras segundo o meu plano poderia ter um sério confronto com Möawä.

Se eu não tivesse prometido a Neel que iria coletar essas amostras, a melhor maneira de agir seria simplesmente pegar minhas coisas e ir embora da aldeia no mesmo instante, em vista das exigências e condições ultrajantes de Möawä. Mas eu tinha equipamentos médicos demais para carregar para a canoa apenas com Rerebawä, sem a ajuda de rapazes do grupo de Möawä.

Para tirar amostras de sangue, ou filmar junto com um colega cinematografista, eu precisava de oito ou dez carregadores locais para entrar e sair das aldeias que visitava. Colaborar com colegas cujo trabalho implicava transportar grandes quantidades de objetos resultou em reduzir meus próprios objetivos de pesquisa. Para o meu trabalho eu precisava apenas de duas mochilas e um guia.

Naquela noite Dedeheiwä e outros contaram novamente a Rerebawä sobre o atentado contra a minha vida em Iwahikoroba-teri no ano anterior (já relatado acima). Rerebawä mais uma vez sussurrou a história para mim de longe, fazendo-se ouvir acima da tagarelice da aldeia. Ouvi mais uma vez que os iwahikoroba-teri, ou seja, Boraböwä e seus irmãos, tinham tentado me matar. Era irritante lembrar como as ameaças à minha vida tinham se tornado plausíveis. Poderiam ser facilmente ignoradas no conforto e segurança de Bisaasi-teri; porém, os iwahikoroba-teri deviam estar a apenas um dia ou dois de distância, por uma trilha muito percorrida que os conectava aos mishimishimaböwei-teri.

Adormeci preocupado: como conseguiria obter as amostras de sangue e continuar em boas relações com Möawä? Pelo visto a tentativa frustrada contra a minha vida por parte de Boraböwä e seus irmãos no ano anterior havia impressionado Möawä, e ele decidira abandonar qualquer verniz ainda restante de diplomacia e paciência. Não só eu tinha que distribuir meus bens imediatamente, mas devia descer o rio novamente para buscar tabaco e mais objetos de troca para ele.

No dia seguinte visitei velhos amigos, tirei novas fotos de identificação do grupo de Sibarariwä e trabalhei na roça com Dedeheiwä. Pedi a ele que solucionasse dúvidas que me surgiram devido a dados conflitantes obtidos de vários informantes no ano anterior, sobretudo de gente de outras aldeias. Ele também identificou as fotos Polaroid dos membros do grupo de Sibarariwä, em especial as crianças, que eu ainda não conhecia bem, e completou as lacunas e omissões em página após página de genealogias que eu tinha convertido em listas impressas no computador.

Evitei Möawä durante todo o dia seguinte e fui dormir muito tempo depois que ele se retirou. Só para que eu soubesse que ele estava por perto e controlando meus movimentos, de vez em quando ele gritava para eu ir me deitar, a fim de que ele pudesse dormir um pouco. Assegurei-lhe que iria dormir em breve. Por ocasião das minhas duas últimas visitas, ele havia adquirido o hábito de me mandar dormir quando ficava cansado de me observar. Era apenas mais uma maneira de me avisar que era ele quem dava as ordens na aldeia. Reclamar que eu estava incomodando era uma desculpa bem esfarrapada, já que a aldeia muitas vezes ficava fervilhando com discussões em voz alta, conversas e cantorias, uma verdadeira cacofonia. Essa barulheira, porém, não o incomodava. O que o incomodava era o fino e silencioso facho de luz da minha lanterna sobre o meu caderno.

Na manhã seguinte Dedeheiwä me disse que eles iriam consumir os restos mortais de "alguém" e que eu deveria me preparar para tirar fotos, se quisesse. Fiquei surpreso com a sugestão, porque os ianomâmis não gostam que pessoas de fora tirem fotos ou gravem seus dramáticos prantos e lamentos durante uma cerimônia funerária. Eles não gostam sequer que um forasteiro chegue perto dos enlutados. Perguntei se ele achava que isso seria aconselhável, e ele me garantiu que sim. Ele mesmo ficaria do meu lado, para garantir que ninguém me trataria com hostilidade. Aparentemente, ele havia decidido se posicionar em minha defesa e mostrar a todos que iria me proteger se eu filmasse a cerimônia funerária.

Nas poucas cerimônias mortuárias que eu havia testemunhado, sempre me mantive a uma distância segura, apenas observando. Creio que Dedeheiwä estava profundamente preocupado com as atitudes desagradáveis de

Möawä para comigo, e fez isso para me mostrar que ele mesmo ainda detinha considerável autoridade na aldeia; e, talvez o mais importante, para lembrar esse fato a Möawä e aos outros.

O falecido devia ser alguém importante. Perguntei a Dedeheiwä, cochichando baixinho, se era um homem chamado Reirowä, uma suposição lógica em vista dos laços de parentesco entre os enlutados, que eram todos homens proeminentes da mesma linhagem paterna. Dedeheiwä confirmou com a cabeça, silenciosamente, que meu palpite estava correto.

Logo antes de a cerimônia começar Dedeheiwä veio me dizer para preparar minha câmera. Disse que estava muito preocupado com a forma como Möawä estava me tratando, e me pediu, em particular, que relevasse essas atitudes. Também me pediu que tirasse as amostras de sangue de tarde, depois que a cerimônia terminasse, pois as pessoas iriam se dispersar e não voltariam para casa de imediato. Isso ocorreu quase uma semana antes da data em que eu planejara tirar as amostras, e iria complicar o cronograma para despachá-las de avião.

Perguntei a Dedeheiwä, em voz baixa, se ele me acompanharia até Mavaca para trabalhar comigo, longe da aldeia, e conciliar muitas questões que a minha partida prematura deixaria sem resposta. Ele concordou.

Assim, fotografei e filmei a cerimônia funerária. Dedeheiwä ficou ao meu lado durante a maior parte do tempo. Vários jovens, imitando Möawä, fizeram objeções verbais enquanto eu filmava, mas Dedeheiwä os repreendeu e me disse para ignorá-los. Surpreendentemente, não houve objeções por parte de nenhum dos *pata* (homens proeminentes, líderes) ou *browähähä* (jovens que se esforçam para serem líderes, mas não são tão proeminentes como os *pata*). Terminada a cerimônia, Dedeheiwä me escoltou conspicuamente de volta à parte da aldeia onde eu estava alojado.

Falei a eles que iria começar a coletar as amostras de sangue no final da tarde e continuar na manhã seguinte. Felizmente, alguns dos homens a quem Möawä me mandara dar os facões eram os mesmos cujas amostras de sangue eu pretendia coletar.

Falei a esses homens que queria amostras de sangue deles, de suas esposas e de seus filhos, e que daria facões apenas aos chefes de família, "tal como meu irmão mais novo tinha me instruído a fazer". As mulheres receberiam continhas de vidro, e as crianças, anzóis e linha de pescar. A essa altura, enquanto eu preparava o equipamento para coletar as amostras, a maioria dos homens da aldeia estava ocupada tomando drogas alucinógenas e derrubando violentamente os espíritos *hekura* enviados por aldeias inimigas. Todos pareciam estar em um estado de espírito soturno e imprevisível após a cerimônia funerária.

Havia mais de quatrocentas pessoas na aldeia naquele momento, o maior grupo de ianomâmis vivendo sob o mesmo teto (*shabono*) que eu já tinha visto em uma aldeia isolada e não aculturada.[21]

Essa foi uma das situações mais voláteis que já vivenciei. Para deixar as coisas ainda mais tensas, irrompeu uma briga terrível entre a esposa de Dedeheiwä e várias mulheres visitantes de Ironasi-teri. A esposa de Dedeheiwä gritava para essas mulheres, do outro lado da aldeia: "Suas cadelas horrorosas! Sempre exigindo mais carne do que a sua cota! Vocês vêm aqui, comem na nossa casa e insultam as pessoas que lhes dão comida, exigindo mais do que elas próprias comem! Nós trabalhamos enquanto vocês ficam por aí flertando com os nossos homens. Vocês têm a testa imunda! Vocês são todas *shami* [sujas, poluídas]!".

As outras responderam na mesma moeda, e os insultos ficaram mais acirrados e virulentos, até que algumas mulheres começaram a pegar pedaços de lenha e ameaçaram atacar as adversárias. Dedeheiwä, sob efeito do pó alucinógeno, atravessou cambaleando toda a praça central da aldeia e gritou para a esposa: "Cale a boca! Pare de xingá-las! Vou ter que te dar uma surra se você continuar a falar essas coisas!". Ele teve que se dirigir a ela várias vezes para convencê-la de que estava falando sério.[22]

Dedeheiwä foi sensato ao acabar com a discussão, que ia se aproximando rapidamente do ponto em que as mulheres iriam começar a bater umas nas outras com pedaços de pau – e a briga então se estenderia para os homens. Em uma congregação tão grande de ianomâmis, e com a maioria dos homens sob o efeito de drogas, uma briga assim seria desastrosa. Havia muitas antigas desavenças pessoais entre os homens – queixas que invariavelmente envolviam uma sedução ilícita anterior, ou a suspeita de uma sedução.

A briga das mulheres tinha a ver com a distribuição de carne na cerimônia funerária. As mulheres do grupo visitante acharam que tinham sido menosprezadas, recebendo menos carne que as do grupo local, o que provavelmente era verdade. Havia uma mensagem implícita nessa distribuição da carne: dizia que os visitantes não eram mais bem-vindos e deviam voltar à sua própria aldeia e comer sua própria comida assim que o evento terminasse.

No meio dessa reunião infeliz e volátil, eu ponderava o que fazer com as amostras de sangue. Era improvável que eu conseguisse convencer Sibarariwä e seu grupo a permanecer na aldeia de Möawä por mais uma semana para se acomodarem à minha programação. Eles estavam sendo abertamente insultados pelos moradores locais. Eu poderia deixar a aldeia de Möawä e ir para a de Sibarariwä, porém o grupo deste planejava dividir-se em vários grupos menores e seguir em direções diferentes. De uma aldeia tão remota não havia como entrar em contato com o piloto e mudar o dia e a hora que já havíamos combinado. Eu provavelmente teria que tirar as amostras antes, como Dedeheiwä sugerira. Eu sabia que a missão, mais a jusante, tinha refrigeração e poderia fazer gelo, e teria que confiar nisso para impedir que as amostras estragassem.

Enquanto eu pensava no que fazer, Möawä e alguns líderes de menos status me disseram que tinham convidado os iwahikoroba-teri para uma festa, coisa que não haviam mencionado para mim até então. Disseram ainda que os iwahikoroba-teri decerto passariam pelo local do rio onde eu havia deixado minha canoa, e com isso saberiam que eu estava visitando a aldeia. Möawä então me lembrou que os iwahikoroba-teri estavam muito zangados comigo, e que alguns deles poderiam me fazer uma emboscada quando eu partisse da aldeia e me flechar enquanto eu estivesse descendo o Mavaca.

Os ianomâmis por vezes disparam uma saraivada de flechas sobre pessoas desconhecidas que viajam de canoa, até mesmo no rio Orinoco, onde há bastante navegação. Como o Orinoco é largo e as canoas em geral navegam a alguma distância das margens, ninguém é atingido – nem ianomâmis nem os europeus que viajam com eles. Fui alvo de flechadas como essas várias vezes, mas provavelmente os arqueiros estavam apenas expressando sua frustração ao ver que eu passava ao largo da sua aldeia para evitar a previsível enxurrada de pedidos incessantes. Pelo menos essa explicação me reconfortou na época.

Porém, o rio Mavaca a essa distância da foz era um riachinho – durante o primeiro dia de viagem era pouco mais largo que o comprimento de uma canoa. Seria difícil um arqueiro errar àquela distância.

Möawä percebeu que aquela informação me deixara aborrecido e perturbado. Se eu ficasse por mais uma semana, com certeza teria de confrontar os visitantes iwahikoroba-teri. De início, quando essa possibilidade parecia existir, Möawä e seus seguidores me disseram que iriam garantir que os iwahikoroba--teri não me fizessem mal. Möawä começou então a insinuar que, embora eu pudesse estar em segurança dentro da sua aldeia, não havia nada que ele pudesse fazer para evitar que os iwahikoroba-teri me emboscassem depois, no caminho entre a aldeia e a minha canoa, ou então ao descer o rio. Quando essas insinuações ficaram mais diretas, decidi coletar as amostras imediatamente e ir embora de Mishimishimaböwei-teri o mais rápido possível. Möawä calculou que dessa forma ele ganharia os quinze facões, como planejava.

Quando finalmente levei meu equipamento de coleta de sangue para uma parte desocupada da aldeia, fui cercado por cerca de duzentas pessoas agressivas, impacientes, brigando umas com as outras – na maioria homens mais velhos e *huya*, cada um decidido a conseguir um determinado objeto do qual eu tinha muito poucos exemplares para distribuir.

Eles me cutucavam e me acotovelavam constantemente enquanto eu trabalhava, exigindo objetos sem cessar, e eu continuava a retirar metodicamente amostras de sangue. Fazia muito calor naquele dia e não havia nenhuma brisa. Eles estavam tão aglomerados à minha volta que eu não conseguia me mexer um centímetro em nenhuma direção. Se eu me curvava para enxergar melhor uma veia no braço de alguém, o espaço que eu acabava de vagar era imediatamente preenchido com os corpos suados dos ianomâmis.

Para piorar a situação, todos estavam soltando gases, uma reação característica à comida servida nas festas e nas cerimônias mortuárias. Havia uma centena de homens peidando ao meu redor. Embora minha situação fosse inquietante, tive um ataque de riso incontrolável em um dado momento, ao me queixar do cheiro horrível que eles estavam expelindo naquele lugar tão apertado.

Um deles, um jovem que eu conhecia bem, levantou-se com ar desafiador e retorquiu cinicamente: "Peidando? Quem está peidando? Ora, nós, ianomâmis desta aldeia, não temos nem sequer o buraco do cu, então como poderíamos peidar?".

A graça genuína da réplica e minha reação de hilaridade fizeram todos eles rirem, aliviando a tensão momentaneamente. Chegamos a chorar de rir.

Logo que eu começara a coletar sangue, Möawä tinha vindo até mim para repetir suas instruções com firmeza: os facões deviam ser dados aos homens que ele especificara, e a mais ninguém. Ficou observando enquanto eu tirava as primeiras amostras. Escolhi deliberadamente homens locais que ele tinha especificado, mas eram homens cujo sangue eu queria recolher de qualquer maneira, para um estudo especial de paternidade. Ele pareceu convencido de que eu estava seguindo suas instruções e saiu para ir ter com os outros que estavam tomando drogas, cantando e chamando os *hekura*. Depois voltou mais uma vez para checar o que eu estava fazendo.

Quando terminei de coletar o sangue dos homens que Möawä havia escolhido (e suas esposas e filhos), chegou a hora de escolher os demais pacientes com o máximo cuidado. A partir das minhas informações sobre disputas passadas no grupo, quando Sibarariwä e sua facção moravam na mesma aldeia com Möawä, eu sabia quais eram os homens que tinham enfrentado Möawä no passado, homens que ele não poderia dominar facilmente. Comecei então a chamá-los, um por vez, apostando que Möawä seria menos capaz de me impedir de dar meus facões para aqueles homens e esperando que eles então incentivassem os outros a cooperar comigo quando os facões terminassem.

E em vez de coletar o sangue também das suas famílias, como eu tinha feito antes, coletei rapidamente o dos homens importantes e lhes paguei de imediato com facões, sem fazer o mesmo com as esposas e filhos naquele momento.

Restava-me apenas um facão quando alguém foi contar a Möawä o que eu tinha feito. Ele veio a passos rápidos, tomado de raiva, e olhou incrédulo para o único facão que ainda sobrava, no chão aos meus pés. Ele me fitou com os olhos cheios de ódio; eu, em desafio, devolvi-lhe o olhar firme. Möawä estava segurando um machado nas mãos e tremia de raiva. Ficamos olhando nos olhos um do outro por alguns momentos, até que ele disse, em um sibilo: "Você não está obedecendo às minhas ordens, seu filho da puta! E nunca mais olhe para mim desse jeito!". Ele então ergueu o machado para me atacar, e vi que seus nós dos dedos estavam brancos, assim como seus lábios. Ele sibilou: "Ou você dá esse facão para aquele homem ali, ou eu vou enterrar esse machado na sua cabeça!".

Nem é preciso dizer que dei o facão restante para quem ele indicou; mas não sem antes coletar calmamente sua amostra de sangue (desnecessária), para fingir que era justamente o que eu tencionava fazer.

Fiquei trabalhando até tarde da noite e fui deitar muito depois que Möawä adormeceu. Lembro que me senti um tanto confiante de que ele não tentaria fazer nada naquela noite, pois seu tabaco tinha acabado e eu havia prometido voltar com uma grande quantidade para lhe dar. E, afinal, eu não tinha convidado Dedeheiwä para ir comigo, e não teria que trazer o velho de volta para a aldeia?

Na manhã seguinte terminei a coleta de sangue, mas, como só me restavam poucos objetos para dar, o grupo à minha volta era muito menor. Eles estavam impacientes para que eu acabasse e fosse logo descer o rio para lhes trazer mais *madohe*. A demonstração flagrante de hostilidade de Möawä tinha impressionado os rapazes mais jovens e até mesmo alguns *yawäwä* – adolescentes que só recentemente haviam começado a atar o pênis ao cordão da cintura. Esses rapazinhos agora estavam cheios de ousadia e começaram a me insultar abertamente. Sei de pelo menos uma guerra que começou quando garotos dessa idade insultaram um adulto proeminente, Kaobawä, que fora visitar a aldeia deles para pedir bananas-da-terra.[23]

Eles me diziam repetidas vezes para me apressar, do contrário os iwahikoroba-teri me atacariam no caminho entre a aldeia e a minha canoa.

Era meio-dia e estava chovendo quando terminei de tirar as amostras de sangue. Möawä estava tão desesperado para mascar tabaco que me pediu um pouco do meu fumo para cachimbo. Recusei, dizendo que o meu havia acabado, mas que eu podia lhe dar uma lata inteira que tinha guardada na beira do rio. Ele não quis caminhar até lá, mas mandou um rapaz ir buscá-la comigo.

Fomos caminhando até a canoa debaixo de uma forte chuva, não torrencial, porém mais que uma garoa. Tudo estava encharcado quando chegamos à canoa, cerca de quatro horas depois.

Coloquei com cuidado minhas coisas na canoa e pedi a Dedeheiwä que entrasse nela. Quando eu estava prestes a empurrar a canoa para a corrente, com a proa apontando rio abaixo, o jovem que Möawä tinha enviado me pediu a lata de fumo de cachimbo que eu havia prometido. Falei que eu tinha decidido não dar a lata, pois precisava dela. Se Möawä a queria tanto assim, ele mesmo deveria ter ido até o rio buscá-la.

Eu sabia que, quando aquela observação fosse repassada a Möawä, ele ficaria irado; mas eu não tinha nenhuma intenção de voltar para aquela aldeia enquanto Möawä vivesse ali.[24]

Quando chegamos à foz do Mavaca e à aldeia de Bisaasi-teri, comecei a trabalhar com Dedeheiwä nas genealogias; mas demorei mais do que havia dito a Möawä. Meu raciocínio foi que, se alguém estivesse de emboscada na margem do rio esperando para me flechar, teria que ficar esperando por lá um bom tempo. Seria tolice seguir um cronograma que eu já tinha anunciado. Depois de cerca de uma semana do meu trabalho com Dedeheiwä, Rerebawä contou aos bisaasi-teri como Möawä havia nos tratado e que ameaçara me matar com uma machadada. Eles ficaram com raiva e me disseram: "Nós bem que te avisamos!".

Dedeheiwä, ao ver que os bisaasi-teri estavam ficando cada vez mais irados contra a sua gente, me disse que queria voltar para casa. Embora os bisaasi-teri gostassem dele, porque ele havia ajudado alguns deles a escapar da horrível festa traiçoeira de 1950, ele não se sentia à vontade por lá.

Eu temia essa viagem de volta rio acima e passei a semana inteira preocupado com ela. À noite eu sonhava com atacantes atrás de cada árvore e emboscadas em cada curva do rio, em locais onde caçadores iwahikoroba-teri já tinham sido vistos nos últimos anos. Eu teria que passar por aquela área durante pelo menos seis ou oito horas de viagem, com o barco mais rápido que conseguisse encontrar, abrindo caminho através de emaranhados de troncos e galhos. O rio se estreitava muito a partir dali. E àquela altura os iwahikoroba-teri já deviam saber que logo mais eu iria subir o rio levando Dedeheiwä de volta.

Para aquela longa viagem rio acima decidi deixar ali minha canoa escavada e montar meu motor de 18 cavalos no meu barquinho de alumínio de 5 metros. A canoa era pesada e lenta demais para aquela viagem. Eu já tinha deixado umas reservas de gasolina escondidas ao longo da margem – a única maneira de fazer uma viagem tão longa em um barquinho assim, que não levava combustível suficiente para subir e descer o rio.

Pedi novamente a Rerebawä que fosse comigo. Ele tinha ficado com ódio de Möawä. Estava muito perturbado com a ameaça de Möawä de tirar minha vida e não queria vê-lo nunca mais. Disse que, quando Möawä levantou o machado como se fosse me atacar, pegou minha espingarda e estava pronto para matá-lo se ele tentasse me atingir. E provavelmente não teria escolha, pois se Möawä me matasse mataria também Rerebawä por ser meu amigo.

Finalmente parti com Rerebawä e Dedeheiwä rio acima, para Mishimishimaböwei-teri e o Alto Mavaca, onde eu iria deixar Dedeheiwä. Eu não lhe disse nada, mas sabia que não iria vê-lo por muito tempo.

Para mim foi uma longa e inquietante viagem. O rio tinha baixado muito durante a semana e estava novamente entupido de troncos e galhos emaranhados. Depois de abrir caminho a facão e machado entre muitas dessas galharadas, finalmente chegamos a uma que só poderíamos atravessar com muitas horas de trabalho. Estávamos a apenas poucos minutos de barco do nosso destino final; assim, deixei Dedeheiwä em terra ali e lhe dei o tabaco que tinha conseguido com os bisaasi-teri.

Foi difícil para mim ver meu velho amigo desaparecer na selva, talvez para nunca mais. Ele também parecia muito triste. Eu não saberia dizer se era porque desconfiava que eu não voltaria por muito tempo ou porque tinha derrubado seu grande chumaço de tabaco no fundo da canoa, deixando-o encharcado. Tudo o que disse quando desceu do barco foi: "*Ya nobreäö*", que significa algo como: "Estou muito chateado com isso".

SIBARARIWÄ

Sibarariwä era uma lenda viva entre os ianomâmis na área de Mavaca. Eu já sabia de muita coisa sobre ele mesmo antes de conhecê-lo, porque meus informantes em Bisaasi-teri falavam dele o tempo todo. Desprezavam-no porque fora dele a ideia do infame *nomohori*. Naquele dia, ele, juntamente com outros moradores e aliados, matou muitos bisaasi-teri e sequestrou muitas de suas mulheres. De todos os shamatari que eles queriam matar, ele estava no topo da lista.

Quando decidi tentar encontrar sua aldeia e visitá-la, meus informantes locais, genuinamente preocupados com a minha segurança, tentaram me dissuadir. Garantiram-me que ele iria me matar se eu visitasse o seu grupo; provavelmente me mataria de noite, quando eu estivesse dormindo e desprevenido.

Quando entrei em contato pela primeira vez com os mishimishimaböwei-teri, em 1968, Sibarariwä veio chegando de dentro da mata, debaixo de uma chuva leve, e em silêncio deitou na rede ao meu lado. Ninguém precisou me dizer quem ele era – eu sabia que era Sibarariwä pelo silêncio que caiu sobre a aldeia no momento em que ele chegou e pelos olhares nervosos e inquietos que os outros homens lançavam na sua direção.

Levei quase 25 anos para ganhar a sua confiança, provavelmente porque comecei minhas pesquisas de campo em uma aldeia cujos membros eram seus inimigos mortais, Bisaasi-teri, e ele me identificava com essas pessoas e seu cacique, Kaobawä. Encontrei Sibarariwä periodicamente nas minhas visitas à sua área depois de 1968, mas ele sempre se manteve à distância e não simpatizou comigo como os outros.

A última vez que vi Sibarariwä foi em 1991, depois que eu tinha feito várias viagens de helicóptero pela área do rio Siapa, ainda inexplorada. Em 1991 ele me surpreendeu, porque até então nunca tinha demonstrado amizade por mim. Foi um breve encontro apressado. Eu estava passando por sua aldeia, voltando de helicóptero de uma visita a algumas aldeias extremamente remotas nas cabeceiras do rio Siapa, a leste de Mishimishimaböwei-teri. Foi nessa área que Sibarariwä tinha nascido, cerca de setenta anos antes ou mais; ele provavelmente conhecia os moradores e a história do local melhor que qualquer outra pessoa com quem eu já tinha conversado. Ele veio ter comigo, pela primeira vez, feliz e animado, e disse que vinha me observando havia muito tempo. Eu já sabia disso, porque eu também o via enquanto ele me observava, normalmente sem dizer nada. Apenas me olhava com o rosto inexpressivo, evitando conversar sempre que eu ia lhe perguntar alguma coisa. Se eu falasse diretamente com ele, em geral respondia com uma só palavra e se afastava para me observar à distância.

Naquela ocasião, porém, ele sabia que eu estava voltando das cabeceiras do Siapa e tinha acabado de passar um mês vivendo entre várias aldeias cujos moradores mais velhos eram seus amigos de infância, na maioria também seus parentes. Agora, anunciou com entusiasmo, ele queria me contar "a verdade" sobre todas as coisas que me ouvia perguntar a outras pessoas fazia muito tempo. E prometeu que faria isso da próxima vez que eu voltasse, passando então a despejar rapidamente uma dúzia de fatos extraordinários só para me aguçar o apetite. Infelizmente, nunca mais nos vimos depois disso.

Os poucos fatos que ele me relatou naquele breve encontro deixaram claro que ele sabia muito mais do que eu suspeitava e que tinha cuidadosamente identificado diversos aspectos da história do seu grupo que ele sabia que eu não conhecia bem. Fiquei desapontado ao ver que minha temporada de trabalho de campo de 1991 estava terminando, mas já aguardava ansiosamente minha viagem de 1992. Esperava passar várias semanas em Kedebaböwei-teri, a morada de Sibarariwä na época, trabalhando em íntima colaboração com ele para esclarecer a história do seu povo e a dos moradores das aldeias circundantes, incluindo aldeias que já haviam migrado bem mais para o sul, entrando em território brasileiro.

No entanto, em 1992 os salesianos se voltaram contra mim, depois de 25 anos de relações geralmente cordiais, por razões que explicarei no próximo capítulo. Devido à influência deles, pela primeira vez em mais de 25 anos de pesquisas de campo com os ianomâmis, me foi negada uma licença de pesquisa para o ano seguinte.

Esse confronto talvez fosse inevitável. Os salesianos vinham tentando desde 1973 realocar as aldeias shamatari que eu estava estudando, e os da missão de Mavaca convenceram cerca de metade dos mishimishimaböwei-teri a se mudar para uma parte navegável do alto curso daquele rio. Visitei os mishimishimaböwei-teri quando voltei para essa área, em 1974, e fiquei surpreso e também aborrecido ao ver que os missionários os tinham atraído e convencido a se mudar de um local mais seguro, nas profundezas da selva, prometendo alimentá-los com bananas que trariam de barco desde a sua distante missão em Mavaca. Assim, os ianomâmis se mudaram para um trecho navegável do alto rio Mavaca sem antes abrir clareiras e plantar roçados. Normalmente uma aldeia ianomâmi só se muda depois que sua roça no novo local já está produzindo uma quantidade confiável de alimentos.

Havia muita angústia e luto quando cheguei em 1974 à nova aldeia, sem plantação alguma. Muitos homens mais velhos estavam cantando ardorosamente para seus espíritos *hekura* para expulsar a doença que tinha acabado de matar várias crianças na noite anterior. Duas ou três piras funerárias estavam queimando os corpinhos. Aproximei-me solenemente de uma delas para expressar minha tristeza pessoal. Agachei perto dela em silêncio e baixei a cabeça para lamentar a criança morta. Dava para ver a mãozinha sem vida do bebê e seu bracinho se projetando dos galhos reunidos às pressas. Fiquei vendo as chamas aumentarem e começarem a lamber e depois a consumir a mãozinha, cuja cor passou de branca como talco para marrom; depois ela se abriu, soltou um fluido borbulhante por alguns segundos e logo desapareceu nas chamas.

Era o filho mais novo de Sibarariwä, seu vigésimo terceiro filho, que tinha em torno de dois meses ao morrer. Sibarariwä tinha lágrimas escorrendo pelo rosto cansado, sulcado de rugas. Ele dançava metodicamente ao redor da fogueira, cantando em desespero, virando o rosto ritmicamente da pira funerária para cima, para o céu, com os braços estendidos, pedindo e implorando aos seus espíritos pessoais com súplicas plangentes, pontuadas por encantações mais abafadas e melancólicas.

Nossos olhos se encontraram por um breve instante, o suficiente para eu comunicar minha tristeza e para ele reconhecê-la com um rápido olhar. Em seguida, virou-se de costas e continuou a entoar seu cantochão. Fiquei ali agachado, imóvel, até que a pira se consumiu, enquanto ele dançava em volta, em desespero. Afastei-me então em silêncio.

Mais tarde ele voltaria, quando as cinzas esfriassem, para recuperar os ossos não queimados de seu filho e triturá-los até virarem um pó fino. Ele e a mãe da criança iriam então solenemente consumir aquele pó, chorando. E dali em diante a criança nunca mais seria mencionada.

Logo depois o grupo, que teve curta existência, abandonou aquele lugar sem roças, que pressagiava doença e morte. Decidiram voltar à sua localização anterior, mais remota e inacessível por barco.

Shabono sem roças em Mishimishimaböwei-teri.

Em outra ocasião, no início dos anos 1980, os salesianos novamente convenceram uma facção dos mishimishimaböwei-teri a se mudar para uma parte navegável do rio Mavaca, e fundaram um pequeno posto missionário em um lugar que chamaram de Mavaquita, "Pequena Mavaca". Ficava a cerca de meio caminho subindo o rio Mavaca a partir da sua foz no Orinoco. Esse pequeno grupo adotou o nome de Haoyaböwei-teri, o nome do riachinho onde se fixaram. É um riacho que desemboca na margem oposta do Mavaca, um pouco a montante de Mavaquita.

Mais ou menos na mesma época outra grande facção dos mishimishimaböwei-teri se mudou para o noroeste, nas cabeceiras de um pequeno afluente do Mavaca chamado Kedebaböwei-kä-u, e adotou para a aldeia o nome de Kedebaböwei-teri (antes se chamavam Ironasi-teri). Sibarariwä e sua grande família viviam nesse grupo.

Em 1987 os salesianos de Mavaca convenceram os cerca de 175 moradores de Kedebaböwei-teri a se mudar para a margem do Mavaca, a pouca distância rio acima de onde os haoyaböwei-teri estavam vivendo. Passei cerca de uma semana com eles em 1987 nesse novo local. Os salesianos os tinham convencido a plantar apenas e tão somente mandioca amarga, com o plano de fazê-los produzir farinha de mandioca usando as máquinas fornecidas pelos padres; assim, estes ficariam livres da sua dependência dos iecuanas, que forneciam a farinha de mandioca consumida nas missões.

Em 1992 meu bom relacionamento com os salesianos, já tão antigo, tinha chegado ao fim. Eles queriam os ianomâmis e o território amazônico só para eles próprios. Além disso, um número crescente de grupos de defesa dos ianomâmis e os antropólogos que trabalhavam para ou com eles queriam ter seus nomes associados aos agora famosos ianomâmis. E seus interesses se coadunavam com os dos salesianos.

Os salesianos tinham removido o padre Cocco da missão de Ocamo por volta de 1975, contra a sua vontade, e lhe oferecido um cargo administrativo em Caracas. Eles o substituíram por outro sacerdote italiano, o padre José Bórtoli. O padre Cocco, de coração partido por ter de deixar seus amados ianomâmis, decidiu voltar para a Itália. Estava cansado e com a saúde debilitada devido a muitos anos de contato com a malária. Em 1980, quando eu trabalhava como professor visitante na Universidade de Cambridge, recebi um bilhete manuscrito de uma freira da Itália. Ela fora a madre superiora da missão do padre Cocco em Ocamo e sua amiga por toda a vida. Tinha se aposentado logo após a epidemia de sarampo de 1968 na Venezuela, que começara em Ocamo. A epidemia a deixara esgotada fisicamente devido aos seus heroicos e prolongados esforços para cuidar dos ianomâmis doentes na missão.

Um biólogo italiano que estava de visita em Cambridge me traduziu a carta. A freira me informava que o padre Cocco tinha morrido. Imaginou que a notícia me interessaria e queria me dizer que ele gostava muito de mim.

O biólogo italiano que a leu e traduziu oralmente para mim ficou com lágrimas nos olhos, pois a carta, escrita à mão na caligrafia do século XIX, o deixara muito comovido.

14. O crepúsculo da antropologia cultural: o pós-modernismo e o partidarismo radical suplantam a ciência

COMO ME TORNEI SOCIOBIÓLOGO

Meus pontos de vista teóricos sobre a antropologia do comportamento humano ficaram cada vez mais afetados pelas novas descobertas da biologia teórica, incluindo a consciência crescente entre os biólogos e alguns antropólogos de que a "unidade" na qual a seleção natural age de forma mais eficaz é o indivíduo e não o grupo.

A visão antropológica tradicional da seleção natural enfatizava a importância do "grupo", da "sociedade" e da "cultura". Em meados dos anos 1970 os antropólogos em geral eram cada vez mais hostis às obras de E. O. Wilson, Richard Dawkins, George Williams e William Hamilton, que representavam as novas ideias da biologia. Nas minhas pesquisas e publicações, porém, fiquei cada vez mais favorável ao trabalho deles. Não surpreende que muitos antropólogos culturais, incluindo alguns muito proeminentes como Harris, Sahlins e Clifford Geertz, tenham começado a focar suas críticas no meu trabalho devido ao meu apoio a Wilson e aos demais.

Nos anos 1980 e no início dos 1990 comecei a detectar uma mudança na atitude dos salesianos em relação ao meu trabalho de campo e aos meus frequentes retornos à área dos ianomâmis. Os salesianos já tinham suas próprias razões para se opor a mim, tais como a minha descoberta de que houvera mortes de ianomâmis causadas por armas de fogo fornecidas por eles, e ainda a preocupação de que eu pudesse informar essa descoberta às autoridades. No entanto, fiquei sabendo que eles tinham começado a usar a minha "impopularidade" nos círculos acadêmicos para seus próprios fins. Para os salesianos, aceitar a teoria da evolução significava, entre outras coisas, sustentar a noção de que os seres humanos poderiam ser comparados a macacos, símios e outros animais – o que de fato ocorria com frequência. Eles começaram a informar aos ianomâmis nas suas missões que eu desejava mostrar que eles eram comparáveis aos macacos. Um ianomâmi na missão salesiana de Ocamo, meu velho conhecido, me criticou com raiva no final de 1990: "Você acha que nós, ianomâmis, não somos nada mais que animais!". Fiquei estupefato e perguntei o que ele queria dizer com essa acusação. Ele respondeu: "Bórtoli nos mostrou isso no seu livro, em que você falou isso sobre os ianomâmis!". Nem Bórtoli nem os ianomâmis entendiam inglês, de modo que Bórtoli deve ter reinterpretado muito livremente algo que escrevi. Aqui é preciso lembrar que os ianomâmis, como já mencionei, fazem uma distinção profunda entre as coisas selvagens, brutais (*urihi tä rimö*), e as coisas culturais, humanas (*yahi tä rimö*). Eles ficam ofendidos se você não respeita essa distinção.

No início dos anos 1990 eu já não era bem-vindo nas missões salesianas e tomava precauções para evitá-las sempre que podia. Afinal, um padre salesiano havia anunciado em um importante jornal de Caracas que os salesianos "não poderiam garantir a segurança de Chagnon se ele passasse por uma das suas missões".

AS GENEALOGIAS E A SOCIOBIOLOGIA

Estava muito claro para mim que os ianomâmis eram uma população "demograficamente intacta" no sentido de que não tinham sido subjugados e massacrados por alguma força militar nacional, nem assentados à força em reservas, nem dizimados por doenças epidêmicas introduzidas no seu meio. Mais ainda: sua população estava crescendo regularmente, uma indicação de "saúde demográfica". Assim, minha coleta rotineira de dados genealógicos seguia o que eu considerava ser a tradição antropológica universal, tal como descrita em muitas discussões sobre o "método genealógico".

Meus dados genealógicos podiam ser usados para expressar exatamente o que os antropólogos culturais queriam dizer quando falavam sobre a intimidade e a solidariedade que os indígenas sentiam um pelo outro quando eram "parentes próximos", algo distinto de "parentes distantes ou não parentes". De fato, eu era capaz de expressar com precisão o grau de proximidade ou afastamento de parentesco entre quaisquer dois ianomâmis, pois as genealogias, tais como os *pedigrees* usados pelos criadores de animais, são passíveis de uma quantificação precisa.[1] Na verdade, fiquei surpreso ao ver que os antropólogos culturais não usavam essas medidas quantitativas, uma vez que quase todos eles endossavam solenemente estas três verdades antropológicas: 1) as relações sociais no mundo tribal ficam "inseridas" nas instituições de parentesco; 2) a proximidade de parentesco é o componente central da "solidariedade social"; e 3) o Estado político só surgiu quando o "esquema tribal", baseado no parentesco, na descendência e no casamento entre vizinhos aparentados, foi suplantado por instituições não baseadas no parentesco, tais como as leis, os sindicatos, a polícia, o Exército, as corporações de ofício, os partidos políticos etc.[2] Em suma, os antropólogos culturais sustentavam que o Estado político e a civilização só eram possíveis quando as instituições sociais baseadas no parentesco eram derrubadas e substituídas por essas outras não baseadas no parentesco.

Na minha opinião, havia duas razões pelas quais os antropólogos culturais, os americanos em particular, não aproveitavam as medidas quantitativas do parentesco (e as genealogias), nem as utilizavam nas suas análises teóricas.

Uma das razões, talvez a mais importante, tem a ver com a natureza das populações tribais estudadas por muitas das figuras teóricas fundadoras da antropologia nos Estados Unidos. Em geral esses antropólogos fizeram seus estudos de campo nas Américas muito depois que as tribos estudadas por eles já tinham sido dizimadas por doenças epidêmicas, derrotadas pelo Exército dos Estados Unidos e forçadas a se assentar em reservas que muitas vezes incluíam remanescentes de outras tribos não relacionadas a elas; haviam sofrido os efeitos da expansão colonialista e de outras forças de aculturação, e, no sudoeste dos Estados Unidos, séculos de esforços de missões de várias ordens da Igreja Católica, cuja prática era atrair os índios para morar nas missões. Muito desse trabalho consistiu em "etnografia de salvaguarda" – uma importante tentativa de documentar o último suspiro de tribos nativas americanas, outrora grandes. Assim, no trabalho de campo desses antropólogos, provavelmente era fútil considerar as relações de parentesco como pouco mais que um sistema de "cortesia" para classificar vizinhos, em geral não aparentados genealogicamente, em categorias que em geral não tinham correspondência com a realidade genética (biológica). O tão louvado "método genealógico" era, quando se examina melhor, um método do colonialismo britânico: antropólogos britânicos historicamente estudaram tribos africanas muito populosas, em geral mais intactas demograficamente do que as das Américas.

Um bom exemplo disso vem do trabalho de campo de Marshall Sahlins no Havaí nos anos 1950. Os nativos havaianos sobreviventes tinham sofrido os estragos das epidemias introduzidas, a dizimação pela violência dos invasores coloniais e os excessos dos missionários cristãos e dos governos coloniais. Embora Sahlins tenha feito sua pesquisa de campo muito depois dos antropólogos "fundadores" que acabo de citar, foi semelhante no sentido de que a cultura que ele estudou já estava em frangalhos, em comparação com a das tribos ainda intocadas. Assim, não me surpreende que Sahlins e outros antropólogos tenham concluído que em seus estudos de campo de populações tribais o parentesco parecia não ter muita importância. Mas por que, nas suas colocações teóricas, eles enfatizavam a importância central do parentesco para se compreender o esquema social de uma tribo?

Há uma segunda razão para não valorizar os estudos sobre o parentesco. Os antropólogos culturais – diferentemente dos antropólogos biológicos – formados nos Estados Unidos evitam usar medidas quantitativas de parentesco genético devido à biofobia* generalizada que já está incorporada à teoria antropológica cultural, e que resulta em uma profunda desconfiança e desprezo pelas ideias vindas da biologia. Essa contradição peculiar já é característica da antropologia há mais de um século. Por exemplo, muitos livros didáticos universitários de introdução à antropologia cultural dedicam muito espaço para enfatizar as dimensões "não biológicas" do parentesco, dando exemplos de como "em muitas tribos africanas, as pessoas chamam a

* O termo "biofobia" (em inglês, *biophobia*), que significa horror à vida, é aqui empregado pelo autor como "aversão à biologia". [N.E.]

mãe pelo mesmo termo que usam para chamar o pai". Uma das autoridades reconhecidas sobre parentesco nos Estados Unidos, David Schneider, resumiu essa atitude generalizada na antropologia argumentando, com efeito, que "qualquer que seja a essência do parentesco, não é a biologia".[3]

Em 1975, Edward O. Wilson, biólogo de renome mundial, especialista em formigas e conceituado professor de biologia na Universidade Harvard, publicou seu livro *Sociobiology* [Sociobiologia]. A obra logo gerou polêmica nas ciências sociais, especialmente entre um pequeno número de acadêmicos, em geral marxistas. O livro é uma visão magistral e abrangente da história do pensamento na área da evolução, com os marcos explicativos alcançados por dezenas de pesquisadores na história recente da biologia, demografia, ecologia, taxonomia, teoria genética, comportamento animal, psicologia, sociologia, antropologia e outros campos. Além de ser espantosamente erudito, era um livro politicamente ingênuo, no sentido de que apenas ilustrava de que modo as ideias recentes na teoria da evolução se desenvolveram e como elas poderiam ser aplicadas para se compreender melhor de que forma os seres humanos, em particular, evoluíram até chegar às capacidades e características sociais que vemos em nós mesmos.

Algumas ideias discutidas no livro se encontravam em publicações anteriores de Wilson; mas a maior parte tratava das realizações de outros estudiosos e de como elas estavam levando a uma grande "síntese do conhecimento", lançando uma nova luz sobre a natureza humana.

Lembro-me de conversar com vários antropólogos conceituados, como Sherry Washburn, cuja reação ao livro de Wilson foi, de início, entusiasmada. Porém, uma vez que as implicações dos últimos dois ou três capítulos foram discutidas publicamente, diversos acadêmicos de destaque na antropologia começaram a se distanciar daquelas ideias. Uma das razões é que Wilson simplificara demais diversas características das populações tribais, o que irritou alguns antropólogos; porém, ainda mais irritante para eles era a afirmação de Wilson de que a sociobiologia provavelmente se tornaria o quadro teórico predominante e mais abrangente nas ciências da vida, e incluiria outras ciências, como a antropologia e a sociologia, como componentes subordinados desse novo campo.

Como a antropologia – e me refiro aqui especificamente à antropologia *cultural* – sempre tinha desconfiado das teorias e ideias da biologia, uma reação negativa contra o novo livro de Wilson logo se espalhou pela área. As críticas muitas vezes tinham um tom depreciativo, quase como se Wilson tivesse quebrado alguma regra sagrada que os antropólogos culturais consideravam inviolável.

Um exemplo clássico de arrogância antropológica e de cinismo quanto à obra de Wilson foi um livro de Sahlins intitulado *The Use and Abuse of Biology: An Anthropological Critique of Sociobiology* [O uso e abuso da biologia: uma crítica antropológica à sociobiologia], de 1976. Depois de lê-lo, fiquei com vergonha por Sahlins ter sido um dos meus professores.

"Sociobiologia" logo se tornou um termo usado pelos antropólogos como código para indicar quase tudo o que há de odioso na história do *Homo sapiens*: guerras, fascismo, racismo, colonialismo, capitalismo, eugenia, elitismo, genocídio etc.

A REUNIÃO DE 1976 DA ASSOCIAÇÃO AMERICANA DE ANTROPOLOGIA

Como já mencionei, deixei a Universidade de Michigan em 1972 para entrar no departamento de antropologia da Universidade Estadual da Pensilvânia (Penn State). Recebi considerável autonomia para ajudar meu novo departamento a desenvolver um programa dedicado à abordagem científica na antropologia. A Penn State já tinha excelentes programas científicos de arqueologia, chefiados por William Sanders, e em antropologia física uma cadeira presidida por Paul Baker, fundador do departamento de antropologia da universidade e seu diretor por muitos anos.

Uma das primeiras nomeações que recomendei para preencher uma vaga na área de antropologia cultural foi a de Bill Irons, que entrou no programa de pós-graduação em antropologia na Universidade de Michigan em 1963, no mesmo ano em que eu ingressei. Irons se tornara um bom amigo, que compartilhava minha visão da antropologia como uma ciência. Nós dois fomos treinados para considerar a "cultura" o principal determinante do comportamento humano, mas depois passamos a descrer dessa visão e começamos a explorar os novos desenvolvimentos na biologia teórica, em especial as obras de George C. Williams e William D. Hamilton. Fiquei particularmente interessado na teoria da "aptidão inclusiva" de Hamilton, também conhecida como "seleção de parentesco", porque estabelecia uma nova base para se entender por que as relações de parentesco fornecem o fundamento mais sólido da solidariedade social. Nosso treinamento universitário enfatizara o papel da cultura nas relações sociais humanas, ignorando por completo a evolução do comportamento humano. O ponto de vista da antropologia era que os psicólogos estudam o comportamento humano e os antropólogos estudam a cultura. Desde Durkheim, a antropologia cultural era cética não só em relação à psicologia e à biologia, mas também a qualquer teoria que ressaltasse as bases biológicas do comportamento humano.

Nós dois estávamos interessadíssimos nas possíveis aplicações disso que Edward O. Wilson chamava de "sociobiologia" a uma série de problemas da antropologia cultural. Assim, organizamos reuniões que viriam a ser as primeiras sessões formais dedicadas a esse tema na história da Associação Americana de Antropologia (AAA). Entre os estudiosos a quem pedimos que apresentassem trabalhos no nosso simpósio, realizado em 1976, em Washington, estava Edward O. Wilson.

A essas altura o livro de Wilson estava sendo amplamente condenado e denegrido por antropólogos culturais. Irons e eu, além de todas as pessoas que convidamos para apresentar trabalhos no nosso simpósio, apoiávamos as ideias que constituíam o campo definido por Wilson.

Vários professores do departamento de antropologia da Universidade Harvard entraram em contato comigo e com Irons e nos pediram que abríssemos lugar para uma série de apresentações deles e de seus alunos avançados. Pediram também que dividíssemos as sessões entre primatas e seres humanos, o que fizemos no último minuto.

Uma crise surpreendente e inédita surgiu assim que começaram as reuniões da AAA de 1976. A reunião administrativa da AAA foi realizada na noite anterior ao dia em que nossas sessões de sociobiologia estavam agendadas. A reunião teve lugar em um salão de baile superlotado. Fora colocada em pauta uma proposta, apresentada por oponentes da sociobiologia, visando evitar que se realizassem as sessões que Irons e eu tínhamos organizado.

Como a sociobiologia era um esforço para aplicar os princípios darwinianos – isto é, biológicos – ao comportamento humano, Irons e eu, e também os oradores convidados por nós, ficamos pasmos ao ver uma oposição tão anacrônica e organizada à teoria da evolução de Darwin manchando o campo da antropologia em pleno ano de 1976. Era como se os dois últimos bastiões da oposição à teoria da evolução por seleção natural fossem os pregadores religiosos fundamentalistas, do tipo que descreve os horrores do inferno, e os antropólogos culturais!

Debates acalorados e acusações ardorosas de racismo, fascismo e nazismo pontuaram a nervosa reunião administrativa aquela noite. Em um certo ponto pedi que fosse feita uma votação para arquivar a proposta. Ninguém me ouviu, porque Margaret Mead, a "deusa mãe" da antropologia, levantou-se para falar sobre a proposta de proibir nossas sessões. Um silêncio caiu sobre a assembleia. Ela começou expressando sua oposição ao livro de Ed Wilson e a toda a ideia apresentada por ele de uma "ciência da sociobiologia" que possivelmente abrangeria a antropologia como uma disciplina subordinada.[4] Contudo, disse ela, apesar da sua oposição ao livro de Wilson e à sociobiologia, ela julgava que a proposta, tal como formulada, era basicamente um pedido para "queimar livros na fogueira", e por essa razão pensava que não era algo que nossa associação devesse defender, ou algo com que se identificar. Ela então voltou a sentar-se, de maneira bastante régia, e uma votação sobre a proposta foi feita quase que de imediato. A proposta foi derrotada, mas não por uma larga margem; e assim nossas sessões sobre "sociobiologia" puderam ser realizadas.

No entanto, a oposição da antropologia à sociobiologia não cessou. Ela apenas agia nas sombras, porque muitos membros da AAA perceberam naquele dia que uma facção considerável da associação tolerava o uso de ideias vindas da biologia na antropologia cultural.

Os trabalhos daquelas sessões foram publicados em 1979 em um volume intitulado *Evolutionary Biology and Human Social Organization: An Anthropological Perspective* [Biologia evolutiva e organização social humana: uma perspectiva antropológica]. Foi o primeiro volume a tentar seriamente fazer a ponte entre a etnografia (antropologia) e os novos desenvolvimentos da biologia teórica.

OS DEBATES SOBRE SOCIOBIOLOGIA NAS UNIVERSIDADES AMERICANAS

Pouco depois das reuniões da AAA, foram organizados debates sobre sociobiologia em várias das principais universidades dos Estados Unidos. Os temas gerais desses debates eram algo como: "Quais são os perigos da sociobiologia?".

Fui convidado, assim como Bill Irons, para diversos desses debates. Dois grupos de acadêmicos debatiam um contra o outro: os que se opunham à sociobiologia e os que a defendiam, e defendiam também o direito dos acadêmicos de explorar as implicações científicas dessa nova abordagem. O grupo da "oposição" tinha um universo maior de pessoas para participar desses debates, pois a essa altura a própria palavra *sociobiologia* havia se tornado um para-raios nas ciências sociais das universidades. Os defensores eram menos numerosos (ou menos dispostos a debater o assunto), mas incluíam alguns dos mais ilustres acadêmicos no campo da biologia e um número bem menor de cientistas sociais.

Um dos participantes pró-sociobiologia com quem eu me encontrava com frequência nesses debates, Robert Trivers, me disse: "Finalmente descobri o que eles querem dizer com debate 'equilibrado'. Cada demonstração clara de como é eficaz uma explicação sociobiológica para algum fenômeno deve ser 'contrabalançada' por um apelo completamente absurdo às tolices, às emoções e ao politicamente correto".[5]

O GRANDE DEBATE PATROCINADO PELA AAAS

Depois de vários desses debates, a American Association for the Advancement of Science [Associação Americana para o Avanço da Ciência – AAAS], uma das instituições científicas mais prestigiadas e abalizadas do país, patrocinou seu próprio debate em 1978, na esperança de dar fim às disputas e às acusações falsas e despropositadas contra os que desejavam estudar o comportamento humano com novos *insights* teóricos sobre a seleção natural, ideias resultantes das obras de William Hamilton, George Williams e Robert Trivers, para citar apenas alguns.[6]

Os dois organizadores – George W. Barlow, biólogo, e James Silverberg, antropólogo – convidaram conhecidos adversários e defensores da sociobiologia para um debate nacional, sob os auspícios da AAAS.[7] Margaret Mead deveria ser a moderadora da sessão, mas algumas semanas antes da convenção foi diagnosticada com câncer terminal. Seu substituto foi um antropólogo da Universidade Columbia, Alexander Alland.

Bill Irons e eu apresentamos trabalhos logo no início da reunião. Enquanto apresentava meu artigo, notei que as duas fileiras mais próximas do pódio estavam cheias de rapazes de cara amarrada que não davam nenhum sinal de interesse pelo artigo.

Naquela manhã Irons e eu tínhamos conversado brevemente com E. O. Wilson, que seria o último a apresentar seu trabalho. Ele mencionou que deveria debater com Marvin Harris, da Universidade Columbia, naquela noite, na Smithsonian Institution. Naquele ponto Harris era o antropólogo que me criticava mais abertamente. O motivo, ao que me parecia, era que minhas pesquisas sobre os ianomâmis tinham se tornado amplamente conhecidas, e eu agora estava identificado com a sociobiologia e promovia essa disciplina. Harris estava tentando estabelecer uma ciência "materialista" (sem biologia) da antropologia, e a sociobiologia de Wilson era agora uma grande rival da sua teoria.[8] O fato de que um antropólogo cultural destacado endossava a sociobiologia e a incluía nos seus trabalhos sobre os ianomâmis era mais um obstáculo para Harris.

Houve várias discussões acaloradas na reunião da AAAS antes da fala de Wilson. Uma delas foi a respeito de uma publicação recente de Hamilton que falava dos nômades pastoris, como os mongóis. Um dos detratores no público exigiu, enfática e raivosamente, que Hamilton retratasse o que havia dito nesse artigo. Hamilton, um homem muito discreto, quase tímido, respondeu solenemente: "Sustento o que publiquei no meu artigo".

Richard Dawkins também ficou aborrecido com o conteúdo obviamente político de algumas críticas e para minha surpresa se levantou, ficou em pé na sua cadeira, para que todos o vissem bem, e daquela posição dominante deu respostas ponderadas e muito esclarecedoras às críticas feitas aos seus trabalhos, em especial seu livro mais recente, *O gene egoísta*.

Por fim, foi a vez de Wilson falar. Ele gostava de correr e tinha sofrido uma queda grave ao fazê-lo em uma rua coberta de gelo, em Cambridge. Tinha quebrado uma perna e estava engessado do pé ao quadril, caminhando de muletas, com bastante dificuldade. Levantou-se da cadeira e foi andando lentamente com suas muletas até o pódio, no palco elevado a cerca de um metro de altura. Sentou-se, pegou seu artigo e começou a falar. De repente, aquelas pessoas mal-humoradas sentadas nas primeiras filas pularam dos seus assentos e invadiram o palco, gritando insultos contra Wilson, se acotovelando e o empurrando. Pegaram as jarras de água gelada na mesa e as despejaram na cabeça de Wilson, o tempo todo gritando epítetos insultuosos e irados. O moderador, Alland, tentou acalmá-los e manter a ordem, gritando: "Por favor, parem! Parem, por favor! Eu estou com vocês... Eu também sou marxista! Isso é inaceitável!". Talvez os marxistas tivessem algum código secreto que eu não sabia que existia, mas não adiantou: os "marxistas" continuaram a atacar Wilson.

Eu estava no fundo da sala, tentando freneticamente chegar ao palco para ajudar Wilson, mas a multidão vinha no sentido oposto, buscando ansiosamente sair do auditório o mais rápido possível. Foi o comportamento mais odioso, assustador e repugnante que jamais vi em uma reunião acadêmica – e ainda mais vergonhoso por ter ocorrido em um encontro promovido por uma associação venerável e prestigiosa.

Ficamos sabendo depois que as pessoas taciturnas e covardes que atacaram Wilson eram de uma organização radical conhecida como International Committee Against Racism [Comitê Internacional Contra o Racismo], ou InCAR.

Quando Irons e eu encontramos Wilson para jantar, uma hora depois, ele ainda estava molhado com a água despejada pelos membros do InCAR, mas tirando isso estava incólume e notavelmente calmo. Wilson alegremente anunciou que queria me dar uma boa notícia. Disse que ele e Harris tinham se encontrado para almoçar e discutido como iriam realizar o seu debate: quem falaria em primeiro lugar, por quanto tempo cada um falaria, quanto tempo deveriam deixar para perguntas do público e como organizá-las de forma eficiente. As perguntas teriam de ser apresentadas por escrito em papeizinhos que seriam distribuídos para o público antes do final do debate. Quem quisesse fazer uma pergunta seria instruído a identificar no papel a quem ela se dirigia: Harris ou Wilson. O público passaria suas perguntas pelo corredor mais próximo do centro do auditório, onde ajudantes de palco iriam recolhê-las, dividi-las em duas pilhas e apresentá-las para cada um dos oradores, que poderiam rapidamente classificá-las segundo os temas e escolher aquelas às quais iriam responder.

A "boa notícia" de Wilson para mim foi a seguinte. Ele tinha certeza de que tinha feito algo na sua discussão com Harris que o levaria a compreender melhor o que significavam as minhas publicações sobre a teoria da seleção de parentesco. Disse ainda que Harris acreditava que eu estava dizendo que os ianomâmis tinham genes específicos para algumas de suas instituições e comportamentos sociais e políticos, como suas práticas de guerra e o infanticídio. Dando um largo sorriso, Wilson continuou dizendo que explicou a Harris que eu não fizera tais afirmações, de forma alguma, e passou a explicar a ele o que significava a teoria da seleção de parentesco. E acrescentou: "Foi como ver uma lâmpada acender dentro da cabeça de alguém, ver alguém de repente entender algo que antes não compreendia!". Wilson me garantiu que dali em diante Harris e eu iríamos nos dar bem, agora que Harris compreendia o significado da teoria da seleção de parentesco e da aptidão inclusiva de Hamilton, e de que maneira eu a aplicava aos ianomâmis.

Irons e eu nos entreolhamos e sorrimos. Agradeci a Wilson por ter gastado seu tempo explicando para Harris a seleção de parentesco, mas acrescentei que eu achava que isso não faria nenhuma diferença nas nossas relações. Sua constante repetição dessas falsas alegações, de que eu acreditava em genes para a guerra e outros comportamentos, parecia ser a maneira como muitos antropólogos – entre outros – estabelecem falsas verdades. Além, é claro, de votar sobre o que é verdade e o que não é.

Na Smithsonian, Wilson foi o primeiro a falar. Deu sua palestra-padrão sobre o que era a sociobiologia, como ela se desenvolvera a partir do trabalho de muitos pesquisadores e como ela lançava uma nova luz sobre o comportamento de muitos organismos diversos, incluindo primatas superiores e o *Homo sapiens*. Explicou como a sociobiologia oferecia uma nova síntese de muitos campos diferentes do saber, reunindo todos eles de maneira a avançar a compreensão do mundo que nos rodeia. Eu já tinha ouvido aquela fala várias vezes em outros locais.

Harris então subiu ao pódio. Começou dizendo que reconhecia três tipos diferentes de sociobiologia. Primeiro havia o tipo "bom", ou "não perigoso", que pessoas como o professor Wilson estavam fazendo; mas ele tinha dúvidas a seu respeito porque não se aplicava aos seres humanos, e os que achavam o contrário estavam simplesmente errados.

Havia então o segundo tipo, associado a vários acadêmicos específicos que ele citou pelo nome: David Barash, Mildred Dickemann, Richard D. Alexander e outros. Esse tipo era muito equivocado e estava à beira de ser potencialmente perigoso.

E havia, por fim, o terceiro tipo, que não estava apenas errado, mas também era extremamente perigoso.[9] Ele fez uma pausa e então disse dramaticamente: "Vocês sabiam que existe certo antropólogo, um homem que ficou famoso por seus prolongados estudos sobre os índios da Amazônia, que afirma, senhoras e senhores, que essa tribo tem não apenas um gene para a guerra, mas também genes para o infanticídio?!". Olhei para Wilson, que tinha afundado na cadeira ao ouvir essas falsas acusações. Creio que foi então que ele compreendeu que a batalha sobre a sociobiologia na antropologia cultural estava sendo travada segundo regras e táticas desconhecidas para um biólogo, táticas fora do terreno dos debates acadêmicos racionais. Na verdade, essas acusações podiam até mesmo fazer com que elementos radicais organizados e dedicados atacassem oradores no pódio, diante de um público esclarecido.

Procurei depressa um pedaço de papel para mandar uma pergunta para Harris. Lembro que peguei uma folha amarela de um bloco de anotações e rasguei-a para ficar mais ou menos do tamanho das folhas que os ajudantes de palco entregaram alguns minutos antes ao público, exceto para os convidados dos oradores, como eu.

Minha pergunta a Harris foi: "Identifique o antropólogo que afirmou que as pessoas que ele estudou têm genes para a guerra e o infanticídio". Passei o papel até o final do corredor, onde foi pego pelo ajudante de palco que ali estava. Era o único papel de tamanho diferente na pilha passada a Harris, e se destacava também por ser o único amarelo.

Wilson e Harris se revezaram para responder às perguntas que chegaram nas folhas de papel, mas havia muito mais perguntas do que tempo para respondê-las.

Vi claramente Harris colocar várias vezes minha pergunta no fim da pilha de papéis, enquanto procurava outras que preferia responder. Ele não tinha intenção alguma de responder à minha pergunta. Finalmente, o moderador anunciou o fim da sessão de perguntas e começou a agradecer aos oradores por sua participação naquele evento maravilhoso e tão instigante.

Levantei-me e tentei chamar a atenção do moderador. Diversas pessoas na plateia me reconheceram, talvez pelos documentários que fiz sobre os ianomâmis, e começaram a gritar: "Deixem ele falar! Deixem ele falar!". Por fim o moderador me deu a palavra. Exigi que Harris identificasse o antropólogo que havia afirmado que as pessoas que ele estudara "têm genes para a guerra e genes para o infanticídio". Ele ficou um pouco embaraçado, mas continuou com uma atitude desafiadora e convicta. Não pareceu se incomodar com o fato de que suas acusações eram mentiras desavergonhadas. Respondeu algo no sentido de que se eu realmente não afirmava tais coisas então era bem-vindo de volta à antropologia. A essa altura eu tinha subido ao palco para continuar a minha defesa. Garanti ao público (e a Harris) que eu nunca tinha deixado a antropologia, e que a sociobiologia e a evolução do comportamento humano eram formas legítimas de lançar uma nova luz sobre os seres humanos e seu comportamento. Meu desentendimento com Harris iria continuar, e até mesmo se agravar.

A OPOSIÇÃO À SOCIOBIOLOGIA NA DÉCADA SEGUINTE

Em 1975 recebi uma bolsa do National Institute of Mental Health (NIMH) dos Estados Unidos para um projeto de três anos a fim de investigar o parentesco, a seleção de parentesco e a "seleção de grupo". Nunca usei a palavra "sociobiologia" para descrever esse projeto porque o termo mal era conhecido na biologia em 1975. Contudo, esses são temas estudados pela sociobiologia. Felizmente para mim, naquele momento a antropologia cultural ainda não havia ficado sistematicamente "sensível" aos tópicos explorados pela sociobiologia. Em 1975 os antropólogos culturais de mente mais aberta considerariam esses tópicos áreas de pesquisa bastante típicas. No entanto, um dos administradores do NIMH, que não era cientista, disse-me mais tarde, incisivamente, que se eles soubessem que eu estava fazendo pesquisas de "sociobiologia" teriam tentado encerrar meu projeto imediatamente. Antes dessa observação, porém, eles me convidaram a Washington para falar sobre o meu projeto, financiado por eles, diante de um grupo de administradores, pois era um exemplo do tipo de pesquisa que o NIMH queria financiar, um projeto que para eles era motivo de orgulho.

Em 1981 me transferi para a Universidade Northwestern em Evanston, no estado de Illinois, onde reencontrei meu amigo e colega Bill Irons, que em 1978 tinha deixado a Penn State para lecionar ali. Tanto Irons como eu deixamos a Penn State porque o trabalho com a sociobiologia aparentemente ameaçava os professores do nosso departamento, que pareciam acreditar que os antropólogos culturais deveriam limitar seus interesses a coletar histórias e mitos e deixar a ciência (por exemplo, a biologia) para os "cientistas".

Minha mudança também me colocou de volta em contato direto com o biólogo Richard D. Alexander, da Universidade de Michigan em Ann Arbor, cidade relativamente próxima a Evanston. Nós três, Irons, Alexander e eu, já tínhamos orientado vários alunos de pós-graduação que agora eram jovens acadêmicos promissores fazendo antropologia cultural com uma perspectiva sociobiológica.

No início da década de 1980, a pesquisa na antropologia cultural sociobiológica estava sofrendo discriminação na concessão de bolsas por agências como a divisão de antropologia da National Science Foundation [Fundação Nacional para as Ciências – NSF]. Membros da comissão julgadora com fortes preconceitos contra a pesquisa sociobiológica criticavam os pedidos de bolsa dessa área devido a deficiências "metodológicas" e lhes davam notas muito baixas. Uma só nota "sofrível" bastava para matar um pedido de bolsa para pesquisa.

Irons, Alexander e eu sugerimos à NSF que elaborasse uma lista de possíveis juízes que seriam neutros para avaliar pedidos de pesquisa de caráter sociobiológico. Em 1981, Steven Brush, chefe do departamento de antropologia da NSF, fez uma visita a nós três em Evanston para ouvir as nossas preocupações. A NSF aceitou então nossa sugestão de que fosse criada uma lista de avaliadores com competência acadêmica para julgar as propostas com objetivos sociobiológicos. Com isso, a taxa de aprovação das propostas sociobiológicas aumentou.

As opiniões preconceituosas contra a pesquisa sociobiológica também eram um problema para os artigos submetidos a importantes revistas acadêmicas com revisão por pares; mas isso é mais difícil de comprovar.

As ideias injustificadas e preconceituosas acerca dos objetivos da pesquisa de colegas também apareciam nas decisões sobre estabilidade de emprego e promoção nas universidades. Mais tarde, quando eu lecionava na Universidade da Califórnia em Santa Barbara (UCSB), fui membro de uma comissão especial que se reunia nos casos em que se recusava a estabilidade de emprego a um professor e havia suspeita de que o preconceito influenciara a decisão devido à perspectiva teórica do candidato. Várias vezes fui chamado para participar de uma comissão examinadora não departamental, especialmente nomeada para reconsiderar as credenciais do candidato à estabilidade. Em pelo menos um caso ficou claro para mim que a candidata, uma professora de origem asiática, teve sua condição de estabilidade negada porque seu trabalho era de natureza sociobiológica, e um dos seus orientadores anteriores, agora uma figura polêmica devido às suas convicções sociobiológicas, havia escrito uma carta de recomendação para ela. Nossa comissão reverteu a decisão do departamento da candidata, e lhe foi concedida a estabilidade.

MEU ARTIGO DE 1988 NA REVISTA *SCIENCE*

Certo dia no início de 1987 recebi um telefonema de Daniel Koshland, editor da revista *Science*, a publicação oficial da American Association for the Advancement of Science. Ele explicou que as assinaturas da revista estavam declinando e que alguns membros da AAAS se queixavam de que havia menos artigos de interesse geral, como artigos que fizessem uma ponte entre diversas disciplinas. A *Science* estava sob constante pressão dos diretores de projeto de escolas de medicina prestigiosas para publicar artigos esotéricos das suas equipes de pesquisadores, a fim de justificar as vultosas verbas que eles recebem de órgãos federais. Por isso havia muitos artigos técnicos sobre pesquisa médica publicados na *Science*.

Eu havia sido recomendado como alguém cuja pesquisa poderia interessar a um público mais geral e fazia a ponte entre disciplinas como antropologia, biologia e demografia. Ele me pediu então que enviasse um artigo para a *Science* relativo à minha pesquisa com os ianomâmis, sobre um tema de minha escolha; mas me avisou que o artigo teria que passar por um rigoroso processo de revisão, assim como todos que são submetidos à revista, ou seja, a *Science* não o publicaria a menos que fosse recomendado pelo processo de revisão por pares.

Eu estava exatamente em um ponto da minha pesquisa em que queria publicar certos tipos de dados antes que eles deixassem de refletir a situação etnográfica do momento. Por exemplo, um dos meus grupos de dados se referia às guerras e mortes por vingança dos ianomâmis. Se eu esperasse muito mais tempo teria que deixar claro que esses dados já não se aplicavam ao "presente etnográfico", mas eram mais característicos do "passado recente". Isso porque a introdução de armas de fogo nas missões salesianas com toda a certeza mudaria os padrões tradicionais de guerra dos ianomâmis.

Quando comecei a organizar os meus dados sobre o sucesso reprodutivo diferencial dos membros da linhagem masculina, examinei diversas variáveis possíveis identificadas em minhas publicações anteriores – o tamanho da aldeia, o tamanho da linhagem na aldeia e na população, o sucesso nos casamentos etc. Também decidi verificar a possível correlação entre o sucesso militar de um homem e seu sucesso reprodutivo; e, para minha surpresa, não só havia uma correlação como ela era muito forte (abordei o assunto no capítulo 9).[10]

Enquanto meu artigo passava pelo processo de revisão por pares, um grande número de garimpeiros brasileiros independentes – mais de 40 mil – entrou ilegalmente no território ianomâmi do Brasil e ali começou a minerar ouro, usando bombas hidráulicas que poluíam os rios e contaminavam a água com mercúrio.[11] Houve grande preocupação e indignação entre os defensores dos direitos indígenas e as organizações não governamentais que lutavam pela preservação das florestas tropicais virgens da Amazônia e dos povos nativos que ali viviam.

Quase todo o dano ocorria no Brasil, país cujo histórico de destruição da floresta tropical era amplamente conhecido na comunidade internacional conservacionista, assim como as depredações infligidas aos povos amazônicos nativos, às vezes com a cumplicidade de brasileiros "agentes de proteção aos índios" que trabalhavam na Fundação Nacional do Índio (Funai) e no órgão que a antecedeu.* Em comparação, na Venezuela esse tipo de atividade destrutiva era mais recente e também muito menos grave.

Alguns adversários meus na antropologia, um grupo pequeno porém persistente, movido pelo ciúme acadêmico, tentou vincular minha pesquisa entre os ianomâmis à corrida do ouro no Brasil. Fiquei muito espantado, pois entre as minhas vinte viagens de campo para a terra ianomâmi até 1987 apenas uma fora para o Brasil, em 1968, uma colaboração com um grupo de pesquisadores médicos que estavam trabalhando com colegas brasileiros vindos de renomados centros de pesquisas do país. Nessa viagem em particular meu colaborador médico, James V. Neel, conseguiu demonstrar que os ianomâmis não tinham anticorpos contra o sarampo, doença especialmente mortal em populações nativas isoladas. Essa descoberta provavelmente salvou centenas ou talvez milhares de ianomâmis, pois resultou nos nossos esforços, no ano seguinte, para interromper uma epidemia de sarampo que eclodira na área ianomâmi da Venezuela (fato que já mencionei brevemente antes).

Um dos meus delitos, segundo meus detratores, foi que as três primeiras edições da minha monografia universitária tinham como subtítulo "*The Fierce People*" ["O povo feroz"][12] – expressão que os próprios ianomâmis costumam usar para enfatizar sua coragem, bravura e disposição para agir agressivamente em defesa de seus interesses. Meus detratores alegaram que esse subtítulo era humilhante e que eu era culpado de causar danos psicológicos aos ianomâmis e de possibilitar que fossem prejudicados por pessoas maldosas.[13]

* O Serviço de Proteção aos Índios (SPI). [N.T.]

Assim, bem no momento em que antropólogos envolvidos – em especial os ativistas associados a grupos de sobrevivência – estavam denunciando a invasão dos garimpeiros ao território ianomâmi, um artigo importante na mais influente revista científica americana foi publicado em março de 1988 documentando a correlação entre o sucesso na guerra e o sucesso reprodutivo dos homens ianomâmis. Publicar como artigo principal na *Science* um estudo sugerindo que "os matadores têm mais filhos" foi como jogar gasolina em uma fogueira acadêmica. Meus oponentes argumentaram, e talvez alguns deles realmente acreditassem, que eu estava dizendo que "os ianomâmis têm um gene para a guerra e a violência", como Marvin Harris alegara. Essa acusação não era apenas ilógica e falsa; estava sendo usada politicamente para me desacreditar.

Os artigos principais da *Science* são enviados automaticamente para pessoas da imprensa. Alguns desses jornalistas escreveram então manchetes que considerei inadequadas e até condenáveis para seus artigos, como "Quando os ianomâmis não estão colhendo mel, estão assassinando uns aos outros". Foram usadas palavras e expressões que o meu artigo (e todas as minhas publicações) evitavam cuidadosamente, como *assassinar*.

Meus detratores imediatamente tentaram associar o meu artigo – e todo o meu trabalho – às depredações, reais e imaginárias, que os garimpeiros brasileiros estavam infligindo aos ianomâmis do Brasil.[14]

ACUSAÇÕES REVOLTANTES DA ASSOCIAÇÃO BRASILEIRA DE ANTROPOLOGIA PUBLICADAS PELA AAA

Logo depois que meu artigo saiu na revista *Science*, um grupo de antropólogos elaborou uma lista de acusações contra mim, com o apoio da Associação Brasileira de Antropologia (ABA). As acusações apareceram em um documento apresentado como uma queixa formal ao Comitê de Ética da Associação Americana de Antropologia. Foi encaminhado para Roy A. Rappaport, então presidente da AAA e diretor do departamento de antropologia da Universidade de Michigan. Por coincidência, eu estava em Ann Arbor, no estado de Michigan, participando da reunião anual da Human Behavior and Evolution

Society [Sociedade do Comportamento e Evolução Humana – HBES]. Quando Rappaport ficou sabendo onde eu estava, apareceu discretamente no auditório onde eu assistia a uma palestra de William D. Hamilton – pesquisador cujo artigo de 1962 sobre a "aptidão inclusiva" constituiu uma das poucas modificações importantes já feitas à teoria de Darwin da evolução por seleção natural. Por ironia, Hamilton estava sugerindo nesse simpósio, um pouco jocosamente, que deveríamos nos tornar uma "sociedade secreta" e não revelar os resultados das nossas pesquisas para não membros, compartilhando nossas ideias apenas entre nós mesmos. Nossos resultados, disse ele, aborreciam e irritavam outros acadêmicos, em especial cientistas sociais como Sahlins, que antes havia escrito um livro condenando perniciosamente o objetivo dos estudos da HBES: a aplicabilidade da teoria de Darwin da seleção natural ao comportamento humano.

Fiquei surpreso ao ver ali "Skip" Rappaport, que eu considerava um amigo e um bom colega. Ele cochichou que queria falar comigo sobre algo urgente e me pediu que saísse do auditório.

Fiquei surpreso e um pouco irritado por perder parte da palestra de Hamilton, mas saí do auditório com Rappaport. Ele segurava um documento do tamanho de uma carta, e vi que era dirigido ao Comitê de Ética da AAA. Começou dizendo que tinha de responder a "eles" às 15 horas. Eu não fazia ideia de quem eram "eles". Consultei meu relógio: eram 14h40.

Rappaport me perguntou se eu concordaria que o documento em suas mãos fosse publicado na próxima edição do boletim oficial da AAA. O prazo para inscrições ia até as três da tarde. A edição seguinte do boletim só seria publicada depois das férias de verão, dali a vários meses.

Ele ainda não tinha me dito o que estava contido naquele papel enrolado, mas eu supunha que era a meu respeito, provavelmente um novo ataque contra mim desfechado pelos meus persistentes detratores na antropologia cultural. Ele queria a minha permissão para aprovar a publicação no boletim da AAA, acrescentando: "Os autores podem mandá-lo para a *Science*, e nós não queremos que a nossa roupa suja seja lavada na *Science* para outros lerem".

Fiquei pasmo. O presidente da minha associação profissional, um ex-colega de departamento, queria que eu aprovasse a publicação de algo dirigido ao

Comitê de Ética da AAA, provavelmente uma queixa formal contra mim, sem sequer me dar a chance de ler o que ela continha! Qual parte dessa roupa estava suja?

Nem é preciso dizer que falei a Rappaport que eu não lhe daria minha permissão para enviar correndo para impressão aquele misterioso documento, de forma que ele pudesse escapar do escrutínio mais rigoroso feito pelos cientistas. Ele ficou desapontado, entregou-me o documento, disse que entraria em contato em breve e se foi.

Os autores de fato enviaram uma "carta de reclamação" para o editor da *Science*, quase idêntica à que chegou a Rappaport. Revelou-se que a denúncia vinha da Associação Brasileira de Antropologia (ABA), indicando que um grande grupo de antropólogos brasileiros estava envolvido na sua elaboração. O documento era assinado por Maria Manuela Carneiro da Cunha, presidente da ABA. A denúncia enviada para o editor da *Science* tinha que ser assinada pelos autores porque a *Science* não aceita queixas anônimas. Essa queixa foi encaminhada para mim.

Os autores eram Bruce Albert, um francês que estava trabalhando entre os ianomâmis do Brasil, e a antropóloga brasileira Alcida Ramos, que já havia trabalhado com um ramo dos ianomâmis conhecido como os sanumás (sanöma = yanöma = yanomamö = ianomâmi). Albert trabalhou algumas vezes entre os ianomâmis de Catrimani. Seus dados vinham em grande parte de Giovanni Saffirio, um padre da ordem Consolata que dirigia a missão da sua ordem no rio Catrimani. Ambos eram conhecidos menos por suas realizações etnográficas do que pelos seus esforços como defensores políticos de índios brasileiros em geral e dos ianomâmis em particular. Alcida Ramos certa vez fez uma queixa a meu respeito no sentido de que "o que Chagnon não consegue entender é que fazer antropologia no Brasil é uma atividade política".

O documento só foi publicado pela *Anthropology Newsletter* [Boletim de Antropologia] da AAA em janeiro de 1989, e foi atribuído exclusivamente a Manuela Carneiro da Cunha, que nunca trabalhou entre os ianomâmis. Carneiro da Cunha tinha um cargo na sua universidade brasileira, bem como um cargo honorário no departamento de antropologia da Universidade de Chicago. O artigo publicado pela *Anthropology Newsletter* era uma condenação intempestiva e eivada de erros do meu artigo de 1988 na *Science* e incluía as seguintes acusações:[15]

1. O artigo era "racista", acusação frequentemente usada pelos antropólogos culturais radicais para depreciar qualquer coisa que se possa interpretar como tendo sido inspirada pela sociobiologia;
2. Eu era culpado de cumplicidade em genocídio;
3. Eu tinha falsificado meus dados;
4. Eu tinha deliberadamente ocultado o fato de que as doenças eram a principal causa de mortalidade entre os ianomâmis, para fazer com que as mortes violentas parecessem ser a causa mais comum;
5. Eu estava incentivando e sendo cúmplice de uma cobertura de imprensa negativa e sensacionalista sobre os ianomâmis em um momento em que eles estavam sendo invadidos por garimpeiros;
6. Meu artigo na *Science* teria sido uma das principais razões pelas quais as autoridades brasileiras puseram em ação um plano para separar os ianomâmis em 21 "microrreservas", uma acusação falsa que foi posteriormente repetida tantas vezes pelos meus adversários na antropologia que se tornou uma "verdade" incontestada na comunidade de antropólogos militantes.[16]

Os comentários editoriais feitos por Rappaport à crítica da ABA e seu comentário sobre a minha resposta a essa crítica incluíam uma referência a uma norma da AAA que achei intrigante. Eu nunca tinha ouvido falar da "doutrina" da AAA que Rappaport citou quando pediu minha permissão para publicar o documento brasileiro sem que eu tivesse sequer a chance de lê-lo. Rappaport afirmou que as organizações coligadas de antropologia tinham o direito de se opor por escrito a qualquer coisa publicada em uma revista da AAA, e receberiam automaticamente espaço para resposta nessa mesma revista. Não tenho conhecimento de alguma outra ocasião em que essa "norma" tenha sido invocada. Suspeitei que Rappaport a tinha inventado para apaziguar os antropólogos brasileiros que controlavam o acesso às tribos sendo estudadas por certos antropólogos americanos proeminentes.

O assunto das ciências "sociais" não é tão fácil de delinear como o das ciências "naturais" – e alguns observadores até consideram a própria expressão "ciência social" uma contradição em termos. Por exemplo, um "fato social" como "Não se deve comer morcegos frugívoros se eles forem o totem do seu clã" não é o mesmo tipo de fato que "A temperatura em que a água ferve ao nível do mar é 212 graus Fahrenheit ou 100 graus Celsius". No entanto, a maioria dos antropólogos tenta seguir convenções rigorosas ao coletar dados de campo e publicá-los. Em geral eles seguem os procedimentos e os métodos científicos até onde for possível. Uma regra fundamental é que não devem ser feitas afirmações que não sejam verdadeiras e não possam ser confirmadas por pesquisadores independentes utilizando métodos iguais ou semelhantes.

Os arqueólogos, antropólogos físicos e linguistas antropológicos conseguem aderir de forma mais rigorosa à proposição de que a antropologia é uma ciência porque o material com que trabalham – ossos, cerâmica, tipos de casas, gramática etc. – são mais factuais, ontologicamente, do que, por exemplo, o tabu de comer o animal que é o totem da tribo. Eles em geral julgam que a maioria dos desentendimentos pode ser resolvida por observadores independentes coletando novos dados, pela repetição das observações questionadas ou pela verificação de que as diferenças nos resultados não se devem, por exemplo, a diferenças possivelmente reais nos objetos, itens, comunidades, tribos etc. que causam divergências.[17]

No entanto, a antropologia cultural, distinta desses outros sub-ramos do campo da antropologia, contém duas facções mutuamente incompatíveis e muitas vezes em conflito. Muitos antropólogos culturais concordam com os métodos e procedimentos associados à ciência, e historicamente os antropólogos culturais sempre aceitaram a palavra *ciência* como uma descrição geral do tipo de atividade exercida por eles. Porém, muitos outros – possivelmente a maioria dos antropólogos culturais de hoje – preferem se considerar não cientistas e em muitos casos insistem abertamente que a antropologia cultural não é um ramo das ciências, mas sim das humanidades. Por exemplo, David Maybury-Lewis, chefe do departamento de relações sociais da Universidade Harvard, um dos defensores declarados da antropologia como ramo das humanidades, exigiu, no entanto, uma explicação do diretor de antropologia da National Science Foundation [Fundação Nacional da Ciência] quando as propostas de pesquisa enviadas à NSF por ele e alguns alunos seus não receberam financiamento nos anos 1970. Não foram aprovadas para financiamento porque não eram científicas. Quando alguém quer fazer um projeto de pesquisa nas "humanidades", não deve enviar a proposta para a Fundação Nacional da Ciência.

Hoje os numerosos antropólogos culturais (ou antropólogos sociais, como são conhecidos na Grã-Bretanha) que preferem considerar sua atividade um ramo das humanidades julgam seu movimento como "pós-modernista". Com frequência eles são associados a ou dizem ter sido inspirados por estudiosos franceses de renome como Jacques Derrida e Michel Foucault. Para alguns deles a "verdade" e os "fatos" são apenas categorias subjetivas, construtos ideológicos, invenções de um observador subjetivo. A ciência e o método científico são vistos por esses antropólogos culturais com ceticismo, desconfiança e até desprezo.

Poder realmente ver o rio dos Periquitos – a confirmação dos conhecimentos geográficos dos ianomâmis – foi uma das experiências mais emocionantes da minha carreira em campo. E juntar todas as informações díspares sobre as rotas de migração que eles seguiram até chegar à vasta e elevada bacia do Siapa, e ver essas informações gradualmente formarem uma história de crescente complexidade política, é como observar um novo capítulo nos anais da procura humana pela ordem política e pela segurança. Embora seja diferente, em grau e extensão, do que aconteceu nos Andes, no México e na América Central, no Egito, na região do Tigre-Eufrates e na China, revela detalhes prováveis de etapas históricas pouco conhecidas, subjacentes a esses grandes desdobramentos da história humana.

Fui formado na tradição científica da antropologia cultural. Meus colegas de pós-graduação em sua maioria também se formaram dentro dessa tradição, vendo o método científico como uma dimensão inseparável da pesquisa antropológica. Para a maioria de nós a ciência não era apenas algo que se fazia em laboratório, com placas de Petri, microscópios e micrômetros. Pelo contrário, era uma maneira geral de ver as coisas que prioriza a coleta e a análise de dados empíricos seguindo o método científico.

Porém, no fim dos anos 1960 o respeito pela ciência e pelo método científico estava começando a enfraquecer em muitas universidades e faculdades. Os pensadores franceses, em especial Derrida e Foucault, começaram a influenciar os currículos em vários campos das ciências sociais. O pós-modernismo era incompatível com a abordagem científica, e muitas vezes antagônico a ela.[18] A própria noção de que o mundo externo tem uma existência independente do observador estava sendo questionada. E mais: dizia-se correntemente que a visão científica era exploradora e visava manter os pobres, os marginalizados, as minorias étnicas e as mulheres em posições sociais subordinadas.

Os que adotavam a postura intelectual pós-modernista e não concordavam com que um observador relatasse algo que desagradasse a um pós-modernista podiam denunciar o observador como racista, sexista, determinista biológico e fraudulento. Ou podiam alegar que aquele observador objetivo tinha inventado dados politicamente incorretos.

Um número crescente de antropólogos culturais americanos – e também muitos acadêmicos de outras disciplinas – começou a ver seu papel na vida acadêmica como a defesa de várias causas relacionadas aos danos que os países industrializados, especialmente os capitalistas, estavam infligindo aos rios, florestas e sistemas ecológicos da Terra, e acima de tudo às tribos remanescentes, minorias étnicas, imigrantes ilegais, sem-teto etc. Em princípio, essas preocupações genuínas e meritórias não eram incompatíveis com as tradições históricas gerais e os cânones de ética e comportamento aceitos e assumidos pelos profissionais das ciências.

Em algum ponto do caminho, porém, a profissão da antropologia foi sequestrada por radicais que constituíam a "esquerda acadêmica", expressão cunhada pelos biólogos Paul Gross e Norman Levitt no seu esplêndido livro *Higher Superstition* [A mais alta superstição].

Por exemplo, uma professora de antropologia da Universidade da Califórnia em Berkeley chamada Nancy Scheper-Hughes argumentou, no jornal *The Chronicle of Higher Education*, que a antropologia cultural deveria passar a ser vista como uma espécie de atividade de investigação criminalística. Os antropólogos deveriam tornar-se "testemunhas" e "nomear os agravos" cometidos contra os povos que seus antecessores estudaram, ou seja, os agravos cometidos por outros antropólogos. Os locais de trabalho de campo não eram mais lugares exóticos e distantes onde um antropólogo fazia sua pesquisa, mas sim cenas de crime. Scheper-Hughes sugeriu que os antropólogos culturais de hoje deviam focar nos "crimes" cometidos pelos antropólogos anteriores e no que devem fazer agora para oferecer reparações às vítimas da sua pesquisa "científica".

O antropólogo Roy D'Andrade, da Universidade da Califórnia em San Diego, em um artigo presciente de 1995, caracterizou essas novas tendências antropológicas da seguinte forma:

> O modelo [pós-modernista] não leva a pessoa a fazer nada de positivo acerca das más condições. Em vez disso, leva à denúncia de vários profissionais, tais como assistentes sociais, médicos, psiquiatras, economistas, funcionários públicos, burocratas etc., e especialmente outros antropólogos. Não é estranho que o verdadeiro inimigo da sociedade acabe sendo aquele cara na sala no final do corredor?[19]

Essas ideias novas e decididamente políticas fizeram com que professores de alguns departamentos tradicionais de antropologia tivessem que escolher uma entre várias opções. Em Berkeley, por exemplo, os que viam suas pesquisas como ciência simplesmente procuraram cargos em outros departamentos, ou assumiram posições com salários mais altos em outras grandes universidades, onde poderiam continuar seu trabalho sem assédio político nem distrações. Outros grandes departamentos se dividiram em dois departamentos menores, um com os antropólogos científicos restantes e outro com os pós-modernistas e ativistas políticos, como aconteceu na Universidade Stanford.

A denúncia contra mim feita em uma publicação oficial da AAA foi um momento decisivo não só na minha carreira profissional mas também, creio eu, na antropologia dos Estados Unidos. Parecia legitimar ataques não profissionais contra a minha pessoa e as minhas pesquisas e contra outros pesquisadores como eu. A "nova antropologia" parecia legitimar a visão de que a antropologia deveria ser uma atividade de investigação criminalística, e que um diploma de doutorado em antropologia cultural equivalia a uma licença para identificar e caçar os malvados "nas salas no final do corredor", como observou D'Andrade.

À medida que essa tendência se tornava cada vez mais evidente, Paul Gross, um ilustre biólogo da Universidade de Virginia, comentou em 2001 sobre os danos que ela estava causando:

> Trinta anos atrás a distinção entre as discordâncias técnicas e as guerras morais e políticas começou a se dissolver. Uma geração inteira de alunos e professores se convenceu de que tudo, inclusive a pesquisa científica, é intrinsecamente político, já que o conhecimento em si é intrinsecamente um fenômeno social – isto é, político. E a política, por sua vez, é um assunto importante demais para minúcias e sutilezas. Nancy Scheper-Hughes, antropóloga de Berkeley, exemplificou esse entusiasmo quando exigiu dos seus colegas, em 1995, uma "antropologia militante, a educação de um novo quadro de 'antropólogos descalços' que, imagino eu, devam se tornar alarmistas e soldados de uma tropa de choque – produtores de textos e imagens politicamente complicadas e moralmente exigentes, capazes de penetrar nas camadas de aceitação, cumplicidade e má-fé que permitem que o sofrimento e as mortes continuem [...]".

Gross concluiu seu ensaio observando para o leitor: "Esses antropólogos descalços, esses ativistas, serão futuramente os professores dos seus filhos". E, de fato, eles são.

A APROXIMAÇÃO DA TEMPESTADE[20]

No fim dos anos 1990 uma tempestade estava se formando na antropologia cultural. Essa tempestade parecia pressagiar algo desagradável e sem precedentes, pois as partes envolvidas já haviam começado a denunciar e denegrir uma à outra em público, e às vezes de forma clandestina, chegando mesmo a sabotar projetos de pesquisa e a tentar desavergonhadamente arruinar a vida acadêmica dos adversários. Essas nuvens negras se caracterizavam pelas seguintes tendências:

Biofobia: a oposição crônica, na antropologia cultural, a ideias vindas da biologia visando ajudar a explicar o que fazem os seres humanos em todas as culturas. Como já observei, essa questão surgiu quando Wilson publicou seu livro *Sociobiology*. Nessa ocasião muitos antropólogos culturais tiveram que reconsiderar e repensar a seguinte pergunta: por que a antropologia cultural era tão contrária à noção de que os seres humanos têm uma natureza biológica que é *resultado da evolução*, bem como uma natureza cultural *aprendida*? Muitos davam a resposta-padrão, mas pouco refletida, de que os genes não determinam a cultura. Mas a nova biologia (a sociobiologia) é mais abrangente e mais sutil do que isso, e nos anos 1980 as reações superficiais que a descartavam com desprezo não atingiam seu objetivo.

Pós-modernismo e a noção de que os "fatos" são apenas "construtos" da mente humana e que consequentemente não existe um "mundo real" independente do observador. Portanto, a objetividade não poderia existir. O que uma pessoa observava não seria possível de ser confirmado por outra, e a repetição de observações empiricamente sólidas não poderia mais servir como o padrão pelo qual algum tipo de "verdade" poderia ser alcançado na antropologia. Assim, a ciência e o método científico seriam apenas mais uma forma arbitrária de ver as coisas, tal como a feitiçaria, a astrologia ou os sonhos. Por incrível que pareça, muitos antropólogos pareciam preferir essas últimas abordagens.

Militância e engajamento: o ato de usar o cabedal de conhecimentos acumulados por uma pessoa, seu prestígio, sua educação, seu profundo compromisso com uma determinada causa, e direcionar a educação, a autoridade e o prestígio normalmente associados à sua posição na sociedade para defender uma causa *política*. Esse ativismo geralmente ocorria em relação a causas que eram "moralmente" ou "eticamente" corretas em algum sentido absoluto, em comparação com as ideias "imorais" ou "eticamente reprováveis" dos seus concorrentes. E quando a sua causa é justa, e a dos concorrentes não, você pode usar falsas alegações contra os concorrentes, com base na sua presumida autoridade.

15.
Confronto com os salesianos

COMEÇA A OPOSIÇÃO DOS SALESIANOS AO MEU TRABALHO DE CAMPO

Em 1986, Joachim Bublath, produtor de documentários científicos da rede de televisão alemã ZDF, me convidou para participar de um filme sobre minha pesquisa de campo com os ianomâmis, que haviam se tornado uma espécie de símbolo internacional dos últimos indígenas ainda "puros". Muitos grupos diversos haviam feito filmes sobre eles, ou pretendiam fazer, por diferentes motivos.[1] Combinamos que ele e sua pequena equipe de filmagem se juntariam a mim em campo, em março de 1988.

Encontrei-me com Bublath e sua equipe na pista de pouso da missão do padre Cocco, em Ocamo. Como já mencionei, o padre Cocco tinha deixado a Venezuela definitivamente havia quase dez anos para voltar a Turim, sua terra natal. Por alguma razão, Bublath estava interessado no padre Cocco e na boa lembrança que ele deixara, como amável e alegre anfitrião de muitos hóspedes e visitantes não só na Venezuela, mas também na Europa, em especial na Itália e na Alemanha.[2]

Em 1988 a ZDF exibiu na Alemanha um documentário em duas partes sobre os ianomâmis e minha pesquisa entre eles. Foram incorporadas sequências de vários filmes que eu havia produzido com Timothy Asch nas nossas viagens exploratórias em Mishimishimaböwei-teri em 1971, incluindo um filme intitulado *The Ax Fight* [A luta de machados], muito usado em universidades.[3] Eu não sabia que o documentário da ZDF continha, e na verdade ressaltava, trechos desse filme.

Quando o filme da ZDF foi exibido na televisão alemã, por coincidência, uma das freiras salesianas de Mavaca estava na Alemanha visitando a famí-

Jean Rouch, Napoleon Chagnon, John Marshall e Timothy Asch no Festival Internacional Jean Rouch de cinema sobre os ianomâmis, em Paris.

lia. Ela ficou furiosa com a imagem do padre Cocco apresentada pela ZDF – essencialmente a de um piedoso guia turístico. Ela aparentemente queria vê-lo retratado como um padre à maneira tradicional – e dirigiu sua raiva especialmente contra mim, por eu ter ajudado os alemães a fazer o filme.

Fiquei sabendo de tudo isso em agosto de 1988, quando fui a Mavaca devido a um novo projeto que eu havia sugerido aos salesianos. Meu receio era que a invasão dos garimpeiros à área ianomâmi do Brasil estivesse a ponto de se espalhar pelo território venezuelano, o que poderia levar ao abandono das missões salesianas de lá. Se isso viesse a acontecer, os ianomâmis da Venezuela teriam que se defender sozinhos contra as depredações dos exploradores.[4]

Entrei em contato com o padre José Bórtoli, que estava no comando das missões salesianas ianomâmis na Venezuela,[5] e lhe pedi com insistência que iniciasse um projeto comigo, usando meus extensos dados genealógicos sobre as famílias para atribuir sobrenomes espanhóis a todos os ianomâmis nas suas missões. Os salesianos estavam dando nomes espanhóis aos ianomâmis a esmo, sem levar em conta a linhagem. Assim, cinco irmãos biológicos podiam receber cinco "sobrenomes" diferentes, especialmente se não morassem todos na mesma aldeia. Os salesianos muitas vezes não sabiam, por exemplo, que um homem na aldeia bem ao lado da sua missão tinha um irmão ou meio-irmão na aldeia do outro lado do rio. Essa forma aleatória de atribuir sobrenomes espanhóis desconsiderava uma das poucas fontes de solidariedade e cooperação em que os ianomâmis podiam confiar. E esses nomes se tornariam legalizados e oficiais nas suas carteiras de identidade, à medida que os ianomâmis fossem incorporados à sociedade venezuelana. Os ianomâmis teriam que portar documentos de identificação se em algum momento saíssem da sua área para as cidades venezuelanas.

Bórtoli concordou comigo. Eu tinha cerca de 4 mil ianomâmis nos meus arquivos de dados, organizados segundo suas linhagens e as aldeias em que foram encontrados, nas imediações da missão de Mavaca. Levei comigo um programador, Dante DeLucia, que poderia acrescentar rapidamente aos meus arquivos os nomes espanhóis recém-atribuídos. Os salesianos diriam os nomes espanhóis e eu faria a correlação entre estes e os nomes ianomâmis que constavam do meu recenseamento.

Havia algo de estranho na maneira como Bórtoli estava me tratando naquela viagem. Perguntei-lhe se a missão poderia nos fornecer alimentação e hospedagem enquanto estivéssemos lá – algo que nunca tive que perguntar ao padre Cocco em todos aqueles anos em que visitei sua missão. A resposta de Bórtoli foi que Dante e eu podíamos amarrar nossas redes em um velho barracão, em meio a motores de popa quebrados e barris de gasolina, e dormir lá. Mencionou que ali não havia luz, porque o gerador da missão não estava ligado a esse barracão externo, que era apenas uma choupana tosca de troncos de palmeira e telhado de folhas. Isso também significava que teríamos de usar a floresta próxima para nossas necessidades sanitárias, em vez do banheiro da missão. Mencionei que eu não tinha mais utensílios de cozinha, porque havia dado todos para os ianomâmis na minha última viagem, e perguntei se poderíamos fazer as refeições na missão. O padre Bórtoli respondeu que teríamos que providenciar nossa alimentação. Ele estava definitivamente – ou mesmo deliberadamente – nos mantendo à distância.

Até esse ponto as minhas relações com os salesianos ainda eram relativamente amigáveis, mas não tanto como haviam sido quando o padre Cocco estava no comando das suas missões.

Embora eu nunca tivesse passado a noite em uma missão salesiana desde que o padre Cocco deixara a área, nesse caso particular eu iria viajar para a missão de Bórtoli para fazer algo que devia ter valor também para os salesianos. Bórtoli costumava oferecer alimentação e hospedagem para desconhecidos europeus, incluindo um antropólogo francês, Jacques Lizot.

Lizot chegou à área ianomâmi em 1968 com o grupo médico da França/Ivic, e passou cerca de um ano fazendo tarefas biomédicas para esse grupo; mas, assim como eu, estava interessado em etnografia, não em pesquisa biomédica. Seus estudos de campo etnográficos focavam as aldeias ao norte do Orinoco, enquanto os meus se concentravam naquelas ao sul desse rio. Nossos primeiros contatos foram geralmente cordiais e cooperativos, mas em 1972 ele passou a ser muito hostil comigo e parecia ter ciúme da minha pesquisa e das dos meus alunos de pós-graduação. Senti que ele se ressentia deles... e também de mim, por trazê-los à área ianomâmi. Senti também que ele era possessivo em relação aos ianomâmis e considerava outros pesquisadores como uma ameaça. Na verdade, seu comportamento em relação a mim parecia muito antagônico e vingativo, e nada profissional.

Quando Dante e eu chegamos a Mavaca, Bórtoli me chamou de lado e recomendou que eu explicasse o papel que tive no filme mostrado na ZDF, pois a freira alemã estava irritada e ofendida. Expliquei que eu simplesmente levara os cineastas a aldeias onde eles poderiam filmar, e que o ponto de vista era deles, não meu. Bórtoli também se queixou de eu ter usado o nome dos ianomâmis mortos quando pesquisei os óbitos e as causas de morte para o meu trabalho demográfico. Desconfiei que o que realmente o preocupava não era a utilização dos nomes dos falecidos, mas sim o fato de que eu inevitavelmente ficaria sabendo que as espingardas que os salesianos estavam oferecendo para atrair os ianomâmis às suas missões estavam sendo usadas para matar outros ianomâmis. Eu também tinha descoberto óbitos causados por novas doenças: os ianomâmis estavam morrendo de hepatite, uma nova fonte de mortalidade na área de Mavaca. Os aspectos demográficos da minha pesquisa de campo – a coleta de dados sobre nascimentos, óbitos, causas de morte, e assim por diante – agora aparentemente estavam ameaçando os salesianos; tanto assim que fiquei sabendo, por meio de um dos meus melhores informantes, que Bórtoli tinha proibido os ianomâmis, em conversas particulares, de me dizerem o nome das pessoas mortas. Os ianomâmis ficavam calados sempre que Bórtoli ou um dos seus ianomâmis favoritos estavam ouvindo.

Continuei concentrado na tarefa que tinha em mãos e propus a Bórtoli que publicássemos um artigo sobre o uso das genealogias para atribuir sobrenomes, na esperança de que outros missionários pudessem se interessar em fazer algo semelhante. Ele achou uma boa ideia e sugeriu que um dos coautores do artigo fosse uma das freiras, uma espanhola chamada María Eguillor, autora de uma monografia sobre os ianomâmis extensamente baseada na minha monografia de 1968 – e, aliás, também no trabalho de Jacques Lizot. Aparentemente os salesianos queriam promovê-la como antropóloga. Quando terminamos nosso trabalho naquela semana, apresentamos um artigo para a revista salesiana local, *La Iglesia en Amazonas*, sediada na capital territorial, Puerto Ayacucho.[6]

AS FREIRAS SALESIANAS FAZEM UMA QUEIXA CONTRA MIM

A freira alemã não estava disposta a deixar passar sua raiva por causa do programa de televisão. Aparentemente ela convenceu algumas outras freiras a se unirem a ela para fazer uma queixa formal contra mim na Oficina Central de Asuntos Indígenas (Ocai), a comissão indígena venezuelana, em algum momento de 1988. É improvável que os padres salesianos ignorassem essa ação; decerto saberiam que isso levaria a um grave incidente político.

Antes de apresentarem sua queixa à Ocai, as freiras publicaram um artigo em *La Iglesia en Amazonas*, supostamente escrito pelo líder que os salesianos estavam preparando para ser chefe e porta-voz dos ianomâmis na área de Mavaca, César Dimanawä. A carta de Dimanawä alegava, absurdamente, que ele falava "em nome de todos os ianomâmis na área de Mavaca", e que eles não queriam que eu voltasse lá nunca mais. Citou como motivo o fato de que eu fazia filmes sobre a guerra e a violência entre os ianomâmis, "ou foi isso o que um amigo lhe disse". Não era difícil adivinhar quem era esse "amigo".

O PROJETO DE FILME DA BBC/NOVA

Mais ou menos na mesma época, em 1988, fui convidado por produtores da BBC inglesa e do programa de ciência *Nova*, da rede americana PBS, para participar de um documentário produzido em conjunto sobre minhas pesquisas. Concordei, em princípio. O pessoal da BBC/*Nova* então solicitou e recebeu uma autorização da Ocai para filmar esse documentário entre os ianomâmis.

Naquele ano, quando passei por Caracas a caminho da área dos ianomâmis, recebi um contato inesperado de Charles Brewer-Carías, que tinha participado do projeto de pesquisa biomédica Ivic/Michigan entre 1966 e aproximadamente 1970. Eu tinha visto Charles só ocasionalmente desde 1970, talvez duas ou três vezes. Ele tinha entrado para a política na Venezuela e agora era ministro.

Charles me convidou para jantar e me disse, naquela noite, que tinha sido escolhido pelo governo venezuelano para ser o "espião" no projeto BBC/*Nova*. Disse isso de brincadeira, mas havia ali um elemento de verdade: os ministérios venezuelanos queriam saber o que os forasteiros andavam fazendo em suas diversas filmagens e pesquisas no remoto interior do país, especialmente grandes empresas de mídia como BBC e PBS, e por vezes "anexavam" participantes venezuelanos a esses projetos. Charles também aproveitou a oportunidade para sugerir que retomássemos nossa pesquisa anterior depois que terminasse o projeto BBC/*Nova*: ele focaria a biodiversidade da floresta amazônica, enquanto eu continuaria coletando e montando a história das migrações ianomâmis e seus parâmetros geográficos, genealógicos e ecológicos. Concordei, em princípio, em colaborar com ele no ano seguinte.

Não muito tempo depois, fui avisado por um dos produtores da BBC de que eles estavam tendo dificuldades para entrar em acordo com a equipe americana do *Nova* sobre o tema do documentário científico que fariam em conjunto. Os americanos queriam construir o documentário em torno da minha antiga e bem conhecida disputa acadêmica com Marvin Harris (que já mencionei acima), acerca da afirmação dele de que a escassez de carne na alimentação ianomâmi seria uma possível causa das suas guerras. Já a BBC queria ressaltar como eu estava usando os meus dados genealógicos e demográficos sobre os ianomâmis para testar hipóteses geradas pelas teorias sociobiológicas, especialmente a teoria de William Hamilton da aptidão inclusiva (seleção de parentesco). Note-se que Hamilton era inglês. O produtor disse que esse desacordo estava causando um atraso no cronograma e que ele entraria em contato comigo novamente quando a divergência fosse resolvida.

Foi então que recebi uma carta de Marcel Roche, que era diretor do Ivic e fora o anfitrião venezuelano da colaboração Michigan/Ivic de pesquisa biomédica entre 1965 e 1972. Ele dizia que estava muito preocupado com um artigo publicado no *El Universal*, jornal diário de destaque na Venezuela, descrevendo minha participação no futuro documentário da BBC/*Nova*. Segundo Roche, o texto parecia deliberadamente inflamatório e iria suscitar oposição a mim e ao projeto, pois falava do meu retorno à área para continuar meus estudos sobre "as guerras, a violência e as lutas entre os ianomâmis". Roche sabia o quanto os antropólogos venezuelanos se ressentiam de mim, citando como uma das razões o fato de que eu exagerava a violência dos ianomâmis, embora nenhum antropólogo venezuelano jamais houvesse estudado esses índios.[7]

Tal como Roche, fiquei surpreso ao ver que o artigo enfatizava essas questões mais polêmicas. Enviei o artigo para o meu contato na BBC, que respondeu que também ficara surpreso com essa descrição do projeto. Ele me garantiu que não fora aquela a descrição que ele tinha enviado à embaixada venezuelana em Londres, e disse que alguém em Caracas devia ter deliberadamente distorcido a descrição do documentário feita pela BBC.

A essa altura já tinha sido publicado meu artigo de 1988 na *Science* demonstrando que havia uma correlação entre a violência e o sucesso reprodutivo dos homens ianomâmis. O artigo encontrou uma recepção hostil dos antropólogos ativistas sociais porque descrevia a guerra, a violência e a vingança em uma tribo venezuelana que eles estavam tentando retratar como pacífica e tranquila. Meu artigo também levantava a possibilidade de que a violência humana tivesse algo a ver com a evolução da natureza do *Homo sapiens*.

Enquanto isso, BBC e *Nova* não conseguiram conciliar seu desacordo e avisaram à Ocai que não iriam mais realizar o documentário conjunto.

Já que eu tinha planos de continuar minhas pesquisas de campo independentemente das filmagens da BBC/*Nova*, solicitei à Ocai uma nova autorização de pesquisa. Recebi uma resposta formal de María Luisa Allais, uma nova diretora da organização, dizendo que "a Ocai não poderia me conceder uma autorização de pesquisa neste momento", e listando as condições em que eles *poderiam* me conceder a autorização. As condições eram, basicamente, "só no dia de são nunca". María Luisa Allais era a autoridade que as freiras salesianas tinham visitado para dar queixa contra mim, trazendo com elas Dimanawä e vários outros "líderes".[8]

Essa foi a primeira vez que pedi à Ocai uma autorização de pesquisa e não a obtive. A essa altura eu já vinha estudando os ianomâmis havia quase 25 anos. No entanto, entre 1975 e 1985 ficou claro para mim que *se* eu pedisse uma autorização à Ocai ela seria recusada; assim, não pedi nenhuma e, em consequência, não visitei a Venezuela nesse período. Eu sabia, pelo que diziam colegas venezuelanos, que a licença não seria concedida porque os dirigentes da Ocai, como era de conhecimento geral, se opunham a mim e aos antropólogos americanos como um todo.

O PRESIDENTE CARLOS PÉREZ SE ENVOLVE

Pouco depois de receber a carta de Allais, contei a Charles Brewer que meu pedido de autorização de pesquisa tinha sido recusado. Ele ficou com raiva e disse que considerava aquilo uma recusa a um pedido pessoal dele próprio.

Brewer pediu-me então que considerasse uma nova maneira de continuar minha pesquisa. Ele acabara de participar de uma reunião com uma mulher chamada Cecilia Matos, a "amante"[9] do presidente da Venezuela, Carlos Andrés Pérez (conhecido na imprensa local pelas iniciais CAP).

Cecilia Matos sabia que a carreira política de CAP chegaria ao fim em breve e que ele não poderia concorrer a mais um mandato presidencial. Ela queria que algum legado social visível restasse depois que CAP deixasse o cargo, e estava tentando criar uma fundação de caridade para beneficiar os pobres da Venezuela, que incluíam as tribos indígenas do país. Ela chamou sua nova organização de Fundación para las Famílias Campesinas y Indígenas, ou Fundafaci.

Na reunião da qual Brewer participou, ela pediu aos presentes que recomendassem especialistas em suas respectivas áreas que pudessem lhe servir de consultores. Brewer recomendou meu nome como uma destacada autoridade internacional sobre os ianomâmis venezuelanos. Pediram-lhe então que me convidasse a Caracas para conversar sobre como eu poderia trabalhar com Matos e sua nova equipe da Fundafaci, um grupo de mulheres venezuelanas ricas e politicamente influentes, que tinham boa capacidade para angariar fundos e extensas redes de contatos políticos.

Brewer e eu nos encontramos com Matos, que nos pediu que propuséssemos uma ideia, para discutir com CAP, que a Fundafaci pudesse mais tarde desenvolver e expandir. Em nosso primeiro e único encontro com o presidente Pérez, Brewer e eu apresentamos a ideia de criar uma reserva de biosfera para proteger as florestas virgens da região amazônica da Venezuela e os povos ianomâmis e iecuanas que lá viviam. Aquele ano de 1990 era *o momento* para fazer isso. Não havia na época nenhuma pressão por parte de colonos venezuelanos para entrar na área que sugeríamos proteger. Não havia atividades agrícolas comerciais, nem indústria madeireira, nenhum interesse na criação de gado, nenhum mineral valioso conhecido no subsolo, nem atividades de mineração.[10] Assim, seria relativamente fácil para o governo venezuelano simplesmente declarar aquela vasta área como parque nacional ou reserva especial, pois ninguém teria que ser retirado de lá. As únicas pessoas que pareciam interessadas na área eram os pesquisadores científicos e os missionários que trabalhavam com os indígenas.[11]

Uma das primeiras viagens que fiz com Brewer para dar prosseguimento à nossa proposta incluía uma equipe da rede americana de televisão ABC. Em novembro de 1990 a ABC exibiu um programa apresentado por Diane Sawyer sobre o nosso novo projeto em aldeias ianomâmis isoladas. O programa incluía imagens do presidente Pérez prometendo criar algum tipo de "reserva" ianomâmi dentro de seis meses. A ABC reexibiu o programa depois de um ano e anunciou que o presidente tinha conseguido que seu governo aprovasse a criação de um parque nacional/reserva de biosfera para os índios ianomâmis e iecuanas – uma área de cerca de 83 mil quilômetros quadrados.[12] Pouco depois, o presidente brasileiro Fernando Collor de Mello anunciou que seu governo também havia autorizado reservar uma área mais ou menos do mesmo tamanho destinada ao mesmo fim para os ianomâmis brasileiros. A soma das áreas era maior que a do estado americano da Flórida.

Esse foi um acontecimento importantíssimo na história dos povos indígenas da Bacia Amazônica; no entanto, meus detratores na antropologia, irritados, alegaram que a minha real intenção ao defender essa reserva era carreirista, isto é, um esforço para impedir outros antropólogos de estudar os ianomâmis. Eles afirmaram que a finalidade do projeto era permitir a Charles Brewer "e outros políticos corruptos" explorarem ouro e outros minerais na área.[13] Nem Brewer nem eu, porém, jamais fomos solicitados a dar nossas opiniões sobre quais normas ou regras deviam ser seguidas na administração dessa área. E, de fato, as missões salesianas receberam considerável autoridade na reserva, algo a que Brewer e eu teríamos nos oposto se tivéssemos sido consultados. Nós dois esperávamos que a reserva tivesse uma administração totalmente laica.

Durante nosso breve encontro com CAP ele nos perguntou se havia algo específico que poderia fazer para nos ajudar em relação a qualquer problema governamental. Brewer citou a recusa do meu último pedido de autorização para pesquisa. CAP perguntou qual ministério estava envolvido, e Brewer respondeu que era o Ministério da Educação. CAP pegou o telefone ao seu lado, falou por alguns segundos, desligou o telefone, virou-se para nós e disse: "O senhor terá um encontro com o ministro da Educação daqui a trinta minutos". Nós então apertamos a mão do presidente, agradecemos por ele ter nos recebido e saímos para ir ao gabinete do ministro.

O ministro, dr. Gustavo Roosen, era um homem cortês, sério e profissional, e nos pediu que explicássemos o problema. Depois de ouvir e fazer algumas perguntas, mandou chamar a diretora da Ocai. María Luisa Allais logo apareceu, carregando uma braçada de documentos. Estava bem vestida, parecia muito nervosa e evitou me olhar nos olhos, assim como a Brewer. O ministro pediu a carta que ela havia me enviado, leu e comentou, diplomaticamente (penso que para benefício dela), que a carta não dizia, na realidade, que eu *nunca* obteria uma licença para continuar minha pesquisa com os ianomâmis; permitiu, assim, que ela saísse da situação com sua dignidade intacta.

O ministro Roosen deixou claro para todos nós que, se o presidente da Venezuela aprovava meu pedido para continuar meus estudos científicos sobre os ianomâmis, Brewer e eu tínhamos uma permissão para prosseguir concedida pela mais alta autoridade do governo venezuelano. A reunião então terminou.

O TRÁGICO INCIDENTE EM KEDEBABÖWEI-TERI

Quando iniciamos nosso novo projeto de pesquisa, em 1990, Brewer e eu pedimos que fosse esvaziado um depósito de combustível em uma aldeia ianomâmi chamada Kedebaböwei-teri, a cerca de duas horas de viagem subindo o rio Mavaca a partir da foz, onde fica a principal missão salesiana.

Eu conhecia bem os moradores de Kedebaböwei-teri. Todos tinham vivido anteriormente em Mishimishimaböwei-teri, uma aldeia que visitei repetidas vezes desde 1968. Os salesianos os tinham convencido a romper com o grupo principal nas cabeceiras do Mavaca e ir se assentar rio abaixo, em um trecho navegável bem diante da sua nova missão satélite, "Mavaquita". Antes disso os salesianos já haviam convencido os haoyaböwei-teri, uma facção bem menor, a se assentar em Mavaquita.

Charles e eu queríamos que os nossos valiosos suprimentos, como o combustível para nossos motores de popa e para os helicópteros, ficassem em local seguro e longe de uma missão salesiana permanente.[14]

Pedimos aos ianomâmis de Haoyaböwei-teri e Kedebaböwei-teri que limpassem o mato e os arbustos perto do rio Mavaca para podermos armazenar ali nossos barris de 200 litros de combustível. Eles nos atenderam com entusiasmo, e no processo acabaram derrubando uma cabaninha que o irmão Finkers, da missão de Mavaca, lhes tinha pedido que construíssem, pensando em colocar ali uma colmeia. Finkers estava tentando fazer os ianomâmis criar abelhas e vender mel como atividade econômica.

Esse incidente trivial acabou tendo consequências mortais para vários dos meus amigos ianomâmis.

Quando Brewer e eu chegamos a Kedebaböwei-teri, fomos recebidos por um grande número de homens ianomâmis muito zangados com Finkers. O padre viera visitá-los naquela manhã e, ao ver que eles tinham derrubado a cabana da colmeia, repreendeu-os com raiva – em especial a um jovem chamado Ushubiriwä. Talvez o padre tenha ficado com mais raiva porque eles tinham feito isso para criar um depósito de combustível para mim. Eu era agora um "inimigo".

Já havia um histórico de más relações entre Finkers e Ushubiriwä. Este havia aprendido a ler com os salesianos[15] e fora contratado por Finkers para transportar as crianças ianomâmis do local, atravessando para a outra margem e descendo um pouco o rio até a nova missão de Mavaquita, onde elas aprendiam a ler e escrever. Aparentemente, os salesianos deram ou emprestaram a Ushubiriwä para esse fim uma canoa e um pequeno motor de popa, que ele também podia usar para caçar e pescar quando não estava levando as crianças da aldeia para Mavaquita, e vice-versa. A jovem esposa de Ushubiriwä, Nonokama, também fora contratada pelos salesianos para preparar o café da manhã das crianças, que consistia basicamente em um mingau de farinha de aveia com leite em pó e muito açúcar.

Ao que parece, as relações entre Ushubiriwä e Finkers estavam tensas por causa daquele motorzinho de popa. Ele tinha parado de funcionar e Ushubiriwä deixara de transportar as crianças, fosse por causa do motor ou por outras razões.

Os ianomâmis contaram a mim e a Brewer o que haviam dito a Finkers em relação à cabaninha. Ele prometera pagar-lhes para construir um abrigo para a colmeia, mas não o tinha feito; e, como a cabana não fora paga, ainda não tinha nenhuma colmeia dentro, era algo fácil de substituir e estava no meio do caminho, eles simplesmente a retiraram, juntamente com o mato e os arbustos. Estavam extremamente zangados com Finkers por repreendê-los tão injustamente – e também porque durante a discussão Finkers tinha acusado a mim e a Brewer de sermos garimpeiros.[16] Eles provavelmente não sabiam o que era "garimpeiro", e nunca tinham visto nenhum; mas supunham que devia ser algo ruim e uma calúnia contra nós.

Apesar desse desentendimento, Brewer e eu nos pusemos a trabalhar. Brewer continuou a coletar amostras de animais, plantas e insetos, e eu continuei a recolher dados sobre os deslocamentos geográficos das aldeias e as genealogias dos ianomâmis.

Em janeiro de 1992 acompanhei uma equipe de pesquisadores médicos da Universidade Johns Hopkins até a área de Mavaca, tencionando levá-los até Kedebaböwei-teri para uma pesquisa de cinco dias com uma população que apresentava baixo consumo de sal. Estávamos em um helicóptero e aterrissamos na missão salesiana de Mavaca. Não saí do veículo – os salesianos já haviam declarado sua hostilidade a mim na imprensa venezuelana, e eu julgava que os ianomâmis das três missões por onde eu iria passar tinham sido incentivados pelos padres a roubar de mim tudo o que pudessem, sem se preocupar com possíveis reprimendas.

Um dos participantes dessa expedição científica, um médico venezuelano chamado Teodardo Marcano,[17] foi até a missão salesiana para conversar com o padre Bórtoli. Marcano explicou o que estávamos fazendo na área e falou do estudo médico que pretendíamos fazer em Kedebaböwei-teri. Quando voltou para o helicóptero, Marcano nos contou que Bórtoli disse que havia rumores de que os kedebaböwei-teri tinham ficado "doentes", mas que ele não enviara ninguém da missão à aldeia para verificar. Para ele o boato era apenas mais uma tentativa dos ianomâmis de fazer os salesianos viajarem duas horas de barco a motor para lhes pedir objetos, sabendo que os salesianos lhes traziam bens de troca a cada visita.

Em seguida tomamos um avião e subimos o Mavaca até o grande *shabono* de Kedebaböwei-teri. Percebi que o local fora abandonado pouco tempo antes – o chão de terra batida na clareira central ainda não tinha mato crescendo, um sinal claro de habitação recente. Sobrevoamos o local várias vezes, para ver se alguém iria sair da floresta em torno e acenar para nós. Voamos então para o leste, até minha aldeia "de reserva" para o estudo, um grupo dissidente dos iwahikoroba-teri que recebera dos salesianos o nome de Washäwä-teri, nome do pequeno afluente do Mavaca onde ergueram seu *shabono*.[18]

Algumas horas depois de aterrissarmos em Washäwä-teri, dois jovens de Kedebaböwei-teri entraram no *shabono* e vieram direto a mim. Um deles trazia um bilhete rabiscado à mão, que me deu para ler. Vinha de Ushubiriwä. Ele se dirigia a mim como *habemi* – querido pai. Disse que eles estavam doentes e morrendo, e que, por favor, eu fosse até lá ajudá-los.

Imediatamente comuniquei aquilo ao dr. Marcano e perguntei se ele aceitaria ir a pé para Kedebaböwei-teri – nosso helicóptero havia partido assim que nos deixara ali. Um dos dois mensageiros kedebaböwei-teri o guiaria até o *shabono* deles. Marcano logo convenceu um dos outros médicos a acompanhá-lo, e o grupo partiu imediatamente para o *shabono* atingido, a umas cinco ou seis horas de caminhada.

Perguntei então ao outro jovem, a quem eu conhecia desde que era garoto, se ele aceitaria ficar comigo e verificar o meu censo recente, nome por nome, para identificar quem estava doente e quem tinha morrido. Quando perguntei se ele ficaria aborrecido caso eu falasse o nome das pessoas que haviam morrido, ele me repreendeu e disse que ele e todos os outros confiavam em mim, que agora eu era um deles e que essa era uma questão importante, de vida ou morte, que exigia nossa intervenção médica. Ele não ficaria aborrecido se eu, sem saber, sussurrasse o nome de pessoas mortas, pois sabia que eu estava tentando ajudá-los.

Encontramos uma parte isolada do *shabono* e começamos a trabalhar. Checando a lista de nomes, fiquei sabendo que 21 pessoas tinham morrido durante a semana anterior, todos eles adultos ou idosos. Nenhuma criança ou bebê havia morrido, o que achei muito incomum para uma doença introduzida. E o mais deprimente: um dos mortos era o cacique, Örasiyaborewä; e, para meu grande choque e desgosto, outro era o antigo e lendário cacique

Sibarariwä. Isso me deixou arrasado – e também com raiva. Muitos líderes políticos mais velhos das aldeias em torno da missão de Mavaca já haviam morrido em "epidemias" semelhantes àquela – epidemias que poupavam as crianças, mas ceifavam a vida dos líderes.

A mortalidade em Kedebaböwei-teri totalizava 14% dos moradores de uma aldeia ianomâmi quase não contatada – pessoas que pereceram, no espaço de apenas uma semana, de algum tipo de infecção das vias respiratórias superiores, uma doença à qual eles talvez nunca teriam se exposto se não tivessem sido persuadidos a se mudar para um trecho navegável de um grande rio. Ali eles podiam ser mais facilmente aculturados pelos missionários salesianos, que desejavam evitar o desconforto de caminhar pelo interior da floresta para visitá-los. Era a continuação de uma política colonial de quinhentos anos da Igreja Católica nas Américas para salvar a alma dos povos nativos, atraindo-os das profundezas da selva para morar nas suas missões. O problema é que quando os nativos vinham concentrar-se perto das missões ficavam expostos a pessoas de fora e a novas doenças. Esses danos colaterais só passaram a ser registrados quando antropólogos como eu começaram a acompanhar esse tipo de acontecimento, em especial em tribos demograficamente puras como os ianomâmis.

O aspecto mais deprimente e trágico desse incidente é que parece que os missionários salesianos de Mavaca, a apenas duas horas de barco de Kedebaböwei-teri, tinham ouvido boatos sobre a doença logo que ela eclodiu, uma semana antes, mas não lhes deram atenção. No entanto, foram eles que insistiram com os kedebaböwei-teri para se mudarem para um local navegável do Baixo Mavaca, onde eles ficariam acessíveis e poderiam obter remédios mais facilmente se adoecessem.[19]

Também fiquei perplexo e angustiado ao saber que, pouco depois daquela discussão com Finkers por causa da demolição do abrigo para abelhas, Ushubiriwä fora morto por um pequeno grupo de ianomâmis associados à aldeia Washäwä-teri e ao posto salesiano de Mavaquita. Em 1994 Finkers publicou um artigo no jornal *La Iglesia en Amazonas* em que afirmava que eu era responsável pela morte de Ushubiriwä, porque este me defendeu e isso supostamente deixara outros ianomâmis irados.[20]

Em 4 de outubro de 1993 foi publicado um artigo em um proeminente jornal de Caracas citando um padre salesiano que dizia que os salesianos já não podiam garantir a minha segurança se eu passasse por uma das suas missões nas minhas futuras viagens de pesquisa de campo. Eu havia passado muitas vezes por aldeias ianomâmis perto das missões sem nenhum incidente, muito antes da chegada dos atuais padres e irmãos salesianos.

MASSACRE EM HASHIMO-TERI

Em julho de 1993 garimpeiros brasileiros atravessaram a fronteira para a Venezuela perto das cabeceiras do Orinoco, na serra Parima, e ali atacaram a aldeia de Hashimo-teri, massacrando brutalmente um grupo de ianomâmis venezuelanos contra os quais vinham brigando havia algum tempo. Os garimpeiros mataram a tiros e a golpes de facão e machado dezesseis ou dezessete pessoas, na maioria mulheres e crianças.[21]

O espantoso é que o assassinato brutal desses ianomâmis não foi o assunto que atraiu a atenção da imprensa venezuelana e da comunidade dos antropólogos militantes. Em vez disso, foi o fato de que Charles Brewer e eu fomos nomeados para a comissão venezuelana oficial para investigar o massacre de Hashimo-teri.

Brewer foi um dos venezuelanos que exortaram o novo presidente interino, Ramón Velásquez, a criar uma comissão especial para investigar o massacre. Brewer foi nomeado chefe da comissão, e como tal podia sugerir ao presidente outros especialistas para integrá-la. Vários antropólogos venezuelanos concordaram em participar, mas nenhum deles estava familiarizado com os ianomâmis nem falava o idioma deles. Foi sobretudo por essas razões que fui indicado membro da comissão.[22]

Quando Brewer e eu fomos nomeados membros oficiais da comissão presidencial para investigar o massacre, a oposição frenética a esse anúncio veio não só dos salesianos, mas também dos meus detratores na comunidade da antropologia ativista radical. Pela primeira vez meus detratores na antropologia se uniram aos salesianos, que dominavam a política no estado venezuelano de Amazonas e estavam assumindo as funções civis do Estado em toda a área ianomâmi/iecuana.

Cerca de seiscentos artigos sobre o massacre foram publicados nos principais jornais venezuelanos entre agosto e dezembro de 1993, quase todos simpatizando com os supostos privilégios dos salesianos no antigo território de Amazonas – que pouco tempo antes, em 1992, se tornara um estado. Os salesianos tinham forte influência sobre boa parte da imprensa venezuelana e sugeriam artigos para publicação. A mim parecia que a imprensa venezuelana era apenas uma versão com maior distribuição do *La Iglesia en Amazonas*, o jornal oficial dos salesianos.[23]

Pouco depois de sermos nomeados membros da comissão presidencial, Brewer e eu fomos convocados para uma reunião urgente no escritório do *fiscal general*, ou seja, o procurador-geral. Os salesianos exigiram essa reunião, bem como entrar na comissão presidencial e que Brewer e eu fôssemos excluídos dela. O procurador-geral defendeu a comissão existente.

Em certo momento da reunião me foi perguntado o que eu achava da entrada de salesianos na comissão. Respondi que não fazia objeções e que ficaria feliz em colaborar com quem quer que participasse. Minha resposta agradou tanto ao procurador-geral que ele mudou o assunto para elogiar a minha afirmação e contrastá-la com declarações feitas naquela mesma reunião pelos salesianos. (Devo esclarecer aqui um ponto importante, que apareceu depois repetidas vezes, em geral de uma forma mentirosa: essa comissão foi oficializada quando sua composição foi aprovada pelo presidente da Venezuela e em seguida publicada como decreto presidencial na *Gaceta Oficial* de 8 de setembro de 1993. Nenhuma outra comissão foi anunciada na *Gaceta Oficial*.)[24]

Para complicar toda essa situação havia o fato de que o governo provisório da Venezuela estava balançando, à beira de um golpe militar.[25]

Nossa comissão só conseguiu entrar na área de Hashimo-teri e iniciar a investigação dois meses após o massacre, e várias semanas depois que uma equipe brasileira de investigação tinha estado lá – ilegalmente, em território venezuelano.

Pouco depois de chegarmos ao *shabono* de Hashimo-teri ouvimos outro helicóptero se aproximando, vindo dos montes Parima, ao norte. Eu estava mapeando aquele *shabono* abandonado e queimado quando o helicóptero pousou e seus passageiros saltaram. Fiquei surpreso ao ver que os primeiros homens que saíram estavam em trajes civis e portavam metralhadoras. Saiu também uma mulher, que reconheci da reunião da semana anterior no gabinete do procurador-geral. Esse grupo se aproximou de Brewer e de mim e, apontando as armas para nós, exigiu que deixássemos a área porque estávamos "contaminando" a cena do crime. Brewer discutiu com os civis armados e com um homem mais velho, corpulento, que estava dando instruções aos outros. Mais tarde fiquei sabendo que era o bispo salesiano de Amazonas, monsenhor Ignacio Velasco.

Enquanto Brewer discutia com eles, afastei-me discretamente e voltei para o nosso acampamento temporário, a algumas centenas de metros dali, à beira de um riacho claro e cintilante. Tinha comigo um companheiro ianomâmi que falava um dialeto que eu compreendia e também o dialeto de Hashimo-teri. Os ianomâmis dos montes Parima falavam um dialeto que no início me foi difícil entender, mas depois de alguns dias consegui compreender o suficiente para me comunicar com eles.

Quase no mesmo momento em que chegamos ao nosso acampamento improvisado, apareceu um pequeno grupo de ianomâmis, com vários rapazes e moças, que nos seguiram até as nossas redes. Tinham vindo colher um pouco dos alimentos ali plantados, que agora iriam apodrecer por lá. Explicaram que eram vizinhos dos hashimo-teri e os conheciam bem.

Passei então as horas seguintes lhes pedindo a sua versão do massacre, trabalhando sem as distrações do contingente de salesianos e seus guardas armados. Esses ianomâmis me disseram que antes do massacre os hashimo-teri já haviam tido diversas interações hostis com os garimpeiros, que tinham matado cinco ianomâmis. Os hashimo-teri então revidaram e mataram dois garimpeiros. Esses informantes ianomâmis disseram que quando o massacre aconteceu os garimpeiros foram guiados até o *shabono* de Hashimo-teri por outros ianomâmis, vindos de aldeias brasileiras mais para o leste, que chamaram de "Paapiu-teri" e "Vista-teri" (provavelmente queriam dizer "Boa Vista-teri").

Um helicóptero voltou para nos apanhar no final da tarde e nos levou de volta para passar a noite em Parima B.[26] O bispo e os advogados descobriram meus cadernos e mapas e, sem pedir minha permissão, descaradamente os tiraram de mim e fotografaram várias páginas de mapas que eu havia desenhado, bem como minhas anotações manuscritas, exigindo saber como eu havia descoberto aquelas coisas. Eu lhes falei dos visitantes ianomâmis que eu tinha entrevistado. Enquanto isso, o bispo e os advogados não haviam coletado nenhuma informação naquele dia; apenas recolheram algumas panelas de alumínio com buracos de bala e pedaços de facões quebrados.

No dia seguinte a desagradável advogada, agora atuando "oficialmente", me pediu que comparecesse em uma sala no complexo militar, onde lhe haviam providenciado uma escrivaninha. Exigiu saber o que eu estava fazendo lá, uma pergunta absurda, já que havíamos nos encontrado na reunião com o procurador-geral alguns dias antes. Quando expliquei que eu era membro oficial da comissão presidencial, ela afirmou que eu não estava nessa comissão, apesar do que os registros mostravam.

Ela exigiu ver meu passaporte, que lhe mostrei. Ela o examinou inteira e atentamente, cada página e cada carimbo – e havia muitos. Isso demorou um tempo extraordinariamente longo. A maioria dos carimbos era de entrada e saída no controle de passaportes venezuelano, no Aeroporto Internacional de Maiquetía. Ela então me acusou de "entrar ilegalmente na Venezuela", e tivemos uma discussão desagradável, que só terminou quando sugeri que quando voltássemos a Caracas deveríamos levar o caso ao gabinete do procurador-geral e também à embaixada americana.

Brewer e eu havíamos requisitado um avião que viesse nos buscar e levar de volta ao local do massacre no segundo dia, mas nosso pedido foi negado porque, segundo alegou o comandante militar, eles não tinham combustível suficiente. Porém, ficamos sabendo depois que o bispo salesiano, um de seus sacerdotes e seu intérprete ianomâmi foram levados de avião de volta para o local do massacre, a fim de procurar e interrogar os mesmos informantes com quem eu tinha falado no dia anterior. No entanto, não conseguiram encontrá-los.

Brewer e eu estávamos dormindo no alojamento da Missão Novas Tribos em Parima B, no outro extremo da pista de aterrissagem em relação ao posto militar. Fiquei sabendo por acaso que o helicóptero que nos trouxera iria partir dentro de poucos minutos, e que o trabalho da nossa comissão tinha sido declarado, por alguém, oficialmente terminado. O comandante militar não se deu ao trabalho de avisar a mim ou a Brewer que o helicóptero estava de saída. Fui correndo recolher meu equipamento e subir no helicóptero. Quase não tive tempo de entrar – os rotores já estavam girando e a equipe salesiana já estava a bordo. Brewer nem soube da partida, e ficou para trás.

Quando pousamos em Puerto Ayacucho, cerca de duas horas depois, o comandante, que tinha se apropriado das minhas notas de campo e as estava lendo no helicóptero, veio me perguntar se poderia fotocopiar minhas anotações. Ele me garantiu que as traria de volta dentro de uma hora, bem antes da partida do voo comercial que eu ia tomar para Caracas. Concordei.

Enquanto conversávamos, perguntei a ele sobre os rumores de que havia um golpe militar prestes a acontecer e que poderia ser difícil sair da Venezuela porque os voos comerciais seriam todos cancelados. Pensei comigo: quem melhor para responder sobre um golpe militar iminente do que um oficial de alta patente da força aérea venezuelana? Sua resposta foi que, se ele fosse eu, trataria de pegar o primeiro voo disponível para sair do país.

Mais tarde meus detratores e adversários militantes na antropologia caracterizaram esse episódio dizendo que, depois de ser expulso do local do massacre dos hashimo-teri, recebi ordens, dadas por um oficial militar de alta patente, de deixar a Venezuela no primeiro voo que saísse de lá.

No dia seguinte o ministro venezuelano da Defesa, muito irritado, teve que mandar um avião buscar Charles Brewer.

CONSEQUÊNCIAS DA INTERFERÊNCIA DOS SALESIANOS EM HASHIMO-TERI

O controle dos salesianos sobre o estado venezuelano de Amazonas era agora tão disseminado que fiquei chocado ao descobrir que houvera grandes protestos políticos contra mim e Brewer em Puerto Ayacucho. Quando perguntei a Brewer como era possível que as pessoas daquela cidadezinha soubessem alguma coisa sobre nós, ainda por cima o suficiente para "protestar" contra o que estávamos fazendo, ele respondeu: "Eles não sabem de nada sobre você nem sobre mim. Simplesmente foram contratados pelos salesianos para levar cartazes depreciativos com slogans anti-Chagnon e anti-Brewer".

Quando voltei a Caracas no dia seguinte, cheguei a ver pichações com slogans anti-Chagnon e anti-Brewer pintadas com spray em edifícios e em pilares de pontes.

Fiquei atônito ao ver que na Venezuela acusações políticas podiam ser simplesmente inventadas e retratadas como se viessem espontaneamente de cidadãos bem informados; e fiquei muito zangado com a forma como fomos tratados. Porém, para mim o pior foi ver que as vítimas de Hashimo-teri causavam muito menos preocupação aos salesianos e aos antropólogos ativistas do que a nossa presença legítima, minha e de Brewer, para tentar esclarecer o que tinha acontecido com as vítimas e conseguir um mínimo de justiça para elas. Os salesianos haviam decidido que cabia a eles administrar a terra dos ianomâmis e não iriam tolerar a interferência de ninguém, nem mesmo do governo da Venezuela.

16.
Trevas na antropologia cultural

COMEÇAM AS CAMPANHAS DE DIFAMAÇÃO

Por volta de maio de 1994, pacotes de cartas depreciativas e cheias de ódio foram enviados a diretores de todas as agências financiadoras que apoiaram minha pesquisa com os ianomâmis; a editores de várias casas que publicaram meus livros; ao presidente, a vários diretores e ao chefe do meu departamento na Universidade da Califórnia em Santa Barbara; a chefes de departamentos de antropologia de muitas outras universidades dos Estados Unidos e algumas da Europa.[1] Muitos deles me escreveram expressando sua repulsa ao receber esses pacotes, alguns dizendo que eram simplesmente revoltantes.

Os pacotes continham cartas de apresentação interesseiras escritas por dois salesianos, o padre Enzo Cappelletti e o monsenhor Ignacio Velasco, bem como uma carta extremamente crítica sobre a minha pesquisa com os ianomâmis, de autoria do antropólogo francês Jacques Lizot, que, segundo explicava a carta do monsenhor Velasco, escrevera a pedido dos salesianos.

A carta do monsenhor Velasco, com data de 20 de janeiro de 1994, se dirigia ao padre Cappelletti, diretor da sede das missões salesianas nos Estados Unidos, em New Rochelle, no estado de Nova York, e explicava o suposto papel do vicariato salesiano da Venezuela na investigação do massacre de Hashimo-teri, que mencionei no capítulo anterior. O monsenhor Velasco denunciou a mim e a Charles Brewer, que descreveu como membros da "assim chamada comissão presidencial" nomeada pelo presidente venezuelano Ramón Velásquez. O monsenhor Velasco se referia a dois artigos recentes que eu havia escrito sobre o massacre, publicados no *New York Times* e no *Times* de Londres, como fazendo parte de vários artigos em várias partes do mundo nos quais eu "acusava" os salesianos "de diversas maneiras". Julguei que o ponto principal do pacote era o ataque extremamente venenoso de Lizot contra mim e a minha pesquisa. A carta de Lizot enfatizava que ele, um especialista em ianomâmis, contestava os dados demográficos que publiquei, os quais mostravam que a política salesiana estava envolvida nas altas taxas de mortalidade devido a doenças. Lizot dizia, erroneamente, que meus dados demográficos mostravam "exatamente o oposto".[2]

Lizot também minimizou a importância da tática salesiana de atrair os ianomâmis para as suas missões dando-lhes espingardas de presente. Ele disse que "os rifles [*sic*] chegam do Brasil, cruzando a fronteira [...]" e eram dados pelos militares venezuelanos, ou fornecidos pelos poucos mestiços venezuelanos que visitavam as missões salesianas. (Na verdade, alguns ianomâmis me tinham dito que o próprio Lizot lhes fornecera espingardas e munição.) Lizot era um dos meus detratores acadêmicos de longa data, e também estudou os ianomâmis por muitos anos.

Entre as várias críticas que fazia a mim, Cappelletti refutava minha afirmação de que a Lei das Missões de 1915 explicava a autoridade secular exercida pelos salesianos, pois havia muito tempo esses privilégios já tinham sido substituídos por uma autoridade secular real. O ponto principal de Cappelletti parecia ser que a comissão presidencial nomeada pelo presidente venezuelano Velásquez em 9 de setembro de 1993 para investigar o massacre de Hashimo-teri "foi revogada em 14 de setembro, cinco dias depois, devido ao clamor geral contra os membros da comissão. A imprensa, os políticos, os antropólogos, os próprios ianomâmis e os salesianos se opuseram às pessoas escolhidas [pelo presidente da Venezuela]".

A afirmação não é verdadeira. Essa comissão presidencial foi a única investigação venezuelana legalmente autorizada sobre o massacre de Hashimo-teri e só foi dissolvida em janeiro de 1997, mais de três anos depois.

O pacote de cartas também continha artigos de jornais venezuelanos sobre o massacre de Hashimo-teri que faziam críticas a mim e, em menor medida, a Brewer, pela nossa participação na investigação. Houve mais artigos na mídia venezuelana dedicados a ataques contra mim e Brewer do que ao trágico massacre dos ianomâmis de Hashimo-teri, como mencionei no capítulo anterior.

Os pacotes mostravam considerável sofisticação na forma como foram montados, na lista de destinatários, na hierarquia dos cargos administrativos da minha universidade e na lista dos órgãos, com seus respectivos endereços, que financiavam partes da minha pesquisa.

Logo depois que esses primeiros pacotes de correspondências ofensivas foram enviados pelos salesianos, em 23 de março, meu ex-aluno venezuelano Jesus Cardozo, muito descontente comigo, me visitou na Universidade da Califórnia em Santa Barbara. Ele já era aluno de pós-graduação em antropologia na UCSB quando comecei a lecionar ali, em 1984; como desejava estudar os povos nativos da Venezuela, foi-me atribuído como orientando. Em 1985 eu o levei para a área dos ianomâmis. Depois de alguns dias nessa sua primeira viagem de campo comigo, ele raivosamente criticou a mim e a Raymond Hames, meu colega de pesquisa. Hames e eu havíamos deixado Cardozo em Haoyaböwei--teri, uma pequena comunidade ianomâmi na beira do rio, na margem oposta ao posto salesiano satélite de Mavaquita; nós dois continuamos subindo o rio Mavaca mais dois dias até Mishimishimaböwei-teri, onde iríamos trabalhar. Várias semanas depois, descendo novamente o rio, por coincidência dormimos na margem do rio em Mavaquita, algumas centenas de metros rio abaixo de Haoyaböwei-teri. Cardozo ouviu o nosso motor e enviou vários ianomâmis em uma canoa para nos entregar uma mensagem. A mensagem dizia que ele queria uma carona conosco de volta à missão salesiana principal, em Mavaca, e precisava da minha ajuda para pagar aos ianomâmis por trabalhos que tinham feito para ele. Na manhã seguinte deixei Hames no nosso acampamento e voltei para o *shabono* de Haoyaböwei-teri, onde Cardozo estava hospedado. Quando comecei a "pagar" aos ianomâmis, ele não gostou da forma como eu estava agindo: dei ao cacique um facão, um dos bens de troca mais valiosos que eu tinha oferecido a Cardozo para que ele pudesse pagar aos informantes. Ele protestou, dizendo que aquele homem não havia feito nenhuma tarefa para ele e não merecia um facão. Expliquei-lhe que isso não fazia nenhuma diferença: era necessário dar ao cacique um objeto importante, tivesse ele feito alguma tarefa ou não, simplesmente porque ele era o cacique.

Dois dias depois de ver ianomâmis pela primeira vez, quando Hames e eu o levamos para aquela aldeia, Cardozo nos disse que sabia como tratar os ianomâmis porque eram todos venezuelanos como ele, eram seus "irmãos", e era preciso tratá-los como crianças, como adolescentes mimados, se eles se comportassem mal. E aparentemente era o que ele estava fazendo, o que deixou o cacique ianomâmi aborrecido e irado. Quando terminamos de pagar aos ianomâmis, o que levou muito mais tempo do que o necessário porque Cardozo ficava contestando cada objeto que eu dava aos informantes, voltamos ao acampamento. Depois disso, quando tentamos carregar a canoa, Hames e eu tivemos uma discussão com Cardozo sobre o seu comportamento. Quando chegamos a Mavaca, no fim da tarde, Cardozo foi refugiar-se com os missionários salesianos. Não sei de nenhuma pesquisa significativa sobre os ianomâmis que ele tenha feito desde então.[3] Em sua visita em 1994, ele tentou – sem conseguir – me excluir da banca examinadora do seu doutorado. Durante o tempo em que lecionei na UCSB, ele não concluiu seu doutorado ali.

Cardozo, tal como um punhado de outros ex-alunos e colegas de pós-graduação, aparentemente achava mais fácil prosperar na etnografia dos ianomâmis acusando a minha pessoa em vez de empreender os prolongados esforços necessários para produzir pesquisas academicamente aceitáveis, trabalhando em lugares remotos e condições indesejáveis. Na sua visita de 1994 Cardozo me informou que na Venezuela era crime fazer afirmações falsas sobre outras pessoas, como, por exemplo, a minha afirmação de que os salesianos vinham fornecendo espingardas aos ianomâmis sistematicamente ao longo dos anos e que algumas dessas espingardas tinham sido usadas para matar outros ianomâmis. Tal crime, continuou ele, acarretava pena de prisão. Ele então deixou claro que era possível que eu fosse preso se voltasse para a Venezuela. Queria que eu soubesse que o procurador-geral da Venezuela era um bom amigo do bispo salesiano de Caracas (Ignacio Velasco, ex-bispo do estado de Amazonas) e com toda a certeza ficaria a favor dos salesianos em uma ação judicial que eles movessem contra mim por difamação.

Em maio de 1994 o padre Cappelletti publicou um artigo crítico a meu respeito no boletim da Associação Americana de Antropologia. Para minha surpresa, a mesma edição também incluía um artigo crítico sobre mim escrito por Terence Turner.[4] Achei estranho que um salesiano proeminente e um dos meus antigos críticos antropólogos ativistas publicassem, coincidentemente, artigos críticos a meu respeito na mesma edição de uma revista de antropologia, pois eu tinha disputas diferentes com cada um desses dois grupos. Turner já havia publicado observações críticas contra mim ocasionalmente ao longo dos anos, e tinha me acusado em público em diversos congressos de antropologia. Eu nunca havia publicado nada em resposta aos seus ataques. Na *Anthropology Newsletter* de setembro de 1994, escrevi um artigo, juntamente com Charles Brewer, respondendo aos ataques feitos contra nós por Cappelletti e Turner.

O artigo de Cappelletti no boletim da AAA repetia muitos dos mesmos argumentos que monsenhor Velasco já havia apresentado. O longo artigo de Turner na seção "Comentários" do boletim citava vários dos meus supostos delitos e lembrava ao leitor duas vezes que "as teorias sociobiológicas de Chagnon" eram um fator na minha disputa com os salesianos. Só que minhas "teorias sociobiológicas" não tinham nada a ver com a minha disputa com os salesianos. A intenção de Turner era fazer os leitores do boletim da AAA que fossem adversários da sociobiologia se lembrarem das minhas teorias, tão inaceitáveis. Turner afirmava, falsamente, que Charles Brewer estava sendo investigado pelo governo venezuelano por seus supostos interesses ilegais de mineração em áreas tribais, e repetia a falsa alegação de que Charles Brewer e eu não estávamos autorizados a investigar o massacre de Hashimo-teri:

> O presidente da Venezuela de fato nomeou essa comissão em 9 de setembro, mas a dissolveu apenas cinco dias depois, após protestos maciços por parte de organizações indígenas, antropólogos e outros acadêmicos, políticos e missionários contra a presença de Brewer-Carías [Brewer também era conhecido como Brewer-Carías] e Chagnon na comissão. Isso ocorreu dez dias antes de Chagnon e Brewer chegarem, em um avião da força aérea, a Haximu, apresentando-se como membros legítimos da comissão presidencial. Enquanto isso, o presidente nomeara uma nova comissão, que se dirigiu ao local, chegando [...] após Chagnon e Brewer-Carías.[5]

Essa falsa afirmação se tornaria uma constante entre os salesianos e os antropólogos ativistas. Futuramente ela reapareceria vezes sem conta.

Quando Brewer e eu respondemos a Cappelletti e Turner, fomos informados por Susan Skomal, a editora do *Anthropology Newsletter*, de que nossa resposta apareceria na seção de cartas e teria que se limitar a quinhentas palavras. Quando pedi um espaço igual ao de Cappelletti e Turner, Skomal ficou firme e acrescentou que o longo artigo de Turner "era de interesse geral para os membros da associação" e que um segundo artigo sobre o mesmo tema seria desnecessário. Depois fiquei sabendo que nós de fato deveríamos ter recebido espaço igual na publicação, e que a decisão de Skomal estava incorreta.[6]

AS REUNIÕES ANUAIS DA AAA DE 1994

Em 14 de novembro de 1994 um antropólogo chamado Frank Salamone, que lecionava "missiologia" e antropologia no Iona College, me telefonou dizendo que iria dirigir uma sessão na próxima reunião anual da AAA em Atlanta, dali a duas semanas, e queria que eu participasse. Disse que o padre José Bórtoli, chefe dos postos das missões salesianas no estado de Amazonas, tinha ido a New Rochelle, no estado de Nova York, e estava hospedado com o padre Enzo Cappelletti, diretor das missões salesianas nos Estados Unidos. Salamone disse que era amigo de Cappelletti e se referia a Bórtoli pelo seu primeiro nome. O Iona College não tem conexões oficiais com a ordem salesiana, mas fica na cidade de New Rochelle, onde se localiza a sede das missões salesianas nos Estados Unidos. Nas reuniões da AAA em Atlanta eu deveria discutir com Bórtoli minhas discordâncias em relação a algumas práticas dos missionários salesianos.

Salamone propôs um volume editado em conjunto no qual nós discutiríamos o que Salamone (e outros) mais tarde caracterizaram como a "guerra mais feia" entre a antropologia e a Igreja Católica em toda a história da nossa disciplina. Ele queria restringir o livro à minha disputa com os salesianos, mas insisti em incluir outros grupos, como a Missão Novas Tribos. Salamone concordou com essa sugestão. Não tive nenhuma dificuldade para encontrar uma editora acadêmica respeitável que se entusiasmasse em publicar o livro – a mesma do meu muito bem-sucedido *The Yanomamö*, a monografia mais popular já utilizada em cursos de introdução à antropologia nas universidades americanas.

Na véspera da sessão de Salamone saí para jantar com ele e alguns salesianos. Embora os salesianos e eu estivéssemos agora criticando abertamente uns aos outros, eu ainda esperava que pudéssemos resolver nossas diferenças durante as várias discussões que teríamos nessas reuniões. Nesse jantar havia um sacerdote salesiano, americano de origem irlandesa, que eu não sabia que trabalhava para Cappelletti na sede americana da ordem. Seu nome era Donald Delaney. Durante o jantar ele me advertiu várias vezes, em particular, com um tom de voz grave e severo, dizendo, em suma, algo como: vamos nos vingar de você; os salesianos não são uma ordem qualquer da Igreja Católica que se possa criticar impunemente. Salamone nunca mencionou, quando telefonou para me convidar, que acabara de fazer uma viagem à missão salesiana em Mavaca, a base de Bórtoli, a convite dos salesianos. Seu companheiro de viagem fora o padre Delaney. Salamone também tinha entrado em contato com Terence Turner, outra coisa que ele não tinha me informado.[7]

Na sessão de Salamone na AAA o padre Bórtoli e eu fizemos declarações sobre nossas respectivas divergências, em tom geralmente amigável, focando as consequências, para os ianomâmis e os iecuanas, da reserva de biosfera de cuja criação Charles Brewer e eu participamos de forma ativa. Bórtoli reconheceu nosso papel em convencer o presidente Carlos Andrés Pérez a criar essa área especial.

Já no final da reunião, Salamone chamou Turner, que estava em pé no fundo da pequena sala, totalmente lotada. Turner me acusou raivosamente por, entre outras coisas, "solapar" a posição de Davi Kopenawä, um ianomâmi brasileiro que estava "emergindo" como líder político proeminente no Brasil.[8]

Fiquei aborrecido por Salamone chamar Turner para responder ao que eu tinha dito. Ficou imediatamente claro para mim que Salamone havia planejado que Turner estivesse lá para fazer uma declaração provocativa. Quando me ofereceram a oportunidade de responder a Turner, eu disse: "Pode apostar que quero responder, mas esta reunião é uma tentativa de estabelecer algum tipo de trégua entre os salesianos e mim, e não de jogar mais lenha na fogueira que já existe [...]. As observações de Turner não contribuem para esse fim".

Depois das reuniões da AAA em 1994, Salamone e eu começamos a trocar os capítulos que cada um de nós tinha escrito para o nosso planejado livro, e demos sugestões um ao outro. Quando foi se aproximando a data de publicação, Salamone acrescentou um capítulo que era uma lista das acusações políticas que os salesianos tinham feito nos jornais venezuelanos visando me desacreditar.

Quando entrei em contato com nossa editora informando que eu pretendia acrescentar um capítulo para contestar as alegações do novo capítulo de Salamone, a editora decidiu cancelar o contrato, percebendo que as questões eram mais políticas do que acadêmicas e não tinham lugar em um livro destinado a cursos de graduação em antropologia.

As publicações posteriores de Salamone[9] sobre a minha disputa com os salesianos indicam que sua posição era irremediavelmente tendenciosa em favor deles. Eu tinha presumido que Salamone me contatara originalmente em um espírito de cooperação e profissionalismo, mas seu comportamento subsequente me levou a concluir que ele tinha a intenção oculta de me desacreditar e de fazer os salesianos parecerem vítimas das minhas críticas, supostamente injustas.

Nos meses seguintes também fiquei sabendo que o padre Cappelletti planejava procurar um psicólogo para me "analisar" à distância e publicar seus resultados, definidos de antemão, afirmando que eu era um psicopata. Salamone afirma: "Foi com algum esforço que Delaney e eu convencemos Cappelletti a manter a calma e a não contratar um psicólogo para fazer um perfil de Chagnon, por exemplo. Cappelletti vociferava que estava disposto a gastar 20 mil dólares em um estudo desse tipo".[10]

ENTRA EM CENA PATRICK TIERNEY

Na primavera de 1994 comecei a receber e-mails e telefonemas de colegas espalhados pelos Estados Unidos acerca de um escritor chamado Patrick Tierney, que os tinha contatado pedindo informações a meu respeito. Ficou claro para eles que Tierney queria informações que fossem depreciativas e desabonadoras.

Cerca de um ano depois de começarem esses avisos, recebi um telefonema do gabinete jurídico da UCSB. Um funcionário me informou que Tierney havia solicitado, por meio da Freedom of Information Act [Lei da Liberdade de Informação], um resumo da quantia em dólares para apoio à pesquisa que eu já havia recebido da UCSB desde que entrara no seu corpo docente. Essa pessoa me disse que "ele ficou extremamente surpreso, e insistiu que os valores simplesmente tinham que ser muito maiores".

Em 2 de outubro de 1995 Tierney apareceu no campus da UCSB, em Campbell Hall, o auditório onde eu estava dando uma palestra para uma grande turma de estudantes. Quando minha palestra terminou, ele se aproximou, se apresentou como jornalista e perguntou se poderia falar comigo. Respondi sem rodeios que eu sabia das suas tentativas de obter informações depreciativas sobre mim e que não tinha interesse em falar com ele. Quando me afastei, pensei que essa poderia ser uma oportunidade para descobrir o que ele queria fazer, então me virei e o convidei para ir à minha sala na manhã seguinte.

Quando ele apareceu, perguntei-lhe por suas credenciais de imprensa. Ele não tinha nenhuma. Passei então a confrontá-lo acerca de um artigo eivado de erros do qual ele fora coautor, junto com Leda Martins, publicado em abril na página de opinião do *New York Times*, sobre a suposta destruição ecológica que Charles Brewer tinha causado ao meio ambiente da Venezuela com "suas atividades de mineração de ouro".[11] Tivemos uma discussão um tanto acalorada sobre a inexatidão das suas informações e as alegações infundadas que ele e Martins tinham feito sobre Brewer.

Perguntei-lhe então sobre um certo "dossiê", do qual eu tinha ouvido falar por diversos colegas, que ele supostamente estava elaborando a meu respeito. Ele negou ter qualquer conhecimento de tal dossiê. Conversamos por apenas uma meia hora, quando então eu lhe disse que tinha trabalho a fazer e indiquei que a conversa havia acabado.

SABOTAGEM ÀS MINHAS VIAGENS PARA A TERRA DOS IANOMÂMIS

Em 1995 fui procurado por editores da *Veja*, uma das revistas de notícias mais populares do Brasil, para fazer uma reportagem sobre os índios ianomâmis do lado brasileiro da fronteira. Eu não visitava essa área desde 1967, quando fiz minha primeira (e naquela época única) viagem para lá. Os editores da *Veja* me garantiram que poderiam conseguir as autorizações de pesquisa necessárias junto à Funai, a agência nacional que regulamentava o acesso às áreas onde viviam os índios brasileiros.

Fiquei muito interessado nesse convite porque eu poderia obter informações para alguns dos meus estudos de campo mais recentes sobre várias aldeias que agora se localizavam do lado brasileiro da fronteira. Entre 1990 e 1992 eu tinha contatado e estudado um grupo de novas aldeias ianomâmis na bacia do rio Siapa, na Venezuela, próximas à fronteira, de população intimamente aparentada com várias aldeias logo do outro lado da fronteira, no Brasil. De fato, o cacique de Doshamosha-teri, uma aldeia que estudei no rio Siapa, na Venezuela, era irmão do cacique de uma das aldeias brasileiras, Abruwä-teri. Logo a oeste de Abruwä-teri ficavam muitas aldeias dos kohoroshi-teri e karawatari, na bacia do rio Cauaburi, cujos membros haviam capturado e aprisionado Helena Valero nos seus primeiros anos de cativeiro.

Viajei para Boa Vista via Santa Elena, uma cidadezinha venezuelana perto da fronteira com o Brasil. Boa Vista é a capital do estado brasileiro mais ao norte do país, Roraima, área que era altamente dependente da mineração e da pecuária. De Boa Vista peguei um taxi aéreo local e fui diretamente para a aldeia ianomâmi de Abruwä-teri, no estado brasileiro do Amazonas. Passei uns dez dias em Abruwä-teri coletando genealogias que vinculavam sua população a pessoas que eu havia estudado na Venezuela. Também registrei informações detalhadas sobre como as aldeias tinham se cindido a partir de vários grupos do lado venezuelano da fronteira. Na época, em 1995, algumas aldeias que os abruwä-teri mencionaram haviam tido pouco ou nenhum contato com o mundo exterior e continuavam isoladas em uma área muito remota do sul da Venezuela. Vários meses antes eu tinha sobrevoado essa área, partindo do lado venezuelano, e fotografado várias dessas aldeias, algumas relativamente grandes, na faixa de 150 habitantes a julgar pelo tamanho dos seus *shabono*.

Meus adversários ativistas no Brasil tinham descoberto que eu havia entrado em aldeias ianomâmis e agora estavam tentando freneticamente interromper a minha pesquisa. Eles enviaram uma mensagem de protesto – um dossiê – para o escritório da Funai e entraram em contato com o seu "chefe" ianomâmi residente, Davi Kopenawä, instando-o a intervir. Kopenawä "proibiu" o piloto do meu aviãozinho de pousar em áreas onde ele, Kopenawä, tivesse influência.[12]

O dossiê secreto de que haviam me falado foi utilizado várias outras vezes para sabotar minhas viagens de campo planejadas; essa foi a primeira vez. Alice Dreger, historiadora da ciência que entrevistou muitos dos principais envolvidos no escândalo que vou agora relatar e mais tarde publicou um artigo a respeito, escreve:

> Curiosamente, quando perguntei pela primeira vez a [Leda] Martins sobre o dossiê, ela me disse que ela o havia escrito: "Eu escrevi o dossiê e o entreguei à Funai". Porém, depois ela mudou sua afirmação, dizendo: "Patrick Tierney escreveu o dossiê Chagnon e eu o traduzi para o português. [...] Apresentei o dossiê às autoridades brasileiras [empregados da Funai] e a defensores dos direitos humanos que procuravam informações sobre Chagnon, o qual estava buscando permissão para entrar no território ianomâmi no Brasil. Fui eu que fiz circular o dossiê no Brasil, pois as pessoas me conheciam e confiavam em mim. Eu confiava em Patrick e não chequei as suas referências".[13]

Por meio de algumas manobras criativas da aeronave e permutando combustível com outros pilotos, meu piloto conseguiu me tirar de Abruwä-teri e me levar de volta a Boa Vista. Quando aterrissei, já tarde, um jornalista brasileiro se apresentou como correspondente de um dos jornais mais importantes do Brasil, *O Globo*, pedindo uma entrevista. Eu estava muito cansado e lhe pedi que viesse encontrar-me de manhã.

Na manhã seguinte ele veio tomar café da manhã comigo no meu hotel. Mostrou então um documento que, segundo ele, lhe tinha sido entregue na véspera. Era uma lista de acusações às quais ele queria que eu respondesse. Convidei Antonio Mari, o fotógrafo brasileiro encarregado pela *Veja* de cobrir aquela matéria, para sentar-se conosco e traduzir. O documento acabou sendo o tal dossiê de que haviam me falado, e essa foi a primeira vez que vi uma cópia dele.

O jornalista brasileiro leu para mim várias acusações do documento, as quais mesmo para ele pareciam absurdas e sem dúvida visavam me desacreditar politicamente. Não pude deixar de rir de algumas delas: por exemplo, que eu fora largamente responsável por "desestabilizar" o governo venezuelano, fazendo-o cair em 1993. O jornalista aos poucos percebeu que todas as afirmações eram, em essência, ataques políticos contra mim. Sua pergunta final foi algo como: o senhor é acusado de dizer que Davi Kopenawä não é o chefe dos ianomâmis brasileiros e que as declarações dele são em grande parte elaboradas por seus mentores estrangeiros. Respondi que era verdade, pois eu já havia visitado e estudado cerca de sessenta diferentes aldeias ianomâmis, e seus líderes não tinham autoridade fora das suas aldeias, a não ser que estivessem sendo preparados para tal por pessoas de fora, tais como missionários, políticos ou líderes de ONGs. Ele disse: "A maioria de nós, da imprensa, também tem essa opinião, mas não é algo que será bem recebido se escrevermos isso em um artigo para publicação". Ele me agradeceu pelo tempo que lhe dediquei e me entregou a sua cópia do dossiê.

Deixei o Brasil no dia seguinte. Mais tarde fui informado por Mari de que o dossiê também havia sido enviado ao escritório da Funai, mas chegara tarde demais para que minha autorização fosse negada, conforme a intenção dos remetentes.

MINHA VIAGEM DE 1997 PARA DAR PALESTRAS NA UFRR

Na minha viagem ao Brasil para a *Veja* iniciei contatos com os administradores da Universidade Federal de Roraima (UFRR), em Boa Vista. Começamos então a planejar uma colaboração formal de longo prazo entre a UFRR e a Universidade da Califórnia em Santa Barbara. Os acadêmicos brasileiros pareciam entusiasmados e muito satisfeitos com essa possibilidade e mandaram um de seus administradores a Santa Barbara para iniciar as conversas. O plano era possibilitar o intercâmbio de estudantes e professores de antropologia das duas universidades e desenvolver um programa de pós-graduação em antropologia na UFRR.

Como parte do lançamento desse programa, concordei em dar uma série de palestras gratuitas na UFRR – um "minicurso" de antropologia – e levar um grupo de alunos da universidade para uma ou mais aldeias ianomâmis em Roraima, a fim de lhes dar algum treinamento prático de trabalho de campo.

Fiz uma segunda viagem para Boa Vista em março de 1997, novamente passando por Santa Elena, na Venezuela. Escolhi essa rota porque era muito mais barata e rápida do que via Brasília, Rio de Janeiro ou São Paulo, as rotas normais escolhidas pela maioria dos que saem dos Estados Unidos. Minha visita coincidiu com uma denúncia sensacionalista contra mim publicada em 4 de março, em *O Estado de S. Paulo*, feita pela antropóloga ativista brasileira Alcida Ramos, uma das pessoas que havia muito me hostilizavam e a coautora do ataque feito a mim na *Antropology Newsletter* de 1989 depois do meu artigo de 1988 na revista *Science*. Aparentemente ela tinha sido informada da minha viagem e planejou a data da sua denúncia em um grande jornal brasileiro para coincidir com a minha chegada. Seu artigo virulento bastou para que vários "líderes" indígenas de Roraima, inclusive Davi Kopenawä, e as ONGs que os defendiam também protestassem. Como resultado do artigo de Alcida Ramos, a Funai imediatamente revogou a autorização, que já fora concedida, para que um grupo de estudantes brasileiros de antropologia da UFRR visitasse qualquer aldeia ianomâmi para treinamento de campo sob a minha supervisão. O "chefe" de um dos grupos indígenas, os macuxis, a tribo que Leda Martins estava estudando, enviou uma carta ao reitor da UFRR em Boa Vista *por meio de seu advogado* protestando contra a minha presença em Roraima e instando o reitor a suspender qualquer colaboração comigo.

O reitor me convidou para jantar para me garantir que o cancelamento da minha autorização era apenas um revés temporário e que os funcionários da Funai lhe garantiram privadamente que depois que os clamores na imprensa esmorecessem a autorização para eu levar os alunos a aldeias ianomâmis seria discretamente aprovada.[14] Dei duas semanas de palestras na UFRR e voltei para minha universidade em Santa Barbara, convencido de que fazer o trabalho de campo tradicional da antropologia acadêmica no Brasil, em colaboração com os antropólogos brasileiros, não era viável. O programa de intercâmbio com a UFRR morreu e nunca mais foi retomado.

Também achei impossível compreender o contraste entre as forças que afetam os povos nativos na área de Roraima. As terras dos povos indígenas estavam sendo invadidas por exploradores implacáveis, que em alguns casos matavam sem piedade os povos nativos. Porém, em vez de fazerem algo de útil e eficaz para acabar com isso, os praticantes presumivelmente "esclarecidos" da antropologia no Brasil estavam proibindo a maioria dos antropólogos de sequer visitar os povos nativos. Em consequência, estes agora dependiam de um punhado de antropólogos radicais que de forma ciumenta controlavam seu destino. E esses mesmos antropólogos radicais informavam aos povos nativos quem eram as pessoas más que eles deviam criticar vigorosamente. Essas pessoas más eram outros antropólogos, na maioria americanos, e não as forças econômicas do Brasil e da Venezuela que estavam destruindo as terras e o modo de vida dos povos indígenas.

MINHA VIAGEM À VENEZUELA EM 1998

Em 1998 tentei novamente continuar meu trabalho entre os ianomâmis da Venezuela. Fui procurado por vários pesquisadores médicos da Universidade de Cincinnati, que queriam que eu participasse de um estudo psiquiátrico dos ianomâmis. Concordei, com a condição de que o projeto também incluísse um componente prático de saúde pública, ou seja, fornecer aos ianomâmis um acesso confiável e de longo prazo aos serviços médicos normais da sociedade civil que fossem aprovados pelas autoridades sanitárias venezuelanas e envolvessem profissionais venezuelanos da área médica.[15]

Eu também estivera em contato com várias autoridades do Departamento de Estado em Washington e da embaixada americana em Caracas, que foram muito cooperativos e interessados em ajudar os ianomâmis. Por meio deles, um dos subsecretários de Estado, Gare Smith, entrou em contato comigo em Santa Barbara e me pediu que o levasse à área dos ianomâmis como visitante, para que ele pudesse ver em primeira mão índios não aculturados da Bacia Amazônica. Ao mesmo tempo, o Departamento de Estado estava sendo pressionado por ONGs americanas para se interessar pelas tribos da região, em resposta às frequentes notícias de abusos cometidos contra elas por pessoas de países sul-americanos. Ele não queria que essa viagem fosse uma visita "oficial" do Departamento de Estado; mas, como também tinha outros negócios a tratar na embaixada americana em Caracas, queria aproveitar a viagem oficial para fazer uma visita oficiosa aos ianomâmis.

Quando a notícia desse meu arranjo com Smith foi divulgada na Venezuela, vários padres salesianos apareceram na embaixada americana querendo reunir-se imediatamente com ele. Entre eles estava Jesus Cardozo, meu ex-aluno de pós-graduação na UCSB, que agora trabalhava em estreita colaboração com os salesianos.

Em agosto viajei para a Venezuela junto com a equipe médica da Universidade de Cincinnati, para realizar o estudo planejado por eles. Eu já havia combinado um encontro com Smith e outros membros do Departamento de Estado no meu hotel, naquela noite, para acertar os detalhes do nosso plano de ir até a área dos ianomâmis. Eu não sabia da reunião dessas autoridades com os salesianos naquele mesmo dia. Quando Smith e um colega do Departamento de Estado chegaram ao meu hotel, disseram que os salesianos eram terminantemente contra a minha ida à área dos ianomâmis, e ainda mais opostos à ideia de que Smith ou qualquer autoridade do Departamento de Estado viajasse comigo.

Smith disse que os salesianos tinham uma longa lista de queixas específicas sobre mim e a minha pesquisa, elaborada por um grupo de antropólogos supostamente de destaque internacional. Mostrou-me uma cópia de um documento que acabava de ser enviado por fax, naquele mesmo dia, para os salesianos e várias autoridades venezuelanas. Seu conteúdo era quase idêntico ao do dossiê que o jornalista brasileiro havia me passado em 1995, mas também refletia queixas específicas surgidas nas denúncias feitas contra mim por Alcida Ramos nos jornais brasileiros. Smith me deu o fax.

Logo depois, os médicos de Cincinnati e eu voltamos para os Estados Unidos. Não fomos autorizados a entrar na área dos ianomâmis. Mais uma vez, o "dossiê secreto" conseguiu sabotar meus planos de estudos de campo.

Um ou dois dias depois, Smith e seus companheiros do Departamento de Estado foram levados por um helicóptero da força aérea venezuelana até a área dos ianomâmis, viagem amplamente divulgada nos jornais do país. Jesus Cardozo e os seus simpatizantes salesianos foram seus guias e promotores.

Mais tarde Smith me enviou uma longa mensagem resumindo o que havia acontecido na viagem. Além de concluir que Cardozo e os salesianos tinham um ódio quase fanático por mim, explicou que Cardozo queria de toda maneira que o Departamento de Estado me detivesse e me pusesse na prisão por supostos crimes que eu havia cometido contra os ianomâmis. Quando Smith lhe perguntou quais crimes eu cometera, Cardozo respondeu que eu trabalhava para o governo dos Estados Unidos e para a Atomic Energy Commission. (Como já mencionei, partes da minha pesquisa foram financiadas por órgãos governamentais americanos como o NIMH, a NSF e a AEC.) Smith disse que lhe respondeu então que ele também trabalhava para o governo americano. Será que isso também fazia dele um criminoso? E acrescentou que quando o avião pousou Cardozo se afastou com raiva, sem se despedir, parecendo muito irritado porque o Departamento de Estado se recusava a me prender.

APOSENTO-ME EM 1999

Em 1999 decidi pedir aposentaria antecipada da UCSB. Meu interesse – na verdade, minha paixão – no campo da antropologia era a pesquisa de campo: descobrir novas informações sobre o povo que eu estudava, os ianomâmis, e onde ele se encaixa na saga da evolução humana. Lecionei no maior curso que meu departamento oferecia – com mais de novecentos alunos – e provavelmente ajudei mais doutorandos bem-sucedidos do que qualquer outra pessoa no meu departamento. Eu poderia parar de fazer pesquisas de campo e ministrar cursos pequenos, especializados, e continuar a publicar artigos relatando os resultados dos meus estudos. Mas decidi que se eu não podia mais continuar meus estudos de campo sobre os ianomâmis, que estavam mudando com grande rapidez – e eu queria desesperadamente documentá-los antes que essas mudanças se espalhassem pela sua população –, então continuar na vida acadêmica seria insatisfatório, uma frustração. O que eu mais amava na antropologia não era mais possível. Também fiquei muito irado com os que estavam sabotando meus esforços de pesquisa de campo, a qual exigia uma preparação muito cara, que eu tinha que pagar do meu próprio bolso.

Minha esposa e eu vendemos nossa modesta casa em Santa Barbara e nos mudamos de volta para Michigan.

UM ESCÂNDALO IMINENTE

Cerca de um ano depois que me mudei para Michigan, meu ex-aluno Raymond Hames me mandou um e-mail. Começava dizendo como lamentava ser ele a me enviar aquela mensagem, pois ela continha o texto de uma acusação das mais odiosas e desprezíveis que se possa fazer contra um acadêmico profissional.

O texto era escrito por dois antropólogos, Terence Turner e Leslie Sponsel, meus críticos e detratores de longa data. Seu longo e-mail, enviado em outubro de 2000, se dirigia à presidente e ao presidente eleito da Associação Americana de Antropologia e a uma lista de outras pessoas da organização. Datado de 1º de outubro de 2000, começava assim:

> Senhora presidente, sr. presidente eleito:
>
> Escrevemos para informá-los de um escândalo iminente que vai afetar a profissão da antropologia americana como um todo aos olhos do público, e despertar intensa indignação e apelos à ação entre os membros da associação. Em termos de escala, ramificações e pura criminalidade e corrupção, é algo sem paralelos na história da antropologia. [...] Essa história, um pesadelo – um verdadeiro coração das trevas da antropologia, além da imaginação até mesmo de um Josef [*sic*] Conrad (embora não, talvez, de um Josef Mengele) –, será vista (na nossa opinião corretamente) pelo público, assim como pela maioria dos antropólogos, como algo que coloca a disciplina como um todo no banco dos réus. Como disse outro leitor de um exemplar fornecido para divulgação, esse livro deve abalar os próprios alicerces da antropologia. Ele deve fazer com que todo o campo compreenda de que modo os protagonistas,

> corruptos e depravados, conseguiram espalhar o seu veneno durante tanto tempo, enquanto angariavam grande respeito em todo o mundo ocidental, e gerações de estudantes recebiam as suas mentiras como a substância introdutória da antropologia. Isso não deve jamais acontecer novamente.

O que eles assim descreviam era um livro de Patrick Tierney prestes a ser publicado, *Trevas no Eldorado: como cientistas e jornalistas devastaram a Amazônia e violentaram a cultura ianomâmi*. Os principais alvos eram eu mesmo, James V. Neel e outros pesquisadores da equipe que participaram ou de alguma forma se envolveram com as nossas tentativas de deter a epidemia de sarampo de 1968 que atingiu os ianomâmis, como já descrevi acima. Era por meio da minha monografia de grande sucesso sobre os ianomâmis que "gerações de estudantes recebiam as suas [minhas] mentiras como a substância introdutória da antropologia".

Não muito tempo depois que esse incendiário e-mail de Turner e Sponsel circulou, artigos sensacionalistas começaram a aparecer na imprensa. Um dos primeiros, na primeira página do jornal britânico *The Guardian*, fez a seguinte afirmação: "Cientistas 'mataram índios da Amazônia para testar teoria racial'". E no dia 9 de outubro a revista *The New Yorker* publicou um trecho do livro de Tierney, que estava no prelo.[16]

Comecei a receber telefonemas de jornalistas e repórteres do mundo todo, representando grandes agências de notícias e clamando para publicar minha resposta àquelas espantosas afirmações – especialmente a principal, a alegação sensacionalista de que eu e meus colegas tínhamos iniciado uma epidemia mortal de sarampo entre os ianomâmis 32 anos antes.

Eu negava as acusações, mas os que telefonavam só estavam interessados em extrair de mim alguns comentários que despertassem o interesse do leitor e pudessem ser usados em suas matérias. Lembro-me de uma dessas pessoas, uma repórter da revista *Time*. Depois que eu disse que as acusações eram falsas, ela falou que isso na verdade não importava: a *Time* simplesmente precisava publicar algo sobre aquela história sensacionalista, pois a *Newsweek* e outras concorrentes da *Time* fariam o mesmo. Não importava se a história era verdadeira ou falsa – ela causava comoção e envolvia supostas atividades suspeitas de cientistas proeminentes.

A RESPOSTA DA ASSOCIAÇÃO AMERICANA DE ANTROPOLOGIA

As reuniões de 2000 da Associação Americana de Antropologia foram realizadas de 17 a 20 de novembro, em San Francisco. Eu deixara de ser membro da AAA no final dos anos 1980 porque o campo da antropologia cultural tinha se tornado, na minha opinião, um blá-blá-blá ininteligível de jargão pós-moderno e um espaço onde ataques cínicos ao método científico eram comuns. Eu sabia, porém, que o livro de Tierney sairia em breve e que, com o e-mail de Turner e Sponsel e o trecho sensacionalista na *New Yorker*, eu provavelmente seria um tema central nas reuniões da AAA. Se alguma coisa viesse a ser feita pela comunidade profissional em resposta ao livro, decerto começaria na reunião anual de 2000.

Eu não estava preparado para o telefonema que recebi de Louise Lamphere, a presidente da AAA, a quem o memorando de Turner e Sponsel se dirigia. Ela me convidou para participar do painel que ia discutir as acusações feitas no livro de Tierney. Fiquei estupefato quando ela me disse que Tierney havia sido convidado para participar do painel. Em um fórum aberto, o painel discutiria as acusações de Tierney contra mim, Neel e outros pesquisadores acerca da nossa expedição de 1968 aos ianomâmis. (Neel havia morrido cerca de um ano antes.) De repente me senti muito constrangido, como se essas acusações contra mim já fossem consideradas verdadeiras pelas autoridades da AAA. Vários outros também estariam no palco com Tierney, no grande auditório do hotel.[17] Entre os convidados estavam Jesus Cardozo[18] e Nohely Pocaterra, uma deputada do governo venezuelano de origem indígena (wayuú) e ativa nos movimentos venezuelanos pelos direitos indígenas.

Declinei o convite de Lamphere para participar porque suspeitei que o fórum se transformaria em um frenesi de acusações agressivas, presunçosas e politicamente corretas, e eu não tinha interesse em me tornar a isca desse evento. Informei a ela que iria pedir ao professor William Irons, da Universidade Northwestern, meu amigo e colega de longa data, que me representasse na reunião, caso fosse necessário.

É notável que essa tenha sido a única vez que qualquer autoridade da AAA me convidou para participar de um debate ou para responder a qualquer das acusações que Tierney, Turner, Sponsel ou as diversas comissões da associação fizeram contra mim e contra Neel nos anos seguintes, durante os quais a AAA "investigou" tais acusações. Contudo, essa "investigação" durou mais de cinco anos e houve sessões inteiras das reuniões anuais da AAA dedicadas a aspectos dela – a mais recente em 2011, na reunião da AAA em Nova Orleans, em que três eventos distintos foram dedicados ao tema.

Cinco dos oradores no painel de 2000 fizeram críticas a Tierney e questionaram suas acusações, na medida em que estas eram conhecidas a partir do seu artigo na *New Yorker* (seu livro ainda não tinha sido publicado) e do e-mail de Turner e Sponsel. Dois outros oradores (Cardozo e Pocaterra) foram favoráveis às diversas acusações que Tierney lançava sobre mim e sobre Neel. Mais de oitocentas pessoas lotaram o auditório na primeira noite.[19]

Na segunda noite os organizadores da AAA abriram a sessão para perguntas da plateia, em uma discussão com microfone aberto. Essa sessão também estava lotada: a estimativa foi de mais de mil pessoas no público, um pouco mais que na primeira noite. Dois ex-alunos meus da graduação da UCSB gravaram a segunda sessão e me enviaram as gravações. O que ouvi nessas fitas foi vergonhoso e deprimente. Por exemplo, uma voluntária do Peace Corps [Corpo da Paz] lembrou, amarga e dramaticamente, que certa vez visitara Mavaca e eu não quis levá-la nem a seus amigos até a remota região dos shamatari que eu estava estudando. Ela afirmou, presunçosamente, que fui descortês com ela. O público aplaudiu. Tomou a palavra então um homem de Uganda: ele criticou o governo dos Estados Unidos por ter introduzido a Aids e o vírus mortal Ebola na sua tribo natal africana. Também foi muito aplaudido. David Maybury-Lewis, diretor do departamento de antropologia social da Universidade Harvard, me criticou pelos meus supostos métodos de campo, inaceitáveis e condenáveis, e pelo suposto dano que eu tinha causado aos ianomâmis ao colocar como subtítulo das primeiras edições da minha monografia *O povo feroz*.[20] Também foi aplaudido. Um dos seus livros sobre a tribo xavante no Brasil se intitula *O selvagem e o inocente*. Não se sabe o grau dos danos psicológicos sofridos pelos xavantes em consequência desse título.

Além do seu cargo acadêmico na Harvard, Maybury-Lewis também era fundador (com sua esposa, Pia) e diretor da Cultural Survival, uma importante ONG de defesa dos direitos dos povos nativos. Em 1987 criei minha própria ONG, que chamei de Yanomamö Survival Fund, porque temia que a corrida do ouro no Brasil em 1987 levasse à ocupação de missões venezuelanas por garimpeiros armados, como já tinha acontecido no Brasil. Minha ONG se destinava a prestar assistência médica aos índios para as novas doenças que inevitavelmente acompanham os influxos de gente de fora em áreas indígenas isoladas: mais de 40 mil garimpeiros tinham invadido territórios ianomâmis no Brasil e estavam se aproximando da fronteira com a Venezuela. Talvez a Cultural Survival considerasse meu fundo, uma organização sem fins lucrativos, como concorrente para as doações de caridade, porque tentou me denegrir.[21] O presidente da filial americana da Survival International era Terence Turner, ex-aluno de David Maybury-Lewis.

Essa ONG, Survival International, também me tratou com hostilidade. No site Evolutionary Psychology [Psicologia evolucionista], em maio de 2002, Stephen Corry, da filial da Survival International em Londres, escreveu, entre outras coisas, que meus dados sobre a violência entre os ianomâmis eram forjados.

O COMITÊ PEACOCK

Uma das primeiras medidas que a AAA tomou durante a reunião de novembro de 2000 em San Francisco foi elaborar um plano para investigar as acusações que Tierney fizera contra mim, Neel, Charles Brewer e outros. Porém, a atenção se voltava sobretudo para as acusações contra mim, e em menor medida contra Neel. Em dezembro de 2000 foi publicado o livro de Patrick Tierney, *Trevas no Eldorado: como cientistas e jornalistas devastaram a Amazônia e violentaram a cultura ianomâmi*.

O ex-presidente da AAA James Peacock, outro ex-aluno de Maybury-Lewis, foi convidado a formar um comitê para esse fim. Quando eu soube da existência desse comitê, escrevi para a AAA perguntando quem eram seus membros. Disseram-me que sua composição era confidencial. Essa resposta me surpreendeu.

À luz do princípio jurídico denominado "devido processo legal", eu me perguntava como era possível que eu, o acusado, não tivesse permissão de saber quem eram os meus acusadores, e nem mesmo quais eram os meus supostos crimes.

Os membros do Comitê Peacock,[22] como fiquei sabendo posteriormente a partir de um memorando datado de 21 de janeiro de 2001 e enviado à presidente da AAA, Louise Lamphere,[23] incluíam apenas uma pessoa que eu conhecia bem, um especialista em antropologia física do meu antigo departamento na UCSB.

O único papel do Comitê Peacock parece ter sido examinar as acusações feitas por Tierney em seu livro contra mim, Neel e outros, e a partir daí dar um parecer ao conselho executivo da AAA, opinando se uma "investigação" sobre as acusações de Tierney justificava alguma ação prática. Os membros do Comitê Peacock consideraram, então, o livro de Tierney capítulo por capítulo e elaboraram uma lista de questões que achavam que valia a pena investigar. O comitê produziu um relatório[24] para o conselho executivo da AAA. Peacock apresentou as recomendações do comitê para Lamphere, a presidente da AAA, em 21 de janeiro de 2001.

A INVESTIGAÇÃO QUE NUNCA HOUVE

Os diretores da AAA insistiram repetidas vezes que sua investigação não era uma investigação, mas sim uma "averiguação", pois as regras do Comitê de Ética da AAA proibiam a associação de "investigar"* acusações de conduta imprópria de seus membros. No entanto, o Comitê Peacock várias vezes descreveu sua missão precisamente com esse termo, sete vezes na primeira página do "Sumário Executivo" de Peacock e muitas vezes em outros lugares. Por exemplo:

> Esta força-tarefa foi encarregada de examinar as alegações em *Trevas no Eldorado*, de Patrick Tierney (e materiais relacionados), a fim de recomendar à

* O autor distingue *inquiry* ("averiguação") de *investigation* ("investigação"). Os dois termos frequentemente se confundem, mas o segundo sugere um processo mais formal, rigoroso e completo do que o primeiro. [N.E.]

presidente da AAA e à diretoria executiva fazer ou não uma investigação das alegações, a ser realizada pela AAA; e, em caso afirmativo, de que maneira.

O Comitê recomenda que a AAA realize uma investigação.

Essa investigação implicaria três níveis [...].

Um documento emitido por Jane Hill em novembro de 2001 (o dia não consta) enumera os membros da força-tarefa[25] que investigava as conclusões do Comitê Peacock. A diretoria da AAA criou a chamada Força-Tarefa Eldorado[26] "para realizar o que o conselho denominou de 'averiguação' sobre as alegações [...] contidas em *Trevas no Eldorado*, de Patrick Tierney. Tal 'averiguação' não tem precedentes na história da associação". Note que a palavra *averiguação* [*inquiry*] foi colocada entre aspas.

Hill incumbiu vários membros da força-tarefa de investigar as acusações feitas ou sugeridas por Patrick Tierney ou outros:

1. O sarampo foi introduzido na área dos ianomâmis em 1968 pela equipe de Neel, e seguiu a equipe de Neel em todos os lugares aonde ela foi, alastrando-se ainda mais;
2. A vacina Edmonston B contra o sarampo, usada pela equipe de Neel, era perigosa e contraindicada;
3. A equipe de Neel não prestou assistência médica aos ianomâmis;
4. Chagnon era discípulo de Neel, e suas teorias "sociobiológicas" davam respaldo às convicções de Neel sobre a eugenia;
5. Chagnon apoiava as opiniões políticas de direita do senador Joseph McCarthy;
6. Os objetivos de Neel em seu estudo sobre os ianomâmis ao longo de muitos anos, e especialmente na sua expedição de 1968, eram científicos. A vacinação contra o sarampo não tinha nada a ver com objetivos humanitários;
7. Outros antropólogos refutam as alegações de Chagnon;
8. Chagnon e Asch "encenaram" seus 22 filmes, e usaram cenários falsos. Ianomâmis morreram ao encenar cenas violentas e perigosas, obedecendo às instruções de Chagnon;

9. Chagnon usou enormes quantidades de bens de troca como suborno para que os informantes revelassem os nomes tabus de seus parentes mortos – nomes que ele dizia abertamente e em voz alta nas aldeias dos falecidos;
10. Chagnon tinha dois cães agressivos, pastores-alemães, que usava para intimidar "fortões" quando ia a bares, e regularmente mandava seus alunos se submeterem a sessões de treinamento como alvos desses cães de ataque;
11. Chagnon tinha uma pistola que utilizava frequentemente para intimidar os ianomâmis, disparando tiros em suas aldeias;
12. Chagnon se associou na Venezuela com "tipos criminosos" como Charles Brewer e Cecilia Matos, a consorte de longa data do presidente venezuelano Carlos Andrés Pérez. Eles criaram uma enorme "reserva de biosfera" que na verdade se destinava à mineração de ouro e a evitar que outros antropólogos estudassem os ianomâmis da Venezuela.

Essas acusações foram examinadas independentemente por Ed Hagen, Michael Price e John Tooby na UCSB. Eles verificaram a literatura científica sobre as várias acusações, usando tanto as fontes citadas por Tierney como outras fontes relevantes.[27] As acusações contra os filmes etnográficos foram examinadas por dois destacados cineastas etnográficos, Peter Biella e Jay Ruby, que conheciam os filmes que Asch e eu fizemos.[28] As alegações sobre "cães de ataque" foram investigadas por William Irons.[29] Muitas pessoas da comunidade acadêmica já investigaram a alegação de que a expedição aos ianomâmis que fiz com Neel em 1968 iniciou uma epidemia de sarampo.

As alegações de Tierney também foram exaustivamente analisadas por várias publicações e organizações científicas, tais como a International Genetic Epidemiology Society [Sociedade Internacional de Epidemiologia Genética], o *American Journal of Epidemiology* e a National Academy of Sciences [Academia Nacional de Ciências]. Todas elas concluíram que a acusação relativa à epidemia de sarampo não tinha o respaldo das provas.[30]

John Tooby, meu ex-colega de departamento na UCSB, disse que levou apenas algumas horas para concluir que a acusação de Tierney sobre a epidemia de sarampo era patentemente falsa.[31] Tooby descreve como chegou a essa conclusão:

> Comecei a telefonar para os Centros de Controle e Prevenção de Doenças em Atlanta. As conversas com vários pesquisadores, incluindo, por fim, o dr. Mark Papania, chefe do programa de erradicação do sarampo nos Estados Unidos, rapidamente desacreditaram todos os elementos básicos dos cenários de doença apresentados por Tierney. Por exemplo, os pesquisadores que testam a segurança das vacinas nunca conseguiram documentar, em centenas de milhões de usos, nem um único caso de vacina contra o sarampo com vírus vivo que levasse à transmissão contagiosa de um ser humano para outro – apesar de seus árduos esforços para detectar tal evento. Se o vírus vivo atenuado não salta de uma pessoa para outra, não pode causar uma epidemia. Tampouco se pode utilizá-lo para planejar uma epidemia, como foi alegado no caso, já que isso nunca aconteceu antes.[32]

O artigo de Tooby sobre sua investigação saiu na *Slate* em 25 de outubro de 2000. Contudo, Terence Turner, coautor com Leslie Sponsel do e-mail sensacionalista advertindo a presidente da AAA sobre o "escândalo iminente", fazendo a associação iniciar sua investigação, reconheceu em um e-mail de 28 de setembro de 2000 enviado a Samuel Katz, um dos desenvolvedores da vacina utilizada pela equipe de Neel na nossa expedição, que as alegações sobre a epidemia de sarampo feitas no livro de Tierney eram incorretas.[33]

Se a alegação principal do livro de Tierney era falsa, por que suas outras acusações causaram tamanho furor na mídia e na academia? Uma das razões é que algumas pessoas acreditam em falsidades e teorias conspiratórias porque gostam de pensar que seus colegas mais conceituados chegaram ao topo mediante subterfúgios. Outra razão é que esse escândalo era, simplesmente, suculento demais para ser ignorado pelos membros da imprensa, incluindo os editores da *New Yorker*. Mas outra razão, talvez mais importante, era que a minha crença em que a natureza humana tem uma evolução biológica – aquilo que Edward O. Wilson chamou de "sociobiologia" – era inaceitável para a maioria dos antropólogos culturais e outros acadêmicos. O livro de Tierney, o alerta de Turner e Sponsel às autoridades da AAA e a subsequente caça às bruxas realizada pela AAA se encaixavam bem em uma narrativa já existente, que se opunha à evolução no campo da antropologia cultural.

Eu era uma das mais visíveis entre as figuras na antropologia que esposavam esse ponto de vista tão desprezado. As acusações de Tierney davam aos oponentes do meu ponto de vista a oportunidade de desacreditar a sociobiologia.

O dano causado a mim e ao meu trabalho pelas falsas acusações desse livro devastou minha carreira de pesquisador, prejudicou minha saúde e submeteu minha família a um grave estresse – e também a família de James V. Neel, que morreu antes da publicação do livro de Tierney. Fiquei tão sufocado pelos incessantes telefonemas de jornalistas durante as primeiras semanas da cobertura da imprensa que certo dia de outubro de 2000 tive um colapso nervoso e precisei ser hospitalizado. Dois filhos de Neel são médicos como o pai e ficaram especialmente indignados com as distorções da ciência médica implicadas nas feias acusações que Tierney, Turner e Sponsel fizeram contra seu pai.

Um dos meus colegas, William Irons, disse-me que tinha assinalado todas as acusações de Tierney contra mim nas margens do livro, contando 106 acusações separadas. Aí não se incluem outras acusações feitas contra Charles Brewer, Jacques Lizot e o documentarista Timothy Asch. A maioria das acusações de Tierney já foi sistematicamente repudiada por pesquisadores independentes. Qualquer leitor pode verificar isso por si mesmo em http://www.anth.ucsb.edu/ucsbpreliminaryreport.pdf,* assim como no site de Douglas Hume, http://anthroniche.com/. O site de Hume é escrupulosamente neutro e inclui materiais que respaldam ambos os lados da controvérsia.

AS TREVAS EM *TREVAS NO ELDORADO*

Tierney cita "testemunhas oculares" ianomâmis (não nomeadas ou impossíveis de localizar) que assistiram aos alegados crimes cometidos por Neel e por mim. Porém, Tierney não poderia ter recebido permissão da Ocai, a agência venezuelana de assuntos indígenas, para entrar no território ianomâmi na época em que ele diz ter entrado, a menos que as missões salesianas aprovas-

* O site já não estava disponível no momento de fechamento da edição brasileira. [N.E.]

sem suas visitas e o convidassem a ir até lá, tal como fizeram com Salamone e outros que são simpáticos às suas ideias. Tierney teve acesso aos registros de saúde das missões salesianas, o que só poderia ter acontecido se os salesianos o tivessem aprovado.

Tierney cita a morte por sarampo, na missão salesiana de Ocamo, de um menino chamado Roberto Balthasar. Porém, o pai de Balthasar era brasileiro, e embora fosse casado, ao que consta, com uma índia, Tierney não dá nenhuma informação de que esta fosse ianomâmi. Curiosamente, ele não documenta no livro as centenas de mortes que, segundo alega, foram causadas pela nossa utilização da vacina Edmonston B contra o sarampo. Se essas mortes ocorreram, por que os registros da missão salesiana não as confirmam? Por que a única morte de sarampo descrita é a do jovem Balthasar?[34]

Da mesma forma, a missão salesiana de Mavaca, a montante de Ocamo, não registrou nenhuma morte por sarampo durante o período mencionado por Tierney. A comunidade ianomâmi de lá, Bisaasi-teri, desde que se trasladou para aquele local tinha recebido cuidados médicos de membros da Missão Novas Tribos e, na época da epidemia de sarampo de 1968, dos médicos franceses que chegaram até lá com a nossa expedição e da equipe médica de Neel. Para ser justo, em 1968 a missão salesiana de Mavaca estava apenas começando e talvez ainda não tivesse registros médicos, pois estes normalmente eram feitos por freiras e em 1968 as freiras ainda não tinham chegado ali. A terceira missão salesiana, Platanal, tinha em 1968 apenas um padre temporário da missão salesiana de Esmeralda, o padre Sanchez, mas não tinha freiras. Tierney diz que nós passamos ao largo da missão salesiana de Platanal, mas na verdade pernoitamos ali e não conseguimos vacinar os índios do local, os mahekodo-teri, apenas porque eles não estavam na aldeia: estavam a caminho de Patanowä-teri para participar de uma festa, como já mencionei acima. Nós vacinamos a maioria dos membros da grande aldeia de Patanowä-teri antes da chegada dos mahekodo-teri, e aplicamos nossas últimas vacinas nos patanowä-teri.

Tierney conta uma triste história sobre a reação dos "anciãos" de Patanowä-teri e Mahekodo-teri (como se as duas aldeias fossem uma só), que choraram quando ele lhes mostrou o filme que fiz com Asch, *The Feast*, supostamente porque viram no filme muitos de seus parentes mortos, os quais, Tierney sugere, morreram todos de sarampo. Não consigo imaginar nada mais ofensivo e censurável do que mostrar aos ianomâmis filmagens de seus parentes *falecidos*. Para alguém que me censurou com tanta arrogância, indignação e moralismo por eu ter descoberto os nomes verdadeiros de pessoas falecidas e os confirmado repetindo-os em sussurros no ouvido dos meus informantes, Tierney demonstra uma gritante insensibilidade e grosseria.

As copiosas notas de referência do livro de Tierney são muitas vezes enganosas e até inexatas, como vários pesquisadores já demonstraram.[35] Em seu capítulo criticando meu artigo de 1988 na *Science* e minhas teorias "sociobiológicas", Tierney se refere a um incidente ocorrido em um local extremamente remoto, por volta de 1950. Eu conseguira fazer uma reconstrução desse evento, essencial para o histórico dos seus padrões de assentamento. a partir de muitas horas de entrevistas com numerosos informantes; no entanto, Tierney faz referência ao evento como se tivesse encontrado uma testemunha ocular dele. Eis o que ele diz sobre o evento:

> A maior batalha das guerras entre os ianomâmis ocorreu em 3 de fevereiro de 1951. Foi um *nomohori*, uma festa traiçoeira oferecida por Riakowä, o cacique dos iwahikoroba-teri, na qual de onze a quinze homens de Kreiböwei-teri (a aldeia dos bisaasi-teri na época) foram mortos.[36]

Tierney cita um dos primeiros visitantes aos ianomâmis, Hector Acebes, autor de *Orinoco Adventure* [Aventura no Orinoco], página 242, como a fonte dessa informação. Nesse livro Acebes descreve uma breve visita a Tama Tama feita por volta de 1951 na companhia de Flora Trexel, uma missionária idosa, que lhe disse o seguinte: "Ela também disse que uma guerra tinha começado em 3 de fevereiro entre os guaicas do alto Siapa e os do Orinoco, mas não sabia se a luta já tinha terminado ou quem estava vencendo".

Trexel era colega de James Barker, o primeiro americano que viveu entre os ianomâmis da Venezuela tempo suficiente para se tornar fluente no seu idioma. Barker só tinha ouvido falar desse incidente havia pouco, e provavelmente passou essa informação para Trexel. É muito duvidoso que Barker soubesse a data exata do evento, pois ele me disse em 1965 que ficara sabendo dele por meio de Shinanokawä, o cacique dos mahekodo-teri, que havia visitado recentemente a área. Os ianomâmis não têm nenhum meio exato de especificar datas. Tudo o mais na discussão de Tierney sobre esse evento foram informações que *eu* tinha publicado com base nas minhas entrevistas com os ianomâmis sobreviventes desse *nomohori*. Essas informações não estão contidas em *Orinoco Adventure*. Porém, é claro que Tierney não poderia citar a mim como fonte dessas informações no mesmo livro em que me atacava.

Tierney termina o mesmo capítulo, intitulado "Assassinar e multiplicar" – uma referência cínica ao meu artigo para a *Science* em 1988 relatando o sucesso reprodutivo dos guerreiros *unokai* –, com este parágrafo bizarro:

> No entanto, havia algo de familiar na estratégia de Chagnon de listas secretas combinadas com acusações contra os onipresentes marxistas, algo que remonta à sua infância na zona rural de Michigan, quando Joe McCarthy era rei. Tal como os velhos *unokai* ianomâmis, o ex-senador de Wisconsin não corria perigo de morte. Sob o manto da Ciência,* Joe "Artilheiro" continuava atirando para todo lado – invicto, destemido e abençoado com descendentes em abundância, um dos quais, um menino pobre de Port Austin, havia recebido uma parte fundamental do seu espírito.[37]

De alguma forma, meu artigo de 1988 para a *Science* ilustra meu preconceito sociobiológico, o qual por sua vez está vinculado às minhas supostas opiniões de direita nessa discussão ridícula sobre a alegada influência do senador Joseph McCarthy sobre o "menino pobre" de Port Austin, Michigan.

* Trata-se aqui, provavelmente, de um trocadilho com o nome da revista *Science* (Ciência). [N.E.]

Em maio de 2002 a AAA aceitou o relatório final da força-tarefa, um documento em dois volumes. Entre as conclusões da AAA incluídas no relatório final havia uma entrevista feita pela antropóloga Janet Chernela com o ianomâmi brasileiro Davi Kopenawä. Este alegou que quando visitei brevemente sua aldeia, em 1967, incumbi os homens adultos que saíssem para matar ianomâmis vizinhos; eu daria o maior pagamento para quem matasse mais. Kopenawä tinha nove ou dez anos de idade quando visitei brevemente sua aldeia, mais de trinta anos antes. A partir de 1967, porém, ele fora exposto a ativistas brasileiros, que lhe contaram essa história e outras semelhantes. A história é absolutamente falsa. Em certo momento a AAA tinha um link para um site em que jovens estudantes em suas primeiras aulas de antropologia eram incentivados pelos instrutores a expressar suas opiniões sobre a minha moral e minha ética, e os danos que o meu trabalho infligia aos ianomâmis. A AAA acabou retirando o link.

Desde o início as investigações da AAA tinham enfrentado a oposição de parte de um pequeno grupo de antropólogos veteranos por diversas razões, sobretudo porque sabiam que tais investigações eram inaceitáveis segundo as regras da própria AAA e também porque algumas das acusações contra mim e Neel eram injustas e provavelmente falsas. *The Chronicle of Higher Education* resumiu, na edição de julho de 2005, algumas razões pelas quais esses antropólogos veteranos se opuseram à investigação, com as seguintes palavras:

> O relatório sofreu críticas imediatas e pesadas por parte de vários estudiosos. Esses críticos afirmaram que a composição do painel era tendenciosa, que não foi concedido ao sr. Chagnon o devido processo legal e que o site da associação tinha propagado (nas páginas de "comentários" relativos ao relatório da força-tarefa) uma nova leva de acusações sensacionalistas e sem fundamento contra o sr. Chagnon.[38]

Em novembro de 2003 Thomas Gregor e Daniel Gross elaboraram um referendo sobre segurança de vacinas e conseguiram incluí-lo em uma votação aberta a todos os membros da AAA. Eles os advertiram previamente sobre o perigo de fazer a AAA constar como uma entidade oposta ao uso de vacinas entre os nativos de países do Terceiro Mundo.[39] O grupo de Neel tinha usado uma vacina, a Edmonston B, que já fora aplicada com sucesso 18 milhões de vezes, sem nunca na sua história ter causado sarampo conforme descrito em *Trevas no Eldorado*. O referendo foi aprovado por uma margem de mais de 10 para 1.[40] Gregor me disse mais tarde que suspeitava que muitos antropólogos viram esse referendo como uma oportunidade para expressar sua oposição à força-tarefa de "investigação" e ao papel desempenhado nela por Turner e Sponsel.

Em 2004 Gregor e Gross publicaram um artigo meticulosamente pesquisado e extremamente crítico na revista *American Anthropologist*, examinando os erros cometidos pela AAA e chamando a atenção para, entre outras coisas, as violações das regras e diretrizes da própria associação.[41]

Eles lançaram então uma segunda proposta para referendo na AAA, em junho de 2005. A proposta pedia a rescisão da aceitação pela AAA do relatório final da força-tarefa.[42] Esse referendo também foi aprovado, mas por uma margem menor: 846 a 338 (cerca de 2,5 para 1).[43]

Esses resultados indicavam com clareza que a liderança da AAA estava significativamente fora de sintonia com seus associados. Gregor era da opinião de que Turner e Sponsel provavelmente foram pegos de surpresa pela primeira votação sobre a segurança das vacinas, e talvez tenham organizado e recrutado seus apoiadores para votar no segundo plebiscito.

Quase cinco anos se passaram entre a reunião anual de novembro de 2000 da Associação Americana de Antropologia em San Francisco, onde as acusações de Tierney foram divulgadas pela primeira vez, e a rescisão da aceitação pela AAA do relatório da Força-Tarefa Eldorado, em junho de 2005.

Esses cinco anos parecem um confuso pesadelo. O que se destaca no nevoeiro são os muitos artigos que foram publicados sobre o escândalo, e como muitos deles eram mal informados, falaciosos ou mesmo totalmente errados, e como muitos eram arrogantes, cruéis e cínicos.

Passei um bom tempo entrando em contato e trocando informações com colegas na Venezuela, especialmente Jaime Turon, líder iecuana que era o *alcaide* (prefeito) de Alto Orinoco, eleito democraticamente pelos moradores – tanto iecuanas como ianomâmis – dessa vasta área. Ele nunca tinha sido entrevistado por membros da força-tarefa da AAA que estiveram naquela área; mesmo assim, algumas dessas mesmas pessoas estavam furiosas comigo por ter "sabotado" Davi Kopenawä, cuja esfera de influência e autoridade no Brasil são muito menores. Turon era um líder nativo da Amazônia democraticamente *eleito*.

A pedido de Turon, enviei pelo menos duas de suas cartas para a AAA, assim como para a editora de Tierney, a W. W. Norton, e para o editor da *New Yorker*, solicitando que ouvissem o que ele e os ianomâmis venezuelanos tinham a dizer. Nenhum deles respondeu, nem para mim nem para Turon. Assim, incluo aqui uma carta que ele me escreveu:

> La Esmeralda, 21 de outubro de 2003
>
> O livro de Tierney foi traduzido para o espanhol como *El saqueo de El Dorado* [O saque do Eldorado], e [só] agora podemos lê-lo. É por essa razão que estamos aborrecidos com todas as mentiras dele. Tierney descreve acontecimentos ocorridos há trinta anos. Quando ele esteve no Alto Orinoco nos prometeu várias formas de assistência médica, inclusive hospitais. Alguns membros da [força-tarefa da] AAA que visitaram Mavaca[44] no ano passado dizem que estão participando de um programa de saúde, do qual nem sequer ouvimos falar. Uma das pessoas dessa comissão afirmou em uma publicação que vai desenvolver um programa de saúde pública com a participação de vários ianomâmis da região de Mavaca. Eles acusam o dr. James Neel, [o dr.] Marcel Roche e você de nos manipular, quando na realidade vocês foram os únicos que nos ajudaram, nas suas muitas visitas nos anos 1960 e 1970, época em que não havia nenhum programa de medicina ou saúde pública para nós.

Passei muito tempo durante os anos do *Eldorado* prestando informações a colegas dos Estados Unidos que tentavam combater as falsas afirmações divulgadas por alguns jornalistas, antropólogos e acadêmicos em diversos veículos de comunicação.

Finalmente, passei anos tentando escrever este livro, muitas vezes jogando fora grande parte dos meus esforços devido à raiva que estava sempre se infiltrando no texto e lhe dando um tom muito deprimente. Tudo o que escrevi durante esse período ficou contaminado pelo persistente fedor associado a *Trevas no Eldorado*.

Também me lembro de muita coisa que eu não fiz. Deixei de viajar, de pescar, de caçar com meus *pointers* alemães de pelo curto; deixei de ir a muitos shows e de ler muita ficção por prazer; e deixei de passar mais tempo com minha família – atividades que estavam nos meus planos quando saí de Santa Barbara e voltei para Michigan.

ANTROPÓLOGOS CULTURAIS: O POVO FEROZ

A antropologia cultural difere dos outros subcampos da antropologia, como a linguística, a arqueologia ou a antropologia física, por ser o único ramo que historicamente adotou e defendeu abordagens explicitamente não científicas, ou até mesmo anticientíficas, para explicar o mundo exterior. No entanto, ao longo da história da antropologia, e apesar de uma ampla e variada gama de abordagens e "estilos" na antropologia cultural, sempre houve um grupo central de antropólogos que afirmam que a antropologia – *todos* os ramos da antropologia – é, em última análise, uma disciplina *científica*. A National Academy of Sciences reconhece isso classificando a disciplina da antropologia como uma subdivisão na taxonomia geral das ciências reconhecida por ela e por outras organizações acadêmicas internacionais.

No entanto, nos últimos vinte e poucos anos o campo da antropologia cultural nos Estados Unidos chegou vertiginosamente perto de abandonar a própria noção de ciência. Em 2010 a liderança da AAA tentou eliminar a palavra *ciência* como componente central da disciplina. O jornalista científico Nicholas Wade escreveu o seguinte no *New York Times* em 9 de dezembro de 2010:

> Os antropólogos foram atirados em um turbilhão acerca da natureza e do futuro de sua disciplina após a Associação Americana de Antropologia

decidir, na sua recente reunião anual, excluir a palavra "ciência" de uma declaração do seu plano de longo prazo. A decisão reabriu uma tensão que já vem de longa data entre os pesquisadores das disciplinas antropológicas de base científica – incluindo arqueólogos, antropólogos físicos e alguns antropólogos culturais – e outros membros da profissão, que estudam raça, etnia e gênero e se consideram defensores de povos nativos ou dos direitos humanos.[45]

O cisma ocorre entre os antropólogos culturais (como eu) que consideram a antropologia cultural uma ciência e aqueles que acreditam, como a antropóloga brasileira Alcida Ramos colocou recentemente, que "fazer antropologia" é fazer algo inerentemente político; ou, como disse Nancy Scheper-Hughes, que a antropologia é uma "atividade de investigação criminalística", na qual hoje se espera dos praticantes que procurem e denunciem as injustiças cometidas contra povos nativos por outros antropólogos que os estudaram. Em suma, o cisma na antropologia cultural é entre aqueles que fazem ciência e aqueles cujo objetivo exclusivo é falar em nome dos povos indígenas – uma atividade que eles definem como sendo incompatível com a ciência. Esse último ponto de vista não é apenas errado, mas chega às raias da irresponsabilidade.

Wade notou, no mesmo artigo, as raízes imediatas da cisão na antropologia cultural:

> Nos últimos dez anos as duas facções vêm passando por uma fase de amargas guerras tribais, depois que o grupo mais ativo politicamente atacou os trabalhos sobre o povo ianomâmi da Venezuela e do Brasil realizados por Napoleon Chagnon, um antropólogo orientado para a ciência, e James Neel, médico geneticista falecido em 2000. Com as feridas desse conflito ainda abertas, muitos antropólogos de base científica ficaram consternados ao saber, no mês passado, que o plano de longo prazo da associação não seria mais fazer avançar a antropologia como ciência, mas sim concentrar-se na "compreensão pública".[46]

Para seu crédito, alguns antropólogos culturais que ainda pertencem à AAA não aceitaram de maneira complacente essa decisão do conselho executivo da associação. Eles lutaram contra a nova declaração, exigindo que fosse reconsiderada. Quatro dias depois, Nicholas Wade citou Frank Marlowe, então presidente eleito da Evolutionary Anthropology Society [Sociedade da Antropologia Evolucionária], uma subseção afiliada à AAA: "'Nós, os antropólogos evolucionários, somos superados em número pelos novos antropólogos culturais ou sociais, muitos dos quais, embora não todos, são pós-modernos, o que parece se traduzir como anticientíficos', disse o dr. Marlowe".[47]

Aqueles que dão uma definição estreita da antropologia cultural como sendo principalmente uma atividade de "defesa", ou seja, uma atividade política, como a maioria dos antropólogos brasileiros vê o campo, estão enfraquecendo toda a profissão antropológica.

COMENTÁRIOS FINAIS

Alice Dreger, historiadora da ciência na Escola de Medicina Feinberg da Universidade Northwestern, se interessou por casos recentes de grande visibilidade nos quais um acadêmico foi discriminado por membros da sua própria profissão, e nos quais sua associação profissional não só nada fez para interceder em seu favor como também aparentemente concordou com a perseguição que se seguiu. Ela entrevistou um grande número de participantes do escândalo de *Trevas no Eldorado*, incluindo chefes de comitês e autoridades da AAA que tiveram papéis importantes na investigação. Dreger escreve:

> O que mais preocupa é que muita gente que participou das investigações da AAA sobre Neel e Chagnon parece ter compreendido o que realmente significava o livro de Tierney. Por exemplo, Janet Chernela, que atuou tanto no Comitê Peacock como na força-tarefa, disse-me o seguinte: "Ninguém levou a sério as alegações do livro de Tierney. Fiquei surpresa ao ver que James Peacock, que é uma pessoa muito cuidadosa e justa, era a

> favor de seguir em frente com a força-tarefa". Isso leva à pergunta: por que Chernela decidiu avançar em uma investigação que seguia o caminho de Tierney? Compare com as palavras de Jane Hill, ex-presidente da AAA, que presidiu a força-tarefa. Em 15 de abril de 2002, depois que [Raymond] Hames renunciou à força-tarefa, Sarah Hrdy escreveu a Jane Hill contestando a situação e recebeu esta resposta: "Queime esta mensagem. O livro é sórdido, nada mais que uma porcaria (algumas palavras eufemísticas serão usadas no relatório, mas *todos nós* concordamos com isso). Porém, acho que a AAA tinha que fazer alguma coisa, porque realmente creio que o futuro do trabalho feito por antropólogos com os povos indígenas da América Latina – com seu alto potencial de fazer o bem – foi posto seriamente em risco pelas acusações dele, e o silêncio por parte da AAA seria interpretado como consentimento ou covardia. Se estamos agindo certo ou não, isso terá que ser julgado pela posteridade".[48]
>
> Assim, embora o livro de Tierney fosse "nada mais que uma porcaria", Chagnon, o legado do falecido Neel, as famílias de Chagnon e Neel e os colegas desses dois homens foram sujeitos a uma investigação de grande envergadura a fim de preservar o campo para outros antropólogos americanos? Por que Hill não disse publicamente o que disse para Hrdy? Por que não reconhecer que Chagnon devia ser enforcado em praça pública para salvar a antropologia de "nada mais que uma porcaria"?[49]

Dreger concluiu que as ações da AAA foram tão problemáticas que "não consigo imaginar como qualquer estudioso pode se sentir seguro" como membro da associação.[50]

Dois colegas meus – Jane Lancaster, editora da revista *Human Nature*, e Raymond Hames – escreveram o seguinte comentário editorial por ocasião da publicação do artigo de Alice Dreger na *Human Nature* de 2011[51] criticando a AAA e vários de seus dirigentes atuais e anteriores por lidarem equivocadamente com o escândalo de *Trevas no Eldorado*:

> A ciência tem um lugar e uma aceitação especiais na sociedade americana. Expurgar a ciência do plano de longo prazo da AAA vai nos fazer perder

> credibilidade, a capacidade de testemunhar e de pleitear mudanças efetivas e portanto o nosso poder de fazer o bem. Nós nos tornaremos apenas mais um grupo de interesses especiais, abandonando o testemunho baseado em provas, o qual supera a promoção de causas de grupos de interesses especiais perante os tribunais, a opinião pública e o processo legislativo. Assim, mais uma vez o status da ciência na antropologia foi contestado. Os antropólogos científicos merecem total respeito e apoio e não devem ser acuados em um canto ou varridos para debaixo do tapete; ou, pior ainda, como documenta Alice Dreger [...], sofrer ataques por parte da nossa maior organização profissional a fim de aplacar aqueles que iniciaram uma caça às bruxas.[52]

Existem maneiras de desencorajar o comportamento de antropólogos renegados e arrogantes como Turner e Sponsel. Eles deveriam ser proibidos de ocupar qualquer cargo futuro na AAA ou servir em qualquer comitê oficial da associação devido ao seu comportamento reprovável no escândalo de *Trevas no Eldorado*.

Também devemos recordar aqui a já citada advertência feita por Paul Gross: "Esses antropólogos descalços, esses ativistas, serão futuramente os professores dos seus filhos". Uma das ativistas descalças que tiveram um papel importante na tentativa de sabotar minhas pesquisas, Leda Martins, está lecionando para os filhos de muita gente no Claremont College System (Pitzer College), na área de Los Angeles. Acho irônico, injusto e vergonhoso que sua nomeação para um posto acadêmico pareça ser uma recompensa pela sua maneira de lidar com outros acadêmicos cujos pontos de vista lhe desagradam. Creio que a maioria dos departamentos em universidades americanas não lhe concederia estabilidade de emprego nem a promoveria se soubesse como ela tentou impedir um antropólogo veterano de realizar suas pesquisas. Em seu livro, Tierney agradece a ela por preparar o infame dossiê usado para sabotar as minhas três últimas viagens de campo.[53]

Gostaria de terminar citando os comentários de Magdalena Hurtado feitos na reunião anual de 2000 da Associação Americana de Antropologia em San Francisco. Ela foi uma oradora convidada para o painel da AAA sobre

Trevas no Eldorado. Hurtado é uma antropóloga venezuelana com formação nos Estados Unidos que já trabalhou com diversas tribos da Bacia Amazônica em vários países sul-americanos e viu em primeira mão as consequências deletérias da complacência dos governos e do desprezo aos direitos humanos das tribos amazônicas, não só nas questões de saúde como também nos direitos à terra e até mesmo na proteção de cidadãos fora da lei que por vezes atacam os nativos e os matam impunemente. Ela e seu marido, o antropólogo Kim Hill, estiveram na área dos ianomâmis e acompanharam atentamente o escândalo discutido neste capítulo. Ambos lecionam antropologia na Universidade Estadual do Arizona.

> Em toda a América do Sul, os governos locais alocam recursos parcos e insuficientes para os programas de ajuda aos indígenas, e apenas uma fração desses recursos chega às comunidades nativas, devido à desenfreada corrupção e desvio de verbas. Além disso, as leis que protegem os direitos indígenas raramente são postas em prática. Por exemplo, em 1986 relatei à Dirección de Asuntos Indígenas da Venezuela que apenas 1 título indígena à terra era legítimo, entre 152 inicialmente decretados pelo presidente Rafael Caldera em 1972. Vários meses mais tarde, autoridades do governo peruano ameaçaram expulsar meu marido e a mim do nosso acampamento porque tínhamos tratado dos doentes durante uma grande epidemia respiratória em uma remota aldeia machiguenga. Em 1991 vários dos nossos colaboradores indígenas hiwi foram assassinados sem motivo por cidadãos venezuelanos. Todos esses acontecimentos foram relatados às autoridades do governo, sem resposta. Eles foram ignorados, juntamente com muitos outros casos de irregularidades observadas por nós e por inúmeros outros antropólogos. As *Trevas no Eldorado* não surgiram a partir das ações de um geneticista, um sociobiólogo e um cineasta em um cantinho minúsculo da Amazônia. Foram produzidas por meio de séculos de negligência e colonialismo racistas. A devastação da Amazônia só vai parar quando os governos e as agências internacionais reagirem às violações dos direitos humanos de forma efetiva, com a ajuda de cientistas.[54]

Concordo com Magdalena Hurtado: os males infligidos aos nativos da Amazônia são causados basicamente pelas ações e atitudes das pessoas "civilizadas" e sobretudo da "política indígena", seja oficial ou não, dos seus governos, em particular os do Brasil e da Venezuela.

Mas o que dizer dos quarenta e poucos antropólogos que passaram temporadas entre os ianomâmis, de algumas semanas a, em alguns casos, um ano ou mais? Gostaria de concluir com esta história, que me foi contada por um antropólogo venezuelano.

Um venezuelano estava visitando a Suíça e assistiu à cerimônia tradicional do pau de sebo, em que os participantes tentam subir em um mastro untado com gordura para pegar a bandeira no alto e sair vencedor. Um grande público de cidadãos suíços gritava com entusiasmo a cada candidato que entrava na arena, que estava isolada por uma grossa corda e por guardas que impediam os espectadores de passar. O visitante exclamou: "Nós temos o mesmo tipo de cerimônia na Venezuela! E lá também precisamos isolar a área com cordas para evitar que as pessoas entrem e puxem os candidatos para baixo!". Um confuso oficial suíço respondeu: "Não, não é isso. Nós isolamos a área com cordas para evitar que as pessoas entrem e ajudem o candidato a subir!".

O venezuelano poderia estar se referindo aos antropólogos culturais da França, do Brasil e da Venezuela, e àqueles antropólogos americanos que contam com eles para evitar que outros subam ao topo do mastro.

Agradecimentos

Este livro levou muito tempo para ser terminado porque um extraordinário escândalo acadêmico explodiu na imprensa nacional e internacional logo depois que assinei o contrato para escrevê-lo, em 1998, e antes da sua publicação, em 2013. Antes de agradecer aos meus colegas acadêmicos, gostaria de primeiro expressar minha gratidão a Bob Bender, meu editor na Simon & Schuster, por ter tido uma paciência de Jó esperando que eu terminasse o livro. Sua competência na edição tornou o texto mais coerente que o original que lhe dei, e grande parte do eventual sucesso deste livro será devido às suas habilidades editoriais.

Chamarei aqui esse escândalo acadêmico simplesmente de *Trevas no Eldorado*. Juntamente com diversos colegas médicos e algumas outras pessoas, fui acusado em 2000 de ter iniciado, cerca de trinta anos antes, uma epidemia mortal de sarampo entre os índios ianomâmis – nativos da Amazônia que passei toda a minha carreira estudando e a quem aprendi a amar e admirar. Relatei esse escândalo nos capítulos finais deste livro, e o que eu disse provavelmente não será o ponto final dessa discussão de minha parte.

Quero agradecer especialmente ao meu colega venezuelano Charles Brewer-Carías, graças a quem pude encontrar o então presidente venezuelano Carlos Andrés Pérez em 1998. Isso possibilitou que nós dois continuássemos a nossa pesquisa em aldeias ianomâmis que tínhamos descoberto recentemente, aldeias na bacia do rio Siapa ainda não contatadas e demograficamente intactas. O presidente Pérez agiu com eficiência e seguiu nossa recomendação de criar uma reserva de biosfera para salvaguardar os índios ianomâmis e iecuanas que ali viviam, uma área de cerca de 83 mil quilômetros quadrados na fronteira da Venezuela com o Brasil. Também quero agradecer a outro colega venezuelano, Issam Madi, por me manter informado dos acontecimentos nos estados venezuelanos de Amazonas e Bolívar que afetaram os vários grupos de povos nativos dessas regiões a partir de 1994.

Muitas das pessoas com quem tenho uma dívida incalculável são amigos e colegas – e também acadêmicos de outras áreas que eu não conhecia pessoalmente – que contestaram e questionaram as acusações feitas contra mim e contra os colegas médicos com quem trabalhei no início da minha carreira de pesquisas.

John Tooby, Michael Price e Edward Hagen imediatamente criaram um site associado ao departamento de antropologia da Universidade da Califórnia em Santa Barbara, do qual eu havia me aposentado no ano anterior. Tooby lecionava no departamento de antropologia, e Price e Hagen eram então alunos de pós-graduação orientados por nós dois. O site que eles elaboraram, ainda acessível em http://www.anth.ucsb.edu/ucsbpreliminaryreport.pdf,* foi iniciado em 2000 e atualizado periodicamente à medida que surgiam novos relatórios e investigações. Eles mesmos examinaram muitas fontes primárias entre as citadas pelos meus inquisidores e mostraram que grande parte das citações estava errada ou nada tinha a ver com as acusações feitas contra mim, ou então dizia exatamente o contrário do que fora alegado. O site, que não está mais sendo atualizado, também conserva muitos artigos e e-mails originais que tiveram importância central para as denúncias ou repúdios nesse escândalo, alguns dos quais são citados neste livro.

Um esforço semelhante, porém mais imediato, foi feito na Universidade de Michigan, onde obtive todos os meus títulos em antropologia e onde depois lecionei, tanto no departamento de antropologia como no de genética humana da Escola de Medicina. Em 2000, quando o escândalo das *Trevas* explodiu na imprensa, dois colegas meus do departamento de antropologia, Kent Flannery e Joyce Marcus, fizeram uma investigação para o gabinete do reitor da universidade e concluíram que as acusações contra James V. Neel e contra mim eram infundadas. Essa investigação ocorreu porque a pesquisa de campo para minha tese de doutorado em Michigan foi feita entre os ianomâmis, e James V. Neel, fundador e diretor de longa data do departamento de genética humana, veio me encontrar em campo em 1966 e, com uma pequena

* O site estava indisponível no momento de fechamento da edição brasileira. [N.E.]

equipe de médicos e alunos de pós-graduação avançados em medicina e/ou genética humana, iniciou um projeto de pesquisa biomédica entre os ianomâmis. Depois disso me foi oferecido por Neel um cargo no seu departamento. Nossa colaboração continuou em viagens de campo anuais até 1972, quando me transferi para a Universidade Estadual da Pensilvânia e os interesses de Neel se voltaram para outros temas de pesquisa.

Vários de meus colegas na antropologia, como Thomas Gregor, da Universidade Vanderbilt; Daniel Gross, do Banco Mundial; e William Irons, da Universidade Northwestern, também ficaram preocupados e alarmados com o entusiasmo com que diretores eleitos e membros do conselho executivo da minha associação profissional, a Associação Americana de Antropologia (AAA), aparentemente endossaram as acusações contidas em *Trevas no Eldorado*. Gregor, Gross e Irons se manifestaram contra eles e os desafiaram repetidas vezes em publicações e nas suas numerosas comunicações diretas com vários dirigentes da AAA. Tom Gregor e Dan Gross também me deram sugestões muito úteis, especialmente para o capítulo 16, em que descrevo alguns dos comitês da AAA criados para realizar investigações sobre mim e James V. Neel. Eles próprios também investigaram e escreveram importantes artigos a respeito desse assunto, que conheciam intimamente. Muitos outros colegas protestaram de forma semelhante contra as ações da AAA, incluindo Raymond Hames. Convidado a atuar na força-tarefa da AAA sobre *Eldorado* e encarregado de me investigar, Hames renunciou quando descobriu como eram tendenciosos e politicamente vingativos alguns membros do comitê. Sou grato pelos esforços prolongados e onerosos de vários colegas para tentar manter respeitável a imagem pública da AAA quando muitos acadêmicos veteranos e influentes de outros campos começavam a questionar a integridade profissional da organização, que estava adquirindo uma reputação de irrelevância em discussões acadêmicas sérias sobre temas gerais de interesse para o público. Como um dos meus colegas comentou cinicamente: “Não admira que os cientistas de outros campos vejam os antropólogos como gente capaz de comer seus próprios filhos”.

Também agradeço a dois de meus ex-alunos de pós-graduação na UCSB, Amanda Grimes e Nathan Resch (agora casados), por terem viajado de Santa

Barbara a San Francisco à sua própria custa para as reuniões anuais da AAA de 2000 e por terem gravado tudo o que foi dito por cada orador, nas duas grandes sessões com microfone aberto ao público, sobre mim e minhas supostas atividades entre os ianomâmis que causaram o escândalo de *Trevas no Eldorado* e a investigação da AAA. Também quero agradecer a Betsy Myers, da Traverse Area District Library, pelo seu trabalho de encontrar muitas referências para mim quando este livro estava sendo finalizado.

Gostaria de agradecer aos colegas que leram as primeiras versões de parte do material que aparece neste livro e fizeram comentários úteis sobre ele. Steven Pinker e Richard Dawkins leram uma versão muito inicial de um dos capítulos, justamente quando o escândalo de *Trevas* estava estourando, em 2000, e investiram muito tempo e esforço nisso, pelo que sou grato a ambos. Mary Ann Harrell, ex-editora da National Geographic Society e uma amiga querida, também leu várias versões preliminares de capítulos e fez sugestões editoriais úteis. Sou grato por suas recomendações e pelo seu interesse de longa data pela minha pesquisa sobre os ianomâmis, sempre me incentivando a continuar... e a ignorar meus detratores.

Também quero agradecer a Edward O. Wilson por ler e fazer sugestões sobre meu breve relato da nossa participação no debate de 1976 sobre a sociobiologia, em Washington. Foi quando os radicais do InCAR, que ouviam com ar soturno os oradores, se levantaram no momento em que Wilson subiu ao palco, atacaram-no e derramaram jarros de água sobre ele, enquanto gritavam feias acusações de racismo, fascismo etc. contra suas pesquisas. Mais tarde naquela mesma noite, na Smithsonian Institution, Wilson travou um debate com um dos meus críticos mais persistentes na antropologia, Marvin Harris, cujas afirmações sobre mim nessa ocasião deixaram Wilson muito espantado. Wilson descobriu naquela noite até que ponto os antropólogos podem ser traiçoeiros ao denegrirem um concorrente cujas pesquisas ameaçam suas próprias "teorias" – tal como relato no capítulo 14. Também quero agradecer a Ed Wilson pelos telefonemas que me dava regularmente para me animar e me garantir seu apoio logo após a publicação de *Trevas no Eldorado*. Ele sabia como pode ser deprimente ver seus próprios colegas atacarem você devido a alguma suposta plataforma política que eles afirmam, com má-fé, que você está promovendo; foi assim que Wilson foi atacado pelos biólogos marxistas Richard Lewontin e Stephen J. Gould, seus próprios colegas de departamento na Harvard, depois de publicar seu influente livro *Sociobiology*.

Finalmente, quero agradecer a Richard D. Alexander, não só por ler a maior parte do manuscrito em fase de conclusão e fazer extensos comentários, mas também pelas muitas conversas que tivemos desde o início da década de 1970 sobre os notáveis avanços na biologia teórica que afetavam nossas respectivas atividades de pesquisa e interesses teóricos – assim como os de vários orientandos de pós-graduação que trabalharam conosco, em particular Mark Flinn, Laura Betzig e Paul Turke. Estou ansioso para retomar meu contato direto com Alexander em virtude da minha nomeação, em 2012, como cientista pesquisador adjunto na Universidade de Michigan, onde vou organizar meus muitos anos de dados sobre os ianomâmis em um arquivo que será administrado e futuramente distribuído pelo Inter-University Consortium for Political and Social Research [Consórcio Interuniversitário para Pesquisa Política e Social – ICPSR], da Universidade de Michigan, no Institute of Social Research [Instituto de Pesquisa Social – ISR], às universidades qualificadas assinantes de seus programas.

Notas

INTRODUÇÃO

1 "Demograficamente intacta" significa que eles ainda não tinham sido devastados por doenças epidêmicas e que sua população se distribuía da maneira esperada entre crianças, adultos, idosos etc. A maioria das tribos já está com sua demografia original a tal ponto desfeita quando os antropólogos as alcançam que o tipo de trabalho de campo que relato neste livro não pode ser feito com elas.

2 Ver: Ellingson, Terry J. *The Myth of the Noble Savage*, para uma história erudita da ideia do nobre selvagem; Keeley, Lawrence H. *War Before Civilization*, para um resumo de como os antropólogos e arqueólogos utilizaram esse conceito; e Pinker, Steven. *Tábula rasa*, para como ele tem sido utilizado no pensamento das ciências sociais em geral.

3 Alexander, Richard D. *Darwinism and Human Affairs*.

4 A história foi relatada pelo geneticista inglês John Maynard Smith, que afirmou ter ouvido J. B. S. Haldane dizer isso ou algo muito parecido. Maynard Smith foi o editor do *Journal of Theoretical Biology*, em que foram publicados os dois importantes artigos teóricos de Hamilton. Vemos que hoje as grandes questões estão reaparecendo na teoria da evolução. Por exemplo, o livro de E. O. Wilson *A conquista social da Terra*, de 2012, levanta mais uma vez a questão da seleção de grupo *versus* a seleção individual, e o que ele diz questiona, aparentemente, a eloquente solução de Hamilton para o problema, apresentada em seus dois artigos de 1964 sobre a aptidão inclusiva – ou, como chamou John Maynard Smith, a teoria da seleção por parentesco. Como disse Richard Dawkins em 2012, em uma resenha altamente crítica do livro de Wilson, em referência ao trabalho de Hamilton: "É verdadeiramente uma bela teoria". (Dawkins, Richard. "The Descent of Edward Wilson". *Prospect*, 24/5/2012.)

Na minha opinião, e concordo com Dawkins, a teoria de Hamilton é a que melhor explica a importância do parentesco genético em todas as formas de vida, incluindo os insetos sociais, os animais sociais, os seres humanos nos ambientes da história e membros de tribos como os ianomâmis. É a chave para compreender a questão sobre a qual, incentivado por Alexander, comecei a pensar, pois o nepotismo é o ponto-chave para entender a cooperação e a sociabilidade nas sociedades humanas.

Escusado dizer que uma grande fração de importantes teóricos da biologia evolutiva rejeita os argumentos de E. O. Wilson a favor da seleção de grupo; mas um deles, David Sloan Wilson, defensor da seleção de grupo, argumenta, com certa lástima, que as questões empíricas e teóricas são tão complexas que nem Dawkins nem E. O. Wilson as compreenderam corretamente (Wilson, David Sloan. "Richard Dawkins, Edward O. Wilson, and the Consensus of the Many". *This View of Life*, 29/5/2012). Segundo ele, esses indivíduos são simplesmente dois luminares em meio a um grupo muito maior de especialistas, e há mais consenso do que parece nesse grupo. Porém, outros luminares, como Steven Pinker, agora estão expressando sua desaprovação à tentativa de E. O. Wilson de ressuscitar a seleção de grupo (Pinker, Steven. "The False Allure of Group Selection". *Edge*, 18/6/2012). D. S. Wilson basicamente rejeita o conflito, argumentando que os dias em que se colocava a seleção de parentesco contra a seleção de grupo já terminaram, em grande parte porque muitas coisas antes vistas como exemplos de seleção de grupo hoje estão sendo proveitosamente interpretadas em termos da teoria da aptidão inclusiva, e muitas coisas que antes eram explicadas em termos de seleção de parentesco agora estão sendo enquadradas em termos de seleção multinível ou de grupo. Mas sempre fica incomodamente na minha memória o comentário que ouvi certa vez W. D. Hamilton fazer: quase todos os casos em que se diz que a seleção de grupo está em ação foram reduzidos a uma solução em que se demonstrou que a seleção no nível individual também está em ação. Isso não é o que D. S. Wilson está dizendo.

Finalmente, ao se pensar sobre essas questões convém lembrar a frase espirituosa de George C. Williams, segundo a qual um bando de animais rápidos não é a mesma coisa que um bando rápido de animais (Williams, George C. *Adaptation and Natural Selection*).

5 Chagnon, Napoleon A. "Sociodemographic Attributes of Nepotism in Tribal Populations: Man the Rule Breaker". In: King's College Sociobiology Group (org.). *Current Problems in Sociobiology*, pp. 291-318.

6 Esses eventos também podem tomar o rumo oposto, em direção a um declínio de complexidade; o importante é que, mediante estudos de longo prazo, é possível identificar quais eventos provocam quais tendências sociais.

7 Meu livro *Yanomamö: The Last Days of Eden*, de 1992, é basicamente uma ampliação do meu livro acadêmico original, *Yanomamö*, mas sem o material mais difícil e mais técnico sobre parentesco e organização social, e com o acréscimo de novos trechos.

1. CHOQUE CULTURAL

1 Embora em geral fossem americanos, os missionários evangélicos que trabalhavam na Venezuela vinham também do Canadá, da Inglaterra, da Dinamarca e de outros países.

2 Vários outros missionários das Novas Tribos podem ter feito contato com os ianomâmis de Platanal em 1948, segundo Dan Shaylor, em comunicação pessoal.

3 A estação chuvosa começa no início de abril e dura até outubro ou novembro. As chuvas mais pesadas caem em maio e junho, quando qualquer viagem, a pé ou em canoa aberta, é muito desagradável.

4 No campo da antropologia, a palavra *primitivo* é um termo técnico que tem sido usado para caracterizar um determinado tipo de organização social que dominou os grupos de caçadores-coletores e as primeiras sociedades agrícolas (de coivara). Não é um termo pejorativo, a menos que alguém queira denegrir deliberadamente um concorrente social associando a palavra "primitivo" a ideias fora do contexto em que ela tem sido usada, tradicional e tecnicamente, na antropologia.

5 Cerca de 35 a 40 antropólogos já fizeram trabalhos de campo entre os ianomâmis desde que comecei. Em meados dos anos 1970 as coisas já haviam mudado radicalmente, e não surpreende que alguns antropólogos que decidem criticar algumas das minhas descobertas digam que nunca viram nenhuma das coisas relatadas por Chagnon. Eles provavelmente se hospedaram com os missionários salesianos, que àquela altura já tinham missões com piso cimentado, vasos sanitários, janelas com telas, energia elétrica, mesas e cadeiras, geladeira a querosene e água corrente.

6 Chagnon, Napoleon A. *Yanomamö Warfare, Social Organization and Marriage Alliances.*

7 Nascido em Londres com o nome de Israel Ehrenberg.

8 Ver: White, Leslie A. *The Science of Culture: A Study of Man and Civilization.*

9 Harris, Marvin. *The Rise of Anthropological Theory*, p. 197.

10 O NIMH era uma das duas principais agências federais que financiavam as pesquisas feitas por estudantes avançados de pós-graduação na maioria das universidades americanas e uma importante fonte de financiamento para a antropologia. A outra agência, uma financiadora mais comum, era a National Science Foundation. Poucas universidades oferecem verbas de pesquisa para os alunos de pós-graduação; elas esperam que eles encontrem fundos por conta própria, solicitando-os à NSF, NIMH ou outras agências e fundações privadas.

11 Neel, James V.; Schull, William J. (orgs.). *The Children of Atomic Bomb Survivors: A Genetic Study.*

12 Neel, James V. et alii. "Studies on the Xavante Indians of the Brazilian Mato Grosso". *American Journal of Human Genetics*, v. 16, n. 1, pp. 52-140.

13 Spuhler também acumulava um cargo no departamento de genética humana de Neel.

14 Algumas pessoas aparentemente presumem que Neel foi meu professor em Michigan, uma espécie de mentor. Isso não é verdade. Nunca fiz cursos com Neel e só o conheci na véspera de partir para o meu primeiro trabalho de campo. Naquela época quase todo o meu trabalho acadêmico formal para obter o doutorado já estava concluído, tal como relato neste livro.

15 Wilbert entrou no corpo docente da Universidade da Califórnia em Los Angeles em 1962 e lá ficou durante toda a sua carreira.

16 Wilbert, Johannes. *Indios de la región Orinoco-Ventuari.*

17 O antropólogo alemão Otto Zerries tinha passado alguns meses entre os ianomâmis na primeira aldeia de Barker, Mahekodo-teri, estudando a cultura material (Zerries, Otto. *Waika*). Seu assistente de pesquisas, Meinhard Schuster, publicou observações geralmente corretas, porém superficiais, sobre a organização social dos ianomâmis. (Schuster, Meinhard. "Die Soziologie der Waika". In: *Proceedings of the 32nd International Congress of Americanists*, pp. 114-22.)

18 Nessa viagem de campo os ianomâmis doentes foram tratados por médicos que ficaram comigo apenas por um breve período, mas normalmente eles eram enviados para fora da área, a cidades onde havia assistência médica.

2. DESCOBRINDO O SIGNIFICADO DOS NOMES

1 *Todas* as línguas têm estrutura e gramática, mas apenas algumas são escritas.

2 Estudei alemão no meu primeiro ano na Michigan Tech e continuei a estudar sozinho depois da transferência para a Universidade de Michigan. Como a cidade de Ann Arbor foi colonizada principalmente por alemães e vários de meus restaurantes favoritos tinham funcionários que falavam alemão, tive muitas oportunidades de conversar e melhorar meu domínio do idioma. Além disso, o instituto de pesquisa venezuelano Ivic tinha muitos cientistas de língua alemã, e nas minhas visitas ali eu falava mais alemão do que espanhol.

3 Os homens que trabalhavam para a Malarialogía ministravam sistematicamente pílulas antimalária aos ianomâmis que viviam em aldeias à margem ou próximas dos rios, e periodicamente pulverizavam seus *shabono* com DDT. Nessa área da Venezuela a maioria dos funcionários da Malarialogía eram chamados de *creoles* [provavelmente *criollos*, termo espanhol para os descendentes de europeus nascidos na América espanhola (N.T.)].

4 Para dados antropométricos detalhados, ver: Spielman, Richard. *Anthropometric and Genetic Differences among Yanomama Villages*. Ver também, sobre as crianças kedebaböwei-teri: Hames, Raymond; Oliver, William; Chagnon, Napoleon A. "Growth, Development, and Health of Yanomamö Orphans in Relation to Parental Loss". *17th Annual Meeting of the Human Behavior and Evolution Society*, pp. 1-5.

5 Há poucos elementos na cultura ianomâmi que podem ser usados para medir o tempo. Um deles é o local onde ocorreu a primeira menstruação de uma mulher. Por exemplo, se uma mulher teve sua primeira menstruação no mesmo lugar em que nasceu, então provavelmente o grupo de sua mãe viveu ali durante pelo menos doze anos, talvez mais.

6 Ao longo do tempo os nomes dos *shabono* mudam, mas os nomes das roças quase nunca são esquecidos. Os *shabono* têm que ser reconstruídos periodicamente, em geral a cada três anos. Às vezes os ianomâmis chamam o novo *shabono* por um nome diferente. Os bebês normalmente nascem na roça, onde a mãe e suas ajudantes têm mais privacidade. Quando pergunto onde a criança nasceu, eles quase sempre me dizem o nome de uma roça. Sempre há muito mais roças e nomes de roças do que *shabono* e nomes de *shabono* (aldeias).

7 Alguns iecuanas que conheci bem me criticaram por estudar os ianomâmis: queriam que eu estudasse a sua tribo, e não a deles. Uma das razões que me davam era que os ianomâmis fazem segredo sobre seus nomes e genealogias, enquanto os iecuanas estavam extremamente dispostos a falar sobre esses temas – e não iriam mentir para mim a respeito disso.

8 Vou discutir mais detalhadamente o que significa "ser parente". Na maioria das aldeias ianomâmis, a grande maioria dos indivíduos é aparentada com mais de 90% de todos os outros indivíduos, seja qual for o número de "famílias" na aldeia. Ver: Chagnon, Napoleon A. "Mate Competition and Village Fissioning Among the Yano-

mamö Indians". In: Chagnon, Napoleon A.; Irons, William (orgs.). *Evolutionary Biology and Human Social Behavior*, figs. 4-5, pp. 129-31, "Quartis de parentesco na população da aldeia".

9 Essa é uma discussão simplificada sobre as regras de classificação de parentesco e casamento dos ianomâmis. Falo mais sobre o assunto no capítulo 12. Para uma discussão mais detalhada do parentesco entre os ianomâmis, ver: Chagnon, Napoleon A. *Yanomamö*. 5. ed., cap. 4. A sexta edição dessa monografia foi publicada em 2012.

10 Os ianomâmis são extremamente etnocêntricos e acreditam que todos os não ianomâmis são sub-humanos.

11 Sahlins, Marshall. *Tribesmen*; Fried, Morton. *A evolução da sociedade política*.

12 Ver: Chagnon, Napoleon A. "Mate Competition and Village Fissioning Among the Yanomamö Indians", pp. 86-132; "Is Reproductive Success Equal in Egalitarian Societies?", pp. 374-401; e Chagnon, Napoleon A.; Bugos, Jr., Paul E. "Kin Selection and Conflict: An Analysis of a Yanomamö Ax Fight", pp. 213-38.

13 Eles também têm um rico vocabulário para descrever as várias fases de crescimento das plantas, insetos, animais e outros seres vivos.

14 Os meninos esperam com ansiedade para começar a amarrar o pênis no cordão da cintura, e são ridicularizados se não fizerem isso ao atingir o grau "apropriado" de maturidade.

15 A política e as atividades políticas são, em geral, domínio dos homens. O tabu do nome referente às mulheres é observado mais para evitar chamar a atenção para elas quando estão doentes e/ou muito velhas, ou devido às proibições do incesto. Por exemplo, um genro não deve dizer o nome da sogra.

16 A palavra *hushuwo* tem vários significados. É usada para descrever o sentimento comum de raiva, mas no contexto do sofrimento após a morte de um parente próximo significa algo como um estado emocional de intensa tristeza e dor, associado a emoções imprevisíveis e incontroláveis que beiram atos de violência. Assim, pode ser perigoso dizer casualmente o nome de alguém recentemente falecido na presença de seus parentes próximos... em especial homens adultos.

17 Até mesmo nas aldeias ianomâmis que contatei e que nunca antes tinham sido visitadas por pessoas de fora havia facões e machados, em geral muito gastos mas às vezes relativamente novos, obtidos mediante trocas com outras aldeias ianomâmis distantes.

18 Sempre evitei usar informantes jovens porque eles não sabiam tanto quanto os mais velhos. Nas poucas ocasiões em que tive que usar moças como informantes – jovens cativas vindas de outros *shabono*, sobre os quais eu queria informações – sempre havia mais uma pessoa na minha cabana para vigiar a sessão.

19 A cutia é um pequeno roedor cujos incisivos afiados são utilizados pelos ianomâmis como pequenas "facas" ou ferramentas de corte, depois de afixados com cipós e resina a um cabo curto.

20 *Madohe* são "bens materiais", mas no contexto dos bens de estrangeiros o termo significa "objetos de troca".

21 Quando eu viajava com os ianomâmis normalmente usava camiseta, sunga de natação e tênis – e tudo isso ficava encharcado em uma hora de viagem, fosse pela transpiração, fosse pelas travessias a vau por rios e córregos. Porém, eu sempre levava na mochila um pedaço de pano vermelho que usava como tanga para entrar "cerimoniosamente" em uma aldeia. Os ianomâmis me incentivaram a isso, para fazer uma exibição inicial tal como eles faziam.

22 Para os detalhes estatísticos e uma discussão da composição das aldeias pela patrilinhagem, ver: Chagnon, Napoleon A.; Irons, William (orgs.). *Evolutionary Biology and Human Social Behavior*, pp. 86-131.

3. ATAQUES E VINGANÇAS

1 O nome da aldeia de Monou-teri deriva de *mono-u*, que significa "lagoa".

2 Quando um grupo se muda, primeiro limpa novas áreas para roças; quando estas começam a produzir, o grupo se muda para lá e ali constrói seu *shabono* permanente. Antes disso as pessoas dormem em simples *yano* – cabanas "de acampamento" temporárias, que podem ser construídas em menos de uma hora.

3 *Waiteri* significa "feroz". Eles tinham vários homens *waiteri*, mas Matowä era o mais *waiteri* da aldeia. Era o cacique, e um *unokai*.

4 À medida que minha associação com os bisaasi-teri prosseguia, fui ficando cada vez mais identificado com eles, e isso afetou a forma como alguns dos seus inimigos me consideravam.

5 Aldeias muito grandes com frequência têm dois (ou mais) caciques, em geral os homens mais velhos das maiores patrilinhagens da aldeia. Muitas vezes esses homens são primos cruzados e casados com a irmã um do outro. (Ver o capítulo 12, sobre a organização social dos ianomâmis.)

6 Eu carregava uma das mochilas e meu guia carregava a outra.

7 Fiz o que eles pediam, mas felizmente nunca surgiu nenhuma situação em que eu tivesse que agir dessa forma.

8 Um dos meus críticos mais tarde me acusou de ser o exemplo "clássico" do princípio de Heisenberg, ou seja, de influenciar, sem querer, aquilo mesmo que eu estava observando. Em resumo, ele me acusou de causar as "guerras" que testemunhei, tais como essa, porque eu tinha, supostamente, uma personalidade tão "vil" que a transmiti aos ianomâmis, fazendo com que estes se tornassem também vis, agressivos e belicosos. (Cockburn, Alexander. "Half Century: Half Full? Half Empty? Full of it Anyway". *The Nation*, 24/6/1991.) Essa acusação era bizarra demais para ser respondida. No entanto, eu e todos os outros antropólogos estamos cientes de que, simplesmente por estarmos presentes em uma aldeia relativamente isolada, exercemos um efeito sobre aquilo que relatamos.

9 Em outros ensaios de ataques aos quais assisti, a *no owa* era feita de folhas e galhos atados em um feixe, de modo a parecer uma pessoa, com cabeça e pernas.

10 Vários anos depois dessa incursão, Matarawä, que ainda era apenas um jovem, foi morto por invasores da aldeia de Daiyari-teri. Ele foi pescar à noite muito perto dessa aldeia, e eles o pegaram e crivaram seu pescoço e seu peito com muitas flechas. Porém, seus matadores fizeram algo que considero honroso. O corpo dele caiu no rio. Para que não desaparecesse para sempre, eles mergulharam, recuperaram-no e o amarraram com cipós à margem do rio para que seus parentes pudessem encontrá-lo e cremá-lo. Os matadores o conheciam bem, gostavam dele, mas estavam agora no lado oposto em uma nova guerra; assim, o mataram.

11 Certa vez tive uma conversa divertida com Meyer Fortes, notável antropólogo britânico conhecido por seu trabalho de campo com várias tribos africanas. Cheguei a conhecê-lo bem, pois ele me convidou para passar minha licença sabática de 1980 no King's College, na Universidade de Cambridge, onde tivemos muitas conversas. Em uma delas ele me perguntou, sussurrando: "Quantas vezes você já viu os ianomâmis copularem?". Eu respondi, também em um sussurro: "Nunca". Fortes então me disse que em todos os seus anos vivendo entre os tallensi, uma das tribos africanas que ele estudou, "também nunca os vi[ra] fazerem isso".

12 Eles finalmente abandonaram esse *shabono* alguns meses mais tarde, quando suas novas roças próximas ao Mavaca começaram a produzir.

13 *Ebene* é uma palavra genérica usada para os alucinógenos dos ianomâmis, todos de origem vegetal. Naquela área, os dois alucinógenos mais utilizados são o *hisiomö* e o *yakowana*. O primeiro é o mais desejável e vem das sementinhas de uma grande árvore. O outro vem da casca interna de outra árvore. Ver: Chagnon, Napoleon A.; LeQuesne, P.; Cook, J. "Yanomamö Hallucinogens: Anthropological, Botanical, and Chemical Findings", pp. 72-4.

14 Symons, Donald. *The Evolution of Human Sexuality.*

15 Alexander, Richard D. *Darwinism and Human Affairs.*

16 Irons, William. "Adaptively Relevant Environments Versus the Environment of Evolutionary Adaptedness", pp. 194-203.

4. MINHA FAMÍLIA NA TERRA DOS IANOMÂMIS E MEUS PRIMEIROS ENCONTROS COM OS SALESIANOS

1 Tanto eu como minha esposa viemos de famílias grandes e relativamente pobres. Nós dois lembramos que, quando crianças, por vezes nossas famílias tiveram que morar em casas sem encanamento, e conhecíamos bem o desconforto de ter que usar um banheiro externo.

2 Barker não me revelou seus extensos materiais sobre o idioma ianomâmi talvez porque não confiasse em mim depois que eu lhe contei que fui criado como católico. Ele

desconfiava dos católicos devido aos problemas que teve com os missionários salesianos. De toda forma, creio que a única maneira de aprender o idioma dos ianomâmis é ir viver junto a eles, algo que Lizot e eu fizemos, mas não os salesianos.

3 "Primo", "irmão" e outros termos de parentesco são explicados no capítulo 12, p. 358.

4 Ver meu artigo de 1986 na *Newsweek*, em que chamo a Venezuela de "a última teocracia do hemisfério ocidental".

5 Essa política vem acontecendo na América Latina desde a conquista espanhola. Quando me mudei para Santa Barbara, na Califórnia, em 1984, e vi a série de missões católicas ao longo da costa do Pacífico, percebi que estava testemunhando essa mesma política, tão antiga, aplicada aos ianomâmis, com seus efeitos devastadores sobre a saúde dos indígenas.

6 Dan Shaylor, comunicação pessoal, 13/1/2010.

7 Isso provavelmente era verdade em 1950, mas no fim daquele ano ou no início de 1951 uma missionária das Novas Tribos chamada Flora Trexel viveu por um tempo com um dos grupos no Baixo Ocamo, possivelmente na foz desse rio. Um detalhe notável: ela tinha uma perna mecânica. Dan Shaylor, comunicação pessoal, 13/1/2010. Em 1954, Hector Acebes disse que a encontrou em Tama Tama em 1951.

8 Um dos nomes que os ianomâmis dão para o curso superior do rio Orinoco é *Mahekodo-kä-u*. Na verdade, esse rio é um braço que se separa da corrente principal do Orinoco nas corredeiras conhecidas como Raudal Peñascal, bem perto das cabeceiras do Orinoco e da fronteira com o Brasil.

9 Essa prática, como já mencionei acima, era generalizada na colonização espanhola das Américas: *reducción* é uma palavra que significa, historicamente, uma comunidade de indígenas que foram "convertidos" ao catolicismo, normalmente sendo forçados a se estabelecer em uma missão católica ou perto dela, e obrigados a frequentar a escola da missão. Os nativos são dissuadidos de falar sua língua materna (e em alguns casos punidos por usá-la).

10 Fui impedido de voltar aos ianomâmis por um pequeno grupo de antropólogos venezuelanos, durante um período de dez anos, de 1975 a 1985, que incluiu a implantação no Alto Orinoco dessa política salesiana. Só fiquei sabendo disso quando essa política foi interrompida, pelo menos para os ianomâmis. Ver: Lizot, Jacques. *O círculo dos fogos*.

11 De 1975 a 1985 a oposição ao meu estudo dos ianomâmis por antropólogos venezuelanos se tornou tão intensa que eles conseguiram fazer aprovar uma norma segundo a qual nenhum antropólogo "estrangeiro" (ou seja, americano) receberia autorização para pesquisas da Oficina Central de Asuntos Indígenas (Ocai). O chefe desse grupo era um antropólogo chamado Eddie Romero, cuja esposa era arqueóloga no Ivic. A Ocai foi controlada por antropólogos venezuelanos até por volta de 1985, quando o departamento foi transferido para o Ministério da Educação. Ver: Lizot, Jacques. *O círculo dos fogos*.

12 Chagnon, Napoleon A. *Studying the Yanomamö*, pp. 180-2.

13 *The Feast* [A festa] e *Yanomamö: A Multidisciplinary Study* [Ianomâmis: um estudo multidisciplinar].

14 Depois de 1975, os salesianos começaram a fazer críticas a mim e ao meu trabalho junto às autoridades venezuelanas, porque eu estava "violando o tabu do nome dos ianomâmis", isto é, eu estava perguntando sobre pessoas falecidas, que podiam, talvez, ter morrido com um tiro das armas introduzidas pelos padres. Creio que eles usaram o tabu do nome como meio para esconder as mortes causadas por tiros de espingarda. No entanto, no início dos anos 1970 a maior parte de meu trabalho de campo estava sendo feita entre as aldeias ianomâmis conhecidas coletivamente como shamatari, onde os salesianos não tinham conhecimento dos meus procedimentos de campo. O único salesiano que poderia conhecer em primeira mão meus procedimentos para entrevistas era o padre Cocco. O padre Bórtoli só chegou a essas áreas por volta de 1975.

5. PRIMEIRO CONTATO COM NOVAS ALDEIAS IANOMÂMIS

1 Os ianomâmis fazem isso com todos os estrangeiros. Meus críticos desonestamente alegam, ou parecem ingenuamente acreditar, que apenas os meus bens de troca tinham propriedades especiais tão grandes que, ao pagar a meus informantes com meus *madohe*, eu os tornei "dependentes" de mim e cheguei a causar guerras entre os ianomâmis, porque eles cobiçavam as novas ferramentas de aço que eu levara para a sua área. No entanto, muito antes de eu chegar, as missões salesianas, em especial a missão do padre Cocco em Ocamo, já haviam distribuído milhares de ferramentas de aço para os ianomâmis. Ver o filme *Ocamo Is My Town* [Ocamo é a minha cidade]. Os ianomâmis já guerreavam muito antes da minha chegada ou da chegada dos salesianos, tal como descrevo ao longo deste livro.

2 Como expliquei no capítulo 2, ele foi o primeiro ianomâmi que conheci quando passei por Tama Tama, rumo à área deles.

3 Em 1965, o rio Mavaca parecia ter uma aura de mistério e perigo. Por exemplo, os mestiços que trabalhavam para a Malarialogía pareciam relutar em subir mais que uma hora e meia por canoa motorizada a partir do ponto onde o Mavaca deságua no Orinoco. Eles também tinham ouvido falar da "traição dos shamatari".

4 O sarampo também dizima outras populações isoladas não indígenas sempre que decorrem longos períodos entre episódios de exposição à doença. Em tais situações demográficas isoladas, a população inteira, quando exposta ao sarampo, contrai a enfermidade, e todos caem doentes, inclusive os adultos – resultando em altas taxas de mortalidade, já que os adultos não conseguem cuidar das crianças e dos bebês.

5 Karina tinha se vacinado contra o sarampo com um dos médicos no nosso grupo uns dez dias antes e estava no final do período de reação à vacina. Nossa expedição vinha lutando havia semanas contra a epidemia de sarampo. A essa altura o governo venezuelano estava enviando mais médicos, vacinas e outros suprimentos, e tinha assumido a tarefa de conter a epidemia de sarampo de 1968. Um novo e trágico surto ocorreu por

volta dessa época, causado, creio eu, pelo fato de que um padre salesiano de Platanal, o padre Sanchez, não quis retirar de lá um brasileiro doente que tinha chegado recentemente à missão. Esse homem transmitiu sarampo a numerosos ianomâmis de lá e da vizinha Patanowä-teri, e muitos deles morreram.

6 Foi assim que pronunciei os nomes pessoais dos ianomâmis durante todos os meus sessenta meses de trabalho de campo. Mais tarde meu uso – ou alegado abuso – dos nomes pessoais se tornaria tema de uma investigação sobre minha "falta de ética", realizada pela Associação Americana de Antropologia. A maioria dos antropólogos provavelmente nunca trabalhou entre pessoas que têm tabu do nome, mas muitos deles agiam como se conhecessem e compreendessem como o tabu funciona.

6. UMA LIÇÃO DE GEOGRAFIA

1 Como os ianomâmis com frequência dão novos nomes às suas aldeias, qualquer mapa com os nomes atuais logo ficaria desatualizado. As aldeias na foz do Mavaca, por exemplo, mudaram de nome várias vezes desde que estive ali pela primeira vez, em 1964, porque se subdividiram muitas vezes, embora tenham ficado sempre dentro do raio de visão umas das outras.

2 Já conversei com muitos pesquisadores que fizeram trabalho de campo com tribos em outras partes do mundo, e suas experiências eram comparáveis à minha: seus informantes nativos tinham, invariavelmente, um excepcional senso de direção e de distância entre lugares que conheciam.

3 A antropologia também tem interesse teórico pelo que se conhece geralmente como "ritos de passagem", e esses fenômenos também são não geográficos.

4 Chagnon, Napoleon A. *Studying the Yanomamö*, p. 160.

7. DO TRABALHO DE CAMPO À CIÊNCIA

1 Paul e Beatty, 2000; Baur, Comitê IGES-ELSI, et alii, 2001.

2 Neel, James V. et alii. "Notes on the Effect of Measles and Measles Vaccine in a Virgin-Soil Population of South American Indians". *American Journal of Epidemiology*, v. 91, n. 4, pp. 418-29.

3 A estatística F é uma medida de quanto material genético é compartilhado por duas pessoas aparentadas. Um acasalamento entre essas duas pessoas geraria para a sua prole um "coeficiente de endogamia" que é a metade do valor do "coeficiente de parentesco".

4 Tiger, Lionel; Fox, Robin. "The Zoological Perspective in Social Science". *Man (New Series)*, v. 1, n. 1, pp. 75-81.

5 Chagnon, Napoleon A. *Yanomamö Warfare, Social Organization and Marriage Alliances*; Idem, *Yanomamö: The Fierce People*; idem, "Yanomamö Social Organization and Warfare". Idem, "Social Causes for Population Fissioning: Tribal Social Organization and Genetic Microdifferentiation".

6 Os venezuelanos chamam de *bongo* uma grande canoa escavada em tronco de árvore, utilizada para o transporte de cargas pesadas, tais como cimento, recipientes para gasolina com mais de 200 litros etc. Muitas vezes elas são ampliadas com tábuas ao longo das duas amuradas, para transportar cargas maiores. Também se acrescenta por vezes um teto de palha ou de chapa metálica, para maior conforto e abrigo da chuva.

7 Neel e eu fomos mais tarde acusados de deliberadamente não termos aplicado a gamaglobulina quando vacinamos os iyäwei-teri em Ocamo.

8. CONFLITOS POR MULHERES

1 Keeley, Lawrence H. *War Before Civilization.*

2 Zimmerman, Larry; Whitten, Richard G. "Prehistoric Bones Tell a Grim Tale of Indian v. Indian"; Zimmerman, Larry; Alex, R. "Digging Ancient Burials: The Crow Creek Experience"; Zimmerman, Larry; Gregg, J. B.; Gregg, P. S. "Para-mortem Osteopathology in the Crow Creek Massacre Victims"; Zimmerman, Larry; Bradley, Lawrence E. "The Crow Creek Massacre: Initial Coalescent Warfare and Speculations About the Genesis of Extended Coalescent", pp. 215-26.

3 Essa data é importante porque elimina o argumento, apresentado frequentemente, de que a "influência colonial depois de Colombo" tornou os índios americanos belicosos; antes disso eles seriam supostamente pacíficos, e a guerra e a violência entre eles, raras ou inexistentes.

4 Ver Phillip L. Walker quanto a estudos forenses de vestígios esqueletais de diferentes grupos de norte-americanos, que mostram muitos ferimentos e lesões: Walker, Phillip. L. "Cranial Injuries as Evidence of Violence in Prehistoric Southern California"; idem, "Wife Beating, Boxing, and Broken Noses: Skeletal Evidence for the Cultural Patterning of Interpersonal Violence"; idem, "A Bioarchaeological Perspective on the History of Violence"; Walker, Phillip L. et alii. "Bioarchaeological Evidence for Trophy Taking in Prehistoric Central California".

5 Morgan, John. *The Life and Adventures of William Buckley.*

6 Chagnon, Napoleon A. *Studying the Yanomamö*, p. 82.

7 Sobre o cativeiro, ver: Dickemann, Mildred. "Female Strategies, Reproductive Strategies, and Social Stratification: A Preliminary Model".

8 Heider, Karl. *The Dugum Dani*, p. 100.

9 Larson, Gordon F. *The Structure and Demography of the Cycle of Warfare Among the Ilaga Dani of Irian Jaya.*

10 Idem, ibidem, tabelas 8 e 9. Embora haja variação significativa nas "causas" de guerra nos planaltos da Nova Guiné, as brigas por mulheres estão entre as mais relatadas. A relação entre mulheres e guerras e conflitos em outras tribos dos planaltos vizinhos aos dani de Ilaga não é tão clara.

Kapauku: Embora a vingança por homicídios seja comum, entre os kapauku "a maioria das guerras começa devido a violações dos direitos sexuais exclusivos do marido; o delito do adultério, assim como o estupro de uma mulher casada, é considerado o mais hediondo dos crimes. A pena é a execução". (Pospisil, Leo. *Kapauku Papuans and Their Law*, p. 167.)

Dani ocidental (Konda): Aqui as disputas por causa das mulheres são as causas mais frequentes das "brigas" (22 casos entre 52, ou 42,3%). Cerca de 19% das guerras em Konda começam por causa de mulheres, mas o dobro dessa porcentagem começa como vingança por mortes anteriores. Cerca de 22% das guerras resultaram de disputas sobre "propriedades", em geral acerca dos porcos. O'Brien, Denise. *The Economics of Dani Marriage*, tabela 11.

Dani ocidental (Wanggulam): O antropólogo holandês Anton Ploeg documenta, em *Government in Wanggulam*, 131 casos de "agitações" ao longo de 25 anos. Delas, 75 foram lutas com arco e flecha nas quais morreram 142 pessoas. Os conflitos por causa das mulheres foram a segunda causa mais frequente das guerras; a mais frequente foi o roubo de propriedade.

Grande Vale Inferior: Myron Bromley, linguista e antropólogo missionário, viveu entre os dani durante 38 anos (1954-92). Suas observações são particularmente valiosas porque incluem um período antes de o governo estabelecer seu controle político sobre o vale, em 1958. A guerra era perpétua, especialmente nas fronteiras que separam as grandes confederações ou alianças de muitos grupos. Ele discute vinte casos de "um sistema de captura, principalmente de mulheres casadas e de porcos". Bromley, Myron. *A Grammar of Lower Grand Valley Dani*, p. 10. Desses vinte casos, oito se referiam a mulheres, seis a porcos e seis a roubos de outros bens.

11 Este tema é explorado de forma mais sistemática em Chagnon, Napoleon A. "Reproductive and Somatic Conflicts of Interest in the Genesis of Violence and Warfare Among Tribesmen". Ver também: Idem, "Life Histories, Blood Revenge, and Warfare in a Tribal Population".

12 Essa abordagem remonta a F. Barth e a alguns sociólogos britânicos. Irons e eu já discutimos sobre ela muitas vezes em nossas conversas particulares, e escrevi a respeito em meus artigos sobre as "guerras" dos ianomâmis.

13 A proporção sexual é expressa como a proporção de homens para mulheres multiplicada por 100; por exemplo, 107/100 × 100 é igual a uma proporção sexual de 107.

14 Chagnon. "Yanomamö Social Organization and Warfare", op. cit.

15 Creio que fui o primeiro antropólogo a observar, documentar estatisticamente e chamar a atenção para esse fenômeno notável entre as populações tribais, tornando-o, pela primeira vez, uma questão teórica importante.

16 Harris, Marvin, *Darwinism and Human Affairs*.

17 Ver: Alexander, Richard D., op. cit.

18 Isso tem implicações importantes para as teorias sobre a origem e a evolução da cooperação. Uma das mais conhecidas, a da "equivalência", ou "olho por olho"

(Axelrod, R.; Hamilton, William. "The Evolution of Cooperation"), é baseada no pressuposto de que os indivíduos ou grupos que interagem são capazes de infligir o mesmo grau de punição uns aos outros. Os ianomâmis – e, provavelmente, todas as sociedades – procuram constantemente alcançar a capacidade de infligir mais danos aos adversários do que estes conseguem retribuir; eles tentam constantemente violar os pressupostos do "olho por olho". Para os ianomâmis, isso significa tentar alcançar um tamanho de aldeia maior, comparado ao da aldeia dos seus vizinhos e inimigos imediatos.

19 Meus dados sobre as mulheres *shuwahimou* são sobretudo anedóticos. Não posso dar uma estimativa precisa da porcentagem de mulheres ianomâmis que conseguiram fugir do marido, mas o meu palpite é que fica na faixa de 5%. Muitas mais, é claro, tentam fugir, mas são recuperadas pelo marido irado e seus amigos – e severamente punidas.

20 Cockburn, op. cit., afirmou que eu tinha uma "personalidade vil" a tal ponto que ela de alguma forma infectou os ianomâmis, normalmente pacíficos; com isso eles também se tornaram vis e começaram a praticar atos de violência, que eu, então, observei e descrevi – dando, assim, um exemplo impressionante do princípio de Heisenberg. Brian Ferguson ("Do Yanomamö Killers Have More Kids?") também afirmou que eu causei animosidade, inveja e conflitos entre os ianomâmis pela forma como lhes dei ferramentas de metal.

21 Ritchie, Mark Andrew. *Spirit of the Rainforest*, p. 10.

22 Idem, ibidem, pp. 221-2.

23 Idem, ibidem, pp. 223 4.

24 Por exemplo, tanto em obras de missionários como de antropólogos. Ver: Jank, Margaret. *Mission: Venezuela*; Peters, John F. *Life Among the Yanomami*; Alès, Catherine. "Violence et ordre social dans une société amazonienne: Les Yanomami du Venezuela". O livro de Lizot O *círculo dos fogos*, de 1976, ironicamente me denuncia no prefácio por "enfatizar demais a violência dos ianomâmis" em algumas de minhas publicações – e passa, então, a relatar ainda mais violência entre as pessoas com quem Lizot conviveu.

25 Uma convicção inabalável é a de que os nobres selvagens não raptam as mulheres dos vizinhos. Em uma palestra que dei em 1999 em uma importante universidade de pesquisa em Wisconsin para docentes e estudantes de pós-graduação em ciências (incluindo a antropologia), uma jovem professora fez objeções à minha discussão sobre os raptos entre os ianomâmis, alegando que "nós, mulheres antropólogas, não gostamos de ouvir esse tipo de coisa. É degradante para as mulheres".

26 Muitos cientistas sociais ressaltam a diferença entre os seres humanos e os outros animais chamando a atenção para o fato de que apenas os humanos elaboram "regras" (e leis) sobre o comportamento adequado. Para eles, um herói da cultura é alguém como Moisés, o legislador. Mas os seres humanos não fazem só regras; nós também desenvolvemos sistemas complexos para quebrá-las (Alexander, Richard D. *Darwinism and Human Affairs*; Chagnon, Napoleon A. "Sociodemographic Attributes of Nepotism in Tribal

Populations: Man the Rule Breaker"). O aspecto verdadeiramente distinto dos seres humanos não é que fazemos regras, mas sim que fazemos regras a fim de quebrá-las – uma espécie de mensagem educativa para os outros quando o infrator da regra é punido.

27 Os antropólogos e as antropólogas que estudam a mesma tribo por vezes apresentam caracterizações radicalmente diferentes das "realidades" que relatam. Talvez o caso mais conhecido seja o do trabalho de Margaret Mead. Por exemplo, um de seus maridos foi um notável antropólogo inglês, Reo Fortune, que tinha estudado, entre outros povos, uma tribo da Melanésia conhecida como arapesh (os arapesh das montanhas). Uma de suas publicações foi um relato simples e direto das suas guerras. Mais tarde Mead visitou as mesmas pessoas. Suas publicações sobre a mesma tribo parecem negar a própria existência das guerras descritas por Fortune. Ela retratou esses nativos como pessoas cordiais e pacíficas.

28 Para obter esse percentual precisamos subtrair as 91 meninas com menos de onze anos do número total de mulheres: 302 - 91 = 211. Por esse número devemos dividir o número de mulheres casadas com onze anos de idade ou mais (194 - 10 = 184); 184/211 = 87,2%, que arredondei para 87%.

29 A conta: 302 - 91 = 211; 161/211 = 76%.

30 Essa é uma questão de particular importância no meu trabalho de campo, pois tento visitar e aprender sobre as pessoas em numerosas aldeias distintas e muito dispersas, e essas viagens consomem uma quantidade enorme de tempo e dinheiro. Esse é um problema crônico enfrentado pelos pesquisadores de campo na antropologia. A questão é a seguinte: será melhor obter conhecimentos mais aprofundados sobre uma aldeia menor, e possivelmente não representativa, ou coletar dados de uma amostra mais abrangente, e assim documentar a variabilidade que sempre existe tomando um número maior de pequenas aldeias dispersas?

31 A proporção sexual pode ser (e frequentemente é) medida em diversos níveis da população, tais como o momento da concepção, o nascimento, a idade média de casamento das mulheres (ou dos homens), as pessoas com mais de cinquenta anos de idade etc.

32 Em meu artigo "Yanomamö Social Organization and Warfare", descrevi o "Complexo de *Waiteri*" como um novo modelo, sugerindo que o infanticídio preferencial feminino levava a uma escassez de mulheres e esta, por sua vez, causava as lutas entre os homens e, por fim, as guerras entre aldeias. Divale e Harris ("Population, Warfare, and the Male Supremacist Complex") se apropriaram então dessa ideia e a chamaram de "complexo de supremacia masculina", sem mencionar que o seu modelo derivava do meu. É extremamente improvável que Harris não tivesse conhecimento do meu artigo, pois ele fora um dos coeditores do volume em que o trabalho foi publicado.

33 Hrdy, Sarah Blaffer. "Infanticide as a Primate Reproductive Strategy".

34 Em 1985, uma autoridade da comissão indigenista venezuelana (Ocai) veio até a área dos ianomâmis para me encontrar. Ele queria que eu fizesse uma declaração oficial, formal, registrada em cartório, sobre a prática do infanticídio entre os ianomâmis. Uma deputada do Congresso venezuelano tinha ouvido dizer que alguns índios da Venezuela matavam

bebês e prometera encontrar os culpados, julgá-los por assassinato em um tribunal e pedir duras punições para eles. Ela estava, obviamente, referindo-se aos ianomâmis e às minhas publicações sobre eles. Na minha declaração formal para a Ocai sobre as práticas de infanticídio dos ianomâmis, eu disse que nunca tinha presenciado um infanticídio e, portanto, esses relatos poderiam ser inexatos. Acrescentei que os eficientes ensinamentos sobre a compaixão por parte de muitos missionários provavelmente haviam causado o abandono dessa prática vil. A primeira parte da minha declaração estava factualmente correta e serviu para encerrar o assunto. Contudo, desse ponto em diante parei de coletar dados sistemáticos sobre o infanticídio ianomâmi. Para minha consternação, Marvin Harris (na época da Universidade Columbia) me acusou de "omitir dados sobre o infanticídio" porque eles serviriam de suporte à teoria dele, segundo a qual os ianomâmis estavam ajustando a "proporção terra-homem" por meio do infanticídio, ou seja, estavam tornando o mundo mais seguro para os catetos, tatus, macacos etc. ao controlar seu crescimento populacional por meio do infanticídio seletivo feminino; dessa forma, garantiriam que os futuros ianomâmis teriam proteína suficiente na sua alimentação. Esse foi um componente do "grande debate sobre a proteína" que travei com Harris desde a década de 1970 até a de 1990 e que fazia parte de um problema teórico mais amplo, porém raramente discutido: saber se seria a teoria marxista ou a darwinista que acabaria por prevalecer na antropologia cultural científica nos Estados Unidos.

35 A intensa guarda da companheira por parte dos maridos ianomâmis leva a um grau relativamente elevado de certeza paternal, como discutido anteriormente.

36 Biocca, Ettore. *Yanoáma*, pp. 34-5.

9. LUTAS E VIOLÊNCIA

1 Os ianomâmis representam uma espécie de sociedade horticultural tribal que a maioria dos antropólogos considera igualitária. Ver: Fried, Morton, op. cit.

2 Eu filmei uma dessas lutas em 1965. A cena pode ser vista no filme *Yanomamö: A Multidisciplinary Study*.

3 Como a fabricação de um *himo* leva horas e eles devem ser preparados com antecedência para uma luta, é bem claro que não podem ser usados em brigas espontâneas, como é a maioria das lutas desse tipo. Há, porém, desafios enviados a aldeias vizinhas, e os participantes têm tempo para talhar os porretes *himo* antes de chegarem para a luta. Porém, os facões e machados de aço se encontram na maioria das aldeias, devido ao comércio e à troca de bens, e também podem ser usados para intimidar ou ameaçar os adversários; quem empunha a arma de metal pode fazer uma luta de porretes passar para uma luta com armas potencialmente mortíferas. Contudo, é mais frequente usar o porrete *himo*, exibido bem visivelmente, em uma luta de *nabrushi* do que um facão ou machado. Estes são, sem dúvida, mais mortíferos; porém, o porrete *himo* causa lesões mais graves do que o *nabrushi*.

4 Lahr, Marta M.; Wright, Richard V. S. "The Question of Robusticity and the Relationship between Cranial Size and Shape in *Homo sapiens*"; Lahr, Marta M. *The Evolution of Modern Human Diversity*. Os crânios dos índios sul-americanos da Patagônia e da Terra do Fogo são extremamente robustos, porém não se sabe ao certo se a melhor explicação para isso vem da alometria (os crânios grandes são mais robustos) ou de efeitos genéticos/ambientais. Rolando González-José, comunicação pessoal.

5 Ver: Chagnon, Napoleon A. "Life Histories, Blood Revenge, and Warfare in a Tribal Population".

6 Seu nome era Heawä, e ele vivia em Mahekodo-teri. Uma das vítimas da sua espingarda, que lhe fora dada pelos salesianos, foi o cacique de Makorima-teri, um homem chamado Säsäwä; mas ele também matou a tiros vários homens em outras aldeias, inclusive na área dos ashidowä-teri, bem mais ao sul da sua aldeia.

7 Meus informantes forneceram outros exemplos. Como já relatei, o padre Cocco de início não acreditou na minha informação de que os ianomâmis estavam usando espingardas para matar uns aos outros, até que um ianomâmi chamado Carlito contou a nós dois sobre um ataque a uma aldeia isolada no rio Harota em que várias pessoas foram mortas. Durante o período do meu trabalho de campo, Heawä, filho do cacique de Mahekodo-teri, matou a tiros o cacique de Makorima-teri. Seu irmão mais velho, Asiawä, matou um jovem no Alto Bisaasi-teri. Ambos obtiveram suas armas na missão salesiana de Platanal, segundo meus informantes ianomâmis.

8 Ritchie, Mark Andrew, op. cit., fornece uma tradução de um relato do que aconteceu em uma aldeia que depois foi evangelizada pela família Dawson, que inicialmente era associada à Missão Novas Tribos, mas depois se tornou uma missão independente, não afiliada.

9 Biocca, Ettore, op. cit.

10 Esta aldeia era conhecida desde pelo menos 1965 até o presente como Iyäwei-teri, a aldeia cujos membros viviam na missão salesiana do padre Cocco, na foz do rio Ocamo.

11 Os policiais venezuelanos com frequência são capangas de baixa instrução e rápidos no gatilho, portando armas automáticas e com autoridade inquestionável de atirar para matar por motivos banais. Um deles certa vez enfiou o cano da metralhadora na minha barriga porque eu estava usando um cinto de escoteiro com uma fivela de latão, o que segundo ele era um equipamento "militar". Durante uma das minhas viagens à Venezuela, voluntários americanos do Peace Corps [Corpo da Paz] foram sumariamente mortos a tiros no centro de Caracas, com as mãos para o alto, implorando e dizendo quem eles eram em espanhol fluente. Que eu saiba, os assassinos nunca foram investigados, punidos ou repreendidos.

12 Ver: Chagnon, Napoleon A. *Yanomamö Warfare, Social Organization and Marriage Alliances*; idem, "GIS, GPS, Political History and Geo-demography of the Aramamisi Yanomamö Expansion", para minha discussão sobre os ianomâmis kohoroshitari e karawatari.

13 Biocca, Ettore, op. cit.

14 Minha monografia, amplamente utilizada em cursos universitários de antropologia, começa com um prólogo que descreve esse *nomohori* conforme ele me foi relatado por meus informantes ianomâmis. Ver: Chagnon, Napoleon A. *Yanomamö* (6. ed.).

15 Esse *nomohori* não envolveu uma terceira aldeia, quer neutra, quer amigável. Ver meus comentários acima, em que explico como um logro convincente pode atrair membros de outra aldeia para uma armadilha.

16 Há muita confusão porque os ianomâmis mudam com frequência a "identidade" da sua aldeia e lhe dão um nome novo, por vezes temporário. Acabei decidindo usar o nome do cacique de cada grupo para tentar resolver esse problema. Mesmo que o nome da aldeia mude com frequência, os ianomâmis se lembram de quem foi o "fundador", ou quem eram os principais líderes desses subgrupos recém-nomeados. Essa confusão nos nomes tribais é comum na etnologia histórica de quase todos os povos nativos da América do Sul, em especial os da bacia do Amazonas.

17 Biocca, Ettore, op. cit.

18 Na década de 1970, quando começou a haver mais contato entre os ianomâmis e a cultura venezuelana, um ianomâmi recebeu treinamento em prática de enfermagem na cidade de Puerto Ayacucho, onde ficou sabendo da existência da polícia e da lei. Ele me falou disso animadamente quando percebeu que a "lei" iria lidar com os homicídios, e isso significava o fim das vinganças sanguinárias – e também da sua preocupação de que ele pudesse ser um alvo legítimo de vingança pelas mortes em que seus irmãos tinham se envolvido. Chagnon, Napoleon A. "Life Histories, Blood Revenge, and Warfare in a Tribal Population".

19 Alguns de meus informantes mais velhos afirmaram que os hasuböwä-teri originalmente faziam parte da população aramamisi-teri e, portanto, eram parentes dos shamatari. Embora houvesse uma quantidade considerável de casamentos entre os namowei-teri e os hasuböwä-teri ancestrais, muitos destes podem realmente ser mais estreitamente aparentados com os shamatari. Se assim for, sua cumplicidade no *nomohori* de Amiana por volta de 1950 não é surpreendente.

20 Os bisaasi-teri se chamavam kreiböwei-teri nessa época, e só mais tarde assumiram o nome de bisaasi-teri.

21 Minha intenção era que as genealogias meticulosas que coletei ao longo de muitos anos ficassem o mais perto possível de *pedigrees* genéticos. Ver em: Chagnon. *Studying the Yanomamö*, uma discussão sobre os métodos que usei para coletar essas genealogias.

22 Ver minha discussão em: Chagnon. "Sociodemographic Attributes of Nepotism in Tribal Populations: Man the Rule Breaker", e neste livro. O destacado geneticista matemático inglês John Maynard Smith, na reunião final do projeto que gerou esse artigo no King's College, na Universidade de Cambridge, parou sua apresentação, olhou diretamente para mim e disse: "Não consigo entender por que vocês, antropólogos, acham que essa teoria se aplica a 'gente' [*Homo sapiens*]". Mais tarde ele passou a endossar a posição de que, de fato, a teoria se aplica – presumivelmente porque teria parecido muito tolo como

biólogo se afirmasse que a teoria da seleção natural não se aplica aos seres humanos. Ver meu artigo acima citado e minha discussão sobre o artigo que apresentei ao final do projeto de pesquisa do King's College que ensejou essa notável pergunta de Maynard Smith.

23 Essas comparações são estatisticamente significantes para todas as faixas etárias. Ver: Chagnon. "Life Histories, Blood Revenge, and Warfare in a Tribal Population", quanto aos testes estatísticos. O mesmo vale para os dados apresentados na p. 315.

24 Para uma amostragem, ver: Carneiro da Cunha, Maria Manuela. "Letter to the Editor". Lizot, Jacques. "Sobre la guerra: Una respuesta a N. Chagnon (*Science*, 1988)". Lizot. "On Warfare: An Answer to N. A. Chagnon"; Ferguson, R. Brian, op. cit.; Albert, Bruce. "Yanomamö 'Violence': Inclusive Fitness or Ethnographer's Representation?"; Moore, John H. "The Reproductive Success of Cheyenne War Chiefs: A Contrary Case to Chagnon's Yanomamö"; Kemp, Graham; Fry, Douglas P. (orgs.). *Keeping the Peace*; Borofsky, Robert et alii. *Yanomani: The Fierce Controversy and What We Can Learn from It.*

10. PRIMEIRO CONTATO COM OS IWAHIKOROBA-TERI

1 Ver *Jaguar: A Yanomamö Twin-Cycle Myth*, filme de Napoleon A. Chagnon e Timothy Asch.

2 Ward continuou sua carreira de sucesso em genética humana em várias universidades dos Estados Unidos e por fim na Universidade de Oxford, na Inglaterra.

3 Depois que a equipe médica de Neel trabalhou comigo pela primeira vez, em 1966, logo se espalhou aos quatro ventos a notícia de que eu levava pessoal médico comigo para as aldeias, pessoas que curavam as doenças dos índios e também coletavam amostras de sangue e de outros materiais. Em 1966 eu também já tinha criado uma reputação entre os ianomâmis de ser honesto, justo e "divertido", algo independente da minha associação com os médicos. Mesmo assim, a boa reputação que eu tinha entre os ianomâmis, até em aldeias que eu não visitava regularmente, facilitou muito a aceitação, por parte deles, dos pesquisadores médicos que viajavam comigo.

4 Recentemente eu quebrara o tornozelo esquerdo na minha casa em Ann Arbor, ao cair de uma escada enquanto limpava as calhas do telhado.

5 Escrevi, erroneamente, "o primeiro dia de marcha", quando fora no segundo dia da minha viagem anterior.

6 Isso faz parte do ritual de intimidação ao qual os visitantes são expostos ao chegar a uma aldeia, mas nesse caso eles pareciam muito nervosos e apreensivos.

7 Fiquei sabendo depois que seu nome era Börösöwä.

8 O facão tinha um cabo de madeira todo recoberto de fio de cobre trançado. É um objeto que só pode ser encontrado no Brasil. Os iwahikoroba-teri estavam obviamente comerciando com aldeias bem mais ao sul, cujos membros, por sua vez, tinham contatos comerciais com outros ianomâmis que viviam nos postos das missões no Brasil, ou perto deles. Os iwahikoroba-teri estavam em guerra com as aldeias ianomâmis ao norte, e nenhum facão fabricado na Venezuela estava chegando até eles.

9 Nós tínhamos contatado o principal grupo dos iwahikoroba-teri, com cerca de 170 pessoas. O grupo de Hiakama tinha recentemente se cindido deles, formando um grupo à parte, com sessenta ou setenta pessoas. Mais tarde, em meados dos anos 1980, consegui entrar em contato com todos os subgrupos dos iwahikoroba-teri; naquela época consistiam em quatro aldeias separadas totalizando algo em torno de 350 pessoas. Àquela altura esses três grupos estavam vivendo *he borara*, isto é, em *shabono* separados que ficavam a algumas centenas de metros um do outro.

10 Na Amazônia venezuelana a *voladora* é qualquer barco de alumínio em que se possa colocar um motor de popa e viajar rápido. [Em português, *voadeira*. (N.T.)]

11 Continuei em contato com Ryk Ward periodicamente durante os trinta anos seguintes. Retomamos nossa correspondência em 2000, quando estouraram as acusações de *Trevas no Eldorado* contra mim e James V. Neel. Ryk começou a escrever um livro para repudiar as espantosas afirmações de Patrick Tierney, mas em 2003 morreu de um ataque cardíaco, indo de bicicleta para o seu escritório.

11. AS ORIGENS DOS IANOMÂMIS E SEU CRESCENTE FÉRTIL

1 Hoje eles usam machados de aço que conseguem seja comerciando com outros índios, seja, mais recentemente, com missionários e outras pessoas de fora. Informantes muito velhos me disseram que antes da chegada das ferramentas de aço a derrubada das árvores se realizava, em geral, acendendo lenha e queimando a base da árvore para matá-la. Quando a árvore morre, perde as folhas, e a luz solar atinge o solo. Nenhum ianomâmi jamais me disse que usou um machado de pedra para derrubar uma árvore, embora os machados de pedra se encontrem comumente na área ianomâmi, presumivelmente feitos e utilizados pelos povos nativos que precederam os atuais habitantes. Não se sabe se essas pessoas foram ancestrais dos ianomâmis contemporâneos. Em uma de minhas viagens de campo (1975), convidei dois antropólogos veteranos para trabalhar comigo orientando vários dos meus alunos de pós-graduação quanto aos possíveis métodos que poderiam usar. Um deles, Robert L. Carneiro, fez uma experiência com um jovem ianomâmi: pediu-lhe que fizessse um machado de pedra polida, amarrando a pedra com cipós a um cabo de madeira. Esse tipo de machado era encontrado no local e era um artefato arqueológico, presumivelmente utilizado outrora para cortar madeira. Carneiro estimou a eficiência do machado de pedra, comparado a um moderno machado de aço. (Carneiro, Robert L. "Tree Felling With the Stone Ax: An Experiment Carried Out Among the Yanomamö Indians of Southern Venezuela".) Não surpreende que o machado de pedra fosse muito menos eficaz para derrubar árvores, mesmo pequenas, do que uma ferramenta de aço, como um machado ou um facão.

2 Carneiro, Robert L. "Tree Felling With the Stone Ax: An Experiment Carried Out Among the Yanomamö Indians of Southern Venezuela"; Conklin, Harold. "The Study of Shifting Cultivation".

3 Freeman, Derek. *Iban Agriculture: A Report on the Shifting Cultivation of Hill Rice of the Iban of Sarawak.*

4 Pouco antes de me aposentar pela UCSB, em 1999, tentei conseguir que um dos meus alunos de graduação em arqueologia, Nathan Craig, fosse ao sítio de uma aldeia ianomâmi abandonada onde eu havia morado e que documentei extensamente em meu livro *Studying the Yanomamö*, de 1974. O plano era testar várias hipóteses arqueológicas relativas aos diferenciais de status social que pudessem ser inferidos por um arqueólogo que mais tarde descobrisse aquele sítio e examinasse os montes de lixo deixados pelos habitantes. No entanto, não consegui obter a permissão necessária para Craig.

5 Tribos contemporâneas como os iecuanas, que vivem ao norte dos ianomâmis, agora usam grandes frigideiras de aço que compram em Caracas.

6 A p. 346 foi publicada originalmente na minha tese de doutorado (*Yanomamö Warfare, Social Organization and Marriage Alliances*, op. cit.). Posteriormente foi reproduzida em todas as edições do meu livro didático universitário sobre a cultura ianomâmi (1968, 1977, 1983, 1992, 1997 e 2012). Mais detalhes sobre a história dos assentamentos ianomâmis, as cisões das aldeias e a geografia dessa região também podem ser encontrados em: Chagnon, Napoleon A. *Studying the Yanomamö*, op. cit.; idem, "GIS, GPS, Political History and Geo-demography of the Aramamisi Yanomamö Expansion", op. cit.

7 Ver: idem, ibidem, para mais detalhes.

8 Os ianomâmis evitam atacar as missões, sabendo ou presumindo que pelo menos alguns dos ianomâmis que ali residem podem ter armas de fogo.

9 Algumas áreas habitadas ao longo do Orinoco, porém, ficam bem acima das margens do rio, o suficiente para haver um risco muito menor de inundação. Os poucos grupos de ianomâmis que se mudaram para essas áreas parecem tê-las escolhido por esse motivo.

10 Diamond, Jared M. "The Worst Mistake in the History of the Human Race".

11 Ver também o livro de Diamond para o público geral, *Armas, germes e aço*, de 1997.

12 Nessa época da história humana as classes socioeconômicas e a estratificação social já tinham surgido; assim, é provável que apenas as classes mais baixas (porém numericamente predominantes) de fato "pagassem" esse preço.

13 Meu desacordo de longa data com Marvin Harris sobre a "causa" das guerras entre os ianomâmis foi em grande parte causado pela visão de Harris de que o único recurso material estratégico importante e escasso na área dos ianomâmis era a proteína animal, uma escassez que ele simplesmente inventou e nunca documentou empiricamente. Um argumento melhor seria afirmar que os ianomâmis talvez lutem para obter os escassos suprimentos de folhas de palmeira para os telhados e postes utilizados na construção dos *shabono*. Essa escassez, ao contrário das especulações de Harris sobre a proteína, pode ser documentada de forma empírica. Mas ela também não explica as causas da guerra e da violência entre os ianomâmis.

14 Chagnon, Napoleon A. "GIS, GPS, Political History and Geo-demography of the Aramamisi Yanomamö Expansion", op. cit.

15 Idem, ibidem.

16 Em uma de minhas visitas a Mishimishimaböwei-teri notei que um rapaz amigo meu, um dos líderes políticos mais jovens, não estava por lá. Quando eu perguntei onde ele estava, disseram-me que houvera uma briga e que ele fora embora enraivecido. A maneira como eles disseram isso foi: "*Karawatari hamö a koraiyoma*", que se traduz como: "Ele voltou para casa, para o seu próprio povo, os karawatari". Não havia ianomâmi mais "shamatari" do que ele.

17 Fiz o primeiro contato com os doshamosha-teri em 1990, com o naturalista venezuelano Charles Brewer-Carías, com quem eu havia trabalhado muitos anos antes, em várias das expedições biomédicas que envolveram os drs. Neel, Roche e Layrisse.

18 Chagnon, Napoleon A. "The Culture-Ecology of Shifting (Pioneering) Cultivation Among the Yanomamö Indians".

19 Carneiro, Robert L. "Slash-and-Burn Cultivation Among the Kuikuru and Its Implications for Cultural Development in the Amazon Basin"; "A Theory of the Origin of the State".

20 Em 1970 Carneiro publicou um artigo teórico importante apresentando uma teoria mais geral sobre a origem do Estado. Ele aprofundou seus argumentos anteriores sobre a circunscrição ambiental e sobre como ela, em presença da guerra e do aumento da densidade populacional, colocou em movimento processos sociais que levaram a um aumento da complexidade social e política e por fim à origem dos Estados e impérios, tanto no Novo Mundo (astecas e incas) como no Velho Mundo (Egito, Mesopotâmia, China e Índia). Sua revisão acrescentou duas novas variáveis a essa teoria: a circunscrição social e a concentração de recursos. Seu modelo de circunscrição social foi o meu relato de 1968 sobre o que estava acontecendo com os grupos ianomâmis nessa área do "Crescente Fértil". Carneiro observa: "Assim, embora continuem no nível de organização política de uma aldeia autônoma, esses ianomâmis sujeitos à circunscrição social deram, sem dúvida, um passo ou dois na direção de um desenvolvimento político mais elevado". Carneiro, Robert L. "A Theory of the Origin of the State", op. cit., p. 737.

21 Eles também atravessaram as montanhas Unturan, onde as cabeceiras do Shanishani chegam muito perto do Alto Siapa, perto de Doshamosha-teri.

22 Extraído de: Chagnon, Napoleon A. *Yanomamö* (5. ed.), p. 88.

12. A ORGANIZAÇÃO SOCIAL DOS IANOMÂMIS

1 Estou me referindo aqui a tribos demograficamente intactas, não àquelas que foram dizimadas por doenças recentemente introduzidas, oprimidas militarmente por países que tentam controlá-las ou realocadas à força em "reservas" juntamente com outros grupos tribais com quem podem ou não ser aparentadas. Quase todas as pesquisas antropológicas sobre tribos norte-americanas foram feitas com grupos assim.

2 O maior índice de fertilidade feminina "natural" em uma população que não usa métodos contraceptivos se encontra entre os huteritas [descendentes de protestantes suíços

que emigraram para os Estados Unidos e o Canadá no século XVI. (N.T.)] e é um pouco superior a dez filhos por mulher.

3 Também informo que o sistema de parentesco dos ianomâmis é do tipo de "fusão bifurcada", com a classificação "dravidiana" dos primos; e, especificamente, é isso o que outros antropólogos definem como sistema de parentesco iroquês. Os seres humanos desenvolveram apenas seis tipos distintos de sistemas de parentesco. Todas as sociedades humanas se encaixam em um deles.

4 Demonstrei isso em uma análise computacional do parentesco e descendência entre os ianomâmis, usando a fecundidade completa alcançada por ambos os sexos em um grande grupo de aldeias ianomâmis. Chagnon, Napoleon A. "Is Reproductive Success Equal in Egalitarian Societies?", op. cit.

5 Isso não quer dizer que algo que poderíamos classificar como amor não exista entre os ianomâmis. Porém, a Hipótese do Amor não explica satisfatoriamente quem se casa com quem, ou quem realmente arca com o trabalho de gerar filhos nas sociedades primitivas. Existe uma vasta literatura sobre o amor romântico, e tenho sérias discussões sobre o assunto com muitos bons colegas meus que são membros da Human Behavior and Evolution Society [HBES – Sociedade do Comportamento Humano e da Evolução]. O assunto é muito discutido no campo chamado da psicologia evolucionária, um grupo de psicólogos, sociólogos, especialistas em antropologia biológica e outros cientistas sociais evolucionistas que originalmente se chamavam (ou eram chamados por outros) de sociobiólogos. Os antropólogos culturais que de início eram sociobiólogos agora pertencem, na sua maioria, a um grupo chamado de "ecologia evolutiva".

6 Sobre a "organização dual" das sociedades na Bacia Amazônica, ver: Kroeber, Alfred. *Anthropology*; Maybury-Lewis, David. *Dialectical Societies.*

7 Sobre a frequência e os tipos de casamentos entre primos cruzados transculturalmente, ver: Murdock, George P. "World Ethnographic Sample".

8 Ilustrar por que isso é assim tornaria a discussão extremamente complicada. Pode-se imaginar uma terceira linhagem paterna Z que queira invadir o sistema ideal mostrado na p. 366, fazendo com que uma das duas linhagens existentes precise dar suas mulheres a um terceiro grupo, para desagrado dos seus parceiros "regulares" de intercâmbio de esposas.

9 Para alguns dados estatísticos, ver: Chagnon, Napoleon A.; Irons, William (orgs.). *Evolutionary Biology and Human Social Behavior*, cap. 4, resumidos em: Chagnon, Napoleon A. *Yanomamö* (5. ed.), cap. 4.

10 De fato, as sociedades humanas matrilineares fazem exatamente isso.

11 Essa influente obra foi publicada em inglês pela Beacon Press em 1969. A edição original, em francês, é de 1949. [A edição brasileira mais recente é da Editora Vozes, de 2008. (N.E.)]

12 Especialistas em genética humana como James V. Neel, meu falecido colaborador de longa data, também se referem aos "fundadores" ou ao "efeito fundador", mas na maioria dos casos confiam nos antropólogos ou sociólogos para lhes fornecer dados empíricos, demográficos e genealógicos específicos, quando se trata de sociedades humanas.

13 Os caciques quase sempre são políginos, e na maioria dos casos uma ou mais de suas esposas vem da(s) outra(s) linhagem(ns) numericamente dominante(s).

14 A grande exceção é a regra de casamento *bint 'amm* em algumas comunidades de língua árabe, em que os homens podem se casar com suas primas paralelas.

15 Chagnon, Napoleon A.; Irons, William (orgs.). *Evolutionary Biology and Human Social Behavior*, cap. 4, fig. 4.13; Chagnon, Napoleon A. *Yanomamö* (5. ed.).

16 O padre Cocco citou explicitamente esse objetivo no programa salesiano de "atrair e reduzir". Ele acreditava que a monogamia tornaria os ianomâmis "civilizados, desejáveis", mas que só se realizaria com o tempo e com esforços persistentes. Ver o filme *Ocamo Is My Town*, de Napoleon Chagnon e Timothy Asch.

17 Ver argumentos de um biólogo teórico com grande interesse pela evolução social humana em: Alexander, Richard D., op. cit.

13. TRÊS CACIQUES DE AUTORIDADE

1 Sobre o igualitarismo tribal, ver: Fried, Morton, op. cit.

2 Várias obras de Sahlins e Fried tiveram um enorme impacto sobre as teorias antropológicas e as maneiras de ver o mundo tribal e hoje são textos que fazem parte do cânone. Sahlins, Marshall D. "On the Sociology of Primitive Exchange"; *Tribesmen*; *Stone Age Economics*; Fried, Morton, op. cit.

3 A discussão de Fried sobre as diferenças entre esses dois conceitos é muito boa. Ele ressalta que um dicionário tem autoridade, o que é algo diferente do que a polícia ou o Exército têm – o poder, especialmente sobre a vida e a morte. As sanções que estão por trás e sustentam o que uma força policial pode fazer legalmente são "odiosas", como ter autorização legal para matar alguém que se recusa a obedecer. As sanções que estão por trás da "lei" são quase sempre odiosas. Isso distingue a "lei" dos "costumes" – que é o que a maioria das tribos tem. Há uma vasta literatura que discute se os "costumes" tribais são suficientemente semelhantes à "lei" para que se possa considerá-los como tal. Para referências a essas obras, ver: Fried, Morton, op. cit.

4 O tamanho das aldeias em todos os exemplos listados flutuou durante os 35 anos do meu trabalho de campo. O número que utilizo é a mediana aproximada ao longo desse período.

5 Os dois homens aparecem em *The Feast*, o filme que fiz com Timothy Asch em 1975 (a maior parte do filme foi rodada em 1968). Mais tarde ambos foram mortos a tiros, com uma espingarda fornecida por alguém em uma missão salesiana.

6 Em 1990, um dos missionários salesianos (católicos) "convertidos" entrou na área dos patanowä-teri e disse a eles que eu estava matando seus bebês com minhas fotografias e "espantando os animais de caça com o barulho dos meus helicópteros" na minha última viagem de campo. Essa última alegação é feita por antropólogos que denunciam os garimpeiros ilegais do Brasil que entraram na área desses índios depois de 1987. A partir de 1987 os salesianos também disseram repetidas vezes aos ianomâmis que eu era um garimpeiro. Foi assim que o novo cacique ameaçou me matar com seu machado, em consequência dessas acusações espantosas e sinistras. Ver o relato das minhas relações com os salesianos nos capítulos seguintes.

7 Em *The Feast* há uma cena memorável em que Krihisiwä está limpando e tirando mato da praça central da aldeia, exortando todos os outros a participar e ajudar. Os caciques por vezes precisam liderar pelo exemplo.

8 Quando estão confinados dentro da paliçada, eles urinam na parte de trás das casas e defecam sobre folhas; depois jogam o pacote por cima da cerca, ou o levam no dia seguinte para descartar na mata.

9 É conhecido como *pajuí* em espanhol e mutum em português. Em inglês também se diz *guan*.

10 Morton Fried, em seu prefácio a meu livro *Studying the Yanomamö*, escreveu: "Acho espantoso saber que Chag não vive entre os ianomâmis apenas com canoas, motores de popa, lampiões a gás, caixas de lápis e blocos de anotações cuidadosamente escolhidos, mas também com resmas de papel impresso de computadores da IBM!".

11 O sucesso cultural nem sempre leva ao sucesso biológico, uma exceção à proposição teórica geral desenvolvida por William Irons. Ver: Irons, William. "Cultural and Biological Success".

12 Esse grupo de visitantes patanowä-teri tinha se separado do grupo de Krihisiwä e nessa época estava morando a uma distância considerável da tribo dele. Em 1990 Krihisiwä já tinha morrido – segundo alguns devido ao ferimento infeccionado de uma flechada que sofrera em algum momento depois da minha última visita à sua aldeia.

13 Várias dessas vítimas foram mortas com a ajuda de outras pessoas, em um ataque em grupo, mas a maioria das mortes foi atribuída apenas a Möawä, agindo sozinho.

14 Ver: Irons, William. "Investment and Primary Social Dyads"; Chagnon, Napoleon A. "Sociodemographic Attributes of Nepotism in Tribal Populations: Man the Rule Breaker", op. cit.

15 Evitar os sogros faz parte da proibição do incesto.

16 A reserva de água das famílias ianomâmis em geral era guardada em panelas sem tampa e continha detritos, insetos, escamas de peixe, pelos etc. Por motivos de higiene, eu guardava minha água em jarras de plástico com tampa de rosca.

17 Quando digo "minha casa", refiro-me à parte do *shabono* que eles tinham reservado para mim, ao lado do cacique.

18 Dedeheiwä aparece em *Magical Death* [Morte mágica], um filme que rodei em 1971. É um documentário dramatizado sobre a pajelança e o uso de drogas pelos ianomâmis.

19 Depois disso, entrei em contato com os yeisikorowä-teri; fui até lá de helicóptero, em 1990. Eles estavam em uma área extremamente remota no então desconhecido vale do rio Siapa. Eram também agressivos e inconstantes, e estavam divididos em pelo menos três grupos que viviam *he borara*. Fiz um recenseamento completo dos três grupos, com fotografias de identificação.

20 O tabu que manda evitar a sogra parece ter a intenção de minimizar a possibilidade de que um jovem genro possa ficar sexualmente atraído pela mãe da sua esposa. Muitas mulheres têm filhas núbeis quando ainda estão com trinta e poucos anos e continuam sexualmente atraentes.

21 Mishimishimaböwei-teri manteve-se com 275 a 300 habitantes durante os meus estudos e deve ter chegado a 450 antes que Sibarariwä e seus seguidores se cindissem. Em outras áreas, vários anos após o contato direto com os missionários, aldeias que antes eram menores agora chegam a 500 habitantes ou mais. Nessas novas circunstâncias, porém, não vivem todos sob o mesmo teto; em geral habitam cabanas de barro menores, não tradicionais, às vezes muito espalhadas pelas margens do rio, próximas ao posto da missão. Hoje em dia dificilmente se poderia dizer que se trata de uma única comunidade.

22 Uma briga semelhante entre mulheres foi filmada em 1971, quando Asch e eu documentamos uma luta de machados que eclodiu nessa mesma aldeia, em *The Ax Fight*.

23 Ver: Chagnon, Napoleon A. "Reproductive and Somatic Conflicts of Interest in the Genesis of Violence and Warfare Among Tribesmen", op. cit.

24 Após a morte de Möawä, no fim dos anos 1970, um grupo de homens mishimishimaböwei-teri se aproximou de mim em Mavaca para saber se eu voltaria a visitar sua aldeia, explicando que Möawä tinha morrido e que eles sabiam que era por causa dele que eu havia parado de ir até lá. Acrescentaram ainda que depois da sua morte muitos ianomâmis de outras aldeias tinham voltado a visitá-los. "Agora todos estão felizes com a gente e são nossos amigos de novo", explicaram. Möawä era bom para fazer guerra, mas ruim para fazer paz.

14. O CREPÚSCULO DA ANTROPOLOGIA CULTURAL: O PÓS-MODERNISMO E O PARTIDARISMO RADICAL SUPLANTAM A CIÊNCIA

1 Quero dizer, especificamente, "qualquer par de ianomâmis aparentados" que tenha pelo menos um ancestral em comum. Os ianomâmis, em sua imensa maioria, são aparentados dessa maneira. Ver: Chagnon, Napoleon A.; Irons, William (orgs.). *Evolutionary Biology and Human Social Behavior: An Anthropological Perspective*, cap. 4, "Quartis de parentesco".

2 Há muitas teorias sobre como essa transformação ocorreu. Apenas algumas delas focam as instituições sociais que tiveram que mudar para que isso acontecesse. Uma

teoria particularmente importante para o meu próprio pensamento está no livro de Morton Fried A *evolução da sociedade política: um ensaio sobre antropologia política*, de 1967. Ironicamente, Fried se opunha ao que eu estava fazendo em minha análise "biológica" das genealogias ianomâmis e me disse isso quando lhe pedi que escrevesse o prefácio do meu livro de 1974, no que fui atendido. Quando Fried lecionou em Michigan como professor visitante, fiz dois cursos com ele que me ajudaram a refinar meus pontos de vista sobre a importância do parentesco, suas bases biológicas e seu papel na evolução da sociedade política.

3 Sahlins, Marshall D. *The Use and Abuse of Biology: An Anthropological Critique of Sociobiology*; e Alexander, Richard D., op. cit., também se referem a essa caracterização da visão de Schneider sobre o parentesco, especialmente como apresentada em um artigo de 1972, "What is Kinship All About?". In: Reining, P. (org.). *Kinship Studies in the Morgan Centennial Year*, pp. 32-62. W. D. Hamilton apresentou um cenário hipotético em uma palestra a que assisti em Ann Arbor, dizendo que, se pessoas como Sahlins acreditam que o parentesco não tem nada a ver com a biologia, ele gostaria de ver a reação delas quando a enfermeira da maternidade lhes dissesse, quando fossem buscar seu bebê: "Pode pegar qualquer um – eles são todos iguais. O parentesco não tem nada a ver com biologia".

4 Por essa época ela também expressou sua visão cínica sobre a sociobiologia, dizendo a respeito de Wilson algo no sentido de que, quando uma pessoa estuda insetos, acaba pensando como um.

5 Ver: Trivers, Robert L. "The Evolution of Reciprocal Altruism"; "Parental Investment and Sexual Selection"; "Parent-Offspring Conflict" – alguns dos mais importantes trabalhos de Trivers sobre a teoria da evolução.

6 A teoria de Darwin da evolução por seleção natural foi desenvolvida antes que se conhecesse o conceito do gene, ou seja, as unidades por meio das quais a seleção natural opera. O conceito do gene revolucionou essa teoria. Lamentavelmente, a redescoberta dos trabalhos de Mendel e o conhecimento do gene não tiveram quase nenhum impacto sobre as teorias antropológicas da evolução cultural. A teoria de Darwin da evolução por seleção natural se aplicava apenas a organismos vivos, que se reproduzem. As culturas, objeto de estudo dos antropólogos culturais, não eram organismos vivos. Isso levou a argumentos fantasiosos sobre analogia *versus* homologia, que as culturas "se comportam" como organismos vivos, que o equivalente ao "gene" poderia ser um elemento cultural chamado "meme" etc. Talvez a melhor solução fosse simplesmente considerar a mudança cultural como um processo histórico diferente da evolução biológica de organismos vivos, que se reproduzem.

7 Alguns dos proeminentes biólogos ali presentes eram Richard Dawkins, George C. Williams, William D. Hamilton e Stephen J. Gould. Todos eles, com exceção de Gould, apoiavam Wilson e a sociobiologia.

8 Isso ficou bem claro em um debate posterior entre Harris e Irven DeVore, antropólogo de Harvard que liderou a participação do grupo de Harvard de 1968 nas apresentações organizadas por Irons e por mim nas reuniões da AAA de 1976 em Washington. A posição de Harris era basicamente a seguinte: se não impedirmos a sociobiologia de se

espalhar pela antropologia, a culpa será toda nossa! Na opinião de Harris, a sociobiologia provavelmente iria substituir o determinismo cultural extremo em que se baseava a maior parte da "teoria" da antropologia cultural.

9 Os antropólogos culturais nunca nos dizem o que exatamente é perigoso em alguma ideia. Os que concordam com eles parecem acreditar na autoridade de quem fala e aceitar que o simples ato de afirmar que algo é perigoso o torne perigoso.

10 Irons, William. "Cultural and Biological Success", op. cit., propôs que o "sucesso cultural" dos seres humanos pode estar correlacionado ao "sucesso biológico", presumivelmente o sucesso reprodutivo, em especial nos homens. Meu artigo de 1988 na *Science* foi uma ilustração dramática da hipótese de Irons.

11 O mercúrio era usado para amalgamar as partículas de ouro e fazê-las cair no fundo da bacia, facilitando sua recuperação. O mercúrio matava peixes e outros animais – e, é claro, era tóxico para os seres humanos.

12 A primeira edição foi publicada em 1968, a segunda em 1977 e a terceira em 1983. Eliminei o subtítulo na quarta edição, publicada em 1992. As edições subsequentes foram publicadas sem ele.

13 A tradução da palavra para outras línguas causou problemas, pois em alguns outros idiomas o equivalente a *fierce* [feroz] se aplica em geral a comportamentos semelhantes aos dos animais.

14 Em 1993, seis anos após o início da corrida do ouro no Brasil, um grupo de garimpeiros brasileiros atacou e massacrou muitos habitantes de Hashimo-teri, uma aldeia ianomâmi na Venezuela, bem próxima à fronteira com o Brasil. Esse é o único caso confiavelmente documentado de violência mortal causada pela corrida do ouro brasileira de 1987 contra um grupo de ianomâmis em território venezuelano. Ver: Chagnon, Napoleon A. "Covering Up the Yanomamö Massacre". *The New York Times*, 23/10/1993; "Killed by Kindness?". *The Times Literary Supplement*, 24/12/1993, pp. 11-2.

15 As acusações da ABA e minha resposta a elas foram publicadas no boletim da AAA em 1989 e estão disponíveis no site de Doug Hume: http://anthroniche.com. Acesso em: 23/5/2014.

16 Os planos do Brasil de dividir os ianomâmis brasileiros em diversas pequenas reservas isoladas foram revelados publicamente anos antes que meu artigo fosse publicado na *Science* ou que meu trabalho etnográfico se tornasse conhecido fora do campo da antropologia. Essa lei nunca foi promulgada, porém meus adversários no Brasil e nos Estados Unidos afirmaram que o plano foi causado pelas minhas publicações antropológicas sobre os ianomâmis. Ver: Survival International, *Yanomami Timeline*: "1978: O governo brasileiro propõe dividir a área dos ianomâmis em 21 bolsões separados; o plano, se aprovado, significaria a destruição dos ianomâmis. Sob pressão de ONGs de apoio aos índios, o plano é engavetado".

17 Até esta data nenhum dos meus críticos na antropologia forneceu prova alguma de resultados empíricos substancialmente diferentes dos meus, por meio da apresentação

de dados comparáveis de suas próprias pesquisas de campo. Nenhum crítico forneceu estatísticas de mortalidade e causas de mortes por violência nos grupos ianomâmis que estudou.

18 Ver em Gross, Paul; Levitt, Norman. *Higher Superstition: The Academic Left and Its Quarrels with Science*, suas preocupações com os crescentes ataques à ciência e ao método científico por parte do que eles chamam de "esquerda acadêmica".

19 D'Andrade, R. "Moral Models in Anthropology".

20 Em inglês, *The Gathering Storm*, alusão ao título do primeiro volume das *Memórias da Segunda Guerra Mundial*, de Winston Churchill. [N.E.]

15. CONFRONTO COM OS SALESIANOS

1 Já em meados dos anos 1970 havia tantos filmes sobre os ianomâmis feitos por cineastas de diversos países que Jean Rouch, famoso cineasta francês e pioneiro do *cinéma vérité*, realizou um festival internacional de cinema em Paris dedicado ao tema. Como Timothy Asch e eu tínhamos feito, até então, cerca de vinte filmes sobre os ianomâmis, fomos convidados para o festival de Rouch, em que nossos filmes ocuparam um lugar central.

2 No final dos anos 1960 e 1970, um padre salesiano espanhol, o padre Gonzalez, tentou criar um "destino turístico" em Platanal, a missão salesiana mais remota do rio Orinoco. Voos internacionais de várias cidades europeias para "a Idade da Pedra em Platanal", com escala em Caracas, foram anunciados em alguns folhetos turísticos. O padre Cocco se opunha ao turismo em escala tão grandiosa, mas aparentemente aceitou uma versão mais discreta da ideia. No início dos anos 1960 ele levou Hioduwä, o cacique dos iyäwei-teri em Ocamo, até Roma para encontrar o papa – talvez um dos primeiros ianomâmis a não só deixar a Amazônia como também viajar para a Europa.

3 Esse filme foi distribuído em 1975 e permaneceu em seu formato original até 1997, quando foi lançado em CD-ROM como um filme muito mais elaborado e "interativo", *Ax Fight Interactive*. Essa versão de 1997 incluía uma imensa quantidade de dados que eu havia coletado em Mishimishimaböwei-teri depois de rodar o filme original.

4 Em 1987 Giovanni Saffirio, antropólogo e padre da ordem Consolata que eu havia ajudado durante vários anos, veio me visitar em Santa Barbara, na Califórnia. Ele recebeu na minha casa um telefonema internacional de dom Aldo Mangiano, bispo de Roraima da ordem Consolata, que o informou de que ele não poderia voltar à sua missão ianomâmi no rio Catrimani porque ela havia sido tomada pelos garimpeiros. Disse ainda que o governo o havia informado de que ele deveria retirar seu pessoal de várias aldeias ianomâmis onde a ordem Consolata tinha missões. Elas tiveram que ser fechadas por causa da invasão dos garimpeiros.

5 Bórtoli foi o sucessor do padre Cocco, em meados dos anos 1970.

6 Chagnon, Napoleon A.; Bórtoli, José; Eguillor, Maria. "Una aplicación antropológica práctica entre los Yanomami: Colaboración entre misioneros y antropólogos".

7 Durante uma reunião geral do Ivic no início dos anos 1970, segundo uma das pesquisadoras ali presentes, alguém perguntou: "Por que será que os antropólogos do Ivic detestam tanto Chagnon?". Ela me disse que Roche respondeu com uma breve réplica: "Todos eles têm inveja das suas realizações acadêmicas".

8 Em 1991 levei James Brooke, diretor da filial do *New York Times* na América Latina, para uma das novas aldeias ianomâmis que Charles Brewer e eu tínhamos acabado de contatar. Quando saímos da área dos ianomâmis, passamos pela missão salesiana em Ocamo. Brooke estava fazendo perguntas em espanhol a um ianomâmi, um homem que eu conhecia desde que ele era criança. O padre Cocco lhe dera o nome espanhol de Francisco. Enquanto eu fazia a mala, ouvi Francisco contar a Brooke como ele e vários outros "líderes" acompanharam um grupo de freiras ao escritório da Ocai em Caracas para apresentar uma queixa contra "Shaki" – meu nome no idioma ianomâmi. Disse ainda que uma mulher que ele não conhecia foi quem realmente escreveu a queixa contra mim. Mencionou que as freiras pediram a todos os ianomâmis do grupo que assinassem seus nomes na denúncia; e afirmou que ele e a maioria dos outros se recusaram a assinar, mas Dimanawä o fez sem hesitação.

9 Ela foi consorte de Carlos Andrés Pérez durante toda a vida e teve com ele vários filhos, todos batizados na Igreja Católica. A mulher do presidente Pérez aparecia com ele nas cerimônias oficiais, mas costumava se retirar de forma discreta quando sua presença não era mais necessária. No entanto, seria politicamente desaconselhável para um proeminente homem de Estado em um país católico tentar se divorciar da esposa com quem se casara legalmente em cerimônia oficial na Igreja Católica; e, segundo me disseram, era por isso que Pérez vivia com Cecilia Matos, mesmo sem ter se divorciado da sua legítima esposa.

10 Havia, é claro, muitos cientistas venezuelanos conhecedores do potencial do país na área mineral, madeireira, pecuária etc., mas a população de modo geral era basicamente desinformada sobre tudo isso, e não havia um clamor popular para abertura do território inexplorado da Amazônia venezuelana... exceto por um programa de curta duração de meados dos anos 1970, conhecido como Conquista del Sur.

11 Vários grupos de antropólogos venezuelanos tinham feito duas propostas para tombar a área como reserva para os índios, mas as autoridades do governo nacional parecem ter visto ambas com muito ceticismo, e nenhuma iniciativa fora tomada. Disseram-me que uma das razões foi que ambas as propostas incluíam sugestões ou propunham exigências que pareciam colocar os antropólogos venezuelanos em cargos administrativos de importância estratégica, não integrados ao aparelho burocrático nacional. Os políticos venezuelanos temiam que os antropólogos pudessem transformar a área em uma entidade política, uma espécie de "nação" indígena atuando de forma independente do governo do país.

12 O programa *Primetime Live*, da rede americana ABC, acompanhou a mim e a Charles Brewer a essa área e filmou CAP, que prometeu criar um espaço "protegido" na Vene-

zuela. A ABC produziu um filme que foi exibido na televisão americana em 1991 e repetido seis meses depois, quando o presidente venezuelano criou essa área protegida.

13 O "dossiê" de triste fama que Tierney e Martins fizeram circular [ver capítulo 16. (N.E.)] faz essa acusação.

14 Depois de 1989 muitos nas missões salesianas ficaram abertamente hostis a mim e incentivaram os ianomâmis nas suas missões a me roubar. Começaram também a espalhar mentiras sobre mim: que eu agora trabalhava para os garimpeiros, que minhas fotos de identificação matavam os bebês ianomâmis etc.

15 Ver: Chagnon, Napoleon A. *Yanomamö* (5. ed.). Ali relato minha "descoberta" de que Ushubiriwä sabia ler. Em 1985, durante o primeiro ano de um projeto de três anos da NSF, visitei a aldeia onde ele morava na época. Para minha imensa surpresa, ele conseguiu ler o arquivo que abri no meu laptop, que incluía os nomes de cada pessoa da sua aldeia... e também os dos pais e mães já falecidos dessas pessoas, incluindo o do seu próprio pai! Ele simplesmente me deu uma boa cotovelada e riu – nós dois agora sabíamos do que era capaz o "segredo da escrita". Ele não ficou perturbado pelo fato de que eu sabia o nome do seu falecido pai. Na verdade, ele e todos os outros presumiam que eu soubesse o nome de cada um dos seus parentes mortos, mas eu tinha extrema cautela no uso desses nomes, a menos que as circunstâncias o permitissem – como às vezes ocorre.

16 Um dos venezuelanos que acompanhavam Brewer filmou essa discussão com uma câmera de 8 mm.

17 Marcano estava associado a um programa médico venezuelano chamado Parima-Culebra. Eles estavam tentando iniciar um programa local de saúde para os ianomâmis, e eu colaborava com eles periodicamente. Eu esperava ajudá-los a criar um programa bem-sucedido de saúde rural para todos os ianomâmis.

18 A essa aldeia que eu havia levado a equipe alemã de filmagem da ZDF, cinco anos antes.

19 As tentativas dos salesianos de "atrair e reduzir" esse e outros grupos shamatari aparentados do Alto Mavaca começaram no início da década de 1970, como explico na quinta edição de *Yanomamö*, de 1997. O destino trágico dos kedebaböwei-teri está relatado de forma mais detalhada no capítulo 8 dessa obra.

20 Finkers, Juan. "Aclaraciones al Sr. Chagnon". Os salesianos sabem que se algum dia eu voltar para a área de Mavaca vou investigar a morte de Ushubiriwä e descobrir quais foram as circunstâncias e quem foi o responsável por sua morte. Dessa vez a intenção do meu inquérito será pessoal, e não simplesmente demográfica. O artigo de Finkers também afirma, gratuitamente, que eu havia prometido a Ushubiriwä "um novo motor de popa". Isso é mentira. Quando os salesianos dão a um ianomâmi um objeto complicado como um motor de popa, como fizeram nesse caso, eles assumem a responsabilidade de substituir peças defeituosas e mantê-lo em boas condições. Frank Salamone, em entrevista à *Daily Telegraph Magazine*, julgou que esse ataque feito por Finkers contra mim atrapalhou minhas tentativas de fazer a pazes com os salesianos na época.

21 Chagnon, Napoleon A. "Covering Up the Yanomamö Massacre", op. cit.

22 Mais tarde Brewer me disse que essa foi a primeira vez que um não venezuelano foi incluído em uma comissão presidencial do país.

23 Os salesianos detêm considerável controle sobre as notícias impressas e televisionadas. No calor do debate ocorrido em 1993 um dos principais canais de televisão do país, a Venevisión, programou uma retransmissão de um documentário recente que sua equipe de filmagem havia feito a respeito de mim, de Charles Brewer e de alguns dos médicos associados com quem trabalhamos entre os ianomâmis. Quando os salesianos souberam disso, pressionaram os principais executivos da Venevisión para cancelar o programa já marcado, deixando indignada a produtora e diretora do programa, Marta Rodriguez. Em lágrimas, ela ligou para Charles Brewer, enquanto eu estava presente, para explicar que a retransmissão tinha sido cancelada de repente; e culpou explicitamente os salesianos por pressionarem os executivos da Venevisión a cancelar o programa.

24 Essa comissão teve duração oficial de pelo menos três anos. Quero enfatizar esse ponto porque, na loucura total que se seguiu, uma das falsas alegações feitas tanto pelos salesianos como por alguns dos meus detratores antropólogos foi que essa "comissão presidencial" fora dissolvida de imediato, um ou dois dias após ter sido criada, e substituída por uma nova, liderada pelas missões salesianas e pelo bispo salesiano do Amazonas. Isso simplesmente não é verdade. Na realidade, a suposta comissão presidencial substituta não poderia ser oficial sem ser assim designada na *Gaceta Oficial de Venezuela*, o que nunca aconteceu.

25 Em 1992, quando eu estava vivendo entre os ianomâmis, houve uma tentativa de golpe militar por parte de membros da força aérea, o que me causou dificuldades para sair da Venezuela. Muitos oficiais envolvidos no fracassado golpe tiveram que se refugiar em outros países latino-americanos, como Peru e Equador. Alguns acabaram recebendo autorização para voltar e retomar seu cargo e suas atividades na força aérea venezuelana, mas pagando um preço: Brewer me disse que acredita que eles foram obrigados a prestar falso testemunho contra nós como parte de um plano para conseguir o *impeachment* de CAP e desacreditar sua consorte, Cecilia Matos. Alguns deles afirmaram, por exemplo, que nos viram fazendo "coisas misteriosas", como dar muita atenção e proteger um grande cilindro metálico em um de seus helicópteros. Isso foi interpretado como prova de que nós estávamos "protegendo" um recipiente cheio de ouro que tínhamos conseguido ilegalmente. Na realidade, o que aconteceu é que a tampa de um grande cilindro de nitrogênio líquido usado por nossa equipe médica havia se perdido, e o nitrogênio estava transbordando e derramando. Se a substância tocasse a nossa pele, a carne congelaria instantaneamente. Alguns de nós estavam tentando impedir que isso acontecesse.

26 Desde o início dos anos 1960 Parima B tinha sido um posto muito remoto da Missão Novas Tribos, bem perto da fronteira com o Brasil. Em 1987, por volta da época da ocupação por parte de garimpeiros e outros brasileiros do território brasileiro imediatamente adjacente, as Forças Armadas da Venezuela estabeleceram um posto militar em

Parima B e estenderam sua pista de pouso de terra batida. Os militares tentavam com insistência seduzir as mulheres ianomâmis, e sua presença era uma ameaça constante para os índios.

16. TREVAS NA ANTROPOLOGIA CULTURAL

1 Ver a confirmação de que os salesianos enviaram esses pacotes em: Salamone, Frank A. *The Yanomami and Their Interpreters: Fierce People or Fierce Interpreters?*, pp. 97-8.

2 Nem Lizot nem Eibl (Irenäeus Eibl-Eibesfeldt)[etnólogo austríaco que estudou os ianomâmis] foram capazes de fornecer dados sobre as taxas de mortalidade dos ianomâmis por novas doenças a fim de refutar minhas conclusões.

3 Ouvi de colegas antropólogos e jornalistas que trabalham no sul da Venezuela que Cardozo passa quase todo o seu tempo na missão salesiana de Boca Mavaca e raramente vai a aldeias que não estejam na órbita das visitas regulares dos salesianos. O padre Enzo Cappelletti (1994) afirma que há três antropólogos entre os salesianos que trabalham com os ianomâmis. Se Cardozo tivesse publicado artigos em alguma revista de antropologia, na Venezuela, nos Estados Unidos ou em outros centros onde normalmente são publicados trabalhos de pesquisa antropológica, tenho certeza de que eu teria conhecimento deles.

4 Ver uma discussão do desenvolvimento da discordância entre mim e os salesianos, a sessão de Salamone nas reuniões da AAA de 1994 e as conversas telefônicas com Turner em: Salamone, Frank. "Theoretical Reflections on the Chagnon-Salesian Controversy".

5 Turner. *Anthropology Newsletter*, 1994, p. 48.

6 William Irons depois foi informado por John Cornman, diretor executivo da AAA, de que dar espaço igual para resposta no *Anthropology Newsletter* era a "política implícita" da AAA. Cornman disse a Irons que eles tinham violado sua política de permitir que uma vítima respondesse na mesma edição em que foi atacada e que a AAA cometera um erro nesse caso.

7 Ver seu relato sobre um telefonema para Turner antes das reuniões em: Salamone, Frank. "Theoretical Reflections on the Chagnon-Salesian Controversy", op. cit.

8 Ver artigo cobrindo a sessão de Salamone nas reuniões da AAA em Atlanta, em 1994, em: Winkler, Karen. "A Fragile Peace in Dispute Over Indians".

9 Salamone, Frank. *The Yanomami and Their Interpreters*; "Theoretical Reflections on the Chagnon-Salesian Controversy", op. cit.; "Yanomami: The Fierce Controversy and What We Can Learn From It". Michael D'Antonio entrevistou Salamone em 2000 e relatou: "'Os salesianos educaram todos os presidentes da história da Venezuela e a maior parte de seus outros líderes', explica Frank Salamone, antropólogo do Iona College, em Nova York. Salamone já trabalhou para os salesianos, e a ordem direciona para ele os jornalistas com questões sobre os ianomâmis". Alguns dos comentários menos profissionais e mais depreciativos que Salamone fez a meu respeito podem ser encontrados na entre-

vista que ele deu a Andrew Brown, autor de *The Darwin Wars*, na *Daily Telegraph Magazine* (3/3/2001). Esses comentários foram feitos depois da publicação de *Trevas no Eldorado*, de Patrick Tierney. Salamone apoiou as alegações de Tierney. Salamone, em suma, representa os salesianos.

10 Salamone, Frank. *The Yanomamö and Their Interpreters*.

11 Em algum momento entre 1972, quando colaborei pela última vez com Brewer no projeto de pesquisa biomédica do Ivic/Universidade de Michigan, e por volta de 1990, quando retomamos nossa colaboração com o apoio do presidente da Venezuela, Brewer comprou ações de uma mineradora de ouro no estado de Bolívar, bem distante da área dos ianomâmis e onde a mineração de ouro era legal. Ele estava no processo de vender sua participação nessa mineradora quando nossa colaboração recomeçou, em 1990. Ele nunca conversou comigo sobre seus interesses em mineração, mas fiquei sabendo a respeito disso mais tarde, quando o artigo citado, extremamente crítico e muito político, foi publicado na página de opinião do *New York Times*, em 1995, atacando Brewer por supostas ações ilegais e consequências destrutivas dessas atividades de mineração de ouro. (Martins, Leda; Tierney, Patrick. "El Dorado, Lost Again?". *The New York Times*, 7/4/1995.)

12 O táxi aéreo que me levou até Abruwä-teri não queria colocar em risco sua condição de único serviço do tipo oficialmente aprovado para a área dos ianomâmis. A ameaça de Kopenawä de criar problemas para eles foi levada a sério tanto pelo pessoal do táxi aéreo como pelo escritório da Funai em Boa Vista. No entanto, havia literalmente dezenas de pilotos especializados em voar na selva, ansiosos para levar garimpeiros ou qualquer outra pessoa para o território ianomâmi, ilegalmente.

13 Dreger continua, dizendo que eu escrevi um e-mail a Raymond Hames perguntando sobre Tierney e se ele sabia de alguma coisa sobre esse dossiê secreto, o que ele negou. A essa altura Dreger tinha entrevistado tanto Leda Martins como Turner e faz referência a ela depois de observações sobre essas entrevistas: "É de se notar que, exatamente na época em que Chagnon estava escrevendo isso a Hames, em 1995, Patrick Tierney estava apresentando Leda Martins a Terence Turner, no aeroporto de Pittsburgh [...]. Os três – Tierney, Martins e Turner – continuaram a encontrar-se várias vezes ali durante os meses seguintes. Depois disso Martins fez seu doutorado em antropologia sob a orientação de Turner e continuou a publicar críticas a Chagnon". [Dreger, Alice. "Darkness's Descent on the American Anthropological Association: A Cautionary Tale".]

14 Sem o conhecimento do reitor da UFFR, Alcida Ramos tinha sido recentemente nomeada chefe de um importante conselho nacional que controlava as permissões para pesquisadores, inclusive antropólogos, para trabalhar em qualquer área tribal indígena. Era muito improvável que eu conseguisse permissão para entrar na área dos ianomâmis brasileiros enquanto ela ocupasse esse cargo.

15 Eu havia tentado repetidas vezes desenvolver um programa assim com vários grupos médicos venezuelanos, mas sempre houvera obstáculos.

16 Tierney, Patrick. "The Fierce Anthropologist". *The New Yorker*, 9/10/2000, pp. 50-61.

17 Entre os participantes estavam Yvonne Maldonado, Magdalena Hurtado, Susan Lindee, Trudy Turner e Sharon Kaufman.

18 A "vinculação" de Cardozo aparece como a Oficina Central de Asuntos Indígenas (Ocai) segundo pelo menos um jornalista, D. W. Miller, que escreve para o *Chronicle of Higher Education*. Ele diz: "[Cardozo] anunciou que sua agência estava declarando uma moratória nas licenças para pesquisa no interior do país. [...] Alguns membros da plateia soltaram uma exclamação de surpresa, como se percebessem pela primeira vez que os conflitos sobre ética na antropologia não são nada acadêmicos". Ver: Miller, D. W. "Anthropologists Debate a Controversial Book and Their Own Research Ethics". *The Chronicle of Higher Education*, 1º/12/2000. É improvável que Cardozo representasse oficialmente a Ocai ou fosse funcionário do órgão.

19 A maioria das pessoas que frequentam os grandes congressos de antropologia como esse é formada por antropólogos praticantes, em geral empregados em faculdades e universidades; mas qualquer pessoa que pertença à Associação Americana de Antropologia, mediante pagamento de anuidade, pode participar.

20 Terence Turner é ex-aluno de Maybury-Lewis, assim como o é James Peacock, ex-presidente da AAA, que logo seria designado para investigar as acusações de Tierney.

21 Um ex-presidente do World Wildlife Fund e a esposa de um parlamentar americano me contaram sobre comentários depreciativos que um alto funcionário da Cultural Survival lhes fez a meu respeito.

22 Os membros do Comitê Peacock eram Janet Chernela, Linda Green, Ellen Gruenbaum, Joe Watkins, Linda Whiteford e Phillip Walker. Embora Peacock parecesse ser o diretor da força-tarefa da AAA, a direção acabou sendo de Jane Hill, da Universidade do Arizona. Hill pode ter assumido o cargo depois que o relatório do comitê foi escrito.

23 Esse memorando só se tornou de conhecimento público em 2011, quando Douglas Hume obteve uma cópia dele e a postou no seu site. Ver: Peacock, James et alii. "Recommendation for Investigation of *Darkness in El Dorado*", 21/1/2001.

24 Idem, ibidem.

25 Os membros são: Janet Chernela (Universidade Internacional da Flórida), Fernando Coronil (Universidade Estadual de Michigan), Raymond Hames (Universidade de Nebraska), Trudy Turner (Universidade de Wisconsin, Milwaukee) e Joe Watkins (Universidade de Oklahoma). El Dorado Task Force. "Working Papers of the American Anthropological Association El Dorado Task Force Submitted as a Preliminary Report".

26 Os membros da Força-Tarefa Eldorado e a justificativa para a sua criação são explicados em: El Dorado Task Force. "Working Papers of the American Anthropological Association El Dorado Task Force Submitted as a Preliminary Report". Os membros do Comitê Peacock, suas considerações e recomendações se encontram em: Peacock, James et alii, op. cit.

27 Hagen, Edward; Price, Michael; Tooby, John. *Preliminary Report on* Darkness in El Dorado; Tooby, John. "Jungle Fever: Did Two US Scientists Start a Genocidal Epidemic in the Amazon, or Was *The New Yorker* Duped?". *Slate*, 25/10/2000.

28 Ver os apêndices VII e VIII em: Hagen, Edward; Price, Michael; Tooby, John. *Preliminary Report on* Darkness in El Dorado, op. cit.

29 Irons, William. "Patrick Tierney's 'Attack-Dog' Story: A Report on One of Tierney's Many Allegations Against Chagnon".

30 Para a declaração feita por Alberts como presidente da National Academy of Sciences, ver especialmente: Alberts, Bruce. "A statement from Bruce Alberts, President of the National Academy of Sciences: 'Setting the Record Straight Regarding Darkness in El Dorado'". 9/11/2000.

31 Tooby, John, op. cit.

32 Idem, ibidem.

33 Republicado em: Hagen, Edward; Price, Michael; Tooby, John, op. cit., apêndice II, p. 60.

34 William Oliver, ex-diretor do departamento de pediatria da Universidade de Michigan e participante de várias das nossas expedições, enviou uma carta à *New Yorker* questionando os dados do artigo de Tierney, "The Fierce Anthropologist" (op. cit.). A carta de Oliver foi publicada em uma edição posterior da *New Yorker* e também pode ser encontrada em: Hagen, Edward; Price, Michael; Tooby, John, op. cit., apêndice X, pp. 81-6. É uma lista concisa e exata dos eventos médicos relevantes, incluindo o relato fantasioso e desonesto de Tierney sobre Roberto Balthasar. Oliver diz, sem rodeios: "Sua descrição é factualmente incorreta". Oliver então escreve: "Em 13 de fevereiro de 1968 Baltasar [*sic*] trouxe seu filho de um ano de idade, Roberto, à missão Ocamo para tratamento. Neel escreveu que a criança tinha uma febre muito alta, intensa infecção da conjuntiva, extrema falta de ar e sinais de pneumonia, mas sem erupção cutânea. Ele tomou penicilina, tetramicina e um estimulante cardíaco, e foi colocado em quarentena na enfermaria. Após uma breve fase de melhora, seu quadro se deteriorou. Ele morreu em 15 de fevereiro de 1968. Não há registro de que Vitalino Baltasar [*sic*] ou seu filho tenham tomado a vacina contra sarampo. Em retrospecto, é provável que ambos tivessem sarampo selvagem, porém atípico devido à ausência de erupção cutânea clássica".

35 Ver, por exemplo: Tooby, John, op. cit.; Hagen, Edward; Price, Michael; Tooby, John, op. cit.; e Dreger, Alice, op. cit.

36 Tierney, Patrick. *Darkness in El Dorado*, p. 168.

37 Idem, ibidem.

38 Monastersky, Richard; Glenn, David. "National Academy of Sciences Publishes Paper that US Calls 'Road Map for Terrorists'; Anthropologists Do a Turnabout on Report that Investigated Misconduct in Amazon". *The Chronicle of Higher Education*, 8/7/2005.

39 Alguns dos perigos ligados à divulgação de informações falsas sobre a segurança das vacinas em países do Terceiro Mundo estão explicados no referendo: Gregor, Thomas A.; Gross, Daniel R. "Referendum on *Darkness in El Dorado* & Danger to Immunization Campaign".

40 Sobre o histórico de segurança da vacina Edmonston B, ver: Tooby, John, op. cit.; Katz, Samuel. E-mail público enviado aos que receberam o e-mail de Turner e Sponsel em 2000. In: Hagen, Edward; Price, Michael; Tooby, John, op. cit., apêndice 1, p. 59.

41 Gregor, Thomas A.; Gross, Daniel R. "'Guilt by Association': The Culture of Accusation and the American Anthropological Association's Investigation of *Darkness in El Dorado*".

42 Gregor, Thomas A.; Gross, Daniel R. "Referendum #3: To rescind the AAA's acceptance of the Report of the El Dorado Task Force".

43 Glenn, David. "Anthropologists Rescind Report that Examined Allegations of Misconduct by Researchers in the Amazon". *The Chronicle of Higher Education*, 28/6/2005.

44 A força-tarefa da AAA que visitou a área de Mavaca para investigar as alegações de Tierney impediu um dos seus membros legítimos de ir até lá: Raymond Hames, que em consequência renunciou. Porém, entre os visitantes da AAA a Mavaca estava Terence Turner, que não era membro da força-tarefa nem tinha feito trabalho etnográfico entre os ianomâmis. No entanto, como dedicado defensor dos Direitos dos Nativos, ele parecia poder ignorar as regras e políticas da AAA sem que alguém o questionasse.

45 Wade, Nicholas. "Anthropology a Science? Statement Deepens a Rift". *The New York Times*, 9/12/2010.

46 Idem, ibidem.

47 Wade, Nicholas. "Anthropology Group Tries to Soothe Tempers After Dropping the Word 'Science'". *The New York Times*, 13/12/2010.

48 Obtido por e-mail de Hrdy, 6/11/2009; usado com permissão de Hill, 6/11/2009; grifos no original.

49 Dreger, Alice, op. cit., pp 12-3.

50 Mann, Charles. "Chagnon Critics Overstepped Bounds, Historian Says".

51 Dreger, Alice, op. cit.

52 Lancaster, Jane B.; Hames, Raymond. "Statement on the Publication of Alice Dreger's Investigation, 'Darkness's Descent on the American Anthropological Association: A Cautionary Tale'".

53 Embora Martins tenha de início, em 2009, reconhecido para Dreger que ela escrevera o dossiê, posteriormente mudou sua história e disse que Tierney o escrevera, explicando que ela apenas o traduzira para o português e em seguida o disponibilizara clandestinamente à Funai e a ativistas que estavam tentando me impedir de

realizar pesquisas entre os ianomâmis brasileiros. Isso nos leva à questão de saber se ela mentiu para Dreger, e se o motivo real para ter mudado sua história foi que ela estava passando pelo processo de obtenção de estabilidade no emprego no Pitzer College; se ficasse registrado (no livro de Tierney) que ela havia escrito o dossiê, isso poderia comprometer esse processo.

54 Hurtado, Magdalena. Relato lido nas reuniões da AAA em San Francisco, 16/11/2000.

Bibliografia

ACEBES, Hector. *Orinoco Adventure*. Nova York: Doubleday, 1954.

ALBERT, Bruce. "Yanomamö 'Violence': Inclusive Fitness or Ethnographer's Representation?". *Current Anthropology*, Chicago, v. 30, n. 5, pp. 637-40, 1989.

ALBERTS, Bruce. "A statement from Bruce Alberts, President of the National Academy of Sciences: 'Setting the Record Straight Regarding *Darkness in El Dorado*'". 9/11/2000. Disponível em: http://anthroniche.com/darkness_documents/0538.htm. Acesso em: 23/5/2014.

ALÈS, Catherine. "Violence et ordre social dans une société amazonienne: Les Yanomami du Venezuela". *Études Rurales*, Paris, n. 95-6, pp. 89-114, 1984.

ALEXANDER, Richard D. "The Evolution of Social Behavior". *Annual Review of Ecology and Systematics*, Palo Alto, v. 5, pp. 325-83, 1974.

_____. "Natural Selection and the Analysis of Human Sociality". In: GOULDEN, Clyde E. (org.). *The Changing Scenes in Natural Sciences, 1776-1976*. Filadélfia: Academy of Natural Sciences, 1977, pp. 283-337. (Special Publication 12.)

_____. "Natural Selection and Societal Laws". In: ENGELHARDT, T.; CALLAHAN, D. (orgs.). *The Foundations of Ethics and Its Relationship to Science*, v. 3: *Morals, Science, and Society*. Hastings-on-Hudson: Hastings Institute, 1978, pp. 138-82.

_____. *Darwinism and Human Affairs*. Londres/Seattle: Pitman/University of Washington Press, 1979.

_____. *The Biology of Moral Systems*. Nova York: Aldine de Gruyter, 1987.

AMERICAN SOCIETY OF HUMAN GENETICS. "Response to Allegations against James V. Neel in *Darkness in El Dorado*, by Patrick Tierney". *American Journal of Human Genetics*, Chicago, v. 70, n. 1, pp. 1-10, 2002.

ANDRUSHKO, Valerie A. et alii. "Bioarchaeological Evidence for Trophy Taking in Prehistoric Central California". *American Journal of Physical Anthropology*, Hoboken (New Jersey), v. 127, n. 4, pp. 375-84, 2005.

AXELROD, Robert; HAMILTON, William. "The Evolution of Cooperation". *Science*, Nova York, v. 211, n. 4.489, pp. 1.390-6, 1981.

BAILEY, Frederick G. *Stratagems and Spoils: A Social Anthropology of Politics*. Nova York: Schocken Books, 1969.

BANTON, Michael B. (org.). *Political Systems and the Distribution of Power*. ASA Monographs, v. 2. Londres: Tavistock Publications, 1965.

BARNES, John A. *Three Styles in the Study of Kinship*. Berkeley: University of California Press, 1971.

BARTH, Fredrick. *Models of Social Organization*. Royal Anthropological Institute, Occasional Paper n. 23. Londres: Royal Anthropological Institute, 1966.

_____. "On the Study of Social Change". *American Anthropologist*, Washington, v. 69, n. 6, pp. 661-9, 1967.

BECHER, Hans. "Die Surára und Pakidái: Zwei Yanomami-Stämme in Nordwestsbrasiliens". *Mitteilungen aus dem Museum für Völkerkunde*, Hamburgo, v. 26, pp. 113-4, 1960.

BETZIG, Laura. *Despotism and Differential Reproduction: A Darwinian View of History*. Nova York: Aldine, 1986.

BIOCCA, Ettore. *Yanoáma: The Story of Helena Valero, a Girl Kidnapped by Amazonian Indians*. Tradução para o inglês de Dennis Rhodes. Nova York: Kodansha International, 1996.

BOROFSKY, Robert et alii. *Yanomani: The Fierce Controversy and What We Can Learn from It*. Berkeley: University of California Press, 2005.

BROMLEY, Myron. *A Grammar of Lower Grand Valley Dani*. Canberra: Department of Linguistics, Research School of Pacific Studies, The Australian National University, 1981. (Pacific Linguistics, série C, n. 63.)

BROWN, Andrew. *The Darwin Wars*. Londres: Touchstone, 2000.

_____. "The Fierce Anthropologists". *Daily Telegraph*, Londres, 3/3/2001.

BROWN, Donald. *Human Universals*. Nova York: McGraw-Hill, 1991.

CAMPBELL, Bernard (org.). *Sexual Selection and the Descent of Man, 1871-1971*. Chicago: Aldine, 1972.

CARNEIRO, Robert L. "Slash-and-Burn Cultivation Among the Kuikuru and Its Implications for Cultural Development in the Amazon Basin". In: WILBERT, Johannes (org.). *The Evolution of Horticultural Systems in Native South America: Causes and Consequences: A Symposium*. Caracas: Editorial Sucre, 1961, pp. 47-67. (Publicação suplementar *Antropológica*, v. 2.)

_____. "A Theory of the Origin of the State". *Science*, Nova York, v. 169, n. 3.947, pp. 733-8, 1970.

_____. "Tree Felling With the Stone Ax: An Experiment Carried Out Among the Yanomamö Indians of Southern Venezuela". In: KRAMER, C. (org.). *Ethnoarchaeology: Implications of Ethnography for Archaeology*. Nova York: Columbia University Press, 1979, pp. 21-58.

_____. "Further Reflections on Resource Concentration and Its Role in the Rise of the State". In: MANZANILLA, Linda (org.). *Studies in the Neolithic and Urban Revolu-*

tions: The V. Gordon Childe Colloquium, Mexico, 1986. Oxford: Archaeopress, 1987, pp. 245-60. (BAR International Series, v. 349.)

_____. "What Happened at the Flashpoint? Conjectures on Chiefdom Formation at the Very Moment of Conception". In: REDMOND, Elsa (org.). *Chiefdoms and Chieftaincy*. Gainesville: University Press of Florida, 1998, pp. 18-42.

CARNEIRO DA CUNHA, Maria Manuela. "Letter to the Editor". *Anthropology Newsletter*, Washington, v. 30, n. 1, p. 3, janeiro de 1989. Disponível em: http://anthroniche.com/darkness_documents/0560.pdf. Acesso em: 23/5/2014.

CHAGNON, Napoleon A. *Yanomamö Warfare, Social Organization and Marriage Alliances*. Ann Arbor, 1966. Dissertação de doutorado – departamento de antropologia, Universidade de Michigan.

_____. *Yanomamö: The Fierce People*. Nova York: Holt, Rinehart & Winston, 1968. (Case Studies in Cultural Anthropology.)

_____. "The Culture-Ecology of Shifting (Pioneering) Cultivation Among the Yanomamö Indians". In: *Proceedings, VIII International Congress of Anthropological and Ethnological Sciences, 1968, Tokyo and Kyoto*. 3 v. Tóquio: Science Council of Japan, 1968, pp. 249-55.

_____. "Yanomamö Social Organization and Warfare". In: FRIED, Morton; HARRIS, Marvin; MURPHY, Robert (orgs.). *War: The Anthropology of Armed Conflict and Aggression*. Garden City: Natural History Press, 1968, pp. 109-59.

_____. "Social Causes for Population Fissioning: Tribal Social Organization and Genetic Microdifferentiation". In: HARRISON, G. A.; BOYCE, A. J. (orgs.). *The Structure of Human Populations*. Oxford: Clarendon Press, 1972, pp. 252-82.

_____. "Yanomamö". In: *Primitive Worlds: People Lost in Time*. Washington: National Geographic Society Special Publication, v. 8, n. 2, 1973, pp. 141-83.

_____. *Studying the Yanomamö*. Nova York: Holt, Rinehart & Winston, 1974.

_____. "Genealogy, Solidarity, and Relatedness: Limits to Local Group Size and Patterns of Fissioning in an Expanding Population". *Yearbook of Physical Anthropology*, Washington, v. 19, 1975, pp. 95-110.

_____. *Yanomamö: The Fierce People*. Nova York: Holt, Rinehart & Winston, 1977.

_____. "Mate Competition and Village Fissioning Among the Yanomamö Indians". In: CHAGNON, Napoleon A.; IRONS, William (orgs.). *Evolutionary Biology and Human Social Behavior: An Anthropological Perspective*. Scituate (Massachusetts): Duxbury Press, 1979, pp. 86-132.

_____. "Is Reproductive Success Equal in Egalitarian Societies?". In: CHAGNON, Napoleon A.; IRONS, William (orgs.). *Evolutionary Biology and Human Social Behavior: An Anthropological Perspective*. Scituate (Massachusetts): Duxbury Press, 1979, pp. 374-401.

_____. "Highland New Guinea Models in the South American Lowlands". In: HAMES, Raymond; KENSINGER, Kenneth M. (orgs.). *Working Papers on South American Indians*, v. 2: *Studies in Hunting and Fishing in the Neotropics*. Bennington (Vermont): Bennington College, 1980, pp. 111-30. Disponível em: http://www.salsa-tipiti.org/Kensinger/WPSAI/WPSAI_2.pdf. Acesso em: 23/5/2014.

_____. "Sociodemographic Attributes of Nepotism in Tribal Populations: Man the Rule Breaker". In: KING'S COLLEGE SOCIOBIOLOGY GROUP (org.). *Current Problems in Sociobiology*. Cambridge: Cambridge University Press, 1982, pp. 291-318.

_____. "Life Histories, Blood Revenge, and Warfare in a Tribal Population". *Science*, Nova York, v. 239, n. 4.843, pp. 985-92, 1988. Disponível em: http://anthroniche.com/darkness_documents/0606.pdf. Acesso em: 23/5/2014.

_____. "On Yanomamö Violence: A Reply to Albert". *Current Anthropology*, Chicago, v. 31, pp. 49-53, 1989.

_____. "To the Editor" [resposta à denúncia da ABA do artigo de 1988 na *Science*]. *Anthropology Newsletter*, Washington, v. 30, n. 1, p. 24, 1989. Disponível em: http://anthroniche.com/darkness_documents/0560.pdf. Acesso em: 23/5/2014.

_____. "Reproductive and Somatic Conflicts of Interest in the Genesis of Violence and Warfare Among Tribesmen". In: HAAS, Jonathan (org.). *The Anthropology of War*. Cambridge: Cambridge University Press, 1990, pp. 77-104.

_____. "GIS, GPS, Political History and Geo-demography of the Aramamisi Yanomamö Expansion". In: BEHRENS, C. A.; SEVER, T. (orgs.). *Applications of Space-Age Technology in Anthropology*. John C. Stennis Space Center: NASA, 1991, pp. 35-62.

_____. "Covering Up the Yanomamö Massacre". *The New York Times*, 23/10/1993, seção de opinião, p. 13. Disponível em: http://www.nytimes.com/1993/10/23/opinion/covering-up-the-yanomamo-massacre.html. Acesso em: 23/5/2014.

_____. "Killed by Kindness?". *The Times Literary Supplement*, Londres, 24/12/1993, pp. 11-2. (Ensaio escrito a convite dos editores do TLS.)

_____. "L'ethnologie du déshonneur: Brief Response to Lizot". *American Ethnologist*, Davis (Califórnia), v. 22, n. 1, pp. 187-9, 1995.

_____. "Chronic Problems in Understanding Tribal Violence and Warfare". In: CIBA FOUNDATION. *Genetics of Criminal and Antisocial Behaviour*. Nova York: John Wiley, 1996, pp. 202-36. (Ciba Foundation Symposium, n. 194.)

_____. *Yanomamö*. 5. ed. Fort Worth (Texas): Harcourt, Brace, 1997.

_____. *Yanomamö*. 6. ed. Belmont (Califórnia): Cengage Learning, 2012 [o copyright aparece como 2013].

CHAGNON, Napoleon A.; BÓRTOLI, José; EGUILLOR, Maria. "Una aplicación antropológica práctica entre los Yanomami: colaboración entre misioneros y antropólogos". *La Iglesia en Amazonas*, Puerto Ayacucho, n. 42-3, pp. 75-83, 1988.

CHAGNON, Napoleon A.; BREWER-CARÍAS, Charles. "Response to Cappelletti and Turner". *Anthropology Newsletter*, Washington, v. 35, n. 6, p. 2, 1994.

CHAGNON, Napoleon A.; BRYANT, James R. 1984. KINDEMCOM: *The Fourth Style in the Study of Human Kinship Relationships*. (Programa de computador em MS/DOS e manual do usuário para analisar genealogias e relações de parentesco. Originalmente vendido em disquetes, mas descontinuado por volta de 1990.)

CHAGNON, Napoleon A.; BUGOS, JR., Paul E. "Kin Selection and Conflict: An Analysis of a Yanomamö Ax Fight". In: CHAGNON, Napoleon A.; IRONS, William (orgs.). *Evolutionary Biology and Human Social Behavior: An Anthropological Perspective*. Scituate (Massachusetts): Duxbury Press, 1979, pp. 213-38.

CHAGNON, Napoleon A.; HAMES, Raymond. "The Social Effects of Mortality and Divorce on the Yanomamö Nuclear Family: Kinship, Fosterage, and Marriage Implications for Tribal Societies". Proposta de pesquisa para a National Science Foundation: BNS-8319644, 1984.

CHAGNON, Napoleon A.; IRONS, William (orgs.). *Evolutionary Biology and Human Social Behavior: An Anthropological Perspective*. Scituate (Massachusetts): Duxbury Press, 1979.

CHAGNON, Napoleon A.; LEQUESNE, Philip; COOK, James. "Yanomamö Hallucinogens: Anthropological, Botanical, and Chemical Findings". *Current Anthropology*, Chicago, v. 12, n. 1, pp. 72-4, 1971.

CLAUSEWITZ, Carl von. *Vom Kriege*. Berlim: Dümmlers Verlag, 1832 [ed. brasileira: *Da guerra*. Trad. de Teresa Barros Pinto Barroso. São Paulo: WMF Martins Fontes, 2010].

COCCO, Luiz. *Iyëwei-teri: quince años entre los Yanomamos*. Caracas: Librería Editorial Salesiana, 1972.

COCKBURN, Alexander. "Half Century: Half Full? Half Empty? Full of it Anyway". *The Nation*, Nova York, 24/6/1991, coluna "Beat the Devil".

CONKLIN, Harold. "The Study of Shifting Cultivation". *Current Anthropology*, Chicago, v. 2, n. 1, pp. 27-61, 1961.

COOPER, James Fenimore. *The Last of the Mohicans*. Filadélfia: H. C. Carey & I. Lea, 1826.

DALY, Martin; WILSON, Margo. "Evolutionary Social Psychology and Family Homicide". *Science*, Nova York, v. 242, n. 4.878, pp. 519-24, 1988.

D'ANDRADE, Roy. "Moral Models in Anthropology". *Current Anthropology*, Chicago, v. 36, n. 3, pp. 399-408, 1995.

D'ANTONIO, Michael. "Napoleon Chagnon's War of Discovery". *Los Angeles Times Magazine*, 30/1/2000.

DA ROCHA, Fernando José; SPIELMAN, Richard; NEEL, James V. "A Comparison of Gene Frequencies and Anthropometric Distance Matrices in Seven Villages of Four Indian Tribes". *Human Biology*, Detroit, v. 46, 1974, pp. 295-310.

DAVIS, Shelton; MATHEWS, Robert. *The Geological Imperative: Anthropology and Development in the Amazon Basin of South America*. Cambridge (Massachusetts): Anthropological Resource Center, 1976.

DAWKINS, Richard. *The Selfish Gene*. Oxford: Oxford University Press, 1976 [ed. brasileira: *O gene egoísta*. Trad. de Rejane Rubino. São Paulo: Companhia das Letras, 2007].

_____. "Twelve Misunderstandings of Kin Selection". *Zeitschrift für Tierpsychologie*, Berlim/Hamburgo, v. 51, n. 2, 1979, pp. 184-200.

_____. *The Blind Watchmaker: Why the Evidence of Evolution Reveals a Universe Without Design*. Nova York: Norton, 1986 [ed. brasileira: *O relojoeiro cego: a teoria da evolução contra o desígnio divino*. Trad. de Laura Teixeira Motta. São Paulo: Companhia das Letras, 2001].

_____. "The Descent of Edward Wilson" (resenha de *A conquista social da Terra*, de Edward O. Wilson). *Prospect*, Londres, 24/5/2012, n. 195. Disponível em: http://www.prospectmagazine.co.uk/magazine/edward-wilson-social-conquest-earth-evolutionary-errors-origin-species. Acesso em: 23/5/2014.

DIAMOND, Jared M. "The Worst Mistake in the History of the Human Race". *Discover Magazine*, Waukesha (Wisconsin), v. 8, n. 5, 1987, pp. 64-6. Disponível em: http://discovermagazine.com/1987/may/02-the-worst-mistake-in-the-history-of-the-human-race. Acesso em: 23/5/2014.

_____. *Guns, Germs, and Steel: The Fates of Human Societies*. Nova York: Norton, 1997 [ed. brasileira: *Armas, germes e aço: os destinos das sociedades humanas*. Trad. de Silvia de Souza Costa, Cynthia Cortes, Paulo Soares. Rio de Janeiro: Record, 2011].

DICKEMANN, Mildred. "Female Strategies, Reproductive Strategies, and Social Stratification: A Preliminary Model". In: CHAGNON, Napoleon A.; IRONS, William (orgs.). *Evolutionary Biology and Human Social Behavior: An Anthropological Perspective*. Scituate (Massachusetts): Duxbury Press, 1979, pp. 321-67.

_____. "Paternal Confidence and Dowry Competition: A Biocultural Analysis of Purdah". In: ALEXANDER, Richard D.; TINKLE, Donald W. (orgs.). *Natural Selection and Social Behavior: Recent Research and New Theory*. San Francisco: Chiron Press, 1981, pp. 417-38.

DIMANAWÄ, César. "Open Letter to Napoleon Chagnon". *La Iglesia en Amazonas*, Puerto Ayacucho, v. 11, n. 49, 1990, p. 20.

DIVALE, William T.; HARRIS, Marvin. "Population, Warfare, and the Male Supremacist Complex". *American Anthropologist*, Washington, v. 78, n. 3, 1976, pp. 521-38

DREGER, Alice. "Darkness's Descent on the American Anthropological Association: A Cautionary Tale". *Human Nature*, Nova York, v. 22, n. 3, pp. 225-46, 2011. Disponível em: http://rd.springer.com/article/10.1007/s12110-011-9103-y. Acesso em: 23/5/2014.

_____. *Galileo's Middle Finger: Science and Identity Politics in the Internet Age*. Manuscrito inédito.

DURKHEIM, Émile. *Division of Labor in Society*. Tradução para o inglês de G. Simpson. Nova York: Macmillan, 1933 [ed. brasileira: *Da divisão do trabalho social*. Trad. de Eduardo Brandão. São Paulo: WMF Martins Fontes, 2008].

_____. *The Rules of the Sociological Method*. Tradução para o inglês de S. Solovay e J. Mueller. Nova York: Free Press, 1938 [ed. brasileira: *As regras do método sociológico*. Trad. de Paulo Neves. São Paulo: Martins Fontes, 2008].

_____. *Suicide*. Tradução para o inglês de J. Spaulding e G. Simpson. Nova York: Free Press, 1951 [ed. brasileira: *O suicídio: estudo de sociologia*. Trad. de Monica Stahel. São Paulo: WMF Martins Fontes, 2011].

EDWARDS, Elizabeth. "Napoleon Chagnon, Anthropologist, Discusses His Dramatic Career from Northern Michigan". *My North*, 3/8/2010. Disponível em: http://mynorth.com/2010/08/napoleon-chagnon-anthropologist-discusses-his-dramatic-career-from-northern-michigan. Acesso em: 23/5/2014.

EL DORADO TASK FORCE. "Working Papers of the American Anthropological Association El Dorado Task Force Submitted as a Preliminary Report", 2011. Disponível em: http://anthroniche.com/darkness_documents/0577.pdf. Acesso em: 23/5/2014.

ELLINGSON, Terry J. *The Myth of the Noble Savage*. Berkeley: University of California Press, 2001.

EMBER, Carol R. "Residential Variation among Hunter-Gatherers". *Behavior Science Research* [*Cross-Cultural Research*], Thousand Oaks (Califórnia), v. 10, n. 3, pp. 199-227, 1975.

_____. "Myths about Hunter-Gatherers". *Ethnology*, Pittsburgh, v. 17, n. 4, pp. 439--48, 1978.

ENGELS, Friederich. *Origin of the Family, Private Property, and the State*. Tradução para o inglês de Ernest Untermann. Moscou: Foreign Languages Publishing House, 1954 [ed. brasileira: *A origem da família, da propriedade privada e do Estado: trabalho relacionado com as investigações de L. H. Morgan*. Trad. de Leandro Konder. São Paulo: Bertrand Brasil, 2000].

FERGUSON, R. Brian. "Do Yanomamö Killers Have More Kids?". *American Ethnologist*, Washington, v. 16, n. 3, pp. 564-5, 1989.

_____. *Yanomami Warfare*. Santa Fe (Novo México): School for American Research Press, 1995.

FINKERS, Juan. "Aclaraciones al Sr. Chagnon". *La Iglesia en Amazonas*, dezembro de 1994, pp. 7-10.

FISHER, Ronald A. *The Genetical Theory of Natural Selection*. Oxford: Clarendon Press, 1930, pp. 136-7.

FORTES, Meyer. *Kinship and the Social Order: The Legacy of Lewis Henry Morgan*. Chicago: Aldine, 1969.

FOX, Robin. *Kinship and Marriage*. Baltimore: Penguin, 1967 [ed. portuguesa: *Parentesco e casamento: uma perspectiva antropológica*. Lisboa: Vega, 1988].

FREEMAN, Derek. *Iban Agriculture: A Report on the Shifting Cultivation of Hill Rice of the Iban of Sarawak*. Londres: H. M. Stationery Office, 1955.

_____. *Margaret Mead and Samoa: The Making and Unmaking of an Anthropological Myth*. Cambridge (Massachusetts): Harvard University Press, 1983.

FRIED, Morton. *The Evolution of Political Society*. Nova York: Random House, 1967 [ed. brasileira: *A evolução da sociedade política: um ensaio sobre antropologia política*. Trad. de Luís Fernando Dias Duarte. Rio de Janeiro: Zahar Editores, 1976].

GLENN, David. "Anthropologists Rescind Report that Examined Allegations of Misconduct by Researchers in the Amazon". *The Chronicle of Higher Education*, Washington, 28/6/2005. Disponível em: http://chronicle.com/article/Anthropologists-Rescind-Report/121225. Acesso em: 23/5/2014.

GLENN, David; BARTLETT, Thomas. "Rebuttal of Decade-Old Accusations Against Researchers Roils Anthropology Meeting Anew". *The Chronicle of Higher Education*, Washington, 3/12/2009. Disponível em: http://chronicle.com/article/Rebuttal-of-Decade-Old/49320/. Acesso em: 23/5/2014.

GREGOR, Thomas A.; GROSS, Daniel R. "Anthropology and the Search for the Enemy Within". *The Chronicle of Higher Education*, Washington, 26/7/2002. Disponível em: http://chronicle.com/article/Anthropologythe-Search/30957. Acesso em: 23/5/2014.

_____. "'Guilt by Association': The Culture of Accusation and the American Anthropological Association's Investigation of *Darkness in El Dorado*". *American Anthropologist*, Washington, v. 106, n. 4, 2004, pp. 687-98.

_____. "Referendum on *Darkness in El Dorado* & Danger to Immunization Campaign". Disponível em: http://anthroniche.com/darkness_documents/0438.htm. Acesso em: 23/5/2014.

_____. "Referendum #3: To rescind the AAA's acceptance of the Report of the El Dorado Task Force". Disponível em: http://anthroniche.com/darkness_documents/0440.htm. Acesso em: 23/5/2014.

GROSS, Daniel R. *Peoples and Cultures of Native South America: An Anthropological Reader*. Garden City (Nova York): Natural History Press, 1973.

GROSS, Paul. "Exorcising Sociobiology". *The New Criterion*, Nova York, v. 19, pp. 24 ss., 2001.

GROSS, Paul; LEVITT, Norman. *Higher Superstition: The Academic Left and Its Quarrels with Science*. Baltimore: Johns Hopkins University Press, 1994.

HAAS, Jonathan. *The Anthropology of War*. Cambridge: Cambridge University Press, 1990. (School of American Research Advanced Seminars.)

HAGEN, Edward; PRICE, Michael; TOOBY, John. *Preliminary Report on* Darkness in El Dorado. Santa Barbara: University of California, 2000.

HAMES, Raymond. "A Comparison of the Efficiencies of the Shotgun and the Bow in Neotropical Forest Hunting". *Human Ecology*, Nova York, v. 7, n. 3, pp. 219-52, 1979.

_____. "Time, Efficiency, and Fitness in the Amazonian Protein Quest". *Research in Economic Anthropology*, Boston, v. 11, pp. 43-85, 1989.

_____. "Costs and Benefits of Monogamy and Polygyny for Yanomamö Women". *Ethology and Sociobiology*, Nova York, v. 17, n. 3, pp. 1-19, 1996.

HAMES, Raymond; OLIVER, William; CHAGNON, Napoleon A. "Growth, Development, and Health of Yanomamö Orphans in Relation to Parental Loss". In: *17th Annual Meeting of the Human Behavior and Evolution Society*. Austin: University of Texas, 2005, pp. 1-5.

HAMILTON, William D. "The Genetical Evolution of Social Behaviour. I". *Journal of Theoretical Biology*, Londres, v. 7, n. 1, pp. 1-16, 1964.

_____. "The Genetical Evolution of Social Behaviour. II". *Journal of Theoretical Biology*, Londres, v. 7, n. 1, pp. 17-52, 1964.

HARNER, Michael J. "Jívaro Souls". *American Anthropologist*, Washington, v. 64, n. 2, pp. 258-72, 1962.

_____. "The Sound of Rushing Water". *Natural History*, Nova York, v. 77, n. 6, pp. 28-33, 1968.

_____. *The Jívaro: People of the Sacred Waterfalls*. Nova York: Natural History Press, 1972.

HARRIS, Marvin. *The Rise of Anthropological Theory*. Nova York: T. Y. Crowell, 1968.

HEADLAND, Thomas N. "When Did the Measles Epidemic Begin among the Yanomami?". 2000. Disponível em: http://www.sil.org/~headlandt/measles.htm. Acesso em: 23/5/2014.

HEIDER, Karl. *The Dugum Dani: A Papuan Culture in the Highlands of West New Guinea*. Nova York: Wenner-Gren Foundation, 1970. (Viking Fund Publications in Anthropology, n. 49.)

_____. *The Grand Valley Dani: Peaceful Warriors*. Nova York: Holt, Rinehart & Winston, 1997. (Case Studies in Cultural Anthropology.)

HOBBES, Thomas. *Leviathan*. Nova York: Penguin English Library, 1981 [ed. brasileira: *Leviatã*. Trad. de João Paulo Monteiro, Mara Beatriz Nizza da Silva e Claudia Berliner. São Paulo: Martins Fontes, 2003].

HÖLLDOBLER, Bert; WILSON, Edward O. *The Ants*. Cambridge, Massachusetts: Harvard University Press, 1990.

HRDY, Sarah Blaffer. "Infanticide as a Primate Reproductive Strategy". *American Scientist*, New Haven (Connecticut), v. 65, n. 1, pp. 40-9, 1977.

HURTADO, Magdalena. Relato lido nas reuniões da AAA em San Francisco, 16/11/2000. In: HAGEN, Edward; PRICE, Michael; TOOBY, John. *Preliminary Report on* Darkness in El Dorado. Santa Barbara: University of California, 2000, apêndice XII, pp. 89-90.

IRONS, William. "Cultural and Biological Success". In: CHAGNON, Napoleon A.; IRONS, William (orgs.). *Evolutionary Biology and Human Social Behavior: An Anthropological Perspective*. Scituate (Massachusetts): Duxbury Press, 1979, pp. 257-72.

_____. "Investment and Primary Social Dyads". In: CHAGNON, Napoleon A.; IRONS, William (orgs.). *Evolutionary Biology and Human Social Behavior: An Anthropological Perspective*. Scituate (Massachusetts): Duxbury Press, 1979, pp. 181-213.

_____. "Adaptively Relevant Environments Versus the Environment of Evolutionary Adaptedness". *Evolutionary Anthropology: Issues, News and Reviews*, Nova York, v. 6, n. 6, pp. 194-203, 1998.

_____. "Patrick Tierney's 'Attack-Dog' Story: A Report on One of Tierney's Many Allegations Against Chagnon". E-mail enviado em 3/3/2002. Disponível em: http://anthroniche.com/darkness_documents/0511.htm. Acesso em: 23/5/2014.

JANK, Margaret. *Mission: Venezuela*. Chicago: Moody Press, 1977.

KATZ, Samuel. E-mail público enviado aos que receberam o e-mail de Turner e Sponsel em 2000. In: HAGEN, Edward; PRICE, Michael; TOOBY, John. *Preliminary Report on* Darkness in El Dorado. Santa Barbara: University of California, 2000, apêndice I, p. 59.

KEELEY, Lawrence H. *War Before Civilization: The Myth of the Peaceful Savage*. Oxford: Oxford University Press, 1996 [ed. brasileira: *A guerra antes da civilização: o mito do bom selvagem*. Trad. de Fabio Faria. Editora É Realizações, 2011].

KEESING, Roger M. *Kin Groups and Social Structure*. Nova York: Holt, Rinehart & Winston, 1975.

KEMP, Graham; FRY, Douglas P. (orgs.). *Keeping the Peace: Conflict Resolution and Peaceful Societies Around the World*. Nova York: Routledge, 2004.

KING'S COLLEGE SOCIOBIOLOGY GROUP (org.). *Current Problems in Sociobiology*. Cambridge: Cambridge University Press, 1982.

KNAUFT, Bruce. "Reconsidering Violence in Simple Human Societies". *Current Anthropology*, Chicago, v. 28, n. 4, pp. 457-500, 1987.

KROEBER, Alfred. *Anthropology*. Nova York: Harcourt, Brace, & Co., 1948.

_____. "The Chibcha". In: STEWARD, Julian (org.). *Handbook of South American Indians*. Nova York: Cooper Square, 1963, v. 2, pp. 899-910.

LAHR, Marta M. *The Evolution of Modern Human Diversity: A Study in Cranial Variation*. Cambridge: Cambridge University Press, 1996.

LAHR, Marta M.; WRIGHT, Richard V. S. "The Question of Robusticity and the Relationship between Cranial Size and Shape in *Homo sapiens*". *Journal of Human Evolution*, Londres e Nova York, v. 31, n. 2, pp. 157-91, 1996.

LANCASTER, Jane B.; HAMES, Raymond. "Statement on the Publication of Alice Dreger's Investigation, 'Darkness's Descent on the American Anthropological Association: A Cautionary Tale'". *Human Nature*, Nova York, v. 22, n. 3, pp. 223-4, 2011. Disponível em: http://link.springer.com/article/10.1007/s12110-011-9106-8. Acesso em: 23/5/2014.

LARSON, Gordon F. *The Structure and Demography of the Cycle of Warfare Among the Ilaga Dani of Irian Jaya*. Ann Arbor, 1987. Dissertação de doutorado – departamento de antropologia, Universidade de Michigan.

LEACH, Edmund. *Political Systems of Highland Burma*. Boston: Beacon Press, 1954 [ed. brasileira: *Sistemas políticos da Alta Birmânia*. Trad. de Geraldo Gerson de Souza, Antonio de Pádua Danesi e Gilson César Cardoso de Souza. São Paulo: Edusp, 1996].

LEE, Richard B.; DEVORE, Irven (orgs.). *Man the Hunter*. Chicago: Aldine, 1968.

LÉVI-STRAUSS, Claude. "Les organisations dualistes existent-elles?". *Bijdragen tot de Taal-, Land- en Volkenkunde*, Dordrecht (Holanda), v. 112, n. 2, pp. 99-128, 1956.

_____. *The Elementary Structures of Kinship*. Tradução para o inglês de James Harle Bell, John Richard von Sturmer e Rodney Needham. Boston: Beacon Press, 1969 [ed. brasileira: *As estruturas elementares do parentesco*. Trad. de Mariano Ferreira. Petrópolis: Editora Vozes, 2008].

LIZOT, Jacques. *Le cercle des feux. Faits et dits des indiens yanomami*. Paris: Éditions du Seuil, 1976 [ed. inglesa: *Tales of the Yanomami*. Trad. de Ernest Simon. Cambridge: Cambridge University Press, 1985. Ed. brasileira: *O círculo dos fogos: feitos e ditos dos índios yanomami*. Trad. de Beatriz Perrone Moysés. São Paulo: Martins Fontes, 1988].

_____. *The Yanomami in the Face of Ethnocide*. Copenhague: IWGIA, 1976.

_____. "Sobre la guerra: una respuesta a N. Chagnon (*Science*, 1988)". *La Iglesia en Amazonas*, Puerto Ayacucho, v. 44, pp. 23-34, 1989.

_____. "On Warfare: An Answer to N. A. Chagnon". Tradução para o inglês de Sara Dart. *American Ethnologist*, Washington, v. 21, n. 4, pp. 845-62, 1994.

MCCOMBE, Leonard; VOGT, Evon Z.; KLUCKHOHN, Clyde. *Navaho Means People*. Cambridge (Massachusetts): Harvard University Press, 1951.

MCLENNAN, John F. *Primitive Marriage*. Edimburgo: Adam & Charles Black, 1865.

MALINOWSKI, Bronislaw. *The Sexual Life of Savages in Northwestern Melanesia*. Londres: George Routledge, 1929 [ed. brasileira: *A vida sexual dos selvagens*. Trad. de Carlos Sussekind. Rio de Janeiro: Francisco Alves, 1982].

MANN, Charles. "Chagnon Critics Overstepped Bounds, Historian Says". *Science*, Nova York, v. 326, n. 5.959, 2009, p. 1.466.

MARTINS, Leda; TIERNEY, Patrick. "El Dorado, Lost Again?". *The New York Times*, seção de opinião, 7/4/1995.

MAYBURY-LEWIS, David. "Prescriptive Marriage Systems". *Southwestern Journal of Anthropology*, Albuquerque (Novo México), v. 21, n. 3, 1965, pp. 207-30.

_____. *The Savage and the Innocent*. Boston: Beacon Press, 1965 [ed. brasileira: *O selvagem e o inocente*. Trad. de Mariza Correa. Campinas: Unicamp, 1990].

_____. *Dialectical Societies: The Gê and Bororo of Central Brazil*. Cambridge (Massachusetts): Harvard University Press, 1979. (Harvard Studies in Cultural Anthropology.)

MAYNARD SMITH, John. "Group Selection and Kin Selection". *Nature*, Londres, v. 201, n. 4.924, 1964, pp. 1.145-7.

MEGGITT, Mervyn. *Blood Is Their Argument: Warfare Among Mae Enga Tribesmen of the New Guinea Highlands*. Palo Alto (Califórnia): Mayfield Press, 1977.

MILLER, D. W. "Anthropologists Debate a Controversial Book and Their Own Research Ethics". *The Chronicle of Higher Education*, p. A22, 1/12/2000. Disponível em: http://anthroniche.com/darkness_documents/0286.htm. Acesso em: 23/5/2014.

MONASTERSKY, Richard; GLENN, David. "National Academy of Sciences Publishes Paper that U.S. Calls 'Road Map for Terrorists'; Anthropologists Do a Turnabout on Report that Investigated Misconduct in Amazon". *The Chronicle of Higher Education*, 8/7/2005. Disponível em: http://chronicle.com/article/National-Academy-of-Sciences/9116/. Acesso em: 23/5/2014.

MOORE, John H. "The Reproductive Success of Cheyenne War Chiefs: A Contrary Case to Chagnon's Yanomamo". *Current Anthropology*, Chicago, v. 31, n. 3, 1990, pp. 322-30.

MORGAN, John. *The Life and Adventures of William Buckley, Thirty-Two Years a Wanderer Amongst the Aborigines of Then Unexplored Country Round Port Phillip, Now the Province of Victoria*. Tasmânia: Archibald Macdougall, 1852. (Reedição: Sussex: Caliban Books, 1979.)

MORGAN, Lewis Henry. *The League of Ho-de'-no-sau-nee, or Iroquois*. Rochester (Nova York): Sage & Brother, 1851.

_____. *Systems of Consanguinity and Affinity of the Human Family*. Washington: Smithsonian Institution, 1870.

_____. *Ancient Society*. Nova York: World, 1877 [ed. brasileira: *A sociedade antiga*. Trad. de Maria Lúcia de Oliveira. Rio de Janeiro: Expresso Zahar, 2014].

MURDOCK, George P. *Social Structure*. Nova York: MacMillan, 1949.

_____. *Outline of South American Cultures*. New Haven (Connecticut): Human Relations Area Files, 1951. (Behavior Science Outlines, v. 2.)

_____. "World Ethnographic Sample". *American Anthropologist*, Washington, v. 59, n. 4, pp. 664-87, 1957.

_____. "Ethnographic Atlas: A Summary". *Ethnology*, Pittsburgh, v. 6, n. 2, pp. 109-236, 1967.

_____. "The Current Status of the World's Hunting and Gathering Peoples". In: LEE, Richard B.; DEVORE, Irven (orgs.). *Man the Hunter*. Chicago: Aldine, 1968, pp. 13-20.

_____. *Outline of World Cultures*. 6. ed. New Haven (Connecticut): Human Relations Area Files, 1983.

MURDOCK, George P. et alii. *Outline of Cultural Materials*. 5. ed. revista: New Haven (Connecticut): Human Relations Area Files, 1987.

NEEDHAM, Rodney. *Structure and Sentiment: A Test Case in Social Anthropology*. Chicago: University of Chicago Press, 1960.

NEEL, James V. *Physician to the Gene Pool: Genetic Lessons and Other Stories*. Nova York: John Wiley, 1994.

NEEL, James V.; SCHULL, William J. (orgs.). *The Children of Atomic Bomb Survivors: A Genetic Study*. Washington: National Academy Press, 1991.

NEEL, James V. et alii. "Studies on the Xavante Indians of the Brazilian Mato Grosso". *American Journal of Human Genetics*, Chicago, v. 16, n. 1, pp. 52-140, 1964.

_____. "Notes on the Effect of Measles and Measles Vaccine in a Virgin Soil Population of South American Indians". *American Journal of Epidemiology*, Baltimore, v. 91, n. 4, pp. 418-29, 1970.

NICHOLAS, Ralph W. "Factions: A Comparative Analysis". In: BANTON, Michael (org.). *Political Systems and the Distribution of Power*. Londres: Tavistock, 1965, pp. 21-61.

O'BRIEN, Denise. *The Economics of Dani Marriage: An Analysis of Marriage Payments in a Highland New Guinea Society*. New Haven (Connecticut), 1969. Dissertação de doutorado – departamento de antropologia, Universidade Yale.

PEACOCK, James et alii. "Recommendation for Investigation of *Darkness in El Dorado*" (relatório confidencial do Comitê Peacock à Associação Americana de

Antropologia). 21/1/2001. Disponível em: http://anthroniche.com/darkness_documents/0612.pdf. Acesso em: 23/5/2014.

PETERS, John F. *Life Among the Yanomami*. Peterborough (Ontario): Broadview Press, 2000.

PINKER, Steven. *How the Mind Works*. Nova York: Norton, 1997 [ed. brasileira: *Como a mente funciona*. Trad. de Laura Teixeira Motta. São Paulo: Companhia das Letras, 1998].

_____. *The Blank Slate: The Modern Denial of Human Nature*. Nova York: Viking, 2002 [ed. brasileira: *Tábula rasa*. Trad. de Laura Teixeira Motta. São Paulo: Companhia das Letras, 2004].

_____. "The False Allure of Group Selection". *Edge*, 18/6/2012. Disponível em http://edge.org/conversation/the-false-allure-of-group-selection. Acesso em: 23/5/2014.

_____. "Steven Pinker Replies" (comentário sobre "The False Allure of Group Selection"). *Edge*, 12/7/2012. Disponível em: http://edge.org/conversation/the-false-allure-of-group-selection. Acesso em: 23/5/2014.

PLOEG, Anton. *Government in Wanggulam*. Haia: Martinus Nijhoff, 1969. (Verhandelingen van het Koninklijk Instituut Voor Taal-, Land-, en Volkenkunde, v. 57.)

POSPISIL, Leo. *Kapauku Papuans and Their Law*. New Haven: Yale University Press, 1958. (Publications in Anthropology, n. 54.)

RITCHIE, Mark Andrew. *Spirit of the Rainforest: A Yanomamö Shaman Story*. Chicago: Island Lake Press, 1996.

RIVIÈRE, Peter. *The Forgotten Frontier: Ranchers of Northern Brazil*. Nova York: Holt, Rinehart & Winston, 1972. (Case Studies in Cultural Anthropology.)

ROUSSEAU, Jean-Jacques. *The Social Contract*. Tradução para o inglês de Henry John Tozer. Nova York: E. P. Dutton, 1938 [ed. brasileira: *Do contrato social*. Trad. de Eduardo Brandão. São Paulo: Companhia das Letras, 2011].

SAHLINS, Marshall D. "The Segmentary Lineage: An Organization of Predatory Expansion". *American Anthropologist*, Washington, v. 63, n. 2, 1961, pp. 322-45.

_____. "Poor Man, Rich Man, Big Man, Chief: Political Types in Melanesia and Polynesia". *Comparative Studies in Society and History*, v. 5, n. 3, Londres e Nova York, 1963, pp. 285-303.

_____. "On the Sociology of Primitive Exchange". In: BANTON, Michael. *The Relevance of Models for Social Anthropology*. Londres: Tavistock, 1965, pp. 139-236. (ASA Monographs, n. 1.)

_____. *Tribesmen*. Englewood Cliffs: Prentice-Hall, 1968 [ed. brasileira: *Sociedades tribais*. Trad. de Yvonne Maggie Alves Velho. Rio de Janeiro: Zahar Editores, 1983].

_____. *Stone Age Economics*. Chicago: Aldine Atherton, 1972.

_____. *The Use and Abuse of Biology: An Anthropological Critique of Sociobiology*. Ann Arbor: University of Michigan Press, 1976.

SALAMONE, Frank A. *The Yanomami and Their Interpreters: Fierce People or Fierce Interpreters?*. Lanham (Maryland): University Press of America, 1997.

_____. "Theoretical Reflections on the Chagnon-Salesian Controversy". In: SALAMONE, Frank A.; ADAMS, Walter Randolph (orgs.). *Explorations in Anthropology*. Lanham (Maryland): University Press of America, 1997, pp. 91-112.

_____. Entrevista com Andrew Brown. *The Daily Telegraph Magazine*, 3/3/2001.

_____. "Yanomami: The Fierce Controversy and What We Can Learn From It" (resenha do livro homônimo de Robert Borofsky). *The Americas*, Washington, v. 62, n. 4, 2006, pp. 660-2.

SCHNEIDER, David. "What Is Kinship All About?". In: REINING, Priscilla (org.). *Kinship Studies in the Morgan Centennial Year*. Washington: Anthropological Society of Washington, 1972, pp. 32-62.

SCHUSTER, Meinhard. "Die Soziologie der Waika". In: *Proceedings of the 32nd International Congress of Americanists*. Copenhague: Munksgaard, 1958, pp. 114-22.

SERVICE, Elman R. *Primitive Social Organization: An Evolutionary Perspective*. Nova York: Random House, 1962 [ed. brasileira: *Organização social primitiva*. Trad. de Hopffer Rêgo. Porto Alegre: Despertar, 1970].

_____. *A Century of Controversy: Ethnological Issues from 1860 to 1960*. Nova York: Academic Press, 1985.

SIMPSON, George Gaylord. *Splendid Isolation: The Curious History of South American Mammals*. New Haven: Yale University Press, 1980.

SPIELMAN, Richard. *Anthropometric and Genetic Differences among Yanomama Villages*. Ann Arbor, 1971. Dissertação de doutorado – departamento de antropologia, Universidade de Michigan.

STEWARD, Julian. "Cultural Causality and Law: A Trial Formulation of Early Civilization". *American Anthropologist*, Washington, v. 51, n. 1, 1949, pp. 1-27.

_____. *Theory of Culture Change*. Urbana: University of Illinois Press, 1955.

STIRLING, Matthew W. *Historical and Ethnographical Material on the Jivaro Indians*. Washington: US Government Printing Office, 1938. (Bureau of American Ethnology Bulletin, n. 117.)

SURVIVAL INTERNATIONAL. *Yanomami Timeline*. PDF disponível em: http://assets.survivalinternational.org/static/lib/downloads/source/progresscankill/yanomami_timeline.pdf. Acesso em: 23/5/2014.

SYMONS, Donald. *The Evolution of Human Sexuality*. Nova York: Oxford University Press, 1979.

THOMAS, Elizabeth Marshall. *The Harmless People*. Nova York: Knopf, 1959.

TIERNEY, Patrick. *Last Tribes of El Dorado: The Gold Wars in the Amazon Rain Forest*. Nova York: Viking, 1994. (Ao que parece nunca foi publicado oficialmente: as citações de páginas provêm de um exemplar impresso, encadernado, com a anotação: "versão preliminar não corrigida".)

_____. "The Fierce Anthropologist". *The New Yorker*, 9/10/2000, pp. 50-61.

_____. *Darkness in El Dorado: How Scientists and Journalists Devastated the Amazon*. Nova York: Norton, 2000 [ed. brasileira: *Trevas no Eldorado: como cientistas e jornalistas devastaram a Amazônia e violentaram a cultura ianomâmi*. Trad. de Bento de Lima. Rio de Janeiro: Ediouro, 2002].

TIGER, Lionel; FOX, Robin. "The Zoological Perspective in Social Science". *Man (New Series)*, Londres, v. 1, n. 1, pp. 75-81, 1966.

TOOBY, John. "Jungle Fever: Did Two US Scientists Start a Genocidal Epidemic in the Amazon, or Was *The New Yorker* Duped?". *Slate*, 25/10/2000. Disponível em: http://www.slate.com/articles/news_and_politics/hey_wait_a_minute/2000/10/jungle_fever.html. Acesso em: 23/5/2014.

TRIVERS, Robert L. "The Evolution of Reciprocal Altruism". *Quarterly Review of Biology*, Chicago, v. 46, n. 1, 1971, pp. 35-57.

_____. "Parental Investment and Sexual Selection". In: CAMPBELL, B. H. (org.). *Sexual Selection and the Descent of Man, 1871-1971*. Chicago: Aldine, 1972, pp. 136-79.

_____. "Parent-Offspring Conflict". *American Zoologist*, McLean (Virginia), v. 14, n. 1, 1972, pp. 249-64.

_____. *Social Evolution*. Menlo Park (Califórnia): Benjamin/Cummings, 1985.

TRIVERS, Robert L.; WILLARD, Dan E. "Natural Selection of Parental Ability to Vary the Sex Ratio of Offspring". *Science*, Nova York, v. 179, n. 4.068, 1973, pp. 90-2.

TURNER, Terence; SPONSEL, Leslie. "Imminent Anthropological Scandal" (e-mail a Louise Lamphere, presidente da Associação Americana de Antropologia), 2000. Disponível em: http://anthroniche.com/darkness_documents/0055.htm. Acesso em: 23/5/2014.

TYLOR, Edward Burnett. *Primitive Culture: Researches into the Development of Mythology, Philosophy, Religion, Language, Art and Custom*. Londres: J. Murray, 1871.

VAN CREVELD, Martin. *The Transformation of War*. Nova York: Free Press, 1991.

VAN DEN BERGHE, Pierre. *Human Family Systems*. Nova York: Elsevier, 1979.

WADE, Nicholas. "Anthropology a Science? Statement Deepens a Rift". *The New York Times*, 9/12/2010, seção de ciência. Disponível em: http://www.nytimes.com/2010/12/10/science/10anthropology.html. Acesso em: 23/5/2014.

_____. "Anthropology Group Tries to Soothe Tempers After Dropping the Word 'Science'". *The New York Times*, 13/12/2010, seção de ciência. Disponível em: http://www.nytimes.com/2010/12/14/science/14anthropology.html. Acesso em: 23/5/2014.

WALKER, Phillip L. "Cranial Injuries as Evidence of Violence in Prehistoric Southern California". *American Journal of Physical Anthropology*, Hoboken (New Jersey), v. 80, n. 3, 1989, pp. 313-23.

_____. "Wife Beating, Boxing, and Broken Noses: Skeletal Evidence for the Cultural Patterning of Interpersonal Violence". In: MARTIN, D.; FRAYER, D. (orgs.). *Troubled Times: Violence and Warfare in the Past*. Londres: Gordon & Breach, 1997, pp. 145-75.

_____. "A Bioarchaeological Perspective on the History of Violence". *Annual Review of Anthropology*, Palo Alto (Califórnia), v. 30, 2001, pp. 573-96.

WEITKAMP, Lowell R.; CHAGNON, Napoleon A. "Albumin Máku: A New Variant of Human Serum Albumin". *Nature*, Londres, v. 217, n. 5.130, 1968, pp. 759-60.

WHITE, Leslie A. *The Science of Culture: A Study of Man and Civilization*. Nova York: Grove Press, 1949.

_____. "How Morgan Came to Write *Systems of Consanguinity and Affinity*". *Papers of the Michigan Academy of Science, Arts, and Letters*, Ann Arbor (Michigan), v. 42, 1957, pp. 257-68.

WILBERT, Johannes. *Indios de la región Orinoco-Ventuari*. Caracas: Instituto Caribe de Antropología y Sociología, Fundación La Salle de Ciencias Naturales, 1966. (Monografías, v. 8.)

WILLIAMS, George C. *Adaptation and Natural Selection: A Critique of Some Current Evolutionary Thought*. Princeton: Princeton University Press, 1966.

WILLIAMS, George C. (org.). *Group Selection*. Chicago: Aldine Atherton, 1971.

WILSON, David Sloan. "Richard Dawkins, Edward O. Wilson, and the Consensus of the Many". *This View of Life*, 29/5/2012. Disponível em: http://www.thisviewoflife.com/index.php/magazine/articles/richard-dawkins-edward-o.-wilson-and-the-consensus-of-the-many. Acesso em: 23/5/2014.

WILSON, Edward O. *Sociobiology: The New Synthesis*. Cambridge, Massachusetts: Harvard University Press, 1975.

_____. *The Social Conquest of Earth*. Nova York: W. W. Norton, 2012 [ed. brasileira: *A conquista social da Terra*. Trad. de Ivo Korytowski. São Paulo: Companhia das Letras, 2013].

WINKLER, Karen. "A Fragile Peace in Dispute Over Indians". *The Chronicle of Higher Education*, Washington, 14/12/1994. Disponível em: http://chronicle.com/article/A-Fragile-Peace-in-Dispute/82373. Acesso em: 23/5/2014.

WRIGHT, Sewall. "Coefficients of Inbreeding and Relationship". *The American Naturalist*, Chicago, v. 56, pp. 330-8, 1922.

ZERRIES, Otto. *Waika: Die Kulturgeschichtliche Stellung der Waika-Indianer des oberen Orinoco im Rahmen der Völkerkunde Südamerikas. Band I. Ergebnisse der Frobenius--Expedition 1954/55 nach Südost Venezuela*. Munique: K. Renner, 1964.

ZIMMERMAN, Larry; ALEX, R. "Digging Ancient Burials: The Crow Creek Experience". *Early Man*, Evanston (Illinois), v. 3, n. 3, 1981, pp. 3-10.

ZIMMERMAN, Larry; BRADLEY, Lawrence E. "The Crow Creek Massacre: Initial Coalescent Warfare and Speculations About the Genesis of Extended Coalescent". *Plains Anthropologist*, Lincoln (Nebraska), v. 38, n. 145, 1993, pp. 215-26.

ZIMMERMAN, Larry; GREGG, John B.; GREGG, Pauline S. "Para-mortem Osteopathology in the Crow Creek Massacre Victims". *South Dakota Journal of Medicine*, Sioux Falls, v. 34, n. 2, pp. 7-12, 1981.

ZIMMERMAN, Larry; WHITTEN, Richard G. "Prehistoric Bones Tell a Grim Tale of Indian v. Indian". *Smithsonian*, Washington, v. 11, n. 6, 1980, pp. 100-8.

Filmografia

Ax Fight, The [A luta de machados]. Direção: Timothy Asch e Napoleon A. Chagnon. Cor, 30 min. Filme/DVD. Penn State Media Sales, University Park, Pensilvânia. 1975.

Dead Birds [Aves mortas]. Direção de Robert Gardner. Cor, 84 min. Massachusetts: Documentary Education Resources. 1964.

Feast, The [A festa]. Direção: Timothy Asch e Napoleon A. Chagnon. Cor, 29 min. Filme/DVD. Penn State Media Sales, University Park, Pensilvânia. 1970.

Jaguar: A Yanomamö Twin-Cycle Myth [Jaguar: um mito ianomâmi de ciclos gêmeos]. Direção: Napoleon A. Chagnon e Timothy Asch. Cor, 22 min. Filme/DVD. Penn State Media Sales, University Park, Pensilvânia. 1976.

Magical Death [Morte mágica]. Direção: Napoleon A. Chagnon. Cor, 29 min. Filme/DVD. Penn State Media Sales, University Park, Pensilvânia. 1973.

Ocamo Is My Town [Ocamo é minha cidade]. Direção: Timothy Asch e Napoleon A. Chagnon. Cor, 23 min. DVD. Penn State Media Sales, University Park, Pensilvânia. 1974.

Yanomamo: A Multidisciplinary Study [Ianomâmis: um estudo multidisciplinar]. Direção: James V. Neel, Timothy Asch e Napoleon A. Chagnon. Cor, 45 min. DVD. Penn State Media Sales, University Park, Pensilvânia. 1968.

Índice remissivo

Os números de páginas *em itálico* se referem a fotos, infográficos e mapas.

C

D

F

N

R

S

W

X

Y

Z

Este livro foi composto na fonte Albertina
e impresso em dezembro de 2014 pela Corprint,
sobre papel pólen soft 80 g/m².